Geert Mak

Große Erwartungen

AUF DEN SPUREN
DES EUROPÄISCHEN TRAUMS
(1999–2022)

Aus dem Niederländischen
von Andreas Ecke und Gregor Seferens

Pantheon

Die Originalausgabe erschien 2019 unter dem Titel »Grote verwachtingen. In Europa 1999–2019« bei Uitgeverij Atlas Contact B. V., Amsterdam.

Klimaneutral
Druckprodukt
ClimatePartner.com/14044-1912-1001

MIX
Papier | Fördert gute Waldnutzung
FSC® C083411
FSC www.fsc.org

Penguin Random House Verlagsgruppe FSC® N001967

1. Auflage

Umschlaggestaltung: Büro Jorge Schmidt, München
Umschlagabbildung: © Getty Images/Louis Koo
Lektorat: Peter Palm, Berlin
Satz: Uhl + Massopust GmbH, Aalen
Karten: Peter Palm, Berlin
Druck: CPI books GmbH, Leck
Printed in Germany
ISBN 978-3-570-55469-2

www.pantheon-verlag.de

Für Emile und Ellen

Wir kommen weit her
Liebes Kind
Und müssen weit gehen
Keine Angst
Alle sind bei Dir
Die vor Dir waren
Deine Mutter, Dein Vater
Und alle, die vor ihnen waren
Weit weit zurück
Alle sind bei Dir
Keine Angst
Wir kommen weit her
Und müssen weit gehen
Liebes Kind

HEINRICH BÖLL

EUROPA
Europäisches Nordmeer
Reykjavík
ISLAND
NORWEGEN
Oslo
Atlantischer Ozean
Paisley
Edinburgh
DÄNEMARK
Kopenhagen
Belfast
Nordsee
Dublin
Wigan
IRLAND
GROSSBRITANNIEN
Leeuwarden
NIEDERLANDE
Amsterdam
Elbe
Berlin
Rhein
Dortmund
London
Dresden
Brüssel
Der Kanal
BELGIEN
DEUTSCHLAND
Deauville
Seine
Luxemburg
Frankfurt am Main
Paris
LUXEMBURG
Donau
Loire
Rhein
München
Bern
SCHWEIZ
FRANKREICH
Ljubljan
Po
Garonne
Rhône
SAN MARINO
MONACO
Ebro
ANDORRA
ITALIEN
PORTUGAL
Madrid
Korsika
Barcelona
Tajo
Lissabon
SPANIEN
Menorca
Mallorca
Sardinien
Ibiza
Mittelmeer
Algier
Tunis
ALGERIEN
TUNESIEN
MAROKKO

Hauptstädte
Andere Orte, die in diesem Buch eine Rolle spielen
Kirkenes
FINNLAND
Helsinki
Sankt Petersburg
Tallinn
ESTLAND
LETTLAND
Riga
Ostsee
LITAUEN
Vilnius
Minsk
Smolensk
Moskau
RUSSLAND
Wolga
WEISSRUSSLAND
Jedwabne
Weichsel
Warschau
POLEN
Kiew
Charkow
Dnjepr
Don
Wolga
UKRAINE
SLOWAKEI
Bratislava
Budapest
UNGARN
Vásárosbec
Chișinău
Odessa
Krim
Asowsches Meer
RUMÄNIEN
GEORGIEN
Schwarzes Meer
ARMENIEN
Bukarest
Novi Sad
Belgrad
SERBIEN
Donau
Sarajevo
BULGARIEN
MONTE-NEGRO
Priština
Sofia
KOSOVO
Podgorica
Skopje
NORD-MAZEDONIEN
Tirana
ALBANIEN
Ankara
Tigris
Euphrat
TÜRKEI
Lesbos
Ägäis
Samos
GRIECHENLAND
Athen
SYRIEN
Lefkosia
IRAK
ZYPERN
LIBANON
Kreta
0 100 200 300 km
Mittelmeer
JORDANIEN

Inhalt

Prolog
2018

I

Aus der Luft sieht man eine braungraue Landschaft. Als hätte es auf dem Mond gerade einen Platzregen gegeben. Zernarbte Erde mit Tausenden Seen und Flüsschen. Sie erinnern an die Tümpel und Priele, die sich im Schlick abzeichnen, wenn das Meer sich zurückzieht, zweimal täglich, in Ewigkeit. Felsen und Flechten, tiefste Einöde.

Wir sind fast da. Ein einsamer Baum – leuchtend gelb zu Anfang des Winters. Ein grellrotes Haus. Plötzlich Fabrikgebäude, eine große Werft, eine Ansammlung von Läden und Wohnhäusern rings um einen Platz, ein paar Kräne, ein Hafen. Die Stadt. Vom Nordpolarmeer kehrt ein Trawler zurück, blau-schwarz, Königskrabben fängt man hier, riesige Schalentiere, begehrt bei den Luxusrestaurants Europas.

Der Abend naht, die Straßen sind still und leer, man hört nichts als den Wind. Nur im Rathaus brennt noch Licht und in dem großen, gelb gestrichenen russischen Konsulat mit den vergitterten Fenstern. Im Restaurant gibt es Walsteak oder Nudeln mit Rentierfleisch und Pilzen. Vor dem Eisenwarenladen am Kai steht noch die komplette Auslage, drei triefende Aluminiumleitern, kurz, lang und mittellang. Im kleinen Supermarkt besprechen zwei junge Frauen ausführlich, was sie nehmen sollen: Milchshake oder einen moderneren Drink? Heute ist ihr wöchentlicher Ausflug.

In wenigen Minuten wird das Tor an der Grenze, ein paar Kilometer von hier entfernt, für heute geschlossen. Der Soldat auf dieser Seite wird den beiden auf der anderen die Hand schütteln, wobei er höchstens 30 Zentimeter auf das fremde Territorium vordringen darf; das Ritual ist streng geregelt, um Zwischenfälle auszuschließen.

Morgen ist wieder ein Tag.

Was ich jetzt am Anfang brauche, ist Abstand. Räumlicher Abstand, aber auch zeitlicher – soweit möglich. Es hat ja etwas Widersprüchliches, die Geschichte eines Zeitabschnitts, einer Welt, deren Teil man ist, zu schreiben, während man selbst mittendrin steckt. Geschichtsschreibung ist auf Abstand angewiesen, Zeit vergehen zu lassen ist immer noch die beste Art, Überblick zu gewinnen. Eine Gestalt wie Napoleon hat erst nach Jahrzehnten ihren Platz in der europäischen Geschichte des 19. Jahrhunderts gefunden. Bis heute wird über die tieferen Ursachen der beiden großen Kriege des 20. Jahrhunderts diskutiert, über das Wesen und die Folgen des Kolonialismus, die eingefrorene Gewalt des Kalten Krieges, den Zusammenbruch des Sowjetimperiums im Jahr 1989. Und hier geht es nun um unsere Zeit, um diese ersten beiden Jahrzehnte des 21. Jahrhunderts, in denen die Geschichtsfabrik wieder auf Hochtouren produziert und unsere geordnete europäische Welt des Friedens und verdienten Wohlstands erneut ins Wanken zu geraten scheint.

Vor knapp zwei Jahrzehnten habe ich ein Buch über Europa im 20. Jahrhundert geschrieben; damals habe ich im Jahr 1999 aufgehört. Es schreit geradezu nach einer Fortsetzung: Was ist beim turbulenten Start ins 21. Jahrhundert mit der europäischen Welt geschehen? Wie gern würde ich der klugen Geschichtsstudentin über die Schulter blicken, die im Jahr 2069, ein halbes Jahrhundert später, über unsere Zeit schreiben darf. Eine besonders erfreuliche Lektüre wird es nicht sein, fürchte ich, aber auf jeden Fall eine interessante. Sowohl die Vereinigten Staaten von Amerika als auch, später, die Europäische Union konnte man schließlich als große historische Projekte betrachten, als Projekte, mit denen freie Bürger den Verlauf der Geschichte selbst zu bestimmen versuchten, statt ihn passiv zu erdulden, als Projekte außerdem, deren Ursprünge in den Idealen der Aufklärung lagen, in der Idee der Menschenrechte, der Idee von Freiheit, Gleichheit und Brüderlichkeit – auch internationaler Brüderlichkeit. Wie ist der Niedergang von etwas so Schönem zu erklären?

Meine junge Historikerin hat dank des zeitlichen Abstands einen guten Überblick. Ich nicht. Ich beneide sie.

2

Hier, am nördlichen Ende Europas, ist alles klar wie der Himmel. Wenn man nicht aufpasst, erfriert man. Frühling, Sommer und Herbst werden blitzschnell abgewickelt. »Der Winter dauert endlos, und zack, plötzlich ist es Sommer«, sagen die Leute hier. »Und dann, zack, ist der Sommer wieder vorbei.« Die Kälte kommt meistens im Oktober mit Schnee, der bis Mai liegen bleibt. Ende November beginnt die Polarnacht. Dann flackern Polarlichter am schwarzen Himmel, darunter gefriert alles bei 20, manchmal 30 Grad unter Null. Am 18. Januar kann man von einem der Hügel wieder die ersten Sonnenstrahlen sehen. Das wird ausgelassen gefeiert, als wäre noch einmal Weihnachten, die Schulkinder haben frei. Danach richtet sich das Leben erneut nach dem täglichen Rhythmus des Postbootes – am Hafen, auf der Werft, in den Läden, bei den Grenzposten, auf dem Flugplatz. Die übrige Zeit verbringt man im Haus. *Centrum Kafé*, das sprechende Herz der Stadt, schließt nachmittags um fünf.

Kirkenes hat knapp 3500 Einwohner, es ist ein Stecknadelkopf auf der Karte und doch ein geopolitischer Brennpunkt. Schon wegen seiner Lage weniger als 50 Kilometer von der russischen Grenze entfernt ist der entlegene Ort strategisch außerordentlich bedeutsam. Außerdem hat Kirkenes den nördlichsten eisfreien Hafen Europas, es liegt an der Barentssee mit ihren bedeutenden Gasfeldern – einem besonders großen im russischen Teil – und ist das Tor nach Murmansk, einem der wichtigsten Häfen Russlands. Im Polargebiet gibt es nach vorläufigen Schätzungen 13 Prozent der weltweiten Erdölreserven und 40 Prozent der Gasvorräte, dazu große Mengen an Eisen, Kupfer, Gold und anderen Mineralien. Weil die arktische Eiskappe schmilzt, stehen also zwangsläufig große Veränderungen ins Haus. Alle bereiten sich darauf vor. Gerade auf russischer Seite werden schon heute gewaltige Summen investiert, die militärischen Aktivitäten nehmen entsprechend zu.

Der Hafen von Kirkenes ist darüber hinaus von entscheidender Bedeutung für die künftige arktische Schifffahrtsroute von Asien nach Europa, der Alternative zur Route über den Sueskanal. Der Bürgermeister sieht seine Stadt schon als nordeuropäisches Singapur: »Ich habe hier jede Woche eine chinesische Delegation zu Besuch.« Der Chefredakteur der örtlichen

Internetzeitung, Thomas Nilsen, bezeichnet Kirkenes lieber als »das Zentrum der Peripherie Europas«. Für ihn ist es vor allem eine Art Testlabor, besonders für das Verhältnis zwischen Russland und Europa. »Alle Veränderungen spüren wir hier zuerst, viel früher als die Menschen in Berlin, Washington oder Moskau.«

Ich bin heute mit einem Kameramann unterwegs. Meine Europareise von 1999 hatte ein zweites Leben als Fernsehserie des niederländischen Senders VPRO geschenkt bekommen – wobei das Buch und die Serie zwei völlig verschiedene Projekte blieben. Jetzt fangen wir noch einmal von vorn an, und diesmal arbeiten wir schon in einem frühen Stadium zusammen. Die Zeit drängt.

Wir gehen am Hafen entlang. Der Trawler, die *Salacgriva*, kommt aus Murmansk. Aus der Nähe erweist sich das Schiff mit seinem triefenden Gewirr von Trossen, den Kränen, Auslegern und Krabbenkurren als schwimmende Fabrik. Die Männer, schweigsam unter dicken Kapuzen, von einem Dasein auf See gezeichnet wie ihr Schiff und ihre Netze, sitzen in der Ecke eines Schuppens, bis es Zeit ist, wieder auszufahren. Wortlos reichen sie die Kaffeekanne herum, der Fernseher zeigt tanzende Frauen.

Den Hügel hinauf. Der letzte Krieg ist nicht weit weg. Früher müssen auch hier die schönen Holzhäuser gestanden haben, die man sonst überall in den norwegischen Handelsstädtchen sieht, aber in Kirkenes ist in der Endphase des Zweiten Weltkriegs fast jedes Haus dem Erdboden gleichgemacht worden. Bei einer großen Offensive der Roten Armee im hohen Norden, bei der es hauptsächlich um die nahe gelegenen Nickelbergwerke und die strategisch bedeutsame Marinebasis Kirkenes ging, wurde die Stadt mehr als hundert Mal bombardiert. Zwischen Kirkenes und Murmansk starben über 60 000 Soldaten. Die Bevölkerung lebte sieben Monate lang in den Höhlen und Stollen, den ganzen Winter 1944/45. In dieser Zeit wurden 20 Kinder geboren. Im Frühjahr 1945 standen in Kirkenes noch drei Häuser.

All die ordentlichen weißen Wohnhäuser und Läden sind also neu, weshalb Kirkenes ein wenig einer amerikanischen Vorstadt ähnelt. Eines der ältesten Gebäude ist ein Bunker, der heute an den Mut der Einwohner erinnert. Ganz in der Nähe steht auf einem Sockel ein russischer Soldat. Vor dem Befreiungsdenkmal liegen immer bunte Sträuße und Kränze, frisch geflochtenes Kunstgrün; an echte Blumen ist in diesem Klima nicht zu denken. Schon immer wurden die Russen hier als Befreier gefeiert. Als Stalin starb, gab es auch in Kirkenes Leute, die weinten.

An hölzernen Veranden und einigen Sportplätzen vorbei steigen wir weiter hinauf, bis wir unten den Hafen liegen sehen. Wir setzen uns auf eine Bank. Bis zum Horizont erstreckt sich die große, leere Bucht, zuerst ist kein Schiff zu erkennen, dann erscheint in der Ferne wie jeden Tag das Postboot. Ein Mann mit Hund geht vorbei, schaut auf die Uhr. »Es ist spät dran heute, mindestens eine Viertelstunde.« Alles in diesem Städtchen ist solide, die Autos glänzen, die Häuser sind großzügig, man lebt anscheinend gut hier. Unter einigen der raren Bäume liegt der Friedhof, vergoldete Schriftzüge blinken grell in der Sonne. Bescheidenheit ist die Norm, nirgends stehen pompöse Grabmale. Bald, vor Gott, sind wir alle gleich, eigentlich aber schon jetzt.

Der Bürgermeister heißt Rune Rafaelsen. Er erzählt von seiner Großmutter. Ihr erster Mann kam bei einem Sturz im Sägewerk ums Leben. Ihr zweiter Mann starb, kaum dass sie geheiratet hatten, als sein Schiff von einem U-Boot torpediert wurde. Runes Vater war der jüngste Widerstandskämpfer Norwegens. Mit 16 meldete er sich zur norwegischen Armee. Sein Onkel war als junger Mann in einem Straflager interniert und verliebte sich in eine russische Gefangene auf der anderen Seite des Stacheldrahts. Sie verschwand, und er sah sie nie wieder. Noch auf seinem Sterbebett fragte er nach ihr. Rune selbst ist in einem hoffnungslos überfüllten Haus aufgewachsen. »Nach dem Krieg gab es nichts mehr. Alles musste neu aufgebaut werden.« Das ist die Geschichte dieses Ortes.

Während des Kalten Krieges kam es besonders im hohen Norden immer wieder zu brandgefährlichen Situationen. Hier lag jahrelang die einzige direkte Grenze zwischen Russland und der NATO. Im Jahr 1969 schickte die Sowjetunion als Reaktion auf eine NATO-Übung eine Infanteriedivision samt 200 Kampfpanzern und 500 anderen gepanzerten Fahrzeugen in die Grenzregion. Dennoch blieb Kirkenes eigensinnig, die Beziehung zu Russland ungewöhnlich eng. Es war eine Grenze, an der »immer flexibel gelebt wurde«, sagt der Bürgermeister. »Sami [Einwohner Lapplands], Norweger, Finnen, Russen, alles wimmelte hier früher durcheinander.« Angst vor den Russen hatte niemand. »Wenn sie kommen, sacken sie zuerst Oslo ein, dann

Bergen und dann Trondheim. Und dann kommen sie zum Kaffeetrinken nach Kirkenes.« So dachte man hier.

Rafaelsen ist mit dieser Stadt verwachsen, sein Leben lang. Sein Büro im Rathaus ist streng und schlicht eingerichtet, die Gitter, Kameras und Antennen des nahen russischen Konsulats sind von dort nicht zu übersehen. Die NATO ist übrigens mindestens so präsent: Mehrmals pro Woche macht am Kai ein geheimnisvolles Schiff fest, das nicht einmal der Bürgermeister betreten darf. Auf den ersten Blick ist die *Marjata* ein ziemlich normales Passagierschiff mit einigen Antennen mehr als üblich, in Wirklichkeit aber eines der modernsten Abhörzentren der Welt. »Sie zapfen alle unsere Telefone und Laptops an«, hört man im *Centrum Kafé*. Andererseits sind russische U-Boote bei den Seekabeln im Nordpolarmeer unterwegs, was wiederum die Amerikaner nervös macht.

In Kirkenes blickt man quasi aus großer Höhe auf Berlin, Brüssel, London und Rotterdam hinunter. Alles ist weit weg. Trotzdem hat sich die jüngste Geschichte auch auf Kirkenes ausgewirkt, immer wieder: der Bankenzusammenbruch von 2008, die darauf folgende Krise, die russische Annexion der Krim, die Massenimmigration, der Brexit, Trump.

Das Eisenbergwerk, früher der Stützpfeiler der lokalen Wirtschaft, musste 2015 während der Nachwehen der Krise Konkurs anmelden, rund 400 Menschen verloren ihre Arbeitsplätze. Die Stadt konnte diesen Verlust abfedern. Der eisfreie Hafen von Kirkenes ist heute die wichtigste Basis für die russische Fischerei, die große Werft arbeitet zu drei Vierteln für Russland. Und der Tourismus blüht, jährlich bringen Kreuzfahrtschiffe etwa 100 000 Besucher. »Das Leben ist schon weniger hart«, meint der Bürgermeister.

Er zeigt mir seinen Terminkalender für die kommende Woche. Die Eröffnung eines »Open-Screen«-Filmfestivals in Murmansk – er kennt den dortigen Gouverneur seit 1992. Eine Besprechung mit dem Bürgermeister von Nikel, wenige Kilometer jenseits der Grenze – schon seit Jahren ein guter Freund. Die Gay Pride Parade in Kirkenes selbst, mit einer starken Delegation aus Murmansk, wo dergleichen natürlich undenkbar wäre. Grenzregionen faszinieren ihn, er verbringt seinen Urlaub immer mal wieder auf der anderen Seite.

Dennoch hat sich selbst in Kirkenes das Verhältnis zu Russland abgekühlt. Putins Regime verhärtete sich, unabhängige Medien wurden mit allen

Mitteln in ihrer Arbeit behindert, Russland besetzte die Krim und weitere Teile der Ukraine, der Westen reagierte mit schmerzlichen Sanktionen. Die Folgen spürte man hier sofort. Die russische Fischerei geriet in eine Krise, Fußballspiele zwischen Mannschaften beiderseits der Grenze wurden abgesagt, in den Läden schossen die Umsätze mit französischem Wein und Käse in die Höhe, weil die Russen beides zu Hause nicht mehr bekamen.

Und dann ist da noch die unerfreuliche Sache mit dem alten Frode Berg, der im Städtchen sehr beliebt ist, Vorsitzender des Kirchenvorstands, Mitglied im Vorstand des Orchesters und des Crossing Border Festival und vor allem ein aktiver Verfechter guter Beziehungen zu Russland. Ausgerechnet er wurde im Dezember 2017 in Moskau plötzlich vom FSB festgenommen. Spionage. Niemand hier begreift das – seine Freunde im *Centrum Kafé* sind fassungslos, sie können sich nicht vorstellen, dass er wirklich spioniert hat. Allerdings hört man nun so manches, auch andere sind schon einmal vom norwegischen Geheimdienst angesprochen worden. Frode Berg ist immer noch in Haft.

»Auf regionaler Ebene haben wir business as usual«, sagt der Bürgermeister. »Aber die Atmosphäre hat sich schon verändert. Vor 2014 hatten wir Gespräche wie zu Hause am Küchentisch, über alles Mögliche, auch über Politik. Wenn ich heute sage, dass ich mir Sorgen um Russland mache, blocken sie gleich ab. ›Ich mache mir Sorgen um meine Großmutter‹, sagen sie dann. ›Die braucht Medikamente. Also hör auf mit deinem Gerede über Demokratie.‹«

3

Kirkenes war nie ein Ort für Populisten. Hier ist man der Zukunft zugewandt. Es gibt nur vier Länder, die seit je großes Interesse an der Arktis haben: die Vereinigten Staaten, Kanada, Russland und Norwegen. »Und hier funktioniert alles, selbst im tiefsten Winter«, versichert der Bürgermeister.

Auch um den Nordpol steigen die Temperaturen, sogar dreimal so schnell wie anderswo; die Durchschnittstemperatur ist hier drei Grad höher als 1971. Immer größere Flächen im Nordpolarmeer bleiben eisfrei. Alle hier merken es: Nicht erst im Juni, sondern schon im Mai wird es grün, in diesem Sommer gab es sogar zum ersten Mal eine Hitzewelle. Infolge des Eisverlusts verändert sich der sogenannte Polarwirbel, ein stationäres Tiefdruckgebiet in großer Höhe, das auch Einfluss auf das Wetter in anderen Teilen des Kontinents hat. Weiter südlich kann es plötzlich ungewöhnlich kalt werden, im Norden wird es merklich wärmer und nasser.

Während diese klimatischen Veränderungen vielen Europäern zunehmend Sorgen bereiten, sieht man in Kirkenes auch einzigartige Perspektiven: Um das Jahr 2030 wird die Nordostpassage vermutlich zwölf Monate im Jahr befahrbar sein, und auf diesem Seeweg dauert die Fahrt von Schanghai nach Rotterdam nur etwa 20 Tage statt 30 bis 40 auf der Route über den Sueskanal. Es gibt Pläne für einen riesigen Containerhafen, der Bürgermeister träumt schon von einer direkten Bahnverbindung nach Helsinki.

»Hier ist der geopolitische Brennpunkt Norwegens«, sagt er. »Mit Russland wird intensiv über das Gas in der Barentssee verhandelt. Lawrow ist mehrmals hier gewesen. Die Chinesen sprechen schon von der nördlichen Variante der Neuen Seidenstraße, der New Polar Ship Road. In Oslo passiert nichts, hier passiert alles.«

Das ist nicht übertrieben. In diesem Moment, Oktober 2018, haben die Vereinigten Staaten angekündigt, aus dem historischen INF-Vertrag über nukleare Mittelstreckenwaffen auszusteigen – übrigens ohne Rücksprache mit den NATO-Partnern. Russland hat sofort mit Gegenmaßnahmen reagiert. Nach dreißig Jahren Frieden kann der Rüstungswettlauf erneut beginnen, und diesmal ist China mit im Rennen. Außerdem schicken die Amerikaner einen Flugzeugträger samt zugehörigem Marineverband zum Polarkreis, zum ersten Mal seit drei Jahrzehnten. Russland hat dort in den letzten Jahren sieben alte Militärbasen aus der Sowjetzeit wiedereröffnet, der erste militärische Eisbrecher ist unterwegs, auch das hat es seit Jahrzehnten nicht mehr gegeben.

Norweger und Amerikaner bauen unterdessen beim Fischerdorf Vardø eine neue Radarstation, GLOBUS III, zur Beobachtung der russischen Atom-U-Boot-Flotte. Im Februar haben elf russische Jagdbomber vom Typ Suchoi SU-24 einen Scheinangriff auf Vardø geflogen, eine Einschüchterungsaktion, die beim norwegischen Geheimdienst sämtliche Alarmglocken läuten ließ, denn solche Situationen können leicht außer Kontrolle geraten.

Schweden hat in diesem Frühjahr begonnen, die alten Bunker zu reaktivieren, und eine neue Zivilschutz-Broschüre herausgegeben. Ein Zitat:

»Wenn Schweden von einem anderen Land angegriffen wird, werden wir niemals aufgeben. Jede Nachricht von einer Beendigung des Widerstandes ist falsch.« In Norwegen beginnt jetzt Trident Juncture 18, das größte NATO-Manöver seit dem Kalten Krieg mit 50 000 Soldaten, 10 000 Fahrzeugen, 250 Flugzeugen und 65 Schiffen. Die Frage lautet: Können britische Truppen den Norwegern bei einem russischen Angriff schnell genug zu Hilfe kommen? Nach dem Ende des Kalten Krieges wurden solche Fragen jahrelang nicht mehr gestellt, nun müssen vor allem die Straßen und Brücken in den Niederlanden und Deutschland getestet werden. Sind sie noch für umfangreiche Militärtransporte geeignet? »Ein realistischer Stresstest«, sagt der amerikanische Kommandeur gegenüber der Presse.

Man hatte einmal geglaubt, die westliche Freiheit und Demokratie würden langsam den Osten und den Rest der Welt erobern. Inzwischen scheint die Entwicklung eher in die andere Richtung zu gehen. Europa ist desorientiert, gespalten und geschwächt. Russland ergreift jede Gelegenheit, neue Zwietracht zu säen, China nutzt die entstehenden Lücken, um die Europa sich nicht kümmert, ob in Mitteleuropa oder auf dem Balkan und in Griechenland. Weiter im Westen gibt es nun einen amerikanischen Präsidenten, der im Großen und Ganzen die gleiche Destabilisierungspolitik betreibt wie die Russen und der innerhalb kurzer Zeit die Regeln und Institutionen der Nachkriegsweltordnung aushebelt. Der *New-York-Times*-Kolumnist Roger Cohen drückte es so aus: Die alte transatlantische Welt des späten 20. Jahrhunderts sei »gone, man, solid gone«.

Wie konnte das optimistische Europa des Jahres 1999 all das geschehen lassen? Vor langer Zeit, als ich ein allwissender Student war, schrieb mir ein alter Journalist und ehemaliger Widerstandskämpfer: »Ihr habt leicht reden, ihr seht alles im Licht von heute. Aber was konnten wir tun, in den dreißiger Jahren? Wir tappten im Dunkeln, eine Kerze in der Hand, tastend und stolpernd, in einem völlig fremden Haus.«

Nun taumele ich selbst mit einer solchen Kerze in der Hand umher.

Aus dem Vollen geschöpft

1999

I

Es fing so wundervoll an. Wie der Beginn des 20. Jahrhunderts war der Start ins 21. ein einziges großes, triumphales Fest. Der Kalte Krieg war vorbei, die Börsen tanzten, der Sekt wurde nicht mehr flaschen-, sondern kistenweise verkauft, wie die populäre niederländische Tageszeitung *De Telegraaf* an jenem Freitag, dem 31. Dezember, von jedem Kiosk aus verkündete: »Da wird aus dem Vollen geschöpft!« Das Wirtschaftswachstum blieb stabil, die Arbeitslosenquote war unerhört niedrig, zum ersten Mal seit einem Vierteljahrhundert gab es kein Haushaltsdefizit. Die Zeitung: »Nie zuvor ging es den Bürgern, zumindest in der westlichen Welt, so gut wie heute.«

Gefeiert wurde mit mehr Luxus denn je, allein in den Niederlanden wurden drei Millionen Flaschen »Bubbels« – Sekt, Champagner und Prosecco – verkauft, eine Rekordzahl. »Sowohl für daheim als auch für Partys ist Schickes und Exzentrisches angesagt«, schrieb ein Modeexperte. »Zum Beispiel ist die Boa wieder total in, und für die Damen gilt: viel nackte Haut.« Wieder überschritt Europa voller Vertrauen und Optimismus, fröhlich und guten Mutes die Schwelle zu einem neuen Jahrhundert.

Diese letzten Tage des Jahres 1999 habe ich in lebhafter Erinnerung. Ich war seit Jahrzehnten Journalist, das ganze Jahr war ich kreuz und quer durch Europa gereist, täglich hatte ich darüber einen kleinen Artikel für die Titelseite meiner Zeitung, *NRC Handelsblad*, geschrieben, später entwickelte sich daraus ein ganzes Buch.

Es sollte eine Art Inspektionsreise sein: Wie ging es Europa am Ende des Jahrtausends? Zugleich war es aber eine Reise durch die Zeit: Wie hatten die Menschen in Europa die dreißiger Jahre erlebt, die fünfziger und sechziger Jahre, die Kriege, Verfolgungen und andere Katastrophen? Wie hatten sie all dies überstanden? Das ganze Jahr, Monat für Monat, folgte ich den Spuren des Jahrhunderts. Ich sah Länder voller Wunden und Städte voller Narben, aber auch, wie erstaunlich gut Wunden verheilt waren, und ich hörte zu, vor allem das.

In Sankt Petersburg zum Beispiel interviewte ich die pensionierte Theaterregisseurin Alexandra Wassiljewa über das Jahr 1917 und die Oktoberrevolution. Sie war 102 Jahre alt und fragil wie eine Pusteblume, aber ihre Augen glänzten. »Es war eine aufregende Zeit! Sehr gefährlich! Zum Glück arbeitete mein Mann beim Film. Ein Filmstar, das fanden die Soldaten und Banditen alle großartig, so jemanden erschossen sie nicht.«

Mit dem betagten Politiker Nigel Nicolson probierte ich auf seinem Landsitz in Kent eine technische Neuheit aus: Wir bereiteten Tee in seiner gerade gelieferten Mikrowelle zu. Später las er mir einen Brief seines Vaters, des Diplomaten Harold Nicolson, aus dem Jahr 1919 vor: »Hier sitze ich nun, ein Kind in all diesen Dingen, und berate drei alte Männer: Lloyd George, Clemenceau und Präsident Wilson. Und diese drei sind nun dabei, Europa aufzuteilen, als handele es sich um einen Kuchen.«

Truusje Roegholt in Amsterdam hatte immer noch einen leichten deutschen Akzent. Sie erzählte von ihrer Kindheit in Köln und ihren Erlebnissen 1933: »Gleich zu Beginn schon sah man alle in neuen, schönen Uniformen marschieren. Das Ganze hatte eine grandiose Wirkung. All die armen Leute, die waren plötzlich wer. Sie sangen den größten Blödsinn, aber sie hatten neue Schuhe!«

Im Hotel *Astoria* in Budapest schilderte mir der Schriftsteller György Konrád seine Erlebnisse während des Ungarischen Volksaufstands 1956. »Wir lebten in einer wunderbaren Illusion. Vom Land kamen Gerüchte über russische Panzerbewegungen, aber das war sicher nur ein Missverständnis, dachten wir.«

Ich besuchte den früheren Bundespräsidenten Richard von Weizsäcker, und er erzählte vom Fall der Mauer am 9. November 1989: »Schließlich landete ich auf dem Potsdamer Platz. Die Leute auf der westlichen Seite fragten sich, ob man wohl über den Platz gehen könne, und ich sagte: ›Das will ich sehen!‹ Und dann habe ich ganz allein diese Fläche überquert, ich lief zu den Baracken des DDR-Grenzübergangs, und da kam ein Leutnant der Volkspolizei heraus, er erkannte mich, salutierte und sagte ganz ruhig: ›Herr Präsident, ich teile Ihnen mit, dass keine besonderen Vorfälle zu melden sind.‹«

In Brüssel streifte ich mit meinem Freund Pierre Platteau durchs Arbeiterviertel Molenbeek, vorbei an leeren Schaufenstern mit grauen Scheiben, auf der Suche nach dem, was von den »Traumkinos« seiner Jugend übrig war. »Das wundervolle Kinox, sieh dir an, was daraus geworden ist, ein riesiges türkisches Stoffgeschäft mit Grabbelkisten, in denen bekopftuchte Frauen wühlen.«

Ende Dezember 1999 ging mit dem Jahrhundert auch die Reise zu Ende. Die Jugoslawienkriege waren vorbei, mit einigen Schwierigkeiten war ich noch aus dem tief verschneiten Sarajevo herausgekommen.

Zu Silvester war ich wieder zu Hause. »Im Fernen Osten hat das neue Jahrhundert schon begonnen«, wurde mittags im Fernsehen gesagt. »Der sogenannte Millennium-Bug scheint sich ruhig zu verhalten.«

Dieses seltsame Phänomen war kein Hirngespinst: Viele Computer-Betriebssysteme, Programme und Datenbestände stammten noch aus den sechziger Jahren, als Speicherplatz knapp war, weshalb Jahreszahlen häufig nur mit den letzten beiden Ziffern angegeben wurden; beim Übergang von 1999 zu 2000 würde deshalb aus »99« »00« werden, was zu falschen Sortierungen und Fehlverarbeitungen führen konnte. Am 31. Dezember 1999 um 24 Uhr, so die Befürchtungen, würden möglicherweise auf der ganzen Welt Computer abstürzen; der Strom könne ausfallen, Bankguthaben sich in nichts auflösen, Flugzeuge vom Kurs abkommen – der Beginn des neuen Jahrhunderts könne zu einem apokalyptischen Chaos werden. Niemand wusste, was in den Nervenzentren zum Beispiel von Banken und anderen komplexen Organisationen geschehen würde. Zum ersten Mal machte sich Besorgnis über eine anscheinend nicht völlig beherrschbare moderne Technik breit, die Unheil anrichten könnte; in Banken, Ministerien, Botschaften, überall waren in jener Nacht Krisenstäbe in Bereitschaft, für alle Fälle.

Schließlich passierte nichts. Die Leute gingen nach draußen, brannten Feuerwerk ab, ließen die Korken knallen.

Ich selbst verbrachte diesen denkwürdigen Abend bei Freunden in einem Amsterdamer Grachtenhaus mit Aussicht auf den ältesten Kirchturm, der schon seit sieben Jahrhunderten über die Stadt wacht. Es war eine Tradition: Jedes Jahr am Silvesterabend trafen sich dort dieselben Menschen, zusammen warteten wir auf die zwölf Glockenschläge und beobachteten dann vom Balkon aus das Feuerwerk. Ein Freund hatte sich in einem anderen Turm verschanzt, wo er und ein paar Gleichgesinnte um zwölf Uhr eigenhändig die Glocken läuteten, so verteilte er Jahr für Jahr seinen Segen über die Stadt. Diesmal übertönte das Geknalle alles und jeden. Die Wirtschaft brummte, und das galt nicht zuletzt für die Coffeeshops und die Dealer auf der anderen Seite der Gracht. Sie ließen sich die Sache einiges kosten, zigtausend Gulden Drogengeld gingen in Gestalt von Knallfröschen, Raketen und Fontänen in Rauch auf. In null Komma nichts hatten sie sämtliche Kirchtürme in einem stinkenden Nebel aus Pulverdampf verschwinden lassen. Auch das war eine Amsterdamer Tradition.

Ach, alle hatten ihre eigenen Erinnerungen an jene Nacht. José Martí Font, Journalist in Barcelona, erzählte mir von einem großen Haus, gerammelt voll mit Freunden: »Wir waren ohne Ausnahme betrunken. Als der Morgen dämmerte, haben wir die Gläser einfach aus dem Fenster geworfen. Wir waren außer Rand und Band. Alles würde besser werden, wenn der Euro kam, würde das Geld wie Manna vom Himmel fallen!«

Aydin Soei, Sohn iranischer Flüchtlinge und damals siebzehn – wie über Font werden Sie auch über ihn später mehr erfahren –, feierte den Anbruch des neuen Jahres in einer kahlen Garage in einem Außenbezirk von Kopenhagen. »Ein paar Mitschüler vom Gymnasium und ich waren zusammen, wir haben uns öfter dort getroffen, auch übernachtet. An diesen Abend erinnere ich mich noch genau, ich hatte im Ausverkauf Socken gekauft, auf denen ›2000‹ stand. Und alle fragten sich, ob wirklich gleich sämtliche Computer ausfallen würden. Wir hatten uns festlich angezogen, ich habe die Fotos noch vor Augen, die Mädels in Abendkleidern, die Jungs im Smoking. Es sieht eigentlich ziemlich verrückt aus, Kinder, die Smokings tragen. Ich hatte natürlich ganz anderes erlebt als alle anderen, das konnten sie sich überhaupt nicht vorstellen.«

Gábor Demszky war damals Bürgermeister von Budapest, er war der große Opponent Viktor Orbáns. »Wir waren im Skiurlaub in Österreich. Ich hatte eine neue Freundin, beide hatten wir zwei Kinder. Auch meine Exfrau und der Ex von meiner Freundin waren mit, alle zusammen im Urlaub, es war ein großes Familientreffen. Orbán war da schon Ministerpräsident und versuchte, alles Geld und alle Macht der Städte in die Hand zu bekommen. Für seinen Clan war ich der großstädtisch-intellektuell-liberale Jude. In Wirklichkeit war ich gar kein Jude, aber ein unbequemer Liberaler. In der Politik herrschte permanenter Kriegszustand. Damals hatte ich noch genug Geld, um alle einzuladen. Heute könnte ich das nicht mehr.«

Umayya Abu-Hanna, die finnische Rundfunkjournalistin palästinensischer Herkunft, der ich während meiner Reise durch Europa begegnet war, stieß in einem prachtvollen Haus aus dem 18. Jahrhundert mitten in Helsinki auf das neue Jahrtausend an. »Ausländische Küche war auf einmal die große Mode, in Finnland wollten alle möglichst ›urban‹ sein und international, besonders, wenn's ums Essen ging. Bei meinen Freunden wurde ganz ruhig gefeiert, es gab köstlichen französischen Champagner, wir sahen eine Fernsehsendung über die finnische Geschichte, das Beste hiervon und das Schönste davon, wir waren vier Paare und ein paar Kinder, niemand hatte besondere Erwartungen, weder gute noch schlimme, es war, als würden wir in einem Kanu durch leise plätscherndes Wasser gleiten.«

Im serbischen Novi Sad gab es wenig zu feiern. Ein weiterer Weggefährte von damals, der Filmemacher Želimir Žilnik, blickte an jenem Abend auf ein irrsinniges Jahrzehnt zurück. Anfang der 1990er Jahre war Novi Sad eine blühende Stadt gewesen, das wirtschaftlich starke Jugoslawien galt als sicherer Kandidat für die EU. Doch 1999 waren die wunderschönen Donaubrücken zerbombt, auf dem Markt boten alte Damen ihre Pelzmäntel feil, der Preis eines Päckchens Zigaretten stieg stündlich, und die Kriminellen, die früher für den kommunistischen Geheimdienst gearbeitet hatten, waren nun die Helden der Nationalisten. »Es war ein einziger großer, endloser Raubzug. Raffen, raffen, das war es, worauf all diese ethnischen Säuberungen hinausliefen.« Sein Freund, der Schriftsteller Aleksandar Tišma, bemerkte damals: »Wissen Sie, jeder arme Mann ist ein Idiot. Einfach weil er arm ist. Seine Sachen sind schmutzig, sein Haar ist nicht geschnitten. Und so sind auch wir Idioten. Wir sind die Dorftrottel der Welt.«

Im norwegischen Kirkenes wurde der Jahreswechsel wie seit eh und je still im häuslichen Kreis gefeiert. Nur Thomas Nilsen war fast außer sich vor Freude. »Ich war damals in einer Umweltgruppe, zusammen mit zwei Russen arbeitete ich an einem Buch über die Sicherheit der Atomreaktoren der russischen Flotte hier in der Barentssee. Schon seit Jahren war der FSB hinter uns her, es gab Vorladungen und Prozesse, aber am 29. Dezember geschah ein Wunder: Wir wurden freigesprochen. Es war der erste Freispruch in einem vom FSB eingefädelten Prozess – und auch der letzte. Zwei Tage später änderte sich in Russland alles, aber das ahnten wir damals nicht.«

In Vásárosbéc, dem südungarischen Dorf, in dem ich 1999 meinen Bericht hatte beginnen lassen und in dem die Zeit 1925 stehen geblieben war, wurde an jenem Abend in der Kneipe getanzt, bis das Wasser die Wände herunterlief. Ein betrunkener Roma wurde handgreiflich, dann stritt man sich mit einem Ausländer, bis man ihn hinauswarf, ins 21. Jahrhundert hinein. Anschließend vertröpfelte das Fest.

2

»Dawn of the Century« hieß das Lied, mit dem die Briten 1899 das neue Jahrhundert begrüßten, und auf dem Titelblatt der amerikanischen Notenausgabe sind all die wunderbaren Dinge zu sehen, die diese neue Zeit bereithielt: eine Straßenbahn, eine Schreibmaschine, ein Telefon, eine Nähmaschine, ein Fotoapparat, eine Dreschmaschine, eine Lokomotive, sogar ein Auto. Das 21. Jahrhundert wurde ebenso optimistisch begrüßt. Was sollte noch Schlimmes passieren? Überall wurde gebaut wie noch nie, in sämtlichen Hauptstädten waren bald die gläsernen Eiffeltürme des neuen Jahrhunderts zu sehen, die Prestigeobjekte der multinationalen Konzerne. Züge und Briefkästen verloren ihre vertrauten Farben, denn Bahngesellschaften und Post waren privatisiert worden, die Marke hatte nun die Macht. Das vergangene Jahrhundert wurde buchstäblich zum Sperrmüll gegeben: Ich erinnere mich, dass in jenen Jahren überall Rechen- oder Schreibmaschinen, Zeichenbretter, mechanische Tischkalender und andere raffinierte technische Geräte des 20. Jahrhunderts am Straßenrand lagen, dank der Neuheiten des IT-Zeitalters hoffnungslos überholt.

Das 21. Jahrhundert könne das Jahrhundert Europas werden, meinte Tony Judt, damals einer der führenden Historiker, am Schluss seines Epos über die jüngste europäische Geschichte, und dafür gab es in jenem Moment gute Gründe. Die EU war um die Jahrhundertwende die größte Handelsgemeinschaft der Welt mit dem größten Konsumentenmarkt, der stärksten Wirtschaft und dem meisten nichtmilitärischen technologischen Know-how. Frieden und Sicherheit waren solide verankert, das Bündnis mit den Vereinigten Staaten selbstverständlich, Russland war keine Bedrohung mehr – seit Michail Gorbatschows Perestroika war ein neuer »europäischer Raum« im Entstehen begriffen, sogar eine künftige Mitgliedschaft Russlands in der NATO lag im Bereich des Möglichen.

London und Frankfurt galten als die wichtigsten Finanzzentren der Welt, Berlin hatte eine Wiedergeburt als europäische Metropole erlebt, Warschau modernisierte sich erstaunlich schnell, Amsterdam machte einen neuen Wachstumsschub durch. Ein ganz spezieller Fall war Reykjavík. Die nüchternen Isländer schienen einen siebten Sinn fürs Spekulieren und Geldverdienen zu haben. 2007 besaßen Isländer fünfzig Mal so viele ausländische Aktien wie zu Beginn des Jahrhunderts, manche Kabeljaufischer hatten plötzlich Häuser in London und Kopenhagen und veranstalteten Geburtstagsfeiern, bei denen Elton John für eine Million Pfund zwei Lieder sang.

Es war eine wirtschaftliche Blüte, die sich weit fortgeschrittener Globalisierung verdankte. Im Jahr 1999 hatte nur eine Minderheit einen Internet-Zugang, wir bezahlten noch mit Deutscher Mark, Franc oder Gulden, Google und Amazon waren nur etwas für eine kleine Gruppe von Enthusiasten. Eine weitgehend papierlose Arbeits- und Alltagswelt lagen noch weit außerhalb unserer Vorstellungskraft. Mobiltelefone waren zwar auf dem Markt, aber nicht weit verbreitet. Ein niederländischer Filmemacher befragte Leute auf der Straße dazu, und fast niemand sah einen Nutzen in tragbaren Telefonen: »Überflüssig, ich habe schon einen Anrufbeantworter.« »Fände ich schrecklich, immer erreichbar zu sein.« Dabei hatten viele Unternehmen die nationalen Grenzen längst überschritten. Ein Renault oder Volvo wurden nicht mehr in einer einzigen Fabrik in Frankreich oder Schweden gebaut, sondern die Einzelteile kamen aus der ganzen Welt und wurden erst ganz zuletzt zu einem Auto zusammengesetzt – was ebenso gut in Deutschland wie in Tschechien geschehen konnte.

Ähnliches galt für Lebensmittel und zahlreiche andere Produkte. Ich habe noch ein Bild aus dem grauen Görlitz vor Augen, einen Kühlwagen mit knallgelben Bananen auf den Seitenwänden, und erinnere mich an die Aufregung, die er verursachte. Das war kurz nach dem Fall der Mauer. Weniger als zehn Jahre später konnten auch die Ostdeutschen sämtliche Waren aus der ganzen Welt kaufen, von Wein über elektronische Geräte bis hin zu den exotischsten Früchten, oft zu auffallend niedrigen Preisen. Ein chinesisches Radio kostete kaum mehr als die Weihnachtsausgabe des *Economist*.

Die ganze Welt profitierte, überall stieg die Lebensqualität, wenn auch die Ungleichheit sehr groß blieb. Der indische Schriftsteller Pankaj Mishra sprach von der Entstehung eines gigantischen, homogenen Weltmarktes, in dem Menschen darauf programmiert werden, den Eigennutz zu maximieren und die gleichen Dinge haben zu wollen, ungeachtet ihres kulturellen Hintergrundes oder ihres persönlichen Temperaments. Es schien sich zu bestätigen, was die Philosophin Hannah Arendt schon 1968 vorausgesagt hatte: dass alle Völker der Welt zum ersten Mal in der Geschichte in einer gemeinsamen Gegenwart leben würden.

Eine völlig neue Zeit brach an, und an jenen letzten Tagen des 20. Jahrhunderts hatte man hin und wieder schon einen Blick in diese Zukunft werfen können, als wäre kurz ein Fensterladen geöffnet worden. Zum Beispiel wütete an den Weihnachtstagen 1999 in Frankreich, Deutschland und der Schweiz ein außergewöhnlich schwerer Sturm, der Millionen von Bäumen entwurzelte, ein Viertel der französischen Haushalte war ohne Strom, 130 Menschen kamen ums Leben. Der Begriff »Klima« hielt allmählich Einzug in unseren Alltagswortschatz.

In jenen Wochen vervollkommnete an der Universität von Delaware ein Ingenieur namens Wayne Westerman, der an chronischen Beschwerden in Unterarmen, Händen und Fingern litt, eine neue Technik, die ihm das Arbeiten mit dem Computer erleichtern sollte. Er hatte ganz im Geheimen den sogenannten Multi-Touch-Screen entwickelt – die Grundlage unter anderem für das Smartphone, dieses kleine Gerät, in dem sich eine bessere Welt zu verbergen schien, das Tag und Nacht verführerische Botschaften aussandte, Menschen verband und entzweite und zusammen mit dem Internet das neue Jahrhundert mitprägen sollte, so wie der Buchdruck mit beweglichen Lettern das 15. und 16. Jahrhundert geprägt hatte.

Und dann war da noch dieser Brief, der eine Woche vor dem festlichen Jahreswechsel in der *Frankfurter Allgemeinen Zeitung* erschien. Verfasserin war die Politikerin Angela Merkel, früher auch als »Kohls Mädchen« bekannt. Dennoch hatte die Aufsteigerin den Mut, in ein paar glasklar formulierten Absätzen mit dem Patronagesystem Helmut Kohls abzurechnen. Sie tat es mitten in einem politischen Sturm: Die CDU hatte die Bundestagswahl im Vorjahr verloren, und Kohl war tief in eine Affäre um den rechtswidrigen Umgang mit Parteispenden verwickelt; dennoch hielten ihm viele Parteimitglieder die Treue. Merkel wagte es, die pubertäre Abhängigkeit vom alten System Kohl zu kritisieren. Die Partei müsse sich zutrauen, »auch ohne ihr altes Schlachtross [...] den Kampf mit dem politischen Gegner aufzunehmen. Wir kommen nicht umhin, unsere Zukunft selbst in die Hand zu nehmen.« Mit ihrer ausgewogenen und mutigen Stellungnahme katapultierte sie sich ins Zentrum der Macht. Es war typisch Merkel: Durch nichts ließ sie sich aus dem Konzept bringen. Sie war die nüchtern veranlagte Tochter eines in die DDR übergesiedelten Pfarrers, der sich, seine Familie und seine Gemeinde durch schwierige Zeiten und Situationen hatte lotsen müssen. Für die Heranwachsende war es der größte Traum, mit sechzig einmal die Vereinigten Staaten besuchen zu können – für Frauen endeten in diesem Alter die Reisebeschränkungen. Als die Mauer fiel, an jenem historischen Abend des 9. November 1989, an dem Ost- und Westberliner einander euphorisch um den Hals fielen, war sie selbst wie an jedem Donnerstagabend mit einer Freundin in die Sauna gegangen.

Als Kind der DDR war sie eine Außenseiterin, sie gehörte nicht der »angepassten Assistentengeneration« an, den traditionellen, machtbesessenen christdemokratischen Seilschaften. Und sie war nicht ängstlich. Das war ihre große Stärke. Sechzehn Jahre nach dem Mauerfall wurde sie zur Bundeskanzlerin gewählt. »Es kann kein Zweifel daran bestehen«, schrieb die *Financial Times* 2012, »dass Merkel heute der mächtigste Politiker Europas ist.«

Noch ein Zeichen der neuen Zeit: der Euro. 1999 war auch das Jahr, in dem die neue Währung im Geldverkehr zwischen den Banken und an den europäischen Börsen eingeführt wurde. Es war ein spektakuläres Unternehmen; all die Währungsdifferenzen, die den europäischen Handel verkomplizierten, verschwanden auf einen Schlag, das Reisen wurde einfacher, und gegen den einen, großen, soliden Euro hatten Spekulanten keine Chance mehr. Es war ein gewaltiger und folgerichtiger Schritt in Richtung einer weiteren europäischen Einigung.

Ein bisschen Angst machte uns die Sache schon: Würde durch Umrechnungstricks nicht alles teurer werden? Doch die Warnung einiger weniger Spezialisten, eine gemeinsame europäische Währung ohne gemeinsame Finanzpolitik werde zwangsläufig große Probleme verursachen, entging fast allen. Das Gleiche galt für die wiederholten negativen Berichte über den griechischen Staatshaushalt, weit hinten in den Zeitungen versteckt. Wenn im Hinblick auf das europäische Projekt *ein* Gefühl vorherrschte, dann war es Triumph. Der Eiserne Vorhang war verschwunden, der Kommunismus tot, der Marxismus hoffnungslos aus der Mode, die neuen Ideologen feierten den freien Weltmarkt und den gesunden Egoismus. Europa machte mit.

3

Knapp 70 Jahre nach dem Ausbruch des Großen Krieges, am 22. September 1984, standen der deutsche Bundeskanzler Helmut Kohl und der französische Präsident François Mitterrand zusammen auf der blutgetränkten Erde von Verdun. Musik wurde gespielt, Lieder für gefallene Kameraden. Es regnete in Strömen. Mitterrand und Kohl standen still nebeneinander, triefnass. Unerwartet streckte Mitterrand die Hand zur Seite aus. Kohl wurde, wie er selbst später sagte, von Gefühlen »überwältigt«. Hand in Hand blieben die beiden stehen – ein historisches Bild, für alle Zeiten.

»Den Vätern war nicht bewusst, wie dünn die Schicht der Zivilisation war, welche vulkanischen Kräfte unter der Oberfläche arbeiteten«, sollte György Konrád später schreiben. 1944 war er elf, damals waren schon fast alle Juden aus seiner kleinen Provinzstadt in Güterwaggons abtransportiert worden. Auch seine Eltern. Nur die vier Kinder waren noch da und schlugen sich mehr schlecht als recht durch, lebten von fast nichts. Für den Preis eines Hauses beschaffte der Elfjährige eine Reiseerlaubnis, damit er und seine Geschwister zu Verwandten nach Budapest reisen konnten. Viel später schrieb er: »Ich verabschiedete mich von meiner Cousine Vera. Zwei Wochen später ging ich am Donauufer entlang, da war sie schon in einer Gaskammer erstickt und in einem Krematorium verbrannt worden.« Von den 200 jüdischen Kindern des Städtchens überlebten nur die vier Geschwister.

Es war ein Frühlingsnachmittag in Budapest, als ich zum letzten Mal mit ihm sprach, fast ein Dreivierteljahrhundert danach, wir tranken Cognac, feine Lichtstrahlen wanderten durch sein halbdunkles Haus. Vorher hatte ich bei ungarischen Freunden zu Mittag gegessen, Vera und Peter. Auf den ersten Blick glückliche Menschen, erfolgreich, erfüllt von ihrer Arbeit.

Veras Mutter war eine von sehr wenigen Überlebenden ihrer Familie, siebzehnmal musste sie während des Krieges in ein neues Versteck wechseln. Ihr erster Mann wurde bei einem der letzten Pogrome ermordet. Ihr zweiter Mann musste, als Vera drei war, Hals über Kopf fliehen, weil er als Soldat am Ungarischen Volksaufstand von 1956 teilgenommen hatte. Jahrelang wohnte er in Schweden, von Frau und Kindern getrennt.

Von Peters Verwandten haben 64 den Krieg nicht überlebt. Seine Mutter entschied sich nach einer Jugend in Israel für den Kommunismus statt für den Zionismus. Sie wurde Agentin des ungarischen Geheimdienstes und lebte ein regelrechtes Doppelleben. Peter: »Erst heute verstehe ich gewisse Dinge.«

Auch Želimir Žilnik in Novi Sad war ein solches Kriegskind, aufgezogen von seinen Großeltern und drei Tanten. »Meine Mutter war Hochschuldozentin, Mitglied der illegalen Kommunistischen Partei, Partisanin. Als sie bei einer Aktion verwundet wurde, durfte sie sich irgendwo in den Bergen erholen. Dort ist sie meinem Vater begegnet, auch er war Partisan. Sie ist kurz nach meiner Geburt in einem Konzentrationslager gestorben, er 1944 an der bulgarischen Grenze ums Leben gekommen.«

Ich begegnete Bronisław Geremek, dem polnischen Politiker und einflussreichen Mitglied des Europäischen Parlaments. Als magerer Zehnjähriger hatte er im Sommer 1942 in einer Warschauer Straßenbahn gesessen, buchstäblich zitternd vor Angst, weil er glaubte, jeder müsste ihm ansehen, dass er Jude und vor wenigen Augenblicken aus dem Ghetto entkommen war. Er überlebte, spielte viel später eine Führungsrolle in der polnischen Oppositionsbewegung, verbrachte ein Jahr im Gefängnis, wurde Jahre später Mitglied des polnischen Parlaments und schließlich Außenminister – die ganze europäische Geschichte des 20. Jahrhunderts in einer Person. Er wusste, wovon er sprach: Ein Europa ohne Recht, in dem sämtliche zivilisatorischen Werte mit Füßen getreten wurden, diese Erfahrung seiner Jugend hatte sein Leben geprägt.

Während meiner Reise im Jahr 1999 verbrachte ich einen Tag bei dem deutschen Industriellen Winrich Behr. Er zeigte mir ein Kästchen in seiner obersten Schreibtischschublade: die Eisernen Kreuze von vier Generationen. »Mein Urgroßvater, mein Großvater, mein Vater und ich haben eins gemeinsam: Wir haben alle vier in einem Krieg gegen Frankreich gekämpft, und alle vier sind wir dabei verwundet worden. Mein Urgroßvater 1870, mein Großvater und mein Vater 1914, ich 1940. Früher war das für eine deutsche Familie eine große Ehre. Dabei ist es natürlich eine elende Sache.« Behr gehörte später zu den Pionieren des europäischen Projekts, zusammen mit dem Franzosen Jean Monnet, während des Krieges Mitglied der französischen Exilregierung, und dem Niederländer Max Kohnstamm, aktiv im studentischen Widerstand und unter anderem im Konzentrationslager Amersfoort interniert. Und dann ist da noch Helmut Kohl, der erste Bundeskanzler nach der Wiedervereinigung, der den britischen Zeitgeschichtler Timothy Garton Ash einmal unvermittelt fragte, ob ihm klar sei, dass er dem direkten Nachfolger Adolf Hitlers gegenübersitze. Niemand wusste besser als er, dass man alles anders anpacken musste, das empfand er als seine historische Pflicht.

Ehrlich gesagt habe ich die vorigen Absätze in erster Linie für die junge Historikerin des Jahres 2069 geschrieben, die dann vielleicht auch dieses nicht mehr ganz frische Buch aus dem Regal ziehen wird, neugierig auf die Welt von damals. Eine Bemerkung speziell für sie: Unterschätzen Sie auf keinen Fall, welch tiefe Spuren all diese europäischen Kriege und Massenmorde in unseren Generationen hinterlassen haben. Fast 70 Jahre später beschäftigten sie uns immer noch, bewusst oder unbewusst, auf den unterschiedlichsten Gebieten.

Die Geschichte ist bekannt. Europa verdankte seine Stärke und Dynamik zwei Eigenschaften: Vielfalt und Beweglichkeit. Im technisch sehr fortschrittlichen China reichte 1433 ein kaiserlicher Befehl aus, um allen chinesischen Entdeckungsreisen ein Ende zu machen. Das Reich war eine starre Einheit. In derselben Epoche klopfte Christoph Kolumbus, als der französische König kein Interesse daran hatte, ihm eine Reise zu finanzieren, einfach an der nächsten Tür an, bei der spanischen Konkurrenz. In Europa hatte man die Wahl, immer wieder.

Die verhängnisvolle andere Seite der Medaille war die Zerrissenheit Europas, waren Spaltung und zahllose Kriege. Der österreichische Schriftsteller Robert Menasse hat dafür ein ausdrucksstarkes Bild erdacht: Würde man auf der Karte dieses großartigen Kontinents Europa mit schwarzem Filzstift sämtliche politischen Grenzen einzeichnen, die es im Lauf der Geschichte gegeben hat, dann wäre das Ergebnis am Ende garantiert eine fast geschlossene schwarze Fläche. Würde man anschließend auf einem anderen Exemplar derselben Karte für jeden Krieg der europäischen Vergangenheit mit rotem Stift die Fronten und Schlachtfelder markieren, dann würden all die blühenden Städte, all die Flüsse und Täler allmählich von der einen Farbe überdeckt sein: Rot.

Auch das war Europa, immer wieder.

Nachdem den Anschlägen vom 11. September 2001 fast 3000 Menschen zum Opfer gefallen waren, sprach man auf der Welt monatelang fast von nichts anderem mehr. Doch im Zweiten Weltkrieg kamen Tag für Tag durchschnittlich 17 000 Menschen ums Leben, fast sechsmal so viele. Dieser

Krieg dauerte sechs Jahre und forderte insgesamt fast 40 Millionen Todesopfer. Fünf Millionen Polen haben den Krieg nicht überlebt, 20 Prozent der Bevölkerung. Die Anzahl der zivilen Opfer in der Sowjetunion wird auf 14 Millionen geschätzt. Innerhalb von drei Monaten des Jahres 1916 war bei Verdun die Zahl der Gefallenen auf französischer Seite höher als die aller amerikanischen Streitkräfte in allen Kriegen außerhalb der Vereinigten Staaten zusammen. In jedem französischen Dorf erzählen die Gefallenendenkmäler die gleiche Geschichte: 1913 herrschte auf den Tanzböden noch Gedränge, 1918 waren sie halb leer. Und das wiederholte sich im Mai 1940: sechs Wochen Krieg, 112 000 tote Franzosen. All dies wurde, so gut es eben ging, mit Ritualen verschleiert, unter Scham verdeckt, oft auch totgeschwiegen. Aber die Nachwirkungen, unter der Oberfläche, waren überwältigend.

Nehmen wir meine eigene Geschichte als Beispiel. Ich bin im ersten vollen Friedensjahr zur Welt gekommen und mit einem ganzen Dachboden voller Kriegserinnerungen aufgewachsen. Mein Elternhaus stand an einer Gracht in Leeuwarden. Unterm Dach gab es zwei kleine Zimmer und einen großen Raum mit knarrendem Gebälk, in dem an mehreren Stellen ausgediente militärische Ausrüstung herumlag – jahrelang haben wir mit einem alten Sender und einem englischen Kopfhörer gespielt. Bei starkem Wind flüsterten zwischen den Bodenbrettern die Überreste eines großen, nur halb fertiggestellten Kartonmodells, von meinem ältesten Bruder irgendwann entnervt weggeworfen, ein britischer schwerer Bomber, eine Avro Lancaster. An einer anderen Stelle hatten wir zwischen den Bretterböden sogar einen Hohlraum mit einer Matratze darin entdeckt, vermutlich ein Versteck aus der Kriegszeit. Meine Mutter, eine meiner Schwestern und zwei meiner Brüder waren in Niederländisch-Indien in japanischen Lagern interniert gewesen, mein Vater hatte als Kriegsgefangener den Bau der Thailand-Birma-Eisenbahn, auch Todeseisenbahn genannt, überlebt. Als ich fünf war, hörte ich manchmal böse Geister heulen, wenn eine alte, grüne kanadische Militärambulanz, in meiner Erinnerung der einzige Krankenwagen, den es in Leeuwarden gab, jaulend durch die Straßen fuhr. Die Geister, so glaubte ich, wären in diesem Wagen eingesperrt und würden heulend aus der Stadt geschafft, weit weg.

Tatsächlich wurde nach dem Krieg das Böse fortgeschafft, nicht in Lazarettwagen eingesperrt, sondern in unendlich vielen Erzählungen. In Heldenerzählungen, in Erzählungen von nationaler Größe, aber auch in einer europäischen Erzählung – einer Erzählung von Frieden und Zusammenarbeit, von durchlässig werdenden Grenzen, von unaufhörlich wachsendem Wohlstand in dieser neuen Wertegemeinschaft Europa. Wir hörten sie aus dem Mund unserer Eltern und Großeltern, übernahmen sie und trugen sie unser Leben lang mit uns herum.

Es war etwas Seltsames an der Generation, der ich angehöre: Wir hatten den Krieg nicht erlebt, wir waren typische Friedens- und Wohlstandskinder, alles andere als Opfer, und doch saß der Krieg jeden Tag bei uns am Tisch. Schweigend. Im Stadtmuseum Dresden stieß ich auf ein großes Blatt Papier, das in den 1990er Jahren hinter einer Dachschalung entdeckt worden war, der Verzweiflungsschrei eines Familienvaters: »Ein Hungerjahr, 1947, wir fallen bald um.« Der Krieg war längst vorbei, und doch herrschte in weiten Teilen Europas noch große Not.

So hatten unsere Eltern und Großeltern überall in Europa Hunger und Elend überstanden, Bombenangriffe und Lager überlebt, in Stalingrad, auf den Stränden Siziliens oder der Normandie gekämpft, hatten Menschen gejagt und ermordet, waren untergetaucht oder im Widerstand aktiv gewesen. Aber was auch immer sie getan hatten, fast niemand sprach darüber. Es musste weitergehen.

Erst viel später ist mir klar geworden, dass ein großer Teil dieser Generation, von Warschau bis Berlin, Amsterdam oder Madrid, eine merkwürdige Jugend gehabt hatte. Viele von uns sind in verletzten Familien aufgewachsen, einige sogar mit schwer geschädigten Eltern. Ich glaube, dieser indirekte Krieg, der Krieg, der mit am Tisch saß, hat uns alle mehr geprägt, als uns bewusst ist. Und er hat auch die europäische Politik geprägt. Denn dieser schweigende Krieg am Tisch hat den europäischen Einigungsprozess mit vorangetrieben, nicht selten gab er europäischen Politikern den Mut, über ihren Schatten zu springen.

4

Für uns behielten die Vereinigten Staaten eine ungeheure Faszination. Mindestens viermal haben sie die Europäer vor sich selbst und voreinander gerettet: als sie in den Ersten und Zweiten Weltkrieg eintraten, als sie von 1948 an mit dem Marshallplan dem zerstörten und hungernden Westeuropa wieder auf die Beine halfen und – eine Art Zugabe – als sie in den 1990er Jahren erneut intervenierten, weil Europa sich als unfähig erwies, den Brand der Bürgerkriege im ehemaligen Jugoslawien selbstständig zu löschen. Vor allem für viele ältere Europäer blieb Amerika immer ein großer Bruder, der nichts Böses tun konnte – trotz Vietnam, trotz der undemokratischen und oft auch brutalen Interventionen diverser amerikanischer Regierungen in anderen Teilen der Welt, hauptsächlich in Mittel- und Südamerika. »Wir Europäer sind nicht nur durch Amerika als einer Art äußerer Präsenz und Kraft beeinflusst, nein, die amerikanische Präsenz ist auch tief in das eigene, europäische Selbstbild eingebettet«, schrieb der norwegische Europa-Spezialist John Erik Fossum zu Beginn des 21. Jahrhunderts. »Für viele Europäer sind die Amerikaner nicht ›sie‹, sondern ›wir‹.«

Mit den Amerikanern teilten die Europäer, zumindest theoretisch, die Werte von Demokratie, Rechtsstaatlichkeit und Toleranz, von Freiheit, Gleichheit und Brüderlichkeit. Das war ihr gemeinsames Evangelium für den Rest der Welt. Allerdings zogen sie daraus unterschiedliche Konsequenzen. Zum Beispiel hatte sich unter Westeuropäern die pazifistische Haltung viel weiter verbreitet; nicht wenige hatten aus dem Zweiten Weltkrieg ihre Lehren gezogen. Sie kannten Krieg und Verfolgung nicht nur aus Filmen und Heldengeschichten, sondern aus erster Hand, sogar den jüngeren Generationen steckte der Schreck noch in den Knochen. Europäische, genauer gesagt westeuropäische Macht wurde vor allem in Form von »Soft Power« ausgeübt. An die Stelle von Waffengewalt traten Hilfe, Hoffnung auf Wohlstand, teilweise die Aussicht auf Beitritt zur Europäischen Union. Abgesehen von Jugoslawien verlief deshalb der Zerfall des sowjetischen Imperiums in Mittel- und Osteuropa auffallend friedlich: Die Aussicht auf Mitgliedschaft in der EU überdeckte wenigstens vorläufig alle religiösen, ethnischen und nationalen Gegensätze. Die meisten Europäer dachten darüber kaum nach, es erschien ihnen selbstverständlich – was es natürlich nicht war.

In den Nachkriegsjahrzehnten hegte man in Europa – und auch dies war typisch – eine starke Abneigung gegen allzu große soziale Ungleichheit. Nicht zuletzt deshalb boten die Wohlfahrtsstaaten Westeuropas den Durchschnittsbürgern ein hohes Maß an sozialer Sicherheit und Lebensqualität, das im Rest der Welt einschließlich der Vereinigten Staaten unerreichbar blieb. Zu guter Letzt war Europa tonangebend, wenn es um humanitäre Hilfe, die Verteidigung von Menschenrechten und das Eintreten für Werte wie Toleranz und Gerechtigkeit ging. Als zum Beispiel im Frühjahr 2000 in Österreich die ultrarechte Freiheitliche Partei Österreichs (FPÖ) an der Regierung beteiligt wurde, waren die Reaktionen heftig; die übrigen 14 EU-Staaten einigten sich auf diplomatische Sanktionen. Die Europäer schreckten nicht einmal davor zurück, um des Ganzen willen ihre nationale Souveränität einzuschränken. All dies verführte den damals populären amerikanischen Publizisten Jeremy Rifkin zu einer gewagten These: Europa werde die Vereinigten Staaten in den kommenden Jahrzehnten wahrscheinlich überholen; der Kontinent sei für die Zukunft bereit. Europäer hätten eine höhere Lebenserwartung, seien besser ausgebildet, weniger durch Armut oder Kriminalität bedroht, hätten mehr Freizeit und einen höheren durchschnittlichen Lebensstandard.

Das große historische Experiment, die Entwicklung eines großen europäischen Marktes mit einer gemeinsamen Währung und einer allmählich vertieften politischen Gemeinschaft, die irgendwann auch eine Art supranationale Regierung haben würde, schien in der Geschichte einmalig zu sein. Das europäische Projekt, meinte Rifkin, würde mehr und mehr zu einem gigantischen Labor für den Rest der Welt werden. Hier würden neue Formen der Zusammenarbeit ausprobiert, hier gebe man nicht unbegrenztem materiellem Wachstum, sondern der Lebensqualität den Vorrang. »Während der amerikanische Geist rückwärtsgewandt erlahmt, erleben wir die Geburt eines neuen Europäischen Traums«, so Rifkin. »Dieser Traum passt besser zum nächsten Schritt der menschlichen Entwicklung – er verspricht in einer zunehmend vernetzten und globalisierten Welt der Menschheit zu globalem Bewusstsein zu verhelfen.«

Für viele waren Europa und die EU also auf dem besten Weg, eine neue Art von Weltmacht zu werden. Völlig glatt verlief diese Entwicklung nicht. Nach Ansicht von Tony Judt war die Europäische Union »zum größten Teil das unbeabsichtigte Produkt jahrzehntelanger Verhandlungen westeuropäischer Politiker, die hauptsächlich versuchten, ihre nationalen Interessen durchzusetzen«.

Der europäische Einigungsprozess schritt deshalb schubweise voran, angetrieben von einer ordentlichen Portion Optimismus. Meistens wurden irgendwann vollendete Tatsachen geschaffen – mit der Einführung eines gemeinsamen Marktes, viel später einer gemeinsamen Währung oder mit der nächsten Erweiterung; alles Übrige, wie etwa eine Verfeinerung der entsprechenden Regeln, würde sich dann schon ergeben, hoffte man. Das war das Prinzip, und jahrzehntelang hat dieser »Fortschritt durch vollendete Tatsachen« gut funktioniert.

In den 1980er Jahren erkannten führende europäische Politiker, dass es auf die Dauer nicht so weitergehen konnte, dass vielmehr eine politische Vertiefung der europäischen Einheit notwendig war. Schließlich ging es längst um viel mehr als um den Verkauf von deutschen Oberklassewagen in Italien, spanischen Tomaten in Großbritannien oder holländischem Käse in Österreich. Eine gemeinsame Außenpolitik erschien immer dringlicher, es bestand Diskussionsbedarf hinsichtlich der europäischen Prioritäten und der europäischen Identität, die Gemeinschaft brauchte ein neues Fundament. Außerdem hatten schon die sechs Pionierländer oft nur mühsam zu einem Konsens kommen können; bei zwölf und mehr Mitgliedern konnte es schon schwierig sein »zu entscheiden, in welchem Restaurant man abends essen sollte«, wie ein Europapolitiker es einmal ausdrückte.

Der Fall der Mauer unterbrach den eingeleiteten Vertiefungsprozess. Plötzlich hatte die »Wiedervereinigung« West- und Osteuropas Vorrang; die organisatorische und politische Vertiefung würde später folgen. Und ein Triumphgefühl machte sich breit: Wir können über unseren Schatten springen; endlich gestalten wir unsere Zukunft selbst. Intern wurde die Zusammenarbeit immer enger, auch auf der persönlichen Ebene. In bestimmten Formationen des Rates der Europäischen Union trafen sich die Minister nun monatlich, die Beamten wöchentlich. Das Vertrauen nahm zu, es entstand das Gefühl, demselben Klub anzugehören. Das selbstbewusste Brüssel schien ein Leuchtfeuer der Zivilisation und des Fortschritts zu sein, und es verdankte seinen Einfluss nicht militärischer Macht, sondern allein der Überzeugungskraft der eigenen Werte, der eigenen Kultur und vor allem des eigenen Erfolgs.

Für die meisten Länder des ehemaligen Ostblocks gab es nach dem Fall der Mauer keine Alternative. Bis auf das frühere Jugoslawien steuerten sie alle wie gewünscht in Richtung des westlichen demokratischen Modells. In den mittel- und osteuropäischen Hauptstädten wurden Gesetze angepasst, Nachbarschaftsstreitigkeiten beigelegt, Ställe ausgemistet. Man machte sich fein, um in den Klub aufgenommen zu werden.

Auf meiner Reise im Jahr 1999 begegnete ich Juristen, die wie Schausteller durch Europa zogen und nichts anderes taten, als Verfassungen umzuschreiben, sie auf die EU zuzuschneiden – darin waren sie bereits sehr versiert. Ein befreundeter Diplomat sagte mir, die EU-Unterhändler würden oft nicht so genau hinsehen und wüssten sehr gut, dass viele Vereinbarungen in den Beitrittsländern kaum umsetzbar sein würden. »Der Prozess muss eben weitergehen«, lautete das Motto. »Man wird sehen, wie lange das alles gut geht; irgendwann in zehn Jahren wissen wir es, fürchte ich.«

Am Ende des Beitrittsparcours lag als letzter Prüfstein der sogenannte Besitzstand der EU oder Acquis de l'Union européenne, ein monströses, rund 50 000 Seiten umfassendes Werk – ausgebreitet auf der obersten Etage des Hauses der Europäischen Geschichte in Brüssel. Es enthält die für alle Mitgliedsstaaten verbindlichen Rechtsakte, Grundlage für das gigantische System von Regeln und Kompromissen, die Ruhe und Ordnung garantieren sollen. Einem Land, das diesen »Besitzstand« im vollen Umfang übernahm, winkte die Mitgliedschaft in der Union – für ewig, denn ein Austritt war nach den damaligen Regeln nicht möglich.

Schon 1990 hatte Kommissionspräsident Jacques Delors im französischen Fernsehen gesagt: »Mein Ziel ist es, dass Europa vor dem Ende des Jahrtausends eine echte Föderation ist.« Der französische Präsident Mitterrand hatte zu Hause vor dem Fernseher wütend ausgerufen: »Das ist lächerlich! Was bildet er sich ein? Niemand in Europa würde das wollen!« Trotzdem hat Delors' Zukunftsvision noch lange die Richtung des europäischen Projekts bestimmt. Wie der sogenannte Exzeptionalismus – wir haben eine Sonderstellung, wir sind besser als alle anderen Nationen – das Grundübel der amerikanischen Außenpolitik war, so litt die EU in jenen Jahren an einem gefährlichen Triumphalismus – wir haben den historischen Fluch Europas gebrochen, Kriege sind Vergangenheit, alles kann nur immer besser werden.

Das war zum Beispiel die Aussage des historischen Fotos, das am 14. Juni 1985 im luxemburgischen Grenzstädtchen Schengen aufgenommen wurde: fünf relativ junge Politiker, die nervös lachend auf einem Ausflugsschiff posieren. Sie hatten soeben ein Übereinkommen unterzeichnet, mit dem Belgien, Luxemburg, Frankreich, die Bundesrepublik Deutschland und die Niederlande sich verpflichteten, die Kontrollen an den gemeinsamen Grenzen schrittweise abzubauen. Es war der erste Schritt zu einem der wichtigsten Erfolge der EU, der größten passfreien Zone der Welt, in der man bald mit 100 Kilometern pro Stunde Grenzen überqueren durfte. Nur: Wie konnte man dergleichen ohne wirksame gemeinsame Kontrolle der Außengrenzen beschließen? Und ohne durchdachte gemeinsame Einwanderungspolitik? In dieser Hinsicht war »Schengen« eine grandiose Geste ohne Inhalt. Alles würde sich finden, glaubte man, die Politik würde sich, wie Jean Monnet immer sagte, nach den Fakten richten. Doch das geschah nicht.

5

In dem Buch *Dem Land geht es schlecht*, seinem letzten bewegenden Appell für eine sozialere Demokratie, erinnert Tony Judt daran, dass kurz nach dem Krieg fast alle großen politischen Debatten in Europa und den Vereinigten Staaten stark moralisch geprägt waren. Arbeitslosigkeit (das größte Problem in Großbritannien, den USA und Belgien), Inflation (die größte Angst in Mitteleuropa, wo immer wieder private Sparguthaben vernichtet worden waren), viel zu niedrige Preise für landwirtschaftliche Produkte (in Italien und Frankreich), weshalb Bauern von ihrem Land vertrieben wurden und sich in ihrer Verzweiflung extremistischen Parteien zuwandten – all diese Missstände seien nicht als rein ökonomische Probleme wahrgenommen worden, vielmehr seien sich alle, von den Geistlichen bis zur säkularen Intelligenz, darüber einig gewesen, dass diese Probleme den ethischen Zusammenhalt der Gemeinschaft auf die Probe stellten. Die Übereinstimmung in dieser Hinsicht sei erstaunlich breit gewesen, auch unter Wirtschaftspolitikern und zweifellos unter den Pionieren der europäischen Einigung. Alle glaubten an den Staat.

Für Judt ist es ein faszinierendes Paradox, dass in jenen harten Nachkriegsjahren der Kapitalismus dank einer tüchtigen Dosis Sozialismus gerettet wurde. Vernünftige Konservative hatten zum Beispiel nichts gegen staatliche Kontrolle der Lebensmittelversorgung einzuwenden und auch wenig gegen eine progressive Besteuerung. Vom Wirtschaftswachstum und allen anderen Erfolgen des europäischen Projekts, davon waren alle überzeugt, würden nicht zuletzt diejenigen profitieren, die es am nötigsten brauchten. Daher der »sanfte« Kapitalismus, der für Europa charakteristisch war, mit allerlei regionalen Varianten wie dem »rheinischen« Modell in Deutschland, dem skandinavischen Modell oder dem niederländischen »Poldermodell«.

Ein halbes Jahrhundert später war die Mentalität eine völlig andere. Nach der Ölkrise der 1970er Jahre kämpften viele westliche Länder mit sogenannter Stagflation – geringem Wachstum kombiniert mit Inflation –, was zu einer wirtschaftspolitischen Neuorientierung veranlasste. Die Theorie dazu lieferten einige Ökonomen und politische Denker, allen voran die Chicago School des Wirtschaftswissenschaftlers Milton Friedman. Dieser »Neoliberalismus« ging von der Idee aus, dass Wettbewerb ein beherrschendes Element der menschlichen Natur sei und sich deshalb in einer entfesselten Wirtschaft frei entfalten können müsse. Statt des »künstlichen« Staates sollte die »natürliche« Konkurrenz die Welt regieren. Diese Auffassung gründete sich letztlich auf ein idealistisches Bild des Kapitalismus wie der menschlichen Natur, und zwar auf die Vorstellung, Individuen würden stets rationale Entscheidungen treffen und die Märkte immer perfekt funktionieren.

Als ökonomische Theorie stammte der Neoliberalismus aus der Krisenzeit der 1930er Jahre. Um die Wirtschaft wieder anzukurbeln, hatte überall im Westen und vor allem in Amerika der Staat lenkend eingegriffen – und das erfolgreich. Der österreichische Sozialphilosoph und Ökonom Friedrich Hayek sah jedoch gerade diese staatlichen Interventionen als gefährliche Entwicklung. Die Welt, so meinte er, werde auf diese Weise unweigerlich in Sozialismus und Tyrannei abgleiten. *Der Weg zur Knechtschaft* (1943) lautete der vielsagende Titel seiner wichtigsten Veröffentlichung. Im April 1947 versammelte er in der Nähe des Schweizer Mont Pèlerin eine Gruppe von Wirtschaftswissenschaftlern und Intellektuellen um sich. Es war der Beginn der von Hayek so genannten »neoliberalen Bewegung«.

In den folgenden Jahren wurde sein Plädoyer für einen »liberalen Radikalismus« weiter ausgearbeitet und verfeinert, doch erst in den 1980er Jahren erlebte der Neoliberalismus einen Durchbruch, und zwar – dank Friedman und Gleichgesinnten – in einer radikalen Form. Außerdem kamen 1979 und 1980 in Großbritannien und den Vereinigten Staaten zwei entschiedene Anhänger dieser Ideologie an die Macht: Margaret Thatcher und Ronald Reagan. Von da an gab der Neoliberalismus in den Vereinigten Staaten und Westeuropa die Richtung vor. Den Kern der neuen Wirtschaftspolitik bildeten drei Dogmen: Liberalisierung, Deregulierung und Privatisierung. Auf zahlreichen Gebieten endete die staatliche Lenkung, Post und Eisenbahnen wurden privatisiert, Schulen und Krankenhäuser kommerzialisiert, öffentlicher Wohnungsbestand als Ware auf den Markt geworfen, und die Banken bekamen freie Hand.

Das Verschwinden des Eisernen Vorhangs hatte deshalb auch für den Westen weitreichende Folgen. 1989 schied ein wichtiger Gegner aus, der dafür gesorgt hatte, dass der westeuropäische Kapitalismus ein gewisses Gleichgewicht bewahrt hatte. Wäre jemand aus jener Wendezeit in das Jahr 2019 versetzt worden, hätten ihn vermutlich die technischen Entwicklungen fassungslos gemacht, vor allem aber die Demontage des öffentlichen Sektors. Auf der europäischen Ebene bekamen umfassende Deregulierung – zum Beispiel im 1999 in Kraft getretenen Vertrag von Amsterdam – und Privatisierung höchste Priorität. Dadurch verschob sich allmählich auch die Ausrichtung des europäischen Projekts, was in ökonomischen Begriffen hieß: von einer sozialen Marktwirtschaft (in den 1970er und 1980er Jahren) über eine kapitalistische Marktwirtschaft (in den 1990er Jahren) zu einem neoliberalen und hyperglobalisierten System (seit der Jahrtausendwende).

Auf den ersten Blick war diese Politik außerordentlich erfolgreich. In kaum drei Jahrzehnten, ungefähr von 1980 bis 2010, verbesserte sich die Lebensqualität eines großen Teils der Menschheit erheblich, und die Weltwirtschaft wuchs um mehr als die Hälfte. Der Rückgang der Armut war weltweit geradezu spektakulär: In diesen dreißig Jahren waren die Fortschritte bei der Überwindung der Armut größer als in den fünf Jahrhunderten zuvor. Lebten 1990 noch 1,9 Milliarden Menschen in extremer Armut, so waren es 2017 weniger als 700 Millionen. 1955 betrug die durchschnittliche Lebenserwartung der Menschen weltweit 48 Jahre. 2020 hatte sie um die Hälfte zugenommen und lag bei 72 Jahren. Schwerfällige Staatsapparate wurden dank der Anreize des freien Marktes wieder auf Trab gebracht. In diesem Sinn war der Neoliberalismus durchaus ein notwendiges Korrektiv. Doch das Pendel schlug zu weit aus.

Unter dem Einfluss einer neuen Generation von Wirtschaftsberatern richteten sich Politiker überall in Europa zunehmend nach den Wünschen der Finanzmärkte statt nach den Bedürfnissen ihrer in Jahrzehnten gewachsenen Anhängerschaft. »Spin-Doktoren« und »Strategieberater« spielten in der europäischen Politik eine immer wichtigere Rolle, vor allem für »progressive« Politiker, die ihren Wählern all die unpopulären Entscheidungen doch irgendwie verkaufen mussten. Im Vordergrund standen nicht die Interessen dieser häufig eher sozial schwachen Wähler, vielmehr ging es nun in erster Linie um Machterhalt.

Der britische Labour-Vorsitzende Tony Blair schritt bei diesem Richtungswechsel voran. Nachdem seine Partei in der Ära Thatcher eine Niederlage nach der anderen erlitten hatte, gewann er mit »New Labour« um die Jahrtausendwende dreimal hintereinander, 1997, 2001 und 2005. Sein »Dritter Weg« bedeutete den Abschied von zwei klassischen Labour-Prinzipien: der engen Verbindung mit den Gewerkschaften und dem Vorrang öffentlichen Eigentums. Viele Kommentatoren jubelten: Die alten Strukturen hätten schon allzu lange notwendige Reformen verhindert. Auf nichts anderes, gab sie später zu, war Margaret Thatcher so stolz wie darauf, dass sie sogar Labour vor ihren Triumphwagen gespannt hatte.

Blairs niederländischer Kollege, der Gewerkschaftsvorsitzende und Sozialdemokrat Wim Kok, galt ebenfalls als leuchtendes Vorbild. Wie andere europäische Länder hatten sich auch die Niederlande seit den 1960er Jahren stark gewandelt, von einer Industrienation mit bedeutendem öffentlichem Sektor hin zu einer eher individualistischen Gesellschaft mit starkem Dienstleistungssektor. Politik und Verwaltung hatten auf diesen Wandel nur halbherzig reagiert, weshalb das Land in den 1980er Jahren vor erheblichen Problemen stand: viel zu hohe Ausgaben für die Arbeitslosenunterstützung, hohe Staatsschulden und enorme Jugendarbeitslosigkeit. Es waren Probleme, die sich gegenseitig verschärften. Ein Eingreifen war überfällig.

Das »Abschütteln der ideologischen Federn«, wie Kok es nannte, erwies sich als außerordentlich effektiv. Kapitalismus nach neoliberalem Modell, Sozialdemokratie und ein solider Sozialstaat schienen tatsächlich miteinander vereinbar zu sein. 1997 besuchte der amerikanische Präsident Bill Clinton die Niederlande, um das Haager Wunder mit eigenen Augen zu sehen. »The third way goes global«, schrieb die internationale Presse.

Deutschland galt in den 1990er Jahren als der »kranke Mann Europas«. Hier ging in den Jahren 1998 bis 2005 die rot-grüne Koalition unter Gerhard Schröder mit gleicher Entschlossenheit vor. Der Arbeitsmarkt wurde liberalisiert, staatliche Leistungen wurden gekürzt, Förderprogramme für Arbeitslose eingeführt. Dank Lohnzurückhaltung bei Tarifabschlüssen verbesserte sich die Wettbewerbsfähigkeit der deutschen Industrie rasch. Das Konzept für die Arbeitsmarktreformen wurde unter Leitung des VW-Vorstandsmitglieds Peter Hartz entwickelt. In der rabiaten letzten Phase des Programms, besser bekannt als »Hartz IV«, wurden die Sozialleistungen für erwerbsfähige Arbeitslose auf ein absolutes Minimum gekürzt, was für Millionen Menschen ein Leben an der Armutsgrenze bedeutete. Viele sozialdemokratische Wähler sollten das Schröder und der SPD niemals verzeihen.

Natürlich regte sich Protest. In den Vereinigten Staaten, wo eine ähnliche Entwicklung im Gange war, hielt ein interessanter politischer Aufsteiger namens Barack Obama im November 2003 eine flammende Rede gegen den Zeitgeist und »die Neigung, die Reichen und Mächtigen zu bewundern, ja, anzubeten, und die Armen und Schwachen zu verachten oder wenigstens zu vernachlässigen«. Solche Mahner blieben aber Ausnahmen, und oft wurden sie nur verhöhnt.

So wurden überall in Europa Gesellschaften »marktgerecht« ummodelliert. Jeder Bürger sollte sich von nun an wie ein berechnender Homo oeconomicus verhalten, auch in Bereichen, in denen von jeher andere Werte zählten. Begriffe wie Bildungsmarkt, Pflegemarkt oder Kulturmarkt kamen in Mode. Die amerikanische Politologin Wendy Brown sprach von einer unaufhörlichen Ökonomisierung, die alles und jeden erfasse, vom Staat bis zur menschlichen Seele, und auf die Dauer die Demokratie zerstöre. Denn der Demos zerfalle in kleine Stücke »Humankapital«; das Streben nach Gerechtigkeit beuge sich dem Diktat der Wachstumsziele, der Kreditwürdigkeit und des Investitionsklimas.

In Großbritannien zum Beispiel wurden die British Railways mit großem Trara privatisiert; die Folgen für Instandhaltung und Sicherheit waren katastrophal. Durch Maßnahmen, die das Land im Bildungs- und Kulturbereich international »wettbewerbsfähig« machen sollten, verloren Schulen, Universitäten und zahlreiche andere traditionsreiche Institutionen ihren besonderen Charakter. Seit Generationen bestehende Bindungen von

Menschen an lokale Gemeinschaften lösten sich auf. Der britische Journalist Anthony Burnett sprach von einer »Pulverisierung« von Gesellschaften um des »natürlichen« Wettbewerbs willen, dem Dogma des freien Marktes.

Auch die Niederlande veränderten sich schnell: Von 1995 an stiegen die Preise für Häuser um das Vierfache, die Hypothekenschulden um das Dreifache; im Bildungsbereich wurden drastische Einschnitte vorgenommen, kommunale Wohnungsgesellschaften privatisiert, der soziale Wohnungsbau zurückgefahren. Immer häufiger wurden öffentliche Aufgaben bis hin zum Strafvollzug an private Unternehmen »outgesourct«. Ähnliches vollzog sich im Gesundheitswesen: Nicht mehr die Patienten, Pflegekräfte und Ärzte standen im Mittelpunkt, sondern Kosteneffizienz und Rendite. Soziale Werte verblassten.

Die niederländische Juristin und Kolumnistin Dorien Pessers charakterisierte den »durchgedrehten« Neoliberalismus als »aggressiv antigesellschaftlich«: Er misstraue allem, was sich nicht nach unternehmerischen Kriterien organisieren oder dessen Resultat sich nicht quantifizieren lasse. Vor allem Kultureinrichtungen, Universitäten und das Gesundheitswesen seien Opfer dieser Ideologie, überhaupt all die Institutionen, so Pessers, die dem Leben Bedeutung verleihen, Menschen miteinander verbinden und die »Humusschicht« der Gesellschaft bilden. Eine Bekannte, die in einem Altenheim arbeitete, sah sich mit einem neuen »Manager« konfrontiert, der die ihr anvertrauten alten Menschen als »das Produkt« zu bezeichnen pflegte.

Rechts und Links schlossen eine Art Waffenstillstand. Die Linke, so das Klischee, habe seit den 1960er Jahren den »Kulturkampf« gewonnen, den Kampf gegen Rassismus, Homophobie, Sexismus und andere Formen persönlicher Unterdrückung. Die Rechte wiederum sei als Sieger aus dem ökonomischen Kampf hervorgegangen. »Wir gehen außerordentlich entspannt damit um, dass manche Leute stinkreich werden«, erklärte der Labour-Stratege Peter Mandelson in jener Zeit, »solange sie Steuern zahlen.« Mitte-Links-Regierungen überall in Europa folgten Labours Beispiel.

Sogar in Bereichen, in denen prinzipiell keine Marktmechanismen wirken, versuchten neoliberale »Manager« das Marktmodell zu imitieren. Ich habe erlebt, wie ein Beamter einer niederländischen Provinzstadt sich als »Mitglied der Konzernleitung« vorstellte. Bürger wurden zu »Kunden«, wobei man der Einfachheit halber übersah, dass diese Kunden keine Wahl hatten, außer wegzuziehen. Organisationen im öffentlichen Sektor und auch Bürger sollten ständig mit Zahlen »belegen«, was sie wert waren und geleistet hatten. Niederländische Richter beklagten, die Justiz verwandele sich in eine »Produktionsmaschine«. »Selbsthilfe« lautete das neue Zauberwort. Sozialleistungen wurden zusammengestrichen und strenge Sanktionen für sogenannte Pflichtverletzungen eingeführt. Die soziale Sicherheit von Arbeitnehmern wurde zunehmend durch »flexible« Arbeitsverhältnisse ausgehöhlt, was gleichzeitig die Machtposition der Arbeitnehmer insgesamt schwächte.

Alles wurde gemessen und quantifiziert, bis hin zu den Leistungen von Vorschulkindern. Einschaltquoten bestimmten die Programmgestaltung der Sender. In der Pflege hatte die Einführung von marktwirtschaftlichen Methoden vor allem das Gegenteil von Effizienz zur Folge: eine unbeschreibliche Bürokratie. Ambulante Pflegekräfte der Gemeinde und andere mussten alle fünf Minuten notieren, was sie getan hatten, damit ihre Chefs die Verwendung der finanziellen Mittel kontrollieren konnten. Das verschlang mindestens ein Drittel der Arbeitszeit. Anderthalb Jahrzehnte vergingen, bis dieser Irrsinn weitgehend abgeschafft wurde. An den Universitäten gerieten die Geisteswissenschaften, deren »Ertrag« ja nicht messbar war, in Misskredit. Eine ganze Generation begabter Menschen spürte, wie ihr der Boden unter den Füßen entzogen wurde. Der rebellische Politiker Pim Fortuyn – er wurde 2002 ermordet – sprach von einer »verwaisten« Gesellschaft.

Das menschliche Maß schien vergessen zu sein.

6

Am ersten Samstag des Jahres 2002 schlenderten meine Frau und ich über den Wochenmarkt in unserem Viertel. Auf einmal standen auf den Preisschildern der Marktstände zwei Preise über- oder nebeneinander: 4,40 Gulden, 2 Euro. Es war also tatsächlich geschehen. Überall in Europa kamen in der Nacht vom 31. Dezember auf den 1. Januar die neuen Geldscheine aus den Automaten. In Italien hatte man deswegen vor Bankautomaten Straßenfeste veranstaltet, jeder wollte das neue europäische Geld gleich in der Hand haben, das Wundergeld, das auf einen Schlag nicht nur die wertlose Lira ablösen, sondern auch der ewigen Inflation und allen anderen italienischen

Krankheiten ein Ende machen würde. »In jener Nacht hatten wir das Gefühl, eine neue Welt zu betreten, einen Ort, bewohnt von ernsten und starken Menschen, gesegnet mit einer respektablen Währung«, schrieb Stefano Montefiori vom *Corriere della Sera*. »Gewiss, wir würden keine Millionäre mehr sein (der durchschnittliche Monatslohn lag zu dieser Zeit bei 1,4 Millionen Lire), aber wir waren überglücklich, unsere Millionen gegen die große Ehre einzutauschen, Europäer zu sein.«

Auf unserem Markt in Amsterdam hatten die Leute gemischte Gefühle. Die Kaufleute mussten sich sprachlich umstellen, unsere alten Münzen und Scheine mit den althergebrachten umgangssprachlichen Namen wie *kwartje, dubbeltje, stuiver* oder *geeltje* gab es nicht mehr. Jemand verkaufte Becher mit Suppe für 2,50 Euro. »Was?!«, sagten wir, »ist der verrückt? Über fünf Gulden für so einen lächerlichen Becher Suppe?« Von da an notierte ich regelmäßig meine Umrechnerei, um zu sehen, wie lange ich noch in Gulden denken würde, eine Art Selbstversuch. Im ersten Jahr rechnete ich alles um, nach vier Jahren nur noch Kaufpreise von Häusern, Jahreseinkommen und andere hohe Beträge. Nach sechs Jahren war auch das vorbei.

Wir Niederländer hatten für unser Empfinden so ungefähr die schönsten Banknoten der Welt gehabt, entworfen von einem brillanten Grafiker. Vor allem der Fünfzig-Gulden-Schein, die orange-gelbe »Sonnenblume«, war bildschön. Es war eine Lust, damit zu bezahlen. Diese Schönheiten konnten wir am 1. Januar 2002 vergessen. Das neue Geld, das nun aus den Automaten kam, war blasses Kompromissgeld, auch ängstliches Geld, denn man hatte nicht einmal den Mut gehabt, auf den Scheinen reale europäische Brücken, Gebäude oder Kunstgegenstände abzubilden oder wirkliche europäische Persönlichkeiten. Es hätte zu viel Gezänk auslösen können.

Damit offenbarte der Euro gleich eine große Schwäche. Gewiss gab es gute Gründe, längerfristig eine gemeinsame europäische Währung einzuführen. Anfang der 1970er Jahre konnten die Vereinbarungen der nach dem Zweiten Weltkrieg geschaffenen internationalen Währungsordnung, des sogenannten Bretton-Woods-Systems, nicht mehr eingehalten werden. Der Dollar und das Gold fielen als »Anker« weg, und die Kurse der europäischen Währungen – Gulden, Lira, Deutsche Mark, Krone, Franc, Peseta – schwankten ständig. Man vereinbarte wechselseitige Stützung und eine bestimmte Bandbreite, innerhalb derer sich die Währungen bewegen durften, trotzdem kam es immer wieder zu stürmischen Schwankungen, bei denen

Lire und Francs wie vertrocknete Blätter umhergewirbelt wurden. Ein neuer Anker wurde nötig.

Uns, der Öffentlichkeit, wurde der Euro mit dem Argument der Bequemlichkeit schmackhaft gemacht: Für Urlaubsreisen ins europäische Ausland brauchte man kein Geld mehr zu wechseln, der grenzüberschreitende Zahlungsverkehr wurde erleichtert, die lästige Umrechnerei in fremde Währungen war endgültig Vergangenheit. Hinter den Kulissen, so erfuhr man später, spielten andere Motive eine Rolle. Hier zählte nur eines: Nach dem Fall der Mauer durfte Deutschland nicht zu mächtig werden. Oder wie der britische Europa-Kenner Timothy Garton Ash es ausdrückte: »Die europäische Währungsunion, die während und nach der deutschen Wiedervereinigung geschmiedet wurde, war kein deutsches Projekt zur Beherrschung Europas, sondern ein europäisches Projekt zur Eindämmung Deutschlands.«

Es war also nicht unbedingt ein demokratischer Prozess, an dessen Ende die Geburt des Euros stand. Gleich nach dem Fall der Mauer sah sich Helmut Kohl einem enormen Druck ausgesetzt. Die britische Premierministerin Thatcher war ohnehin gegen die deutsche Wiedervereinigung, weil sie ein vereintes Deutschland für viel zu gefährlich hielt. Der niederländische Ministerpräsident Ruud Lubbers teilte bis zu einem gewissen Grad ihre Bedenken – was Kohl ihm nie verziehen hat. Doch die »Achse« Bonn–Paris erwies sich wie immer als stärker. Allerdings machte Frankreich die Einführung des Euros zur Bedingung. Andernfalls, so prophezeite Mitterrand drohend, würde man »zur Welt von 1913 zurückkehren«.

Kohls Wähler wollten sich eigentlich um keinen Preis von ihrer harten, sicheren Deutschen Mark verabschieden. Trotzdem beugte er sich dem Wunsch Mitterrands und anderer europäischer Regierungschefs. Die Deutschen würden sich letztlich doch mit der Einführung abfinden, meinte er, sie akzeptierten starke politische Führung. Er war zu sehr auf die Unterstützung seiner engsten europäischen Verbündeten, allen voran Frankreich, für die deutsche Wiedervereinigung angewiesen. Allerdings stellte er klare Bedingungen: keine Währungsunion ohne gemeinsame Wirtschafts- und Finanzpolitik – mit einer Haushaltsunion und einer politischen Union.

Die Franzosen haben ihn schnell zurückgepfiffen. So blieb es bei wenigen strengen sogenannten Konvergenzkriterien, die alle Mitgliedsstaaten zu erfüllen hatten. Die beiden wichtigsten betrafen die Stabilität: Der staatliche

Schuldenstand durfte nicht mehr als 60 Prozent, die jährliche Nettoneuverschuldung nicht mehr als drei Prozent des Bruttoinlandsprodukts betragen. Eine Europäische Zentralbank wurde geschaffen, deren Befugnisse sich allerdings weitgehend auf die Verhinderung allzu großer Geldwertschwankungen beschränkte. Der französische Wirtschaftswissenschaftler Thomas Piketty fasste die Sache so zusammen: »In diesem Klima fiel die Entscheidung, zum ersten Mal in der Geschichte eine Währung ohne Staat und eine Zentralbank ohne Regierung ins Leben zu rufen.«

1992 war es so weit: Im Vertrag von Maastricht wurde die Einführung des Euros offiziell beschlossen. So wurde in der Sturm-und-Drang-Zeit der größten geopolitischen Veränderung in Europa seit 1945 – in den Worten von Timothy Garton Ash – »ein kränkliches Kind gezeugt«.

Für die Wirtschaft der einzelnen Länder hatte die Einführung des Euros verschiedene Vor- und Nachteile, aber ein Effekt war von Anfang an unübersehbar: Die Steuerungsmöglichkeiten, die eine eigene Währung in Krisenmomenten immer geboten hatte, gab es nicht mehr. Früher hatte ein Land, wenn die Schuldenlast zu hoch wurde oder die Wirtschaft nicht mehr konkurrenzfähig war, seine Währung abwerten können. Frankreich und Italien zum Beispiel hatten das regelmäßig getan. Ein verbilligter Franc oder eine verbilligte Lira waren ein Wundermittel, das zwar zahlreiche unerwünschte Nebenwirkungen hatte, aber auch viele Probleme lösen konnte, ohne dass die Bevölkerung allzu sehr darunter litt. Der feste Euro machte ein solches eigenständiges Handeln unmöglich. Die einzigen Mittel, die einer Regierung in Notsituationen noch blieben, waren, soweit möglich, Lohnsenkungen, Einschnitte bei den Staatsausgaben – hauptsächlich bei Gehältern, Sozialausgaben und Renten – und Steuererhöhungen.

Für den amerikanischen Ökonomen Joseph Stiglitz, der später den Nobelpreis für Wirtschaft erhielt, war genau dies der schwache Punkt des Euros. Und war eine gemeinsame Währung wirklich so wichtig für die europäische Einigung? Europa hätte sich nach Stiglitz' Ansicht eher um eine gemeinsame Außenpolitik, gemeinsame Verteidigung, gemeinsame Handels- und Sozialpolitik und dergleichen mehr bemühen sollen. Die Mitgliedsstaaten mit all ihren kulturellen und ökonomischen Unterschieden brauchten nicht in ein starres System gezwängt zu werden. Die Möglichkeit, eine eigene, demokratisch legitimierte Wirtschaftspolitik zu betreiben, hätte nicht eingeschränkt werden sollen, ein demokratisches Defizit Europas hätte so vermieden werden können. Stiglitz erklärte später, die Schöpfer des Euros hätten sich von bestimmten Vorstellungen, wie Ökonomien funktionieren, leiten lassen. Diese Annahmen seien damals in Mode gewesen, aber schlichtweg falsch.

1997 meldeten sich 330 europäische Wirtschaftswissenschaftler mit einer Warnung zu Wort: Vorsicht, der Euro ist eine Fehlkonstruktion, eine Währungsunion ohne politische Union kann unmöglich funktionieren. Sie wurden lächerlich gemacht, der niederländische Finanzminister Gerrit Zalm sprach von »ängstlichen Ökonomen«. Dabei hatte Helmut Kohl bereits 1991 im Bundestag im Grunde das Gleiche gesagt wie jene Warner: »Die Vorstellung, man könne eine Wirtschafts- und Währungsunion ohne politische Union auf Dauer erhalten, ist abwegig.« 1998, kurz vor der Einführung des Euros als Buchgeld, sagte André Szász, ein ehemaliger Direktor der Nederlandsche Bank, in einem Interview: »Wir bauen auf Treibsand.« Die Experten, so die amerikanische *Newsweek*-Korrespondentin Rana Foroohar, kamen sich vor wie machtlose Zuschauer, die vom Kai aus »die Titanic auslaufen sahen«.

Disziplin und Triumphgefühle passen nicht gut zusammen. 1997 waren die Sechzig- und Drei-Prozent-Regel für die Eurozone noch einmal im sogenannten Stabilitäts- und Wachstumspakt festgeschrieben worden. Fast alle Euroländer, einschließlich Deutschlands und der Niederlande, mussten die kompliziertesten Verrenkungen ausführen, um diese Regeln einzuhalten. Auf starken Druck Frankreichs hin wurden auch Italien und Belgien in die Währungsgemeinschaft aufgenommen, obwohl sich ihr Schuldenstand auf 120 Prozent belief, das Doppelte des Erlaubten. Als Deutschland und Frankreich 2003 selbst die Grenzwerte zu überschreiten drohten, wurden die Spielregeln erneut angepasst. Die Kosten all der faulen Kompromisse würden letztlich den Nutzen des Euros längst nicht aufwiegen, glaubte man.

Es war eine einzige große Varietéshow mit buchhalterischen Zaubertricks, von Athen und Rom bis Paris und Berlin. Am Ende war Luxemburg das einzige Euroland, das noch halbwegs die Anforderungen des Stabilitäts- und Wachstumspaktes erfüllte. Weil die Regierungschefs die Harmonie in ihrem Klub nicht zu sehr stören wollten, wurden keine Sanktionen verhängt, niemand wurde ausgeschlossen, niemand auch nur gezwungen, Rechenschaft abzulegen. Auch eine Übertragung von Macht an eine zentrale Institution kam für sie nicht infrage, es entstand keine klare Hierarchie, die in Krisensituationen unverzichtbar ist.

Auch in dieser Phase spielten politische Motive eine entscheidende Rolle: Frankreich wollte der Währungsgemeinschaft nicht ohne Italien beitreten, weil es sonst bald selbst das schwächste Euroland gewesen wäre. Und den Griechen konnte man doch nicht verweigern, was man den Italienern zugestanden hatte. Selten dürften Statistiken in einem solchen Ausmaß manipuliert worden sein wie im Zusammenhang mit dem griechischen Beitritt. Eine Reihe von Ausgaben wie etwa die für Renten und Verteidigung verschwanden in Athen plötzlich aus den Büchern, die Steuern auf Benzin, Alkohol und Tabak wurden gesenkt, außerdem die Strompreise, alles nur, um die Inflationsrate zu verringern. Der Chef des Statistischen Amtes wurde von Insidern bald »der Magier« genannt, weil er so versiert darin war, »auf magische Weise die Inflation, das Haushaltsdefizit und die Staatsschulden verschwinden zu lassen«. Der damalige deutsche Außenminister Joschka Fischer feierte in einer Rede in Athen die Griechen für ihre großartigen Erfolge in so kurzer Zeit. Der strenge niederländische Finanzminister Zalm nannte die griechischen Leistungen »außergewöhnlich beeindruckend«.

Diese magische Welt existierte auch nach dem griechischen Beitritt 2001 auf wundersame Weise weiter. Von da an konnten die Griechen so viel Geld leihen, wie sie nur wollten. Hatten sie früher 18 Prozent Zinsen zahlen müssen, galt für sie nun der gleiche Tarif wie für die Deutschen: fünf Prozent. Mithilfe der Banker von Goldman Sachs – für etwa 300 Millionen Dollar Beratungskosten – konnten die aufeinanderfolgenden griechischen Regierungen äußerst geschickt ihre wirkliche Kreditwürdigkeit verschleiern. Sogar künftige Einnahmen, auch die aus europäischen Fördertöpfen, dienten als Bürgschaften, wurden in Barbestand umgesetzt und ausgegeben.

Gleichzeitig waren die staatlichen Einnahmen viel zu niedrig. Das Steuersystem und das Liegenschaftskataster, in Wirklichkeit in 298 lokale Grundbuchämter aufgesplittert, blieben trotz aller europäischen Unterstützung chaotisch. Die gewaltige Seifenblase platzte nur deshalb nicht, weil sich im übrigen Europa fast niemand dafür interessierte. Solange die Geldgeber Griechenlands annahmen, dass dieses Land ebenso solide sei wie die Europäische Union – das heißt Deutschland –, krähte kein Hahn danach. Die meisten Griechen hatten erst recht kein Interesse daran, die Alarmglocken zu läuten. Dafür ging es ihnen viel zu gut.

Am 9. Mai 2002 wurde dem Euro in Aachen der angesehene Karlspreis verliehen, weil er »wie kein anderer Integrationsschritt zuvor die Identifikation mit Europa« befördere und »einen entscheidenden, epochemachenden Beitrag zum Zusammenwachsen der Völkerfamilie« leiste.

7

Kurz und gut, der Euro, dieses blasse Kompromissgeld, das die Bankautomaten nun überall ausspuckten, legte einen Blitzstart hin. In den ersten Jahren geschah genau das, was man erhofft hatte: Die Gemeinschaftswährung stärkte die europäische Einheit. 2008 zog die Brüsseler »Denkfabrik« BRUEGEL eine erste Bilanz: Die Einführung sei glatt verlaufen, ebenso der Beitritt neuer Mitglieder wie Griechenland, Slowenien und Zypern zur Eurozone. Die Preise seien stabil geblieben, Reisen und Handel deutlich erleichtert worden, die Wirtschaft der Mitglieder wachse. Die Europäer seien zufrieden.

Auch weltweit schnitt der Euro gut ab: Ein Viertel aller ausländischen Devisenreserven bestand aus der neuen Währung. Im November 2007 meldeten die Nachrichtenagenturen, das brasilianische Topmodel Gisele Bündchen wolle künftig nicht mehr in Dollar, sondern in Euro bezahlt werden. Ihr Millionenunternehmen folgte der Stimmung an den Märkten; der Euro begann sogar den Dollar zu verdrängen.

Aber war wirklich alles nur Friede, Freude, Wohlstand? Der indische Schriftsteller Pankaj Mishra sah mit dem Blick des Außenstehenden vor allem eine »bereinigte« europäische Geschichte. Der Frieden und Wohlstand Europas nach 1945 hätten jahrzehntelang die Brüche und Traumata des Kontinents verdeckt. Schließlich sei die Geschichte der Modernisierung »in weiten Teilen eher eine Geschichte der Blutbäder und Turbulenzen als der friedlichen Konvergenz«, doch die beiden Weltkriege würden »in einem gesonderten Quarantänebereich« isoliert, und die meisten Europäer betrachteten Stalinismus, Faschismus und Nationalsozialismus »als monströse Verirrungen innerhalb des Hauptstroms der europäischen Geschichte«. Anscheinend sei es den Europäern nicht klar, doch das Gleichgewicht nach 1945 sei »unsicher und außergewöhnlich« gewesen.

Trotz aller Triumphe ist dieses Gleichgewicht nach 1999 nicht stabiler geworden. Für die Freuden der Globalisierung musste nämlich ein Preis bezahlt werden: Die Ungleichheit der Einkommen, die während der ersten Nachkriegsjahrzehnte abgenommen hatte, nahm nach der Jahrtausendwende rasch wieder zu. Auf den nun so gut wie ungeregelten und grenzenlosen Finanzmärkten konnten im Handumdrehen große Vermögen verdient werden, die Anzahl der Superreichen wuchs beträchtlich und damit ihr politischer Einfluss. Eine neue Klasse von Managern, Technokraten und Beratern begrüßte die »Herausforderungen« der Globalisierung und besonders die finanziellen Möglichkeiten, die ihnen die zahlreichen Privatisierungen boten. Ehemalige Regierungsbeamte nannten sich plötzlich »CEO« und verdienten das Doppelte oder Dreifache ihres früheren Gehalts.

Gleichzeitig entstand am unteren Ende des Machtgefälles ein neues Proletariat: von einer befristeten Stelle zur nächsten wechselnde, permanent überforderte, auf subtile Weise ausgebeutete und gedemütigte Arbeitnehmer, viele von ihnen in prekären Verhältnissen, in trostloser Wohnsituation, mit gesundheitlichen Problemen oder tief verschuldet. Im Unterschied zu denen der reichsten zehn Prozent stiegen die Einkommen dieses Teils der Bevölkerung in all den fetten Jahren kaum.

Auch zwischen den einzelnen europäischen Ländern und Regionen blieben gewaltige Unterschiede – trotz Fördermitteln aus zahlreichen europäischen Fonds. Um die Jahrtausendwende kamen Mittel- und Osteuropa bei der Pro-Kopf-Produktion noch kaum über die Hälfte des westeuropäischen Niveaus hinaus. Innerhalb der einzelnen Staaten waren die Gegensätze mindestens ebenso groß. Zum Beispiel zwischen der Region London, auf die der Erfolg der Finanzbranche in der City ausstrahlte, und den alten Industriegebieten in Schottland, Wales und Nordostengland. Oder zwischen Bayern und dem reichen München einerseits und dem Gebiet der ehemaligen DDR, aber auch dem Ruhrgebiet mit seiner vergangenen Herrlichkeit andererseits. Oder zwischen Flandern und Wallonien. Oder Nord- und Süditalien.

Im ehemaligen Ostblock waren am Anfang des 21. Jahrhunderts die Erinnerungen an die Entbehrungen und Bedrängnisse eines Lebens zu Kriegszeiten, während einer großen Krise oder unter einer Diktatur noch sehr lebendig. Der damalige tschechische Präsident Václav Havel hatte insgesamt fünf

Jahre im Gefängnis verbracht, einzig und allein wegen seiner Äußerungen zur Politik. »Erst dann begreift man, was das heutige Europa bedeutet.«

Im Westen dagegen konnten sich viele Menschen vor allem aus den jüngeren Generationen gar nicht vorstellen, welche Gefahren lauerten. »Sie tanzen am Rand des Vulkans«, hörte ich Max Kohnstamm, den ich inzwischen gut kannte, hin und wieder murmeln. »Das haben wir auch, in den dreißiger Jahren. Aber wir wussten wenigstens, dass wir es taten.«

Frieden
2000

I

Bei Kirkenes besteht die Grenze zu Russland aus einer Reihe gelb-roter Pfähle im Abstand von genau vier Metern. Insgesamt ist sie 95 Kilometer lang. Für die Bewachung des Abschnitts von Grenzpfahl 177 bis 396 war 2018 die Jarfjord-Kompanie zuständig, eine aus etwa 120 Männern und Frauen bestehende Einheit des norwegischen Heeres. Sie überwachten das Grenzgebiet, sie nahmen polizeiliche Aufgaben wahr, aber beim Signal »Make ready« konnten sie auch innerhalb von fünf Minuten gefechtsbereit ausrücken.

Norwegen zählt nicht einmal fünfeinhalb Millionen Einwohner, allein Sankt Petersburg hat ebenso viele. Das Kräfteverhältnis ist eindeutig. 2018 hat Norwegen das sogenannte Notpaket wieder eingeführt. Während des Kalten Krieges sollte jeder Norweger eine bestimmte Menge Holz und getrockneten Hering im Haus haben, heute umfasst das Paket Wasser, Knäckebrot, Haferflocken, Konserven, einen Campinggaskocher und ein Batterieradio. Die Bürger, so die neue Informationsbroschüre, sollen zur »totalen Verteidigung« des Landes beitragen.

Das norwegische Heer war gastfreundlich. Ja natürlich, kommen Sie nur. In dem Geländewagen, der mich abholte, lief ein Klavierkonzert von Bach – welch ein kultiviertes Land! Ich durfte die Patrouille von Unteroffizier Widerøe mit den Soldaten Fossen, Anderson, Sørløkk und Aase begleiten. Offene Gesichter, Wehrpflichtige, aber hoch spezialisiert. In Buggys fuhren sie, schwer bewaffnet, vor, hinter und neben unserem Jeep. Das Armaturenbrett sah alt und abgewetzt aus, die Knöpfe und das Lenkrad erinnerten an einen hübschen Oldtimer. »Stimmt, dieser Jeep ist aus den siebziger Jahren. Voriges Jahr haben wir neue bekommen, aber bei 30 Grad unter null sind sie ausgefallen. Diese alten Dinger starten immer. Wir halten sie mit Teilen von verschrotteten Fahrzeugen am Laufen. Geht eben nicht anders.«

Wir stiegen aus und gingen einen Hügel hinauf. Der dortige Beobachtungsposten, früher bemannt, war inzwischen vollständig automatisiert. Man blickte auf einen einsamen, malerischen See, unter uns lag die russische Grenze, in einiger Entfernung wieder ein norwegischer Posten, ein großer. Hier wurde mit modernsten Mitteln gespäht und gelauscht.

Das Verhältnis zwischen den russischen und den norwegischen Grenztruppen war zu dieser Zeit entspannt. Sie meldeten einander Vorfälle und verdächtige Personen, früher hatten sie auch jedes Jahr ein Fußballspiel veranstaltet, das immer die Russen gewannen. Doch auch hier machte sich eine gewisse Abkühlung bemerkbar. »Wenn die Russen und wir uns begegnen, nicken wir uns zu. Mehr nicht. Einmal im Jahr, im Herbst, treffen sich die Kommandeure, um zusammen die Grenzpfähle abzugehen. Danach essen sie auch zusammen. Aber Fußball, das gibt es nicht mehr.« Sie fanden es schade.

Natürlich war mir klar, dass die Norweger diese unwirtliche Gegend kannten wie niemand sonst und dass sie für einen Angreifer noch tausend Überraschungen in petto hatten. Trotzdem: Diese netten jungen Leute mit ihren Buggys und Schneemobilen und schönen Namen auf den Brusttaschen waren es, die hier die vorderste Linie bildeten.

Alle hier waren jung, die Unteroffiziere Mitte zwanzig, der älteste Offizier Mitte 30. Kompaniechef war eine kleine, flinke Frau mit einem Pferdeschwanz. Kaptein Carina Vinterdal hatte die stramme Haltung eines Berufsoffiziers – »Wir rennen hier niemals, wir gehen immer. Wir wollen keine Aufregung, wenn es nicht nötig ist« –, und gleichzeitig war ihr Blick voller Leben, wenn sie über eine Frage nachdachte. Wir sprachen viel länger als geplant – über ihre Arbeit, über die Rolle von Frauen in den norwegischen Streitkräften, über ihre Motivation. Währenddessen füllte sich der Innenhof. Die Hälfte der Kompanie bereitete sich auf eine viertägige Übung in den Wäldern vor, einschließlich dreier eiskalter Nächte. Die Gesichter wurden schwarz geschminkt, Waffen und Munition ausgeteilt, die Motoren der beiden alten Raupenfahrzeuge aus den 1980er Jahren liefen warm, unter einem Helm sprangen zwei Zöpfe hervor.

Ich fragte Kaptein Vinterdal, ob sie *Occupied* kenne, eine norwegische Fernsehserie, die mit dem Verschwinden eines Journalisten in dieser schneereichen Grenzregion beginnt, und dann rollen auf einmal die russischen

Panzer an. Sie nickte. »Ich dachte, o Gott, da berührt jemand eine sehr wichtige Frage. Als Kommandeur fragt man sich immer wieder: Wie werde ich dann reagieren? Wie soll ich das gegenüber meinen Kindern verantworten? Damit beschäftigt man sich ständig, um sich vorzubereiten.«

»Wie?«

»Wir sind kampfstark, aber klein. Ich weiß nicht, wie ich es ausdrücken soll, wir haben nicht die nötigen Mittel, aber den Willen. Das liegt an unserer Geschichte. Wir haben viel zu verlieren: ein schönes Land, unsere Werte … Je älter ich werde, desto klarer sehe ich, dass es so vieles gibt, wofür sich zu kämpfen lohnt.«

»Auch zu sterben?«

»Sehen Sie, ein Foto von meinen Kindern. Das ist Norwegen für mich. Wir sind so glücklich, hier leben zu können, und ich möchte, dass das so bleibt. Dafür bin ich in der Armee.«

»Und die Soldaten hier, auf dem Hof?«

»Wenn man ihnen diese Frage stellen würde, würden einige Ja sagen. Und andere schweigen.«

2

Der Jubel in Westeuropa war nur eine Seite der Medaille. Auch in Russland und Osteuropa hatte ich während meiner Reise im Jahr 1999 Optimismus gesehen, vor allem aber außergewöhnlich viel Armut. In einer polnischen Stadt sprach mich eine Frau mit verschrumpeltem Gesicht an: »Ach bitte, helfen Sie einer alten deutschen Mutti.« Eine Anhalterin, die ich in Ungarn mitnahm, war deprimiert, weil ihr Fahrrad gestohlen worden war und sie nun täglich eine Stunde zu Fuß zur Arbeit gehen musste, denn Geld für ein neues Rad aufzutreiben, war einfach unmöglich.

In Russland stand damals vor jedem Bahnhof eine Reihe von verzweifelten älteren Frauen, eine neben der anderen, die drei Fläschchen Wodka, zwei Salatgurken oder auch einen alten Mantel zu verkaufen versuchten. Manche von ihnen sprachen Englisch, sie waren Lehrerinnen oder Verwaltungsbeamtinnen gewesen, aber ihre Pensionen waren völlig wertlos geworden. Einmal sprach ich eine Weile mit der Letzten in der Reihe. Sie hatte ihr Leben lang in einem Bekleidungsgeschäft gearbeitet und hätte niemals gedacht, dass sie einmal hier in der Kälte stehen würde, einen Plastikbecher in der Hand. Für diese herzzerreißenden Bilder, die man überall im zusammengebrochenen Sowjetimperium sehen konnte, war man in Westeuropa praktisch blind.

Želimir Žilnik besuchte damals aus beruflichen Gründen häufig russische Filmfestivals. »Sogar bei wichtigen Empfängen wurden nur noch Wodka und schlechte Salami serviert. Die Leute haben mich gefragt: ›Verkaufst du mir dein T-Shirt?‹ Oder: ›Hast du Socken für mich, Schuhe?‹ Im Zug von Moskau nach Novi Sad kam der Schaffner und sagte: ›Wenn du einen Dollar bezahlst, kannst du mit uns essen.‹« 1992 lebten 50 Millionen Russen an oder nahe der Armutsgrenze, ein Drittel der Bevölkerung.

Die weißrussische Journalistin und Schriftstellerin Swetlana Alexijewitsch zeichnete systematisch die Erfahrungen ihrer Zeitgenossen auf: »Die Gorbatschow-Jahre ... Freiheit und Marken. Bezugsscheine ... Marken ... Für alles: von Brot über Grieß und Buchweizen bis hin zu Socken. Fünf, sechs Stunden Schlange stehen ... Aber du hast ein Buch dabei, das du früher nicht kaufen konntest, und weißt, dass am Abend im Fernsehen ein Film laufen wird, der früher verboten war und zehn Jahre auf Eis gelegen hat.« Andererseits: »Je mehr von Freiheit geredet und geschrieben wurde, desto rascher verschwanden nicht nur Fleisch und Käse aus den Läden, sondern auch Salz und Zucker.« Und: »Unser früheres Leben wurde komplett niedergerissen, kein Stein ist auf dem anderen geblieben.«

Bei Kirkenes zogen russische Frauen über die Campingplätze, um sich zu prostituieren. Der Bürgermeister durfte auf der anderen Seite der Grenze mit russischen Soldaten auf einem Panzer mitfahren – zur Entenjagd.

All diese Russen waren wie so viele andere im Osten Europas Opfer der »Schocktherapie«. Es war ein Experiment in kontinentalem Umfang, das sich Berater aus dem Westen in den 1980er und 1990er Jahren ausgedacht hatten: Die Länder des ehemaligen Ostblocks wurden mit zahllosen Privatisierungen und Liberalisierungen ohne Übergang in ein westliches Korsett gezwängt. Es war eine Therapie mit vielen Gewinnern, aber noch viel mehr Verlierern, eine Therapie, die Ländern wie Polen und Ungarn relativ schnell auf die Beine half, doch Russland und anderen Nachfolgestaaten der Sowjetunion einen Staatsbankrott und noch mehr Korruption bescherte. Für große Teile der Bevölkerung war es ein Trauma.

3

Washington-Konsens hieß das Standardreformpaket, das der IWF, die Weltbank, das amerikanische Finanzministerium und weitere Finanzmächte von 1989 an auf die Welt losließen. Ausgangspunkte: der Neoliberalismus und der unerschütterliche Glaube an den freien Markt. Ursprünglich war das Programm für einige wirtschaftlich schwache lateinamerikanische Länder, vor allem Chile, gedacht gewesen. Als in jenem Jahr die Mauer fiel, wurde es dann auch eifrig auf die eingerosteten Volkswirtschaften früherer Ostblockländer angewandt.

Dass etwas geschehen musste, war offensichtlich. Bronisław Geremek, damals polnischer Außenminister, verglich das kommunistische System mit einem großen alten Bunker. »Man braucht einen gigantischen Bulldozer, um ihn niederzureißen.« Doch am Ende würden alle froh sein, denn man würde »eine skandinavische, sozialdemokratische Version des Kapitalismus« haben. Die Fesseln des Kommunismus sollten gesprengt werden, staatliche Lenkung und Staatseigentum möglichst schnell verschwinden; eilig wurden Banken und andere Finanzinstitutionen geschaffen.

Was sich in Westeuropa allmählich vollzogen hatte, geschah hier fast von einem Tag auf den anderen. Betriebe wurden in großer Zahl privatisiert, landwirtschaftliche Genossenschaften aufgeteilt und verkauft, kleine Lebensmittelläden von Ketten wie Lidl und Aldi verdrängt, an die Stelle von »Kollektiv« und »Solidarität« traten plötzlich »Markt« und »Wettbewerb«. Neben dem IWF halfen auch die EG und später die EU mit zig Milliarden Dollar. Dennoch war der Umfang der Unterstützung nicht mit dem des Marshallplans für das ausgeblutete Westeuropa nach dem Krieg zu vergleichen.

In Polen war die Schocktherapie wie ein Sprung ins eiskalte Wasser: Die Subventionen für Lebensmittel, Kraftstoffe und weitere Dinge wurden alle gleichzeitig abgeschafft, die Preise für sämtliche Produkte freigegeben, die Grenzen für ausländische Firmen geöffnet, unrentable Staatsbetriebe privatisiert. Nach einer kurzen, schmerzhaften Anpassungsphase werde ein neues »Gleichgewicht« erreicht werden, verkündeten die neoliberalen Ökonomen, Nachfrage und Angebot in einem gesunden Verhältnis stehen und die Wirtschaft wieder wachsen.

DER EISERNE VORHANG, 1945–1989
Europäisches Nordmeer
FINNLAND
NORWEGEN
Helsinki
Oslo
SCHWEDEN
Stockholm
Tallinn
Estnische SSR
Moskau
Lettische SSR
Riga
Nordsee
DÄNEMARK
Ostsee
Litauische SSR
Vilnius
SOWJETUNION
Kopenhagen
Minsk
Weißrussische SSR
NIEDER-LANDE
Berlin
West-
Ost-
Warschau
Amsterdam
POLEN
Kiew
DDR
Brüssel
Bonn
BUNDESREPUBLIK DEUTSCHLAND
Ukrainische SSR
BELGIEN
LUX.
Prag
TSCHECHOSLOWAKEI
Moldau. SSR
Chişinău
Wien
ÖSTER-REICH
Budapest
UNGARN
FRANKREICH
Bern
SCHWEIZ
RUMÄNIEN
Schwarzes Meer
Bukarest
Belgrad
JUGOSLAWIEN
BULGARIEN
Sofia
ITALIEN
Adria
Rom
Tirana
ALBANIEN
TÜRKEI
Der Eiserne Vorhang
Grenze zu den sozialistischen Ländern Jugoslawien und Albanien
GRIECHENLAND
Ägäis
Athen
0 100 200 300 km

Diese Erwartung wurde zunächst schwer enttäuscht. Die Krise war dramatisch und dauerte lange. 1990 und 1991 ging die Industrieproduktion um ein knappes Drittel zurück, die Inflation war kaum zu stoppen, und bis 1992 verloren 2,3 Millionen Polen ihre Arbeit. Auf der Werft Danzig, der berühmten ehemaligen »Lenin-Werft«, auf der man so hart für dieses neue, freie Polen gekämpft hatte, wurden sogar fast fünf von sechs Beschäftigten arbeitslos. »Früher hatten wir genug Geld, konnten aber nichts kaufen«, sagte 1999 im Zug nach Danzig eine Frau zu mir. »Heute gibt es alles zu kaufen, aber wir können es uns nicht mehr leisten. Per saldo haben wir nichts gewonnen. Man hat uns nur zum Narren gehalten.«

Im übrigen Mittel- und Osteuropa war es in den ersten Jahren nicht anders: In der Tschechoslowakei und in Ungarn nahm die Industrieproduktion um ein Drittel ab, in Rumänien und der ehemaligen DDR um ungefähr ein Viertel. In Ungarn wurden 80 Prozent der staatlichen Betriebe verkauft – für die alten kommunistischen Machthaber und die westeuropäischen Unternehmen ein gutes Geschäft –, die Einkommen sanken um ein Fünftel, etwa 30 Prozent der Bevölkerung landeten unterhalb der Armutsgrenze, während »Berater« Millionen kassierten. Immer mehr Jüngere verließen ihre Heimat. So sank beispielsweise die Einwohnerzahl der ukrainischen Stadt Lwiw (Lemberg) innerhalb weniger Jahre um ein Fünftel.

In der DDR wurden die ehemaligen Staatsunternehmen – einschließlich der Wohnungsbaugenossenschaften mit ihrem riesigen Bestand an Wohnraum und der landwirtschaftlichen Produktionsgenossenschaften mit 2,4 Millionen Hektar Boden – von der Treuhandanstalt saniert und privatisiert. Die Kosten sollten durch die Einkünfte aus der Privatisierung gedeckt werden. Am Ende der Operation, 1994, waren von vier Millionen Arbeitsplätzen in den von der Treuhand übernommenen Betrieben noch anderthalb Millionen übrig, und die Privatisierung brachte entgegen den Erwartungen nur Verluste: schätzungsweise 270 Milliarden Deutsche Mark, 135 Milliarden Euro.

Der Wilde Osten war in jenen Jahren dank der Privatisierungen eine Goldgrube für gewiefte Unternehmer. Ein Jahrzehnt nach dem Mauerfall war mindestens die Hälfte der osteuropäischen verarbeitenden Industrie in den Händen westlicher multinationaler Unternehmen, in der Autobranche sogar

90 Prozent. Für talentierte und hoch qualifizierte junge Leute lagen die Jobs praktisch auf der Straße. Wer die Sprache des Westens sprach, für den ereignete sich tatsächlich das versprochene Wirtschaftswunder. In Warschau, Prag und Budapest stieg die Kaufkraft in den Jahren 1995 bis 2000 um 60 bis 70 Prozent, Inflation und Arbeitslosigkeit gingen zurück, in vielen Städten entstand eine neue Mittelschicht, die Baubranche boomte.

Den Wirtschaftsstatistiken zufolge hatte sich der ehemalige Ostblock bis 1999 wieder weitgehend erholt. Die Anhänger des Neoliberalismus jubelten, andere waren dagegen der Ansicht, mit einer allmählichen, langsameren Umstellung wären die gleichen, wenn nicht bessere Ergebnisse erreicht worden. Viel Armut, viele Demütigungen, viel Leid hätten so vermieden werden können.

Außerdem blieben die Unterschiede groß. Im neuen Warschau, Prag und Budapest verdienten Lehrer noch jahrelang 150 bis 205 Euro pro Monat. Außerhalb der Metropolen mit ihrem täuschenden Glamour war die Situation noch viel schlimmer. In Leipzig, Magdeburg und Chemnitz betrug die Arbeitslosigkeit noch 2005 fast 20 Prozent, und ganze ländliche Regionen verarmten.

25 Jahre nach dem Verschwinden des Eisernen Vorhangs erklärte die Weltbank, dass der Übergang zur westlichen Moderne nur für zehn Prozent der Bevölkerung des ehemaligen Ostblocks tatsächlich ein Erfolg gewesen sei. Für 30 Prozent sei er »mäßig erfolgreich«, für 40 Prozent bedeute er ein »moderates Scheitern«. Für 20 Prozent schließlich sei er schlicht katastrophal, ihre Haushaltseinkommen seien sogar noch niedriger als 1990. Dies galt für fünf der fünfzehn ehemaligen Sowjetrepubliken – die Ukraine, Moldawien, Georgien, Kirgistan und Tadschikistan – und vier der sieben Länder des früheren Jugoslawien: Serbien, Bosnien und Herzegowina, Montenegro und Kosovo. Man sprach von Ländern mit drei bis vier »verlorenen Generationen«.

4

Während die Welt des Ostens allmählich ins Wanken geriet, arbeitete sich ein junger Geheimagent in der Sowjetbürokratie allmählich nach oben. Er hatte eine wilde Jugend gehabt, liebte Kampfsport und hatte nach einem

Jurastudium schließlich eine Laufbahn beim KGB einschlagen können. Spektakuläre Aktionen gehörten nicht zu seinen Aufgaben. Von 1985 an war er in der DDR tätig, hauptsächlich in der Dresdner Provinzresidentur. Er hatte eine Familie, eine seiner beiden Töchter wurde in Dresden geboren. Er musste ausländische Geschäftsleute beobachten, Informationen über militärische und wissenschaftliche Entwicklungen im Westen sammeln und später vor allem über die Stasi berichten, also den Nachrichtendienst und die Geheimpolizei des Verbündeten. Die meiste Zeit verbrachte er mit dem Sammeln und Ordnen von Ausschnitten aus westlichen Zeitungen. Dadurch erhielt er Informationen beispielsweise über die Reaktorkatastrophe von Tschernobyl im Jahr 1986, die für die Normalbevölkerung in der Sowjetunion unzugänglich waren. Und er lernte die Denkweise und die Moral des KGB genau kennen. Das war prägend für sein weiteres Leben.

Im November 1989 brach auch für diesen Wladimir Putin eine Welt zusammen. Nachdem Demonstranten die Dresdner Stasi-Bezirksleitung gestürmt hatten, befürchteten er und seine Kollegen das Schlimmste und bemühten sich, möglichst viele Akten und Kontaktlisten zu verbrennen, was schwieriger war als erwartet. Gleichzeitig versuchten sie verzweifelt, ihre Vorgesetzten in Moskau telefonisch zu erreichen, um nähere Anweisungen zu erhalten. »Moskau schweigt«, war das Einzige, was sie zu hören bekamen, ein Satz, den Oberstleutnant Putin später noch oft zitierte. Er habe in diesem Moment das Gefühl gehabt, dass sein Land einfach nicht mehr existierte.

Nach dem Mauerfall wurde er nach Moskau zurückbeordert. Der Zusammenbruch des Sowjetreichs war eine einzige Demütigung; nicht einmal für den Abzug der Truppen aus der ehemaligen DDR reichte das Geld, sodass Russland auf deutsche Zuschüsse angewiesen war. Als Putin nach Moskau zurückkehrte, hatte er schon drei Monate keinen Sold mehr bekommen, er hatte dort keine Wohnung und wusste nicht einmal, wo er schlafen sollte. Sein einziger Besitz war eine uralte Waschmaschine, die ihm seine ostdeutschen Nachbarn zum Abschied geschenkt hatten. Im Zug nach Moskau war der Mantel seiner Frau Ljudmila gestohlen worden – samt allem Geld in Rubel und Mark, das sie bei sich hatte.

Aber dieser entwurzelte Agent hatte das Glück, dem KGB anzugehören, der mächtigsten und intelligentesten Organisation der ehemaligen Sowjetunion. Beim KGB hatte man früh erkannt, dass sich das Sowjetsystem dem

Ende näherte, und so waren KGB-Leute schon in der Zeit von Gorbatschows Reformen eifrig damit beschäftigt, im Westen eigene Firmen und Handelsbeziehungen aufzubauen. Denn dort bestand Rechtssicherheit, dort konnte man, wie man beim KGB genau wusste, ruhig investieren. Hunderte von Scheinfirmen wurden gegründet, um die Vermögen führender Parteifunktionäre außer Landes zu schleusen und um sicherzustellen, dass man auch in Zukunft die geheimdienstliche Arbeit fortsetzen konnte.

In den harten Jahren nach dem Ende der Sowjetunion lagen sowohl die Staatsmacht als auch die Kontrolle auf finanziellem und wirtschaftlichem Gebiet zum größten Teil beim KGB. Wer im Wilden Osten von den Privatisierungen im Zuge der Schocktherapie profitieren wollte, kam früher oder später zwangsläufig mit dem KGB in Berührung.

Auf der Straße wurde der Handel Anfang der 1990er Jahre von der Mafia und anderen Gangstern übernommen. In den Provinzstädten verkauften die Drogendealer nicht mehr Heroin, sondern »Krokodil«, ein Gemisch aus Codeintabletten und synthetischen Reinigungsmitteln, das sie selbst fabrizierten. Auch Wodka war für Millionen Russen nicht mehr erschwinglich, weshalb sie nun »Sprit« tranken, Ethanol oder Frostschutzmittel. Ich erinnere mich, dass meine Mitreisenden im Roten Pfeil, dem Nachtzug von Sankt Petersburg nach Moskau, vor dem Schlafen den Griff der Abteiltür mit einem Seil festzurrten. »Man weiß nie.« Um die Macht auf der Straße wurden Bandenkriege geführt, die Zahl der Morde stieg auf etwa dreißig pro Tag. »Ich begriff, dass diese neue Welt nicht meine war, nichts für mich. Sie brauchte irgendwie andere Menschen«, sagte eine Zeitzeugin zu Swetlana Alexijewitsch. »Das Unterste kam nach oben ... im Grunde eine weitere Revolution. [...] Die Straßen waren plötzlich voller Muskelpakete in Trainingsanzügen. Wölfe! Sie haben alle niedergetrampelt.«

Gangster hatte es immer gegeben, auch in der Sowjetzeit, allerdings eher im Verborgenen. Unter dem Kommunismus herrschte Mangel an vielen Dingen, man konnte deshalb Geld verdienen, wenn man »organisierte« und unter der Hand verkaufte, was knapp und begehrt war. Für die *wory* – Diebe – war Gorbatschows große Anti-Alkohol-Kampagne in der zweiten Hälfte der 1980er Jahre ein Segen, denn sie bescherte ihnen nicht nur einen neuen Markt für ihren illegalen Alkohol, sondern viel Sympathie: Plötzlich waren sie überall willkommen, auch bei gut situierten Bürgern, die ihre Dienste gern in Anspruch nahmen. So traten sie nun in aller Öffentlichkeit in Erscheinung, und es galten ihre speziellen Regeln, die alle Umwälzungen überdauert hatten.

Im chaotischen Russland der 1990er Jahre fühlten sich Kriminelle wie die Fische im Wasser. Man sah sie überall, die kleinen in Gestalt von Schwarzhändlern und Geldwechslern, die sich in der Nähe der russischen Hotels herumtrieben, manche auf Fahrrädern, und sich ein Startkapital in Dollar und Deutscher Mark verschafften, bevor der große Goldrausch begann. Weil der Staat kaum noch funktionierte, nahmen auch Geschäftsleute ihre Dienste gern in Anspruch, um Sicherheit für ihre Unternehmen – und sich selbst – zu kaufen. Das Wort *kryscha* – Dach – für Beschützer, die ihre Schützlinge zugleich erpressten, wurde zum Begriff.

Die Bevölkerungsstatistiken des Landes, in dem diese Mafiosi den Ton angaben, erinnerten an die eines Kriegsgebietes: Die Geburtenrate halbierte sich, die Sterblichkeitsrate war ähnlich hoch wie in Simbabwe oder Afghanistan, die Lebenserwartung für Männer sank zwischen 1989 und 1999 um nicht weniger als fünf Jahre auf 59, das Niveau von Bangladesch. Die Ursachen: Tuberkulose, Aids und vor allem Alkoholismus.

Auf das kleine folgte das große Plündern. Die zweite Hälfte der 1990er Jahre nannte man in Russland die Zeit der Sieben Bankiers: die Jahre, in denen nicht die Politiker die Macht hatten und auch nicht das Militär, sondern allein sieben irrwitzig reiche Oligarchen. Der damalige Präsident Boris Jelzin konnte drei Jahre nach seinem Amtsantritt kaum noch die Gehälter und Pensionen der Beamten bezahlen. Um die Haushaltslöcher zu stopfen, wurde deshalb 1995 das »Darlehen-für-Anteile«-Programm gestartet: Für Darlehen an den Staat erhielten die wichtigsten Oligarchen die Möglichkeit, sich aus dem unschätzbaren Staatseigentum der kommunistischen Ära zu bedienen. Und weil die Darlehen nie abbezahlt wurden, brachten diese Magnaten schließlich zahllose Fabriken, Ölfelder, Bergwerke, Häuserblocks und Ländereien für einen Pappenstiel in ihren Besitz.

All dies geschah im Geheimen, oft bei Versteigerungen im geschlossenen Kreis, zu dem Außenstehende – die den Preis hätten in die Höhe treiben können – keinen Zugang hatten. Als zum Beispiel im Herbst 1995 in Surgut ein sibirisches Energieunternehmen versteigert wurde, setzte man sicherheitshalber bewaffnete Männer ein, die dafür sorgten, dass niemand auf dem örtlichen Flugplatz landete. Bei anderen Versteigerungen zahlte der Oligarch Michail Chodorkowski für Anteile an Öl- und Gasunternehmen 310 Millionen Dollar. Nachdem er sie zu dem gigantischen Konzern Yukos zusammengefügt hatte, belief sich dessen Wert auf etwa fünf Milliarden. Sein Kollege Boris Beresowski kaufte den Ölgiganten Sibneft – Wert drei Milliarden – für 100 Millionen Dollar. Das riesige nationale Stromnetz wurde für gerade einmal 630 Millionen verscherbelt.

Unserem entwurzelten KGB-Offizier gelang in jenen Jahren ein wichtiger Karrieresprung: Er wurde die rechte Hand eines seiner früheren Professoren, des Rechtswissenschaftlers Anatoli Sobtschak, der 1991 zum Bürgermeister von Sankt Petersburg gewählt worden war. Sobtschak war ein ebenso arroganter wie brillanter Jurist, der nun den liberalen Politiker gab und deshalb keinen bekannten KGB-Mann in seinem Stab gebrauchen konnte, schließlich gehörte der KGB zum alten Regime. Aber ohne den Geheimdienst ging es nicht. Der unbekannte und unauffällige Wladimir Putin war unter diesen Umständen eine ausgezeichnete Wahl.

Putin wurde Leiter des städtischen Komitees für Außenbeziehungen. Er war unter anderem für Investitionen ausländischer Unternehmen, Exportlizenzen, Registrierung von Firmen und finanzielle Transaktionen ins oder aus dem Ausland zuständig. Damit hatte er plötzlich eine bedeutende Machtposition inne, und zwar an einer Stelle, an der die offizielle Staatsmacht, die Geheimdienste und die russische Mafia miteinander in Berührung kamen. Er arbeitete mit solch »brutaler Entschlossenheit«, dass er bald den Beinamen »Stasi« bekam. Putin und seine korrupten Mitarbeiter verdienten in jenen Jahren Unsummen, führende Mafiosi gehörten zu ihren besten Freunden. Die Mafia war schließlich auf Putins Büro angewiesen, wenn es um Ausfuhrgenehmigungen, Steuerbefreiungen, Visa und Geldwäsche ging; ohne Putins Genehmigung konnte man keinen Rubel außer Landes bringen.

Sobtschaks Rathaus produzierte bald am laufenden Band Skandale. Schon im ersten Jahr wurde eine Untersuchung gegen Putin und seine Beamten eingeleitet: Sein Büro hatte die Ausfuhr von Holz, Metall und anderen Vorräten der noch existierenden staatlichen Betriebe im Wert von 120 Millionen Dollar im Tausch gegen große Mengen an Lebensmitteln aus dem Ausland genehmigt, aber das darbende Sankt Petersburg bekam von diesen Hilfsgütern nie etwas zu sehen. Die Korruption breitete sich aus wie ein Virus. »Im Jahr 1994 besaß der untergeordnete Beamte Dmitri Medwedew zehn Prozent der größten Zellulose- und Papierfabrik Europas«, heißt es im Untersuchungsbericht über Putins zweiten Mann. Das lässt erahnen, in welchem Ausmaß Putin selbst sich bereichert haben dürfte. Doch die Untersuchungen wurden bald eingestellt.

Wladimir Putin hatte seine eigene Methode, Gesetzlosigkeit in die richtigen Bahnen zu lenken. Innerhalb kurzer Zeit zähmte er die lokalen Mafiabanden, indem er eine Abmachung mit ihnen traf: Haltet euch zurück und regelt eure Angelegenheiten über uns, dann lassen wir euch in Ruhe. Mit anderen kriminellen Organisationen Russlands und mit den Oligarchen sollte er später ebenso verfahren. So schuf er die Grundlage für einen starken, geordneten, gut funktionierenden Diebesstaat.

Als Sobtschak 1996 die Bürgermeisterwahl verlor, zog Putin nach Moskau. Was in den folgenden Jahren geschah, ist zum Teil bis heute nicht ganz geklärt. Putin wurde stellvertretender Kanzleileiter von Präsident Jelzin, 1998 Leiter der Präsidialverwaltung, im selben Jahr auch Direktor des Inlandsgeheimdienstes FSB, einer Nachfolgeorganisation des KGB, und im Jahr darauf Ministerpräsident der Russischen Föderation. Ob seine Loyalität eher dem Jelzin-Clan oder eher dem FSB galt, blieb unklar.

Als ich 1999 in Russland unterwegs war, spielte sich all dies im Halbdunkel ab. Der Staat war de facto bankrott, zum zweiten Mal innerhalb eines Jahrzehnts hatten die Russen durch eine drastische Abwertung des Rubel ihre Ersparnisse verloren, es gab zahllose Skandale, aber nur sehr wenige wussten, was genau gerade geschah. Der britisch-russische Journalist und Fernsehproduzent Peter Pomerantsev sagte später über seine Moskauer Jahre, es sei eine ungewöhnlich aufregende Zeit gewesen. Die Atmosphäre habe ihn an das Berlin der 1920er Jahre erinnert. Moskau war die Bühne, auf der man plötzlich sehr reich oder sehr arm werden konnte; »Performance« lautete das Zauberwort. Die Menschen kleideten sich nicht nur neu ein, sie übernahmen auch eine neue Denkweise und spielten neue soziale und historische Rollen.

In meiner Erinnerung war nicht die Korruption das Tagesgespräch, sondern das Hochglanz-Frauenmagazin *Cosmopolitan*. Die russische Ausgabe war 1994 auf den Markt gekommen und von Anfang an noch in den entferntesten Winkeln des Landes ein Riesenerfolg. Einer der Schöpfer der Zeitschrift war ein früherer Journalistenkollege aus den Niederlanden, Derk

Sauer, und auch er hatte nicht mit diesem Erfolg gerechnet. Nach seinen Berechnungen kostete ein Exemplar von *Cosmo* annähernd einen durchschnittlichen Tageslohn. Da so viele einen solchen Betrag ausgeben konnten, war anzunehmen, dass es in Russland sehr viel »stilles Geld« gab, eine kaum sichtbare Mittelschicht, und nicht nur das: Die neuen Zeiten wurden auch mit einem neuen Lebensstil gefeiert. Diese Beobachtung stimmte mit den Ergebnissen einer soziologischen Untersuchung unter immerhin 75 000 Russen überein. Allem Chaos zum Trotz ging es den Russen im Allgemeinen besser als in den 1980er Jahren. Sie wohnten weniger beengt, mehr Haushalte verfügten über Waschmaschinen, Fernseher und Kühlschränke, die Zahl der Privatautos hatte sich sogar verdoppelt. Trotzdem waren die Russen nicht glücklich. Mehr als die Hälfte der Befragten wären gern in die Zeit der alten Sowjetunion zurückgekehrt, vor der Perestroika.

Die Ursache dieses Unbehagens lag nach Ansicht des Soziologen Lew Gudkow in einer anderen bemerkenswerten Entwicklung, die bei der Untersuchung zutage trat: Jeder sechste Einwohner Russlands hatte zum ersten Mal einen Blick über die Grenzen des Landes werfen können. Und die Konfrontation mit dem Westen war viel schockierender als die Erkenntnis, dass einige ihrer Landsleute mit allerlei kriminellen Machenschaften verblüffend reich geworden waren. Die russisch-amerikanische Schriftstellerin und Journalistin Masha Gessen meinte dazu: »Sie sahen sich nicht als arme Individuen, nein, sie sahen sich als Menschen aus einem armen Land.«

Auch dies erklärte die Verwirrung, die *Cosmopolitan* auslöste. Egal, mit wem ich über die Zeitschrift sprach, jeder und jede hatte eine Meinung dazu. *Cosmopolitan* präsentierte nämlich eine neue Art von Freiheit, neue Rollenmodelle, Beispiele einer besseren Art zu leben – es war genau das, wonach sich im Chaos jener Zeit viele sehnten. »Die meisten Bosse hier sind entweder Exkommunisten oder Kriminelle oder korrupt«, sagte eine Frau. »Außerdem sind sie oft Dreckskerle ... *Cosmopolitan* zeigt den Russinnen unabhängige Frauen, hoch qualifizierte, arbeitende Frauen, bereit für die Herausforderungen der postmodernen Gesellschaft. Sie haben die Männer besiegt.« Eine andere sah die Sache weniger positiv: »Die Botschaft von *Cosmo* ist schließlich auch eine, die in jeder Hinsicht im Widerspruch zur Alltagserfahrung steht. In Russland brauchen wir offensichtlich immer so einen Traum, eine brutale Konfrontation mit einer Welt, die weit von unserem schwierigen Leben entfernt ist.«

5

Ende 1999 wurde Boris Jelzins Position unhaltbar. Gerüchte über seinen Alkoholismus machten die Runde, man konnte ihn buchstäblich wanken sehen. In Wirklichkeit war er schon seit Jahren schwer krank – niederländische Ärzte, die ihn behandelten, haben das später bestätigt. Dennoch zögerte er lange mit der Auswahl eines Nachfolgers. Er konnte den mächtigen FSB nicht übergehen, andererseits musste der neue Mann auch ein zuverlässiges Mitglied von Jelzins eigenem Clan sein, sonst bestand die große Gefahr, dass Jelzin selbst und vor allem seine Tochter wegen Korruption oder Geldwäsche hinter Gittern landen würden. Schließlich fiel die Wahl auf einen fast Unbekannten. Der damalige Kreml-Berater Gleb Pawlowski sagte später in Interviews mit CBS News und meinen Kollegen vom VPRO, alles sei für den Auftritt des neuen russischen Helden bereit gewesen, wer auch immer das sein würde. »Er musste ja zum Präsidenten gewählt werden, und es war unsere Aufgabe, dafür zu sorgen. Ich kannte den Plot, ich brauchte nur noch einen Darsteller.« Und er wusste noch etwas: Die Menschen glaubten nicht mehr an die alte Elite. Selbstverständlich musste auch der neue starke Mann der Elite angehören, aber er durfte nicht mit ihr in Verbindung gebracht werden. »Er konnte nicht von der Straße in den Kreml kommen. Er musste vom Kreml auf die Straße.«

Schon im Frühjahr 1999 waren Pawlowski und seine Mitarbeiter der Frage nachgegangen, welche Ängste die Russen hatten und wie sie sich Helden vorstellten. Dabei wurden sie auf einen fiktiven Helden aufmerksam: Max Otto von Stierlitz, den Protagonisten einer Romanreihe und einer populären Fernsehserie um einen sowjetischen Geheimdienstoffizier in Nazideutschland. Stierlitz war ein russischer James Bond, elegant gekleidet, kultiviert. Versuchshalber bildeten sie ihn auf dem Cover der Zeitschrift *Kommersant-Wlast* als »Präsident im Jahr 2000« ab, und prompt lag der Absatz des Magazins weit über dem Durchschnitt. »Uns wurde klar, dass wir einen jungen, starken, mächtigen Geheimdienstoffizier brauchten. Und Putin war dieser Mann.«

Im September 1999 wurde eine Reihe von aufsehenerregenden Terroranschlägen verübt, ganze Wohnblocks in Moskau und zwei Städten im Süden des Landes wurden in die Luft gesprengt. Dabei kamen mehr als

300 Menschen ums Leben. Weil ganz normale Wohnviertel die Anschlagsziele waren, breitete sich in der Bevölkerung große Besorgnis aus. Offizielle Stellen beschuldigten tschetschenische Rebellen, doch aufgeklärt wurden die Verbrechen nie. In der zentralrussischen Stadt Rjasan ertappten Polizeibeamte zufällig einige Männer, die bei einem Wohnblock mit Säcken voller Sprengstoff hantierten. Wie sich herausstellte, waren es FSB-Agenten. Der Geheimdienst behauptete, es habe sich um eine sogenannte Wachsamkeitsübung gehandelt, aber das glaubte niemand. Weitere Nachforschungen zu unternehmen erwies sich als lebensgefährlich. Politiker und Journalisten, die es versuchten, kamen auf gewaltsame Weise zu Tode. Der Verdacht richtete sich deshalb seitdem gegen den FSB selbst, und das mögliche Motiv war offensichtlich: je größer die Angst vor dem Terror, desto lauter der Ruf nach einem starken Mann.

Tatsächlich äußerte sich der frisch ernannte Ministerpräsident Wladimir Putin in jenem Herbst fast jeden Abend im Fernsehen, nur er konnte den Menschen die Angst nehmen, nur er konnte das Land retten. Nach den Terrorakten schlug er in Tschetschenien mit massiver Gewalt zu. Zerstörungen, wie die russischen Panzer und Bomber sie in der Hauptstadt Grosny anrichteten, hatte man in Europa seit dem Zweiten Weltkrieg nicht mehr gesehen. Glaubte man Putin, wurden die Tschetschenen jedoch nicht angegriffen, sondern befreit und unter den »Schutz« Russlands gestellt. Nur so konnte nach seiner Ansicht die weitere Auflösung des russischen Herrschaftsgebiets verhindert werden – für Putin waren seine Erlebnisse als KGB-Offizier in der sich auflösenden DDR traumatisch gewesen. Als im Jahr 2000 dank des übergelaufenen Rebellen Achmat Kadyrow wieder halbwegs »Frieden« eingekehrt war, stellte die Organisation »Ärzte ohne Grenzen« fest, dass neun von zehn Tschetschenen einen nahen Verwandten oder Freund verloren hatten.

Doch Putins Popularitätswerte erreichten ungeahnte Höhen, sie stiegen von 33 Prozent im August auf 80 Prozent im November. Er war der ersehnte starke Mann. Pawlowski: »Ich bin ursprünglich Historiker. Man kann entweder über Geschichte schreiben oder Geschichte machen.«

An jenem denkwürdigen Silvestertag des Jahres 1999 um zwölf Uhr Mittags wandte sich Boris Jelzin völlig unerwartet über das Fernsehen an die Bevölkerung. Vor einem seltsam flimmernden Weihnachtsbaum im Hintergrund verkündete er langsam und stockend seinen Rücktritt. »Mir ist klar geworden, dass dieser Schritt notwendig ist. Russland muss mit neuen, klugen, starken und energischen Menschen in das neue Jahrhundert gehen.« Anschließend begab er sich unsicheren Schrittes zu seinem Wagen, verabschiedet von seinem Nachfolger, dem Ministerpräsidenten Putin, der verfassungsgemäß geschäftsführender Präsident der Russischen Föderation wurde.

Der Machtwechsel war unter strengster Geheimhaltung vorbereitet worden. Putins Frau Ljudmila, die Jelzins Ansprache nicht gesehen hatte, bekam fünf Minuten später einen Anruf von einer Freundin: »Ljuda, meine besten Wünsche, alles Gute.« »Alles Gute auch für dich«, antwortete Ljudmila in der Annahme, es handle sich um Wünsche fürs neue Jahr. Erst von ihrer Freundin erfuhr Ljudmila, dass ihr Mann gerade der – geschäftsführende – Präsident Russlands geworden war.

Der Regisseur Witali Manski verriet später, dass Jelzins Erklärung vorher aufgezeichnet worden war. Das Fernsehteam wurde bis zur Ausstrahlung isoliert, nicht einmal ein Anruf zu Hause war erlaubt. »An der Sache war etwas faul.« Auch der Zeitpunkt war perfekt gewählt. Die Russen waren an jenem 31. Dezember in einem Festrausch, der noch zwei Wochen andauerte, da das orthodoxe Weihnachtsfest auf den 7. Januar fällt und die russisch-orthodoxe Kirche Neujahr erst am 14. Januar feiert. Die Übergabe der präsidialen Macht – einschließlich des Atomkoffers –, die fürstliche Pension plus Datscha, die Jelzin versprochen wurde, all dies entging der russischen Öffentlichkeit weitgehend. Witali Manski: »Als wir am 15. Januar aus unserem Rausch erwachten, hatten wir einen geschäftsführenden Präsidenten, den die anstehenden Wahlen kaum interessierten, weil er de facto schon mit allem Drum und Dran Präsident war.«

In einem wohlformulierten Beitrag in der Zeitung *Nesawissimaja Gaseta* hatte der neue Präsident am Vortag seine Überzeugungen dargelegt. Die Lage sei besorgniserregend, 40 Prozent des Nationaleinkommens werde schwarz verdient, das Land sei viel zu abhängig vom Öl- und Gasexport, die Industrieproduktion dramatisch gering, eine Wende sei überfällig. »Zum ersten Mal in zwei- bis dreihundert Jahren besteht die reale Gefahr, dass unser Land auf das Niveau eines zweit- oder drittrangigen Staates absinkt.« Reformen auf allen Gebieten seien zwingend notwendig. Drei Monate später gewann Putin die Präsidentschaftswahl im ersten Durchgang. Manski: »Das ging wie geölt.«

Sein allererster Erlass an jenem 31. Dezember galt dennoch seinem Vorgänger. Nicht untersucht, hieß es darin, würden »Korruptionsvorwürfe gegen den scheidenden Präsidenten und seine Verwandten«.

In den ersten Jahren nach dem Zerfall der Sowjetunion hatte es so ausgesehen, als würde sich Russland langsam auf den Westen zubewegen. In Kirkenes wurde 1993 die Grenze für die Einwohner der Region weitgehend geöffnet. Täglich kamen Hunderte von Russen zum Einkaufen in die Stadt und fuhren mit ganzen Wagenladungen Kaffee und vor allem Windeln wieder nach Hause – »anscheinend stimmte mit ihren Windeln irgendwas nicht«. Die Norweger wiederum tankten in Russland billiges Benzin, hin und wieder fuhren sie zum Essen oder Tanzen nach Murmansk, etwa vier Stunden entfernt. Es gab Kulturaustausch und Sportveranstaltungen. Die Einwohner von Kirkenes und der nahe gelegenen russischen Stadt Nikel wurden immer mehr zu Nachbarn.

Doch ein vollwertiges Mitglied der europäischen Familie wurde Russland nicht. Das erwies sich als bloßer Wunschtraum, spätestens nach der »Schocktherapie«, bei der die Russen höchst unsanft Bekanntschaft mit dem westlichen Kapitalismus in seiner neoliberalen Gestalt gemacht hatten. Unter Putin entwickelte sich eher eine typisch russische Mischung: eine Art moderner Zarismus kombiniert mit westlichen Formen und Verführungstechniken und einer neuen Version des KGB im Zentrum der Macht. Gleb Pawlowski, der sich 2011 vom Kreml verabschiedete, sprach später von einem »ironischen Imperium«: »Nichts ist dort, was es zu sein scheint.«

Der neue starke Mann hatte Rückenwind: In seinen ersten Amtsjahren stieg der Preis für Erdöl – von dessen Export Russland in hohem Maße abhängig war – stark an, von 20 Dollar pro Barrel im Jahr 2000 auf 140 Dollar im Jahr 2008. Auch Putin selbst und seine Entourage verdienten gut. Nach Schätzungen der russischen Ausgabe des Wirtschaftsmagazins *Forbes* wurden in diesem Kreis innerhalb weniger Jahre Vermögen zwischen 25 Millionen und neun Milliarden erworben.

So entstand unter Putin eine moderne Variante mittelalterlicher Herrschaft, die der niederländische Russlandexperte Hubert Smeets als »neofeudales Lehnswesen« bezeichnet: Man durfte Besitz anhäufen, doch letztlich war er nichts anderes als ein Lehen, das der Herrscher im Kreml nach Belieben geben oder nehmen konnte. Das galt für jeden, besonders aber für die

Oligarchen, die Putin mit ein paar schmerzhaften fiskalischen Strafexpeditionen ebenso zähmte wie die Petersburger Mafia in den 1990er Jahren. Gleich nach seinem Amtsantritt bestellte er die wichtigsten russischen »Geschäftsleute« auf seine Datscha und schlug ihnen eine Abmachung vor, die später als »Barbecue Deal« bekannt wurde: ein Neuanfang, keine lästigen Fragen staatlicherseits, keine Untersuchungen zur Herkunft ihrer Vermögen und als Gegenleistung die Zusage bedingungsloser Loyalität zu Putin. Nie mehr durften sie sich mit Politik abgeben. Einer der Anwesenden berichtete später: »Jeder verstand, was das Angebot bedeutete: Verhalte dich ruhig, sei loyal, tu, was der Kreml will, sonst nehmen Putins Leute dich gründlich in die Mangel.« Die Oligarchen wurden zu »Luxusvasallen«.

Dieses System breitete sich nach unten in alle Bevölkerungsschichten aus. Ämter, Positionen und Dienstwege zählten im russischen Staatsapparat immer weniger. Worauf es nun vor allem ankam, waren persönliche Beziehungen und allerlei Formen von Protektion – die übrigens in dieser »Adhocratie« jederzeit wechseln konnten. Der Kreml bezahlte seine Vasallen nicht, sondern bot in erster Linie »Möglichkeiten«. Eigentumsrechte blieben ebenfalls relativ, sie waren auf allen Ebenen an Loyalität gegenüber der höheren Macht gebunden. Wer sich in Putins Russland ohne »Dach« geschäftlich betätigen wollte, hatte keine Chance, egal, ob es um einen Erdölkonzern oder einen kleinen Lebensmittelladen ging. Ob man das Recht auf seiner Seite hatte, spielte kaum eine Rolle: Plötzlich schickte das Finanzamt einen schwindelerregenden Steuerbescheid, Strohmänner nahmen einem mit Unterstützung eines korrupten Richters die Wohnung oder die Firma weg, wer ein wenig Pech hatte, landete sogar hinter Gittern. Ohne Patron ging nichts, und natürlich musste die Abhängigkeit auf irgendeine Weise bekräftigt werden.

Die Medien wurden auf die gleiche Weise behandelt. Am 11. Mai 2000 stürmten bewaffnete Einsatzkräfte das Gebäude des unabhängigen Senders NTW, zu dessen Programm die satirische Puppenshow »Kukly« gehörte. Die Serie war ungemein populär, Millionen Russen sahen Woche für Woche, wie »Kukly« sich über die Machthaber im Kreml lustig machte. Das konnte Putin nicht hinnehmen, und so wurde der Sender am 14. April 2001 von ein paar Milliardären aus seiner Entourage übernommen. Mit »Kukly« war danach Schluss. Auch die erst seit Kurzem herrschende Pressefreiheit wurde wieder stark eingeschränkt. Das war der Anfang. Im Jahr 2008 standen die russischen Medien schon zu 90 Prozent direkt oder indirekt unter

Putins Kontrolle: Fernsehredakteure erhielten »von oben« Anweisungen zu den Nachrichtenthemen des Tages, Reporter machten Bekanntschaft mit dem Geheimdienst, wenn sie zu weit gegangen waren, hin und wieder wurde sogar ein Journalist ermordet.

Die Wirtschaft wuchs rasant, um sieben Prozent pro Jahr. Abend für Abend bejubelten die staatlich kontrollierten Fernsehsender die Erfolge in einer raffinierten Kombination aus Propaganda nach sowjetischem Muster und westlichem Entertainment, und die Hauptrolle spielte immer Supermann Putin: Dieser Präsident garantierte endlich wieder »Stabilität«, dieser »effektiv« handelnde Staatsmann war die Antwort auf die »Verwirrung und das Zwielicht« der 1990er Jahre, und jeder Gegner des Präsidenten war ein Feind der »Stabilität«. So bildete sich allmählich eine Kleptokratie heraus, überdeckt mit einer dünnen Schicht demokratischer Rhetorik. »Stabilität«, »Effektivität«, das waren die neuen Mantras.

6

Die meisten Menschen in Kirkenes beschäftigten sich nicht mit Politik, auch die Vorgänge im neuen Russland interessierten sie wenig. Thomas Nilsen schon, er nahm seine Aufgabe als Journalist sehr ernst, obwohl er »in the middle of nowhere« arbeitete. Er stellte unbequeme Fragen: über den Klimawandel, über Russland, über die Zukunft der Barentssee. »Norwegen ist süchtig nach Öl, noch mehr als Russland. Könnten wir die enormen Summen nicht viel besser in grüne Projekte investieren?«

In einem Gebäude, in dem neben der Redaktion weitere kleine Büros untergebracht waren, gab er zusammen mit einem Kollegen den *Independent Barents Observer* heraus, die Online-Tageszeitung für die gesamte Region, und zwar in einer englischen und einer russischen Version. An der Wand hing eine Karte der Arktis mit ein paar Schlagwörtern, die zusammenfassen, was der Zeitung wichtig ist: »Arctic«, »Justice«, »Objectivity«, »Independence«, »Responsibility«, »Future«.

Über die nahe Grenze machte Nilsen sich nicht viele Gedanken, dort war es schon seit Jahren ruhig. Was ihm aber große Sorgen bereitete, waren die sogenannten hybriden Konflikte, die sich auch hier immer häufiger abspielten und bei denen die Schwelle zwischen Krieg und Frieden nicht mehr klar zu erkennen war. »All die russischen Destabilisierungsversuche mit dem Ziel, der Offenheit hier im Grenzgebiet ein Ende zu machen und die unabhängigen Medien zum Schweigen zu bringen, all das gehört dazu.«

Eine Auswahl aus dem *Independent Barents Observer* im Herbst 2018: »Rosneft und Lukoil kämpfen um arktischen Ölterminal«, »Finnischer Nuklearinspekteur festgenommen – Interessenverflechtung?«, »Die schmelzenden Gletscher von Nowaja Semlja enthalten Spuren von Atomtests«, »Friedliche Demonstranten protestierten vor dem Regierungsgebäude in Murmansk«, »Ölfeld beim Pol kann Russlands größte Entdeckung seit 30 Jahren sein«, »Pentagon warnt vor chinesischen U-Booten im Polargebiet«, »Man kann jetzt für 50 000 Euro rings um den Pol fahren«.

Nilsen und seine Kollegen hatten jahrelang für den *Barents Observer* gearbeitet, finanziert von einem norwegischen Regionalverband. 2015 beschlossen ihre Vorgesetzten – von Russland und insbesondere dem FSB unter Druck gesetzt –, die redaktionelle Freiheit einzuschränken. Daraufhin kündigten sämtliche Journalisten und riefen dieses neue, unabhängige Medium ins Leben; dank Spenden und Schenkungen von Unternehmen kommen sie über die Runden. Der FSB schlug bald mit einem Einreiseverbot für Nilsen zurück. Vorher hatte ihn bereits der russische Konsul in Kirkenes zurechtgewiesen: »Was Sie schreiben, gefällt Moskau nicht.«

In Murmansk bekam danach auch die unabhängige *SeverPost* Schwierigkeiten. Eine Flut von vagen Beschuldigungen und Bußgeldern bedeutet in Russland meist den Anfang vom Ende. Nilsen: »Alles deutet darauf hin, dass die russischen Geheimdienste die regionale Zusammenarbeit im Polargebiet im Visier haben. Sie soll geschwächt, wenn nicht gar torpediert werden.«

All dies beunruhigte ihn auch im Hinblick auf seine Arbeit. »Einen klassischen Krieg kann man als Journalist gut beschreiben, es gibt Truppenbewegungen, Offensiven, Gefechte. Hybride Kriege sind viel schwieriger zu beobachten.«

Aber er ließ sich nicht beirren: »Wir haben hier eine Aufgabe: Augen und Ohren offen halten, recherchieren, Fragen stellen. Trotz aller Schwierigkeiten. Etwas anderes kommt nicht infrage.«

Aydin

Meine früheste Erinnerung ist ein Bild meines Vaters. Er rasiert sich, ich stehe im Badezimmer und beobachte ihn. Ich bin vier Jahre alt, er fasziniert mich. Anderthalb Jahre hatte ich ihn nicht gesehen. Wir lebten erst im Iran, dann in Usbekistan, schließlich war er allein nach Dänemark vorausgereist und hatte dann Familienzusammenführung beantragt. Und nun lebten wir plötzlich in einer kleinen Wohnung am Rand von Kopenhagen.

Mein Name ist Aydin Soei, ich bin Jahrgang 1982, aufgewachsen bin ich in einer iranischen Flüchtlingsfamilie in Avedøre Stationsby und Gladsaxe, zwei Vororten von Kopenhagen. Meine Eltern waren schon zu Zeiten des Schahs aktive Kommunisten. Mein Vater gründete im Iran eine regionale Sektion, ging bei Demonstrationen voran, warf Molotowcocktails, landete im Gefängnis, wurde gefoltert. Nach der Revolution von Ajatollah Khomeini im Jahr 1979 hat er als regionaler Parteichef seinen Männern befohlen, ihre Waffen abzuliefern. Befehl aus Moskau: Die Kommunisten sollten das Regime akzeptieren, sie hätten ja nun einen gemeinsamen Feind, die Amerikaner. Außerdem würden sie alle amnestiert. Aber daraus wurde nichts.

1983, ein Jahr nach meiner Geburt, fing das Ajatollah-Regime an, die »ungläubigen« Kommunisten zu verfolgen. Meinen Eltern wurde mitgeteilt, sie hätten genau einen Tag Zeit, das Land zu verlassen. Mein Vater hat seinen Schwiegereltern noch gesagt, sie bräuchten sich keine Sorgen zu machen, in ungefähr vier Monaten würden sie ihre Tochter bestimmt wiedersehen, dieses Regime würde sich nicht mehr lange halten können.

Wir gingen über die sowjetische Grenze nach Aserbeidschan, von dort wurden wir nach Usbekistan geflogen. Als wir dort landeten, wussten meine Eltern nicht einmal, wo wir waren. Die örtlichen Kommunisten, die sie betreuten, wollten es ihnen nicht sagen. Ja, aus Sicherheitsgründen. Schließlich hat meine Mutter auf dem Flugplatz ein paar Frauen gefragt, wo sie waren. Sie antworteten so etwas wie »Gate B8«. »Nein«, sagte sie, »ich meine, in welchem Land?« »Wie, das wissen Sie nicht? Usbekistan.«

Wir haben dann also drei Jahre in Usbekistan gewohnt. Mein Vater ist schon nach anderthalb Jahren wieder weggegangen, er war zutiefst enttäuscht. Er hatte nun mit eigenen Augen gesehen, wie es in der sowjetischen Gesellschaft zuging. Bei einer der ersten örtlichen Parteiversammlungen hatten ein paar geflüchtete iranische Kommunisten vorsichtig gefragt: »Kann es wirklich sein, dass wir hier auf der Straße Bettler und Obdachlose gesehen haben?« »Nein«, wurde geantwortet, »natürlich nicht, das müssen Wahnvorstellungen sein.« Aber sie sahen mit eigenen Augen die Armut der Sowjetunion in ihren letzten Jahren, die langen Schlangen vor den Läden, die Kinder, die wegen Unterernährung ins Krankenhaus mussten. Und dann war es ein regelrechter Schock, als sie feststellten, dass die sowjetischen Krankenhäuser im Vergleich zu denen im Iran um Jahrzehnte hinterherhinkten. Den Iran nach sowjetischem Vorbild umzubauen, das war ihr Leben lang ihr Traum gewesen. Dann nicht mehr.

Mein Vater konnte sich nicht damit abfinden. Er stellte immer wieder kritische Fragen, zu allem Möglichen, und irgendwann bekam er zu hören: »Wenn du es hier so schrecklich findest, geh doch in den Iran zurück!« Zur allgemeinen Verblüffung sagte er: »Gut.« Er war ein stolzer Mann, er riskierte lieber sein Leben, als in der Sowjetunion weiter zu heucheln. Er kehrte also zurück, lebte noch sechs Monate untergetaucht im Iran, ging dann in die Türkei und von dort, mithilfe von Schleusern, nach Europa. Eigentlich wollte er nach Frankreich, England oder Deutschland, da gab es große iranische Gemeinschaften, und er wollte politisch aktiv bleiben. Trotzdem entschied er sich für Dänemark. Dort konnte man damals noch leicht seine Familie nachkommen lassen. So sind wir in Kopenhagen gelandet.

»Aydin, du musst stolz darauf sein, dass ich mich für Dänemark entschieden habe«, hat er in den ersten Jahren immer wieder zu mir gesagt. »Dieses Land, dieser dänische Wohlfahrtsstaat kommt der sozialistischen Gesellschaft von allen Ländern der Welt am nächsten. Ich hatte gedacht, ich würde all das in der Sowjetunion finden, aber ich habe es hier gefunden. In diesem Land bestimmt nicht die Dicke des Portemonnaies, wie weit man es im Leben bringt, hier ist Bildung kostenlos, hier kommt es auf den eigenen Willen und die eigenen Anstrengungen an.«

Als Kind habe ich die Schule gehasst. Mein Vater sagte regelmäßig: »Macht nichts, wir gehen ja doch in den Iran zurück.« Das half natürlich auch nicht.

Wissen Sie, ich sah mich nicht als akademischen Typ, ich war ein Junge aus dem Arbeiter- und Migrantenviertel, in dem ich wohnte. Ich wollte gern einen Job haben. Aber ich hatte ein paar Vorstrafen, nichts Großes, ein paar kleine Diebstähle, den Job konnte ich erst mal vergessen. Als ich zwölf war, sind wir umgezogen, ich musste die Schule wechseln. An meinem ersten Tag bin ich da einem Jungen begegnet, der sehr lernbegierig war, ich konnte ihn nicht ausstehen. Nach ein paar Tagen bin ich auf ihn zugegangen und habe ihm eine geknallt, so machte man das an meiner alten Schule. Aber er schlug nicht zurück, er rannte weinend weg. Ich konnte es nicht fassen, ich fand das unglaublich bescheuert, aber alle schauten mich an, als wäre ich der Idiot. Ich merkte, dass ich in einer anderen Welt gelandet war, in der man nicht dafür Anerkennung fand, dass man kämpfte, sondern dafür, dass man ordentlich seine Hausaufgaben machte.

Es gab da eine Lehrerin, die sich sehr um mich bemüht hat. Da bleibt einem kaum etwas anderes übrig, als sich anzustrengen, und ich konnte dann aufs Gymnasium. Für mich war das, ehrlich gesagt, eine merkwürdige Schule, auch weit weg, ich hatte eigentlich gar keine Lust. Weil ich 15 war, bekam ich aber Ausbildungsbeihilfe, ungefähr 400 Euro im Monat. Davon konnte man leben, wenn man noch zu Hause wohnte. Ich war die Ausnahme, in allem. Wir waren fünf Migrantenkinder an einer Schule mit 1000 Schülern. Manche von den Älteren waren völlig erstaunt, wenn sie feststellten, dass ich tatsächlich Dänisch sprach. Sie haben mich angeschaut, als würden sie eine Giraffe sehen.

Und dann kam der 11. September 2001. Meine Eltern waren trotz allem immer noch Kommunisten. Ich war nicht im Geringsten religiös erzogen worden, mit Religion hatte ich nichts am Hut. Natürlich sprachen alle in den ersten Wochen über nichts anderes als diese Anschläge in New York, aber ich sah, wie sich die Debatte auch auf das Verhältnis zwischen den Schülern auf dem Schulhof auswirkte. Mein jüngerer Bruder war auf einer normalen dänischen Schule in einem ganz normalen Viertel, einer Schule mit vielen weißen und ein paar dunkelhäutigen Kindern. Er war damals 14, in einem Alter, in dem man auf der Suche nach einer Identität ist und zu einer Gruppe gehören will.

Viele Jugendliche aus dem Nahen Osten wurden nach 9/11 plötzlich eifrige, überzeugte Muslime, das war jetzt ihre Identität. Auch meinem Bruder wurden die üblichen Fragen gestellt: »Bist du nun Muslim oder nicht?« Und er sagte: »Ja, ich glaube schon, meine Eltern sind gebürtige Muslime, ich also auch ...« »Und du isst Schweinefleisch?« Also aß er kein Schweinefleisch mehr. Und von da an versuchte er bewusst, mehr über den Islam zu erfahren, ging oft in die Moschee, sprach mit Imamen. Ich glaube, ohne 9/11 wäre das alles nicht passiert. Er hatte keinen großen Freundeskreis, und die Religion machte es ihm leicht: Bist du Muslim? Okay, dann bist du einer von uns. Dazugehören.

Ich selbst habe diesen Druck auch gespürt. Hans Magnus Enzensberger hat recht: Ausländer sind noch mehr Ausländer, wenn sie arm sind. In meinem alten Wohnviertel bezeichneten sich die Kinder als Einwanderer. Die mit dunkler Hautfarbe waren die Stärksten, konnten am besten kämpfen, spielten am besten Fußball. Die Kinder von den dänischen Arbeitern waren allerdings auch nicht schlecht. Wir lebten da in zwei Gruppen eng beieinander.

Nach 9/11 nannten sich die Kinder nicht mehr Einwanderer. Ihre ethnische Herkunft interessierte nicht mehr, sie bezeichneten sich und die anderen Einwandererkinder nur noch als Muslime, nicht mehr als Pakistaner, Iraner, Iraker, nein: Wir sind Muslime. Irgendwie sorgte das für ein Gefühl der Zusammengehörigkeit: Wir haben denselben Glauben. Aber es führte auch zu strengerer sozialer Kontrolle: Was isst du, was trinkst du, mit wem gehst du aus ...? Jugendliche trauten sich nicht mehr, in ihrem eigenen Stadtteil auszugehen. Stell dir vor, du wirst gesehen, stell dir vor, du bist kein guter Muslim.

Mein Bruder kam in der Schule nicht gut mit, er schaffte seinen Abschluss nicht, und ohne hatte er keine Aussicht auf Arbeit. Der Islam wurde deshalb noch wichtiger für ihn. Er hatte viel Zeit, er war oft in der Moschee, da wurde er erkannt und anerkannt. Und er wurde immer extremer. Irgendwann hat er meine Mutter gefragt: »Warum trägst du ein T-Shirt? Kannst du deine Arme nicht bedecken?« Meine Mutter starrte ihn fassungslos an: »Wie bitte ... ich höre wohl nicht richtig?« Ich konnte es auch nicht fassen. Dieses Suchen, diese Religion, dieser zunehmende Fundamentalismus, er hatte das alles die ganze Zeit für sich behalten.

Meine Mutter und viele ihrer iranischen Freundinnen haben in den neunziger Jahren schließlich die nötigen Examen bestanden. Danach kam es zu zahlreichen Scheidungen. Nicht wenige Männer konnten diesen Abstieg in der Hierarchie schwer verkraften und erst recht nicht akzeptieren. Das galt besonders für Männer wie meinen Vater, Männer, für die es auf dem europäischen Arbeitsmarkt keinen Platz gab, weil sie keine anerkannte Ausbildung hatten. Er wurde misstrauisch gegenüber meiner Mutter, sogar gewalttätig: »Wen hast du getroffen, mit wem hast du geredet?« Auch das konnte man in ganz Westeuropa beobachten. Wenn man als Immigrant aus einem Land kommt, in dem man als Handarbeiter anerkannt ist und allein schon deshalb einen hohen Status hat, weil man ein Mann ist, und in einer Gesellschaft landet, in der ganz andere Qualifikationen verlangt werden, ... dann fällt man tief als Mann.

Mein Vater hat mit Holz gearbeitet, er war Schreiner. Nach einem Umzug hatten wir ein Zimmer mehr, darin hat er eine Werkstatt eingerichtet. Er fing wieder an zu arbeiten und nahm sich vor, drei perfekte persische Gitarren zu bauen – im Iran das Anspruchsvollste, was man aus Holz herstellen kann. Damit wollte er in die Zeitung kommen und dann wieder ins Arbeitsleben. Als sie endlich fertig waren, ging er damit zum Arbeitsamt. Meine Mutter ging mit, sein Dänisch blieb schlecht, obwohl er drei Sprachkurse besucht hatte. Er zeigt die Gitarren der Mitarbeiterin des Arbeitsamts und sagt: »Ich will mit meinen Händen arbeiten, Holz bearbeiten, Sie sehen, was ich kann.« Sie fragt: »Haben Sie Zeugnisse? Papiere, die beweisen, dass Sie Holz bearbeiten können?« Mein Vater zeigt auf die Gitarren und sagt: »Das ist doch der Beweis. Sie sehen doch, dass ich es kann.« Und sie sagt: »Ja, sie sind wunderschön, aber in Dänemark bekommt man keine Stelle, wenn man keine Ausbildung hat. Sie brauchen Zeugnisse, die nachweisen, dass Sie Holz bearbeiten können.«

Das war hundertprozentig Kafka. Meine Mutter hat mir später erzählt: »Ich habe ihn nie so enttäuscht, so hilflos gesehen.« Das Arbeitsamt hat sich nie mehr bei ihm gemeldet.

Meine Familiengeschichte ist typisch für meine Generation. Die meisten Immigranten waren in den achtziger Jahren nicht besonders »erfolgreich«, auch nicht in den bejubelten Neunzigern. Für die erste Generation war es oft eine einzige große Enttäuschung, besonders für die Männer. Meine Familiengeschichte ist nur noch dramatischer, weil sie mit einem Mord endet. Ja, am Ende hat mein Vater den Vater eines meiner Mitschüler ermordet. Auch ein iranischer Flüchtling, ein Mann, mit dem er eng befreundet war. Niemand konnte es sich erklären. Plötzlich redete mein Vater dauernd von diesem Mann und seiner »Bande«, die ihn angeblich beobachtete, sein Telefon abhörte. Ich war damals zwölf, es war 1994. Er hat diesem Mann die Kehle durchgeschnitten, er hat das richtig geplant. Er ist in den iranischen Klub gegangen, wo sich all diese Loser trafen, hat den Mann gebeten, ihn im Auto mitzunehmen, im Wagen hat er sein Messer genommen, ihn gezwungen, an einen abgelegenen Ort zu fahren, und da hat er ihm die Kehle durchgeschnitten.

Die Psychiater sagten, dass mein Vater an paranoider Schizophrenie litt. Dazu muss man eine Veranlagung haben, das kann man nicht verbergen, aber in all den Jahren davor wurde sein seltsames Verhalten von Lehrern und Sozialarbeitern mit der »Nahostkultur« erklärt. Niemand hat etwas unternommen, es lag ja an der »Kultur«, und das ist eine heikle Sache. Dabei war er einfach verrückt, geisteskrank.

Man muss bedenken, dass mein Vater im Iran ein angesehener Mann gewesen war, der regionale Vorsitzende der Kommunistischen Partei. In Dänemark ist er auf der untersten Sprosse der Leiter gelandet. Ich glaube, alles zusammen hat ihn um den Verstand gebracht: die Erkenntnis, dass er die meiste Zeit seines Lebens an eine Lüge geglaubt hat, die grenzenlose Enttäuschung über das Leben in Dänemark, der Statusverlust, der Alkohol und dazu das Fehlen jeglicher Unterstützung durch Freunde und Verwandte. Drei Jahre später hat man ihn in den Iran zurückgeschickt. Seine Brüder haben sofort gesehen, in was für einem schlimmen Zustand er war, völlig unerreichbar, sehr aggressiv. Sie haben alles getan, damit er wieder ins Gleis kam, sie haben ihn zu diversen Ärzten geschickt und ihn auch dazu gebracht, Medikamente zu nehmen.

Als ich 2003 zum ersten Mal wieder in den Iran kam, habe ich einen völlig anderen Mann angetroffen. Einen lächelnden Mann, der mit Neffen und Nichten im Garten spielte. Als ich klein war, hat er nie mit mir gespielt, er war immer ungeduldig, unzufrieden und gestresst. Im Iran ging es ihm nun wieder sehr gut. Aber ich dachte: Okay, meine Jugend wäre also ganz anders gewesen, wenn es in Dänemark auch Cousins und Onkel gegeben hätte oder wenn die Sozialarbeiter begriffen hätten, dass das Verhalten meines Vaters nichts mit »Kultur« zu tun hatte. Dann hätte mein Mitschüler wahrscheinlich auch noch seinen Vater gehabt …

Am Tag vor meinem Rückflug nach Dänemark saßen mein Vater und ich nebeneinander im Auto, seit Jahren waren wir uns nicht so nah gekommen, und plötzlich sagte er auf Dänisch: »Ich bin ein schlechter Vater gewesen. Tut mir leid.« Ich dachte: Hat er das jetzt wirklich gesagt? Ich hatte ihn noch niemals »tut mir leid« sagen hören, zu niemandem. Ich schaute ihn an, er blickte starr geradeaus. Mir kamen wieder Zweifel, hatte ich das wirklich gehört? Aber für ihn war es wahrscheinlich so ein weiter Schritt … Er blickte geradeaus, und ich antwortete nicht. Als ich ausgestiegen war, dachte ich: Es ist zu spät, Papa.

2011 ist er gestorben, und ein halbes Jahr nach seinem Tod wurde mein Sohn geboren. Und ich hätte mir gewünscht, dass die beiden sich noch begegnet wären.

Angst
2001

1

Es war wie bei der Ermordung John F. Kennedys am 22. November 1963: Fast jeder erinnerte sich später, wo er oder sie gewesen war, als die Nachricht kam. Die spektakulären Anschläge vom 11. September 2001 in New York hatten eine ähnliche Wirkung. Die ganze Welt erlebte über das Fernsehen live mit, wie die stolzen Twin Towers des World Trade Center zerbröselten und fast 3000 Menschen unter sich begruben. Die Bilder prägten sich dem Gedächtnis aller Zeitgenossen unauslöschlich ein.

Für uns in Europa begann es an jenem Dienstagnachmittag um etwa 15 Uhr mit der Meldung, dass ein Flugzeug von America Airlines in den Nordturm des WTC eingeschlagen sei. Zunächst glaubte man noch an einen schrecklichen Unfall, bis knapp 20 Minuten später ein zweites Flugzeug in den Südturm einschlug. Nun brannten beide Türme. Wieder eine halbe Stunde später bohrte sich eine dritte Maschine ins Pentagon. Ein viertes entführtes Flugzeug stürzte nahe Pittsburgh in Pennsylvania ab, nachdem einige Passagiere, die inzwischen von den Anschlägen aufs WTC erfahren hatten, ins Cockpit einzudringen und die Entführer zu überwältigen versucht hatten. Dieses Flugzeug hatte wahrscheinlich entweder das Weiße Haus oder das Kapitol treffen sollen.

Die Bilder, die wir sahen, waren dramatisch. Etwa 200 Menschen sprangen von den Twin Towers in den Tod, in der Nähe der Eingangshalle war immer wieder der laute Aufprall von Körpern auf das Vordach zu hören. Weniger als eine Stunde nach dem Einschlag der zweiten Maschine stürzte der Südturm ein, eine knappe halbe Stunde danach auch der zuerst getroffene Nordturm, sieben Stunden später noch ein drittes, von Trümmern des Nordturms schwer beschädigtes Gebäude. Fast niemand, der zum Zeitpunkt der Einstürze noch in den Gebäuden war, überlebte.

Ich selbst habe nur Erinnerungsfetzen, als wäre dieser Nachmittag in dichten Nebel gehüllt. Die Bilder erreichten uns, als wir in einem Lokal in

Amsterdam etwas tranken – unser (Stief-)Sohn war gerade als Anwalt vereidigt worden. Alle verstummten, fassungslos beobachteten wir, was geschah. Draußen blieben Passanten vor dem Fenster stehen, gebannt von den Bildern im Fernseher an der Wand.

Vor Jahren hatte mir eine Frau ihre Erlebnisse am frühen Morgen des 10. Mai 1940 geschildert, als sie, damals eine junge Journalistin, vom Dach eines Amsterdamer Hotels aus die ersten deutschen Bomber über die Stadt fliegen sah. »I think this is the real thing, babe«, hatte ein amerikanischer Kollege gemurmelt. Ein anderer Kollege raste auf einem Fahrrad vorbei, auf dem Weg zur Zeitung: »Schatz, the show is on!« Eine ähnliche Atmosphäre herrschte am Nachmittag des 11. September, und auch jetzt radelte eilig ein Freund vorbei, seinen kleinen Sohn im Kindersitz auf dem Gepäckträger: »Das gibt Krieg, Geert!«

Der türkische Schriftsteller und spätere Literaturnobelpreisträger Orhan Pamuk saß in einem kleinen Café an einem Kai in Istanbul zwischen Journalisten, Tuberkulosepatienten und Hafenarbeitern, während die Wahrzeichen »seines« Manhattan, mit dem drei Jahre seines Lebens untrennbar verbunden waren, brannten und einstürzten. Am Kai stand eine Frau und weinte. Die Männer im Café registrierten die Bilder eher mit ungläubigem Staunen, emotional berührte sie das Geschehen kaum. »Ich fühlte mich hoffnungslos einsam«, schrieb er später. Er begegnete einem Nachbarn. »Haben Sie das gesehen? Sie haben Amerika bombardiert.« Und nach einer Pause: »Zu Recht!« Pamuk: »Dieser wütende alte Mann war überhaupt nicht religiös. Er verdient mühsam ein bisschen Geld mit Gartenarbeiten und kleinen Reparaturen, abends betrinkt er sich und streitet sich mit seiner Frau. Er hatte die verstörenden Fernsehbilder nicht gesehen, er hatte nur gehört, dass ein paar Leute etwas Schreckliches gegen Amerika unternommen hätten.«

Die finnische Rundfunkjournalistin Umayya Abu-Hanna holte an jenem Nachmittag in Helsinki ihre palästinensischen Eltern vom Flughafen ab. Der Taxifahrer hatte die Nachrichten eingeschaltet, sie übersetzte, und ihre Mutter sagte die ganze Zeit: »Bitte lass es keinen Araber sein, bitte, bitte …« Und dann: »Nein, es kann kein Araber gewesen sein, dafür war es viel zu gut geplant.« Das wiederholte sie immer wieder.

Für den Westen war es ein gewaltiger Schock. So also sah nach dem Ende des Kalten Krieges der neue große Konflikt aus. Der amerikanische Präsident erklärte sogar den »Krieg gegen den Terror« im Allgemeinen. Für Europa war das Phänomen an sich leider alles andere als neu. Spanien (ETA), Italien (Rote Brigaden), Deutschland (Rote Armee Fraktion), die Niederlande (Molukker), Frankreich (OAS), Großbritannien (IRA), viele europäische Länder waren im 20. Jahrhundert mit Terrorismus konfrontiert worden. Zwischen 1970 und 1990 kamen in Europa sogar mehr Menschen durch Terroranschläge ums Leben als im folgenden Vierteljahrhundert von 1990 bis 2015. Alles nur Denkbare hatten Terroristen irgendwann als Waffe benutzt: Gewehre, Pistolen und Maschinenpistolen, Messer, Bomben, Chemikalien, Autos, Züge, Flugzeuge. Nur waren die Anschläge vom 11. September unvergleichlich spektakulär und die Zahl der Opfer einzigartig hoch. Die politischen und gesellschaftlichen Auswirkungen waren erheblich.

9/11 wurde zum Anlass für zwei amerikanische Kriege in der islamischen Welt, Konflikte, in die zahlreiche europäische Länder hineingezogen wurden und die vor allem den Nahen Osten weiter destabilisierten. Gleichzeitig begann sich die öffentliche Diskussion in Europa grundlegend zu verändern. Gegensätze, die man früher in erster Linie als sozioökonomische gesehen hatte, wurden nun zunehmend als kulturelle oder gar ethnische dargestellt. Und besonders wenn es um Einwanderung ging, drehten sich die Diskussionen zunehmend um Religion.

Geplant wurden die Terroranschläge in Afghanistan, die Täter stammten überwiegend aus Saudi-Arabien. 15 der 19 Flugzeugentführer waren Saudis, der Kopf hinter den Anschlägen war ein Spross der einflussreichen saudischen Familie Bin Laden. Es gibt Fotos von diesem Osama bin Laden bei einer Klassenfahrt nach Schweden im Jahr 1971: ein freundlicher Junge zwischen lächelnden Mitschülern und Mitschülerinnen, ohne Ausnahme nach der neuesten westlichen Mode gekleidet, nirgends ein Kopftuch. Zehn Jahre später hätte ein solches Foto nicht mehr aufgenommen werden können.

Nach der Iranischen Revolution von 1979 wandten sich auch die saudischen Herrscher wieder einer besonders strengen Auslegung des Islam zu – um eine religiös inspirierte Revolution im eigenen Land zu verhindern. Sie griffen dabei auf die fundamentalistische Ideologie des Gelehrten Muhammad ibn Abd al-Wahhab zurück, der 1744 ein Bündnis mit dem

Namensgeber der saudischen Monarchie, Muhammad ibn Saud, geschlossen hatte: Ibn Saud und seine Familie durften in staatlichen Angelegenheiten bestimmen, und die religiösen Führer wachten über die geistliche und moralische Reinheit des Landes. Der sogenannte Wahabismus bestand auf einer strengen Auslegung des Korans, bedingungsloser Anerkennung der Lehren der religiösen Führer und einer scharfen Trennung zwischen den Geschlechtern. Dissidenten, Abtrünnige und Anhänger anderer Religionen wurden gnadenlos verfolgt.

Der Stamm der Saud vereinte 1932 die Gebiete des eigenen und anderer, meist armer Wüstenstämme zum Königreich Saudi-Arabien, auf dessen Territorium sechs Jahre später plötzlich gewaltige Erdöllagerstätten entdeckt wurden. Innerhalb kurzer Zeit wurde das absolutistische und fundamentalistische Regime zum größten Erdölproduzenten der Welt. Im Februar 1945 verhandelte der amerikanische Präsident Roosevelt an Bord des Kreuzers *Quincy* mit dem Monarchen des neuen Saudi-Arabien, Abd al Aziz ibn Abd ar-Rahman ibn Faisal Al Saud. Roosevelt machte den König mit Phänomenen wie Speiseeis und Kino bekannt, Saud hatte seinen Astrologen mitgebracht, außerdem ein paar Schafe, um sie auf Deck zu rösten. Es war bezeichnend für das Ambivalente dieses Landes: einerseits märchenhaft reich und hypermodern, andererseits absolutistisch regiert und mit Normen und Werten, die sich seit dem Mittelalter nicht verändert hatten.

Auf zahlreichen Gebieten – Ölexport, Waffenhandel, Geheimdienste, Kredite – waren die saudischen Interessen eng mit denen der Vereinigten Staaten verflochten. Es ergab sich eine paradoxe Situation: Dank des westlichen Ölgeldes konnten die herrschenden Familien ihren antiwestlichen Wahabismus in der übrigen islamischen Welt verbreiten. Der missionarische Eifer nahm Ende der 1970er Jahre stark zu. Die Saudis waren äußerst freigebig, wovon zahllose Moscheen, Schulen und Hochschulen wahabitischer Ausrichtung – außerhalb Saudi-Arabiens meist als salafistisch bezeichnet – profitierten, aber auch bewaffnete Gruppen wie die Taliban, eine brutale fundamentalistische Terrororganisation, die mit Unterstützung Saudi-Arabiens vom pakistanischen Geheimdienst gegründet worden war. Das Gleiche galt später für die wahabitische Terrororganisation IS.

Der junge Osama bin Laden war äußerst empfänglich für diesen wiedergeborenen Fundamentalismus. Während seines Studiums an der König-

Abdulaziz-Universität in Dschidda entwickelte er sich zu einem frommen und leidenschaftlichen Anführer. Anfang der 1980er Jahre schloss er sich dem islamischen Widerstand gegen die russischen Besatzer in Afghanistan an, einer Bewegung, die damals noch massiv von den Amerikanern unterstützt wurde. »Jeder respektierte ihn«, erklärte später sein jüngerer Bruder Hassan in einem der seltenen Interviews von Verwandten Osamas mit dem *Guardian*. »Am Anfang waren wir sehr stolz auf ihn. Und dann entstand Osama der Mudschahed.«

Osama bin Laden gründete 1988 von Afghanistan aus die bewaffnete Gruppe al-Qaida (»das Fundament«). In einem »heiligen Krieg« sollte der Westen, in erster Linie die Vereinigten Staaten, aus der islamischen Welt vertrieben werden. 1993 wurde ein erster Bombenanschlag auf das WTC unternommen. Eine Weile hielt sich Osama bin Laden im Sudan auf. Seine Brüder versuchten, seinen Fanatismus zu dämpfen – vergeblich. »Er verschickte Faxe an alle möglichen Leute, er war äußerst kritisch. Wahrscheinlich hatte er das Gefühl, dass er von der Regierung nicht ernst genommen wurde.« Im Jahr 1996 verbündete er sich mit Mullah Mohammed Omar, dem Anführer der Taliban, sodass diese und al-Qaida ihre Kräfte bündeln konnten.

Osama bin Laden hatte unter anderem bei den Anschlägen auf amerikanische Botschaften in Daressalam und Nairobi im Jahr 1998 die Hand im Spiel. Seine Verwandten sahen ihn 1999 zum letzten Mal. In jenem Jahr besuchten sie ihn zweimal in seinem Hauptquartier in der Nähe des Flugplatzes von Kandahar. »Er freute sich sehr, uns zu sehen«, erzählte seine Mutter in dem erwähnten Interview. »Er führte uns jeden Tag herum, solange wir da waren. Er schlachtete ein Schaf, wir feierten ein Fest, zu dem er alle einlud.«

Zu dieser Zeit war Osama bin Laden für die Geheimdienste in Riad, London und Washington bereits der meistgesuchte Terrorist. Trotzdem konnten seine Verwandten ihn offenbar ohne Schwierigkeiten besuchen und ein paar gemütliche Tage mit ihm verbringen. Auch der französische Geheimdienst war gut informiert. Schon Anfang 2001 warnte er die Amerikaner vor Plänen, nach denen mit entführten Flugzeugen wichtige amerikanische Gebäude zerstört werden sollten.

Zur großen Entrüstung der Franzosen, die auf diesem Gebiet bereits seit den 1970er Jahren Erfahrungen gesammelt hatten, wurde die Warnung in Washington jedoch in den Wind geschlagen. 1994 war ein Flugzeug der Air France von algerischen islamistischen Terroristen entführt worden, die es als fliegende Bombe in den Eiffelturm steuern wollten. Der Plan scheiterte, weil das wegen Treibstoffmangels in Marseille zwischengelandete Flugzeug von einer Spezialeinheit gestürmt werden konnte, wobei die Entführer erschossen wurden. Es war ein Vorbote des 11. September, nur kam 1994 noch niemand auf den Gedanken, dass Entführer auch selbst fliegen lernen könnten.

»Ich war schockiert, fassungslos«, sagte Ahmad, ein anderer Bruder Osamas, über die Ereignisse des 11. September. »Es war ein ganz merkwürdiges Gefühl. Wir wussten sofort, dass Osama dahintersteckte. Und dass die Folgen schrecklich sein würden, für uns alle.«

2

Tatsächlich änderte 9/11 alles. Der amerikanische Publizist Robert Kaplan sprach vom Ende des »zwölfjährigen Waffenstillstands«, des friedlichen und hoffnungsvollen Zeitabschnitts von 1989 bis 2001. Der damalige deutsche Außenminister Joschka Fischer schrieb später ein Buch über die »Rückkehr der Geschichte«: das Machtdenken, die neuen Konflikte, die Tendenz, Sicherheit grundsätzlich über die Menschenrechte zu stellen, und die Angst, vor allem sie. Anschläge wie diese hätten schließlich ebenso gut in London, Amsterdam oder Paris verübt worden können. Außerdem hatten sich die scheinbar übermächtigen Vereinigten Staaten als angreifbar erwiesen – auch dies ein Grund zur Sorge für das abhängige Europa.

Die erste Reaktion war Solidarität. Tony Blair bezeichnete die Anschläge als »Kriegserklärung, im buchstäblichen Sinn«, und so sahen es sämtliche NATO-Länder. Gemäß NATO-Artikel 5 – »Die Parteien vereinbaren, dass ein bewaffneter Angriff gegen eine oder mehrere von ihnen in Europa oder Nordamerika als ein Angriff gegen sie alle angesehen wird ...« – wurde sofort der Bündnisfall erklärt. Sogar Russland beteiligte sich, indem es seinen Luftraum für amerikanische militärische Transportflüge öffnete. Auffällig war die zunächst noch bescheidene Rolle der Europäischen Union. Der damalige Vorsitzende des Europäischen Rates, der belgische Premierminister Guy Verhofstadt, gestand einige Tage nach den Anschlägen, dass er den amerikanischen Präsidenten George W. Bush immer noch nicht telefonisch erreicht hatte; die Telefonisten im Weißen Haus wussten einfach nicht, wer dieser Belgier war.

Bereits in den 1990er Jahren lautete die große strategische Frage für die Vereinigten Staaten und indirekt auch für Europa: Wie kann die westliche Hegemonie in der veränderten Weltordnung nach dem Ende des Kalten Krieges erhalten bleiben? Die Zeit des Optimismus, der unmittelbar nach dem Verschwinden des Eisernen Vorhangs geherrscht hatte, war vorbei. Die im Westen gern gehörte Prophezeiung, die Einführung von Kapitalismus und freiem Markt würde zwangsläufig mit einer Demokratisierung einhergehen, hatte sich als leere Versprechung entpuppt. Die Globalisierung, die ja hier und dort tatsächlich neuen Wohlstand brachte, löste auch eine Reaktion gegen die westliche Vormachtstellung aus. Verträge wurden infrage gestellt, es entstanden *failed states*, nationale und vor allem religiöse Gegensätze nahmen an Bedeutung zu. Das rasant aufsteigende China nutzte die veränderte Situation mit einem gigantischen Übernahme- und Investitionsprogramm, der Westen verlor zunehmend an Autorität. 9/11 verschärfte diese Entwicklung. Man musste Entschlossenheit demonstrieren, so die vorherrschende Stimmung im Westen, und zwar möglichst schnell.

Schon am 7. Oktober 2001 begannen Amerikaner und Briten, unterstützt von afghanischen Anti-Taliban-Kämpfern und unter anderem norwegischen, kanadischen, deutschen und australischen Spezialkräften, mit einer Vergeltungsaktion in Afghanistan. Ziel der Operation Enduring Freedom waren laut Präsident Bush die Gefangennahme der Anführer von al-Qaida und die Zerstörung der Infrastruktur der Terrorgruppe.

Im November wurde Kabul von Truppen des als »Nordallianz« bekannt gewordenen Anti-Taliban-Bündnisses zurückerobert, im Dezember eine afghanische Übergangsregierung ernannt; im Januar schien al-Qaida geschlagen zu sein. Doch in den abgelegenen Bergregionen Westpakistans hielt Osama bin Laden stand, einschließlich seiner Organisation und seines Netzwerkes. Die westlichen Mächte, die keinen soliden Friedensplan hatten, versanken unterdessen in demselben Sumpf, aus dem sich die Russen gut zehn Jahre zuvor mühsam zurückgezogen hatten. Nun standen sie selbst vor der fast unlösbaren Aufgabe, diesem chaotischen, gewalttätigen und unwirtlichen Land zumindest ein wenig Ruhe und Demokratie zu bringen.

Insgesamt wurden schließlich 43 Länder in den blutigen Konflikt hineingezogen, wobei der Höhepunkt 2011 mit 130 000 eingesetzten Soldaten erreicht wurde, darunter einige 10 000 Europäer. Auf westlicher Seite starben mehr als 3000 Soldaten; die Anzahl der ums Leben gekommenen afghanischen Zivilisten ging in die Zehntausende, über zweieinhalb Millionen Afghanen flüchteten. Erst nach elf Jahren begannen die Vereinigten Staaten, große Teile ihrer Truppen abzuziehen. »Wir hatten keine Ahnung, was wir da eigentlich taten«, bekannte General Douglas Lute, Director of Operations im United States Central Command, später in einer internen Auswertung, die 2019 der *Washington Post* zugespielt wurde. »Uns fehlte jedes grundlegende Verständnis von Afghanistan. [...] Was wollten wir dort eigentlich ausrichten?« Man wiederholte die Fehler von Vietnam in kleinerem Maßstab.

Die Terrorakte vom 11. September wurden in Washington sehr bald als Argument für Maßnahmen benutzt, die kaum etwas damit zu tun hatten. In der allgemeinen Verwirrung setzten die Republikaner im Kongress rasch eine umstrittene Verringerung der Vermögenssteuer durch. Und natürlich wurde die Gelegenheit für eine Aktion genutzt, auf die man in bestimmten Kreisen – unabhängig von den aktuellen Anschlägen – längst gedrängt hatte: einen Angriff auf den Irak unter Diktator Saddam Hussein.

Der Vater von Präsident Bush, George H.W. Bush, war als Präsident im Jahr 1991 militärisch gegen den Irak vorgegangen, nachdem Saddam Hussein das ölreiche Nachbarland Kuwait besetzt hatte. Die irakischen Truppen wurden aufgerieben oder zum Rückzug gezwungen, Saddams Handlungsfreiheit wurde mit einer Reihe von Abrüstungsverträgen einschließlich der dazugehörigen Inspektionen eingeschränkt, der Irak aber nicht besetzt. Saddam Hussein, der den Westen weiterhin herausforderte, durfte an der Macht bleiben, weil die Amerikaner – zu Recht, wie sich später zeigte – noch größere Instabilität in der Region befürchteten. In den Augen zahlreicher Amerikaner, besonders der sogenannten Neokonservativen innerhalb der republikanischen Partei, war die Entscheidung von Bush senior jedoch ein Fehler, der korrigiert werden musste. Sohn Bush übernahm diese Aufgabe. Bereits im Juli 2001, zwei Monate vor 9/11, arbeitete das Verteidigungsministerium konkrete Pläne für eine Invasion im Irak aus.

Was die Person Saddam Husseins anging, bestand kaum Uneinigkeit: ein verabscheuungswürdiger Tyrann, der mit seinem umfangreichen, brutalen »Sicherheits«-Apparat seit Jahrzehnten die Bevölkerung unterdrückte, wobei Folterungen und Erschießungen an der Tagesordnung waren. Außerdem war er eine Gefahr für die Region. Er hatte Kuwait überfallen und einen langen, verlustreichen Krieg gegen den Iran geführt, in dem er wie zuvor gegen die Kurden sogar chemische Waffen eingesetzt hatte. Allein die Exzesse seines Regimes im Innern kosteten mindestens 300 000 Menschen das Leben, die von ihm geführten Kriege vermutlich mehr als eine Million.

Nach 9/11 gab es deshalb in den Vereinigten Staaten breite Unterstützung für ein hartes Vorgehen gegen diesen »Schurkenstaat« und das Herbeiführen eines »Regimewechsels«. Präsident Bush erklärte, es bestehe kein Zweifel, dass der Irak über Massenvernichtungswaffen verfüge. Vizepräsident Dick Cheney prophezeite, nach einer amerikanischen Intervention würden die Menschen auf den Straßen von Basra und Bagdad feiern. Verteidigungsminister Donald Rumsfeld behauptete, eine Invasion werde sich selbst finanzieren, der Nutzen allein durch die Sicherung des Zugangs zu Erdöl werde die Kosten mehr als aufwiegen. Die ganze Operation werde »fünf Tage oder fünf Wochen oder fünf Monate dauern, aber bestimmt nicht länger«.

Die amerikanische Presse und Öffentlichkeit einschließlich der meisten Demokraten teilten diesen blinden Optimismus, gegenteilige Äußerungen von Experten fanden kein Gehör. Im Hintergrund spielten Interessen von Unternehmen eine bedeutende Rolle. So ergatterte der von Dick Cheney bis zu seinem Amtsantritt geleitete Konzern Halliburton bereits in dieser Phase staatliche Aufträge im Wert von sieben Milliarden Dollar für den Wiederaufbau der irakischen Ölindustrie.

In Europa war die Stimmung deutlich weniger zuversichtlich. Unter den Regierungen herrschte auffällige Uneinigkeit. Frankreich, Deutschland und Belgien sprachen sich entschieden gegen ein militärisches Eingreifen aus, allein schon, weil die völkerrechtliche Grundlage dafür fehlte und die Vereinten Nationen kein Mandat erteilen wollten. Frankreich und Deutschland verständigten sich darüber sogar mit Moskau. Außerdem befürchtete man mit gutem Grund, dass ein solcher Krieg die antiwestlichen Tendenzen in der islamischen Welt verstärken würde. Der frühere niederländische Ministerpräsident Ruud Lubbers, damals Hoher Flüchtlingskommissar der UN, warnte eindringlich vor den Flüchtlingsströmen, die ein neuer Krieg auslösen könne – mit erheblichen Folgen für die gesamte Region.

Die Regierungschefs von Großbritannien, Spanien, Italien, Dänemark, Portugal, Polen, Tschechien und Ungarn dagegen sagten den Vereinigten Staaten ihre bedingungslose Unterstützung zu. Die niederländischen Nachrichtendienste hegten, wie später bekannt wurde, starke Zweifel an der angeblichen Bedrohung durch den Irak, aber die Regierung Balkenende las aus den Berichten nur die Informationen heraus, die zum bereits eingenommenen Standpunkt passten. Letztlich folgte die niederländische Regierung wie gewöhnlich blind den Amerikanern und Briten.

Vor allem Tony Blair unterstützte das Projekt »Regimewechsel« leidenschaftlich. Frühere »humanitäre Interventionen« im Kosovo (1999), in Sierra Leone (2000) und Afghanistan (2001) waren anscheinend erfolgreich gewesen, und Blair wollte diese Linie fortführen. Nach den Tragödien im Kosovo und in Ruanda, so meinten er und viele Gleichgesinnte, könne man Genozid und extreme Grausamkeiten nicht mehr dulden. Auch die Souveränität eines Staates müsse Grenzen haben.

Immerhin erkannte Blair an, dass der Sturz Saddam Husseins, welche Verbrechen er auch begangen haben mochte, als alleinige Begründung für eine bewaffnete Intervention nicht ausreichte. Nur der nachweisbare Besitz von Massenvernichtungswaffen mache ihn so gefährlich, dass ein solcher Eingriff gerechtfertigt sei. Wie die Amerikaner zeigte sich Blair davon überzeugt, dass der Irak inzwischen tatsächlich ein neues Arsenal chemischer und biologischer Waffen anlege. Diesen Waffen, so war in Berichten zu lesen, die dem britischen Parlament vorgelegt wurden, könnten England innerhalb einer Dreiviertelstunde erreichen.

Die amerikanische Darstellung beruhte nicht auf den Analysen von Experten, beispielsweise der CIA oder des Außenministeriums, sondern hauptsächlich auf denen des Office of Special Plans, einer Sonderabteilung des Pentagon, gegründet nach den Anschlägen vom 11. September. Diese Abteilung stützte sich vor allem auf Informationen des zwielichtigen, ehrgeizigen Exilirakers Ahmad al-Dschalabi und einiger Saddam-Abtrünniger. All diese Dissidenten hatten bei einem Regimewechsel persönlich viel zu gewinnen, aber kaum mehr zu bieten als genau die »Informationen«, die den Falken im Pentagon gelegen kamen: Zwischen dem irakischen Regime und al-Qaida bestünden enge Verbindungen – was sich später als völlig unzutreffend erwies –, und der Irak arbeite tatsächlich an der Entwicklung von Massenvernichtungswaffen. Diese Scheininformationen ließ man gezielt an die Presse durchsickern mit dem Erfolg, dass drei Viertel der Amerikaner glaubten, Saddam Hussein habe bei den Anschlägen vom 11. September die Hand im Spiel gehabt.

Andere Erkenntnisse hauptsächlich des Außenministeriums, der CIA und weiterer Nachrichtendienste wurden systematisch beiseitegeschoben. Es war, so bemerkte Greg Thielmann, Waffenverbreitungsexperte des Außenministeriums, als würde die Regierung sagen: »Wir kennen die Antworten, gebt uns die Informationen, die diese Antworten untermauern.« In Sachen Irak wurde also hinter den Kulissen ein heftiger Konflikt zwischen verschiedenen amerikanischen Nachrichtendiensten ausgetragen. Die CIA konnte einen der oppositionellen irakischen Informanten später noch einmal selbst befragen. Er bestritt entschieden die ihm in den Mund gelegten Aussagen: »Nein, das habe ich nie gesagt.« Kein al-Qaida, keine Massenvernichtungswaffen.

Diese Aussagen wurden im Februar 2003 durch ein Team von UN-Waffeninspekteuren bestätigt. Dessen Leiter, der erfahrene schwedische Diplomat und Waffenkontrolleur Hans Blix, war zunächst selbst davon überzeugt gewesen, dass Saddam Hussein heimlich zu seinen alten Praktiken zurückgekehrt sei, das habe ihm sein Bauchgefühl gesagt. Aber nach mehr als 700 Inspektionen gelangte er zum gegenteiligen Schluss, denn man hatte nichts gefunden, das auf eine Wiederaufnahme der Produktion hindeutete. Aus Angst vor einer erneuten Invasion hatte sich Saddam Hussein tatsächlich an die Abmachungen aus den 1990er Jahren gehalten. Blix erklärte später, die Vereinten Nationen und mit ihnen die Welt hätten den Irak entwaffnet, ohne es selbst zu wissen.

Doch alle Zweifel änderten nichts. Ruud Lubbers schilderte in seinen Erinnerungen, wie er in einem privaten Gespräch mit Tony Blair auf neue Informationen hinwies: Auch die Internationale Atomenergie-Organisation war sich sicher, dass der Irak nicht über angereichertes Uran verfügte. Blair unterbrach ihn: »Aber Ruud, es geht hier nicht um Aufrichtigkeit oder um die Richtigkeit von Fakten. Es geht hier um die politische Entscheidung, dieses Monster auszuschalten.«

Die CIA hatte unterdessen aus dem Pentagon den Auftrag erhalten, Informationen über Blix zu sammeln und »ausreichend Munition« zur Untergrabung seiner Glaubwürdigkeit zu finden. Die geplante Invasion musste um jeden Preis stattfinden. Offenbar wurde nichts Belastendes gefunden. Blix betrachtete all die Warnungen vor irakischen Massenvernichtungswaffen im Nachhinein als ein einziges großes Manöver zur Irreführung der Öffentlichkeit. Die Regierungen der Vereinigten Staaten und Großbritanniens übertrieben bewusst die Bedrohung durch Saddam, um die politische Unterstützung zu erhalten, die sie sonst nie bekommen hätten. Die Ergebnisse der unter seiner Leitung durchgeführten Inspektionen wurden übrigens später von den Amerikanern selbst bestätigt. Ihre Truppen fanden im »befreiten« Irak zwar noch 5000 alte chemische Granaten und Bomben aus der Zeit vor 1991, entdeckten aber keinen einzigen Hinweis darauf, dass später noch Massenvernichtungswaffen hergestellt worden wären.

Die Amerikaner trieben die Kriegsvorbereitungen unvermindert voran. Statt die Ergebnisse weiterer Inspektionen abzuwarten, wurden immer mehr Truppen an den Golf verlegt. Hans Blix meinte, wenn erst einmal eine Viertelmillion Mann in der heißen Wüstenregion stationiert sei, habe man etwas in Gang gesetzt, das sich nicht mehr aufhalten lasse. In den Medien und der Öffentlichkeit Europas regte sich heftiger Protest. Hier erkannten viel mehr Menschen als in den Vereinigten Staaten, dass ein gefährliches Spiel gespielt wurde. Vor allem für zahlreiche Briten bedeutete der Irakkrieg einen Missbrauch des Vertrauens durch die politische Elite, denn viele entscheidende Fragen wurden nie beantwortet.

Selten gab es über den ganzen Kontinent verteilt so viele Massendemonstrationen wie im frühen Frühjahr 2003. In Italien protestierten ungefähr drei Millionen Menschen gegen den Krieg, in Spanien anderthalb Millionen, in London eine Million. Auch in Deutschland, Frankreich, den Niederlanden, Belgien, Ungarn, Irland und Portugal gingen die Menschen auf die Straße. In Warschau demonstrierte Bronisław Geremek mit. »Es ist eine Tatsache«, schrieb Timothy Garton Ash, »dass der Überlebende des Warschauer Ghettos, der Nazisoldat, der britische Offizier, der französische Kollaborateur, der schwedische Geschäftsmann und der slowakische Bauer jeweils einen völlig anderen Krieg erlebt hatten. Dennoch drang aus sämtlichen Kehlen der gleiche leidenschaftliche Schrei: ›Nie wieder!‹«

Es war der Beginn der nächsten transatlantischen Entfremdung nach Vietnam. In den Vereinigten Staaten wurden die französischen Verweigerer als »käsefressende Feiglinge« diffamiert, hier und da wurden allen Ernstes »French fries«, Pommes frites, in »Freedom Fries« umbenannt. Der »Hummer«, die zivile Variante des meist kurz als »Humvee« bezeichneten Geländefahrzeugs der amerikanischen Armee, wurde ungeheuer populär, wovon auch weitere Straßenpanzermodelle profitierten. Aber es meldeten sich in den Vereinigten Staaten ebenfalls Dissidenten zu Wort. Während einer Demonstration in Chicago prophezeite ein relativ junger Senator aus Illinois, auch ein siegreicher Krieg gegen den Irak werde der Beginn einer Besatzung »von unkalkulierbarer Dauer, zu unkalkulierbaren Kosten und mit unkalkulierbaren Folgen« sein. Eine Invasion werde al-Qaida in die Hände spielen und nur die schlechtesten Tendenzen in der arabischen Welt verstärken. »Ich bin nicht grundsätzlich gegen Kriege«, sagte dieser noch kaum bekannte Barack Obama. »Ich bin gegen törichte Kriege.«

Die düsteren Ahnungen bestätigten sich. Die Invasion begann am 20. März 2003. Bereits nach drei Wochen fiel Bagdad, eine Saddam-Statue wurde unter dem Jubel der Menge zum Einsturz gebracht. Einige Monate später wurde der Diktator selbst gefangen genommen, 2005 vor Gericht gestellt, 2006 zum Tode verurteilt und gehängt. Schon am 1. Mai 2003 war Präsident Bush in einer Marinefliegeruniform auf dem Flugzeugträger *Abraham Lincoln* gelandet und hatte in einer Ansprache an die Besatzung den Krieg für beendet erklärt. Die Fernsehbilder von der Show wurden weltweit ausgestrahlt, wobei im Hindergrund ein Transparent mit der Aufschrift »Mission Accomplished« zu sehen war. In Wirklichkeit hatten die Amerikaner mit ihrer Intervention Dämonen entfesselt, von denen sie offensichtlich nicht die geringste Vorstellung hatten.

Im Irak kamen die Schiiten an die Macht, und die sunnitische Minderheit, auf die Saddam sich gestützt hatte, wurde nun massiv diskriminiert. Die Gegensätze verschärften sich, Instabilität und Unsicherheit nahmen zu. Bilder von der Folterung und Erniedrigung irakischer Gefangener in einem US-Militärgefängnis im Irak gingen um die Welt.

Die Kriege in Afghanistan und im Irak waren offiziell nicht zuletzt zur Bekämpfung des Terrorismus geführt worden. Auch in dieser Hinsicht waren beide Interventionen gewaltige Fehlschläge. Durch den Sturz Saddams war überall in der Region ein Machtvakuum entstanden, in dem sich neue Terrorgruppen etablieren konnten. Die Zahl der weltweit verübten terroristischen Verbrechen stieg von ungefähr 500 im Jahr 1996 auf 1800 im Jahr 2003 und schließlich etwa 5000 im Jahr 2006 – die meisten davon wurden im Nahen Osten selbst begangen.

Ein Schlüsselmoment der Intervention im Irak und zugleich ein Symptom der amerikanischen Ignoranz war die Entscheidung, auf einen Schlag die gesamte irakische Armee aufzulösen. Damit wurde die Grundlage für das »Kalifat« des IS geschaffen, der Terrororganisation, die ein Jahrzehnt später überall im Nahen Osten und in Europa aktiv sein sollte. Noch mehr als al-Qaida wurde der IS zu einem gefährlichen, professionell agierenden Gegner, und das vor allem dank der Erfahrung zahlreicher entlassener irakischer Offiziere.

Die Invasion, die sich doch »selbst finanzieren« sollte, kostete die Vereinigten Staaten nach Schätzungen von Ökonomen wie Joseph Stiglitz und anderen insgesamt ungefähr 3000 Milliarden Dollar, 24 000 Dollar pro Haushalt. Etwa 4400 Soldaten der westlichen Koalition kamen ums Leben. Die Zahl der irakischen Opfer lässt sich nur schwer schätzen. Nach Angaben der renommierten medizinischen Fachzeitschrift *Lancet* gab es allein von März 2003 bis Juni 2006 über 600 000 Tote, neuere Untersuchungen kommen auf eine Million und mehr Todesopfer.

Der Irakkrieg zählt zu den Auslösern des 2011 ausgebrochenen Bürgerkriegs in Iraks Nachbarland Syrien, das Millionen irakischer Flüchtlinge aufnehmen musste. Auch die Verschärfung der Konflikte zwischen Sunniten und Schiiten, der schon erwähnte Aufstieg des IS, auf dessen Konto zahlreiche Terroranschläge gehen, die Verfolgung von Christen, die Massaker an Kurden und Jesiden, all dies wurde vom Irakkrieg entscheidend mit verursacht. Und für die russische Außenpolitik bedeutete er einen Wendepunkt, denn die NATO galt in Russland fortan nicht mehr als möglicher Partner, sondern als potenzieller Gegner. Das Vertrauen war dahin.

In einer Hinsicht lässt sich die Invasion im Irak mit dem Russisch-Japanischen Krieg der Jahre 1904 und 1905 vergleichen. Ein Jahrhundert danach stürzte der Westen erneut vom Sockel – aus großer Höhe und mit unabsehbaren Folgen.

3

Umayya Abu-Hannas Leben veränderte sich nach dem verhängnisvollen Septembertag des Jahres 2001 einschneidend. Am Sonntag danach feierte eine gute Freundin die Taufe ihrer kleinen Tochter. Auch Umayyas Eltern wurden eingeladen. Der Pfarrer hieß die beiden »arabischen Gäste« willkommen und erklärte: »Wir werden euch hier trotz allem akzeptieren.« Es machte Umayya wütend. »Das muss man sich auf der Zunge zergehen lassen: Mein Vater stammt aus Nazareth, wir sind schon seit fast zweitausend Jahren Christen, unsere ganze Familie, wir haben mit dieser Sache nicht das Geringste zu tun, und dann sagt dieser Mumbo-Jumbo-Pfarrer aus Skandinavien, der gerade Bibeltexte aus dem Heimatdorf meines Vaters zitiert hat, dass er uns trotz allem akzeptieren wird. Und alle lächelten, dieser finnische Pfarrer war ja so nett und großzügig. Und ich dachte: Verpiss dich, du mit deinem Lächeln und deiner Herablassung!«

In den folgenden Wochen stand sie ständig im Scheinwerferlicht. »Es war heftig.« Zum Beispiel musste sie im Fernsehen mit einem alten Freund diskutieren. Er wurde als »europäisch-jüdischer Intellektueller« vorgestellt, sie auf einmal als »Immigrantin«. »Er machte ständig irgendwelche Aussagen über ›die Moslems‹. Ich sah ihn an und dachte: immer vollmundig von Menschenrechten reden, und plötzlich gelten die offenbar nicht mehr. Und ich sagte: ›Ruben, du verallgemeinerst, das ist doch rassistisch, was du da sagst …‹, und er: ›Du nennst *mich* einen Rassisten?‹«

Für sie war diese Diskussion ein Wendepunkt. »Hinter den Kulissen habe ich geheult. 9/11 hatte einen Keil zwischen uns getrieben. Es machte den Menschen so viel Angst, dem ›Wir‹ standen ›die Moslems‹ gegenüber.« Sie erhielt Morddrohungen. An den finnischen Präsidenten schrieb sie, sie fühle sich durch die Veränderungen im Land bedroht. »Bis zu diesem 11. September war ich in Finnland ›die Palästinenserin‹. Danach nicht mehr; nun war ich – obwohl das ja gar nicht zutraf – ›Moslem‹.«

In jener Zeit fasste der internationale Dschihadismus in Europa allmählich Fuß. Das noch junge Internet wurde bei dieser religiösen Revolte zu einem wichtigen Katalysator. Wurden 1998 genau zwölf prodschihadistische Websites gezählt, so waren es 2005 schon annähernd 5000. Zunächst diente Europa für al-Qaida hauptsächlich als Fluchtort und als Ort für die praktische Vorbereitung von Anschlägen, die irgendwo in den afghanischen Bergen erdacht worden waren. Am 11. März 2004 schlugen islamistische Terroristen zum ersten Mal auf dem alten Kontinent selbst zu: Zur Hauptverkehrszeit wurden in Madrid Bombenanschläge auf vier voll besetzte Vorortzüge verübt, fast 200 Menschen kamen ums Leben, mehr als 2000 wurden verletzt. Gut ein Jahr später, am 7. Juli 2007, gab es ähnliche Anschläge auf drei U-Bahn-Züge und einen Bus in London, ebenfalls zur Hauptverkehrszeit, mit mehr als 50 Toten und 700 Verletzten. Beide Länder waren aktive Verbündete der Vereinigten Staaten, die Anschläge standen offensichtlich im Zusammenhang mit dem Irakkrieg. Doch mehr und mehr betrachteten radikale Muslime ihren Kampf als heiligen Krieg gegen den Westen insgesamt, einschließlich der westlichen Kultur, Demokratie, Freiheit und Aufklärung.

Am 2. November 2004 wurde der provokante Amsterdamer Filmregisseur und Satiriker Theo van Gogh, Urenkel des gleichnamigen Bruders und Vertrauten Vincent van Goghs, am helllichten Tag und mitten auf der Straße von einem Islamisten niedergeschossen, der ihm anschließend die Kehle durchschnitt. Als Motiv gab der Mörder an, van Gogh habe mit dem Fernsehfilm *Submission (Part I)*, in dem Koranverse auf Bilder einer misshandelten nackten Frau projiziert werden – für konservative Muslime schockierend –, den Propheten und den Islam beleidigt. Die Idee stammte von der charismatischen Frauenrechtlerin und Islamkritikerin Ayyan Hirsi Ali. Wie spätere Rekonstruktionen ergaben, ahnte van Gogh nicht, dass er mit dem Feuer spielte; er selbst konnte mit dem Film eigentlich nicht viel anfangen, weil es darin »nichts zu lachen« gab, für ihn war es nur ein Freundschaftsdienst. Hirsi Ali und der Amsterdamer Bürgermeister Job Cohen erhielten Morddrohungen und mussten an unbekannten Orten in Sicherheit gebracht werden.

In den ersten Tagen nach dem Mord ging die Angst um. »Holland brennt«, titelten einige Zeitungen. Zahllose Kommentare zu dem Mord wurden verfasst, es gab Demonstrationen, auch Brandanschläge auf Moscheen, im Internet erhielten vor allem muslimische Islamkritiker Todesdrohungen. »Fickt Allah in den Arsch!«, stand auf der Tür der Kneipe in meinem Viertel. In diesem Jahr trug Sinterklaas bei seinem Einzug in Amsterdam eine schusssichere Weste.

Für uns Niederländer war all dies ziemlich verstörend. Es bedeutete das Ende unserer relativen Unschuld, das Ende des sicheren, behaglichen, freien kleinen Landes, das uns so vertraut war – dies zumindest war uns allen klar. Die Tabus der Nachkriegsepoche, mit denen Rassismus und Diskriminierung belegt waren, galten plötzlich nicht mehr, vielleicht auch, weil diese Begriffe in der Vergangenheit allzu oft missbraucht worden waren.

So begann eine langwierige, komplizierte, notwendige, oft aber auch bösartige öffentliche Debatte über Religion, Einwanderung und die Rolle des Islam im christlichen und säkularen Europa. Für viele ausländische Journalisten war dieser Mentalitätswandel in dem immer so toleranten Land erschreckender als der Mord selbst. »Hier erscheinen Artikel, die bei uns garantiert zu einem Prozess wegen Beleidigung oder rassistischer Hasspropaganda führen würden« – solche Äußerungen hörte ich in jenen Wochen von mehreren ausländischen Kollegen.

Was die Amerikaner nach 9/11 betont vermieden hatten – selbst die rabiatesten Medien hatten damals nie von »Moslems«, sondern von »Terroristen« oder »Dschihadisten« gesprochen –, wurde in den Niederlanden plötzlich als ganz normal empfunden: Eine ganze Religion mit all ihren Varianten und allen halb oder kaum Gläubigen würde aufs Korn genommen. Geert Wilders, ein ehemaliger Abgeordneter der rechtsliberalen Partei VVD (Volkspartij voor Vrijheid en Democratie) in der Zweiten Kammer, der gerade aus seiner Partei ausgetreten war und eine Einmannfraktion gegründet hatte, machte »den Islam« für »99 Prozent der Probleme in Sachen Sicherheit und Ordnung« verantwortlich – und seine Popularitätswerte stiegen rasant. Unmittelbar nach der Ermordung van Goghs war auf der Website des öffentlich-rechtlichen Rundfunks (NPO) sogar vom »islamischen Äußeren« des Täters die Rede. Neue begriffliche Gegensätze prägten die öffentliche Diskussion: »Stärke«, »Entschlossenheit« und »eigene Identität« gegen »Weichheit«, »politische Korrektheit« und »Multikulturalismus«. Wer aus der Angst Kapital schlagen wollte, nutzte die Gelegenheit.

Ich musste an Heinrich Böll denken, der in seinem großartigen Familienroman *Billard um halb zehn* statt hergebrachter Bezeichnungen für die totalitäre Denkweise im Deutschland der 1930er und 1940er Jahre die magische Umschreibung »Sakrament des Büffels« gebrauchte. Nun, in den Niederlanden kosteten vom Herbst 2004 an viele gern vom diesem Sakrament. Und es schmeckte nach mehr.

Ein Jahr später, am 27. Oktober 2005, brachen in der Pariser Vorstadt Clichy-sous-Bois schwere Unruhen aus. Zwei Jugendliche aus Einwandererfamilien hatten aus Angst vor einer Personenkontrolle die Absperrung zu einem Trafohäuschen überstiegen und waren dort durch Stromschläge ums Leben gekommen. Drei Wochen lang lieferten sich *les musulmans* – vor dem 11. September 2001 hatte man dieselbe Gruppe junger Immigranten *les arabes* genannt – Straßenschlachten mit der Polizei. Sie setzten dabei fast 30 000 Autos in Brand, außerdem Läden und öffentliche Einrichtungen einschließlich Krankenhäusern, Schulen und Kindergärten, und griffen Polizeidienststellen an.

Einen Monat zuvor hatte *Jyllands-Posten*, die größte dänische Zeitung, eine Reihe von Mohammed-Karikaturen veröffentlicht. Im Islam gilt schon das Abbilden des Propheten als blasphemisch, Hauscartoonist Kurt Westergaard hatte ihn aber auch noch mit einer Bombe im Turban gezeichnet. In Dänemark selbst, wo vergleichsweise wenige Einwanderer aus der islamischen Welt leben, fielen die Reaktionen zunächst noch harmlos aus. Aydin Soei arbeitete damals gerade befristet bei einer anderen dänischen Zeitung, *Information*. »Wir betrachteten es einfach als Gag einer rechten Zeitung. Der Sinn des Textes, der dabei stand, entging mir, aber ich dachte nur: Lass sie doch. Es steht jedem frei, so etwas zu veröffentlichen.« Später sprach er mit ein paar muslimischen Jugendlichen aus Problemvierteln. Sie waren wütend. Weil sie sich ohnehin ausgeschlossen fühlten, war die Religion für sie – wie für Aydins Bruder – sehr wichtig geworden. Die Jüngeren waren in Krawalllaune, aber die Älteren hielten sie zurück: »Bloß nicht, das ist genau das, was sie wollen. Ignoriert diese Cartoons, das hört von selbst auf.« In den sozialen Brennpunkten Kopenhagens blieb es ruhig.

Dennoch entwickelte sich die Angelegenheit für Dänemark zur größten internationalen Krise seit dem Zweiten Weltkrieg. Am 14. Oktober 2005 demonstrierten 3000 Muslime vor dem Kopenhagener Rathaus, und zwar weniger gegen die bildliche Darstellung des Propheten als gegen die Bombe in seinem Turban. Der Islam sei eine friedliche Religion, betonten sie. »Allahu akbar« wurde gerufen. Die Dänen verstanden sie nicht, auf sie machten die Parolen vor allem einen aggressiven Eindruck.

Die Botschafter von fünf islamischen Ländern baten Ministerpräsident Rasmussen um ein Gespräch. Statt ihren Protest entgegenzunehmen und seinen Standpunkt darzulegen, lehnte er es einfach ab, sie zu empfangen.

Auch wegen dieser wenig entgegenkommenden Reaktion der dänischen Regierung kam es zu einer Art Kurzschluss zwischen zwei Denkwelten: auf der einen Seite die moderne westliche Welt mit ihrem Individualismus und der uneingeschränkten Freiheit der Meinungsäußerung einschließlich des Rechts auf Herabsetzung von Religionen, auf der anderen Seite die agrarisch geprägte Welt, in der die Mehrheit der Menschen im islamischen Kulturkreis lebte und in der die Gemeinschaft, die Familie und vor allem die »Ehre« eine überragende Rolle spielten.

Zwei dänische Imame gossen Öl ins Feuer. Sie reisten mit einer Delegation in Länder des Nahen Ostens, wo sie führende Geistliche bearbeiteten und ihnen außer den kritisierten Cartoons weitere, aus dem Internet heruntergeladene, zeigten, die nie in Dänemark veröffentlicht worden waren. Nun wurde die Sache zum Internet-Hype, der Funke sprang auf die gesamte islamische Welt über. Es kam zu – meist von den herrschenden Regimes orchestrierten – Krawallen und Demonstrationen. Dänische Botschaften wurden gestürmt und angezündet, dänische Produkte boykottiert, dänische Flaggen verbrannt, bei Auseinandersetzungen zwischen Randalierern und Sicherheitskräften gab es etwa 200 Tote und 800 Verletzte, die Aufregung in den Medien kannte keine Grenzen.

Damals hielt ich mich für eine längere Reportage wochenlang in Istanbul auf, wo ich vor allem mit den Lastträgern, Straßenhändlern und Zigarettenjungen auf der Galatabrücke sprach, dem gleichen Menschenschlag wie in Pamuks Café. Wir unterhielten uns über alles Mögliche, während wir auf den Hockern in ihrem Teehaus saßen oder uns unter Planen vor einem der häufigen Regenschauer schützten. Von Theo van Gogh hatten sie bis auf eine Ausnahme nie gehört. Als ich ihnen von dem Mord erzählte, reagierten fast alle entsetzt. »Nur Gott gibt einem Menschen das Leben«, sagte ein Verkäufer für Einlegesohlen, »nur Gott darf ein Leben nehmen.«

Aber die Karikaturengeschichte erhitzte die Gemüter im Teehaus. Mir wurde schnell klar, dass es meinen Gesprächspartnern dabei nicht um die Religion als solche ging. Die meisten bezeichneten sich als »säkular«, sie besuchten nur sporadisch eine Moschee, und gegen all die bärtigen Fundamentalisten hegten sie sogar eine heftige Abneigung. Dennoch waren offensichtlich die Normen und Traditionen des Islam Teil ihres Wesens. In ihrem mühseligen und teilweise chaotischen Leben war es dies, was sie noch aufrecht hielt, das Einzige, was ihnen trotz ihrer Armut Stolz und Würde verlieh. »Ohne Religion würde ich den Boden unter den Füßen verlieren, ich würde zerbrechen«, erklärte der Heftpflasterverkäufer.

In seinen Betrachtungen zum 11. September und den Folgen hat Orhan Pamuk ein ernüchterndes Bild von der Existenz dieser armen Muslime überall in der islamischen Welt entworfen. Sie wüssten, dass sie zu einem schweren, kurzen, meist bedeutungslosen Leben verurteilt sind. Gleichzeitig würden sie durch Filme und das Fernsehen ständig mit dem völlig anderen Leben von Amerikanern und Westeuropäern konfrontiert, in ihren Augen ein Luxusdasein. Und der chronische Geldmangel führe zu Verbitterung und Ratlosigkeit, die auch ihr Privatleben überschatten.

»Die westliche Welt hat kaum eine Vorstellung von diesem überwältigenden Gefühl der Demütigung, das die Mehrheit der Weltbevölkerung erfüllt«, schrieb Pamuk. »Mit diesem Gefühl müssen die Menschen fertigwerden, ohne den Verstand zu verlieren, ohne der Verführung durch Terroristen, nationalistische Extremisten oder Fundamentalisten zu erliegen.«

Ich sah den Buchhändler, den Sohlenmann, den Teebrüher, den Straßenfotografen, die Zigarettenjungen, all meine Gesprächspartner auf der Brücke in Istanbul täglich diesen inneren Kampf austragen. Für sie bedeuteten die Karikaturen des Propheten in erster Linie eine Verletzung ihres Selbstwertgefühls, einen Angriff auf das letzte Bollwerk gegen grenzenlose Demütigung. Wer so arm wie eine Kirchenmaus ist, für den ist »Ehre« oft die letzte Kostbarkeit.

Vierzehn Jahre später sah das Gebäude von *Jyllands-Posten* immer noch wie eine Festung aus. Und immer noch musste der inzwischen betagte Zeichner Kurt Westergaard um sein Leben fürchten. 2010 entging er einem Mordanschlag. »Blut! Rache!« war das Einzige, was der aus Somalia stammende Attentäter rief, als er ihn mit Messer und Axt in seinem Haus überfiel. Der Zeichner konnte sich in das zum Schutzraum umgebaute Badezimmer retten, der Angreifer wurde nach fünf Minuten von der Polizei überwältigt. »Wenn er freikommt, würde ich ihn gern treffen«, sagte Westergaard zu dem flämischen Philosophen, Musiker und Fernsehmoderator Jan Leyers. »Ich empfinde keine Wut mehr auf ihn, sondern nur noch Neugier. Ich möchte verstehen, was in seinem Kopf vorgeht. Ich bin zu alt, um zu hassen.«

4

Nach den großen Anschlägen in Madrid und London, offenbar unter der Schirmherrschaft von al-Qaida verübt, blieb es einige Jahre ziemlich ruhig. In anderen Teilen der Welt fielen jährlich Tausende von Menschen Terroranschlägen zum Opfer, doch Europa schien relativ sicher zu sein, auch dank der erfolgreichen Arbeit der diversen Nachrichtendienste: Einer Untersuchung der Universität Leiden zufolge wurden in Europa durchschnittlich neun von zehn Anschlägen verhindert. Terrorismus war außerdem kein Monopol von Dschihadisten. Am 22. Juli 2011 ermordete der rechtsextreme Norweger Anders Breivik allein insgesamt 77 Menschen. Nach einem Autobombenanschlag in Oslo beging er mit Schusswaffen ein Massaker unter Teilnehmern eines Zeltlagers der sozialdemokratischen Jugendorganisation auf der Insel Utøya. In einem ausführlichen »Manifest«, das international in rechtsextremistischen Kreisen kursierte, erläuterte er seine Motive: Europa müsse vor dem Islam und den politisch korrekten Politikern gerettet werden. Gewalt sei die einzige Lösung. »Wir haben dem Frieden eine Chance gegeben. Die Zeit für bewaffneten Widerstand ist gekommen.«

Breiviks Anschläge waren die ersten Massenmorde, die von einem Repräsentanten einer äußerst gewaltbereiten neurechten Bewegung verübt wurden. Wie Breivik waren auch spätere »alt-right killers« – unter anderem in Neuseeland, den Vereinigten Staaten und Schweden – vom Verschwörungsmythos des »Großen Austauschs« beeinflusst, der Vorstellung, die westliche Identität und Kultur sei durch Einwanderung bedroht und die weiße Bevölkerung werde allmählich durch farbige und besonders islamische Immigranten ersetzt. Dieser »Austausch« werde durch gewisse Gruppen wie die Juden und die progressive Elite gefördert, die auf diese Weise die Weltherrschaft erringen wollten. Auch in rechtspopulistischen Kreisen fanden solche Verschwörungstheorien seit 2011 immer mehr Anhänger.

Eine neue Phase erreichte der Terror seit 2015, wobei vermutlich der erneut aufgeflammte Bürgerkrieg in Syrien und zunehmende Verbitterung angesichts der harten Haltung der israelischen Regierung gegenüber den Palästinensern eine Rolle spielten. So wurden beispielsweise im Mai 2018 am 70. Jahrestag der Gründung des Staates Israel 60 Palästinenser bei Auseinandersetzungen mit dem israelischen Militär erschossen.

Der Terror kam nun jedoch auch aus Europa selbst. Am 7. Januar 2015 waren es zwei französische Dschihadisten, die in Paris einen entsetzlichen Mordanschlag auf die Redaktion der satirischen Wochenzeitschrift *Charlie Hebdo* verübten – auch in diesem Fall ging es nur um ein paar Karikaturen. Zwei Tage später ermordete ein Dschihadist vier Juden in einem koscheren Supermarkt.

Junge »Abenteurer« reisten nach Syrien, um sich der Terrororganisation IS oder einer ähnlichen Gruppe anzuschließen. Wer überlebte, kehrte als harter Dschihadist zurück. Das Internet erwies sich auch hier als perfekte Radikalisierungsmaschine. Häufig waren die Täter verwirrte Personen, die auf der Welle des internationalen Terrorismus mitschwammen und so einen Heldenstatus zu erlangen hofften. Viele Terroranschläge standen allerdings in eindeutigem Zusammenhang mit den neuen dschihadistischen Netzwerken: die Pariser Anschläge vom 13. November 2015 (130 Tote, 89 davon im Theater Bataclan); die Anschläge auf die Brüsseler U-Bahn und den Flughafen Brüssel-Zaventem am 22. März 2016 (32 Tote); der Anschlag mit einem Lastwagen, der am 14. Juli 2016 in Nizza in eine feiernde Menge gesteuert wurde (86 Tote; zehn Tage danach wurde einem alten Priester vor seinem Altar die Kehle durchgeschnitten); der Anschlag auf den Weihnachtsmarkt an der Berliner Gedächtniskirche, ebenfalls mit einem Lastwagen (12 Tote); der Anschlag eines Usbeken, der am 1. Januar 2017 im Istanbuler Nachtklub *Reine* um sich schoss (39 Tote); der mit einem Auto verübte Anschlag auf Fußgänger am 22. März 2017 auf der Westminster Bridge (4 Tote), wonach der Täter vor dem Westminsterpalast einen Polizeibeamten erstach; der Bombenanschlag auf die U-Bahn von Sankt Petersburg am 3. April 2017 (14 Tote); der Anschlag eines IS-Sympathisanten vier Tage später in Stockholm, wiederum mit einem Auto (5 Tote); der Bombenanschlag auf die Besucher eines Popkonzerts in Manchester am 22. Mai 2017 (22 Tote); der Anschlag am 3. Juni in London, begangen von drei Islamisten, die mit einem Lieferwagen Fußgänger auf der London Bridge überfuhren und anschließend in einem nahe gelegenen Marktviertel mit Messern um sich stachen (8 Tote); der Anschlag mit einem Lieferwagen auf den Ramblas in Barcelona am 17. August 2017 (13 Tote); der Anschlag auf einen Supermarkt in der französischen Stadt Trèbes am 23. März 2018, zum größten Teil vereitelt durch den Polizeibeamten Arnaud Beltrane, der dabei selbst ums Leben kam (4 Tote); ein mit einem Messer und einer Feuerwaffe verübter

Anschlag in Lüttich am 29. Mai 2018 (3 Tote) – und ich führe hier nicht die zahlreichen kleineren und missglückten Anschläge auf. Laut Europol kosteten Terroranschläge im Jahr 2016 insgesamt 142 Menschen das Leben, 2017 waren es 68.

Wie erwähnt, hatte es in früheren Jahrzehnten in Europa mindestens ebenso viele Terroropfer gegeben, dennoch war die Wirkung dieses weltweiten Terrorismus viel größer. Anschläge wie diese konnten ja jederzeit überall stattfinden, manchmal war die Zahl der Opfer erschreckend hoch, die Täter waren unbegreiflich und fremd, jeder konnte zum Ziel werden. In einigen Ländern wurde durch die starke Präsenz von Sicherheitskräften das Gefühl der Bedrohung noch verstärkt. In Brüssel galt monatelang die höchste Terrorwarnstufe, in Paris und anderen großen französischen Städten prägten schwer bewaffnete Soldaten das Straßenbild.

Auch wenn nach jedem Anschlag überraschend schnell wieder der Alltag einkehrte, herrschte auf dem Kontinent in diesen Jahren immer wieder eine Atmosphäre der Angst. Die Europäer fühlten sich nicht mehr sicher, und genau das war die Absicht hinter den Anschlägen. Auch die Anzahl antisemitischer Bedrohungen und Gewalttaten nahm überall zu, in Frankreich allein innerhalb eines Jahres, von 2017 bis 2018, um 74 Prozent. In Paris zogen Juden aus Außenbezirken, in denen viele Muslime wohnten, in andere Teile der Stadt, viele suchten die Nähe anderer Juden, um sich weniger bedroht zu fühlen. Es kam noch hinzu, dass die Anschläge im Namen einer Religion verübt wurden, die den meisten Europäern völlig fremd ist. Die Worte des ultrakonservativen britischen Politikers Enoch Powell, der 1968 in einer Brandrede gegen Immigration gesagt hatte, er sehe »den Tiberstrom vor Blut schäumen« (ein Zitat aus Vergils *Aeneis*), und hinzufügte: »Es ist, als würde eine Nation eifrig an ihrem eigenen Scheiterhaufen bauen«, wurden gern zitiert.

Führende Politiker populistischer Parteien machten sich diese Stimmung zunutze. In Deutschland forderte die Parteisprecherin der ultrarechten AfD, Frauke Petry, die Regierung auf, die »zunehmende Islamisierung« Deutschlands zu stoppen. Eine stellvertretende Fraktionsvorsitzende der AfD twitterte von »barbarischen, muslimischen, gruppenvergewaltigenden Männerhorden«. Geert Wilders wollte den Koran verbieten und forderte eine Kopftuchsteuer, die er als »Kopflumpentaxe« bezeichnete. In Frankreich wurde das Tragen von Kopftüchern in Schulen verboten, einige Städte verboten den sogenannten Burkini am Strand. Bei einer Volksabstimmung in der Schweiz sprach sich eine Mehrheit dafür aus, den Bau von Minaretten zu verbieten. In Ungarn wurde der Islam zu einem wichtigen Thema für Ministerpräsident Viktor Orbán. Er erklärte die »Flut« muslimischer Migranten zu einer unmittelbaren Gefahr für die Sicherheit des Landes und die Integrität der europäischen Kultur. (In Wirklichkeit betrug der Anteil dieser Migranten an der ungarischen Bevölkerung gerade einmal 0,15 Prozent.)

Diskriminierung funktioniert nicht ohne grobe Verallgemeinerungen. Ständig wird von »den« Muslimen gesprochen – als gäbe es im Islam nicht wie im Christentum auch zahlreiche Varianten von Gläubigen, laxe und strenge, milde und militante. Allein in Europa waren zu Beginn des 21. Jahrhunderts vier Strömungen erkennbar: die sich abschottenden, ultrakonservativen Salafisten, die pragmatischeren Anhänger des politischen Islam, besonders der Moslim Brotherhood, der sogenannte Euro-Islam, der Prinzipien des Islam mit den Werten der europäischen Aufklärung und der modernen europäischen Gesellschaften kombiniert, und schließlich der »säkulare« Islam, der in Deutschland unter anderem in Gestalt der »Initiative Säkularer Islam« auftritt, ein Zusammenschluss von Menschen muslimischer Herkunft, die aller Religion abgeschworen haben und eine rein »folkloristische« Beziehung zum Islam unterhalten.

Unkenntnis wurde zum fruchtbaren Nährboden für zahlreiche Missverständnisse und Ängste. Wie aus einer aufschlussreichen Umfrage des Marktforschungsunternehmens Ipsos im Jahr 2016 hervorgeht, glaubte zum Beispiel eine Mehrheit der Franzosen, der Anteil der Muslime an der Bevölkerung liege bei fast einem Drittel, 31 Prozent. In Wirklichkeit waren es 7,5 Prozent. Belgier, Deutsche, Niederländer und Italiener schätzten den Anteil auf 20 Prozent, ein Fünftel, dabei waren es in den drei zuerst genannten Ländern fünf bis sechs und in Italien 3,7 Prozent. Briten und Dänen nahmen einen Anteil von einem Sechstel der Bevölkerung an, 15 Prozent, während der tatsächliche Anteil zwischen vier und fünf Prozent schwankte. In ganz Europa lebten ungefähr 26 Millionen Muslime, etwa fünf Prozent der Gesamtbevölkerung.

Auch bei dieser verzerrten Wahrnehmung spielte gewiss Demagogie eine Rolle, außerdem aber die wachsende Sichtbarkeit von Muslimen. Neue und größere Moscheen wurden gebaut, man sah immer mehr Muslimas mit Kopftüchern, der Moscheebesuch nahm in der jüngeren Generation stark zu. In manchen Großstädten wurde »Mohammed« in verschiedenen Schreibweisen zum beliebtesten Namen für Jungen. In muslimischen Kreisen selbst sprach man vom »islamischen Erwachen«, der Entwicklung eines religiösen und politischen Bewusstseins unter Muslimen in aller Welt, die bereits in den 1970er Jahren begonnen hatte.

Es ging nicht nur um den Konflikt zwischen den Werten des Westens und des Islam, wie oft behauptet wurde, sondern ebenso und damit vermischt um den Konflikt zwischen Säkularität und Religion, zwischen Nichtglauben und Glauben. Schließlich hatten Religionen in allen Epochen und allen Gesellschaften eine wichtige Funktion erfüllt. Sie boten Orientierung und Werte, sie erzwangen bestimmte Formen von Gemeinsinn und Mitmenschlichkeit. Zwar wurden ihre Gesetze und Gebote immer wieder missachtet, aber dennoch galten sie.

In weiten Teilen des modernen Europa hatte das Christentum diese Funktion längst verloren. Nach einer Erhebung des Pew Research Center in fünfzehn europäischen Ländern war Westeuropa im letzten Jahrzehnt des 20. Jahrhunderts zu einer der säkularsten Regionen der Welt geworden; in den ersten Jahren des 21. Jahrhunderts ging nur noch jeder fünfte Europäer regelmäßig zur Kirche. Diese Entwicklung hatte die europäische Kultur tiefgreifend verändert. Wie der Amsterdamer Literaturkritiker Kees Fens es ausdrückte: »Der westlichen Kultur ist ihre zweitausend Jahre alte Ausrichtung abhandengekommen, eine Ausrichtung, die bindend wirkte.«

Es war der Zerfall der europäischen christlichen Tradition, der durch die Migranten und die »Islamisierung« verursacht wurde – so sahen es viele Europäer. Dabei war dieser Prozess schon viel länger im Gange, in den Niederlanden seit den 1950er Jahren, und kein Muslim hatte damit das Geringste zu tun.

Größe

2004

I

Ein guter Bekannter von mir, wir singen zusammen in einem Jubelchor, besitzt eine Möbelfabrik in Bosnien. Seine Geschäfte laufen gut, eine neue Produktionshalle wird eröffnet, und er lädt uns alle zusammen nach Bosnien ein, zum Singen!

Wir gehen auf einem Karrenweg zwischen blühenden Hecken bergauf, das Land ist grün und hügelig. Die alte Ordnung ist wieder eingekehrt. Wir sehen alte Männer, die rauchend auf den Veranden sitzen, neugierige Hausfrauen, halb fertiggestellte Häuser voller Träume und neuer Pläne, liebevoll gepflegte Gemüsegärten für alle Jahreszeiten, die kommen und gehen. Es ist Sommer, der Krieg ist schon seit Jahren vorbei. Die Schulkinder von damals arbeiten nun in der Fabrik an computergesteuerten Maschinen, die jungen Frauen verwandeln sich beim Volksfest am Abend in atemberaubende Tänzerinnen. Aber: Hier arbeiten ausschließlich bosnische Muslime, obwohl die Republika Srpska, der serbische Teil von Bosnien und Herzegowina, nur fünf Kilometer entfernt ist. »Die bewerben sich hier gar nicht erst«, sagt unser Bekannter. Die regionale Politik ist weitgehend von der Wirtschaft übernommen worden, höre ich. Die Zeit der nationalistischen und ideologischen Scharfmacherei ist vorbei, eine gehörige Dosis Nepotismus und Korruption gehören zum Geschäftsleben. »Ich sag mal so: Man wird uns nie einen Strafzettel wegen überhöhter Geschwindigkeit verpassen. Wir schaffen schließlich Arbeitsplätze, uns macht man keine Schwierigkeiten.«

Auf der Hinfahrt haben wir überall die ganz normale Armut gesehen: einen verlegenen Mann, der eine Handvoll Bücher zu verkaufen versuchte, Taxifahrer, die ihre Wagen schiebend fortbewegten, um Treibstoff zu sparen, einen Greis, der in einem Abfallbehälter wühlte. Die Arbeitslosigkeit beträgt 35 Prozent, die Jugendarbeitslosigkeit 55 Prozent.

Aber heute wird gefeiert. In der großen Holzlagerhalle der Fabrik stehen Tische, es gibt Bier und Wein, Würste und Koteletts, Ansprachen werden gehalten: »Ein Beispiel europäischer Integration«, »Nun mehr als fünfzig Menschen in Lohn und Brot«, »Wir hoffen auf eine noch bessere Zukunft mit noch mehr Maschinen und noch mehr Erweiterungen«. Maschinen, Erweiterungen, Europa, Zukunft, der Redner, der im Namen der Angestellten spricht, wiederholt diese Stichworte immer wieder, sie setzen sich in den Köpfen fest.

In einem Marmeladenglas in einer Ecke werden die Projektile gesammelt, die man beim Sägen im Holz findet.

Bosnien und Herzegowina klopfen immer noch an Europas Tür. Die Föderative Republik Jugoslawien, der Bosnien und Herzegowina zusammen mit Kroatien, Slowenien, Vojvodina, Kosovo, Mazedonien, Serbien und Montenegro angehörten, stand einmal weit vorne in der Schlange der Länder, die der Europäischen Union beitreten wollten. Doch dann zerstörte das Land sich selbst mit Bürgerkriegen zwischen verschiedenen Volksgruppen, mit ethnischen Säuberungen und Raubzügen, und Bosnien litt dabei am schlimmsten.

Im Dezember 1999 verließ ich Sarajevo in einem schlitternden Taxi, ein Schneesturm lähmte die Stadt schon seit Tagen. Ich hatte in einem kleinen Hotel in der Nähe des osmanischen Viertels gewohnt; bis auf ein paar niederländische und deutsche Geschäftsleute gab es kaum Gäste. Während des Bosnienkriegs war die Stadt vier Jahre lang belagert und beschossen worden, dabei waren 12 000 Menschen ums Leben gekommen, Sarajevo begann gerade erst, sich zu erholen. Beim Frühstück starrten wir alle gebannt auf den Fernseher, in dem *Teletubbies* lief, eine Kleinkindersendung um babypuppenähnliche Figuren in einer paradiesischen, immer sonnigen und grünen Landschaft. Es war das Einzige, was das bosnische Fernsehen damals zu bieten hatte. Nach so viel überwältigender Friedlichkeit waren wir dem Tag gewachsen.

Sarajevo war leer und schwer verwundet. Überall liefen harte Männer in Trainingshosen herum, dem Standardbeinkleid des Balkans in jenen Übergangsjahren. Eine Legion westlicher Helfer hatte sich Sarajevos und des übrigen Bosnien angenommen, in unbezahlbaren Land Cruisern fuhren sie von einer Besprechung zur nächsten. Die wenigen noch geöffneten Lokale waren gedrängt voll. Im berühmten Café *To Be Or Not to Be* brachte mich Hrvoje Batinić, ein Journalistenkollege und Kenner der Stadt, auf den neuesten

Stand. Er hatte aus seinem unausrottbaren Pessimismus einen Lebensstil gemacht. »Wenn dann etwas Gutes passiert, freue ich mich immer.« Aber was er von all den wichtigtuerischen westeuropäischen Helfern und Weltverbesserern halten sollte, wusste er nicht so recht. »Sag mal, Geert, sei ehrlich: Was für Typen schickt ihr uns da eigentlich auf den Hals? Die Spitze ist meistens prima, aber ansonsten? Drittklassige Leute, Abenteurer. Für die sind wir eine Art Aborigines, denen sie erklären müssen, was ein WC ist.«

Heute, fast zwanzig Jahre später, parken die Luxuswagen sogar auf den Gehwegen. Mein Hotel von damals ist gründlich um- und ausgebaut worden, gleich um die Ecke stehen vier weitere, dahinter liegt ein Meer von weißen Gräbern. Für Touristen gibt es eine Franz-Ferdinand-Tour, komplett mit Oldtimern, man kann das historische Attentat täglich neu erleben. Die Innenstadt ist eine einzige Caféterrasse, ein Mädchen läuft hinter einem großen rosafarbenen Ballon her, eine alte Frau verkauft kleine Distelsträuße, ein Kriegsinvalide bettelt mit seinem Beinstumpf als Aushängeschild, es wird flaniert und musiziert, die Eissalons sind voll, alles darin ist rosa und hellblau.

Am Abend wird in den Restaurants gefeiert, die Prüfungen sind vorbei, frisch examinierte junge Frauen mit hochgesteckten Haaren vollführen Rundtänze. Außerdem findet gerade die Fußballweltmeisterschaft statt, heute Abend das Viertelfinale Kroatien gegen Russland. In sämtlichen Cafés hängen große Bildschirme, alle feuern die Kroaten an. Sicher, da war der Krieg, trotzdem bleiben sie Verwandte. »Jugoslawien wird immer ein Teil unseres Lebens sein«, sagt ein bosnischer Bekannter. »Unsere Erinnerungen sind voll von Ferien in Kroatien, vom Geruch der Wälder Sloweniens, von Ausflügen nach Belgrad.«

Sarajevo war von jeher ein Knotenpunkt von Kulturen und Religionen, und das ist es noch. Der Islam – die weitaus meisten Einwohner sind Muslime – ist hier modern und liberal. Bei den schwarz verhüllten Frauen, denen man überall auf den Straßen begegnet, handelt es sich ausnahmslos um Touristinnen aus den Golfstaaten. Für sie ist Bosnien attraktiv, das Land ist grün, billig, europäisch und doch islamisch. Mein tatkräftiger Verleger veranstaltet hier Literaturfestivals, die jedes Jahr etwas Besonderes zu bieten haben: Austausch mit Festivals in Berlin oder Teheran, Sonderangebote von Verlagen aus Amsterdam, Sarajevo und Riad, Diskussionen zwischen Autoren aus New York, Budapest und Paris. Ich komme gern hierhin.

Und doch bemerkt man, wenn man etwas länger bleibt, einen dichten Nebel der Mutlosigkeit über dieser Stadt. »Veränderungen?«, seufzt einer der Sprecher. »Mein Haar ist grau geworden, während ich hier auf Veränderungen gewartet habe.« Eine Diskussionsteilnehmerin erwähnt fast beiläufig, dass auf den Tag genau vor einem Vierteljahrhundert ihr Vater hier von einem Sniper erschossen wurde. Eine junge Frau im Publikum: »Während des Krieges waren wir nur mit Überleben beschäftigt. Erst jetzt kommen die Alpträume, wieder und wieder.« Unser Bekannter: »Wir haben mit allen gespielt. Wir Moslemkinder bekamen zu Ostern jedes Jahr Ostereier von einer Nachbarin ein paar Häuser weiter. Heute arbeiten bei uns junge Frauen, die sagen, dass sie noch nie mit einem Serben gesprochen haben.«

Nach dem Friedenskompromiss, dem im Dezember 1995 unterzeichneten Dayton-Vertrag, bestand das Land Bosnien und Herzegowina aus zwei Teilgebieten mit eigenen Regierungen, der Republika Srpska und der Föderation Bosnien und Herzegowina; fünf Jahre später kam noch ein drittes hinzu, der kleine Distrikt Brčko als Sonderverwaltungsgebiet. Deshalb sind nun jeweils drei Minister für Bildung, Gesundheit, Infrastruktur und so weiter zuständig. In vieler Hinsicht dauert der Krieg noch fort, wenn auch nur auf administrativer Ebene: Jedes Vorhaben der einen Regierung wird von den anderen nach allen Regeln der Kunst blockiert.

Das Wasserleitungssystem stammt noch aus der Epoche der Habsburgermonarchie, es gibt ständig Probleme, aber niemand fühlt sich verantwortlich. Jede Bevölkerungsgruppe hat ihre eigenen Schulen, die Kinder werden von frühester Jugend an mit ethnischen und nationalen Mythen vollgepumpt. Saudi-Arabien und die Türkei haben die Föderation mit neuen Moscheen übersät, in jedem Dorf und jedem Viertel steht nun eine, ein Standardmodell, eine Art Ikea-Moschee. Zahllose jüngere Menschen, gerade hoch qualifizierte, wandern ab. Kroatien und Deutschland werben überall, sogar in kleineren Städten steigen Woche für Woche Dutzende Emigranten in die Busse. Gleichzeitig wimmelt es von Politikern, deren Wohlstand unmöglich mit ihrer offiziellen Position und ihren offiziellen Bezügen zu erklären ist. Überall in den früher hart umkämpften Hügeln rings um Sarajevo stehen ihre Villen.

Die Republika Srpska strebte – zumindest bis vor Kurzem – nach völliger Unabhängigkeit. Ihr Ministerpräsident hat sich in Montenegro eingehend darüber informiert, wie es dem Land gelungen ist, sich 2006 aus der Staatengemeinschaft Serbien und Montenegro zu lösen. Der Präsident des bosnischen Teilgebiets ist ein begeisterter Anhänger Wladimir Putins, meine Gesprächspartner bezeichnen ihn als »muslimische Variante von Viktor Orbán«. An sämtlichen Bücherständen beim Denkmal für die im Bosnienkrieg ums Leben gekommenen Kinder liegt zwischen Büchern von Umberto Eco, Orhan Pamuk oder Elena Ferrante auch die neueste Ausgabe von Hitlers *Mein Kampf*.

Die gesamtstaatliche Regierung steht formal weiterhin unter der Aufsicht der Vereinten Nationen, der EU und der Vereinigten Staaten. Das letzte Wort hat grundsätzlich eine Art Kolonialgouverneur, der Hohe Repräsentant für Bosnien und Herzegowina, zur Zeit ein Österreicher, mit weitgehenden Befugnissen, unter anderem dem Recht, Gesetze zu erlassen und demokratische Institutionen zu überstimmen. In einem riesigen Gebäude hat die bosnische Filiale der Organisation für Wirtschaftliche Zusammenarbeit und Entwicklung (OECD), der internationalen Organisation zur Förderung von Marktwirtschaft, Stabilität und Frieden, ihren Sitz; hier arbeiten etwa 300 Menschen. Ebenso groß ist das Gebäude der amerikanischen Vertretung mit etwa 500 Mitarbeitern, und das für ein Land mit nicht einmal vier Millionen Einwohnern. Nicht von ungefähr sind die OECD, die EU und die Vereinigten Staaten hier so präsent. Dieser Teil Europas ist weiterhin außerordentlich instabil, neue Gewaltausbrüche drohen.

Beim Frühstück treffe ich Dubravka Ugrešić, eine kroatische Schriftstellerin, die seit vielen Jahren im Exil lebt. Für dieses Festival ist sie noch einmal kurz ins ehemalige Jugoslawien zurückgekehrt. Sie strahlt so etwas wie grimmige Resignation aus. »Zwanzig Jahre nach dem Bosnienkrieg kommt einem das alte Jugoslawien wie ein Traumland vor, wie eine Utopie«, sagt sie. »Es gab Wohlstand, ein funktionierendes Bildungs- und Gesundheitswesen, alles wunderbar.« Sie betont, dass Jugoslawien genau wie die Tschechoslowakei ohne Weiteres friedlich hätte geteilt werden können. Serbien, Bosnien, Kroatien, all die nationalen Entitäten seien gar nicht so stark miteinander verbunden gewesen. Weshalb also dennoch die Kriege? »Ganz einfach: Man sprach immer von ethnischen Säuberungen, in Wirklichkeit war es ein einziger großer Raubzug. Wer fortgehen musste, ließ ja auch sein Haus und fast alles Hab und Gut zurück. Außerdem war in den vielen Kollektiven nur sehr wenig als Privateigentum definiert. Als sich diese Struktur auflöste, entstanden auf einmal schwere Konflikte um Eigentumsrechte: Was gehörte wem? Achten Sie mal drauf: Überall hier stößt man auf Figuren, die in jenen Jahren unerklärlich reich geworden sind.«

Die Nationalisten haben das Traumland gründlich zerstört, und um das erklären und akzeptieren zu können, wird nun überall die Geschichte zensiert und radikal umgeschrieben. In Kroatien zum Beispiel wird wieder die faschistische Unabhängigkeitsbewegung der 1930er und 1940er Jahre, die Ustascha, glorifiziert. Dubravka Ugrešić berichtet von zahlreichen Hakenkreuzschmierereien und anderen Nazisymbolen, die man nun wieder sieht. »Diese Dinge werden ständig als Einzelfälle abgetan, aber wenn etwas Tag für Tag passiert, sind es keine Einzelfälle mehr.« Verbrechen, die in den Jugoslawienkriegen begangen wurden, werden von Kroatien so gut wie nie verfolgt – kein anderes europäisches Land ist auf diesem Gebiet derart unkooperativ. Ugrešić: »Wenn jemand stiehlt, kommt er vor Gericht. Eine Räuberbande landet hinter Gittern. Aber wenn zwei Millionen Menschen stehlen und rauben, geschieht nichts. So war das.«

Einige Tage später verbringe ich einen Abend bei alten Freunden im serbischen Novi Sad. Auch diese Stadt wurde wieder hergerichtet, die bombardierten Brücken wurden ersetzt oder repariert, alles Schlimme scheint vergessen, alles Unebene geglättet, trotzdem hört man die gleichen Geschichten wie in Bosnien. Außerdem gewinnt die herrschende Partei in Serbien auf fast allen Gebieten die Kontrolle über die Gesellschaft zurück. Ich spreche einen Vormittag lang mit meinem alten Kumpel Želimir Žilnik. »Unter Tito war es längst nicht so schlimm«, meint er. Žilnik war schon 1969 aus der Kommunistischen Partei ausgeschlossen worden, hatte danach aber trotzdem fürs Fernsehen so viele Filme drehen dürfen, wie er wollte, mindestens 20 Dokumentarfilme. »Davon kann man heute nur noch träumen. Einen Auftrag oder eine Stelle, ob als Liftboy oder als Leiter einer Schule oder eines Theaters, bekommt man nur noch, wenn man Mitglied der Partei wird. So einfach ist das heute, und alle wissen es.« Putin ist inzwischen Ehrenbürger der Stadt.

Wie in Sarajevo ist auch in Novi Sad oft schwer zu erkennen, wovon die Menschen eigentlich leben. Im Prinzip hat fast niemand Geld, dennoch sind die Cafés voll. Vieles ist Schein, Arbeitsplätze sind rar. Fürs Überleben ist man auf Verwandte angewiesen. In all den Geschichten, die ich höre, spielt die Familie eine entscheidende Rolle. Einer meiner alten Freunde rechnet es mir vor: Jahrelang hat er zusammen mit seiner Mutter von deren Rente – 170 Euro im Monat – und seiner eigenen Kriegsrente von 80 Euro gelebt. Als seine Mutter starb, musste er mit diesen 80 Euro auskommen. Wenigstens konnte er weiterhin in seinem Elternhaus wohnen. Hin und wieder hat er einen miesen Job als Sicherheitsmann – ein Euro pro Stunde, zehn Euro pro Tag.

Das Preisniveau dagegen unterscheidet sich gar nicht so sehr vom westeuropäischen, allein für Nahrungsmittel gibt man leicht 75 Euro pro Woche aus. Unser Freund muss mit 20 auskommen. »Wenn man alt ist und man hat kein Geld und keine Kinder, dann geht man zur Donau. Und springt. Das ist die beste Lösung.«

Immer wieder musste ich an das so schlichte wie beeindruckende War Childhood Museum in Sarajevo denken. Der Gründer hatte alle jungen Erwachsenen, die als Kind die Belagerung der Stadt oder andere Ereignisse des Bosnienkriegs erlebt hatten, dazu aufgerufen, Gegenstände zur Verfügung zu stellen, die in jener schweren Zeit für sie wichtig gewesen waren. Er erhielt Hunderte von Objekten mit den dazugehörigen Berichten. Ich sah ein selbst gebautes Tischfußballspiel, Zeichnungen auf Toilettenpapier, aus Alttextilien zusammengestoppelte Kindersachen, Fotos, ein fleckiges Tagebuch, Geschichten von der ersten Liebe – auch in dieser Hinsicht ging das Leben weiter. Was mir aber vor allem im Gedächtnis blieb, war eine kleine Roboterfigur aus blauem und goldfarbenem Kunststoff, das Lieblingsstück eines Jungen, der manchmal Wasser oder Holz holen musste, während ringsum Granaten einschlugen. »Roboter müssten das für die Menschen tun können«, dachte er dann träumerisch, »wie viele Leben würde das retten.«

»Wir waren eben an der Reihe«, sagte eine junge Frau in Sarajevo. »Wir haben ganz einfach das erlebt, was auch frühere Generationen durchstehen mussten.« Trotzdem würde sie ihren Eltern und Großeltern irgendwann gern ein paar Fragen stellen. Denn was für ein blühendes und vielversprechendes Land war doch die jugoslawische Föderation an der Schwelle zu den 1990er Jahren, und wie ist es heute um Staaten wie Bosnien und Herzegowina oder Serbien bestellt, nach dem nationalistischen Flächenbrand? Heute ist Europa für viele Bosnier und Serben so etwas Ähnliches wie der kleine Roboter, eine magische Maschine, die sie auf einen Schlag von allen Sorgen befreien sollte. Doch beide Länder konnten bei der großen EU-Erweiterung von 2004 und auch bei der folgenden unmöglich mit aufgenommen werden, dafür waren sie längst nicht bereit. Und wie es nun weitergehen soll, weiß niemand.

2

Im Berlaymont-Gebäude in Brüssel, dem Sitz der Europäischen Kommission, ist der Italiener Claudio Di Marzio für all das verantwortlich, was im Wind flattert und tanzt. Schon seit 1982 waltet er gewissenhaft dieses Amtes. Das Fahnenlager für die Mitgliedsstaaten der Union liegt auf der dritten Etage, in einem Nebenraum werden die Flaggen regelmäßig gebügelt, im Keller – bei 30 Grad – gewaschen.

Es war Di Marzios Aufgabe, dafür zu sorgen, dass an jenem historischen 1. Mai 2004 zehn tadellose neue Flaggen zusammen mit den anderen 15 flattern konnten: die von Polen, Estland, Lettland, Litauen, Tschechien, der Slowakei, Ungarn, Slowenien, Malta und Zypern.

Die Erweiterung schien ein Triumph zu sein, in Wirklichkeit war es wieder einmal eine riskante Operation. Seit der Besetzung eines Teils der Insel Zypern durch die Türkei im Jahr 1974 ist die Zypernfrage ungelöst, und schon aus diesem Grund hätte die Republik Zypern eigentlich nicht Mitglied der EU werden dürfen. Nur weil Griechenland die EU erfolgreich erpresste – es drohte, sein Veto gegen den Beitritt der anderen neun Staaten einzulegen –, kam es doch dazu.

Das vom Tourismus abhängige Malta, gesellschaftlich tief gespalten und mit einem gewaltigen Korruptionsproblem, missbrauchte schon bald die EU-Mitgliedschaft, indem es maltesische Pässe an reiche Russen und Saudis verkaufte. Eine solche Eintrittskarte zur Europäischen Union kostete 900 000 Euro, und der Handel brachte Malta und maltesischen Politikern Hunderte Millionen ein. Im Jahr 2007 wurde die wichtigste investigative Journalistin des Inselstaates, Daphne Caruana Galizia, kaltblütig ermordet, weil sie Mafiakontakte von Politikern und Geschäftsleuten im Zusammenhang mit diesen »goldenen Visa« und dazu vielerlei kriminelle Machenschaften aufgedeckt hatte. Der letzte Eintrag in ihrem Blog lautete: »Wohin man auch schaut, überall sind Ganoven.«

Die Entscheidung, die meisten der ehemaligen kommunistischen Länder auf einen Schlag aufzunehmen, war bereits 1993 gefallen, aber von Anfang an umstritten. Man musste zwischen »Vertiefung« und »Erweiterung« wählen, und das war ein echtes Dilemma. Denn alle Anstrengungen, die EU zu demokratisieren und handlungsfähiger zu machen, würden bei einer Erweiterung zurückstehen müssen, obwohl nicht wenige sie für vorrangig hielten. Zu Recht wurde die Frage gestellt, ob die Struktur der EU denn stabil genug sei, um so viele neue Mitglieder aufzunehmen. Unter anderem wegen seiner Zweifel in dieser Hinsicht wollte der französische Präsident Mitterrand den mittel- und osteuropäischen Beitrittswilligen zunächst einen Assoziierungsvertrag und keine vollwertige Mitgliedschaft anbieten. Erst einmal sollten die 15 westlichen EU-Länder das gemeinsame Haus in Ordnung bringen.

Für andere Mitglieder, besonders Deutschland und Großbritannien, hatte die Erweiterung dagegen höchste Priorität. Der Zusammenbruch eines Imperiums kann großes Chaos und eine Flut von Gewalt auslösen, und das galt auch für den Zerfall des Sowjetreiches. Die Aussicht auf einen raschen, geordneten Beitritt konnte eine Wiederholung verhängnisvoller historischer Entwicklungen verhindern – und hat das tatsächlich auch getan. Vor allem das mitten in Europa liegende Deutschland hatte großes Interesse an einer übergreifenden europäischen Ordnung. Überdies spielte Geopolitisches eine Rolle: Die mittel- und osteuropäischen Länder durften nicht zum Spielball anderer Großmächte wie des aufsteigenden China oder später vielleicht wieder Russlands werden.

Hinzu kam noch ein erheblicher moralischer Druck. Konnte der Westen beispielsweise zu den Polen, die während der Kriege des 20. Jahrhunderts so sehr gelitten und sich für Europa aufgeopfert hatten, einfach »Nein« sagen? Oder zu den Tschechen und Slowaken, denen 1938 der »Verrat« von München so viel Unglück gebracht hatte? Musste man nicht irgendwie solidarisch mit all den Europäern sein, die so lange ein bescheidenes und schwieriges Dasein hinter dem Eisernen Vorhang gefristet hatten?

Die Jugoslawienkriege brachten die Entscheidung: Dergleichen durfte sich um keinen Preis anderswo ereignen. Immerhin wurde der Beitritt mit strengen Auflagen hinsichtlich Rechtsstaatlichkeit, Demokratie, Menschenrechten, Marktwirtschaft und Transparenz in Politik und Verwaltung verknüpft. Wie noch öfter in dieser Geschichte nahm man es damit allerdings nicht allzu genau, so im Fall von Zypern und Malta und zwei Jahre später

DIE ERWEITERUNGEN DER EU

FINNLAND
Helsinki
SCHWEDEN
Stockholm
Tallinn
ESTLAND
Moskau
LETTLAND
Riga
RUSSLAND
Ostsee
LITAUEN
Kopenhagen
Vilnius
Minsk
WEISSRUSSLAND
POLEN
Warschau
Berlin
Kiew
UKRAINE
Prag
TSCHECHISCHE REPUBLIK
SLOWAKEI
REP. MOLDAU
Chișinău
Bratislava
Wien
Budapest
UNGARN
ÖSTERREICH
RUMÄNIEN
Ljubljana
SLOWENIEN
Zagreb
Schwarzes Meer
Bukarest
KROATIEN
Belgrad
BOSNIEN-HERZEGOWINA
SERBIEN
Sarajevo
BULGARIEN
SAN MARINO
MONTE-NEGRO
Sofia
Adria
Podgorica
Skopje
Ankara
Rom
MAZE-DONIEN
Tirana
ALBANIEN
TÜRKEI
Ägäis
GRIECHENLAND
Athen
Lefkosia
ZYPERN
Valletta
MALTA
Mittelmeer
0 100 200 300 km

bei Rumänien und Bulgarien. In diese beiden Länder konnte ohne Schmiergeldzahlungen kein einziges Auto exportiert werden, trotzdem wurden sie 2007 unter großem Jubel in die Gemeinschaft aufgenommen. Das Triumphgefühl war immer noch übermächtig.

In den neuen Mitgliedsstaaten waren die Erwartungen groß. Wie in den 1950er und 1960er Jahren im Westen alles, was irgendwie modern sein sollte, nach Europa benannt wurde – Europaplätze, Europaboulevards –, so gab es um die Jahrtausendwende in den ehemaligen Ostblockländern plötzlich überall Europabars, Europaklubs und Europarestaurants. Im ungarischen Dorf Vásárosbéc, das ich damals regelmäßig besuchte, träumten sich die Menschen reich. Ein Dutzend Niederländer hatte dort etwa ebenso viele Häuser gekauft, angelockt von den niedrigen Preisen in diesem Teil Europas. Die alten Gebäude waren allesamt in komfortable Ferienhäuser inklusive Pool verwandelt worden. Einige waren nur wenige Wochen im Jahr bewohnt, die neuen Eigentümer konnten auf Ungarisch nicht einmal Danke schön sagen, aber das störte niemanden. Auch so konnte man also leben!

Die Warnungen meines Gastgebers – Hausschlachtungen oder das Rauchen in der Kneipe würden nach dem Beitritt zur EU verboten werden – wurden weggelacht, das könne ja gar nicht sein, das sei Unsinn.

In Budapest unternahm die Stadtverwaltung in jener Zeit die größten Anstrengungen, die Anforderungen der EU rechtzeitig und in jeder Hinsicht zu erfüllen. Gábor Demszky, damals Bürgermeister, erzählte mir später von den Tausenden von Regeln, die angepasst werden mussten. Seine Mitarbeiter und er schafften das. 2004 war die Hauptstadt Ungarns bereit für die EU, der Rest des Landes allerdings nicht. Demszky: »Dieser 1. Mai war der schönste Tag meines Lebens. Endlich würden wir Mitglied einer Gemeinschaft werden, die politisch, kulturell und wirtschaftlich weiter entwickelt war. Diese Stimmung herrschte überall, dieses Gefühl, dass wir nun zum Westen gehörten. Es gab zwar auch Ängste vor einem Verlust von Autonomie, es gab nationalistische Tendenzen, aber keine öffentliche Kritik am Beitritt. Nur die Faschisten waren grundsätzlich dagegen.«

In einem Warschauer Bierkeller saß ich 1999 mit dem Historiker Jarosław Krawczyk zusammen, dem Chefredakteur der Zeitschrift *Mówią Wieki* (Jahrhunderte sprechen). Draußen schneite es in dicken Flocken, und wir verfielen in angenehmen Trübsinn. »Erweiterung Europas«, brummte er, »aber wir *sind* Europa, genau wie die Tschechen, die Ungarn und die Rumänen … Ihr im Westen vergesst immer, was wir euch zu bieten haben. Das Kämpferische der Polen, die Bedachtsamkeit der Tschechen, die Standhaftigkeit der ungarischen Dissidenten … Mut, Prinzipien, Lebenserfahrung – ist das nicht etwas, woran bei euch ziemlicher Mangel herrscht?«

Wir sprachen über die vielen Unterschiede zwischen den ehemals kommunistischen Ländern. Nach Krawczyks Ansicht war das etwas, das der Westen bei dieser großen Erweiterung völlig übersah. Allein schon der Begriff »Ostblock«. Das sei so ein typisch westlicher Begriff, meinte er, in Wirklichkeit habe von einem Block keine Rede sein können. »Der tschechische Botschafter hat mal zu mir gesagt: ›Wir hatten es immer nur mit Dummköpfen zu tun, aber ihr in Polen wurdet von sehr intelligenten Kommunisten regiert.‹ Die Tschechen und Ostdeutschen waren eingesperrt, aber als ich zwanzig war, konnte ich einfach per Anhalter nach Italien fahren. Das war allerdings ein Schock. Unsere Realität war so grau.« Trotzdem war er 2004 unbeschreiblich froh, erzählte er mir später. »Ich habe wirklich geglaubt, dass Europa vereinigt werden müsste, mit *einer* Armee, *einer* Wirtschaft, *einer* gemeinsamen Politik.«

Der 1. Mai 2004 wurde in Polen ganz groß gefeiert. In der Grenzstadt Słubice östlich von Frankfurt an der Oder hörte der deutsche Historiker Philipp Ther die ganze Nacht die Böller und Sektkorken knallen. Auf der deutschen Seite blieb es dagegen auffallend still. Bei aller zur Schau gestellten Freude machte man sich im Westen durchaus Sorgen. Konnte das gutgehen? Bis 2004 waren die 15 Mitgliedsstaaten, von wenigen Ausnahmen abgesehen, noch halbwegs gleichwertig gewesen, damit war es nun vorbei.

Die Unterschiede innerhalb der erweiterten Union waren riesig, sowohl im Hinblick auf den Grad der Demokratisierung als auch wirtschaftlich. Der bayerische Ministerpräsident Edmund Stoiber hatte einmal in einer Rede darauf hingewiesen, wie lächerlich wenig Fachkräfte im ehemaligen Ostblock verdienten: in Polen 5,50 DM pro Stunde, in Bulgarien 1,40 DM gegenüber durchschnittlich 48 DM in Deutschland. Allein dieses Gefälle konnte unabsehbare Folgen haben.

Um einen massenhaften Zustrom osteuropäischer »Gastarbeiter« zu verhindern, erlaubte die EU den alten Mitgliedsstaaten, den Zugang zum

Arbeitsmarkt während der ersten sieben Jahre zu beschränken. Nur Schweden, Großbritannien und Irland, Länder mit hohem Bedarf an Fachkräften, öffneten ihre Grenzen für Arbeitsmigranten gleich ohne Einschränkung. Es wirkte wie eine Einladung. Die britische Regierung hatte mit jährlich etwa 15 000 Migranten aus den neuen Mitgliedsstaaten gerechnet, tatsächlich wurden in den ersten zwei Jahren 427 000 registriert. Innerhalb eines Jahrzehnts verzehnfachte sich die Anzahl der Polen in Großbritannien. Mit über 900 000 Personen bildeten sie die größte ausländische Bevölkerungsgruppe.

In Deutschland blieb die Arbeitsmigration aus Osteuropa weniger sichtbar und weniger offiziell. Philipp Ther berichtete von überfüllten Regionalzügen im westlichen Polen, in denen die meisten Fahrgäste Frauen mittleren Alters waren. »Wenn man mit ihnen ins Gespräch kam, erzählten sie von ihrer Arbeit als Haushaltshilfe, Putzhilfe, Kranken- oder Altenpflegerin.« Oft wohnten sie an ihrem Arbeitsort zu zweit oder dritt in einer Einzimmerwohnung, um möglichst viel Geld nach Hause schicken zu können. Doch die befürchtete Massenmigration von Ost nach West blieb aus, die meisten kehrten auch wieder zurück. »Die offene Tür«, so ein Experte, »erwies sich als Drehtür.«

3

Das scheinbar unbegrenzte Wachstum der EU bereitete allerdings nach 2004 immer mehr Europäern Sorgen. Der deutsche Außenminister Joschka Fischer meinte, mit dem Eisernen Vorhang sei die »Rückwand« des europäischen Hauses verschwunden, und es gab Lücken, aus denen nun alles Mögliche zum Vorschein kommen konnte. »Bisher unbekannte Nationen erwachen und wollen ein Land für sich selbst«, schrieb Václav Havel. »Unglaubliche Figuren von Gott weiß woher gewinnen Wahlen.«

Wie groß sollte die EU noch werden? Diese Frage wurde immer häufiger gestellt. Die Türkei, die 2004 sämtliche Kriterien für die Aufnahme von Beitrittsverhandlungen erfüllte, musste im Wartezimmer bleiben. Die großen europäischen Länder, besonders Frankreich und Großbritannien, befürworteten wegen der militärischen und strategischen Bedeutung der Türkei als Brücke zwischen Europa und dem Nahen Osten weitere Verhandlungen. Kleinere Länder wie die Niederlande, Österreich und Dänemark dachten weniger geopolitisch. Aus ihrer Sicht passte die Türkei »kulturell« nicht zum sogenannten christlichen Europa. Anderen war die Türkei einfach zu groß: Würde dieses islamische Land mit seinen mehr als 70 Millionen Einwohnern das europäische Gleichgewicht nicht zu sehr stören? Altbundeskanzler Helmut Schmidt meinte, Europa könne die Türkei einfach nicht verkraften.

Bereits 2006 stellte die EU die Eröffnung weiterer »Verhandlungskapitel« zurück, offiziell hauptsächlich wegen der ungelösten Zypernfrage. In den kommenden Jahren verloren die Türken zunehmend die Geduld, und unter dem neuen Regierungschef Recep Erdoğan schlug das Land schließlich einen anderen Kurs ein. An die Stelle des Säkularismus Kemal Atatürks, des Gründers der modernen Türkei, trat ein nationaler Islamismus. Das Land schien sich immer mehr vom Westen abzuwenden.

Auch die meisten Balkanländer – Serbien, Montenegro, Albanien, Mazedonien, Kosovo, Bosnien und Herzegowina – blieben vor der Tür, zumindest vorläufig, denn Serbien und Montenegro haben Chancen auf einen Beitritt im Jahr 2025. Auch hier ging es ungeachtet aller menschlichen und sozialen Aspekte um wichtige geopolitische Interessen. Das Gebiet ist von EU-Ländern umschlossen, es bildet eine Art Machtvakuum innerhalb des europäischen Kontinents, von dem andere Kräfte und Mächte nur zu gern profitieren wollten: Russland, das über das orthodoxe Christentum seinen verlorenen Einfluss zurückzugewinnen hoffte, die Türkei, die in Bosnien das Gleiche mithilfe des Islam versuchte, China, das sich mit harten Dollars Einfluss erkaufte, und die Mafia, die vor allem Albanien in eine günstige Aktionsbasis verwandelte.

Trotzdem verspürte man in der EU nach dem Beitritt Kroatiens im Jahr 2013 wenig Neigung zu weiterer Ausdehnung. Besonders die Erfahrungen mit Rumänien stimmten nachdenklich: Zehn Jahre nach dem Beitritt stellte die Europäische Kommission fest, dass sich die dortige Situation zumindest im Hinblick auf Rechtsstaatlichkeit und Korruption verschlechtert statt verbessert hatte. Das Gleiche galt für Bulgarien, das laut Transparency International ein Jahrzehnt nach dem Beitritt weiterhin das EU-Land mit der stärksten Korruption war. »Bitte nicht noch sechs Bulgarien«, war ein Stoßseufzer, den man überall in der EU hören konnte.

Länder wie Bosnien und Serbien hingen deshalb quasi in der Luft. Und für die europäischen Bürger blieb diese scheinbar grenzenlose Union etwas seltsam Unkonkretes, Unbestimmtes.

4

Die große Erweiterung von 2004 sollte zu einem Triumph des wiedergeborenen Europa und der »Soft Power« als ausschließlichem Machtmittel der neuen Union werden. Aus europäischen Fonds flossen Unsummen in die neuen Mitgliedsstaaten, von 2007 bis 2013 waren es 175 Milliarden: allein für Polen 67 Milliarden, für Tschechien 26,7 Milliarden, für Ungarn 25,3 Milliarden. In diesem Zeitraum war das Programm durchaus mit dem Marshallplan vergleichbar.

Die positiven wirtschaftlichen Auswirkungen waren mindestens ebenso aufsehenerregend, wenn auch nicht überall. 2005 wurden von der EU in den Beitrittsländern Investitionen im Umfang von 77 Milliarden Dollar getätigt, im Jahr darauf waren es schon 112 Milliarden. Das Bruttoinlandsprodukt nahm in diesen Ländern jährlich um sieben bis zehn Prozent zu. Die durchschnittliche Kaufkraft verdreifachte sich in Polen in der Zeit zwischen 1989 und 2009. Man sprach von einem polnischen Wirtschaftswunder. Die Lebensqualität verbesserte sich entsprechend, und die Lebenserwartung stieg deutlich an – in Polen, Tschechien, der Slowakei, Ungarn und Estland sogar um vier bis fünf Jahre.

Die Erweiterung hatte aber auch einen umgekehrten Effekt: Manche Grenzen wurden plötzlich geschlossen. Želimir Žilnik wohnte in der serbischen Provinz Vojvodina, die Grenze zu Ungarn war dort seit mehr als einem Jahrhundert weitgehend offen. Zur Zeit der Milošević-Diktatur in den 1990er Jahren konnte mindestens eine halbe Million Menschen auf diesem Weg das Land verlassen.

Žilnik selbst war einer dieser Flüchtlinge, denn eine Zeit lang war auch ihm der Boden unter den Füßen zu heiß. Doch nun wurde diese Grenze zur Außengrenze der EU. »Plötzlich brauchte man für einen Ausflug nach Budapest ein Visum«, erzählte er. »So wurde eine neue Berliner Mauer gebaut.«

Viele ungarische Familien wurden dadurch auseinandergerissen, von dem großen Markt im Grenzort Subotica war schon nach zwei Wochen nichts mehr übrig. Žilnik drehte in dieser Zeit einen Film, *Europe Next Door,* über den damals aufblühenden Handel mit Heiratskandidaten. »Überall in den serbischen Grenzdörfern machten sich Eltern auf die Suche nach Bräuten und Bräutigamen für ihre Kinder. Jeder wollte jemanden mit europäischem Pass in der Familie haben, und dafür wurde viel gezahlt, etwa drei- bis fünftausend Euro. Es waren Scheinehen, aber *big business*. Und immer wurde ein großes Fest gefeiert.«

Mehr als zehn Jahre nach der Erweiterung habe ich mich noch einmal in Vásárosbéc umgeschaut, auf der »richtigen« Seite der neuen EU-Außengrenze. Die alte Frau, die ihr Haus mit einer Kuh geteilt hatte, lebte nicht mehr. Das Haus des Einbeinigen war halb eingestürzt. Die Frau, deren einziges Kapital für den Winter ein Schwein war, hatte Krebs bekommen und war gestorben – wie die meisten Roma war sie nicht versichert gewesen, und das Krankenhaus hatte sie abgewiesen. Ansonsten schien alles unverändert zu sein: die Höfe voller Hühner und Enten, die verfallenen Häuser der Roma – immer noch verheizten sie manchmal ihre eigenen Türen und Fensterrahmen –, die Holzfeuer, das Krähen der Hähne, der blaue Rauch, der sich im Dämmerlicht über den Schornsteinen kräuselte.

Und doch war das 19. Jahrhundert, im Jahr 1999 noch überall gegenwärtig, nun wirklich vorbei. Die Pferdefuhrwerke, die bettelarmen Roma mit ihren Planwagen, die Korbflechter und Holzwerkzeugmacher mit ihren Löffeln und Nudelhölzern waren verschwunden, alles Kleingewerbe, überhaupt alles Kleine war weg. Im Nachbarort Szigetvár hatten große Einzelhandelsketten Supermärkte eröffnet, mit Dumpingpreisen hatten sie fast den gesamten lokalen Einzelhandel in den Ruin getrieben – und, jawohl, die Preise anschließend erhöht. Unsere Freunde begegneten ihrem Gemüsehändler bei Lidl, wo er sich in seiner Verzweiflung mit Bananen eindeckte, der Verkaufspreis dort lag weit unter seinem Einkaufspreis. »Ich sehe noch das Erschrecken und die Scham in seinem Gesicht, als er uns erkannte.« Zwei Jahre später war er pleite.

Auch die Dorfkneipe hatte den Anbruch der EU-Zeiten nicht überlebt. Die Pinkelecke hinterm Haus hätte nach den neuen Richtlinien durch getrennte Damen- und Herrentoiletten ersetzt werden müssen, aber die Eigentümerin konnte die Kosten für die Porzellan- und Fliesenpracht unmöglich aufbringen. Nun tranken die Männer abends auf dem Gehweg vor dem Lebensmittelgeschäft. Andererseits war für viel Geld aus einem europäischen Fonds ein Kulturzentrum errichtet worden, ein hübsches Gebäude mit glänzenden Dachpfannen, in dem zweimal im Monat Tagungen stattfanden und ebenso oft Bingo gespielt wurde. In der übrigen Zeit war es geschlossen.

Außerdem war die Kirche wunderschön restauriert worden – nur besuchte sie niemand mehr.

Einer der Roma hatte eine kleine Baufirma gegründet, er war zuverlässig und arbeitete hart. Aber er war eine Ausnahme. Fegen, harken, die Zeit totschlagen, ein bisschen Geld mit Hühnern und Schweinen verdienen, so sah das Dorfleben immer noch aus. Dankbar sprach man vom Wahlgeschenk des großen Anführers Orbán: Brennholz für zwei Wochen, ab dem Rentenalter vier Wochen. Das einzige Vergnügen hinter den braunen und schlammbespritzten Haustüren war Sex, der kostete schließlich nichts, jedenfalls nicht gleich.

Während die Großstädte im alten Glanz erstrahlten, blieben die Dörfer zurück – in jeder Hinsicht. Kurz hinter Vásárosbéc, auf einem einsamen Feld, war mit europäischem Geld ein Kinderspielplatz gebaut worden. Niemand schaukelte dort, niemals hörte man Geschrei oder Lachen, denn es gab im weiten Umkreis kein einziges Kind mehr. In Bosnien, Serbien, Ungarn, überall in Mittel- und Osteuropa leerten sich die Dörfer. Die massenhafte Abwanderung war, wie ein osteuropäischer Kommentator schrieb, »einfach eine vernünftige Reaktion auf die enormen Einkommensunterschiede auf dem Kontinent«.

Im Jahr 2010 emigrierten nur anderthalbtausend Ungarn. Sieben Jahre später waren es vierzehnmal so viele, fast 120 000. Die besseren Ärzte aus der Umgebung von Vásárosbéc arbeiteten nun fast alle in Österreich. Estland verlor ein Drittel seiner Jugend. 2011 lebten schon mehr als zwei Millionen Bulgaren im Ausland bei einer Gesamtbevölkerung von wenig mehr als sieben Millionen. Den letzten Prognosen zufolge wird dort die Bevölkerungszahl im Jahr 2050 um 39 Prozent zurückgegangen sein. Für Serbien erwartet man bis zu diesem Zeitpunkt einen Rückgang um 24 Prozent und in Albanien um 26 Prozent. 2018 lebten mehr Albaner im Ausland als im eigenen Land. Gegenüber einem Journalisten der niederländischen Zeitung *De Volkskrant* umschrieb ein junger Albaner seine Wünsche folgendermaßen: »Mit 25 will ich eine Wohnung, eine Frau, ein schönes Auto, einen Sohn und eine Armbanduhr haben. Wenn ich in Tirana bleibe, schaffe ich das nie.«

Želimir Žilnik stellte bei seinen Reisen in den Vereinigten Staaten und Westeuropa fest, dass in allen Metropolen eine neue Diaspora entstand, ähnlich wie in den 1930er Jahren. »Ich sehe Tausende von ehrgeizigen jungen Leuten in London und New York, in der Werbung, in der Filmindustrie, in der Literatur, in der bildenden Kunst, in den Wissenschaften, junge Leute, die unter normalen Umständen in ihren Heimatländern geblieben wären. Überall Talent im Exil.«

Die Folgen dieser massenhaften Emigration für die Herkunftsländer waren dramatisch. Wirtschaftlich – Unternehmen fanden nicht mehr genug qualifizierte Arbeitskräfte –, aber auch in sozialer und politischer Hinsicht. Diejenigen, die das Land verließen, waren überwiegend jung, hoch qualifiziert und eher progressiv, und mit ihnen verschwand auch ihre Mentalität. Die Gesellschaften wurden konservativer und ängstlicher.

Der bulgarische Politologe Ivan Krastev bemerkte bei vielen Osteuropäern eine Furcht vor dem »ethnischen Verschwinden«, verbunden mit einer Angst vor Immigranten. Die großen Veränderungen würden als Vorzeichen des Endes der eigenen Geschichte gedeutet. In Europa gebe es nicht nur die Gegensätze zwischen links und rechts oder Nord und Süd, sondern auch zwischen denjenigen, die den Zerfall einer Gesellschaft selbst erlebt hätten, und jenen, die dergleichen nur aus den Geschichtsbüchern kennen. »Die Erfahrung eines plötzlichen und gewaltlosen Endes von etwas, das wir für zweifellos dauerhaft hielten (bis es plötzlich nicht mehr da war), ist die prägende Erfahrung im Leben meiner Generation.«

Er und seine Altersgenossen seien von all den neuen Möglichkeiten überwältigt gewesen, doch gleichzeitig habe das bis dahin unbekannte Gefühl der Unbeständigkeit alles Politischen sie erschreckt. »Sieht man im Fernsehen, wie ältere Einheimische in entvölkerten Dörfern, in denen seit Jahrzehnten kein Kind mehr geboren worden ist, gegen die Ansiedlung von Flüchtlingen demonstrieren, empfindet man Mitleid mit beiden Seiten – den Flüchtlingen, aber auch den alten, einsamen Menschen, die zusehen müssen, wie ihre Welt verschwindet [...] In der Politik bedrohter Mehrheiten ist demokratisches Denken ein demografisches Denken. Die Nation ist – ähnlich wie Gott – einer der Schutzschilde der Menschen gegen den Gedanken der Sterblichkeit.«

5

In Polen hatte mich Jarosław Krawczyk schon 1999 auf eine gefährliche, neue religiöse Bewegung um einen Rundfunksender aufmerksam gemacht, Radio Maryja. »Nationalistisch, fast schon faschistisch. Wächst sehr schnell, der Hass der Armen.« Später fuhr ich durch die weite Landschaft Ostpolens, eine endlose weiße Ebene – Röhricht, Birkenwäldchen, kleine Dörfer und dann und wann ein Fabrikschornstein mit einer tapferen Rauchfahne. Das war der fruchtbare Boden für Radio Maryja, das Land der bettelarmen Kleinbauern und der entlassenen Arbeiter aus den bankrotten landwirtschaftlichen Kooperativen, das Land, dessen Bevölkerung den Anschluss an das neue Polen nicht finden konnte.

Ein paar Notizen zu einem beliebigen Vormittagsprogramm von Radio Maryja: Gebete, Ave Marias, Telefonate mit Hörern, die von ihrer Armut erzählen, von Krankheit und Unglück. Ein Priester verspricht Hilfe, es folgt ein Vortrag: Wissen Sie, wie viele Juden der Regierung angehören? Dann wieder ein Gebet, alles ist sündig, die Welt ist besudelt, nur Radio Maryja und die polnische Nation können uns retten.

»Die meisten von uns haben das Leben unter dem Kommunismus noch nicht überwunden«, sagte die kroatische Journalistin Slavenka Drakulić 2016, also mehr als ein Vierteljahrhundert nach dem Verschwinden des Eisernen Vorhangs, in einem Interview. »Es ist ein Missverständnis des Westens zu glauben, dass wir heute, nachdem Demokratie und Kapitalismus an die Stelle des Kommunismus getreten sind, alle die gleichen Werte und Probleme haben. Wie Menschen die Welt sehen, woran sie glauben, das ändert sich sehr, sehr, sehr langsam. Man kann ein neues System haben und doch keine neuen Menschen.«

Das bestätigen vor allem die Probleme im Zusammenhang mit demokratischer Praxis und Rechtsstaatlichkeit. Jedes demokratische System muss sich entwickeln, in Krisen, mit zahllosen Kompromissen, in endlosen Debatten. Dafür braucht es Zeit. Ich höre noch, was eine alte Dame in ihrem Gemüsegarten kurz nach der Auflösung der DDR zu mir sagte: »Was haben wir denn an Demokratie erlebt: das Regime des Kaisers, das Chaos von Weimar, Hitler, dann die Unfreiheit der DDR. Wir müssen alles neu erfinden.« So ging es den Bürgern der meisten mittel- und osteuropäischen Länder, die während des 20. Jahrhunderts von einem autoritären Staat in den nächsten gestolpert waren. Die Demokratien in den neuen EU-Mitgliedsstaaten waren noch jung, man hatte kaum Erfahrung mit demokratischen Prozessen und Gewaltenteilung. »Man muss sich das vorstellen«, sagte Želimir Žilnik, »wir in Serbien haben innerhalb einer Generation dreimal erlebt, dass die Machthaber um 180 Grad umgeschwenkt sind: erst vom Kommunismus zum Nationalismus von Milošević, danach vom Nationalismus zum Neoliberalismus seiner Nachfolger, heute wieder vom Neoliberalismus zum Nationalismus.«

Slavenka Drakulić: »Wir kennen kein Gefühl der Solidarität. Bei uns im Osten ist das durch den Kommunismus zerstört worden. Ein Individuum sollte nicht solidarisch mit Freunden oder Verwandten sein, nicht mitfühlend. Es wurde erwartet, dass man sich mit der Arbeiterklasse identifizierte, mehr nicht.«

Das wirkte sich auch auf das Verhältnis zwischen Bürger und Staat aus oder, besser gesagt, zwischen dem Privaten und dem Öffentlichen. In allen ehemals kommunistischen Staaten war dieses Verhältnis schwer gestört. War in der kommunistischen Zeit fast alles in staatlicher Hand gewesen, so ging die Entwicklung nun in die entgegengesetzte Richtung. Im Privatisierungsrausch neigte man dazu, fast alles Öffentliche als mehr oder weniger privat zu betrachten. Das führte zu großer Verwirrung und viel Korruption im Kleinen wie im Großen.

In einer wunderbaren Allegorie hat der polnische Journalist Witold Szabłowski das Schicksal der Tanzbären geschildert, mit denen viele bulgarische Roma in Dörfern und Ferienorten ein wenig Geld verdient hatten. Diese Tradition wurde 2008 auf Druck der EU abgeschafft. Das Halten von Bären war von da an illegal, die Besitzer wurden ausgezahlt, eine österreichische Hilfsorganisation nahm sich der Bären an und brachte sie in einem paradiesischen Bärenpark in der Nähe von Sofia unter. Keine Peitsche, kein Nasenring und keine anderen Grausamkeiten mehr, auch für diese Bären brach eine neue Zeit an. Nach und nach würden sie lernen, sich frei zu bewegen, Nahrung zu beschaffen, zu überwintern. Der Park, schrieb Szabłowski, wurde zu einem »ständigen Labor der Freiheit«.

Doch bei dem Experiment ergaben sich unerwartete Probleme. Die Bären suchten nicht nach Nahrung. Sie waren an Brot gewöhnt, es war fast unmöglich, sie zu einer anderen Diät zu überreden. Einen Winterschlaf kannten sie nicht. Sie wurden sterilisiert, weil auch ihre Nachkommen sich in der Natur nicht hätten behaupten können. Und wenn einem pensionierten Tanzbären die Freiheit zu kompliziert wurde, tat er einfach wieder das, was er immer getan hatte, um seinem Herrn zu gefallen: sich auf die Hinterbeine stellen und tanzen. Als er diese Geschichte gehört habe, schrieb Szabłowski, sei ihm klar geworden, dass er im postkommunistischen Polen in einem ähnlichen Forschungslabor lebte; es sei »ein endloser Lehrgang darüber, was [Freiheit] ist, wie man sie nutzt und welchen Preis sie hat«. »Auch wir müssen lernen, wie sich ein freier Mensch um sich selbst, um seine Familie, um seine Zukunft kümmert. Wie er isst, schläft, liebt. In den sozialistischen Ländern schaute der Staat seinen Bürgern nämlich sowohl in die Kochtöpfe als auch in die Betten.«

Und wenn es schwierig wird, tanzt man wieder – in Polen, Serbien, Ungarn, überall.

All die historischen Erfahrungen Osteuropas, die so anders sind als die des Westens, bleiben auch in den Jahren nach dem Beitritt auf den unterschiedlichsten Gebieten prägend. Was bedeuteten der Fall der Mauer und das Verschwinden des Eisernen Vorhangs eigentlich, was die Hinwendung zur EU und den dazugehörigen Werten? Hier lag vielleicht das größte Missverständnis.

Im Westen war das Jahr 1968 eine entscheidende Zäsur, ein Durchbruch für individuelle Freiheiten, Frauenrechte und den Schutz von Minderheiten. Auch im damaligen Ostblock war es ein Jahr der Rebellion, aber dort waren es vor allem nationale Rebellionen, Aufstände gegen die Allmacht des Sowjetimperiums. Die kulturelle und individualistische Revolution von 1968 ging an Mittel- und Osteuropa zum größten Teil vorbei – daher die späteren Konflikte zwischen Ost und West, wenn es um Frauenrechte, die Rechte sexueller Minderheiten und anderer Benachteiligter ging.

Was für 1968 galt, gilt erst recht für 1989. Im Westen wurde das Verschwinden des Eisernen Vorhangs vor allem als Sieg des Liberalismus gesehen, als das »Ende der Geschichte«. Für viele Europäer im ehemaligen Ostblock, vor allem Polen und Ungarn, war der Zusammenbruch des Sowjetimperiums jedoch in erster Linie ein nationalistisches Fest, ein Neubeginn für tausend nationale Ambitionen. Man darf nicht vergessen, dass viele mittel- und osteuropäische Länder bis 1918 zum Herrschaftsgebiet der österreichisch-ungarischen Monarchie oder der Osmanen gehörten, während des Zweiten Weltkriegs zum Machtbereich Nazideutschlands und danach der Sowjetunion, und gerade einmal zwei Jahrzehnte waren sie frei und souverän gewesen. Polen war in der Vergangenheit immer wieder geteilt worden, 1796 verschwand es sogar für mehr als ein Jahrhundert von der Landkarte, 1945 wurde sein Gebiet erneut verschoben. In einem solchen Land ist das Nationalgefühl äußerst empfindlich und leicht kränkbar, Nationalismus wird zur Religion.

Aus diesem Grund sorgten die Beitrittsländer dafür, dass in den Vertrag über die Europäische Union eine Austrittsklausel aufgenommen wurde, denn sie wollten ihre Freiheit nicht erneut beschränken lassen. (Es waren schließlich die Briten, die anderthalb Jahrzehnte später als Erste den Notausgang nahmen.) Die postkommunistischen Länder glaubten, dass ihr Traum, als freie und souveräne Nationen handeln zu können, sich nun endlich erfüllt habe. Auch das haben Politik und Öffentlichkeit im Westen übersehen.

»Der Westen hat nie hören wollen, was die Polen, die Tschechen und die Ungarn zu sagen hatten«, meinte Jarosław Krawczyk, als ich ihn 2018 besuchte. »Aber jetzt haben die Polen, die Tschechen und die Ungarn *nichts* mehr zu sagen. In den neunziger Jahren dachte Fukuyama, die Geschichte sei zu Ende, das Licht habe die Finsternis besiegt. Nein, nein, nein.«

6

Es war gut dreizehn Jahre nach der großen EU-Erweiterung, Weihnachten 2017. Ich saß wieder im *Étterem*, dem Restaurant in der Achsel des Budapester Ostbahnhofs, wo ich 1999 etliche Stunden verbracht hatte. Auch hier schien alles unverändert: die große Holztheke, die Kronleuchter aus dem 19. Jahrhundert, die scharfen Düfte, der riesige Weihnachtsbaum in der Ecke, die alten Kellner mit ihrer samtenen Feierlichkeit, die gewaltigen Säulen, die das Dach dieses Esstempels tragen.

Nun herrschte tiefe Ruhe. Die gesamte europäische Geschichte der vergangenen drei Jahrzehnte war hier vorbeigeflutet, von der Massenflucht von DDR-Bürgern im Jahr 1989, als die ersten Risse im Eisernen Vorhang sichtbar wurden, über die Fluchtbewegungen, die von den Jugoslawienkriegen der

1990er Jahre ausgelöst wurden, bis zur Migrationskrise des Jahres 2015 mit Zigtausenden von Flüchtlingen aus Syrien und Migranten aus anderen Ländern. Wenn es einen Ort gibt, den man als Drehtür Europas bezeichnen könnte, dann ist es dieser Bahnhof mit dem stillen Restaurant, in dem Gefüllter Kohl und Fleischpasteten auf der Karte stehen.

Als György Konrád mir 1999 von seinem Leben als Schriftsteller unter der kommunistischen Diktatur erzählte, sagte er: »Die Geschichte meines Verlegers, der all diese illegale Literatur herausgegeben hat, ist mindestens ebenso interessant.« Ich hätte ihn gern noch am selben Nachmittag angerufen und um ein Gespräch gebeten, aber Konrád brachte mich davon ab. »Das wird schwierig, er ist jetzt Bürgermeister von Budapest.«

Gábor Demszky war ein Jahr nach dem Mauerfall völlig überraschend zum Oberbürgermeister der Hauptstadt gewählt worden. Er war schon mit 18 in der illegalen Oppositionsbewegung aktiv gewesen, organisierte 1968 Studentenproteste, wurde vorübergehend exmatrikuliert, durfte später nicht als Jurist arbeiten und lernte wie so viele Dissidenten gezwungenermaßen etliche Berufe kennen. Jahrelang war er Taxifahrer, anschließend zog er als Befrager durchs Land. »Es war eigentlich keine richtige Stelle, aber ich sah und hörte sehr viel«, sagt er heute. »Die Welt der armen Dörfer – die Kommunisten haben die sehr gut verstanden. Wichtig ist nicht die Realität. Wichtig ist, was Menschen *denken*.« Und er begann verbotene oppositionelle Literatur zu verlegen, Samisdat, in Auflagen von wenigen Hundert Exemplaren. »Heute sind es Klassiker.«

In den 1980er Jahren wurde Demszky zu einer der führenden Persönlichkeiten der Opposition. Der frische Wind der Veränderung beförderte ihn auf den Posten des Oberbürgermeisters, den er zwei Jahrzehnte innehatte, vier Mal wurde er wiedergewählt. In den 1990er Jahren, erzählte er, habe man vor allem Trümmer beseitigen müssen, im buchstäblichen wie im übertragenen Sinn. Es folgten, trotz heftigen Widerstands vonseiten der ersten Regierung Orbán, umfangreiche Investitionen in neue Gebäude, unter anderem Theater, Straßen, U-Bahn-Trassen und weitere Infrastruktur. Nach einer Reihe von Skandalen verlor Orbáns Partei 2002 die Wahl. Demszkys Liberale Partei konnte als kleiner Partner der Sozialistischen Partei erneut mitregieren. Aus Demszkys Sicht war diese Zusammenarbeit ein »Riesenfehler«, waren doch die Sozialisten nichts anderes als die alten Kommunisten.

Die entscheidende Wende kam 2006. Der damalige Ministerpräsident Ferenc Gyurcsány von der Ungarischen Sozialistischen Partei hielt bei einer parteiinternen Tagung eine Rede, in der er sich entschieden für mehr Reformen aussprach. Gyurcsány war ein mutiger und engagierter Politiker, nur war er in diesem Moment ein wenig zu offenherzig. »Wir haben kaum eine Wahl. Und zwar deshalb nicht, weil wir Scheiße gebaut haben. Nicht nur ein bisschen, sondern jede Menge.« Und: »Wir haben morgens, mittags und abends gelogen.« Aus ungeklärten Gründen wurde die Rede aufgezeichnet und der Öffentlichkeit zugänglich gemacht. Es war eine Katastrophe für die Sozialisten, deren Wähler sich betrogen fühlten, und für die Liberalen, die mit in den Abgrund gerissen wurden. Demszky: »Es hat uns Millionen Stimmen gekostet, die Leute empfanden es als Verrat.«

Viktor Orbán, zu Beginn seiner politischen Tätigkeit eher ein wilder junger Dissident wie Demszky, nutzte seine Chance. Zwei schwere Krisen, die Bankenkrise und später der massenhafte Zustrom von Flüchtlingen, halfen ihm zum zweiten Mal und nun endgültig in den Sattel. Vor allem die Krise von 2008 traf viele ungarische Familien hart. Sie hatten günstige, aber riskante Hypotheken in Euro oder Schweizer Franken aufgenommen, und als der Forint an Wert verlor, konnten sie die Tilgungsraten nicht mehr aufbringen, Zwangsversteigerungen und Räumungen drohten. Orbán gab den urbanen Eliten die Schuld und versprach den in Not geratenen Hausbesitzern Hilfe. Die Wahlen von 2010 brachten seiner Partei Fidesz eine Zweidrittelmehrheit im Parlament, Orbán sprach von einer »Revolution in den Wahlkabinen«. In Wirklichkeit hatten von den acht Millionen Wahlberechtigten nur 2,7 Millionen gewählt, und von diesen hatte eine knappe Mehrheit von 53 Prozent für Fidesz gestimmt. Trotzdem betrachtete Orbán das Wahlergebnis als Mandat »des ungarischen Volkes« für einschneidende Verfassungsänderungen – selbstverständlich zum Vorteil seiner Partei und ihrer Anhänger. Es begann sogleich mit einer Änderung der Wahlgesetze, einer Einschränkung der Kompetenzen des Verfassungsgerichts und verstärkter Kontrolle über Medien und Kultur. Auf Kritik der EU an diesen Verfassungsänderungen reagierte er mit der Behauptung, sie richte sich »gegen das ungarische Volk«. Er legte sogar noch nach: »Die Europäische Union hat weniger ein Problem mit dieser Regierung, sosehr sie uns das auch glauben machen will, sondern will in Wirklichkeit Ungarn angreifen.« Gleichzeitig verwöhnte er seine Wähler mit kleineren und größeren Geschenken – Brennholz, Darlehen, Staatsangehörigkeit für alle ethnischen Ungarn in den Nachbarländern – und einem erfolgreichen Wirtschaftsprogramm. Die Einkommen stiegen um mehr als zehn Prozent, die Arbeitslosigkeit sank um fast zwei Drittel. Von Anfang an bediente Orbán sich der klassischen populistischen Rhetorik: Wer meine Regierung angreift, greift das Volk an, Regierungschef und Volk sind eins, wir alle haben einen gemeinsamen Feind.

Einige Jahre später, 2016, gab er Milliarden Forint für eine Lügenkampagne gegen Migranten aus. Die EU bemühte sich um eine gerechte Verteilung von Flüchtlingen und hatte Ungarn um die Aufnahme von gerade einmal 1294 syrischen Asylbewerbern gebeten, doch die Regierung Orbán sprach von einer »erzwungenen« Aufnahme, von Terrorgefahr und einer »Bedrohung unserer Kultur und Traditionen«.

Dabei wurde das Orbán-Regime zum größten Teil von der so verteufelten EU finanziert. Ungarn war jahrelang, bezogen auf seine Einwohnerzahl, der größte Nettoempfänger, mindestens die Hälfte der Investitionen in Straßen und andere Infrastruktur – plus dazugehörige Schmiergelder – wurde von Europa bezahlt. Mit diesen Mitteln konnte Orbán den Rückhalt seiner treuen Wähler »kaufen«. Im Grunde subventionierte die EU ihren größten Gegner und Saboteur. Dank zuverlässiger Unterstützung durch die christdemokratisch-konservative bis nationalistische EVP-Fraktion im Europaparlament änderte sich daran nichts. Die übrigen Lücken in seinem Etat füllte Orbán, indem er sich aus der privatisierten Rentenversicherung bediente. Die etwa zehn Milliarden Euro, die ungarische Arbeitnehmer dort eingezahlt hatten, verschwanden in der Staatskasse.

Zu dieser Zeit war Demszky längst nicht mehr Bürgermeister. Drei Jahre nach dem Ende seiner letzten Amtszeit saß ich bei einem Essen in Amsterdam neben ihm. Damals konnte er aus Sicherheitsgründen nicht nach Budapest zurückkehren. Er hatte antisemitische Drohungen erhalten, und gegen seine vier wichtigsten Mitarbeiter war eine fragwürdige Anklage erhoben worden – offensichtlich war aber er selbst das eigentliche Ziel. Er lebte praktisch im Exil, es war das erste Mal, dass ich einem Exilierten aus einem anderen EU-Land begegnete.

Nun bin ich in Budapest einen Tag mit ihm zusammen unterwegs. Der Prozess gegen seine Mitarbeiter hatte mit Freisprüchen geendet – »Vergessen Sie nicht: Die einzige noch relativ unabhängige Kraft in Ungarn ist die Justiz« –, und Demszky selbst hatte seither als öffentliche Person immer mehr an Bedeutung verloren. Er lebt wieder in Budapest, allein in einer kleinen Wohnung. Er führt mich zu ein paar alten Gebäuden rings um einen Innenhof. Ich begegne dem Vorsitzenden des Roma-Parlaments, das hier sein Büro hat. In einem schäbigen kleinen Saal findet eine Veranstaltung einer alternativen Volkshochschule statt, ein kleines ökonomisches Seminar mit zwölf Teilnehmern. »Das waren alles Spitzenleute«, flüstert Demszky. László Lengyel, früher ein tonangebender Wirtschaftswissenschaftler und Politologe, als Publizist 2006 mit dem Pulitzer-Preis ausgezeichnet, hält einen Einführungsvortrag. »Hier ist der einzige Ort, an dem solche Veranstaltungen noch stattfinden können.«

Gleich um die Ecke gibt es eine Betreuungsstelle für Obdachlose samt »Tafel«. Es ist Frühstückszeit, vor der Ausgabe hat sich eine Schlange gebildet. Manche der Wartenden sind von Armut gezeichnet, eine Frau mit einer Schottenmütze auf dem Kopf hat übergroße Augen in einem eingefallenen Gesicht. »Groteske Gestalten, als kämen sie alle aus den Armen- und Abenteuerromanen der Weltliteratur«, schrieb Joseph Roth 1920 über Berliner Obdachlose, »mit braunen Gesichtern, aus Hunger und Härte gemeißelten. Jugendliche [...] mit Augen, in denen sich Gehetztheit und Trotz mischen. Frauen in braunen Lumpen, schamlos und scheu.« Fast ein Jahrhundert später sieht man in Budapest Ähnliches.

Demszky arbeitet hier manchmal ehrenamtlich, zusammen mit ein paar alten Mitstreitern. Ihre Partei kommt gerade noch auf ein paar Prozent Stimmen, dennoch versuchen sie, den Mut nicht zu verlieren. Ich werde einem ehemaligen Botschafter vorgestellt, einem Parteivorsitzenden und einem Ex-Außenminister. Sie haben alle Hände voll zu tun, verteilen Kaffee, Brot und Bananen an die Menschen mit den scheuen Gesichtern.

Demszky berichtet von der gleichgeschalteten Presse, von der strengen Zensur beim staatlichen Rundfunk und Fernsehen, von früher unabhängigen Medien, die durch Freunde Orbáns aufgekauft und dann teilweise eingestellt wurden, von hohen Bußgeldern für Nachrichten, die angeblich »nicht ausgewogen« sind, von kritischen Journalisten, die allesamt entlassen wurden. 2015 standen etwa 30 Nachrichtenmedien der Orbán-Partei nahe, 2018 sind es über 500. Mehr als 400 Zeitungen, Websites, Radio- und Fernsehsender sind nun Teil eines riesigen, von Orbán-Getreuen straff geführten

Medienkonglomerats. Die Übernahme erfolgte meist in Form von »Schenkungen« durch die früheren Eigentümer, die jahrelang staatlichem Druck und Erpressung ausgesetzt waren. Diese Medienmacht hat große Ähnlichkeit mit der kommunistischen Propagandamaschinerie, gegen die Demszky, Konrád und früher auch Orbán rebelliert hatten.

Wir gehen durch eine Tür, durchqueren einen Lagerraum mit einer verstaubten Offsetpresse, einer Nähmaschine, einem alten Radio, stapelweise Kartons und Büchern, noch eine Tür, und wir stehen vor einer kleinen Druckpresse, die ruhig vor sich hin stampft. Heraus kommt eine schmale Zeitung mit unzensierten Berichten, die in ländlichen Gebieten verteilt wird. Es wird wieder Samisdat gedruckt.

Später spaziere ich mit einem alten Freund über die Boulevards, vorbei an abgelebten Fassaden. Er berichtet von den gleichen Dingen wie Demszky. »Sogar jemand wie György Konrád ist in keinem einzigen Fernsehsender mehr zu sehen. Offensichtlich steht er auf einer schwarzen Liste.« Er ist niedergeschlagen, allmählich verzweifle er. »Ich kenne hier jede Straßenecke«, sagt er. »Trotzdem, seit einigen Jahren empfinde ich meine Stadt eher als ein Bühnenbild. Das Bühnenbild für ein bitterböses Theaterstück, ein Stück, aus dem es für uns Darsteller kein Entrinnen gibt.«

Zahlen

2004

I

Der junge Nigerianer sprach. »Yes, Lord!« Die anderen beteten mit, singend und sich wiegend.

»So viele von uns sind gestorben … Die meisten durch Bomben … Wir gingen durch die Sahara … Vergewaltigungen und Morde, viele Menschen, und wir konnten nicht bleiben! Wir flohen nach Libyen, und Libyen war eine Stadt des IS … Viele von uns kamen ins Gefängnis, sie starben … Nichts zu essen im Gefängnis, kein Wasser … Wir fielen auf die Knie und riefen: ›Was können wir tun?‹ Die Berge konnten uns nicht verstecken! Die Menschen konnten uns nicht verstecken! Und wir rennen zum Meer … In dem Boot waren 90 Passagiere. Nur 30 wurden gerettet, der Rest starb … Ach, aber heute sind wir am Leben … Gott, rette uns.«

Die schwarzen Männer standen zwischen den Betten eines kleinen Schlafsaals auf Lampedusa. Der Dokumentarfilmer Gianfranco Rosi hielt all dies fest, Bilder, die das Gewissen Europas noch lange belasteten. Die mechanische Mitmenschlichkeit der Soldaten der italienischen Küstenwache, die wieder einmal ein überfülltes Flüchtlingsschiff auf hoher See entdeckten, es mit Schlauchbooten ansteuerten, in ihren weißen Schutzanzügen an Bord gingen und die Menschen von Bord holten: zuerst die Halbtoten, die dehydriert und bewusstlos an Deck lagen, dann Hunderte Lebende, zuletzt die Toten, Dutzende Erstickte dicht an dicht im Laderaum. Der berühmte Dorfarzt Pietro Bartolo, der das Helfen als seine menschliche Pflicht empfindet, erklärte: »Aber all das macht einen so wütend. Es lässt einen mit einem Loch im Inneren zurück.« Letzte von der Küstenwache empfangene Notrufe: »Please help us, help us.« »Please your position, your position.« »We are sinking, wie are sinking.« »Madam, calm down. Your position, please.« »Help us.«

Von 1999 bis 2019 hat sich die Zahl der Menschen, die aus ihrer Heimat fliehen, beinahe verdoppelt, weltweit sind es etwa 65 Millionen, vertrieben durch Kriege und andere Formen von Gewalt, durch Dürren, Armut und Hunger. Auch auf der Brücke von Istanbul seufzten die Zigarettenjungen: »Mein Gott, Europa, da würden wir gerne hin. Da ist Geld, da kann man tun, was man will, die Menschen haben Respekt voreinander.« Einige hatten sich schon einmal in einem Container mit europäischem Bestimmungsort versteckt, waren aber entdeckt worden, Polizisten hatten sie grün und blau geschlagen: »Warum wollt ihr weg aus unserm Land? Ist unser Land vielleicht nicht schön genug?«

Millionen von Menschen sind auf der Suche nach einem besseren Leben, und das ist nichts Neues.

Neu waren, ungefähr seit dem Beginn des 21. Jahrhunderts, die zunehmende Übervölkerung vieler städtischer Regionen, die ersten Auswirkungen des Klimawandels und die Verbreitung moderner Kommunikationsmittel. Nach der Jahrtausendwende wurden die Verbesserungen im Gesundheitswesen zahlreicher afrikanischer Länder spürbar, es kam zu einer Bevölkerungsexplosion, die Anzahl der Menschen auf dem afrikanischen Kontinent stieg bis 2010 auf eine Milliarde und wird im Jahr 2050 vermutlich bei zweieinhalb Milliarden liegen. Die Entwaldung und zahlreiche Dürren und Überschwemmungen als Folgen des Klimawandels trieben zudem unzählige Kleinbauern in die ohnehin überfüllten Städte. Nach Erhebungen des Gallup-Instituts wollte 2019 fast jeder dritte erwachsene Afrikaner in ein reicheres Land emigrieren, gegenüber jedem siebten Erwachsenen im Rest der Welt.

Es entstanden große »Zonen der Unordnung«, und die wichtigste geopolitische Veränderung der zurückliegenden beiden Jahrzehnte war die Migration jener Millionen Menschen, die aus diesen Zonen der Unordnung in die »Welt der Ordnung« zu entkommen versuchten – zumal diese moderne und reiche Welt dank der Verbreitung des Internets plötzlich in greifbare Nähe zu rücken schien. Besonders die Einführung des iPhones im Sommer 2007 und die weiterer Smartphones nicht lange danach brachte eine Revolution in Gang: Über Facebook, WhatsApp, Twitter und andere Netzwerke konnten potenzielle Migranten einander die aktuellsten Informationen zukommen lassen, sich zusammentun und organisieren, und all dies beinahe kostenlos und von jedem Ort der Welt aus. Die Nutznießer ihrer Wünsche und Sehnsüchte wiederum konnten ihre Geschäfte mühelos ausbauen. Die Tätigkeit des Schleusers wurde zu einem lukrativen und attraktiven Broterwerb.

So begann in Südamerika, Afrika und in der arabischen Welt die massenhafte Wanderung nach Norden. Einige Beobachter sprachen von einer neuen Revolution der Armen nicht mit Demonstrationen und Straßenschlachten, sondern einfach mit den Füßen.

Für Europa begann der Zustrom bereits in den 1990er Jahren, als Flüchtlinge und Immigranten aus Albanien und Tunesien übers Meer nach Italien fuhren. Aufgrund der – 1997 im Vertrag von Amsterdam ins EU-Recht übernommenen – Schengener Abkommen fielen die Kontrollen an den europäischen Binnengrenzen weg, und das Ausbeuten von Migranten entwickelte sich allmählich zu einem einträglichen Geschäft. Schleuser aus Tunesien oder Libyen brachten ihre Kunden für teures Geld auf den Weg in Richtung Lampedusa, einer kleinen italienischen Insel unweit der tunesischen und libyschen Küste. Oft wurden die Bootsinsassen schon auf halber Strecke von vorbeifahrenden Schiffen gerettet oder ihre Fahrzeuge von der italienischen Marine oder Küstenwache »aufgebracht«. Von Lampedusa wurden sie nach Sizilien verfrachtet. Man teilte ihnen mit, dass sie Italien innerhalb von zwei Wochen zu verlassen hätten, dann durften sie gehen. Dank Schengen konnten diese Migranten relativ einfach weiterreisen, um anderswo in Europa – legal oder nicht – unterzukommen. Die weitaus meisten taten es. Geld und Papiere wurden ihnen von Freunden und Verwandten nachgeschickt. So wurde das kleine Lampedusa schnell zum Eingangstor Europas. Mehr als 400 000 Flüchtlinge und Migranten landeten in den zurückliegenden zwei Jahrzehnten auf der kleinen Insel.

Weil zahlreiche Flüchtlingsboote in schlechtem Zustand und stark überfüllt waren, konnten Katastrophen nicht ausbleiben. Am 7. März 2002 geriet ein Boot mit etwa 80 Menschen 100 Kilometer vor Lampedusa in einen Sturm und kenterte; elf Insassen wurden gerettet, die übrigen ertranken. Im Juni 2003 ereigneten sich innerhalb einer Woche zwei Tragödien: Zuerst sank ein Boot mit vermutlich 70 Menschen, von denen nur drei gerettet wurden, dann ein kleines Schiff mit etwa 250 Insassen, von denen über 200 ertranken. Im Oktober desselben Jahres entdeckte die Küstenwache ein Boot mit 15 ausgemergelten Überlebenden und 13 Toten. Zehn Tage waren die Insassen ohne Treibstoff, Nahrung und Getränke umhergetrieben; etwa 70 Menschen, darunter sieben Kinder, hatten nicht überlebt, die meisten Leichen waren über Bord geworfen worden. Der Bürgermeister von Lampedusa klagte, seine Insel könne diesen Immigrantenstrom unmöglich verkraften. Bald herrschte Mangel an Särgen.

Am 10. September 2004 wurde auf Lampedusa ein Rekord gebrochen: Allein an diesem Tag trafen drei kleine Schiffe mit über 800 Migranten ein; 478 Menschen hatte man auf einem hölzernen Schiff von 25 Metern Länge zusammengepfercht. Am 3. Oktober 2013 kenterte ein weiteres Schiff bei Lampedusa, wobei 368 Menschen, überwiegend aus Eritrea, ums Leben kamen. Eine Woche später kenterte – wieder bei Lampedusa – das nächste Schiff; es gab mehr als 200 Todesopfer. Ein Schiffsunglück ganz in der Nähe der libyschen Küste kostete im April 2015 mehr als 700 Menschen das Leben.

Und das waren nur die großen Katastrophen. Allein im Mittelmeer rings um Lampedusa sind von 1999 bis 2008 vermutlich etwa 15 000 Männer, Frauen und Kinder ertrunken.

Genaue Zahlen lassen sich nicht ermitteln. Niemand weiß, wie viele Menschen in jenen Jahren im Mittelmeer oder der Sahara spurlos verschwunden sind. Mit viel Mühe wurde versucht, wenigstens einige der geborgenen Opfer zu identifizieren, oft anhand von Kleinigkeiten: einer Zahnbürste, einem Kamm, einer Tätowierung, einem durchweichten Ausweis, einem verblassten Foto. So half zum Beispiel das Foto einer fröhlichen jungen Frau bei der Identifizierung einer Eritreerin. Verwandte erkannten sie auf dem Bild, und eine DNA-Untersuchung brachte die Bestätigung. Doch die meisten Opfer blieben trotz aller Anstrengungen namenlos.

Das massenhafte Ertrinken der Armen aus Afrika wurde im Europa des 21. Jahrhunderts so normal, dass die Medien sich bald kaum noch dafür interessierten. Aktivisten versuchen, auf der Basis von Zeitungsartikeln, Berichten von Hilfsorganisationen und Meldungen der Küstenwachen möglichst viele Todesfälle zu dokumentieren. Eine dieser Organisationen, UNITED for Intercultural Action, veröffentlicht seit 1993 eine jährliche *list of deaths*. Das ist bei Weitem die genaueste Übersicht über die Opfer der Massenmigration nach Europa. Die Ergebnisse dieses Body Count sind erschreckend. Bis Juni 2018 waren insgesamt mindestens 34 361 Migranten ums Leben gekommen. Sie waren in der Sahara verschwunden, in Containern oder Lastwagen erstickt, bei Unfällen oder durch Gewalt zu Tode gekommen, verbrannt oder vor einen Zug gesprungen – dokumentiert waren etwa 600 Fälle von Selbsttötung. Doch die weitaus meisten waren auf See ertrunken, 80 Prozent, ungefähr 27 000 Menschen. Hinter jeder Zeile einer solchen Aufzählung steckt eine Tragödie.

- Chandima Edirisinghe und weitere 17 Migranten aus Sri Lanka: erstickt in einem versiegelten Lastwagen in Györ, Ungarn;
- Namenlos, Frau aus Georgien, erfroren beim Versuch, im Schnee die Grenze zwischen Bulgarien und Griechenland zu überqueren;
- Manuel Bravo (35) aus Angola erhängte sich in Bedfordshire. Er wusste, dass sein 13-jähriger Sohn allein nicht abgeschoben werden konnte. Einen Tag, bevor sie nach Angola zurückgeflogen werden sollten, beging er Suizid. Aus seinem Abschiedsbrief: »Ich töte mich, weil ich sowieso kein Leben mehr habe. Ich will, dass mein Sohn Antonio im Vereinigten Königreich bleibt, um weiterzulernen.«
- Namenlos, zwei Migranten aus China, ermordet, als sie auf dem Weg von Ungarn nach Österreich den Schleuser nicht bezahlen konnten;
- Namenlos, zwei türkische Frauen, blinde Passagiere, fielen in China aus dem Fahrwerksschacht eines Flugzeugs; sie hatten sich in Frankreich in der falschen Maschine versteckt;
- Namenlos, Afrika, zwölf Tote, geborgen am Costa-Teguise-Touristenstrand auf der Kanarischen Insel Lanzarote;
- Namenlos, Säugling, ertrunken in der Neiße, als die Mutter den Fluss zu durchqueren versuchte, sie hatte das Baby auf ihrem Bauch festgebunden;
- Namenlos, irakischer Flüchtling (32), zündete sich in Diever in der niederländischen Provinz Drenthe an, nachdem er bei einem Diebstahl ertappt worden war;
- Namenlos, 15 Migranten, deren Boot bei einem Rettungsversuch nahe der Kanarischen Insel Fuerteventura kenterte;
- Namenlos, männlich, Marokko, starb nach einem Sprung ins Wasser, als die spanische Polizei ihn entdeckte;
- Namenlos, vier Männer aus Liberia, ertrunken, als sie vor Gran Canaria gezwungen wurden, von einem Schiff aus Malta zu springen;
- Christelle M. Nsimba und neun weitere Menschen aus Zaire, Angola, dem Libanon und Togo, ums Leben gekommen bei einem Brandanschlag auf eine Asylbewerberunterkunft in Lübeck;

- Namenlos, 87 Migranten und Flüchtlinge aus Albanien, ertrunken, als ihr Boot nach einer Kollision mit einem Schiff der italienischen Küstenwache kenterte;
- Akim (24), Togo, sprang während einer Fahndungsaktion der Polizei aus dem Fenster seiner Unterkunft in Bremen;
- Namenlos, blinder Passagier, während der Fahrt nach Spanien in einem Lastwagen erdrückt;
- Namenlos, zwölf Migranten aus Subsahara-Afrika, verhungert auf einem Boot während der Fahrt nach Gran Canaria;
- John Madu (31), Nigeria, verblutete in Lüttich, nachdem ihm medizinische Hilfe verweigert worden war;
- Namenlos, 283 Migranten und Flüchtlinge aus Indien, Pakistan und Sri Lanka, ertrunken, nachdem ihr griechischer Kapitän ihr Schiff bei Malta hatte sinken lassen;
- Namenlos, Kind, Subsahara-Afrika, gestorben an Unterkühlung in einem Boot mit 21 anderen Migranten beim Versuch, Tarifa (Spanien) zu erreichen;
- Koita Yaguine (14) und Tounkara Fodé (15), blinde Passagiere, erfroren im Fahrwerksschacht eines Flugzeugs von Conakry (Guinea) nach Brüssel;
- Lin Fa Ming und 17 weitere Migranten aus China, erstickt im versiegelten Auflieger eines Lastwagens während der Überfahrt von Zeebrügge nach Dover;
- Namenlos, zwei Männer, ertrunken beim Versuch, zur spanischen Küste zu schwimmen, gefunden in der spanischen Exklave Ceuta in Marokko;
- Namenlos (männlich, etwa 25), Indien, vermutlich als blinder Passagier in einem Lastwagen an Überhitzung und Entkräftung gestorben, zwei Wochen nach seinem Tod am Rand einer Landstraße in Essex gefunden;
- Danielle Dominy (30) aus Brasilien, Suizid durch das Trinken von Frostschutzmittel; sie befürchtete, dass die britische Einwanderungsbehörde sie von ihrer Tochter trennen würde;
- Namenlos, 24 Migranten, Maghreb, ertrunken, als das Schlauchboot, mit dem sie die Kanarischen Inseln zu erreichen versuchten, leckschlug;
- Namenlos; 14 im Meer treibende Leichen, von der Militärpolizei bei Lampedusa entdeckt.

2

Eine WhatsApp-Korrespondenz zwischen einem jungen Mann in Calais und seinem Onkel in England. Es ist Dienstag, der 7. Oktober 2014, Nachmittag. »Ich kann England sehen«, schrieb der junge Mann. Vielleicht könne er ein Boot finden oder zur anderen Seite schwimmen. Der Onkel antwortete, es sei viel weiter, als man glaube. »Versuch nicht zu schwimmen. Das hat keinen Sinn. Versteck dich in einem Lastwagen.« Der Neffe: »Ich versuche es heute.« Ein paar Stunden später schickte er seiner jüngsten Schwester in Jordanien eine Nachricht: »Ihr fehlt mir.« Es war das letzte Lebenszeichen von Mouaz al-Balkhi aus Damaskus, 22 Jahre alt.

Mouaz war ein ruhiger, freundlicher junger Mann mit drolligen Locken. Er studierte Elektrotechnik, musste fliehen – er stammte aus einer Familie von Dissidenten –, versuchte vergeblich, sein Studium in der Türkei fortzusetzen, und fasste den Entschluss, nach England zu gehen. »Da gibt es gute Flüchtlingsnetzwerke«, hatte seine Schwester gesagt, »du kannst studieren, und dein Onkel wohnt auch da.«

Ein Dreivierteljahr später stand ich an Mouaz' kahlem Grab. Er ruhte unter rauschenden Bäumen auf dem Allgemeinen Friedhof von Texel, endlich in Sicherheit, bei Ate Sijtsma, Anneke Molenaar-Van den Brink und anderen Inselbewohnern. »Der Herr ist mein Hirte, mir wird nichts mangeln.« Auf dem Sand lagen ein paar Blumen.

Noch immer Dienstag, der 7. Oktober 2014, am Nachmittag. Ein Telefonat zwischen einem anderen jungen Mann aus Syrien, Shadi Omar Kataf (28), und seinem Onkel in Löwen. »Hier Shadi. Ich bin in Calais, in Frankreich. Du musst kommen und meinen Laptop und meinen Rucksack holen. Ich habe nicht genug Geld, um die Schleuser zu bezahlen, deshalb kaufe ich mir einen Wetsuit und schwimme nach England.« Der Onkel: »Sei doch kein kompletter Idiot! Du kannst nicht nach England schwimmen. Es ist viel zu weit, und die Wellen sind riesig.« Er fügte hinzu, Shadi könne ihm seine Sachen bringen, er solle zu ihm kommen. Dann war der Akku seines Telefons leer. Shadi war der älteste Sohn eines Hochzeitssängers – Shadi bedeutet »Sänger«. Er stammte aus Jarmuk am Rand von Damaskus, einem Stadtteil mit früher einmal 150 000 Einwohnern, später so heftig umkämpft und schwer zerstört, dass weniger als 20 000 Einwohner dort ausharrten, »the worst place on earth«, wie der *Guardian* schrieb. 2012 war Shadi zusammen mit seiner Schwester nach Libyen geflohen. Sie verschwand schon nach kurzer Zeit, möglicherweise wurde sie entführt.

Mouaz' stark verwester Leichnam, mit einem Wetsuit bekleidet, wurde am 27. Oktober 2017 am kalten Strand von Texel angespült. Der stinkende und beschädigte Wetsuit von Shadi wurde am 2. Januar 2015 auf der norwegischen Insel Lista gefunden, aus den Hosenbeinen ragten noch weiße Knochen heraus, an denen blaue Schwimmflossen hingen. Dank eingenähter Warensicherungschips konnte die Polizei die Herkunft der Wetsuits ermitteln; sie stammten beide aus einer großen Filiale der Sportartikelkette Decathlon bei Calais. Aus den Kassendaten ging hervor, dass dort am Abend des 7. Oktober 2014 um 20.03 Uhr tatsächlich zwei billige Wetsuits gekauft worden waren, dazu eine wasserdichte Hülle für Wertpapiere. Es war die einzige Spur.

Dem norwegischen Journalisten Anders Fjellberg gelang es dieses eine Mal, das Drama von zwei anonymen Flüchtlingen zu rekonstruieren. Er stellte in Calais Nachforschungen an, überredete mögliche Verwandte der beiden Ertrunkenen zu einem DNA-Vergleich und konnte so letztlich ihre Identität ermitteln. Von ihren Verwandten hörte er die Geschichte ihrer Flucht.

Mouaz war offenbar sehr schnell gereist. Am 17. August 2014 war er von der Türkei nach Algerien geflogen; es folgte eine zweitägige Reise durch die Wüste nach Libyen. Am Telefon hatte er nur wenig darüber gesagt, es war schwierig und gefährlich gewesen. Nach zehn Tagen bekam er einen Platz auf einem Flüchtlingsboot in Richtung Italien, wurde von einem italienischen Marineschiff an Bord genommen und an Land gebracht, danach fuhr er nach Norden weiter. Am 5. September kam er in Dünkirchen an.

In den folgenden zwei Wochen unternahm er zehn Versuche, sich in einem Lastwagen mit dem Ziel England zu verstecken. Zu dieser Zeit hatte er häufig Kontakt mit seinen besorgten Verwandten – »Frierst du auch nicht? Hast du genug zu essen?« Er schrieb, sie sollten sich keine Sorgen machen. Wegen eines Gerüchts, man könne von italienischen Flughäfen aus nach England fliegen, reiste Mouaz vergeblich nach Italien, kehrte mit dem Zug nach Dünkirchen zurück und versuchte noch zweimal, sich in einem Lastwagen zu verbergen, auf eigene Faust, denn er konnte keine Schleuser mehr bezahlen. Am Morgen des 7. Oktober verließ er Dünkirchen in Richtung Calais.

Shadi war am 25. August in Italien angekommen, die Reise hatte drei Tage gedauert. Wie er danach in Calais gelandet war, blieb unklar. Ende September rief er seinen Vater an: Das Leben in Frankreich sei hart, er schlafe auf der Straße, Schleuser könne er nicht bezahlen. Die Familie trieb ein wenig Geld auf, das am 7. Oktober 2014 überwiesen wurde.

Um 20.03 Uhr bezahlten Shadi und Mouaz zusammen an der Kasse des Decathlon-Marktes die viel zu dünnen, nur für den Sommer geeigneten Wetsuits, anderen Schwimmbedarf und die wasserdichte Plastikhülle für Wertsachen. Insgesamt 256 Euro, in bar.

3

Das Europa der Schengener Abkommen, diese bedeutende Errungenschaft der 1990er Jahre, hatte nicht nur Positives gebracht, sondern auch Missstände, Sorgen bei den einen und Hoffnungslosigkeit bei den anderen. Das Grundproblem war im Grunde das Gleiche wie bei der Einführung des Euros. Auch hier hatte man sich in der damals herrschenden optimistischen Stimmung nicht an die natürliche Reihenfolge gehalten: Statt sich zuerst auf eine solide gemeinsame Flüchtlings- und Einwanderungspolitik zu einigen und danach die Grenzen zu öffnen, ging man umgekehrt vor. An den meisten europäischen Binnengrenzen wurden die Kontrollen abgeschafft, die Bewachung der Außengrenzen wurde vernachlässigt, eine gemeinsame Einwanderungspolitik gab es kaum ansatzweise.

Die Politik verlegte sich vor allem in der Nordhälfte Europas weitgehend darauf wegzuschauen. Formal galt das Dubliner Übereinkommen, das der größte Teil der EU-Mitgliedsstaaten in den 1990er Jahren unterzeichnet hatte. Für die Prüfung eines Asylantrags ist in den meisten Fällen der Staat zuständig, in den der Antragsteller zuerst eingereist ist. Es war eine unfaire Regelung, die für die südlichen Mitgliedsstaaten große Belastungen bedeutete. Griechenland, Italien und Spanien haben nun einmal lange und schwer zu überwachende Seegrenzen und mussten den massenhaften Zustrom von Migranten bewältigen.

Italien und Griechenland »lösten« dieses Problem, indem sie die Migranten in der Regel einfach weiterreisen ließen. Der niederländische Rechnungshof stellte fest, dass 90 Prozent derjenigen, die in den Niederlanden Asyl beantragten, über ein anderes EU-Land eingereist waren, dass aber nur die Hälfte von ihnen im Einreiseland registriert war. Lag eine Registrierung vor, musste den Dublin-Regeln entsprechend das betreffende Land den Asylbewerber »zurücknehmen«. Das geschah jedoch nur in einem von sechs Fällen. Die reichen nördlichen Mitgliedsstaaten stellten sich blind gegenüber diesen Unregelmäßigkeiten. Dafür, dass sie nicht selbst in der Frontlinie lagen, zahlten sie gern diesen Preis.

2001 errichteten die nördlichen Mitgliedsländer eine neue Barriere. Die auch als Carrier Sanctions Directive bezeichnete Richtlinie verpflichtete die Mitgliedsstaaten, Beförderungsunternehmen wie Reedereien oder Fluggesellschaften für jeden Passagier ohne erforderliche Einreisepapiere verantwortlich zu machen und gegebenenfalls mit Sanktionen zu belegen. Nachdem 1997 plötzlich drei mit Flüchtlingen aus Eritrea voll besetzte Chartermaschinen auf Schiphol gelandet waren, hatte vor allem die niederländische Regierung auf eine solche Richtlinie gedrängt: Dieses Loch musste schnell gestopft werden, obwohl das wieder auf Kosten der südlichen EU-Staaten ging. Von nun an waren auch die vielen Migranten, die sich eigentlich ein Flugticket leisten konnten, auf Schleuser und kaum seetüchtige Boote angewiesen – mit oft katastrophalen Folgen. So entstand die perverse Situation, dass selbst in hohem Maße gefährdete Flüchtlinge mit den besten Aussichten auf Asyl zuerst eine lebensgefährliche Reise durch die Wüste unternehmen, den zahllosen libyschen Räuberbanden entkommen und dann vielleicht in einem Schlauchboot erneut ihr Leben riskieren mussten, bevor sie vom gastfreundlichen Europa aufgenommen werden konnten.

Erst 2005 begann Frontex, die Europäische Agentur für die Grenz- und Küstenwache, von Warschau aus die Bewachung der EU-Außengrenzen zu koordinieren. Das war zunächst vor allem Theaterpolitik. Weil alle EU-Länder unbedingt die volle Kontrolle über die eigenen Grenzen behalten wollten, durfte die Agentur nur nach den Weisungen des jeweiligen Mitgliedsstaates handeln. In entscheidenden Momenten, zum Beispiel während Flüchtlingsaufständen auf den griechischen Inseln, war Frontex machtlos. »Keine Instruktionen aus Brüssel« – und Brüssel schaute weg. Ein effektiver gesamteuropäischer Grenzschutz blieb ein Tabu.

Unterdessen suchten Spanien und Italien meist im Stillen nach eigenen Lösungen. Die beiden spanischen Exklaven in Marokko, Ceuta und Melilla, lockten zahlreiche Migranten an. Es kam zu dramatischen Szenen, da an manchen Tagen Hunderte Männer versuchten, die Grenzzäune zu überwinden, Welle für Welle. Von 2005 an ließ der Ansturm dort zunächst nach, denn die Zäune wurden ständig weiter erhöht und waren durch Hindernisse im Vorfeld immer schwerer zu überwinden. Nun wurden die Kanarischen Inseln zum neuen bevorzugten Ziel. Allein 2006 kamen dort fast 32 000 Migranten auf überfüllten hölzernen Fischerbooten an.

Spanien entschloss sich nun zu einer neuen Strategie: gemeinsame Grenzbewachung in Kombination mit Wirtschaftshilfe. In Las Palmas wurde ein Koordinationszentrum eingerichtet, das Such- und Rettungsaktionen auf regionaler, nationaler und internationaler Ebene leiten sollte, und zwar in enger Zusammenarbeit mit Frontex und dem Roten Kreuz, ferner der Marine, dem Zoll, der Luftwaffe und der Polizei sowohl Spaniens als auch Marokkos und der westafrikanischen Staaten. Die Europäische Union beteiligte sich an den Kosten dieser *cross-border operations* mit beachtlichen Summen, bis 2014 etwa 300 Millionen Euro. Marokko und die westafrikanischen Länder wurden für ihren Einsatz großzügig belohnt: Die Wirtschaft profitierte von zusätzlichen Investitionen und Hilfsprogrammen, und auch die jeweiligen Machthaber gingen nicht leer aus.

Auf diese Weise wurden die Grenzen Europas praktisch nach Afrika verschoben. Frontex operierte sogar innerhalb Marokkos, nicht selten unter dem Vorwand humanitärer Hilfe. So berichtet der Journalist und Anthropologe Ruben Andersson in seinem Buch *Illegality, Inc.*, einem vielgepriesenen Bericht über die Grenzschutzindustrie, dass im Lauf der Jahre immer mehr Schiffe und Boote aufgehalten wurden. Irgendwann wurde praktisch jedes Fischereifahrzeug, selbst wenn es hochseetauglich war, als »risk of life« und Schiffswrack klassifiziert, dessen Insassen natürlich »gerettet« – und folglich zurückgeschickt – werden mussten. So sei das humanitäre Ideal missbraucht worden, schreibt Andersson, um letztlich die europäische Grenze nach Afrika zu verlegen. Mit Erfolg: Nach 2009 gab es für die spanischen Patrouillenschiffe vor der westafrikanischen Küste fast nichts mehr zu tun.

Auch Italien verlegte seine Grenzen, und zwar vor allem ins Libyen des Tyrannen Muammar al-Gaddafi. In Libyen warteten Schätzungen zufolge etwa zwei Millionen afrikanische Migranten auf eine Gelegenheit, nach Europa zu fahren. Gaddafi benutzte sie vor allem als Druckmittel: Er wollte Geld, Rehabilitierung und die Aufhebung der Wirtschaftssanktionen. Der italienische Ministerpräsident Silvio Berlusconi schloss mit dem Diktator ein Geheimabkommen. Schiffe mit italienisch-libyscher Besatzung durften vor der libyschen Küste patrouillieren, um Migranten aufzuhalten. Erstmals wurde sogar die Rettung von Flüchtlingen aus Seenot als strafwürdiges Vergehen interpretiert. Im Sommer 2004 wurden auf Sizilien drei Mitarbeiter der Hilfsorganisation Cap Anamur festgenommen, nachdem sie 37 entkräftete sudanesische Flüchtlinge von einem treibenden Schlauchboot gerettet hatten.

Vorübergehend auf Lampedusa untergebrachte Migranten konnten nun auch von Libyen »zurückgenommen« werden – im Oktober 2004 wurden einige Hundert ohne jedes Verfahren in das nordafrikanische Land abgeschoben. Als Gegenleistung lieferte Italien alles, was für effektive Grenzkontrollen erforderlich war: Radaranlagen, Flugzeuge, Patrouillenboote und vieles mehr. Außerdem zahlte es fünf Milliarden Euro als Entschädigung für die Kolonisierung des Landes in den 1910er bis 1940er Jahren. Die Vereinbarungen wurden 2009 in einem »Freundschaftsvertrag« bekräftigt. So wurde die Sahara zur neuen europäischen Südgrenze.

Gaddafi blieb allerdings unberechenbar, Italien erpressbar. Und Europa umschloss sich mit einem neuen Eisernen Vorhang.

Zwischen den Hütten und Abfallhaufen ihres Lagers in Calais besangen afrikanische Männer ihr Schicksal:

Ich wurde gewarnt: fahre nicht in Richtung London.
Ich tue es doch, sagte ich, lass meinen Kragen los.
Wenn ich mein Leben nicht wieder in Ordnung bekomme
Finde ich den Tod in Einsamkeit.
Niemand hängt an mir und will sich um mich kümmern.
Liebling, ich ertrage die Einsamkeit nicht,
Mein ganzes Leben war voller Sorgen,
Aber ich habe mich nie einsam gefühlt.

Die Dokumentarfilmer Frans, Sylvia und Ruben Bromet hielten die Szene fest. Und sie bekamen eine Zugabe:

> Ihr kommt aus Holland und seid jetzt in Calais
> Ihr wisst nicht, was mit uns geschehen wird.
> In dieser Hinsicht sind wir uns ähnlich.

Die Männer nickten und lächelten.

Nee, non

2005

I

Nie werde ich den alten Luxemburgplein vergessen, wie er im Januar 1999 war. Still war es dort, das 19. Jahrhundert und der freundliche Bahnhof Leopoldswijk beherrschten den Platz, einen Augenblick noch, denn dahinter türmte sich eine Flutwelle aus Glas und Aluminium auf. Das neue Gebäude des Europaparlaments war fast fertig, die Zementmischer drehten die letzten Runden. Die gläserne Woge würde weiterrollen, das wusste ich schon damals, und alles Liebgewonnene verschlingen, einschließlich nicht reguliertem Baguette und Rohmilchkäse oder der freundlichen einzahnigen Frau im Süßigkeitenstand des Bahnhofs.

Und genauso ist es gekommen.

Auf dem Rasen in der Mitte, zu Füßen des versteinerten Industriemagnaten John Cockerill, treffen sich heute die EU-Praktikanten und -Praktikantinnen, Bierdosen aus dem nahen Supermarkt in den Händen. Wer in der Hackordnung etwas höher steht – junge Journalistinnen und angehende Eurokraten –, netzwerkt auf den Caféterrassen, die sich nun um den Platz drängen. Aber alles wirklich Wichtige spielt sich erst in den Restaurants und Cafés rings um die europäischen Paläste ab: das Berlaymont-Gebäude der Europäischen Kommission, der »Regierung« der Europäischen Union, und das Europagebäude des EU-Ministerrats und des Europäischen Rates.

Brüssel ist eine Blase oder, besser gesagt, eine endlose Folge von Blasen nah beieinander. Es ist eine gequälte Stadt, und in den zurückliegenden zwei Jahrzehnten ist alles nur noch schlimmer geworden. Entfernt man sich hundert Schritte von dem glänzenden Bahnhof Brüssel-Süd und dem nagelneuen Hotel *Pullman*, geht man schon durch verfallene Straßen, vorbei an verlassenen Baustellen, an Durchgängen, in denen gedealt und geschachert wird, an gefährlichen Stellen, wo junge Afrikaner mit Messern aufeinander losgehen. Molenbeek, 1999 teilweise noch ein Arbeiterviertel, hat sich in eine typisch nordafrikanische Wohngegend verwandelt, auch etliche der Attentäter der großen islamistischen Anschläge von Paris und Brüssel selbst stammten von dort. Arabisch ist heute die vierte Sprache der Stadt, die Kenntnis der niederländischen Sprache ist in den letzten zwanzig Jahren um die Hälfte zurückgegangen.

Die Region Brüssel-Hauptstadt zählt zu den reichsten Regionen Europas mit zahlreichen Arbeitsplätzen für sehr hoch Qualifizierte, gleichzeitig ist die Zahl der Armen und Arbeitslosen ohne Chancen auf dem Arbeitsmarkt auffällig hoch. Brüssel ist eine typische »Expat«-Stadt: Von den 1,2 Millionen Einwohnern sind 65 Prozent nicht in Brüssel geboren, in den zurückliegenden zwanzig Jahren haben 1,1 Millionen Menschen die Stadt verlassen, dafür sind 1,2 Millionen nach Brüssel gezogen, die Fluktuation ist enorm. Dieses Vorübergehende, gewissermaßen Uneigentliche der Beziehung so vieler Einwohner zu ihrer Stadt ist überall sichtbar. Das große Geld und die europäischen Vielfraße durchlöchern das städtische Gewebe weiter, Jahr für Jahr vertilgen sie gewaltige Happen von der grandiosen Vergangenheit Brüssels. Und doch ist Brüssel noch heute eine Stadt, die einen in die Arme schließt. »Brüssel hat mich gesäugt, hat mich entjungfert, war die Urmutter«, sagte mein alter Freund Pierre Platteau, als wir die Stadt 1999 durchstreiften, und diese beinahe körperliche Ausstrahlung hat sich Brüssel wundersamerweise bewahrt.

Im Wettbewerb mit Straßburg und Luxemburg hat sich Brüssel allmählich zur inoffiziellen Hauptstadt Europas hochgearbeitet. »Hauptstadt« trifft die Sache allerdings nicht ganz, und das ist ein Teil der Tragik dieser Stadt: Wegen der Institutionen der EU und anderer internationaler Organisationen wurde Brüssel weniger als Stadt denn als »Funktion« wahrgenommen – ich zitiere hier die Stadthistorikerin Sophie de Schaepdrijver. Es war das Verwaltungszentrum für die »Provinz«, in die der Pendler »nach getaner Arbeit möglichst schnell zurückkehren musste«. Zwei Jahrzehnte später erstreckte sich diese Brüsseler »Provinz« über den größten Teil Europas.

In den EU-Institutionen arbeiten heute etwa 50 000 Beamte, an deren Spitze bis vor Kurzem der brillante deutsche Karrieremacher Martin Selmayr stand, der Generalsekretär der Europäischen Kommission. Er galt hinter den Kulissen als der mächtigste Mann dieser europäischen Innenwelt, als »Rasputin des Berlaymont«. »Was ist der Unterschied zwischen Martin Selmayr und Gott?«, fragte man in Brüssel. »Gott hält sich nicht für Selmayr.«

Die meisten dieser Beamten bringen Partner und Familien mit. Die Anzahl der »Bruxpats« aus den EU-Ländern wird auf 100 000 geschätzt, dazu kommen noch um die 20 000 Expats aus Ländern außerhalb der Union. Die Stadt beherbergt fast 600 ständige Vertreter von Städten, Regionen und Staaten, über 5000 Diplomaten und etwa 150 internationale Anwaltskanzleien, und dazwischen tummeln und mühen sich 20 000 bis 30 000 Lobbyisten und ungefähr 1500 Journalisten.

Der große Spielplatz für all diese Menschen ist der alte Luxemburgplein, die Place Luxembourg, inzwischen zu Plux abgekürzt. Es ist ein schöner Frühlingstag des Jahres 2019, und ich sitze mit zwei Brüssel-Veteranen zusammen, Bart Beirlant, der seit Jahren für die belgische Zeitung *De Standaard* über diesen Mikrokosmos berichtet, und Vincent Stuer, Berater und Redenschreiber für Mitglieder der Europäischen Kommission. Wir beobachten ein wenig die Passanten. Die meisten Männer tragen dunkle Anzüge, die Frauen teure, elegante Kostüme, an Schmuck aller Art wird nicht gespart. Die Verkehrssprache, vor zwei Jahrzehnten noch überwiegend Französisch, ist seit der Erweiterung von 2004 fast überall das Englische. Sprachlich sind »oben« und »unten« hier vertauscht: Französisch spricht man nur noch mit dem Küchenpersonal.

»Sieh mal, ein prominenter deutscher Abgeordneter und um ihn herum ein Kamerateam, der hat Neuigkeiten.« »Ach, interessant, ein niederländischer Liberaler, nicht unwichtig, mit wem redet er da?« Jede Tierart auf diesem Platz ist an den Namensschildchen zu erkennen, die alle um den Hals hängen haben. »Diese drei jungen Frauen sind Praktikantinnen, das sieht man an der Farbe ihrer Namensschilder. Der Journalist da hat einen viel höheren Status, diese Farbe steht für eine feste Akkreditierung.« Der Mann schleppt eine dicke Aktentasche, sein Jackett schlabbert ihm um den Leib, er geht etwas gebeugt, als laste die halbe EU auf seinen Schultern.

So faszinierend die Innenwelt all der europäischen Institutionen auch ist, bis vor Kurzem interessierten sich eigentlich nur Insider und Liebhaber dafür. Alle, die darüber berichteten, hatten jahrzehntelang das gleiche Problem: Trotz aller Flirts war die Brüsseler Politik einfach nicht »sexy«. Zwar spielten sich gewaltige Dramen mit enormen Konsequenzen ab, besonders in Krisensituationen, doch im Gegensatz zur nationalen Politik wurde nie echtes politisches Theater daraus. Die EU-Parlamentarier und die eigentlich

Mächtigen, die Mitglieder des EU-Ministerrats und des Europäischen Rates der Staats- und Regierungschefs, blickten einander nur selten in die Augen. Es gab zu viele Institutionen und zu wenige menschliche Gesichter. Erst ganz allmählich beginnt sich das zu ändern.

2

Im Jahr 2017 erschien Robert Menasses überaus lebendige Karikatur des Lebens rings um die Place Luxembourg, *Die Hauptstadt*. Menasse folgt darin frei dem Vorbild jenes klassischen satirischen Romans, den ein anderer Wiener Autor, Robert Musil, in den 1920er und 1930er Jahren über das habsburgische Machtzentrum in der Endphase der Österreichisch-Ungarischen Monarchie geschrieben hat.

In seinem Hauptwerk *Der Mann ohne Eigenschaften* erzählt Robert Musil von »Kakanien, diesem seither untergegangenen, unverstandenen Staat, der in so vielem ohne Anerkennung vorbildlich gewesen ist«. Alles in Kakanien war politisches Theater: »Man handelte in diesem Land [...] immer anders, als man dachte, oder dachte anders, als man handelte.« Niemand brachte dort je etwas Weltbewegendes zustande. Das Grundprinzip dieses außerordentlich intelligent eingerichteten Staates war das Weiterwurschteln.

Auch in Menasses Brüssel wimmelt es ein knappes Jahrhundert später von inkompetenten Aufschneidern und machtgierigen Idioten. Da gibt es die »Salamander«, geschniegelte Anzug- und Krawattenträger, nicht an Europa, sondern nur an ihrer Karriere innerhalb der europäischen Institutionen interessiert. Da herrscht Kleinkrieg zwischen den Generaldirektionen AGRI, TRADE und GROW, mit zahllosen Meetings und PowerPoint-Präsentationen. Ein Beamter der Europäischen Kommission, der innerhalb der Generaldirektion »Kultur und Bildung« der Direktion C »Kommunikation« zugeteilt ist und die Abteilung EAC-C-2 »Programm und Maßnahmen Kultur« leitet, muss feststellen, dass Kultur in der Rangordnung der Ressorts ganz unten steht. Seine ehrgeizige Chefin, enttäuscht über ihre Beförderung zur Generaldirektorin ausgerechnet des geringgeschätzten Kulturressorts, versucht sich mit allen Mitteln zu profilieren, um bald den nächsten Karriereschritt tun zu können. Bei all den Arbeitsessen und

Tagungen wird unablässig um Macht und Ansehen gekämpft, es ist ein Mikrokosmos in einem Wassertropfen.

Die Hauptstadt ist komisch und satirisch, doch auch das Ergebnis genauer Beobachtung. Menasse hat das heutige europäische Machtzentrum eingehend studiert, nicht weniger als fünf Jahre hat er sich dort umgeschaut und mit EU-Beamten in allen Ausführungen und Größen gesprochen. Er habe verstehen wollen, wie sie arbeiten, was sie antreibt, warum so vieles auch nicht funktioniert, sagte er später. »Es ist ein menschengemachtes Ding, diese Union.« Er verwandelte die wirklichen Personen in karikaturhaft überzeichnete Romanfiguren, aber er wollte auch zeigen, dass viele der Klischees gar nicht zutreffen. Vor allem auf der höchsten Ebene wurde hart und engagiert gearbeitet, dort gab es qualifizierte und äußerst kompetente Leute.

»Ich erlebte Überraschung auf Überraschung«, schrieb er in seinem einige Jahre zuvor veröffentlichten Essay *Der Europäische Landbote*. Was ihn erstaunte, waren die Offenheit der Europäischen Kommission, der geringe Umfang des Brüsseler Beamtenapparats, kleiner als der von Wien, die Schlichtheit der funktional eingerichteten Büros – keine einzelstaatliche Verwaltung ist so billig. (Von den Staatsausgaben der reichen Niederlande zum Beispiel – 2017 waren es 264,9 Milliarden Euro – gingen in jenem Jahr gerade einmal 3,4 Milliarden oder 1,3 Prozent oder 199 Euro pro Einwohner an die EU; davon kehrten 2,4 Milliarden in Form verschiedener Subventionen wieder zurück.) Außerdem überraschte ihn, mit wie viel Vergnügen dort gearbeitet wurde: »Ich traf kaum trockene und verknöcherte Menschen.«

»Was ist Brüssel nun wirklich?«, fragte ich Robert Menasse bei einem gemeinsamen Essen in Wien. »Ist es wieder so etwas wie die Hauptstadt von Musils Kakanien? Oder ist es die fröhliche, offene Hauptstadt wie im *Europäischen Landboten*?« Er schwieg eine Weile, offensichtlich in einem Loyalitätskonflikt wie so viele Beobachter des europäischen Projekts. Schließlich antwortete er: »Den *Landboten* habe ich geschrieben, um zu zeigen, wie es sein müsste. *Die Hauptstadt* zeigt, wie es ist.«

Etwas Ähnliches galt auch für mich. In Brüssel schmolzen viele meiner Vorurteile dahin. Fast alle, die hier arbeiten, fühlen sich dem europäischen Projekt auch emotional verbunden. Vincent Stuer, schon seit Jahren ein Insider: »In Metzgereien arbeiten ja auch nicht viele Vegetarier.« Gleichzeitig hatte ich aber oft das Gefühl, dass viele hier in einer künstlichen Realität lebten, in einem Computerspiel, in einer Scheinwelt, in der Illusion, alles sei stets unter Kontrolle, in der Überzeugung, dass Fakten, die nicht in bestimmte Modelle passten, einfach nicht existierten. Allzu häufig habe ich erlebt, dass führende Europapolitiker diese Brüsseler Welt voll heiliger Überzeugung verteidigten, während das übrige Europa eine ganz andere Geschichte erzählte.

Auch in dieser Hinsicht ist Brüssel eine Blase, genauer gesagt: eine Kette von Blasen, die auf unterschiedliche Weise verbunden sind. Wer hier hinein will, muss hohe Anforderungen erfüllen, man arbeitet bis zur Erschöpfung, man begegnet einander ständig, die Kinder besuchen dieselben Schulen, auch an den Wochenenden ist man oft zusammen.

Die zentrale Blase umgibt die Europäische Kommission, darüber herrscht Einigkeit. »Da findet man die wahren *believers*, und wenn man die Politik der EU kritisiert, tut ihnen das beinahe körperlich weh«, sagt Bart Beirlant. Es ist eine Blase, die manchmal an eine Glaubensgemeinschaft erinnert, mit ihrer eigenen Heiligen Schrift, dem Vertrag über die Europäische Union. »Wie ein Pfarrer auf Matthäus soundso Vers soundso verweist, verweisen sie auf Artikel soundso. Für sie dreht sich alles um die Regeln.« Vincent Stuer ergänzt: »Wir sind die Hüter des Vertrags von Maastricht, dieses Gefühl ist in der Kommission tatsächlich vorherrschend.« »Wenn man sie als Bürokraten bezeichnet, sind sie schockiert. Nein, sie sind *civil servants*«, meint Beirlant. In ihrer Gewissheit, recht zu haben, seien sie oft außerordentlich arrogant, aber, so erkannt Beirlant an, auch offen und immer gesprächsbereit. Das höre ich immer wieder. Entgegen allen Vorurteilen ist die Kommission auffallend transparent.

Die Blase um den Europäischen Rat der Staats- und Regierungschefs ist das eindeutig nicht. Dort wird vor allem um Macht gespielt, mit unzähligen Kompromissen. Man ist dort zynischer und begegnet den »Idealisten« von der Europäischen Kommission häufig mit Argwohn. Das Europäische Parlament wiederum ist allein schon wegen seiner Gebäude eine Blase für sich: Es sind eigene Welten mit Kiosken, Bars, Restaurants, sogar einem Friseursalon, Welten, in denen man ein ganzes Leben verbringen könnte. Beirlant: »Es ist, als würde man den Parlamentariern einen kompletten Kokon bieten.« Zwangsläufig entstehen so auch Beziehungen, oft über Parteigrenzen hinweg. Stuer zieht einen Vergleich mit Institutionen wie berühmten Orchestern: »Wenn man oft zusammen reist und die gleichen Dinge tut, kommt man sich natürlich auch leicht näher.«

Weil die meisten weit von zu Hause entfernt sind, fehlt die normale soziale Kontrolle. Die niederländische Linksliberale Marietje Schaake, von 2014 bis 2019 eine der aktivsten und engagiertesten EU-Abgeordneten, sprach in einem Abschiedsinterview über den weit verbreiteten Machtmissbrauch und Sexismus – über Minister, die sich noch spätabends in ihrem Hotelzimmer mit ihr treffen wollten, über einen männlichen Kollegen, der sie tadeln zu dürfen glaubte, weil sie keine Schuhe mit hohen Absätzen trug, über Tagungen, bei denen man ihr den Zutritt verwehren wollte, weil man meinte, sie könne »nur« eine Assistentin sein. Inzwischen gibt es eine spezielle Website, metooep.com, mit Berichten über diskriminierende Bemerkungen, aber auch zerstörte Karrieren, sexuelle Übergriffe, sogar Vergewaltigungen. Die betont weiblichen Praktikantinnen und Assistentinnen vieler osteuropäischer Parlamentarier werden auch als die »Modelagentur« bezeichnet.

Und schließlich ist da noch die Blase des Journalismus. Jeden Morgen beginnt die riesige EU-Maschine Standpunkte zu allem Möglichen zu produzieren, sogenannte *Lines To Take*, LTTs. Sie werden beim täglichen Briefing um zwölf Uhr von den Sprechern der verschiedenen Institutionen vorgelesen, die nicht von den LTTs abweichen dürfen. Wirklich Interessantes können die paar Hundert anwesenden Journalisten nur in persönlichen Gesprächen am Rande erfahren. Trotzdem muss man sich als Journalist bei diesen Briefings möglichst mit klugen Fragen und treffenden Bemerkungen profilieren, denn das wird sehr wohl registriert. Man erhält dann nach und nach mehr Einladungen zu Hintergrundgesprächen. Bis vor Kurzem durfte man mit sehr viel Glück irgendwann an den wichtigsten Ereignissen des EU-Journalismus teilnehmen, den Mittagessen mit Kardinal Selmayr persönlich. Wenn man dann auch noch »Martin« zu ihm sagen durfte, war das Himmelreich nah.

Zur journalistischen Brüsseler Blase gehört von jeher ein hohes Maß an Loyalität. Eine kritische Haltung, eigentlich die Grundlage jeder journalistischen Tätigkeit, galt in Brüssel jahrelang als eher unangebracht. Die EU sollte unbedingt erklärt und verteidigt werden. Diese Art von Obrigkeitstreue ist vor allem nach dem Chaos der Euro- und der Flüchtlingskrise verschwunden. Doch immer noch bewegen sich die meisten Journalisten vor allem im Kreis von Landsleuten und interessieren sich oft ausschließlich für die Briefings ihrer eigenen Minister und Sprecher. So bleibt die Berichterstattung zwangsläufig national gefärbt – aber auch dies ändert sich allmählich.

Die Journalistenblase ist ebenfalls klein, eine Welt für sich, in der man sich ständig überall begegnet. Wer auf theoretischer Ebene kluge Artikel über die EU schreibt, kann darauf zählen, dass er bald Einladungen erhalten wird: zu Plenarvorträgen, Symposien, Diskussionsforen und anderen Veranstaltungen, die der journalistischen Eitelkeit schmeicheln. Allerdings habe ich gerade die Journalistenkollegen, die seit Jahren den EU-Betrieb systematisch »von unten« beleuchten, ganz gleich ob es um Flüchtlinge, die Bauern oder die Banken geht, so gut wie nie auf den Teilnehmerlisten entdeckt.

Die Brüsseler Blasen sind nicht neugierig, mehr noch: Sie wollen oft gar nicht mehr wissen als unbedingt nötig, um als Blase weiterbestehen zu können. Einer befreundeten Journalistin, die in Griechenland zu den konkreten Auswirkungen der europäischen Einwanderungspolitik recherchierte, wurde von verschiedenen Seiten vorgeworfen, sie verpasse zu viele Brüsseler Konferenzen. Außerdem seien ihre Berichte – sie beschrieb nur das Elend, das sie mit eigenen Augen sah – »immer nur negativ«.

»Wir arbeiten hier als *embedded journalists*«, hat ein Freund einmal zu mir gesagt – also wie vom Militär kontrollierte zivile Kriegsberichterstatter. Erst in den letzten Jahren entwickelte die EU in dieser Hinsicht eine gewisse demokratische Reife.

Ein paar Straßen von der Place Luxembourg entfernt liegt die Place Schuman, das tatsächliche Machtzentrum der EU: auf der einen Seite das frostige Justus-Lipsius-Gebäude des Europäischen Rates und des Rates der Europäischen Union, seit 2017 ergänzt durch das benachbarte neue Europagebäude, und gegenüber das überwältigende Berlaymont-Gebäude der Europäischen Kommission – abweisende, in sich geschlossene und zugleich ängstliche Kompromissbauwerke. Wer aufregende Architektur sucht, ist dort falsch. In den Straßen der Umgebung gibt es einen ganzen Ring von diplomatischen Vertretungen und wiederum eine Reihe von – relativ bescheidenen – Cafés und Restaurants, in denen Brötchen und Essenspakete für die Nachtarbeiter in den Büros geholt werden und jeder jeden trifft, von morgens früh bis abends spät: *Berlaymont Café, Viticolo, Exki* – für die Mitarbeiter des Auswärtigen Dienstes –, *The Old Hack* – Nigel Farages Brexit-Pub – und das bei allen Deutschen beliebte *Maxburg*. Und natürlich das

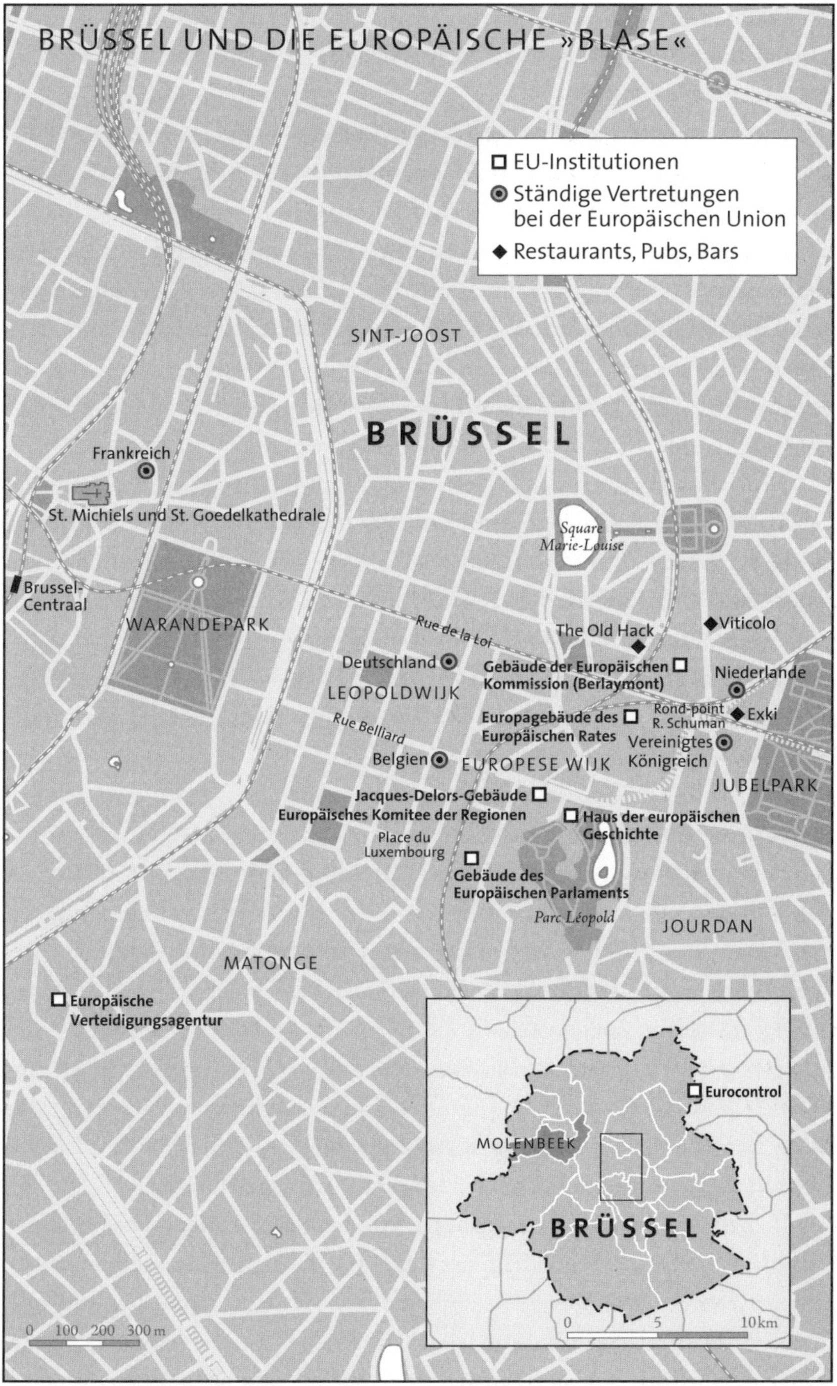
BRÜSSEL UND DIE EUROPÄISCHE »BLASE«
EU-Institutionen
Ständige Vertretungen bei der Europäischen Union
Restaurants, Pubs, Bars
SINT-JOOST
BRÜSSEL
Frankreich
St. Michiels und St. Goedelkathedrale
Square Marie-Louise
Brussel-Centraal
WARANDEPARK
Rue de la Loi
The Old Hack
Viticolo
Deutschland
Gebäude der Europäischen Kommission (Berlaymont)
Niederlande
LEOPOLDWIJK
Europagebäude des Europäischen Rates
Rond-point R. Schuman
Exki
Rue Belliard
Vereinigtes Königreich
Belgien
EUROPESE WIJK
JUBELPARK
Jacques-Delors-Gebäude
Europäisches Komitee der Regionen
Haus der europäischen Geschichte
Place du Luxembourg
Gebäude des Europäischen Parlaments
Parc Léopold
JOURDAN
MATONGE
Europäische Verteidigungsagentur
Eurocontrol
MOLENBEEK
BRÜSSEL
0 100 200 300 m
0 5 10 km

berühmte Restaurant *Chez Nardi* alias *La Rosticceria Fiorentina,* in dem von jeher, während man Pasta isst, alle möglichen Deals vorgekocht werden, bis hin zum Brexit.

Meine wenigen eigenen Erfahrungen in dieser Welt entsprechen den Beobachtungen Robert Menasses: Ich bin der Crème de la crème der Diplomatie begegnet, intelligenten und höchst kompetenten Männern und Frauen, hoch qualifiziert und in mindestens vier, fünf Sprachen zu Hause. All die kleinen Büros zusammen bildeten eine Hochleistungsmaschine, angetrieben von Talent und harter Arbeit. Das Gleiche galt für das Europaparlament, in dem es außergewöhnlich fähige und engagierte Volksvertreter gab. Unter alldem lag allerdings auch eine mittlere, vom Kleingeist Kakaniens geprägte Schicht.

Ich erinnere mich an eine Zusammenkunft im Jahr 2003, noch vor den großen Stürmen. José Manuel Barroso, der damalige Präsident der Europäischen Kommission, wollte ein neues Projekt starten, das sogenannte New Narrative for Europe. Autoren, Künstler und Wissenschaftler sollten von verschiedenen Ansätzen her diese »neue Erzählung« schaffen und damit eine neue europäische Identität: mit großen Debatten in den Hauptstädten, mit *citizens dialogues,* mit einem Buch und einer Website, denn auch junge Europäer sollten »ihre Meinung sagen«.

Im Rahmen dieses Projekts wurde eine Handvoll europäischer »Geschichtenerzähler« und »Kulturträger« ins Berlaymont-Gebäude eingeladen. Wir sollten sagen, was wir von der Idee hielten; der Präsident hatte dafür eine Stunde und 20 Minuten veranschlagt. Wir mussten lange auf sein Erscheinen warten, eine Menge Entourage war bereits da, als könne jeden Moment ein byzantinischer Kaiser den Raum betreten. Endlich durften wir unsere Ansichten äußern, soweit das bei der Vagheit des Themas möglich war. Meiner Schätzung nach waren wir etwa 25. Die französischen und italienischen Autoren legten wie üblich mit ausführlichen Vorträgen los, Björn Ulvaeus von der Popgruppe Abba sprach über Urheberrechte, György Konrád sagte einige kluge Dinge über die Geschichte Europas.

Neben mir saß Rosie Goldsmith von der BBC. Zusammen begannen wir allerlei europäische Seifenblasen auf ihre Festigkeit zu prüfen, stellten ein paar Fragen, doch weiter kamen wir nicht: Der Kaiser und sein Hofstaat mussten schon wieder fort. Kritische Anmerkungen waren bei dieser Veranstaltung ohnehin nicht vorgesehen, es war, wie wir schnell merkten, vor allem ein PR-Event, nicht nur für den Präsidenten und seinen Stab, sondern auch für viele andere Anwesende. Ich hatte das Gefühl, dass man vor allem gute Absichten demonstrierte, aber niemand hörte noch zu.

Musils »Parallelaktion«, Menasses »Big Jubilee Project«, Barrosos »New Narrative for Europe«, sie alle starben den gleichen sanften Tod.

3

Der niederländische Philosoph und Historiker Luuk van Middelaar hat eine kluge Unterscheidung zwischen drei Arten Europa getroffen, mit denen wir es zu Beginn des 21. Jahrhunderts zu tun hatten: dem Europa der Staaten, dem Europa der Bürger und dem Europa der Behörden.

Das Europa der Bürger war in erster Linie eine juristische Konstruktion, denn der europäische Bürger musste ja erst noch geschaffen werden, das Parlament musste sich weiterentwickeln, das erträumte europäische Kaffeehaus, in dem eine permanente öffentliche Diskussion stattfinden sollte, war erst im Entstehen begriffen.

Das Europa der Staaten war die Welt der Historiker, der Diplomaten und all derer, die in den Kategorien internationaler Beziehungen denken. Da gab es eine finstere Vergangenheit, aus der ein Held hervortrat – der Staat oder die EU. Das Credo lautete Zusammenarbeit, und die dafür geschaffene Institution war der Europäische Rat. Der maltesische Premierminister Joseph Muscat hat der Zeitung *Politico* einen Eindruck von den Vorgängen im Rat vermittelt. Die Tagungen, so Muscat, verliefen häufig derart zäh, dass europäische Staats- und Regierungschefs dabei einschliefen, mit dem Kopf auf dem Tisch. Andererseits könne es auch vorkommen, dass ein Streit über bestimmten Fragen beinahe in Handgreiflichkeiten ausarte. Auffällig sei bei alldem, dass sich so gut wie nie »rechts« und »links« gegenüberstünden, auch gebe es keine »Fraktionen« von Regierungschefs der gleichen politischen Blutgruppen. »Ich kann nicht sagen, dass es immer um nationale Interessen ging«, sagte Muscat. »Ich habe in mehreren Fällen erlebt, dass Entscheidungen eindeutig im europäischen Interesse getroffen wurden – und manche Premierminister und manche Präsidenten sagten ohne Umschweife, die Entscheidung sei ›zu Hause nicht populär‹, sie stimmten aber trotzdem zu, weil es sein müsse.«

Das Europa der Behörden war die Domäne der Verwalter, der Beamten und Ökonomen. Alles war quantifizierbar, alles entwickelte sich immer in die gleiche Richtung: die richtige. Tatsächlich hatte sich ja seit der Gründung der Europäischen Gemeinschaft für Kohle und Stahl im Jahr 1951, dem Beginn der europäischen Einigung, unvorstellbar viel getan. Grenzen waren geöffnet, tausendundeine juristische Barriere beseitigt, Milliarden in die Modernisierung der Mitgliedsstaaten investiert, grenzüberschreitende Straßen und Bahnstrecken gebaut, die Bildungssysteme halbwegs angeglichen, multinationale Konzerne gebändigt, Grundrechte verteidigt worden. Ein dauerhafter Frieden schien garantiert. Für die jüngeren Generationen war all dies 2019 schon so selbstverständlich, dass man nicht weiter darüber nachdachte, aber es blieb eine einzigartige politische und diplomatische Leistung.

Wie weit der Prozess des Zusammenwachsens fortgeschritten war, ließ paradoxerweise gerade der Brexit deutlich erkennen. All die Fasern, Sehnen, Nerven und Adern, die einen Mitgliedsstaat, in diesem Fall Großbritannien, mit der EU verbinden, wurden bei der Trennungsoperation gnadenlos sichtbar gemacht. *The Economist* listete im Herbst 2018 seitenlang auf, was sich für die Briten beim bevorstehenden Austritt ändern würde. Luftfahrtabkommen, Verträge über den Import von Gas und Strom, Aufenthaltsrechte in EU-Ländern, Liquiditätssicherung im Bankwesen, Versorgung mit Arzneimitteln, Austauschprogramme für Schüler und Studenten, wechselseitige Anerkennung von Bildungsabschlüssen, soziale Rechte, Patente, preiswerte Nutzung mobiler Netzwerke, landwirtschaftliche Subventionen, Fischereirechte, Rechtsschutz für Arbeitnehmer – all dies und vieles mehr ist von einem Austritt betroffen. Die Aufzählung nahm kein Ende.

Zollkontrollen – junge Briten und andere Europäer der jüngeren Generationen hatten solche bürokratischen Unannehmlichkeiten in Europa nie erlebt – würden nun auch wieder eingeführt werden, nicht ohne Folgen. Allein vom Hafen von Dover aus fuhren im Jahr 2018 täglich etwa 10 000 Lastwagen unbehelligt ins Landesinnere, beladen mit Gütern im Wert von ungefähr 133 Milliarden Euro pro Jahr, was 17 Prozent des britischen Handelsvolumens entsprach. Es ging problemlos und schnell, und das musste auch so sein. Zum Beispiel besteht der MINI, ein typisch britisches Auto (inzwischen eine Marke von BMW), aus 4000 bis 5000 Teilen, die weit überwiegend in anderen europäischen Ländern hergestellt werden. Andererseits werden etwa 60 Prozent der in britischen Fabriken hergestellten Autoteile und acht von zehn fertigen Wagen exportiert. Damit das MINI-Werk in Oxford ohne Unterbrechung produzieren kann, müssen die benötigten Teile nach einem straffen Zeitplan mit etwa 200 Lastwagen pro Tag über Dover nach Oxford transportiert werden. Eine einzige Verzögerung, und der gesamte Fertigungsprozess – täglich laufen 1000 MINIs vom Band – kann ins Stocken geraten. Und das ist nur eine von vielen Tausend paneuropäischen Produktionsketten. Dem manchmal kaum sichtbaren Europa der Behörden war es zu verdanken, dass alles wie geschmiert lief.

Das glorreiche Projekt Jean Monnets und der anderen Pioniere hatte allerdings auch eine Kehrseite. Gut ein halbes Jahrhundert nach der Gründung der Montanunion hatte sich das Europa der Behörden in vieler Hinsicht zu einer amorphen Technokratie entwickelt. So gut wie alles war bis ins kleinste Detail berechnet und ausgehandelt worden – von der Zubereitung von Ziegenkäse in Frankreich bis zur Länge der Leitern von Fensterputzern in Amsterdam. So war das Europa der Behörden eine Art umgekehrte Föderation: Auf den Gebieten, auf denen eine normale Föderation stark ist – Steuerpolitik, Außenpolitik, innere Sicherheit, Verteidigung –, war Brüssel schwach, dafür aber oft gerade bei den Dingen bestimmend, die eine normale Föderation den Einzelstaaten überlässt – Leitern und Ziegenkäse. Es war außerdem eine Bürokratie, die dazu neigte, ihr Aufgabengebiet kontinuierlich zu erweitern, schließlich gab es dafür im stetig wachsenden europäischen Projekt keine offensichtlichen Grenzen und Hindernisse. Jean-Claude Juncker, von Ende 2014 bis 2019 Präsident der Europäischen Kommission, bezeichnete es einmal als eine seiner größten Leistungen, dass er »mit wahrer Todesverachtung« die Kommission davon abgehalten habe, auch noch WC-Spülkästen europaweit zu standardisieren. Zugleich war es ein System, in dem man viele der Regeln und Vereinbarungen in entscheidenden Momenten nicht durchsetzte. So wurden zum Beispiel die Dublin-Verordnungen zur Durchführung von Asylverfahren oder die Regeln zum Schuldenstand und der Nettoneuverschuldung permanent und systematisch umgangen.

Fairerweise sollte erwähnt werden, dass in vielen Fällen nicht Brüsseler Regelungswut, sondern Interessenkonflikte zwischen Mitgliedsstaaten zur Ausarbeitung von Vorschriften führten, da nur auf diese Weise eine Entscheidung erzielt werden konnte. Als die deutschen und französischen Autohersteller unnachgiebig über die Standardfarbe von Scheinwerfern stritten, gelb oder weiß, blieb Brüssel nichts anderes übrig, als die Sache selbst in die Hand zu nehmen.

Der bekannteste Kritikpunkt ist die Vielzahl der Arbeitsorte des Europäischen Parlaments. Neben Brüssel, wo bis zu sechsmal im Jahr Plenarsitzungen stattfinden und die Ausschüsse und Fraktionen tagen, ist das vor allem – um die Franzosen zufriedenzustellen – Straßburg, der offizielle Sitz des Parlaments, wo jährlich zwölf viertägige Plenarsitzungen abgehalten werden. Das Generalsekretariat wiederum hat seinen Sitz in Luxemburg. Zwölfmal im Jahr findet deshalb ein aufwendiger ritueller Umzug von Abgeordneten und Beamten samt zahlloser Dokumente statt. Jeden Monat wird dafür eigens ein Sonderzug von Brüssel nach Straßburg gechartert. Die Kosten für diesen Wanderzirkus belaufen sich auf gut zehn Millionen Euro pro Umzug, ganz abgesehen von den immateriellen Kosten wie Stress und Unbequemlichkeiten für die Betroffenen. Man akzeptiert es geduldig. Die EU ist und bleibt nun einmal, wie Tony Judt meinte, ein Kompromiss in kontinentalem Ausmaß, entworfen von zahllosen Kommissionen.

So oder so blieb die Regelflut ein Ärgernis und unterminierte die Autorität der EU von Tag zu Tag. Schließlich respektiert kein Bürger eine Obrigkeit, deren Regeln teilweise dem gesunden Menschenverstand widersprechen und auf die er außerdem keinen Einfluss hat. So konnte ein Zusammenstoß zwischen dem Europa der Behörden und dem Europa der Bürger auf die Dauer nicht ausbleiben.

Die erste große Kollision ereignete sich im Frühjahr 2005. Als staatliche Konstruktion war die EU weder stark noch transparent, außerdem nicht besonders demokratisch, darüber waren sich alle Mitgliedsstaaten einig. Durch die geplante Erweiterung der Union um nicht weniger als zehn neue Mitglieder, beinahe eine Verdoppelung, wurde dieses Problem akut. Deshalb wurde 2002 der »Konvent zur Zukunft Europas« einberufen, auch als Europäischer Konvent oder Verfassungskonvent bezeichnet, eine große Konferenz von Regierungs- und Parlamentsvertretern, bei der in langen Beratungen ein Vertrag über eine europäische Verfassung erarbeitet wurde. Dieser Vertrag sah in erster Linie mehr Befugnisse für das Europäische Parlament vor. Es sollte zusammen mit dem Europäischen Rat die gesetzgebende Instanz der EU bilden, über den Etat der Union entscheiden und künftig auch die Mitglieder der Europäischen Kommission und den Vorsitzenden des Europäischen Rates wählen. Die EU würde nicht zu einer echten Föderation werden, aber immerhin wurden mit diesem Vertrag neue Schritte in dieser Richtung unternommen.

In Spanien, Luxemburg, Frankreich und den Niederlanden fanden Volksabstimmungen über den Vertrag statt. In Spanien und Luxemburg wurde der Verfassungsvertrag angenommen, wenn auch in Spanien bei einer äußerst mageren Beteiligung von nur etwa 42 Prozent. Völlig unerwartet stimmten jedoch die Abstimmungsteilnehmer in Frankreich und den Niederlanden, die zu den treuesten Mitgliedsländern gehörten, mehrheitlich gegen den Vertrag. Sie waren nicht bereit, noch mehr Souveränität auf Brüssel zu übertragen. Am 29. Mai 2005 wurde der Vertrag in Frankreich bei einer Beteiligung von 69 Prozent mit 55 gegenüber 45 Prozent abgelehnt, drei Tage später fiel die Ablehnung in den Niederlanden mit 61 gegenüber 39 Prozent noch deutlicher aus. Es bedeutete das Ende des Verfassungsprojekts. Weitere geplante Referenden unter anderem in Großbritannien wurden abgeblasen. Umfragen zufolge wäre der Vertrag in Deutschland bei einer Volksabstimmung ebenfalls abgelehnt worden.

Es war ein Augenblick der Wahrheit. Das Nein so vieler Bürger im Kerngebiet Europas war der erste offene, massenhafte Protest gegen das allmählich gewachsene Europa der Behörden. Die demokratischen Defizite des europäischen Konstrukts hatten nun böse Konsequenzen.

Wo lagen die unmittelbaren Ursachen? Die französischen Neinsager waren offensichtlich gar nicht so sehr gegen eine europäische Verfassung an sich, sie wollten nur eine andere Verfassung, unter anderem mit einer weniger neoliberalen Ausrichtung der europäischen Wirtschaftspolitik. Die eigentlich ausgesprochen pro-europäische Opposition führte ihre Nein-Kampagne auf dieser Grundlage, eigentlich aber vor allem, um die amtierende konservative Regierung zu treffen.

Ein bisschen weniger überraschend war das niederländische Ergebnis. Im Grunde neigte das Land schon seit der Abspaltung Belgiens vom Königreich der Niederlande im Jahr 1830 dazu, sich mental vom übrigen Europa abzugrenzen, so eng die Beziehungen mit den europäischen Ländern in Wirklichkeit auch waren. Die niederländischen Regierungen der Nachkriegszeit hatten diese Tendenz noch verstärkt. Jahrelang hatten sie den Wählern eingeredet, die Europäischen Gemeinschaften und schließlich die Europäische

Union seien notwendige Übel, die vor allem Geld kosteten. Die offizielle Kampagne der Regierung Balkenende für ein Ja zum Vertrag wurde unter dem wahrhaft mitreißenden Motto »*Europa, best belangrijk*« (Europa, ziemlich wichtig) geführt. Die Informationen bestanden hauptsächlich aus dem Verfassungsentwurf selbst, einem unlesbaren Wust von Texten auf einem Stoß Zeitungspapier, der in alle Briefkästen gestopft wurde. Unter diesen Umständen wäre es fast ein Wunder gewesen, hätte eine Mehrheit mit Ja gestimmt.

Wie aus Meinungsumfragen im Auftrag der Europäischen Kommission (Eurobarometer) hervorging, hatte außerdem die schnelle Erweiterung der EU viele Wähler in beiden Ländern zusätzlich verunsichert. Sie hatten das Gefühl, in einem Zug zu sitzen, der weiterraste, obwohl der Lokführer längst abgesprungen war.

Doch die europäischen Politiker bewegten sich seelenruhig weiter, und zwar genau in die Richtung, gegen die sich ihre Wähler gerade ausgesprochen hatten. Wie Jean-Claude Juncker es schon vor dem französischen Referendum in einem Anflug von Ehrlichkeit ausgedrückt hatte: »Wenn es ein Ja ist, werden wir sagen: ›Vorwärts!‹, und wenn es ein Nein ist, werden wir sagen: ›Wir machen weiter.‹« Im Eiltempo wurde die abgelehnte Verfassung unter Federführung der frisch gewählten Kanzlerin Angela Merkel zu einem Vertrag umgebaut. Allerdings wurde dieser Vertrag im Namen der Mitgliedsstaaten geschlossen, die europäischen Bürger hatten kein unmittelbares Mitspracherecht mehr. Die Idee einer direkten demokratischen Einflussnahme von unten nach oben wurde aufgegeben.

Das Ergebnis war der am 13. Dezember 2007 unterzeichnete Vertrag von Lissabon. Es war ein Schritt hin zu mehr Zusammenhang und Zusammenhalt der im Verlauf der europäischen Einigung entstandenen Institutionen. Neu war das Amt des Hohen Vertreters für Außen- und Sicherheitspolitik, vergleichbar mit dem eines Außenministers. Häufiger als zuvor sprach die Union nun außenpolitisch mit einer Stimme, das Europäische Parlament gewann an Einfluss, der Europäische Rat wurde rechtlich zu einem Organ der Gemeinschaft und erhielt anstelle des halbjährlich wechselnden Ratsvorsitzenden einen für zweieinhalb Jahre gewählten Präsidenten.

War der später verworfene Verfassungsvertrag im öffentlichen Raum des römischen Kapitols vorgestellt worden, so wählte man für die Unterzeichnung des Lissabon-Vertrags die Abgeschlossenheit des Hieronymus-Klosters in der portugiesischen Hauptstadt. Das war bezeichnend. Das Europa der Bürger murrte, das Europa der Behörden war zufrieden: Wollte die EU als überstaatliche Institution auch in Zukunft funktionieren, waren solche Neuerungen unumgänglich.

Das Nein von 2005 war ein historischer Wendepunkt. Die Zusammenarbeit der europäischen Länder, die alle ihre eigene Geschichte, ihre eigenen Traumata und Wunden und eigenen Erwartungen hatten, war nur dank ihrer Bereitschaft möglich gewesen, sich auf eine gemeinsame Reise einzulassen. Dabei ging es fast buchstäblich Schritt für Schritt voran. Seit den 1950er Jahren war in jedem großen europäischen Vertrag bereits der nächste angelegt, und alle Schritte führten ganz selbstverständlich vorwärts, weil eine Umkehr auf dem langen Weg dramatische Folgen haben konnte.

Der Vertrag von Lissabon enthielt nun allerdings so gut wie keine Ansätze zu einer Weiterentwicklung mehr. Im Ganzen machte er den Eindruck eines – vielleicht vorläufigen – Endpunktes: Die Europäische Union blieb im Prinzip eine zwischenstaatliche Organisation. Es war Aufgabe der Vertreter der nationalen Regierungen, sie in einem endlosen Prozess mit zahllosen Kompromissen weiter auszugestalten. Eine handlungsfähige Föderation lag vorerst nicht im Bereich des Möglichen. So blieb das europäische Projekt zwischen zwei politischen Konstruktionen in der Luft hängen, verschwommen, schwer greifbar, unendlich kompliziert. Die Reisenden hatten die Orientierung verloren.

4

Und wie, so wird sich unsere kluge Geschichtsstudentin im Jahr 2069 fragen, war bei alldem die Stimmung unter den einfachen europäischen Bürgern? Nun, hier und da hatte man durchaus noch Ideale. 2008, drei Jahre nach dem Nein in Frankreich und den Niederlanden, fand in Irland ein Referendum über den Vertrag von Lissabon statt. Bei dieser Gelegenheit wurden die Motive der Wähler eingehend erforscht. Wie sich zeigte, hatten die Befürworter in erster Linie für die »Idee Europa« gestimmt. Von dem zur Abstimmung gestellten Vertrag selbst hatten nicht einmal 20 Prozent eine genauere Vorstellung. Was die Europäische Union anging, hatten die meisten dieser Pro-Europäer ein »gutes Gefühl«, aber nur wenige wussten, was sich in Brüssel so alles tat. Ich vermute, dass es zum Beispiel in Deutschland und den Beneluxländern ganz ähnlich gewesen wäre – und ist.

Das europäische Projekt als solches war in jenen Jahren noch recht populär. Laut Eurobarometer waren im Jahr 2000 nur 14 Prozent der EU-Bürger gegen die EU-Mitgliedschaft ihres Landes. Allerdings ließ die Begeisterung auch damals schon deutlich nach. Ein Hinweis darauf war die Beteiligung an den Wahlen zum Europäischen Parlament, die von 62 Prozent im Jahr 1979 auf 45 Prozent im Jahr 2004 abnahm. Auch der Anteil der entschiedenen EU-Befürworter sank – von 72 Prozent 1991 auf 49 Prozent im Jahr 2000. Aus komfortablen Mehrheiten wurden prekäre Minderheiten.

Das hatte etwas Ungerechtes, als seien all die Errungenschaften der EU – Frieden, offene Grenzen, Rechtssicherheit, soziale Sicherheit, ein gemeinsamer Machtblock mit mehr als 500 Millionen Einwohnern – so selbstverständlich wie das Wasser aus dem Hahn. Die enge Zusammenarbeit innerhalb der EU war ein Vorbild für den Rest der Welt: Genau so mussten die großen gemeinsamen Probleme angepackt werden, allen voran der Klimawandel. Die Union bot dabei den stabilen Rahmen, innerhalb dessen die zahllosen Interessenkonflikte, die früher zu schweren Spannungen geführt hätten, ohne gefährliche Reibungen gelöst werden konnten. Dadurch bildete sie eine Gegenkraft in einer Welt, die zunehmend von der beinahe ungreifbaren Macht der internationalen Konzerne, der Finanzmärkte, der IT-Branche und nicht zuletzt der großen kriminellen Netzwerke beherrscht wurde.

In den Jahren nach der Unterzeichnung des Vertrags von Lissabon wurden immer häufiger Maßnahmen zur Eindämmung von Monopolen ergriffen. Beim Umgang mit den Technikgiganten Alphabet, Amazon, Apple, Facebook, Google und Microsoft, deren Macht im ersten Jahrzehnt des neuen Jahrhunderts bedrohlich gewachsen war, wurde die EU zum Vorreiter. Die Konzerne erhielten Milliardenbußen für die Verletzung von Wettbewerbsregeln, ihr Spielraum wurde durch neue digitale Copyrights begrenzt, und sie mussten striktere Vorschriften zum Schutz der Privatsphäre akzeptieren. Weil fünf dieser sechs Giganten ein Viertel ihrer Umsätze in Europa erzielten, zeigten die genannten Maßnahmen tatsächlich Wirkung, denn nicht selten wurden die EU-Standards im Rest der Welt übernommen. Die Durchsetzung allgemeiner Grundregeln des Datenschutzes – das Recht, selbst über die eigenen personenbezogenen Daten zu bestimmen, das Recht auf Auskunft über diese Daten, der Anspruch auf Sperrung, Berichtigung oder Löschung und das Recht, über ihre Nutzung zu bestimmen – ist zum größten Teil der EU zu verdanken.

Die zunehmenden Verflechtungen wurden jedoch auch zur Ursache von Spannungen. Einerseits entwickelte sich die EU zu *einem* Wirtschaftsraum, zu einer künftigen Weltmacht mit dynamischem Finanzsektor und weitgehendem Austausch auf allen Gebieten, nicht zuletzt dem von Menschen. Andererseits wurde die politische Integration nach 2005 praktisch abgebrochen, wenn nicht gar teilweise rückgängig gemacht. Das Ergebnis war eine innere Widersprüchlichkeit, ein politischer Konstruktionsfehler, der in den folgenden Jahren immer mehr Probleme verursachen sollte.

Kurz nach dem Nein in Frankreich und den Niederlanden, im Frühjahr 2007, wurden im Palast Noordeinde in Den Haag unter der Schirmherrschaft der damaligen Königin Beatrix drei Symposien zum Thema Europa veranstaltet. Was genau ist Europa eigentlich? Warum ist es anders als der Rest der Welt? Und die EU, ist sie noch ein Friedensprojekt, oder entwickelt sie sich zunehmend zu einem Wirtschaftsprojekt mit Goldrand?

So lauteten die Fragen, die damals alle beschäftigten, und ich war einer der Organisatoren. Wir durften die wichtigsten Denker in Sachen Europa einladen, und dank der magischen Anziehungskraft von Monarchie und Königspalast kamen sie auch alle. Die Diskussionen waren außergewöhnlich interessant und – aus heutiger Sicht – eine Momentaufnahme der damaligen Situation.

Einmal saß ich zum Beispiel mit dem britischen Topdiplomaten Robert Cooper am Tisch, damals als Generaldirektor des Ressorts Außen- und Sicherheitspolitik im Generalsekretariat des EU-Ministerrats mitten in der Brüsseler Blase, ein Mann der Praxis. Er machte sich keine allzu großen Sorgen. »Vieles ist nicht in Ordnung, manche Organisationen funktionieren grauenhaft schlecht, aber die Union ist erst 50 Jahre alt, sie hat sich in hohem Tempo entwickelt und muss sich dringend verändern und weiter verändern.«

Wer über das Aufgeben nationaler Souveränität klage, sei bei ihm an der falschen Adresse, schließlich bestimmten die Nationalstaaten die Politik der Union. Genau das sei es ja, was alles so kompliziert mache und vor allem stinklangweilig. »Früher wurde Geschichte auf dem Schlachtfeld geschrieben, und davon sind uns Denkmäler und Fahnen geblieben. Heute wird um drei Uhr morgens Geschichte geschrieben, wenn alle müde werden und anfangen, sich zu langweilen, und der Sitzungssaal immer schlimmer aussieht und sie wieder irgendeinen lächerlichen Kompromiss schließen, der ihnen zu Hause garantiert Ärger bringen wird, denn man kommt zu keinem Kompromiss, ohne Vorgaben zu missachten.«

Für den polnischen Historiker Krzysztof Pomian war die europäische Identität das Problem oder, besser gesagt, das Fehlen einer solchen. Während Chinesen China als kulturelle und politische Einheit empfinden, denken Europäer in Gegensätzen, sie sehen die Vielfalt an Sprachen, kulturellen Eigenheiten und Konfessionen. Wir seien ganz selbstverständlich Polen oder Niederländer, meinte Pomian. »Aber es ist alles andere als selbstverständlich, Europäer zu sein.«

Der amerikanisch-deutsche Philosoph Larry Siedentop, Autor mehrerer Standardwerke über Europa, knüpfte hier an. Seiner Ansicht nach hatten unzählige kleinere und größere Änderungen das europäische Projekt in den zurückliegenden Jahren in etwas völlig Neues verwandelt. »Normale Menschen beginnen zu spüren, zu erkennen, dass die europäische Integration nicht nur ihre Interessen berührt, sondern auch ihre Identität.« Er prophezeite eine nationalistische Gegenreaktion in ganz Europa – und dass besonders Großbritannien dafür empfänglich sein werde.

Doch vor allem Bronisław Geremek, der Überlebende des Warschauer Ghettos, der allein mit seinen strahlend blauen Augen alle in seinem Bann hielt, war besorgt. Die brüske Ablehnung des Verfassungsvertrags bedeute nämlich nicht nur eine Legitimitätskrise, sondern auch das Ende der selbstverständlichen Fortschritte im europäischen Einigungsprozess als Friedensprojekt, als Weg zu jenem Ideal, dem er sein ganzes Leben gewidmet hatte. In seinen Augen war das Nein das Symptom einer tieferen Vertrauenskrise. Die Bewältigung dieser Krise werde über die Zukunft Europas und der Union entscheiden.

Ein Jahr später kam Geremek bei einem Autounfall ums Leben.

5

Es waren Europas alte Leiden, die sich zu Beginn des 21. Jahrhunderts erneut schmerzhaft bemerkbar machten. Die niederländische Schriftstellerin Nelleke Noordervliet hat die Stimmung zahlreicher Durchschnittsbürger im Hinblick auf Europa und die Union einmal mit der Verwirrung des jungen Idealisten Fabrizio del Dongo in Stendhals Roman *Die Kartause von Parma* verglichen, der über das Schlachtfeld von Waterloo reitet, ohne zu wissen, was eigentlich vorgeht. Wo soll er für seinen Kaiser kämpfen? Wo ist die vorderste Linie? Woher kommt dieses unaufhörliche Brummen in der Luft? Und welcher der scheinbar ziellos über das Schlachtfeld marschierenden Gruppen soll er sich anschließen? Ratlos sucht unser Held nach einer Möglichkeit, seine Ideale zu verwirklichen, aber er hat jeglichen Überblick verloren.

Historisch gesehen, meint die dänische Politologin Sara Hobelt, war die europäische Integration »ein von der Elite vorangetriebenes Projekt, getragen von einem ›permissiven Konsens‹ der europäischen Bürger«. Wenn Politik und Wirtschaft des eigenen Landes sich für eine engere gesamteuropäische Zusammenarbeit auf bestimmten Gebieten entschieden, folgte ihnen der Rest der Bevölkerung zunächst ohne größere Probleme. Von wenigen Ausnahmen abgesehen, interessierten sich die Europäer nicht wirklich dafür, und wie Stendhals Waterloo-»Held« wussten die meisten kaum, was vorging. Im Grunde wurde eine Strategie der vollendeten Tatsachen verfolgt: Bei den großen Integrationsschritten gab es keine Möglichkeit zur Umkehr. Das galt auch für die Mitgliedschaft in der Union, die bekanntlich lange nicht kündbar war, eine Austrittsklausel gab es zunächst nicht.

In den 1990er Jahren begann dieser Konsens zu schwinden. Die europäische Integration wurde – eigentlich sehr spät – zum Gegenstand ernsthafter Diskussionen. Dabei ging es nicht nur um wirtschaftliche und politische Unterschiede, sondern auch um gegensätzliche Vorstellungen von der Union als solcher. Je weiter sich das Projekt entwickelte, desto stärker unterschieden sich die Erwartungen der Mitgliedsstaaten. Finnland und die Niederlande zum Beispiel sahen in erster Linie Handelsvorteile, Deutschland wollte vor allem mit seinen vielen Nachbarn in Frieden leben, Frankreich hatte ein grandioses Idealeuropa vor Augen, Spanien und Italien wollten sich modernisieren, Polen betrachtete die EU als Schutzschild gegen die Russen,

Ungarn, Bulgarien und Rumänien freuten sich besonders auf die Brüsseler Fleischtöpfe – alle hatten ihre eigenen Prioritäten und Empfindlichkeiten.

Luuk van Middelaar, von 2010 bis 2015 Mitarbeiter des Präsidenten des Europäischen Rates, Herman Van Rompuy, berichtete später, wie schwierig es war, als Redenschreiber eine gesamteuropäische »Geschichte« zu erzählen; das eine Europa von Dublin bis Sofia und von Madrid bis Helsinki sei eine ständig wechselnde Projektionsfläche für nationale Emotionen und Ängste.

Im Integrationsprozess war also keine Einheit entstanden, sondern ein undurchsichtiges Beziehungsgeflecht von Nationalstaaten oder, wie Robert Cooper einmal schrieb: »Die Europäische Union ist ein hoch entwickeltes System wechselseitiger Einmischung in die inneren Angelegenheiten, bis hinunter zu Bier und Würsten.« Dieses eigenartige System war zu einer bedeutenden Wirtschaftsmacht herangewachsen, allerdings war es eine Macht, die nur mühsam Entscheidungen treffen konnte und all die inneren Widersprüche zu lösen versuchen musste, was nicht selten zu endlosen Palavern führte.

Luuk van Middelaar erklärte nach seinen Brüsseler Jahren, die EU sei jahrzehntelang ein System der »Regelpolitik« gewesen, der Normen und der Kompromisse, mit denen man die gegensätzlichen Mächte im Gleichgewicht hielt. Aber, so ergänzte er, die Brüsseler »Regelfabrik« sei nicht dafür gerüstet, »auf überraschende Wendungen des Schicksals zu reagieren«. Solche Situationen, mit denen Großmächte unweigerlich hin und wieder konfrontiert werden, erforderten eine »Ereignispolitik« und deshalb ein System, in dem schnelle Entscheidungen getroffen werden können. Doch welche zentrale EU-Instanz sollte in einer unerwarteten Situation – einer Eurokrise, einer Invasion auf der Krim, einer Fluchtwelle – die Initiative ergreifen? Wer in der EU besäße die nötige Macht, um in strittigen Fragen Entscheidungen zu treffen und zu handeln?

Van Middelaar berichtete von einem Seminar für Brüsseler Spitzenbeamte, das er 2015 leitete. Es ging darum, dass sich die Welt seit den 1980er Jahren dramatisch gewandelt hatte und die Europäische Union sich deshalb auf neue Herausforderungen einstellen musste. Für ihn war das offensichtlich, doch anscheinend war es durch die Brüsseler Brille nur schwer zu erkennen. Geduldig Regelwerke auszutüfteln und wachsam auf aktuelle Entwicklungen an den europäischen Außengrenzen zu reagieren, sind zwei verschiedene Paar Schuhe, ebenso wie Kommentare in Fachzeitschriften und reißerische Berichte auf den Titelseiten europäischer Tageszeitungen – aber mindestens die Hälfte der Seminarteilnehmer wollte das nicht wahrhaben. »Sie interpretierten sich das Problem so zurecht, dass sie ihre gewohnten Kunstgriffe anwenden konnten: das Negative objektiv verteilen, Interessengegensätze wegmassieren, entpolitisieren.«

Immer wieder fehlten der Union die notwendigen Machtmittel, die meisten, wenn nicht alle Entscheidungen mussten auf dem Weg über die nationalen Regierungen durchgesetzt werden. Wenn die EU einmal Zwang auszuüben versuchte, scheiterte sie allzu oft, Abkommen und Regeln – man denke an den Euro, an Schengen und Dublin – wurden wiederholt ignoriert, die Glaubwürdigkeit der EU ebenso häufig untergraben.

Um diese Ohnmacht zu verdecken, wandte man verschiedene Strategien an. Zum Beispiel das permanente Aufschieben von Grundsatzentscheidungen oder das Verschleiern von Problemen durch verschwommene Sprache, sodass selbst bei tiefer Uneinigkeit der Schein von Übereinstimmung gewahrt wurde. Der beliebteste Kunstgriff war die sogenannte Ankündigungspolitik, von dem erfahrenen EU-Politiker Guy Verhofstadt definiert als »das wiederholte Lancieren großer Pläne und Projekte, ohne die dafür notwendigen Mittel bereitzustellen«. Ein Beispiel ist die gemeinsame Asyl- und Migrationspolitik, die bereits 1999 im finnischen Tampere beschlossen worden war. Oder die »Lissabon-Strategie«, das im Jahr 2000 verabschiedete Programm, das die EU bis 2010 zum wettbewerbsfähigsten und dynamischsten »wissensgestützten Wirtschaftsraum« der Welt machen sollte.

Immer wieder nahm die EU auch Zuflucht zur Theaterpolitik. Statt eines wirklichen Staates – der sie ja nicht werden durfte – wurden Symbole von Staatlichkeit geschaffen – deshalb die gemeinsame Währung ohne gemeinsame Finanzpolitik, deshalb auch Frontex, eine Organisation ohne die Befugnisse, die für einen wirksamen Schutz der Grenzen des gesamten Schengen-Raums notwendig wären. Das Europa der Behörden, das Europa der Staaten und das Europa der Bürger ließen sich, so schien es, kaum noch auf einen gemeinsamen Nenner bringen.

6

So blieb das EU-System äußerst anfällig, auch im Innern. Überall und jederzeit war eine Armee von Lobbyisten für unzählige große und kleinere Unternehmen und Institutionen aktiv. Teilweise war das unvermeidlich, denn für die rein fachlichen Aspekte zum Beispiel von Handelsverträgen, Gesundheitsnormen oder Umweltvorschriften – und gerade auf diesen Gebieten konnte die EU »Macht« ausüben – wurde nun einmal Expertenwissen der Wirtschaft und zahlreicher Verbände gebraucht. Wenn die Union dem Druck von Lobbyisten nachgab, lag das Problem häufig gar nicht bei ihr selbst, denn die EU-Entscheidungsträger, oft in einer sehr starken Position, ließen sich nicht so leicht einwickeln. Für Lobbyisten waren deshalb die einzelnen nationalen Regierungen ein viel lohnenderes Ziel, weil man sie gründlich bearbeiten konnte, bevor die Regierungsvertreter oder Regierungschefs im Ministerrat oder im Europäischen Rat einen Standpunkt einnahmen. Auch das ist zum Beispiel ein Grund dafür, dass die Banken nach der Krise von 2008 – darüber später mehr – überwiegend mit dem Schrecken davonkamen: Dank wirksamer Lobbyarbeit auf nationaler Ebene blieb von all den Vorhaben zur Einschränkung ihrer Freiheiten wenig übrig. Das Gleiche galt für die Steuerflucht multinationaler Konzerne. Am Ende wurden zwar halbwegs wirksame Maßnahmen dagegen beschlossen, allerdings erst nach jahrelanger Sabotage durch eine »Koalition der Willigen«, wobei die Niederlande – unter anderem für Unilever – eine bedeutende Rolle spielten. Und dank Spanien und wiederum den Niederlanden durfte das umstrittene Herbizid Glyphosat, unter dem Namen Roundup als Unkrautbekämpfungsmittel vertrieben, auf dem Markt bleiben, obwohl die Weltgesundheitsorganisation es als »wahrscheinlich krebserregend« einstufte.

Aber auch in Brüssel selbst waren Lobbyisten manchmal sehr erfolgreich. Dank geschickter Verzögerungen vergingen zum Beispiel nicht weniger als dreizehn Jahre, bevor für die Roaminggebühren der Telefonanbieter endlich Preisobergrenzen eingeführt wurden. Das Unternehmen Airbnb erfreute sich lange Zeit voller Unterstützung aus Brüssel, obwohl sein Geschäftsmodell für eine erhebliche Zweckentfremdung von Wohnraum in Städten wie Berlin, Barcelona, Paris oder Amsterdam verantwortlich war. Berüchtigt ist auch die CO_2-Lobby, stehen doch bei jeder Beschränkung des

Ausstoßes von Treibhausgasen enorme Gewinne auf dem Spiel. Und noch 2019 gelang es der Fleischlobby, so vielen Abgeordneten des Europaparlaments den Verstand zu vernebeln, dass Begriffe wie »Vegane Würstchen«, »Gemüseburger« oder »Sojayoghurt« für tabu erklärt wurden, weil sie angeblich die Verbraucher in die Irre führten. Man könnte noch viele weitere Beispiele anführen.

Zu den einflussreichsten Interessenvertretern gehört die mächtige Agrarlobby. In der Nachkriegszeit hatte man ein kostspieliges Subventionssystem geschaffen, um die Bauern vor Verarmung zu bewahren. In den folgenden Jahrzehnten änderte sich in der Landwirtschaft so gut wie alles, aber nicht die Agrarsubventionen. Über ein halbes Jahrhundert nach der Einführung der Gemeinsamen Agrarpolitik wurden immer noch etwa 60 Milliarden Euro jährlich, fast 30 Prozent des gesamten EU-Haushalts, an die Bauern verteilt, ob sie darauf angewiesen waren oder nicht. Auf rein nationaler Ebene hätten sie niemals so lange so umfangreiche Unterstützung erhalten, doch innerhalb der EU konnte sich das überholte System halten – auch dies ein Ergebnis höchst wirksamer Lobbyarbeit.

Es war ein gewaltiger Lobbyismusskandal, der die Endphase des Dieselautos einleitete. Besonders deutsche Autohersteller hatten hohe Summen in die Perfektionierung der Dieseltechnik investiert. Doch sie hatten sich verrechnet; schon bald wurde erkennbar, dass die Zukunft dem Elektroauto gehört. Es begann ein langes, hartes Nachhutgefecht. Die mächtige Brüsseler Lobby der europäischen Autohersteller bemühte sich, die Einführung strengerer Testmethoden bei »normaler« Nutzung des Autos zu verhindern, man engagierte sogar eine Anwaltskanzlei, deren Aufgabe es war, die Definition der normalen Nutzung juristisch anzufechten.

Dabei hatte ein schwedischer Wissenschaftler namens Per Kågeson bereits 1998 in einer detaillierten Studie beschrieben, wie die Autohersteller durch Manipulation der Motorsteuerung auf dem Prüfstand hervorragende Testergebnisse erzielen konnten, während dieselben Dieselwagen im normalen Straßenverkehr bis zu 40 Prozent mehr Schadstoffe ausstießen. Volkswagen war bei diesem groß angelegten Betrug der Vorreiter: Von 2008 bis 2015 wurden weltweit 11 Millionen VWs mit Software ausgerüstet, die den Ausstoß schädlicher Gase ausschließlich auf dem Prüfstand auf die gesetzlichen Grenzwerte reduzierte.

Unter Technikexperten waren diese Täuschungen allgemein bekannt. Auch die Wissenschaftler der Europäischen Kommission selbst warnten schon seit Jahren davor – eine Studie der Gemeinsamen Forschungsstelle der Kommission aus dem Jahr 2013 enthielt sogar eine vollständige Übersicht sämtlicher Tricks und Techniken. Doch die Autolobby blockierte mit massiver Unterstützung aus den großen autoproduzierenden Ländern wie Italien, Frankreich und Deutschland innerhalb der EU jede Gegenmaßnahme. Ein EU-Funktionär sagte mir später: »Wir spürten genau, dass aus der Kommission heraus gebremst wurde.«

Erst 2015 platzte die Bombe – letztlich nur dank einer amerikanischen Untersuchung. Als alle Fakten auf dem Tisch lagen, erklärte Bas Eickhout, niederländischer Europaparlamentarier der Grünen-Fraktion, gegenüber der *New York Times*, er sei nicht überrascht – außer darüber, dass Volkswagen sein Innovationsbudget für Betrug statt für die Verbesserung seiner Motoren verwende. Hier zeige sich wieder einmal, dass Lobbyarbeit sich lohne. »Sie dachten, sie wären unantastbar.«

Unter solchen Bedingungen hat die Demokratie es schwer. Dieses »Demokratiedefizit« der Union trat von den 1990er Jahren an immer deutlicher zutage. Wichtige Befugnisse wurden von den nationalen Parlamenten an die europäische Ebene abgegeben, aber wo blieben dort die Möglichkeiten demokratischer Kontrolle?

Nun haben sich ja nationale Souveränität und Demokratie in der EU keineswegs einfach in Luft aufgelöst. Indirekt, über ihre Regierungschefs im Europäischen Rat, hatten die Wähler durchaus beträchtlichen Einfluss auf die europäische Politik. »Souveränität ist auch ein Stuhl am Tisch«, lautete noch lange Robert Coopers Credo. Anders gesagt: Über die EU hatten Bürger oft mehr Einfluss in der Welt als über ihre nationalen Parlamente. Außerdem gibt es Elemente direkter Demokratie wie das Petitionsrecht beim Europäischen Parlament oder seit dem Vertrag von Lissabon die Europäische Bürgerinitiative: Werden innerhalb von zwölf Monaten in einem Viertel der Mitgliedsstaaten mindestens eine Million »Unterstützungsbekundungen« gesammelt, muss die Kommission zum Gegenstand der Initiative einen Gesetzentwurf vorlegen.

Und natürlich gibt es das Europäische Parlament. In den 1980er und 1990er Jahren hatte es noch vor allem die Funktion einer demokratischen

Denkfabrik, aber mit dem Vertrag von Lissabon hat es Macht hinzugewonnen. Gesetze und fast alle großen Verträge mussten seitdem vom Parlament gebilligt werden, ebenso der EU-Haushalt, darüber hinaus müssen die nominierten Mitglieder der Kommission vom Parlament bestätigt werden und sind ihm verantwortlich.

Es ist ein Parlament, das allmählich Zähne bekommen hat. Zum Beispiel hat es 2010 die erste Fassung des SWIFT-Abkommens mit den Vereinigten Staaten abgelehnt, das amerikanischen Geheimdiensten den Zugriff auf Zahlungsverkehrsdaten europäischer Bürger gewähren sollte, und so eine Überarbeitung erzwungen. Auch dass seit 2017 für normale Mobilfunknutzung innerhalb der EU keine Roamingzuschläge mehr berechnet werden dürfen, ist dem Parlament zu verdanken, ebenso die seit 2018 für Neuwagen geltenden wesentlich strengeren Obergrenzen beim CO_2-Ausstoß. 2019 verabschiedete das Parlament ein Paket neuer sozialer Rechte, unter anderem das Recht auf Vaterschaftsurlaub. Außerdem soll unfaire Konkurrenz durch billige Arbeitsmigranten aus den ärmeren Mitgliedsstaaten durch die sogenannte Entsenderichtlinie verhindert werden: Von Juli 2020 an gilt auch für ausländische Arbeitnehmer der Mindestlohn des Gastlandes.

Durch das »Spitzenkandidaten-Prinzip« versuchte das Parlament, Einfluss auf die Nominierung des Kommissionspräsidenten durch den Europäischen Rat zu nehmen. Bei der Nominierung sollte das Ergebnis der Wahl zum Europäischen Parlament berücksichtigt werden und der Spitzenkandidat der Partei, die bei der Wahl das beste Ergebnis erzielt hatte, für das Amt des Kommissionspräsidenten kandidieren. Diese Regel wurde jedoch nicht lange befolgt. 2014 wurde der gewählte Spitzenkandidat Jean-Claude Juncker trotz Widerstands vonseiten des Rates zum Kommissionspräsidenten ernannt, doch 2019 wurde wie gehabt Hinterzimmerpolitik betrieben. Die Nominierung der neuen Kommissionspräsidentin Ursula von der Leyen kam völlig unerwartet, da sie gar nicht als Spitzenkandidatin angetreten war. Die eigentliche Macht in Europa lag nach wie vor in der Hand der Regierungen, nicht beim Parlament. Mit Demokratie hatte das wenig zu tun.

Jedes kleine bisschen Demokratie auf der europäischen Ebene musste mühsam erkämpft werden. Einzelne Kommissionsmitglieder können weiterhin nicht durch ein Misstrauensvotum abgewählt werden. Außerdem fehlen dem Parlament die üblichen Machtmittel der Anfrage und der Gesetzesinitiative. Deshalb entsteht auch keine dynamische Wechselwirkung zwischen Regierung und Opposition, es fehlt die permanente politische Diskussion, die für jeden normalen demokratischen Prozess entscheidend ist.

Während der großen Krisen in den Jahren nach 2005 wurden fast alle Entscheidungen von der Exekutive, also der Kommission, und vor allem dem Ministerrat getroffen. Auf dem Höhepunkt der griechischen Staatsschuldenkrise lehnte Jeroen Dijsselbloem, der Vorsitzende der Euro-Gruppe, es schlichtweg ab, bei den Debatten des Europäischen Parlaments über die damit zusammenhängenden Fragen anwesend zu sein; er sei den nationalen Wirtschafts- und Finanzministern »seiner« Euro-Gruppe verantwortlich. Ähnlich war es bei der Bankenkrise, der Flüchtlingskrise, dem Brexit – trotz aller guten Absichten konnte das Parlament nur ohnmächtig zuschauen.

Eine wirkliche Vertretung der europäischen Bevölkerung ist das Parlament eigentlich auch nicht. Der Frauenanteil ist viel zu gering, und obwohl fast 50 Millionen Europäer ethnischen Minderheiten angehören, ist es zu 97 Prozent weiß. Vor allem aber können die Wähler nur für Kandidaten aus dem eigenen Land stimmen. »In mehr als 60 Jahren europäischer Einheit ist es offensichtlich nicht gelungen, […] etwas zu schaffen, das man mit Recht einen europäischen politischen Raum nennen könnte«, stellte *The Guardian* am Vorabend der Europawahl 2019 fest. »Wenn EU-Bürger diesen Monat zur Wahl gehen, wählen sie nach nationalem Wahlrecht und stimmen für nationale Kandidaten, deren Wahlkampf auf inländische Themen ausgerichtet ist.« Die europäische Demokratie ist also nach wie vor nur die Summe nationaler Demokratien. Eine länderübergreifende öffentliche Diskussion wie in Nationalstaaten findet kaum statt, weshalb auch eine gesamteuropäische Meinungsbildung über Dinge, die ganz Europa betreffen – wie etwa den Klimawandel, Sicherheit, Arbeitsplätze oder Einwanderung –, nach so vielen Jahren noch ganz am Anfang steht.

Verkompliziert wird die Situation noch durch die – für die meisten Wähler – unübersichtliche Zusammensetzung des Parlaments. Die Fraktionen bestehen teilweise aus Politikern sehr unterschiedlicher Richtungen. Wer einen Christdemokraten wählte, unterstützte damit auch die antieuropäische ungarische Regierungspartei Fidesz, eine Stimme für die Sozialdemokraten kam wiederum den korrupten rumänischen und maltesischen Regierungsparteien zugute, die Liberalen befanden sich in der angenehmen Gesellschaft des »tschechischen Berlusconi« Andrej Babiš. Alles in allem ist die Situation der europäischen Volksvertretung des Jahres 2019 mit der zahlreicher nationaler Parlamente am Ende des 19. Jahrhunderts vergleichbar. Alles ist in Bewegung, aber das Ziel ist noch weit entfernt.

Das Fehlen eines soliden demokratischen Fundaments, dieses Legitimitätsdefizit, bedrohte seit dem Beginn des 21. Jahrhunderts das gesamte europäische Projekt. Es war wie ein Feuer, das vor sich hin schwelte und dann wieder unerwartet aufloderte. Die Zustimmung der Bürger zu den Europäischen Gemeinschaften beruhte von jeher in erster Linie auf ihren Erfolgen – Frieden, offene Grenzen, freier Handel und so weiter. Nie verdankte sich ihre Legitimität einem »Input« durch Wahlen oder eine demokratische Debatte, sondern immer einem »Output«, also dem, was sie leisteten. Als diese Leistungen aber immer häufiger infrage gestellt wurden, rächte sich der Mangel an demokratischer Legitimierung. Das Nein von 2005 erklärte sich deshalb bei aller Unterschiedlichkeit der Motive auch durch eine für viele schwer in Worte zu fassende Sorge, die sich wie eine dichte Wolkendecke auf Europa legte: die Sorge, dass wir als einfache Bürger immer weniger selbst über unsere Zukunft bestimmen können. Und nicht nur das, auch unsere Identität schien sich im neuen Europa und in der globalisierten Welt des 21. Jahrhunderts immer mehr aufzulösen.

Als wir 2007 im Haager Palast Noordeinde in den Pausen zwischen den Diskussionsveranstaltungen über das Nein zum Verfassungsentwurf sprachen, wurde es von manchen noch bagatellisiert, sie sahen darin nur den Ausdruck eines dümmlichen Populismus. Manchmal fühlte ich mich geradezu in die frühen Jahre der DDR zurückversetzt, als die dortigen Regierenden nach dem Volksaufstand von 1953 offen die Frage stellten, ob das Volk all ihre klugen Anstrengungen eigentlich verdient habe. Aber das Nein entsprang nicht bloßem Populismus. Der *New-York-Times*-Kommentator William Pfaff bemerkte zu Recht, es spiegele »die intuitive Überzeugung, dass die erste Pflicht jedweder politischen Gemeinschaft, ob national oder international, die Pflicht gegenüber sich selbst ist, gegenüber ihrer eigenen Sicherheit, Integrität und Funktionsfähigkeit«. Auch dies erklärte das Debakel von 2005. Weil es fast keinen Raum für normale Formen von Opposition gab, ließen sich viele Wähler nicht die Gelegenheit entgehen, wenigstens einmal Nein zu sagen, zu rufen, zu schreien.

7

Als alles wieder fein säuberlich glattgebügelt war, als man dem Parlament und den Wählern ein paar Geschenke gemacht hatte, wurden wir europäischen Bürger am 20. November 2009 mit der Nachricht geweckt, dass der damals weithin unbekannte belgische Premierminister Herman Van Rompuy und die erst recht fast niemandem bekannte britische Politikerin Catherine Ashton zu unseren wichtigsten Anführern ernannt worden waren. Van Rompuy sollte der erste europäische »Präsident« werden, Ashton die erste »Außenministerin«. Der britische Journalist Geoffrey Wheatcroft hörte sich ein wenig unter seinen Kollegen um: Niemand außerhalb Belgiens konnte etwas über den neuen europäischen Präsidenten sagen, und über die neue Außenministerin wussten sogar ihre eigenen Landsleute wenig bis nichts.

Ich hatte das Zustandekommen dieser Personalentscheidung genau verfolgt, ich war darauf vorbereitet, ich kannte den europäischen Zirkus, nach all den Jahren wunderte mich gar nichts mehr. Und doch packte mich an jenem Novembermorgen plötzlich und völlig unerwartet ein unbändiger Zorn. Hatte man nun hierfür endlos beratschlagt und geworben, erst im Zusammenhang mit dem Verfassungsentwurf, später dem Lissabon-Vertrag?, dachte ich. Haben wir dummen Europa-Enthusiasten hierfür jahrelang in Büchern, Artikeln, Vorträgen, Diskussionen und Gesprächen gekämpft? Sind wir herumgereist und Menschen auf die Nerven gefallen für diese beschämende, lächerliche Demonstration von Hilflosigkeit und Missachtung demokratischer Regeln? Für mich kein Europa mehr, dachte ich noch – und ich war nicht der Einzige. Ihr könnt mich mal!

Meine Wut hatte nichts mit verletztem Nationalstolz zu tun. Im Gegenteil, es war aus mehreren Gründen eine Erleichterung, dass unser Ministerpräsident Balkenende, der einige Zeit zu den favorisierten Kandidaten gehört hatte, nicht gewählt worden war. Ich hatte auch nichts gegen Van Rompuy oder Ashton persönlich – Van Rompuy sollte sich sogar als große Überraschung erweisen, als kluger und außerordentlich fähiger Ratspräsident. Beide waren zweifellos bestens dafür geeignet, als Monteur und Elektriker die europäische Kompromissmaschine am Laufen zu halten und sogar zu verbessern. Was mich jedoch schockierte, war die Art und Weise, wie man die beiden auf ihre Posten gehievt hatte, und die Motive dafür. Ich wusste genau, was sich in Brüssel abgespielt hatte. Es war eine Entscheidung des

Europäischen Rates, des Gremiums der Staats- und Regierungschefs, und wahrscheinlich war die Einigung auf Van Rompuy und Ashton angesichts der Beziehungen zwischen den europäischen Mächten noch am einfachsten zu erzielen gewesen: zwei anscheinend graue Gestalten ohne großes Charisma, die der EU gerade *nicht* das Gesicht geben, das sie so dringend brauchte, und den Status quo nicht gefährden würden. Aber vom Standpunkt der 508 Millionen europäischen Normalbürger aus betrachtet war diese grandiose Entscheidung nach den jahrelangen Diskussionen über eine europäische Verfassung ein Schlag ins Gesicht.

Über die Speisenfolge beim Abendessen der Regierungschefs war bis hin zum Nachtisch alles bekannt, aber über die Kandidaten und ihre Ansichten über Europa wussten wir nicht das Geringste. Plötzlich fielen Entscheidungen, nichts und niemand konnte noch etwas daran ändern, es war, als hätte sich auf der europäischen Ebene seit dem Wiener Kongress von 1814/15 nichts verändert.

In meinem Kopf wohnten schon seit Jahrzehnten ein Europäer und ein Demokrat. Sie waren immer recht gut miteinander ausgekommen. Doch inzwischen stritten sie sich ständig, und das nahm gar kein Ende mehr.

Steven

Moral? So böse sich das auch anhört, es ist ein großer Irrtum zu glauben, dass Banken so etwas wie Moral kennen. Davon steht, vielleicht abgesehen von ganz wenigen »idealen« Banken, nichts in ihren Statuten und Prinzipien. Sie halten sich an die Gesetze und Regeln, aber es bleiben Institutionen, deren Zweck das Geldverdienen ist. Moral spielt dabei keine Rolle.

Du findest das erbärmlich? Angenommen, man würde eine Studie zum psychologischen Profil von Geld- oder Wertpapierhändlern in der Bankenwelt erstellen, dann würde dabei eine ganz spezielle Persönlichkeit herauskommen, das kann ich dir garantieren. Sind es grundsätzlich schlechte Menschen? Nein. Halten sie Moral bei ihrer Arbeit für relevant? Nein. Halten viele andere Menschen Moral für sehr wichtig? Ja. Aber die arbeiten in anderen Bereichen. Die werden Krankenpfleger oder Lehrerin und arbeiten für sehr viel weniger Geld genauso hart.

Was mich selbst angeht, na und ob ich mich an dieses Silvester 1999 erinnere! Wir hatten zu viert eine Feier organisiert. In Amsterdam, bei einer Freundin zu Hause, in einem kleinen Filmsaal. Es war fantastisch. Es passierte alles, was an so einem Abend passieren kann. Da waren Paare, von denen einer sich fremdverliebte, alle sprachen darüber, zwei gute Freunde gingen mit Fäusten aufeinander los, und die ganze Zeit wurde viel getanzt, man amüsierte sich prächtig.

Ich war 32 und mit meinem Leben sehr zufrieden. Nach ein paar Zwischenstationen war ich bei der belgisch-niederländischen Fortis-Bank gelandet, es war der Anfang einer schönen Karriere. Mein Fachgebiet war Bilanzstrukturmanagement, ich arbeitete im finanziellen Nervenzentrum. Eine Bank muss ja auch irgendwo Geld beschaffen oder, wenn sie mehr Geld einnimmt, das wieder irgendwo unterbringen können. Diese Kapitalströme – aber auch die wechselnden Zinsen und die Risiken in diesem Zusammenhang – muss man genau im Auge behalten, es muss ein gewisses Gleichgewicht herrschen zwischen dem, was hinausfließt, und dem, was hereinkommt. Für dieses Bilanzstrukturmanagement ist ein relativ kleiner Kreis zuständig. Es ist das finanzielle Herz der Bank, die »Bank der Bank«.

Als ich 1996 anfing, herrschte im Bankenwesen ein geradezu fin-de-siècle-hafter Optimismus. Wir glaubten voller Inbrunst an eine Neue Wirtschaft. Wir hatten das Gefühl, dass wir einige ökonomische Gesetzmäßigkeiten, die von Auf- und Abschwung, überwunden hätten. Seit Anfang der achtziger Jahre galten neue bankenrechtliche Bestimmungen, durch die sich das Bankgeschäft völlig verändert hatte. Früher führten viele Banken noch allerlei hehre Ziele in ihren Statuten auf, zum Beispiel »Anreiz zur Sparsamkeit«. Als sich die »universale Bank« durchsetzte, verschwanden diese schönen Ziele, moralische oder andere Einschränkungen gab es nicht mehr. Von nun an konnte alles nur besser werden.

Dieser enorme Optimismus machte sich auch bei der Kreditvergabe bemerkbar. Dank des aufkommenden Internets flossen die Geldströme viel schneller als früher, das Wachstum nahm zu und auch das Vertrauen. Wir glaubten, dass wir Risiken viel genauer einschätzen könnten, dass sie deshalb auch wirklich abgenommen hätten und wir auf dieser Basis viel mehr Geld verleihen könnten als früher.

Früher galt es als vertretbar, wenn eine Bank im Verhältnis zum jeweiligen Eigenkapital das Fünffache oder Zehnfache an Krediten gewährte. Jetzt ging man bis zum Dreißig- oder Fünfzigfachen. Die »Sicherheitsreserve« sank also von 20 oder zehn Prozent auf drei oder zwei Prozent. Überall herrschte der gleiche Optimismus, dieses Gefühl der Sicherheit, das feste Vertrauen in die neuen Berechnungsmethoden – bei den Banken wie bei den Bankenaufsehern. Der Internet-Hype in den letzten drei Jahren des vorigen Jahrhunderts hat das noch verstärkt. Als er im Frühjahr 2000 zusammenbrach, gab es kurz ein kleines Tief, aber niemand machte sich wirklich Sorgen. Man sah das als isolierte Erscheinung, man hatte den Stand der Technik wohl ein bisschen überschätzt, das war alles.

Der Anschlag auf die Twin Towers in New York hat uns, so eigenartig das klingt, noch selbstsicherer gemacht. Ich war an diesem 11. September mit meiner Frau in Mexiko, und wir wurden von Leuten angesprochen, die uns für Amerikaner hielten. »Sie müssen sich das anschauen«, sagten sie. An der Ecke war ein McDonald's mit einem Fernseher, wir sahen nur ein Hochhaus und Rauch, wir konnten kaum Spanisch, und wir glaubten, wir würden einen Film sehen. Wir kapierten überhaupt nichts, nach zehn Minuten dachte ich: Was für ein langweiliger Film, es tut sich fast nichts. Erst ganz allmählich wurde uns klar: Das ist echt!

Ich habe natürlich gleich versucht, jemanden zu erreichen, einige Kollegen hatten Bekannte in diesen Türmen, auf Umwegen kam es dann doch ziemlich nah an einen heran. Aber das System blieb stabil. Die Zentralbanker haben sich blitzschnell abgestimmt, und alles funktionierte prima. Ich glaube, gerade 9/11 hat uns von der Robustheit und Qualität unseres Finanzsystems überzeugt. Da war etwas völlig Undenkbares geschehen mit potenziell gewaltigen Folgen, und eigentlich lief alles ganz glatt weiter, weil ein paar Leute miteinander telefoniert und das Richtige getan haben.

Es war und blieb eine sehr spezielle Welt. Diejenigen, die darin überleben konnten, waren allesamt außergewöhnlich fähige Leute, aber sie konnten sich auch deshalb halten, weil sie bereit waren, Kompromisse zu schließen, auch mit sich selbst. Denn um sich in einer Bank zu behaupten, muss man auf eine bestimmte Art denken.

Die enormen Prämien waren ein goldener Käfig besonderer Art. Ich habe meine früheren Kollegen aus den oberen Etagen der Bankenwelt oft sagen hören: An dem Tag, an dem ich weg kann, bin ich weg. Das waren nette Leute, wirklich, aber völlig undenkbar ohne ihr Einkommen, ohne das scheinbar Selbstverständliche davon, ohne ihre Position innerhalb der Bank. Diese Art der Existenz bestimmte ihre Identität.

Nimm zum Beispiel die Börsenhändler. Die hatten, bei allem Respekt, meist nur eine mittlere Ausbildung. In 20 Berufsjahren hatten sie sich in der Praxis bestimmte Fähigkeiten angeeignet, nur dass sie in einem Bereich arbeiteten, in dem wahnsinnig viel Geld in Umlauf war. Auch sie verdienten deshalb relativ viel. Wenn sie aber diesen goldenen Käfig unerwartet verlassen mussten, zum Beispiel bei einer Einsparungsrunde, konnten sie nur so etwas wie Busfahrer werden – und dann mussten sie erst noch den Busführerschein machen. Für sie ging es von 80 000 auf 25 000 runter. Plötzlich merkten sie, was ihre Fähigkeiten im normalen Leben wert waren.

Damals haben wir viel gelacht und geweint über all die großartigen Losungen und Motivationsdiagramme zum besonderen Wert unserer Arbeit, mit denen das Management uns traktiert hat. Bei Fortis hatte man sich zum

Beispiel die »Fortiomas« ausgedacht, das waren 13 Lebensregeln wie etwa: »Geh mit gutem Beispiel voran.« Und: »Beweise Mut.« Die bekam man bei jeder wichtigen Sitzung irgendwann auf großen Billboards präsentiert. Sie hatten etwas Absurdes, diese Gebote, aber so war es, und man glaubte daran.

Es war fast unmöglich, in so einem System auf Dauer eigenständig zu denken, Distanz zu wahren, gegen den Strom zu schwimmen. Wer es doch tat, sprang meistens ab, irgendwann zwischen 30 und 40. Jeder, der blieb, als »Senior«, war also in gewissem Sinne Teil eines Wertesystems.

2007 lief es plötzlich etwas weniger glatt. Das war die Zeit der großen Übernahmewellen. Ja, wir blieben äußerst optimistisch. Meine Bank war damals dabei, die ABN Amro aufzukaufen, eine der größten niederländischen Banken. Dafür wurden etwa 80 Milliarden gebraucht, das sind Beträge, die sich niemand mehr vorstellen kann. Um sie aufzubringen, musste telefonisch mit amerikanischen Banken verhandelt werden. Die besorgten dann Geldgeber, für die sie bürgten.

Das funktionierte also, trotzdem gab es Dinge, die uns allmählich Sorgen machten. Die niederländische Zentralbank ruft nicht jede Woche den Bilanzstrukturmanager einer Bank an, wenn alles völlig in Ordnung ist. Ich bekam aber solche Anrufe, immer öfter. Wir hatten wegen dieser Übernahme schrecklich viel Geld geliehen, und die Partner, die uns danach Geld liehen, wollten das nur noch mit immer kürzeren Laufzeiten tun.

Wenn man 80 Milliarden mit einer Laufzeit von sechs Monaten leiht, hat man ein bisschen Zeit, aber wenn so ein Betrag schon nach einem Monat wieder zurückgezahlt werden muss, dann muss man ihn jeden Monat irgendwo wieder herholen. Das tut man bei Pensionsfonds, amerikanischen Banken, norwegischen Investmentfonds, Pimco – das ist der größte –, Saudi-Arabien ... weltweit gibt es ungefähr 150 sehr große Geldgeber. Und dieser Markt, das merkten wir, hatte immer weniger Lust, uns Geld zu leihen. 2008 war zu beobachten, dass die Laufzeiten abnahmen und die Preise stiegen. Die Finanziers spürten, dass es den Banken vielleicht doch nicht so gut ging, und wollten ihre Risiken begrenzen.

Wenn man als Bank für eine immer geringere Zeitspanne Gewissheit hat, Geld leihen zu können, spricht man von Liquiditätsrisiken. Intern haben wir darüber diskutiert, aus heutiger Sicht unglaublich freundlich. Wir von der

Risikoseite fragten dann: »Kommt das noch hin?« Und die von der anderen Seite antworteten: »Es ist immer hingekommen! Wir haben mit allen Beteiligten telefoniert, wir haben einen guten Namen, das klappt problemlos.« Vor allem die Kollegen in Belgien, die alle Hände voll damit zu tun hatten, die Finanzierungsbeträge immer wieder reinzuholen, glaubten ganz fest daran: »Das klappt schon, wir kennen diese Leute, wir sprechen täglich mit ihnen, sie geben weiterhin Geld …«

Das ist wie bei der interessanten Geschichte von dem Frosch, der angeblich in einem Topf mit nur langsam erhitztem Wasser drinbleibt, bis es zu spät ist. Die Kollegen, die jeden Tag persönlich mit unseren Finanziers sprachen, blieben zuversichtlich. Wir, die wir das Ganze von außen beobachteten, haben gedacht: Ja aber, so allmählich wird das doch ziemlich heikel. Die Laufzeiten werden so kurz, die Beträge, die wir jeden Monat aufbringen müssen, werden immer höher … Und man weiß: An dem Tag, an dem man sie nicht aufbringen kann, ist es aus.

Vom Frühjahr 2008 an habe ich, wenn ich von der Arbeit nach Hause kam, immer öfter zu meiner Frau gesagt: »Was heute wieder passiert ist, das ist einfach unglaublich.« Und sie saß hier am Küchentisch und hörte fassungslos zu. Aber dass die Bank wirklich zusammenbrechen könnte oder dass wirklich ein Liquiditätsengpass entstehen würde, konnte ich mir immer noch nicht vorstellen.

Nun haben alle Aufsichtsräte von Banken eine Unterkommission, die die Buchführung und die finanziellen Risiken kontrolliert. Der Aufsichtsratsvorsitzende ist meist auch Vorsitzender dieser Kommission, weil sie so wichtig ist. Im Bankgesetz ist vorgeschrieben, dass Mitarbeiter mit einer gewissen Verantwortung im Risikomanagement sich unter Umgehung ihrer eigenen Direktion ebenfalls an diese Kommission wenden können. So können unter bestimmten Umständen auch diejenigen, die weniger Erwünschtes zu berichten haben, den Aufsichtsrat erreichen. Es ist ein wichtiger Teil der *governance* der Banken.

Bei einer Sitzung in Brüssel durfte ich kurz Bericht erstatten. Es war eine schockierende Erfahrung. Ich habe die Fakten dargelegt, ich sagte, dass die Kapitalposition der niederländischen Fortis Bank schwach sei und besonders abhängig von der sogenannten Refinanzierungsposition der Mutterbank, der belgischen Fortis Bank. Für die wurde es immer schwieriger, all die Milliarden aufzutreiben. Als ich darauf aufmerksam machte, dass in Belgien ein ernst zu nehmendes Risiko bestand, bekam ich zu hören, diese Information sei nicht relevant für die Situation der niederländischen Fortis Bank, ich hätte nichts über die Situation der Fortis Bank in Belgien sagen dürfen. Am nächsten Tag habe ich noch eine Stunde mit meinem eigenen Vorstandsvorsitzenden darüber gesprochen. Ich war natürlich beim niederländischen Zweig der Bank, die Macht saß in Brüssel. Belgien und die Niederlande haben ja sowieso ein spezielles Verhältnis, und wenn ein Niederländer Kritik an etwas übt, das vielleicht nicht gut läuft, wird das nicht unbedingt geschätzt.

Weißt du, die ganze Finanzwelt lebt letztlich allein vom Vertrauen. Solange das da ist, geht alles gut. Sobald es weg ist, stürzt das ganze Gebäude sofort in sich zusammen, und andere finanzielle Gebäude werden mit umgerissen wie Dominosteine. Dann entsteht ein Chaos. 2008 standen wir plötzlich ganz kurz davor.

Das Lustige daran ist: Wir analysieren alles, mit Kerngrößen und ständigen Zwischenkalkulationen, aber über so etwas wie »Vertrauen« wissen wir gar nichts. Man kann ein schlechtes Bauchgefühl haben, aber das ist nichts Konkretes. Erst wenn die Sache schiefgeht, sagt man: »Ja, ich hatte schon so ein Gefühl.«

Hinterher habe ich viel darüber nachgedacht. Wie konnte es so weit kommen? Aus heutiger Sicht war das doch purer Irrsinn! Man machte sich gewisse Sorgen, aber nur einem kleinen Kreis war bewusst, dass all dies gewaltige Folgen haben könnte. Außerdem stand es nicht in unserer Macht, etwas dagegen zu unternehmen. Auf der anderen Seite gab es nämlich innerhalb der Bank eine große Gruppe, die vor allem viel verdienen wollte, die intern viel Einfluss besaß und die glaubte, es würde schon alles gutgehen.

Im Sommer bin ich noch einmal nach Brüssel gereist, um dort ein paar kritische Anmerkungen zu machen. Vergeblich.

Am 15. September musste Lehman Brothers, eine der größten amerikanischen Banken, Insolvenz anmelden. Sie hatte offenbar Milliardenverluste gemacht. Das war der Beginn der großen Bankenkrise von 2008. Sogar damals, in den ersten Tagen, war unsere erste Reaktion zu überlegen, wie das

Problem technisch zu handhaben sei, was es für uns selbst bedeuten könnte. Ein Schock war es nicht. Vielleicht haben andere gleich erkannt, wie stark die gegenseitigen Verflechtungen in der Finanzwelt waren, wir nicht. Viele in der Bankenwelt haben geglaubt, das sei vor allem eine amerikanische Angelegenheit. Aber nicht lange. Wenn das Vertrauen dahinschmilzt und die Unsicherheit die Allgemeinheit erfasst, dann gibt es kein Halten mehr, dann beginnt ein Run auf die Bank, die Ersparnisse werden abgehoben. Das hält man als Bank zwei Tage durch, länger nicht. Zwei Wochen später war es auch für uns so weit.

Am Wochenende rief mich mein Chef an, der im Vorstand war, ich solle sofort ins Büro kommen. »Soll ich einen Anzug anziehen?«, fragte ich. »Nein, komm einfach so, wie du bist.« Natürlich blieb alles im ganz kleinen Kreis, niemand durfte wissen, wie ernst die Lage war, sonst würde wirklich Panik ausbrechen. Wie viele waren wir? Mal überlegen: Drei Mann vom Vorstand, die wirklich Bescheid wussten, drei, vier Leute vom Bilanzmanagement, noch ein paar Mitarbeiter, die die konkreten Transaktionen ausführen konnten, bei uns vielleicht 15 Leute. Außerdem war der Vorstand natürlich ununterbrochen in Kontakt mit der niederländischen Zentralbank, mit Den Haag und Brüssel. Auf einmal war es eine Angelegenheit zwischen nationalen Regierungen.

Wir arbeiteten das ganze Wochenende durch, um zu retten, was noch zu retten war. Es gab da ein großes Eckbüro, den *treasure room*, voller Monitore. Darin habe ich mich niedergelassen, gleich neben dem Raum, in dem der Geldhandel stattfand. Am Montagmorgen kam ein Kollege rein, es war sein Büro. Ich sagte: »Sorry, aber wir brauchen diesen Raum, es ist die Hölle los, ich muss hier arbeiten.« Er war beleidigt, rief den Chef an, schaute dann verblüfft das Telefon und danach mich an und verzog sich. Ich durfte ihm nicht sagen, was los war. Ich sehe noch, wie er wegging, ratlos.

Für ernste Situationen wie diese gibt es bestimmte Verfahren, das ist wie eine Kaskade: Man geht von Grün zu Orange, dann zu Rot, dann zu Schwarz. Nur, sobald man als Bank bekanntmachen würde, dass man von Grün zu Orange geht, wäre man sofort in Phase Schwarz. Wenn man in der Finanzwelt den Finger hebt und sagt, wie ernst es ist, bekommt man keinen Euro mehr. Man muss also ständig zwischen Offenheit und Geheimhaltung lavieren. Vertrauen ist alles.

Am 29. September 2008, einem Montag, wurde bekanntgegeben, dass Belgien, die Niederlande und Luxemburg die Hälfte der Fortis Bank übernahmen, um die Krise in den Griff zu bekommen. Dafür bezahlten sie zusammen über 11 Milliarden. Aber am gleichen Tag mussten wir beobachten, wie die Kunden weiterhin mehrere Milliarden an Guthaben abhoben, und so ging das zwei, drei Tage hintereinander. Wir konnten die Guthaben stündlich schwinden sehen. Also, wie gesagt, das Vertrauen ist das Einzige, was man hat. Und wenn das weg ist, wenn die Guthaben Beine bekommen, dann ist man erledigt.

Ich war ein Mitspieler in einem viel größeren Ganzen, das ist mir erst später klar geworden, aber an dem besagten Wochenende haben mich doch allerlei Angstvorstellungen geplagt. Zu meiner Frau sagte ich: »Ich befürchte, dass hier ein ganzes System zusammenbricht.« Fortis war nach dem amerikanischen Debakel von Lehman Brothers die erste große europäische Bank, die es erwischte, und wenn sie ihren Verpflichtungen nicht mehr nachkommen konnte, würden auf dem Kontinent weitere große Banken fallen – mit unabsehbaren Folgen. Wenn plötzlich kein Geld mehr aus den Automaten kommt, wenn Geschäfte auf einmal nicht mehr beliefert werden, dann schlägt man sich bald wie primitives Bauernvolk gegenseitig die Köpfe ein. Irgendwann schaute ich aus dem Fenster des Büros, draußen waren viele Menschen unterwegs, und ich dachte: Ihr habt keine Ahnung, welches Damoklesschwert über euch schwebt.

In dieser Woche passierten die irrsinnigsten Dinge. Die Hypothekenbank war mehr oder weniger eine Bank für sich innerhalb von Fortis. Der Direktor war ein Mann, auf den ich große Stücke hielt, kompetent und integer. Wir riefen ihn um elf Uhr abends an: Er müsse sofort zur Zentralbank fahren, um etwas zu unterschreiben. Alle seine Hypothekenkunden hatten ja ihre Immobilien beliehen, und diese Hypothek darf weitergegeben werden, und weil wir so dringend Geld brauchten, musste eine Unterschrift her, durch die all diese Hypotheken und damit die Immobilien unserer Kunden als zusätzliche Sicherheit für einen Notkredit dienen konnten.

Der Direktor traf mitten in der Nacht ein, es ging um etwa 30 Milliarden, und er sagte: »Ich werde das nicht einfach so unterschreiben, es sind alle Sicherheiten, die wir haben, ich möchte mir das genau ansehen.« Aber am Morgen mussten die Unterlagen fertig sein, sonst konnte die Bank nicht öffnen. Er saß da und las, alle waren müde, und nach einer Weile sagte jemand: »Und jetzt unterschreiben.« »Ich lese noch.« Wir haben wirklich mit der Idee gespielt, falls er nicht unterschreiben sollte, eine außerordentliche Vorstandssitzung abzuhalten, damit ein neuer Direktor ernannt werden konnte. Solche Möglichkeiten zieht man dann in Betracht. Um vier Uhr in der Nacht hat er schließlich unterschrieben. Auf dem Heimweg dachte ich: Dieser Mann wird um 11 Uhr abends angerufen und soll mal kurz eine Unterschrift für 30 Milliarden leisten. Er hat gezögert, er spürte seine Verantwortung, aber wir hatten einfach keine Zeit mehr für Verantwortung. Bizarr.

Ich hatte mit der Frage der Moral angefangen. Vielleicht sollte ich besser sagen: Es geht hier nicht um individuelle Moral. Ich habe gesehen, dass die Leute in meinem Bereich, sogar unter enormem Druck, mit großem Verantwortungsgefühl gehandelt haben, auch die, die als »Raffer« verschrien waren. Aber das System kennt keine Moral, und es sind die Menschen, die alle gemeinsam das System instand halten. Das birgt sowohl Risiken als auch die Chance, das Richtige zu tun. Aber dafür braucht es eben – neben strengen Regeln – wirklich auch Vertrauen.

Am Wochenende danach wurde Fortis, einschließlich des verbleibenden Teils von ABN Amro, verstaatlicht. Der niederländische Teil wurde vom niederländischen Staat für knapp 17 Milliarden übernommen, der Rest von Belgien, Luxemburg und der französischen Bank BNP Parisbas. Durch all diese Garantien und viele Milliarden wurde das Vertrauen wiederhergestellt. Die Bank überlebte. Es war vorbei.

Brothers
2008

I

Sonderbar war es, apokalyptisch, was sich in jenen letzten Momenten des Jahres 2007 vor unseren Augen abspielte. Wir waren wieder in traditioneller Silvesterrunde in dem geräumigen Grachtenhaus in Amsterdam versammelt. Auf den Gehwegen explodierten schon die Böller, wir küssten uns, die Chinesen und die Dealer begannen mit ihren Feuerwerkshows, die Kirchtürme verschwanden wie immer im schmutzigen Nebel aus Pulverdampf, und auf einmal sahen wir die Schwäne. Ein endloser Zug von Schwänen zwängte sich durch die Gracht, woher sie kamen, wusste niemand. Still und eilig schwammen sie, in straffer Formation, die jüngsten geschützt in der Mitte, die stärksten am Rand, eine einzige Bewegung in disziplinierter Panik.

Die Menschen unterbrachen ihre Gespräche, schauten von den Fenstern und den Kais aus zu, es hatte etwas Beklemmendes. Nach ein paar Minuten war es vorbei. Wir machten weiter mit dem Reden, Knallen und Lachen.

2008 wurde zum Jahr der großen Krise. Es war ein Wendepunkt in der Geschichte der europäischen Union. Die Rettung der Banken mit unser aller Steuergeld nährte wie nichts anderes das Misstrauen gegen die finanzielle und politische Elite. Die Reaktion der europäischen Regierungen auf die beginnende Wirtschaftskrise, nämlich Einsparungen, verfestigte diese schlechte Stimmung. Der Euro geriet in Bedrängnis und mit ihm das europäische Projekt. Millionen Familien vor allem in Südeuropa rutschten in die Armut. In Griechenland, Spanien und Italien wurde eine ganze junge Generation praktisch abgeschrieben. Der Prozess fortschreitender Demokratisierung, der gut drei Jahrzehnte zuvor in Spanien, Portugal und Griechenland begonnen hatte, kam ins Stocken.

Es war eine Krise, die ohne die drastischen Maßnahmen von Regierungen und Zentralbanken in aller Welt leicht einen noch schlimmeren Zusammenbruch als den der dreißiger Jahre des vorigen Jahrhunderts hätte auslösen können. Der reale Wohlstandsverlust wird auf sechs bis neun Prozent des Bruttoinlandsprodukts der Eurozone geschätzt. Der Neoliberalismus, der die Krise zum Teil verschuldet hatte, war im Aufwind: Der Rückzug des Staates beschleunigte sich in vielen Bereichen – von der Kultur, dem Gesundheitswesen und der Bildung bis zum Wohnungsbau, der inneren Sicherheit und in manchen Ländern sogar der Verteidigung. Populistische Parteien und Bewegungen gewannen überall im Westen an Bedeutung. Die Zeit der Gewissheiten war vorbei, die Angst vor dem anderen nahm zu, und eine Vergangenheit, die es so nie gegeben hatte, wurde als Zukunft präsentiert. Überall spielten die Rattenfänger ihr Lied.

Wo hatte all das angefangen? Während ich mich durch Analysen und Statistiken quälte, wurde mir plötzlich bewusst, dass ich den Beginn dieser Entwicklung im Grunde selbst miterlebt hatte, als ich im ersten Jahrzehnt des neuen Jahrhunderts regelmäßig durch die Vereinigten Staaten gereist war und beim Frühstücken in den vielen Diners und Burger Kings immer wieder die gleichen Geschichten gehört hatte: Bis zu den 1980er Jahren habe ein Einkommen noch ausgereicht, um eine Familie zu ernähren, während seit den 1990er Jahren ein zweites Einkommen – meist das der Ehefrau – notwendig sei. Seit der Jahrtausendwende mussten immer mehr amerikanische Familien Darlehen aufnehmen. Viele Haushalte konnten um 2010 ihre Schulden nicht mehr abbezahlen.

Das Gleiche vollzog sich auch im Großen, vor allem in den Vereinigten Staaten, aber ebenso in anderen westlichen Ländern. Nach dem Platzen der »Dotcom-Blase« Anfang 2000 kam die amerikanische Wirtschaft nicht mehr richtig in Schwung, die Einkommen der Mittelschicht hielten mit der Inflation nicht Schritt, und die Unzufriedenheit mit dieser Situation wurde – vorübergehend – dadurch beschwichtigt, dass praktisch jedem ohne Weiteres billige Kredite gewährt wurden.

Zu dieser Zeit wurden im Bankwesen, ganz im Geiste des Neoliberalismus, sämtliche Hemmungen über Bord geworfen. In den Vereinigten Staaten hatte der sogenannte Glass-Steagall Act von 1933 mehr als ein halbes Jahrhundert lang durch strikte Trennung zwischen braven Geschäftsbanken und spekulierenden Investmentbanken Sparer und kleine Kreditnehmer geschützt. Doch 1999 hob Bill Clinton auf starken Druck der Wall Street dieses Gesetz auf, was der Spekulation mit anderer Leute Geld Tür und Tor öffnete. Außerdem hatte sich in den vorangegangenen Jahren das Eigenkapital der Banken stark verringert, die Reserven für Krisensituationen betrugen nur noch einen Bruchteil des früher Erforderlichen. So bekamen die Banken – auch in Europa – mehr Spielraum, wurden aber anfälliger.

Die Wirkung war erstaunlich. Von 2002 an schien sich die Wirtschaft im »entwickelten« Teil der Welt zu beleben. Das Wachstum verdankte sich jedoch zu einem großen Teil ebenjenen besorgten Menschen, denen ich in den amerikanischen Diners begegnet war und die zu außergewöhnlich verlockenden Bedingungen Geld geliehen hatten, das sie wahrscheinlich nie würden zurückzahlen können. Zwischen 2002 und 2011 stieg Schätzungen zufolge die weltweite Verschuldung von 80 Billionen Dollar – das sind 80 000 Milliarden – auf fast 200 Billionen. Die großen Banken wagten es, solche Risiken einzugehen, weil sie praktisch nicht mehr als private Unternehmen, sondern als unverzichtbare Säulen der Wirtschaft ihres Landes betrachtet wurden. Sie waren einfach zu groß und wichtig, um sie pleitegehen zu lassen; in einer Krise, davon war man überzeugt, würden sie garantiert von den jeweiligen Regierungen gerettet werden.

Zahlreiche Banken verloren alle Hemmungen. Paul Moore, in jenen Jahren Chef des Risikomanagements bei HBOS (Halifax Bank of Scotland), einer der größten britischen Banken, beschrieb den Charakter vieler Akteure als beinahe psychopathisch, ohne jegliche Empathie, leichtsinnig, manipulativ und extrem narzisstisch. Im Gespräch mit meinen Journalistenkollegen von der öffentlich-rechtlichen Rundfunkanstalt VPRO berichtete Moore über die vielsagenden Beinamen einiger Spitzenbanker: »Der CEO einer Handelsbank zum Beispiel wurde Whacker genannt – to whack bedeutet grün und blau schlagen. Der CEO von Lehman Brothers hieß The Gorilla. Den CEO von Credit Suisse nannte man Alf – das stand für Arrogant, little, und das F-Wort kennt ihr. Der CEO von Morgan Stanley: Mack the Knife. Mit anderen Worten, wir hatten uns daran gewöhnt, die Führung außerordentlich wichtiger Organisationen hinterhältigen, rücksichtslosen und narzisstischen Figuren anzuvertrauen.«

Eine Studie des amerikanischen Hedgefonds Hayman Capital brachte ans Licht, dass um das Jahr 2007 die Schulden der europäischen Banken in keinem Verhältnis mehr zu den Einnahmen der jeweiligen Staaten standen, die ja in Notfällen würden einspringen müssen. So beliefen sich zum Beispiel die irischen Staatsbürgschaften auf mehr als das Fünfundzwanzigfache des jährlichen Steueraufkommens. Im Fall von Spanien und Frankreich war es das Zehnfache. In Großbritannien entsprach die Summe der Aktiva der vier größten Banken beinahe dem Vierfachen des Bruttoinlandsprodukts, in den Niederlanden war es sogar fast das Sechsfache.

In den Vereinigten Staaten floss der größte Teil des geliehenen Geldes in den Wohnungsmarkt. Plötzlich konnten sich auch Geringverdiener Eigenheime leisten, deren Wert außerdem stieg, sodass den Besitzern erneut Kredite gewährt wurden, nun für den Kauf eines Autos oder einer Sitzgruppe. Die Hypotheken dieser sogenannten NINJA-Hauskäufer – »No Income, No Job or Assets« – wurden geschickt zu wertpapierähnlichen Portfolios gebündelt und an andere Banken verkauft. Obwohl viele Kreditnehmer in Zahlungsschwierigkeiten gerieten, erhielten diese dubiosen Portfolios von Ratingagenturen eine AAA-Bewertung.

Auch in Europa waren diese Portfolios aus »notleidenden Krediten« äußerst beliebt, weil man mit ihnen in jenen ersten Jahren viel Geld verdienen konnte. Besonders die Deutsche Bank – in den 1990er Jahren noch eher ein schläfriger Finanzier der Autoindustrie – verkaufte die »Synthetic Collateralized Debt Obligations« in großem Umfang an vermögende Kunden und Bankerkollegen. So wurde die Bank innerhalb von zehn Jahren zu einem Global Player. Später musste sie in den Vereinigten Staaten 7,2 Milliarden Dollar Strafe wegen massenhaften Betrugs zahlen, weil sie vor allem gegen Ende der amerikanischen Immobilienblase Anleger bewusst zum Kauf der giftigen Kreditportfolios überredet hatte, um noch möglichst viel Gewinn herauszuschlagen.

In Deutschland profitierten die Banken von einer weiteren Entwicklung. Dank Gerhard Schröders Hartz-Reformen – einschließlich Lohnzurückhaltung – hatte der Export stark zugenommen. Von dem wachsenden Kapitalstrom kam allerdings kaum etwas bei den deutschen Arbeitnehmern an. Immer mehr von ihnen mussten sich mit »flexiblen« Arbeitsverhältnissen und schlecht bezahlten Stellen begnügen. Die deutschen Banken wiederum verwendeten das leicht verdiente Geld lieber für Kredite an Länder an der Peripherie der Eurozone, weil die viel mehr einbrachten. Die Portugiesen, Griechen, Iren und Spanier waren froh, der deutsche Export wuchs weiter, alle lebten auf Pump, doch darüber machte man sich vorerst keine Gedanken.

Die Finanzwelt jubelte. Boni und Prämien erreichten nie dagewesene Höhen, andererseits war der Kokainmissbrauch in Bankerkreisen hier und da »beinahe funktionell«, wie ein Forscher aus Amsterdam es formulierte: »Es unterdrückt Stress, vermindert die Anspannung, für einen Moment fällt einem die Arbeit wieder etwas leichter.« Im reichen Amsterdam-Süd offenbarten die im Abwasser nachgewiesenen Rückstände, welche Mengen an Kokain dort geschnupft wurden.

Nur Geld zählte. Nach Paul Moores Einschätzung glaubten seine früheren Kollegen ernsthaft, dass sie all die gigantischen Boni, die sie Jahr für Jahr kassierten, tatsächlich verdient hätten. »Sie hatten jegliches Gefühl für die Normalität verloren.« In Wirklichkeit, so Moore, sei die Tätigkeit des Bankers doch unvergleichlich viel einfacher als beispielsweise die einer Hebamme oder einer Krankenpflegerin. »Mitte der siebziger Jahre verdiente ein Geldhändler noch kaum mehr als ein Autoverkäufer.« Dreißig Jahre später waren es teilweise Millionen.

2004 beschloss Moore, den Vorstand seiner Bank zu warnen: Die Wachstumsstrategie berge zu große Risiken. »Im Sitzungsraum trat Stille ein, es war ein Pfeil ins Herz ihrer Strategie. Nach der Pause sagte der Vorsitzende: ›Gut so, endlich ein Risikomanager, der sagt, was wir wissen müssen. Danke, Paul.‹« Kurz darauf wurde ihm gekündigt.

Paul Moore war davon überzeugt, dass bei den wichtigsten Banken zumindest die Leute in den oberen Etagen genau wussten, welche Risiken sie eingingen. Und warum reagierten sie nicht entsprechend? »Weil sie ein Vermögen daran verdienten.«

Island mit seiner geringen Bevölkerung war in dieser Finanzeuphorie ein ganz spezieller Fall. Es hat 300 000 Einwohner, nicht mehr als eine größere europäische Provinzstadt, und jeder kennt jeden. Wie in allen kleinen Gemeinschaften geht man eher vorsichtig miteinander um. Ein Mann, mit dem man heute Streit bekommt, kann einem morgen als neuer Kollege begegnen oder als Freund der Tochter. Jahrhundertelang war das Dasein in der unwirtlichen Landschaft einsam und karg, fast alle lebten direkt oder indirekt von der Fischerei. Um 1900 war der Lebensstandard der Isländer nur halb so hoch wie der durchschnittlicher Europäer, die damals auch nicht allzu begütert waren.

In den 1970er Jahren begann sich alles zu ändern. Die Regierung vergab Fischereilizenzen, die von Fischern für hohe Summen verkauft wurden. In der jungen Generation stieg das Ausbildungsniveau, der einfallsreiche Umgang mit Geld und Krediten spielte im Land der Elfen und Trolle eine immer größere Rolle.

Von 2003 an erweiterten die drei großen isländischen Banken ihren Aktionsradius. Mit aggressiver Werbung und attraktiven Zinsen lockten sie Sparer und Anleger aus dem übrigen Europa an. Landsbanki überzeugte Briten und Niederländer mit Zinsen, die doppelt so hoch wie die üblichen waren, Kaupthing Bank bearbeitete die Deutschen. Der Erfolg war auch dem Image Islands zu verdanken: bescheiden, solide, skandinavisch. Der Name der für Großbritannien und die Niederlande zuständigen Tochter von Landsbanki, Icesave, sagte alles. Deutsche zahlten bei isländischen Banken mehr als 20 Milliarden ein, Briten 30 Milliarden, Niederländer gut anderthalb Milliarden, Schweden 400 Millionen. In kaum mehr als drei Jahren stieg die Gesamtsumme der Guthaben bei den isländischen Banken von wenigen Milliarden auf über 140 Milliarden. Die Isländer selbst liehen sich wiederum häufig Geld im Ausland – in Euro, weil die Zinsen dann etwas niedriger waren.

Ein Experte des IWF erklärte gegenüber dem amerikanischen Finanzjournalisten Michael Lewis, Island sei kein Land mehr, »es ist ein Hedgefonds«. Ein ganzes Land ohne die geringste Erfahrung mit dem großen Geld habe auf die Wall Street geblickt und gedacht: Das können wir auch. Und die Isländer schienen es wirklich zu können, schrieb Lewis. Während sich der Wert des amerikanischen Aktienbestandes zwischen 2003 und 2007 »nur« verdoppelte, verneunfachte sich der des isländischen. Die Immobilienpreise in Reykjavík schossen in diesen drei Jahren um 300 Prozent in die Höhe, das Durchschnittsvermögen isländischer Familien verdreifachte sich. Und all der neue Reichtum war den jungen, brillanten isländischen Investmentbankern zu verdanken.

»Sie waren die neuen Rockstars«, erzählte der Regisseur und Aktivist Benedikt Erlingsson später meinen Fernsehkollegen. »Wenn der Topbanker Jón Ásgeir Jóhannesson in Reykjavík ein Café betrat, haben die Leute aufgeregt geflüstert.« Auf dem Höhepunkt des isländischen Booms besaßen dieser Jón Ásgeir und seine Frau ein Boutiquehotel in Reykjavík, eine 50-Meter-Jacht und eine großzügige Wohnung am New Yorker Gramercy Park, einschließlich gepanzertem Panikraum. Ältere isländische Banker sprachen untereinander von der »Hitlerjugend«: der Generation von jungen Männern und Frauen auf der Überholspur, die an amerikanischen Business Schools studiert hatten und rücksichtslos nach ihrer ganz eigenen Geschäfts-»Moral« handelten.

Erlingsson sprach nach Jahren noch voller Verwunderung über diese Zeit, als sei Island damals in ein finsteres Mittelalter zurückgefallen, in dem jeder Exzess möglich war. »Wir hatten es plötzlich mit einer Gruppe von Leuten zu tun, deren Moral eine völlig andere war als die der übrigen Bevölkerung.« Natürlich hatte der Neoliberalismus auch Island beeinflusst. Die jungen Investmentbanker gingen aber nach Erlingssons Ansicht noch einen Schritt weiter. »Sie brachen bewusst mit sämtlichen Regeln und Strukturen, das Gemeinwohl und die Zukunft interessierten sie nicht. Wir merkten, dass unter uns eine Gruppe von Menschen lebte, die völlig gewissenlos handelten, die vor nichts zurückschreckten. Plötzlich erwies sich all das Hässliche und Schlechte, das immer über die ›upper class‹ gedacht und gesagt wurde, als wirklich wahr.«

Einmal war Tina Turner eigens für eine Party dieses Kreises nach Island geflogen, es hatte ein Vermögen gekostet, sie zu engagieren. Erlingsson hatte ihren Auftritt selbst erlebt. »Aber als Turner anfing zu singen, haben die jungen Banker plötzlich alle durcheinandergeredet. Damit wollten sie demonstrieren, wie reich sie waren: Sie hatten es nicht einmal nötig, diesen Weltstar zu beachten, für den sie Millionen hingeblättert hatten. Das war erst richtig cool.«

Zu den Ursachen des plötzlichen Erfolgs machten auf Island allerlei gewagte Erklärungen die Runde. Die Isländer hätten eine natürliche Begabung für Finanzgeschäfte, hieß es. Schnelligkeit und Risikobereitschaft seien ihnen nach Jahrhunderten der Hochseefischerei angeboren. »Unsere Herkunft und Erziehung, unsere Kultur und unser einheimischer Markt, all das hat uns einen wertvollen Vorsprung verschafft«, erläuterte der Präsident gegenüber ausländischen Journalisten und Investoren.

Die Finanzwelt außerhalb Islands sah das anders. »Es war nur eine Gruppe von kleinen Kindern«, meinte der Experte vom IWF. In der egalitären isländischen Gesellschaft, die dergleichen nicht gewohnt war, traten sie selbstsicher in teuren Anzügen auf »und fingen an, Geschäfte zu machen«. Die jugendlichen Banker finanzierten Unternehmen, von deren Betätigungsfeld sie nicht das Geringste verstanden, was sie aber nicht davon abhielt, Anweisungen zu erteilen, beispielsweise zur Führung einer Fluggesellschaft. Michael Lewis sprach 2006 mit dem Topmanager eines britischen Hedgefonds, der sich nicht erklären konnte, warum die Isländer so viele notorisch instabile Unternehmen finanzierten, und deshalb Nachforschungen anstellen ließ. Wie sich herausstellte, war das isländische Wunder einem Beziehungsnetz von Freunden zu verdanken, die Unternehmensanteile vor allem im eigenen Kreis weiterverkauften, zu stetig in die Höhe getriebenen Preisen. Benedikt Erlingsson verglich sie mit den Betreibern eines Bergwerks, die das Gestein in den Stollen an vielen Stellen gelb anstrichen, draußen verkündeten, es handele sich um Goldklumpen, und die Gesteinsbrocken dann untereinander – in Form von Papieren – immer wieder mit hohen Gewinnen weiterveräußerten. Es war eine klassische Spekulationsblase, vergleichbar mit dem Internet-Hype der 1990er oder dem niederländischen Tulpenfieber der 1630er Jahre.

Der Wirtschaftswissenschaftler Robert Aliber von der Universität Chicago gelangte nach gründlicher Untersuchung zu der gleichen ernüchternden Schlussfolgerung. »Ich gebe euch noch neun Monate«, sagte er im Mai 2008 in Reykjavík vor Studenten, Bankern und Journalisten. »Eure Banken sind tot.« Isländische Banker versuchten, die Veröffentlichung seines Vortrags zu verhindern, und die Zentralbank verweigerte ihm ein Gespräch. Wer selbst bereits wusste, dass mit dem Boom etwas nicht stimmte, hatte zugleich großes Interesse daran, dies zu vertuschen.

2

Die ersten Risse in der Fassade wurden im Frühjahr 2007 sichtbar. In der Finanzwelt erwartete man so etwas schon seit Längerem, doch zu jener Zeit bereitete vor allem die Situation des Dollars Sorgen. Unter George W. Bush hatten die Amerikaner mit ihren Kriegen im Irak und in Afghanistan bei gleichzeitigen Steuersenkungen einen gewaltigen Schuldenberg aufgetürmt. Die Deckungslücke war zum großen Teil mit Geld von den Chinesen geschlossen worden. Wenn sie das Vertrauen in den amerikanischen Kapitaldienst verloren, würde die Seifenblase unweigerlich platzen. Nur würde dann zusammen mit der amerikanischen Wirtschaft auch der chinesische

Export einbrechen. Das geteilte Risiko hielt beide Länder in einem Klammergriff, irgendwann musste es zum Crash kommen.

Doch es kam anders. Wie sich zeigte, war nicht die Schuldenmacherei der amerikanischen Regierung das größte Problem, sondern die Immobilienblase. Irgendwann stiegen die Preise nicht mehr, sondern begannen sogar leicht zu sinken, es folgten die ersten Zwangsversteigerungen – am Ende sollten es fast neun Millionen sein –, und allmählich kam unter den scheinbar soliden AAA-Hypotheken-Portfolios unvorstellbar viel Wertloses zum Vorschein. Im Februar 2007 begannen einige amerikanische Banken zur Schadensbegrenzung Milliarden abzuschreiben, in Europa geriet die deutsche IKB (Industriekreditbank AG) in Bedrängnis. Es waren die ersten Signale.

Am Morgen des 9. August 2007 erhielt der damalige Präsident der Europäischen Zentralbank, Jean-Claude Trichet, in seinem Ferienhaus einen Anruf vom Chef der Abteilung Market Operations: Der internationale Kapitalmarkt sei plötzlich zum Erliegen gekommen, Banken liehen sich gegenseitig kein Geld mehr, es herrsche Panik. »Von einem Moment auf den anderen waren keine Dollar mehr zu bekommen«, erinnerte sich Trichet später. Der Markt wurde wiederbelebt, indem die EZB die Banken unbegrenzt Euro leihen ließ, gleich an jenem ersten Tag 95 Milliarden. Insgesamt wurden schließlich 300 Milliarden ins Finanzsystem gepumpt. »Mit einem Maximum an Entschlossenheit«, so Trichet, habe man demonstriert, »dass wir unseren eigenen Kapitalmarkt weiterhin im Griff hatten.«

Die Öffentlichkeit bekam von dieser nie dagewesenen Notsituation kaum etwas mit. Für Trichet und andere Insider galt das natürlich nicht. »Zentralbanker waren sich der Gefahr einer weltweiten Katastrophe bewusst.« Sie versuchten, der amerikanischen und den europäischen Regierungen den Ernst der Lage zu verdeutlichen. Für sie war im Rückblick jener Sommertag des Jahres 2007 der Beginn der großen Krise. »Es war das erste Anzeichen dafür, dass unser Finanzsystem extrem anfällig war und dass wir in der Folgezeit mit noch viel mehr dramatischen Ereignissen zu rechnen hatten.«

Gut einen Monat später, am 14. September 2007, kam es zum ersten Bankansturm. Vor den Filialen der britischen Bank Northern Rock bildeten sich lange Schlangen besorgter Sparer. Solche Bilder hatte man seit 1929 nicht mehr gesehen. Anfang 2008 musste der amerikanische Staat der Bank Bear Steams zu Hilfe kommen. Es gab keine einzige amerikanische Bank mit Ausnahme von Goldman Sachs, die in jenem Jahr keine Verluste machte. Die amerikanischen Börsenkurse und Immobilienpreise rutschten unaufhaltsam in den Keller. In der ersten Septemberwoche mussten sogar die riesigen Hypothekenbanken Fannie Mae und Freddie Mac durch große Geldspritzen des amerikanischen Staates gerettet werden.

In der Wahrnehmung der breiten Öffentlichkeit begann die Krise am 15. September 2008. Plötzlich sah man im Fernsehen, wie Bankangestellte die Zentrale von Lehman Brothers an der Seventh Avenue verließen, einen Karton mit persönlichen Gegenständen unterm Arm, fassungslos, weil ihre Bank Konkurs angemeldet hatte und sie entlassen worden waren. Lehman Brothers war die drittgrößte Bank der Vereinigten Staaten. Dass diese Bank trotz ihrer Größe nicht gerettet wurde, war besonders schockierend. Die internationale Finanzwelt war bis dahin der festen Überzeugung gewesen, dass Banken wie diese bestimmt durch staatliches Eingreifen vor dem Untergang bewahrt werden würden, wenn es darauf ankam, schließlich seien sie »too big to fail«. Das erwies sich nun als Irrtum. Die neue Ungewissheit steigerte die Unruhe weiter.

Weniger als zwei Wochen nach dem Ende von Lehman schlug die Krise auch in Europa zu. Etwa 40 Prozent der dubiosen amerikanischen Hypothekenportfolios waren an europäische Banken verkauft worden, die nun in eine gefährliche Lage gerieten. Der belgische Gigant Fortis drohte zu Fall zu kommen und die Niederlande mit in den Abgrund zu reißen. Fortis hatte kurz zuvor – zusammen mit der spanischen Bank Santander und der Royal Bank of Scotland – eine der größten niederländischen Banken, ABN Amro, übernommen. Im Nachhinein betrachtet war eine Übernahme solchen Umfangs in derart unsicheren Zeiten außerordentlich leichtsinnig.

An zwei Wochenenden von historischer Bedeutung wurde Fortis schließlich vor dem Untergang bewahrt. Der niederländische Finanzminister Wouter Bos, der am Freitag eigentlich »Papatag« hatte, musste Hals über Kopf eine Bank retten. Zwischen den nächtlichen Beratungsrunden versuchten er, der niederländische Ministerpräsident und der Präsident der Zentralbank auf einem aufgerollten Teppich ein wenig zu schlafen. Die Niederlande kauften den niederländischen Anteil von ABN Amro zurück.

Auf den Kosten in Höhe von 16,8 Milliarden – ungefähr dreimal so viel, wie die 2018 eröffnete Nord-Süd-Linie der Amsterdamer Metro kosten sollte – blieben die Steuerzahler sitzen.

Der verantwortliche Vorstandsvorsitzende von Fotis Belgien, Maurice Robert Josse Marie Ghislain Graf Lippens, musste zurücktreten. »Das Gehirn von Maurice Lippens ist schon seit zwei Jahren pensioniert«, titelte das belgische Wochenmagazin *Humo*. Ein Strafverfahren wegen Fälschung von Jahresberichten und anderen Dokumenten wurde 2018 nach zehnjährigen Untersuchungen durch die belgische Justiz und mehreren Prozessen eingestellt, unter anderem, weil etliche Delikte bereits verjährt waren. Lippens selbst verlor durch die ganze Angelegenheit ungefähr 40 Millionen Euro, trotzdem konnte die Familie Lippens, wie man in Flandern sagte, immer noch »über ihr eigenes Land von Knokke nach Brüssel gehen«. Sie gehörte weiterhin zu den reichsten Belgiens.

In den Wochen nach der Rettung von Fortis mussten weitere niederländische Banken und auch Versicherungen finanziell gestützt werden: Aegnon, NIBC und SNS. Um die größte niederländische Bank, ING, vom Abgrund wegzuziehen, brauchte es sogar 32 Milliarden an Hilfszahlungen und Garantien – auch über eine eventuelle Verstaatlichung wurde ernsthaft nachgedacht.

Und doch verlief die Krise von 2008 völlig anders als die der 1930er Jahre. Damals hatte es drei Monate gedauert, bis sich die amerikanischen Probleme auf die übrige Welt ausbreiteten, 2008 war es nur ein halber Tag. Die fortgeschrittene Globalisierung bot aber auch einen großen Vorteil. Die Zentralbanken arbeiteten diesmal eng zusammen, um die Krise zu bewältigen, sie stimmten sich laufend ab, pumpten riesige Summen an Dollar und Euro ins System, damit es weiter funktionieren konnte. Trichet erklärte später: »Es war die schlimmste Krise seit dem Zweiten Weltkrieg, und ohne unser Eingreifen hätte sie sogar leicht zur schlimmsten Krise seit dem Ersten Weltkrieg werden können.«

Eine entscheidende Rolle spielte die amerikanische Federal Reserve. Weitgehend im Verborgenen stützte die »Fed« weltweit Zentralbanken, unter anderem die Großbritanniens, der Schweiz, Norwegens, Schwedens, Dänemarks, Australiens, Japans, und, nicht zu vergessen, die Europäische Zentralbank. Insgesamt wurden dabei, wie der Historiker Adam Tooze vorgerechnet hat, mehr als zehn Billionen – also 10 000 Milliarden – Dollar ausgegeben. Allein die EZB erhielt gut acht Billionen. Tooze meint, die Reaktion der Fed auf diese Krise habe »der globalen Bedeutung des Dollars eine völlig neue Dimension« verliehen.

»Wir haben ungefähr ein Jahr gehabt, in dem alles möglich war«, sagte Wouter Bos später. »Auf allerhöchster Ebene, bei den G20-Gipfeln, zeichnete sich plötzlich doch die Möglichkeit einer Aufsicht ab, und alle großen Länder machten mit. Wir sind einer Weltregierung nie so nah gekommen wie in dieser Zeit.«

Überall in Europa verlief die Bankenkrise in jenem Herbst nach dem gleichen Muster. Im Unterschied zu den Amerikanern griffen aber die europäischen Regierungen und Zentralbanken in jedem Fall ein. Es blieb ihnen auch nichts anderes übrig: Viele europäische Banken waren tatsächlich zu groß, um sie pleitegehen zu lassen. Außerdem war die gesellschaftliche Bedeutung des Bankensystems in Europa viel größer, mehr als 70 Prozent aller Aktivitäten wurde auf irgendeine Weise durch die Banken finanziert. In den Vereinigten Staaten waren es weniger als 30 Prozent.

Eine Woche nach Fortis, am 8. Oktober, stand innerhalb weniger Stunden mit der Royal Bank of Scotland und der HBOS – Paul Moores ehemalige Bank – eines der größten Bankenkonglomerate der Welt vor dem Aus. Wie im Fall von Fortis unternahm die Regierung alles, um einen Zusammenbruch der Bank und damit der Wirtschaft in Großbritannien und in der übrigen Welt zu verhindern; in diesem Fall gab der britische Staat umgerechnet 20 Milliarden Euro aus.

So war es überall. In Dänemark wurde die Roskilde Bank von der Dänischen Nationalbank übernommen. In der Schweiz konnte die bedeutende Investmentbank UBS nur mit 60 Milliarden Euro an staatlicher Hilfe – plus stiller Unterstützung durch die Amerikaner – gerettet werden. Der französische Staat bewahrte die Banken durch Garantien und die Zusage von Finanzhilfen in Höhe von 360 Milliarden vor dem Zusammenbruch. In Deutschland geschah das Gleiche, nachdem bereits die Hypo Real Estate, eine der größten Hypothekenbanken des Landes, mit einer Finanzspritze von fast 90 Milliarden gerettet worden war.

Auch in Italien, Spanien und Portugal und bei zehn Banken in Mittel- und Osteuropa musste durch staatliches Eingreifen gerettet werden, was zu retten war. Gab es in Spanien 2007 nicht weniger als 45 regionale Sparkassen, so waren es nach der Krise noch zwei. In Russland gerieten die Oligarchen in Schwierigkeiten, der Staat intervenierte, Putin ergriff die Gelegenheit, seine Macht weiter zu festigen.

Das isländische Pyramidensystem stürzte am 6. Oktober 2008 ein. Die drei größten Banken waren Anfang Oktober zahlungsunfähig, die Isländische Krone von da an im freien Fall. Plötzlich waren die blitzschnellen Banker keine Helden mehr, einige von ihnen hatten es gerade noch geschafft, ein paar Taschen mit Dollar, Euro und Yen vollzustopfen und sich aus dem Staub zu machen. Bis zum allerletzten Moment hatten sie versucht, neues Geld aus Europa zu beschaffen. Für den letzten Werbespot von Icesave hatte man weder Kosten – über zwei Millionen Euro – noch Mühen gescheut: Er zeigte Bilder von unberührter Natur und ein helles, komplett transparentes Bankgebäude, und eine Vertrauen einflößende Stimme fragte: »Welches ist die ideale Sparkasse für alle Menschen?« Gesendet wurde er nicht mehr, die Bank stand schon unter Konkursverwaltung.

Fern vom Lärm der Hauptstadt Reykjavík, am Fuß eines erloschenen Vulkans auf der Halbinsel Snæfellsnes, bewirtschafteten Guðrún Arnórsdottir und Bjarni Sigurbjörnsson ihren Bauernhof. Eine Handvoll roter Dächer in weißer Unendlichkeit, etwa 60 Kühe, 100 Schafe, ein hartes Leben – auch weil die Milch und das Lammfleisch immer weniger einbrachten. Meinen Kollegen vom Fernsehen erzählten sie von ihren Erlebnissen in jenen Jahren. An dem großen Glücksspiel hatten sie sich nicht beteiligt. »So waren wir nicht programmiert.« Alle hatten gesagt, sie sollten doch eine neue Scheune bauen, etwas mehr mit der Zeit gehen. Doch dafür waren sie »ein bisschen zu altmodisch«, wie sie später sagten. »Aber das hat uns gerettet.« Nur einer Versuchung hatten sie nicht widerstehen können: 2007 erfüllten sie sich einen Traum und kauften einen kleinen Traktor, auf Kredit. »Es war wirklich verrückt, alles, was wir verdienten, nahmen wir in Isländischen Kronen ein, aber die Bank wollte uns unbedingt einen ausländischen Kredit aufschwatzen. Am Ende haben wir die Hälfte des Kredits in ausländischer Währung aufgenommen.«

Viele Isländer gerieten auf diese Weise in große Schwierigkeiten: Sie mussten ihre Kredite in ausländischen Währungen abbezahlen, während die Krone inzwischen vier Fünftel ihres Wertes verloren hatte. Bereits 2007 hatte Island beachtliche Staatsschulden in Höhe von 28 Prozent des Bruttoinlandsprodukts. Zwei Jahre später waren es 130 Prozent. Den größten Teil davon schuldete das Land Großbritannien, Deutschland und den Niederlanden, die Island zusammen mehr als sechs Milliarden Euro liehen, vor allem, um ihre eigenen geprellten Einleger zu entschädigen. In den Niederlanden gehörten sogar die Provinz Nordholland und einige Gemeinden zu den Opfern der isländischen Finanzkrise: Verlockt durch hohe Zinsen, hatten sie ihre Rücklagen bei Icesave untergebracht und drohten nun knapp 100 Millionen zu verlieren.

Auch Guðrún und Bjarni kamen nicht ungeschoren davon. Ihr halb ausländischer Kredit wurde immer teurer, was sie viele schlaflose Nächte kostete. Jahrelang mussten sie äußerst sparsam leben. »Ja, wir haben viel zu viel bezahlt. Aber den Traktor haben wir immer noch, wir sind ein bisschen verliebt in das Ding.«

Irland war ein Fall für sich. Als ich 1999 über die Insel reiste, hatte das Land die Armut von Jahrhunderten gerade erst abgeschüttelt. Glaubte man den Statistiken, war es schon damals eines der reichsten Länder Europas, die Arbeitslosigkeit lag unter vier Prozent, alle sprachen vom »Celtic Tiger«. Gleichzeitig war die alte Kargheit noch längst nicht verschwunden. In der ländlichen Gegend, in der ich übernachtete, verdienten die Menschen nach wie vor nicht viel. »Aber jagen kann man immer, und im Fluss wimmelt's von Forellen«, sagte mein Gastgeber. »Jetzt ist wieder Zeit, Torf zu stechen und reinzuholen.«

In den folgenden Jahren stieg das Wohlstandsniveau rasant, vor allem, weil die irischen Banken genau wie die amerikanischen in gewaltigem Umfang Immobilien ohne ausreichende Sicherheiten und Deckung finanzierten. Die Summe der Kredite, die irische Banken kurz vor der Krise an eine Handvoll Immobilienunternehmen vergaben, war um 40 Prozent höher als die Summe aller im Jahr 1999 an die gesamte irische Bevölkerung vergebenen Kredite. Als diese gigantische Blase platzte, drohte auch den drei größten irischen Banken der Untergang, der scheinbar so altehrwürdigen Bank of Ireland (1783), den Allied Irish Banks (1800) und der Anglo Irish Bank (1964). Es waren Banken, denen man in Irland großes Vertrauen entgegenbrachte.

In Wahrheit ging vor allem die dynamische Anglo Irish Bank seit Jahren viel zu hohe Risiken ein. Insider meinten, sie sei »probably the world's worst bank«. Michael Lewis zog Parallelen zum isländischen Pyramidenspiel: »In einer Zeit, in der Kapitalisten ihr Bestes taten, um den Kapitalismus zu vernichten, zeichneten sich die irischen Banker durch besondere Zerstörungswut aus.«

Am 29. September 2008 waren auch diese drei Banken zahlungsunfähig. Ihre Rettung würde zur Folge haben, dass Irland unter das Joch strenger Einsparungen geriet, aber die irische Regierung schwankte: War es nicht besser, diese Banken einfach in Konkurs gehen zu lassen? Doch am nächsten Morgen kapitulierte auch Irland. Der Staat garantierte für zwei Jahre sämtliche Sparguthaben und alle anderen Verpflichtungen der irischen Banken beispielsweise in Form von Obligationen. Michael Lewis sprach mit einem Händler der Bank Merrill Lynch, der sich schon entschlossen hatte, zur Schadensbegrenzung seine irischen Obligationen für 50 Prozent ihres Wertes abzustoßen. Doch als er am 30. September aufwachte, hatten sie zu seinem großen Erstaunen wieder ihren vollen Wert. Ein unerwartetes Geschenk von der irischen Regierung!

Die enormen Finanzspritzen beendeten den Bankansturm. Aber waren sie wirklich notwendig? Später wurde bekannt, dass die irische Regierung ihre umfassenden Garantien nur auf massiven Druck der Europäischen Zentralbank hin gegeben hatte, die argumentierte, das Vertrauen in das europäische Bankensystem als Ganzes müsse erhalten bleiben. Und nicht nur Sparer, auch Wertpapier- und Aktienbesitzer müssten geschont werden. Die Anglo Irish Bank konnte man aber beim besten Willen nicht als systemrelevant bezeichnen. Es gab keine engen Verflechtungen zwischen dieser Bank und der irischen Wirtschaft, sie hatte keine Sparer, keine Geldautomaten und nur sechs Filialen. Sie beschaffte bei ausländischen Anlegern und Spekulanten Geld und lieh es dann irischen Immobilienunternehmen, das war alles. Anders als bei einer systemrelevanten Bank hätte ihr Konkurs keine nennenswerten sozialen Auswirkungen gehabt. Dennoch wurde auch diese Bank mit ihrem Schuldenstand von 34 Milliarden Euro verstaatlicht.

Letztlich mussten die irischen Steuerzahler für all diese Schulden aufkommen. Mit seiner Zusage am 30. September hatte der Finanzminister dem Land Garantien und Verpflichtungen im Umfang von bis zu 440 Milliarden Euro aufgebürdet – und das bei einer Bevölkerung von nicht einmal fünf Millionen. Die Staatsschulden stiegen sprunghaft auf mehr als 100 Milliarden, und dieses Geld floss zum größten Teil zu ausländischen Banken zurück, die falsch gewettet hatten und doch ihren vollen Einsatz wiederbekamen: Goldman Sachs, die deutschen und französischen Banken, die deutschen Investmentfonds.

Irland, ein Jahr zuvor noch europäischer Spitzenreiter, war damit praktisch bankrott, es war auf Kredite des IWF angewiesen und musste die Konvergenzkriterien der Eurozone strikt erfüllen. All dies machte massive Einsparungen notwendig, die Staatsausgaben wurden um ein Fünftel gesenkt. Die Wirtschaft schrumpfte um mehr als zehn Prozent, während die Arbeitslosigkeit von 4,2 auf 14,6 Prozent zunahm, die Zahl der Sozialhilfeempfänger stieg auf mehr als 400 000, das durchschnittliche verfügbare Einkommen sank um ein Sechstel. 2012 konnte sich ein Viertel der Iren ein oder zwei der notwendigen Ausgaben – etwa für Heizung, Miete oder Kleidung – nicht mehr erlauben. Insgesamt hatten die irischen Banken mehr als 100 Milliarden Euro verspielt – das Vierfache des jährlichen Steueraufkommens aller Iren.

3

In den ersten Monaten der Krise von 2008 herrschte in der Europäischen Union noch ein Gefühl von verhaltenem Stolz vor. Die gemeinsame Währung und die sozialen Netze der meisten europäischen Mitgliedsstaaten sorgten in einer schwierigen und gefährlichen Situation für mehr wirtschaftliche Stabilität als in anderen Teilen der Welt. »Suddenly, Europe looks pretty smart«, titelte die *International Herald Tribune* im Herbst 2008. Europa, so hieß es, habe immer den Eindruck erweckt, zu weich, langsam und zerstritten zu sein, und nun habe es plötzlich bewiesen, dass es durchaus vereint, effektiv und schnell reagieren könne. Das sei eine lehrreiche Erfahrung gewesen, meinte Luuk van Middelaar. Der arrogante weltweite Kapitalismus kam offenbar nicht ohne staatliche Ordnung aus.

Dieses Gefühl wurde durch das eigenwillige Agieren des damaligen französischen Präsidenten Nicolas Sarkozy noch verstärkt. Er nutzte den französischen Ratsvorsitz, um ein Vorbild für künftiges gesamteuropäisches Handeln zu geben, und führte vor, wie eine charismatische Persönlichkeit Europa führen könne. Etliche seiner Vorstöße waren geradezu indiskutabel, denn er nahm wenig Rücksicht auf die innereuropäischen Verhältnisse. Vieles an seiner Politik war nichts als Show, aber – und das ist nun einmal von nicht zu unterschätzender Bedeutung – er erweckte bei Durchschnittseuropäern den Eindruck von Entschlossenheit und Dynamik. Sie funktioniert also doch, dachte ich in jenem ersten Monat der Krise, diese seltsame Konstruktion aus ein paar Idealen und Tausenden von Kompromissen, die wir Europäische Union nennen.

Die Freude währte nicht lange. Anfang Oktober, bei der jährlichen Tagung des IWF, hatten die amerikanischen und europäischen Finanzminister – nach heftigen Vorwürfen an die Adresse der Amerikaner wegen der Nichtrettung von Lehman Brothers – vereinbart, keine systemrelevanten Banken in Konkurs gehen zu lassen. Auf europäischer Ebene wurden außerdem koordinierte Rettungsaktionen und eine gemeinsame Wirtschaftsförderungspolitik beschlossen. Ein französischer Plan zur europaweiten Regulierung des Finanzsystems einschließlich gemeinsamer Bankengarantien wurde jedoch von Deutschland blockiert. Kanzlerin Merkel beharrte auf dem Grundsatz: »Ein jeder kehre vor seiner eigenen Tür.« Banken wie Fortis wurden weiterhin im nationalen Alleingang gerettet und aufgeteilt. Einem grenzüberschreitend operierenden Bankwesen standen einzelne nationale Regierungen gegenüber, und dabei blieb es. Das sollte der Europäischen Union in den folgenden Jahren noch übel aufstoßen. Man musste ständig improvisieren und sich abstimmen, doch entscheidende Schritte in Richtung einer zentralen europäischen Regulierungsinstanz wurden nicht unternommen.

So ging die Bankenkrise von 2009 an nahtlos in eine Schuldenkrise über. Was das kleine Irland an den Rand des Abgrunds gebracht hatte, vollzog sich im großen Maßstab überall in Europa: Durch die Rettung so vieler Banken wurde ein gewaltiges Finanzproblem vom privaten auf den öffentlichen Sektor abgewälzt – mit weitreichenden Folgen.

Im Jahr 2007 beliefen sich die Staatsschulden in der Europäischen Union auf durchschnittlich 57,5 Prozent des Bruttoinlandsprodukts, noch deutlich unterhalb der festgelegten Obergrenze von 60 Prozent. Zwei Jahre später, 2009, waren es bereits 72,5 Prozent, und der Anstieg hielt an. So waren zum Beispiel die Niederlande finanzpolitisch außerordentlich solide gewesen, jahrelang hatte man große Anstrengungen unternommen, um die Staatsfinanzen in Ordnung zu bringen und zu halten. Finanzspritzen für die Banken in Milliardenhöhe machten all diese Bemühungen auf einen Schlag zunichte. Innerhalb eines Jahres stiegen die Staatsschulden von 45 auf 58 Prozent und bis 2013 sogar auf den Höchstwert von 75 Prozent. Immerhin gelang es, sie bis 2013 wieder auf 50 Prozent zu senken.

Infolge der Bankenkrise erreichten vor allem die Staatsschulden von Griechenland, Irland, Italien, Portugal und Spanien ein besorgniserregendes Niveau. Die Volkswirtschaften dieser Länder gerieten in eine tiefe Rezession, die Steuereinnahmen gingen entsprechend zurück – eine Situation, die nur mit Unterstützung von außen finanziell zu bewältigen war: durch die Europäische Kommission, den IWF oder die EZB, teilweise durch diese drei Institutionen zusammen, die sogenannte Troika. Allerdings war die Unterstützung an strenge Bedingungen geknüpft, und das waren in erster Linie drastische Einsparungen. Von der Empfehlung des G20-Gipfels vom 15. November 2008, sich »aus der Krise hinauszuinvestieren«, wurde wenig umgesetzt.

Die Vereinigten Staaten kennen das Phänomen einer Mobilisierung aller Kräfte vonseiten des Staates: In Notfällen kann der sonst so zurückhaltende Staat plötzlich enorme Anstrengungen unternehmen, um das Land aus einer schweren Krise zu führen. So war es in der Krise der 1930er Jahre mit dem New Deal geschehen oder mit der Mobilisierung der gesamten Wirtschaft und Gesellschaft nach dem Eintritt in den Zweiten Weltkrieg. Etwas Ähnliches geschah nun in der Krise von 2008. Der gerade erst angetretene Präsident Barack Obama stützte das Bankensystem und brachte außerdem mit günstigen Krediten die Wirtschaft in Schwung: Mit dem *Stimulus Package* von 2009 wurden nicht weniger als 831 Milliarden Dollar in die amerikanische Wirtschaft gepumpt.

Zu einem solchen staatlichen Eingreifen war die EU noch nicht in der Lage, von wirksamer Wirtschaftsförderung konnte kaum die Rede sein. Der Europäischen Kommission fiel erst einmal nichts anderes ein, als »Projektanleihen« im Gesamtwert von 200 Millionen Euro zu vergeben – ein Viertausendstel des amerikanischen Investitionsprogramms. Der »freie Markt« sollte alles richten. Von einem Moment auf den anderen galten Armut und Arbeitslosigkeit nicht mehr als die dringlichsten Probleme, nur noch finanzielle Defizite zählten. Das Motto jener Jahre lautete Sparen. Erst 2015 wurde ein Investitionsprogramm von nennenswertem Umfang gestartet, der sogenannte Juncker-Plan mit Investitionen in Höhe von 300 bis 500 Milliarden Euro, mit dem etwa 700 000 kleine Unternehmen unterstützt wurden.

Indirekt war die Finanzkrise aber noch wesentlich folgenreicher, und das auch auf längere Sicht. Jede Bankenkrise führt fast zwangsläufig zu einer Rezession. Der dadurch angerichtete Schaden übersteigt letztlich die Kosten der Bankenrettung selbst um ein Vielfaches. Deswegen haben Banker eine so große Verantwortung und wiegen die Folgen ihrer Verantwortungslosigkeit so schwer. Das war auch diesmal nicht anders. Für die Niederlande zum Beispiel bedeutete die Krise von 2008, dass es anstelle des erwarteten Wachstums von 1,5 Prozent zu einem Rückgang der Wirtschaftsleistung um 3,5 Prozent kam. Die Einnahmen fielen also um mindestens fünf Prozent niedriger aus als erwartet, und das nicht nur einmal. Es waren jährliche Mindereinnahmen von zig Milliarden, das Haushaltsdefizit stieg und stieg. Ähnliches galt in unterschiedlichem Maße für die anderen europäischen Länder. Irgendwie mussten die Regierungen darauf reagieren.

Aus den Wirtschaftswissenschaften waren zahlreiche warnende Stimmen zu hören. Das Konsolidierungs- und Einsparungsdogma habe mit durchdachter Wirtschaftspolitik nichts zu tun. Im Gegenteil, es widerspreche ökonomischen Grundprinzipien und ignoriere die Lehre, die man aus der Krise der 1930er Jahre gezogen habe, nämlich während einer Rezession nicht zu sparen, sondern zu investieren. Und waren außer Kontrolle geratene Staatsfinanzen tatsächlich das größte Problem der Eurozone, wie Regierungsvertreter und Kommentatoren suggerierten? Gewiss gab die Situation in bestimmten Ländern Anlass zur Sorge, aber die Eurozone als Ganze stand ausgezeichnet da, von den großen Wirtschaftsmächten der Welt hatte Europa mit Abstand das niedrigste Finanzierungsdefizit.

Außerdem gab es in der Eurozone, sieht man von Griechenland ab, keine strukturellen Defizite. War ein Defizit wie in Griechenland strukturell bedingt, musste die Regierung tatsächlich ihre Ausgaben genau unter die Lupe nehmen. Im übrigen Europa waren die Haushaltsdefizite jedoch überwiegend die Folge einmaliger hoher Ausgaben für die Bankenrettung. Diese Kosten hätten, darüber waren sich fast alle Ökonomen einig, ohne Weiteres über längere Zeiträume verteilt werden können, dann wäre der Preis längst nicht so hoch gewesen.

Eine beeindruckende Reihe von Wirtschaftswissenschaftlern und angesehene, eher konservative Institutionen wie *The Economist* und der IWF mischten sich in die Debatte ein: Mit dieser Einsparungsmanie müsse Schluss sein. Der indische Wirtschaftswissenschaftler und Philosoph Amartya Sen,

1998 mit dem Wirtschaftsnobelpreis ausgezeichnet, betonte immer wieder, nur sehr wenige professionelle Ökonomen seien überzeugt von dem finanzpolitischen Kurs, den Europa eingeschlagen habe. Ein anderer Nobelpreisträger, der amerikanische Wirtschaftswissenschaftler Paul Krugman, sprach von einem »deficit fetishism«. Ein dritter, Joseph Stiglitz, schlug vor, gerade jetzt sehr viel Geld in die Wirtschaft zu pumpen. Tatsächlich wurden ja gewaltige Summen ausgegeben, allerdings hauptsächlich, um die Banken zu retten, und nicht, um eine wirtschaftliche Belebung in Gang zu setzen – dies war höchstens ein Nebeneffekt. Amartya Sen: »Das europäische Finanzdebakel bewies, dass man gar keine Ökonomen braucht, um gewaltigen Schaden anzurichten: Das Bankwesen schafft das äußerst elegant und mühelos selbst.«

All die Warnungen verfehlten ihre Wirkung, es war, als würde man Steine in einen Sumpf werfen. So wurden zum Beispiel die Niederlande nach dem großen Schreck der Bankenkrise von einem alles beherrschenden Spareifer gepackt. Man fühlte sich an die starre Politik des calvinistischen Ministerpräsidenten Hendrikus Colijn in den 1930er Jahren erinnert, nur dass Colijn immerhin noch in Infrastrukturprojekte wie die Zuiderzeewerke – die großen Landgewinnungsmaßnahmen im heutigen IJsselmeer – investierte. Seine Nachfolger im 21. Jahrhundert waren um einiges knauseriger.

Politiker redeten nun gern von »Haushaltsbüchern«, in denen die Ausgabenseite stimmen müsse, wobei sie der Einfachheit halber verschwiegen, dass für einen Privathaushalt und für die Wirtschaft eines Staates ganz unterschiedliche Gesetzmäßigkeiten gelten. In Wirklichkeit schien es um völlig andere Dinge zu gehen: Einsparungen waren in einem reichen Land wie den Niederlanden weniger finanziell als politisch motiviert. Die damalige liberale Regierung setzte unter Mitwirkung der Sozialdemokraten ein strikt neoliberales Programm um. Eine Einsparungswelle folgte auf die andere: 2010 waren es 18 Milliarden, 2012 zunächst 12 und dann weitere 16 Milliarden, 2013 noch einmal sechs Milliarden.

Öffentliche Ausgaben wurden radikal zusammengestrichen. Betroffen waren alle Bereiche von der Verteidigung über Wohnungsbau und Bildung bis zur Kultur. Der für Kultur zuständige Staatssekretär rühmte sich sogar, selten bis nie eine Theatervorstellung oder ein Konzert zu besuchen, das sei nur etwas für »die Elite«, behauptete er. Das von ihm angerichtete Massaker hatte nichts mehr mit finanziellen Problemen zu tun und erst recht nichts mit Kulturförderung.

Coen Teulings, damals Direktor des Centraal Planbureau, der Analyse- und Prognoseabteilung des Wirtschaftsministeriums, erinnerte sich später, dass der Chef einer IWF-Delegation ihn höchst besorgt um ein Gespräch bat: »Coen, we must talk.« Doch die wenigen Kommentatoren und Wirtschaftswissenschaftler, die sich kritisch zu Wort meldeten – darunter alles andere als unbedeutende wie etwa der frühere IWF-Vorsitzende Johan Witteveen –, wurden als Dorftrottel dargestellt.

Die Folgen entsprachen genau dem, was die Warner vorhergesagt hatten: hohe Arbeitslosigkeit, niedrigere Steuereinnahmen, eine Wirtschaft am Rand der Deflation, irreparable Schäden im öffentlichen Bereich – ganz zu schweigen von einer vom Sparwahn vergifteten Atmosphäre und unaufhörlich schwindendem Vertrauen in die Politik. Die Vereinigten Staaten erreichten bereits nach zwei Jahren wieder das Niveau von 2008, in Europa dauerte die Rezession nicht weniger als sechs Jahre, einige Länder hatten sie sogar nach zehn Jahren noch nicht überwunden. »Die Verantwortlichen der Eurozone [trieben] durch mutwillige Entscheidungen Millionen Bürger in eine mit den 1930er-Jahren vergleichbare Depression«, schrieb Adam Tooze, der als Erster den – auf beeindruckende Weise gelungenen – Versuch unternahm, diese Krise historisch zu analysieren. In seinen Augen waren die Folgen der Sparpolitik »eine der schwersten selbst verschuldeten wirtschaftspolitischen Katastrophen der Geschichte«.

Die Zahlen sprechen eine deutliche Sprache. Die 2008 ergriffenen ersten Maßnahmen zur Bankenrettung halfen auch der übrigen Wirtschaft. Von Anfang 2010 bis Ende 2011 wuchs die Wirtschaft in der Eurozone wieder um zwei Prozent. Von Anfang 2012 an wirkte sich jedoch die Sparpolitik bremsend aus. Es folgte eine zweite Rezession bis Mitte 2013 mit viel ernsteren Konsequenzen. Auch danach kränkelte die europäische Wirtschaft weiter, das Wachstum blieb unter einem Prozent.

Gut funktionierende Sozialsysteme wie in Deutschland, Österreich, den Niederlanden und den skandinavischen Ländern konnten die sozialen Folgen abmildern. Deutschland erholte sich auffallend schnell, schon 2010 begann die Wirtschaft wieder anzuziehen. Den Niederlanden ging, grob überschlagen, ein volles Jahr an Wirtschaftsleistung verloren. Polen entkam der

Krise, dort war keine Immobilienblase entstanden, die Staatsschulden waren nicht extrem hoch, und wegen der Rezession in anderen europäischen Ländern waren zwei Millionen polnische Emigranten mit ihren Ersparnissen zurückgekehrt. Ähnliches galt bis zu einem gewissen Grad für die anderen postkommunistischen Länder. Außerdem hatten die Osteuropäer in den zurückliegenden Jahrzehnten gründlich gelernt, Krisen auch ohne staatliche Hilfe zu überleben.

Anderswo verursachte dieses »Massenexperiment auf dem Rücken der europäischen Bürger« – der Ausdruck stammt von dem Statistiker David Stuckler und Kollegen – eine regelrechte Katastrophe. In Spanien und Griechenland kam es zu Hunderttausenden von Zwangsräumungen. Die Jugendarbeitslosigkeit stieg auf über 40 Prozent – ein Wert wie in den Palästinensergebieten. In Irland, den baltischen Ländern und Italien hatten 30 Prozent der bis zu 25-Jährigen keinen Arbeits- oder Ausbildungsplatz – so viele wie in Tunesien und Syrien. In Estland verfünffachte sich die Zahl der Arbeitslosen, in Lettland und Litauen verdreifachte sie sich. In Großbritannien ging nach Erhebungen des Office for National Statistics von Juni 2010 bis September 2012 im öffentlichen Bereich mehr als eine halbe Million Stellen verloren.

In Spanien stieg die Arbeitslosigkeit auf ein historisches Hoch. Anfang 2013 hatten sechs Millionen Spanier, ungefähr 25 Prozent der Erwerbsbevölkerung, keine Stelle, und in Griechenland war es kam besser. In Italien hatten vor allem Einsparungen bei den Renten schlimme Folgen, teilweise mussten ganze Familien von einer einzigen Rente leben. Einer Erhebung von 2014 zufolge kam jeder dritte Italiener vom eigenen Einkommen nicht über die Runden. Laut Unicef und Europarat kehrte das Phänomen Kinderarbeit zurück.

In Barcelona beobachtete ich in jenen Jahren, dass in den Supermärkten für Hilfsorganisationen gesammelt wurde, die Lebensmittel an Bedürftige verteilten. Immer mehr Menschen landeten auf der Straße. Auf dem Land verzeichnete man unerhört viele kleine Diebstähle: Hühner, Kaninchen, eine Kiste Zwiebeln, Werkzeug. Wie einer der Geschädigten gegenüber der *New York Times* sagte: »Man stiehlt nicht acht Kaninchen, um sie zu verkaufen. Man stiehlt acht Kaninchen, um sie zu essen.«

Im Herbst 2011 sprach ich mit einer spanischen Schriftstellerin. Unter ihren Freundinnen und Bekannten wagte niemand mehr, Kinder zu bekommen. Die Statistiken bestätigten dieses Bild. Einer demografischen Studie des Wiener Wittgenstein Centre zufolge würde vermutlich ein Fünftel der in den 1970er Jahren geborenen Spanierinnen, Griechinnen und Italienerinnen keine Kinder zur Welt bringen – die niedrigste Geburtenrate seit dem Ersten Weltkrieg.

Ganz gleich, welche Ausbildung jemand hatte und wie gut die Examensnoten waren, es gab einfach keine Arbeit. Junge Talente gingen in großer Zahl ins Ausland, ein Braindrain, der die Lage im Heimatland noch verschlimmerte. Lettland verlor in den Jahren 2009 bis 2011 fast zehn Prozent seiner Bevölkerung, Rumänien 2,4 Millionen Einwohner – allein 2011 waren es 1,5 Millionen.

Auch José Martí Font, der Journalist aus Barcelona, der am Silvesterabend 1999 so ausgelassen den Beginn des neuen Jahrhunderts gefeiert hatte, wurde arbeitslos. »Ich bekam noch eine kleine Abfindung von meiner Zeitung, *El Pais*, und das war's. Mein Bruder, er hatte eine kleine Knopffabrik mit fünf Angestellten, musste Konkurs anmelden. Am Ende ist er ohne Geld und ohne irgendeine Aufgabe im Haus unserer Familie am Stadtrand gelandet. Da hat er sich buchstäblich zu Tode geraucht.«

Weil so viele Menschen Arbeit, Einkommen und Status verloren, nahmen überall Depressionen zu, vor allem unter Älteren. Bis 2007 war die Anzahl der Suizide in Europa zurückgegangen, nach 2008 stieg sie wieder an – vermutlich sind an die 8000 Selbsttötungen auf die Krise zurückzuführen. Britische Forscher kommen zu ähnlichen Ergebnissen für Großbritannien; allein dort gab es etwa 1000 zusätzliche Suizide. In den Niederlanden stieg die Suizidrate nach 2008 von neun auf 11 pro 100 000 Einwohner.

Wie schwer die Sparpolitik die Schwächsten traf, zeigen statistische Daten zu den Rentnern. In etlichen europäischen Ländern wurden die Renten eingefroren oder gar gekürzt, eine Reihe von Beihilfen gestrichen, Betreuung und medizinische Versorgung eingeschränkt. Die Mortalität unter den 75- bis 95-Jährigen stieg seit 2011 signifikant an, und 2015 verzeichneten sowohl Italien als auch Großbritannien in dieser Altersgruppe die höchste Sterberate seit einem halben Jahrhundert.

Besonders in den südlichen Ländern brachen neue – und teilweise auch altbekannte – soziale Gegensätze auf, etwa zwischen Menschen mit fester Anstellung und den weniger Glücklichen, oder zwischen jungen Leuten, die auf die Patronage-Netzwerke der Familie und des Freundeskreises zurückgreifen konnten und auch in den härtesten Krisenjahren die Caféterrassen bevölkerten, und den Gleichaltrigen, denen diese soziale Einbettung fehlte.

Vielsagend sind die Ergebnisse einer Erhebung von Eurostat: In Europa insgesamt stieg der Prozentsatz der 25- bis 30-Jährigen, die weiterhin bei ihren Eltern wohnten, seit dem Beginn der Krise fast um die Hälfte auf 42 Prozent. Die gleiche Erhebung macht übrigens auch die gewaltige Kluft sichtbar, die sich zwischen dem Norden und Süden Europas auftat: Während 2018 in Dänemark vier Prozent der Menschen in ihren späten Zwanzigern noch nicht auf eigenen Beinen standen, waren es in Italien nicht weniger als 67 Prozent. Eine einzige Zahl, die für eine tickende politische Zeitbombe steht.

»Aber bei dieser Krise«, sagte José Martí Font, »konnte man auch sehen, wie stark die familiären Bindungen waren. Die vergangenen zwanzig Jahre brachten für Spanien erst einen stetigen Aufstieg und dann plötzlich, ab 2010, einen tiefen Fall. Und wir haben ihn überlebt. Das Land ist nicht zerfallen. Fast niemand ist verhungert. Freunde haben sich zusammengetan, Kinder sind bei ihren Eltern eingezogen, teilweise haben ganze Familien von der Rente einer Großmutter gelebt, man hat die Schläge gemeinsam eingesteckt. Wie sich zeigte, waren wir viel zäher und flexibler, als wir je geglaubt hätten.«

4

Die Bankenkrise und die auf sie folgende Eurokrise beherrschten jahrelang die europäische Politik – vor allem das politische und finanzielle Chaos in Griechenland verschärfte die Situation, wie wir noch sehen werden. Doch auch die unmittelbaren politischen Folgen waren einschneidend. In Ungarn verlor Gábor Demszky, der Bürgermeister von Budapest, sein Amt. »Ich habe 2010 nicht mehr kandidiert. Es war klar, dass wir nichts mehr tun konnten, dass die Stadt handlungsunfähig werden würde.« Sein großer Gegenspieler Viktor Orbán nutzte geschickt das Chaos und die Ungewissheit, die diese Krise verursachte, um sich erneut die Macht zu sichern und nicht mehr abzugeben.

Ebenfalls 2010 errang in Polen die traditionalistisch-nationalistische PiS die Mehrheit. Im selben Jahr kamen die britischen Konservativen nach

13 Jahren wieder an die Macht, während Labour unter Jeremy Corbyn zu vergleichsweise radikalen linken Grundsätzen zurückkehrte. In den Niederlanden war die rechtspopulistische PVV des Geert Wilders im Aufwind und konnte die Anzahl ihrer Parlamentssitze von neun auf 24 erhöhen.

Auch in Spanien, Irland, Italien, Portugal und Griechenland veränderten sich die Kräfteverhältnisse erheblich. In Irland erlitt die regierende Mitte-Rechts-Partei Fianna Fáil die schlimmste Niederlage ihrer Geschichte. In Spanien verloren sowohl die Sozialisten als auch die Konservativen einen großen Teil ihrer traditionellen Anhängerschaft an zwei neue Parteien. Die linke Protestbewegung Podemos und die mal der liberalen, mal der rechten Mitte zugerechnete Partei Ciudadanos konnten schließlich ein Drittel der Wähler für sich gewinnen. Zudem wurde eine mögliche Abspaltung Kataloniens brandaktuell: Es waren vor allem Proteststimmen gegen die Sparmaßnahmen, die den Separatisten plötzlich ungewöhnlich viel Unterstützung brachten. In Griechenland offenbarte sich ähnliche Unzufriedenheit: Die sozialdemokratische PASOK (Panellinio Sosialistiko Kinima), vier Jahrzehnte lang die stärkste Partei, verlor 2012 gegen die linkspopulistische Aufsteigerin Syriza. In Italien musste der mächtige Medienpolitiker Silvio Berlusconi – auch dank erheblichen Drucks vonseiten der EU – dem Technokraten Matteo Renzi weichen.

Als Reaktion auf die Finanzhilfen für die südlichen EU-Mitgliedsstaaten entstanden auch in der Nordhälfte Europas Protestparteien. In Finnland eroberten die rechtspopulistischen Wahren Finnen (Perussuomalaiset) mit ihrem Slogan »Rettet Portugal NICHT« auf Anhieb 20 Prozent der Stimmen. In Deutschland wurde 2013 die neurechte Alternative für Deutschland gegründet. Wie die frühere Parteivorsitzende Frauke Petry einmal in einem Interview erklärte, war »Alternative« dabei eine direkte Antwort auf Merkels Erklärung, ihre Europolitik sei »alternativlos«.

Portugal war ein besonderer Fall. Auch dort verloren die Sozialisten zunächst die Regierungsmacht, eroberten sie 2015 aber zurück. Mit Mário Centeno als Finanzminister ging das Land einen völlig anderen Weg, widersetzte sich den Sparforderungen aus dem übrigen Europa, brachte mit verschiedenen Maßnahmen – Steigerung von Einkommen und Renten, Investitionen – die Wirtschaft in Schwung, begrenzte gleichzeitig die Staatsausgaben und arbeitete sich so innerhalb weniger Jahre aus dem tiefen Tal hinaus. Dabei hatte das Wirtschaftsförderungsprogramm nicht einmal einen besonders großen Umfang, aber es veränderte die Stimmung im Land völlig. Neue Energie, Optimismus und vor allem Selbstvertrauen breiteten sich aus. Sogar in Brüssel erkannte man hinter vorgehaltener Hand an, dass Portugal möglicherweise einen besseren Ausweg gefunden hatte. Ende 2017 wurde Centeno als Nachfolger Jeroen Dijsselbloems zum Vorsitzenden der Euro-Gruppe gewählt.

Außerhalb der EU hatte die Krise ebenfalls weitreichende Folgen. Der Ukraine drohte der Staatsbankrott; um ihn abzuwenden, brauchte das Land Hilfen im zweistelligen Milliardenbereich. In den Vereinigten Staaten geriet ein zwielichtiger Immobilienunternehmer namens Donald Trump in große Schwierigkeiten. Weil er hoffte, dass die Immobilienpreise weiter steigen würden, hatte er bei der Deutschen Bank – der einzigen, die ihm nach einer Reihe von Insolvenzen noch Kredite bewilligte – viel zu viel Geld geliehen. Adam Tooze hat später darauf hingewiesen, dass gerade deshalb eine Präsidentschaftskandidatur für ihn plötzlich hochinteressant wurde, denn auf diese Weise konnte er vielen seiner Probleme, ja sogar einer strafrechtlichen Verfolgung entkommen.

Unterdessen nutzte China seine Chance. Die geschwächten europäischen Staaten sahen sich gezwungen, Land, Seehäfen, Flughäfen und andere Infrastruktureinrichtungen zu verkaufen. So gelangten beispielsweise die strategisch wichtigen Häfen von Athen und Lissabon teilweise in chinesische Hand. Das Gleiche geschah mit Bauland und Hafenanlagen auf Island – von entscheidender Bedeutung für die neue Nordpolarroute – und dem größten Energieversorger Portugals, Energias de Portugal. Das europäische Vorgehen – erst eine Währung zu schaffen und dann viel zu wenig zu unternehmen, um die Zukunft dieser Währung zu sichern – war den Chinesen ein Rätsel.

Langfristig war dies vielleicht die wichtigste Folge der Krise: Der Euro verpasste die Chance, den Dollar als Standardwährung für die ganze Welt abzulösen. Die Aussicht darauf bestand nach 2008 nicht mehr. China dachte offensichtlich doch in etwas längeren Zeiträumen.

Und die einfachen europäischen Bürger, wo blieben sie in diesem politischen und finanziellen Drama? Aydin Soei beobachtete, was im so wohlgeordneten Dänemark geschah: Der Staat griff zur Rettung der großen Banken ein, ließ aber die kleinen lokalen Banken in der Provinz fallen. Ein paar Spitzenbanker wurden angeklagt, aber samt und sonders freigesprochen. Die Kleinsparer auf dem Land verloren alles. »In der Provinz waren nach der Krise die Arbeitsplätze verschwunden, es gab keine Mittelschicht mehr.« Er berichtet, dass Motorradbanden mit ihrer harten Subkultur den vergessenen Jugendlichen eine neue Identität boten, sowohl in den Problemvierteln der Städte als auch auf dem vernachlässigten Land. »Leute, die sowieso das Gefühl hatten, dass die Politiker in der Großstadt nicht für sie da waren, die sahen sich jetzt noch bestätigt. Und es war ein Körnchen Wahrheit darin.«

Was die Sparmaßnahmen anging, dachten die Troika und die einzelnen Regierungen überwiegend in rein finanzpolitischen Kategorien. Es ging um die Höhe von Renditen für Staatsanleihen, um Positionen auf den Finanzmärkten. Das Vertrauen der Finanzwelt musste um jeden Preis erhalten bleiben. Dafür wurde das Vertrauen der europäischen Bevölkerung in ihre Staatsorgane und in das europäische Projekt geopfert, und das blieb nicht ohne soziale und politische Folgen.

Überall begehrten Bürger auf, zuerst in Island. Schon unmittelbar nach dem Zusammenbruch der Banken gingen Tausende wütende Isländer auf die Straße. An den wöchentlichen Demonstrationen beteiligte sich schließlich mehr als ein Viertel der Bevölkerung. Nach fünf Monaten führte die isländische »Töpfe-und-Pfannen-Revolution« zum Sturz der Regierung. Strafprozesse gegen die Hauptverantwortlichen wurden angestrengt. Auch in Italien kamen die ersten Reaktionen schnell. Bereits im Herbst 2008 schwappte innerhalb kurzer Zeit eine Welle von Protesten an Schulen und Universitäten unter dem Motto »Wir bezahlen nicht für die Krise!« durch das Land. Es folgten einige große Demonstrationen, allerdings entstand keine Bewegung, die von Dauer war.

In Portugal begann 2010 eine lange Serie von Demonstrationen, die längste seit der Demokratisierung des Landes in den Jahren 1974 und 1975 – allein 2012 waren es über 500, durchschnittlich alle 15 Stunden wurde irgendwo protestiert. Die Parolen sagten alles: »Du wirst in deinem beschissenen Leben nie ein Haus haben.« »Bis die Schulden uns scheiden.« »Die Zukunft ist verloren.« »Zur Hölle mit der Troika: Wir wollen unser Leben zurück!«

Bereits im Oktober 2010 war in Frankreich eine Streitschrift mit dem Titel *Indignez-vous!* – zu deutsch »Empört Euch!« – von dem damals 93-jährigen französischen Diplomaten und ehemaligen Widerstandskämpfer Stéphane Hessel erschienen. In einem letzten Appell rief Hessel die Jugend dazu auf, gemeinsam die europäischen Grundwerte zu verteidigen, gegen die wachsende Ungleichheit, die Diskriminierung von Immigranten und die Zerstörung der Umwelt zu kämpfen, wie seine Kameraden und er im Zweiten Weltkrieg gegen die Naziherrschaft gekämpft hatten. »Das Grundmotiv der Résistance war die Empörung. Wir, die Veteranen der Widerstandsbewegungen und der Kampfgruppen des *Freien Frankreich*, rufen die Jungen auf, das geistige und moralische Erbe der Résistance, ihre Ideale mit neuem Leben zu erfüllen und weiterzugeben. Mischt euch ein, empört euch!«

Die Schrift ging unter jungen Leuten von Hand zu Hand, über anderthalb Millionen Exemplare wurden in Europa gedruckt. Am 15. Mai 2011 besetzten etwa 20 000 Demonstranten die Puerta del Sol, den Platz im Herzen von Madrid, und errichteten eine Zeltstadt. Nach dem Titel von Hessels Streitschrift nannten sie sich *indignados* – Empörte. Der Funken sprang auf Frankreich und Griechenland über. In Frankreich demonstrierten die *indignés* Ende Mai in mehr als 20 Städten, in Griechenland fanden in 35 Städten Kundgebungen statt. Der Syntagmaplatz in Athen wurde auf die gleiche Weise besetzt wie der Hauptplatz von Madrid. Am 5. Juni folgte eine Demonstration von zwei- bis dreihunderttausend Menschen. In Madrid zogen zwei Wochen später, am 19. Juni, insgesamt etwa drei Millionen Menschen durch die Straßen, es war die größte Demonstration in der modernen spanischen Geschichte.

Bei Umfragen gaben ein Drittel der Griechen und ein Viertel der Spanier an, mindestens einmal an einer Protestaktion gegen die Sparmaßnahmen teilgenommen zu haben. Trotz allem flauten die Proteste in Europa im Sommer 2011 wieder ab – die Bewegungen nahmen später teilweise die Form politischer Parteien wie Podemos und Syriza an.

In New York kam im September 2011 eine neue Protestwelle unter dem Motto »Occupy Wall Street« ins Rollen. Wie groß der Zorn vor allem unter jungen Menschen war, bewies die Geschwindigkeit, mit der sich die Occupy-Bewegung ausbreitete: Nach weniger als drei Wochen, am 9. Oktober, fanden in mehr als 950 Städten Demonstrationen statt, auch überall in Europa. In den Vereinigten Staaten wurde »Occupy« zum Wort des Jahres 2011 erklärt. Occupy brachte einen Prozess der Bewusstwerdung in Gang, die Bewegung rief die sozialen Folgen der Bankenkrise ins Gedächtnis zurück. Auf lokalem Niveau konnte sie hier und da konkrete Erfolge erzielen, besonders was Schuldenerlasse anging. Doch auch diese Bewegung versandete, unter anderem wegen der lockeren Organisationsstruktur und der Vagheit und Unterschiedlichkeit der verfolgten Ziele.

Warum erreichte die Empörung nicht ein viel größeres Ausmaß? Auf dem Höhepunkt der Krise äußerte Mervyn King, »Gouverneur« der Bank of England, seine Verwunderung darüber. »Die Menschen, die ihre Arbeitsplätze verloren hatten, waren schließlich in keiner Weise für die Exzesse der Finanzwelt und die dadurch ausgelöste Krise verantwortlich.«

Er hatte recht: Auffällig war, wie zurückhaltend die Proteste blieben. Von wenigen Ausnahmen abgesehen gab es nichts, was auch nur entfernt an Volksaufstände erinnerte. Die Menschen schluckten ihren Zorn hinunter, er verwandelte sich in Hoffnungslosigkeit, in Resignation und letztlich in einen demokratischen Schwelbrand unter der Oberfläche, der erst aufloderte, wenn etwas anderes hinzukam: ein Kandidat, der angeblich unterdrückte »Wahrheiten« aussprach, ein Referendum, bei dem man »der Elite« einmal eine Lektion erteilen konnte, eine Partei, die mit den »Etablierten« abrechnen wollte, ein Internet mit tausend Losungen und Lügen, lauter kleine Flammen, die ein katastrophales Feuer auslösen konnten.

5

Was über die Vereinigten Staaten gesagt worden ist, gilt ebenso für die Europäische Union: Eine Krise verändert einen nicht, nein, eine Krise offenbart, wer und was man wirklich ist. Viele Banken hatten allein aus Gewinnsucht ein riskantes Spiel gespielt, dennoch wurden sie mit Steuergeldern gerettet. Niemals hatten neoliberale Banker und Politiker viel für den öffentlichen Sektor übrig gehabt, aber nun wurde plötzlich ein gigantisches Problem von »ihrem« privaten Sektor vollständig auf den öffentlichen abgewälzt. Dadurch wurde die Krise zu einem Problem zwischen Nationen statt zwischen Banken.

Es war nicht nur das Fehlverhalten vieler Banker, das fassungslos machte. Die irische Thrillerautorin Tana French, selbst Opfer der Krise, bemerkte, es sei vor allem der Eindruck einer »überwältigenden Amoralität«, der sich hier aufdränge. Als Autorin psychologischer Kriminalromane erkenne sie ein bestimmtes Verhaltensmuster: Diesen Bankern fehle wie zahlreichen Kriminellen das Bewusstsein für den Zusammenhang zwischen ihren Handlungen und deren Folgen und damit jedes Verantwortungsgefühl.

Die Bankenkrise war eine moralische Krise. Dass die Verantwortlichen straffrei ausgingen und sogar belohnt wurden, dass man die Forderungen der Finanzmärkte kniefällig erfüllte, dass so viele ganz normale Bürger den Preis für das verantwortungslose Handeln in der Bankenwelt bezahlen mussten und in Verzweiflung gestürzt wurden – all dies verschaffte durchschnittlichen Europäern, wenn auch nur für einen Moment, einen Eindruck von den Wertvorstellungen der Bankvorstände und zahlreicher politischer Entscheidungsträger der freien Welt.

Der französische Wirtschaftswissenschaftler Thomas Piketty hat das Wagnis unternommen, eine kleine Berechnung anzustellen, die zwar nicht perfekt ist, aber immerhin einen Eindruck von den Vorgängen während der Krise vermittelt. Von September bis Dezember 2008 pumpten die EZB und die amerikanische Fed zusammen fast 2000 Milliarden Dollar an neuem Geld in das Finanzsystem. Dieses Geld wurde den Banken zu einem Zinssatz um ein Prozent »geliehen«. Die Banken verliehen dieses Geld dann zu Zinssätzen von mindestens fünf Prozent an Unternehmen, Privatpersonen und Staaten. Das ergibt für die Banken einen Reingewinn von vier Prozent, insgesamt etwa 80 Milliarden, vier Fünftel der Gewinne, die sie 2009 insgesamt erzielten.

Dieses billige »Darlehen« zu vergeben, war an sich keine Dummheit der Zentralbanken. Auf diese Weise wurde verhindert, dass die Banken wie Dominosteine umfielen, was alles noch viel schlimmer gemacht hätte. Doch danach, schrieb Piketty, hätten die Regierungen den Banken strenge Regeln auferlegen müssen, damit die Bürger am Ende nicht allen Grund hatten, die Bankenrettung »ökonomisch absurd« zu finden: »Bankenprofite und Boni gehen wieder durch die Decke, Arbeitsmarkt und Löhne sind immer noch am Boden, und dann heißt es auch noch den Gürtel enger schnallen, um Staatsschulden zu begleichen, die aufgenommen wurden, weil man den Finanzirrsinn von Bankern ausbaden musste, die unterdessen schon wieder munter spekulieren.«

Die Einführung solcher Regeln blieb jedoch, zumindest in Europa, weitgehend aus. Die Direktion der Royal Bank of Scotland verteilte bereits 2010 wieder Boni im Umfang von einer Milliarde Euro; hundert Führungskräfte kassierten im Laufe des Jahres durchschnittlich eine Million Euro pro Person. Der Vorstandsvorsitzende von ABN Amro, Rijkman Groenink, strich trotz der von ihm zu verantwortenden Schäden 30 Millionen Euro ein. Dick Fuld, der letzte CEO von Lehman Brothers, bekam als Abschiedsgeschenk 71 Millionen Dollar an Boni und Prämien.

Für die Euroländer folgte im Drama der Banken- und Schuldenkrise noch ein dritter Akt: die Eurokrise. Trotzdem konnten Länder wie Irland und Portugal nach 2013 und 2014 wieder auf eigenen Beinen stehen – Irland war 2017 sogar das erfolgreichste Wachstumsland der Eurozone, die Arbeitslosigkeit sank auf sechs Prozent. Auch Spanien galt für die europäischen Entscheidungsträger als Vorbild: Unter anderem dank einschneidender Arbeitsmarkt-»Reformen« im Jahr 2012, die Entlassungen wesentlich erleichterten, halbierte sich die Arbeitslosigkeit bis 2018, die Wirtschaft wuchs schneller als in Deutschland und Frankreich. Die meisten Spanier sahen die Sache anders. Viele hatten deutlich geringere Einkommen und viel schlechtere Arbeit als vor der Krise, zahlreiche Mittelschichthaushalte mussten kürzertreten, und die Wahrscheinlichkeit eines weiteren Abrutschens war wesentlich höher als die einer Erholung.

Ich muss an die Mutter eines spanischen Bekannten denken, eine würdevolle Dame, die durch die Krise ihre scheinbar sichere Stelle verloren hatte. 2018 arbeitete sie in der Küche eines Touristenrestaurants – für fünf Euro in der Stunde, zehn Stunden pro Tag, sechs Tage pro Woche. Offiziell verdiente sie so den Mindestlohn, nur dass sie dafür anderthalbmal so lange wie vorgesehen arbeiten musste, niemand kontrollierte das. Sie war auf einem Auge erblindet, Arthrose in den Hüft- und Kniegelenken machte ihr das Stehen schwer, aber sie konnte nicht weg, Aussicht auf eine andere Stelle gab es nicht, erst recht nicht auf Sozialhilfe. Eine von Hunderttausenden, die nach der Krise von 2008 in einer Art moderner Sklaverei gelandet waren.

Im Sommer 2017 reiste ich mit dem Schiff nach Island. Bei einem Zwischenhalt im norwegischen Bergen kamen zahlreiche Norweger an Bord, die im britischen Newcastle Luxuswaren einkaufen wollten, Oslo war ihnen viel zu weit weg. Auf den Shetlandinseln erklärte unser örtlicher Führer, nicht wenige Einwohner der Insel wünschten sich, dass die Shetlands wieder zu Norwegen gehören würden – die kahle Inselgruppe war 1471 von Schottland annektiert worden, womit sich offenbar viele Einheimische auch nach mehr als einem halben Jahrtausend nur schwer abfinden konnten. Und dann waren wir in Island.

Reykjavík war tatsächlich die atemberaubende, in einer einsamen, von Flechten bewachsenen Landschaft gelegene Provinzstadt, die ich mir vorgestellt hatte. Immer noch kam ein Drittel der isländischen Haushalte nur mit Mühe über die Runden, aber in Reykjavík drehten sich wieder überall die Baukräne, die Caféterrassen waren überfüllt, nagelneue SUVs fuhren durch die wenigen Straßen des Zentrums. Die Wirtschaft war im Vorjahr wieder um vier Prozent gewachsen, vor allem dank der Makrelen und der Touristen.

Das erstaunliche Wachstum der Tourismusbranche hing in erster Linie damit zusammen, dass Island nicht zur Eurozone gehörte und deshalb mehr Möglichkeiten zur Ankurbelung der Wirtschaft hatte, einschließlich einer starken Abwertung der Isländischen Krone.

Ich musste etwas bei der Landsbanki erledigen. Der frühere Eigentümer der Bank, der temperamentvolle Milliardär Björgólfur Guðmundsson, der in extravaganten Maßanzügen mit Fliege durch die Straßen Reykjavíks zu spazieren pflegte und dabei alle freundlich grüßte, schien spurlos verschwunden zu sein. Aber im vornehmen holzvertäfelten Saal des Hauptgebäudes standen die Isländer ruhig vor den Schaltern an, die Automaten gaben reibungslos Bargeld aus, alles war wieder in Ordnung.

»Wir Isländer hatten vergessen, wodurch wir reich geworden waren«, sagten Guðrún und Bjarni am Küchentisch ihres einsamen Bauernhofs. »Wir wurden reich durch die Fischerei und die Landwirtschaft, nicht durch Aktien und Modegeschäfte in einem Einkaufszentrum.« Als Beispiel nannten sie das Stricken. Immer hatten Isländer ihre Socken, Mützen und Pullover selbst gestrickt. Das hörte plötzlich auf, die Leute kauften nur noch importierte Sachen und verlernten das Stricken.

»Weißt du, was das Positive an der Krise war?«, fragte Guðrún. »Die Leute haben wieder Wolle gekauft, haben Handarbeitszeitschriften gekauft und wieder angefangen, selbst zu stricken. Letztlich war es gar nicht schlecht für uns, einmal so einen Schlag ins Gesicht zu bekommen.«

Gleich neben dem schönen Theatercafé in Reykjavík stand eine elegante kleine Skulptur von einem Mann mit Aktentasche, auf den ersten Blick ein ordentlicher, fleißiger Bürger. Aber er hatte kein Gesicht, da war nur ein Steinbrocken.

6

Waren nach der Krise, was die Banken betrifft, alle Probleme gelöst? Dass zusammenbrechende Banken nicht unbedingt mit dem Geld der Steuerzahler gerettet werden müssen, zeigte sich, als noch ein fünftes Euroland in Schwierigkeiten geriet: die Republik Zypern. In den Jahren 2003 bis 2010 hatte sich der Umfang des dortigen Bankensektors mehr als verdoppelt. Die zypriotischen Banken zahlten relativ hohe Zinsen, die kleine Inselrepublik wurde mehr und mehr zum Tummelplatz für Steuerflüchtlinge und Geldwäscher. Anfang 2013 standen die zwei größten Banken vor dem Konkurs. Der *Spiegel* stellte damals die berechtigte Frage, ob die europäischen Steuerzahler nun auch noch russische Oligarchen, Geschäftsleute und Schwarzgeld waschende Mafiosi retten sollten. Erstmals beschloss die Euro-Gruppe unter ihrem gerade angetretenen Vorsitzenden Jeroen Dijsselbloem, die Gläubiger – genauer gesagt vermögende Einleger und Kapitalgeber – an der Rettung der Banken zu beteiligen, schließlich hatten sie auch jahrelang von den hohen Zinsen profitiert. Dijsselbloem wurde dafür in bestimmten Kreisen heftig angegriffen, aber diese grundsätzliche Neuorientierung bewies, dass es durchaus Alternativen zur bisherigen Bankenrettung gab.

Auch an einer zweiten Front erzielte Dijsselbloem einen Durchbruch: Durch die Einführung der Europäischen Bankenunion im Jahr 2014 wurde der gegenseitigen Abhängigkeit von Einzelstaaten und systemrelevanten Banken vorläufig ein Ende bereitet. Gläubigerbeteiligung wurde zum neuen Standard, die größten hundert Banken unterlagen von nun an der Aufsicht durch die EZB, es wurde ein gemeinsamer europäischer Bankenfonds – finanziert von den Banken selbst – geschaffen, auf den man unter bestimmten Voraussetzungen zurückgreifen kann, um eine vom Konkurs bedrohte Bank zu retten oder, wenn dies nicht möglich ist, geordnet »abzuwickeln«. Endlich gewannen die europäischen Regierungen wieder einen gewissen Einfluss auf die sich fast jeder Kontrolle entziehende internationale Finanzwelt.

Aber sonst? In dem 2018 entstandenen niederländischen Dokumentarfilm *De achtste dag* (Der achte Tag) über die Fortis-Krise äußerte der britische Zentralbankchef Mervyn King seine Verwunderung über das Ausbleiben notwendiger Diskussionen. »Nach der Krise der dreißiger Jahre wurde gründlich über die Rolle der damaligen Wirtschaft debattiert. Nach der Krise von 2008 war davon nichts zu merken.« Nout Wellink, ehemaliger Präsident der niederländischen Zentralbank, wies darauf hin, dass alle Instrumente staatlicher Wirtschaftslenkung wie Zinsen oder öffentliche Investitionen bereits bis zur Grenze des Möglichen genutzt würden: »Es besteht die Gefahr, dass den Staaten, sollte durch irgendwelche Umstände erneut eine große, existenzbedrohende Krise ausgelöst werden, ihre Instrumente nicht oder nicht mehr in ausreichendem Umfang zur Verfügung stehen.«

Jean-Claude Trichet: »Es wäre sehr naiv zu glauben, dass wir in diesem Moment in einer Welt leben, die stabiler ist als vor der Krise. Meiner Ansicht nach deutet im Gegenteil einiges darauf hin, dass wir in einem Universum leben, das ebenso anfällig, wenn nicht gar anfälliger ist als vor der Krise.«

Tatsächlich hatte sich in der Praxis wenig verändert. »Wer 2006 eingeschlafen wäre und jetzt aufwachen und einen Blick auf die heutigen Finanzmärkte werfen würde, würde nicht ahnen, dass es in der Zwischenzeit eine Krise gegeben hat«, schrieb *The Economist* im Sommer 2018. Gut, die Banken wurden nun strenger beaufsichtigt, die Eigenkapitalquoten waren erhöht und bei den großen Banken »Stresstests« durchgeführt worden. Zu der von vielen Experten befürworteten Einführung eines Trennbankensystems mit organisatorischer Trennung zwischen Geschäftsbanken und den höhere Risiken eingehenden Investmentbanken kam es jedoch dank effektiver Lobbyarbeit der Finanzbranche nicht. Die Eigenkapitalquoten blieben wegen einer Reihe von Übergangsbestimmungen gefährlich niedrig, zwischen zwei und acht Prozent. Auch dem stetigen Wachstum der Megabanken wurden keine Grenzen gesetzt. Seit 2008 hatte sich der weltweite Schuldenberg verdoppelt.

Außerdem waren die neuen Regeln für eine Bankenwirtschaft auf dem Stand vor etwa einem Jahrzehnt erdacht worden. In der Zwischenzeit waren aber viele neue Risiken entstanden, die mit der neuen »Strenge« gar nicht in den Griff zu bekommen waren. Steven Seijmonsbergen, der ehemalige Bilanzmanager bei Fortis, der hier bereits zu Wort gekommen ist, sagte dazu: »Im Moment ist eine Aufspaltung der Bankendienstleistungen im Gange, alles wird in kleine Stückchen zerschnippelt und auf einzelne Unternehmen verteilt, weltweit. Das Management der Finanzkonglomerate, die wir heute noch ›Banken‹ nennen, ist deshalb in den letzten Jahren viel komplizierter geworden.«

Die Zeit der Skandale war längst nicht vorbei. Die Deutsche Bank, die Danske Bank und die niederländische ING waren in Geldwäscheaffären von gewaltigem Umfang verwickelt. Eine ganze Reihe von Banken hatte den Markt jahrelang mit Zinsabsprachen manipuliert; die niederländische Rabobank musste deswegen eine Buße von 774 Millionen Euro zahlen, insgesamt verhängten allein die britischen und amerikanischen Behörden von 2014 bis 2019 Bußen in Höhe von ungefähr zehn Milliarden Dollar.

Die Danske Bank spielte im Frühjahr 2019 die Hauptrolle in der größten europäischen Geldwäscheaktion, bei der russische Gelder im Wert von 178 Milliarden Euro über eine Filiale in Estland in die Vereinigten Staaten und nach Europa geschleust wurden. Die Deutsche Bank hatte dabei assistiert und über ihre amerikanische Tochter Gelder im Wert von 20 Milliarden gewaschen. Bereits früher, in den Jahren 2010 bis 2014, war diese Bank an einer umfangreichen russischen Geldwäscheoperation beteiligt gewesen, die als »Russischer Waschsalon« bezeichnet wird und bei der es Verbindungen zum Kreml, zum FSB und zu Mitarbeitern des früheren KGB gab. Seit 2012 hatte sich die Bank bereits mit diversen Behörden auf Vergleiche einigen müssen und Bußen in Höhe von über 11 Milliarden gezahlt: für Manipulationen des Referenzzinssatzes LIBOR, für Geldwäsche, für Manipulationen des Gold- und Silberpreises, für Betrug mit Hypotheken in den Vereinigten Staaten. Der Börsenwert der Bank war seit 2008 um 90 Prozent gesunken.

2018 deckte das Journalistenkollektiv Follow The Money auf, dass die europäischen Staaten in den Jahren 2001 bis 2016 noch dazu von Anlegern um mindestens 55 Milliarden Euro betrogen worden waren. Dank moderner fiskalischer Tricks hatten sie es geschafft, entweder niemals gezahlte Kapitalertragsteuern zurückgezahlt oder tatsächlich gezahlte Kapitalertragsteuern doppelt erstattet zu bekommen. Ermöglicht hatten auch dies die bekannten Akteure: Deutsche Bank, UBS, BNP Paribas, Barclays, JP Morgan, Merrill Lynch, Banco Santander, Morgan Stanley, außerdem eine Tochter von ABN Amro. All diese Banken waren 2008 von ebenjenen Staaten gerettet worden, die sie danach weiterhin rücksichtslos plünderten.

»Es waren nicht Bonnie and Clyde, die die Banken ausraubten«, sagte ein Finanzspezialist später. »Nein, die Banken haben diesmal Bonnie and Clyde ausgeraubt.«

Paul Moore, der ehemalige Risikomanager bei der britischen Bank HBOS, war einer von wenigen in der Bankenwelt, die ihr Schweigegelübde brachen. Er wurde zum Whistleblower. Seiner Ansicht nach hatte sich durch die Krise von 2008 die einmalige Chance ergeben, die Finanzwelt zu disziplinieren und in »den furchtbaren Saustall, in den wir geraten sind«, wieder ein wenig Ordnung zu bringen. »Mit Gewinn, Macht und Ruhm als einzigen Maßstäben hat man ein System, in das die Zerstörung des Planeten eingebaut ist.«

Diese Chance war nicht genutzt worden, doch Moore verlor noch nicht die Hoffnung. Letztlich hing und hängt alles von den handelnden Menschen und vor allem den gesellschaftlichen Rahmenbedingungen ab. Das Problem, meint Moore, liege tatsächlich in den Köpfen. Auch daraus solle die Bankenwelt endlich einmal Konsequenzen ziehen.

Moore: »Es gibt Kinder, die Fliegen die Flügel ausreißen. Denen fehlt etwas, die kennen keine Empathie, da ist eine Schraube locker. Sie können einem leidtun. Aber man darf sie nicht auf die Chefsessel setzen, um Himmels willen, nein! Regeln helfen nicht, das kann man vergessen. Niemand wird sie aufhalten!«

Anna

Das neue Jahrtausend? Ich habe den Jahreswechsel in Ungarn mit Freunden gefeiert, lauter ungarische Juden. Jeder von uns war auf seine Weise ein Außenseiter, aber zusammen waren wir eine nette, sehr spezielle Gruppe. Damals fühlte ich mich in Polen eigentlich ziemlich wohl, im Grunde überall.

In den achtziger und neunziger Jahren hatte ich mich sehr bei Solidarność engagiert, der großen Dissidentenbewegung. Bei mir am Küchentisch haben wir zu viert, vier Frauen, die *Gazeta Wyborcza* zusammengebastelt, die erste freie Zeitung überhaupt im Ostblock. Sie war eine Idee von Adam Michnik, er dachte weiter als wir alle. Solidarność hat ungeheuer viel erreicht, auch wenn es damals keine wirklichen Sieger gab, nicht bei den Nationalisten, nicht bei der Kirche und auch nicht bei den Demokraten. Du hast damals auch noch an meinem Küchentisch gesessen, 1999. Aber sobald unser gemeinsamer Feind verschwunden war, brach die Bewegung schnell zusammen.

Trotzdem fühlte ich mich in Polen zu Hause. In jenen Jahren war Europa das große Thema – und Hoffnung, wir waren so voller Hoffnung. Heute, zwanzig Jahre später, bin ich wieder eine Außenseiterin in meinem eigenen Land – wegen meiner Überzeugungen, und ja, auch als Jüdin, vielleicht vor allem das.

Früher haben mich meine jüdischen Wurzeln nie beschäftigt, ich wusste nicht einmal, dass ich jüdischer Herkunft war. Meine Mutter hatte mit Familie nichts am Hut. Als Kind empfand ich das als ganz selbstverständlich. Meine Mutter war ziemlich unabhängig und aufsässig, damit würde es wohl zusammenhängen, dachte ich. Ihr Mädchenname war einwandfrei polnisch – jedenfalls, seit 1942 ein verliebter Pole arische Papiere für sie hatte anfertigen lassen, einschließlich gefälschtem Taufschein. So war ihr alter Name, Lea Horowitz, endgültig verschwunden, der wurde nie mehr erwähnt.

Aus Dankbarkeit hat sie diesen verliebten Polen geheiratet, nach dem Krieg hat sie ihn verlassen und meinen zukünftigen Vater geheiratet, kein

Jude, auch ein Pole. Sie hat nie über all das sprechen wollen, über die ehemalige Lea Horowitz und über ihre Heirat während des Krieges, nur um sich zu retten. Meine Oma und der Rest der Familie mussten im Ghetto bleiben, sie sind wahrscheinlich in Treblinka umgekommen. Meine Mutter wollte uns nicht mit all dem Furchtbaren belasten, sie meinte, es dürfe sich nicht noch auf die folgende Generation auswirken.

Ich habe von dieser Geschichte erst mit 33 erfahren, von einem Mann, den ich zufällig in unserer Kleingartenanlage traf. Wie sich herausstellte, war er mein Cousin, der Sohn ihrer Schwester, die 1937 während Stalins Großer Säuberung ermordet worden war. Er hat mir alles erzählt, was er über unsere Familie wusste. Ich war ganz aufgeregt und habe alle unsere Freunde angerufen: »Ich bin Jüdin!« Aber niemand war besonders beeindruckt. Plötzlich hatte ich auch ein Problem: War ich nun Polin oder Jüdin? Ich musste immer zeigen, dass ich vor allem Polin war, vorsichtig und höflich. Im Grunde musste ich polnischer sein als durchschnittliche Polen.

1999 haben mich diese Dinge immer mehr beschäftigt, und im Jahr darauf habe ich mit meinem großen Projekt in Jedwabne begonnen, einem kleinen Städtchen im Osten Polens. Dort waren am 10. Juli 1941 Hunderte Juden aus ihren Häusern gezerrt, getreten und geschlagen, in einer Scheune eingesperrt und bei lebendigem Leib verbrannt worden, während eine johlende Menge zuschaute. Leute aus dem Ort, ihre eigenen Nachbarn haben das getan, Polen. Daran hat sich kein Deutscher beteiligt.

Im Jahr 2000 hat Jan Gross, ein polnisch-amerikanischer Historiker, mit seinem Buch *Neighbors* [*Nachbarn: der Mord an den Juden von Jedwabne*, 2001] die Aufmerksamkeit wieder auf dieses Massaker gelenkt. In Jedwabne, schrieb er, »ermordete die eine Hälfte der Bevölkerung die andere Hälfte«. Als ich das las, wollte ich gleich eine Reportage darüber schreiben, über eine Kleinstadt, in der nach 60 Jahren Stillschweigen plötzlich die Wahrheit ans Licht kam, wie die Menschen darauf reagiert haben, was sie heute empfanden.

Mein Chefredakteur, Adam Michnik, war zu meiner Überraschung ganz entschieden dagegen: »Du fährst da nicht hin, kommt nicht infrage!« Das hat mich sehr erschreckt. Es war das erste Mal, dass jemand von »meiner« Zeitung mir verbot, etwas zu unternehmen. Und ich spürte, dass er das tat, weil ich Jüdin bin. Dahinter steckte meiner Ansicht nach die vage Vorstellung, ich würde im Grunde wollen, dass die Täter bei diesem Massaker Polen waren und keine Deutschen. Völlig abwegig natürlich, aber anscheinend nicht für manche bei der Zeitung. Das alles tat ziemlich weh, plötzlich spielte mein Jüdischsein eine Rolle, und das ausgerechnet zwischen meiner Zeitung und mir.

Ich habe mich dann entschlossen, unbezahlten Urlaub zu nehmen. Wenn ich diese Reportage nicht für meine Zeitung schreiben konnte, dann eben in Form eines Buches.

So entstand *Wir aus Jedwabne*, ein Buch über eine Stadt, über das Schweigen und über die Wahrheit. Ich versuchte, alles über Jedwabne herauszubekommen, einfach alles, was über die Menschen und die Stadt vor, während und nach dem Krieg zu finden war. Ehrlich gesagt, wurde das zu einer Obsession. Ich tat alles, um das Städtchen von damals wieder zum Leben zu erwecken. Die Namen vieler meiner Mitschüler habe ich vergessen, aber ich kannte jede einzelne Person im früheren Jedwabne. Ich habe sogar den Stadtplan vollständig rekonstruiert. Ja, und überall waren Juden von ihren Nachbarn ermordet worden.

Ich bin regelmäßig hingefahren, habe mit den letzten Zeugen und Überlebenden gesprochen, und ich merkte, wie sehr die Menschen in Jedwabne die Juden hassten, die Juden von damals, die Juden, die ermordet worden waren. Ich war nicht die Erste, Gross hatte schon darüber geschrieben, und wieder war da diese komplette Leugnung, gegen die man nicht ankam. Nichts schien sich verändert zu haben. Unglaublich, dieser alltägliche Antisemitismus, von dem ich nichts geahnt hatte.

Andererseits gab es polnische Helden, sicher, auch in Jedwabne bin ich einer Handvoll beeindruckender Menschen begegnet, die Juden versteckt und ihnen das Leben gerettet hatten. Meine eigene Mutter verdankt ihr Leben ja einem Polen. Man könnte sagen, dass unter der Oberfläche immer ein Kampf von Polen gegeneinander ausgetragen wurde, zwischen den Polen, die Juden verraten haben und ihre Häuser und Besitztümer an sich bringen wollten – denn so trivial war es oft –, und den Polen, die sie weiter beschützt haben.

Vier Jahre habe ich an dem Buch gearbeitet, 2004 ist es in Polen erschienen. Ich machte mir Sorgen. Bei der Buchvorstellung waren zwei Freunde, kräftige Männer, als eine Art Bodyguards dabei, aber das war gar nicht nötig. Die Reaktionen waren viel positiver, als ich erwartet hatte. Damals herrschte hier eine große Offenheit, Polen wurde Mitglied der Europäischen Union, das Land versuchte, sich der eigenen Geschichte zu stellen.

Trotzdem habe ich mich nach meinem Buch über Jedwabne ernsthaft gefragt, ob es eine gute Idee war, als Jüdin in Polen zu bleiben. Eigentlich habe ich die Frage mit nein beantwortet, habe schon Pläne für eine Auswanderung in die Vereinigten Staaten gemacht. Aber meine Töchter waren entschieden dagegen: »Nein, nein, nirgends kann man so gut leben wie hier! Du kannst ja gehen, aber wir bleiben in Polen.« Sie waren glücklich an ihrer Schule, sie waren damals 14 und 16; natürlich war es undenkbar, dass ich ohne sie weggehen würde. Also bin ich geblieben. Aber ich habe mich hier nie mehr wirklich wohlgefühlt …

Nein, auch nicht unter meinen alten Kameraden von Solidarność. Weißt du, in der Solidarność-Zeit waren viele Menschen mutig und solidarisch, aber das bedeutete nicht, dass sie nicht dieses tief verwurzelte Misstrauen gegen Juden empfunden hätten. Das steckt so tief drin in der polnischen Identität! Es ist viel stärker als in anderen Ländern. Nicht in aggressiver Form, aber es ist eine stille, angeborene Abneigung.

Der Ursprung liegt, glaube ich, darin, dass die jüdische Gemeinschaft hier von jeher eine starke Identität hatte. Die Polen hatten im 19. Jahrhundert ein ziemlich negatives Selbstbild, das Land existierte ja nicht einmal so, wie es heute ist. Das musste mit Nationalismus kompensiert werden, mit einer eigenen Identität: Wir sind Katholiken, keine Juden. Es war die Vorstellung, Polen sei anders als alle anderen europäischen Länder, von den Polen selbst »geschaffen«, von katholischen Polen. Alle anderen gehörten eigentlich nicht dazu. In Ungarn war es ähnlich, auch ein relativ kleines Land mit einer damals großen jüdischen Gemeinschaft.

Ich war einmal auf einem Kongress über Antisemitismus zu Gast. Titel: »Das Schwarze Loch der polnischen Identität«. Da habe ich Berichte über junge Leute gehört, die einen regelrecht psychotischen Hass auf Juden entwickelt hatten, und wie schwer es war, etwas dagegen zu tun.

Meiner Ansicht nach ist es in den vergangenen zehn Jahren nicht schlimmer geworden, es wird unter der neuen Regierung nur viel eher akzeptiert, wenn Leute sich öffentlich zu ihrer Einstellung bekennen, wenn sie im Fernsehen antisemitische Scherze machen und entsprechende Ansichten verkünden. Einmal habe ich zum Beispiel zwei Fernsehkommentatoren über die Bezeichnung der Konzentrationslager sprechen hören. Man dürfe sie nicht polnische Lager nennen. Viele Juden, sagten sie, haben den Deutschen ja geholfen, diese Lager vollzubekommen. Besser wäre also, sie jüdische Konzentrationslager zu nennen. Und das sagten sie halb lachend, als wäre das ein guter Witz.

Oder eine der Anführerinnen der nationalistischen Bewegung hier, eine populäre Schriftstellerin, sehr aktiv im Internet, die hat – ohne mit der Wimper zu zucken – behauptet, während des Krieges hätten die Juden selbst die Ghettos geschaffen, um unter sich leben zu können, gut und geschützt und getrennt von den armen Polen draußen. Ernsthaft. Das passt zu dem Gefühl vieler Polen, Opfer zu sein, während der Rest der Welt das einfach nicht anerkennen will. Sie glauben, dass die Polen im Zweiten Weltkrieg mehr gelitten haben als die Juden. Rechte Websites versuchen sich gegenseitig mit antisemitischen Texten zu überbieten, Hass auf Juden, Spott, Verachtung, all das ist wieder völlig »patriotisch korrekt«.

Du fragst nach den paar entscheidenden Momenten für Europa in diesen beiden Jahrzehnten. Polen hat diese Momente zum größten Teil »verpasst«. 9/11 war für mich persönlich ein furchtbarer Schock, New York war meine zweite Heimat. Als ich zwei Monate nach den Anschlägen wieder in New York war, hing immer noch ein leicht brenzliger Geruch in den Straßen. Weißt du, von Natur aus bin ich ein optimistischer Mensch, aufgewachsen in einem kommunistischen Staat, in dem man lernt, dass alles immer besser werden wird. Für mich war 9/11 der Moment, in dem ich dachte: Nein, es wird nicht alles besser, es gibt wirklich Grund zur Sorge.

Für die meisten Leute in Polen war das anders. Hier lebten kaum Muslime, Polen beschäftigte sich hauptsächlich mit seiner eigenen Geschichte. Das Gleiche gilt für die Bankenkrise von 2008. Wir hatten hier viele kleine Unternehmen, und die finanzierten sich hauptsächlich aus der Familienkasse, nicht bei den Banken. Damals war es noch eine andere Gesellschaft, die Angst hatte sich noch nicht eingeschlichen.

Nein, das 9/11 Polens war Smolensk, der 10. April 2010. Der Flugzeugabsturz von Smolensk, bei dem der Präsident und fast hundert prominente Polen ums Leben kamen, war nicht nur eine politische Katastrophe, es war auch eine Tragödie mit einem Übermaß an Symbolik. All diese Politiker waren ja auf dem Weg zu einer Katyn-Gedenkveranstaltung. So war die Katastrophe unmittelbar mit dem anderen großen polnischen Trauma verbunden, mit der Ermordung Tausender polnischer Offiziere durch die Rote Armee im Mai 1940 im Wald von Katyn. Smolensk hat eine alte Wunde aufgerissen, das Land wurde in seinem tiefsten Innern getroffen.

Smolensk war der Moment, in dem Polen wirklich zu einem gespaltenen Land wurde. Natürlich hatte es immer in allen möglichen Fragen unterschiedliche Meinungen gegeben, aber jetzt entstand eine tiefe Kluft: auf der einen Seite die Leute, die an eine heimtückische Verschwörung glaubten, auf der anderen diejenigen, die an einen schrecklichen Zufall glaubten. Damals schieden sich die Geister endgültig.

Das rechte Regime, das wir heute in Polen haben, ist nicht vom Himmel gefallen. In den beiden Jahrzehnten vor und nach der Jahrhundertwende haben wir eine liberale Phase erlebt mit freier Presse, mit Solidarność, mit einer jüdischen Zeitung, alles war möglich. Heute würde ich diese Zeit als Episode bezeichnen. Sie hatte nichts mit der polnischen Geschichte und der polnischen Identität zu tun. Heute, heute haben wir wieder das wirkliche Polen, wie es immer gewesen ist, Polen, wie es ist. Ich kenne viele Leute, die jetzt wieder Nationalisten reinsten Wassers sind, alte Freunde von Solidarność, unglaublich. Vielleicht hätte ich es ahnen können, die liberale Tradition war in Polen immer schwach. Solidarność war eine Bewegung mit drei Strömungen, einer Arbeiterbewegung – der Gewerkschaft –, einer nationalistischen und einer demokratischen. Das Ganze ist auf ein jämmerliches Scheitern hinausgelaufen. Unsere Zeitung hat bisher überlebt, aber die Regierung versucht, uns finanziell zu ruinieren, indem sie uns boykottiert und Anzeigenkunden abschreckt. Wir sitzen also in der Patsche. Im Grunde schreiben wir nur noch für Gleichgesinnte. Die meisten aus der Arbeiterbewegung sind Nationalisten geworden, das gilt auch für einen Teil der Demokraten – mit Demokratie tut man sich offenbar schwer – und für die jungen Leute. Die sind heute die Stützen der Rechten.

Es ist nicht die Art von Nationalismus, die einer Sehnsucht nach dem 19. Jahrhundert entspringt, wie man es hier und da in Westeuropa beobachten kann. Nein, diese Bewegungen sind auf die Zukunft ausgerichtet. In Ungarn herrscht der Orbanismus, nichts scheint diesem Mann noch etwas anhaben zu können, in den Augen seines Volkes ist er über jeden Zweifel erhaben. In Polen ist das anders. Natürlich haben wir hier auch Seilschaften, in denen man sich gegenseitig zu guten Posten verhilft, aber wir haben keine

Oligarchen, keine alles durchdringende Korruption. Hier ist der Nationalismus echt: In unserem Denken gibt es einen neuen Elan, wir haben keine Kultur der Scham mehr, wir haben eine Kultur des Stolzes. Wir sind stolz darauf, Polen zu sein, und wir sind stolz auf unsere Geschichte!

Polen ist alt, aber zugleich eine sehr junge Nation. Es ist noch dabei, sich selbst zu erfinden – einschließlich des Antisemitismus. Vor Kurzem wurde ein Gesetz verabschiedet, das die Verbreitung von »Unwahrheiten« über den Holocaust unter Strafe stellt. Wäre mein Buch über Jedwabne jetzt erschienen, hätte ich theoretisch zu drei Jahren Gefängnis verurteilt werden können – theoretisch, denn nach der Verabschiedung im Parlament ist das Gesetz, unter Druck von außen, in der Schublade verschwunden. Es war eine Show für die polnische Öffentlichkeit, man wollte es nicht wirklich anwenden. So viele Prozesse, so viel Ärger mit Europa, das wollte man dann auch wieder nicht. Trotzdem, das Gesetz diente dem Zweck, notfalls mit Zwang eine kollektive Geschichtserzählung zu schaffen – und gleichzeitig alle Erzählungen, die im Widerspruch dazu stehen, zu verdrängen.

Um mich selbst habe ich mir nie große Sorgen gemacht – viele meiner Freunde allerdings schon. Mir bereitet vor allem Sorgen, dass junge Historiker am Beginn ihrer Laufbahn sicher zweimal nachdenken werden, bevor sie sich auf dieses Gebiet wagen. Wer will sich noch in die polnisch-jüdische Problematik vertiefen, wenn er allein dadurch schon seine Anstellung, sein Einkommen und seine Aufstiegschancen aufs Spiel setzt?

Dem Gefängnis bin ich also entkommen, dank des Drucks vonseiten der EU. Das hat mir nicht überall Sympathien eingebracht. Polen hat immer Angst vor Russland gehabt, aber inzwischen richtet sich die Abneigung immer mehr gegen Europa, gegen die EU. Polen meint, dass Europa sich zu sehr in polnische Angelegenheiten einmischt, dass es Polen übernehmen und beherrschen will. »Wir haben nicht gegen die Kommunisten gekämpft, um uns von anderen hineinregieren zu lassen«, lautet das neue Motto.

Ich selbst finde, dass wir durch unsere Zugehörigkeit zur EU viel gewonnen haben. Wir haben sehr viel bekommen, vielleicht wäre es einmal an der Zeit, etwas zurückzugeben. Aber hier geht es offenbar um andere Werte. Polen ist und bleibt katholisch, Europa ist das nicht. Unser Ministerpräsident hat erklärt, wir müssten Europa »christianisieren«. Oje …, nichts Neues unter der Sonne.

Vor zwanzig Jahren hatten wir auch Probleme, die Arbeiter kämpften um ihre Existenz, wir mussten die Ideale von Solidarność hochhalten … Aber ich hatte Hoffnung. Das ist vorbei.

Weißt du, ich selbst habe mich nach 1999 auf Jedwabne gestürzt, ich schreibe Bücher, recherchiere, forsche über den Holocaust, ich lebe zum Teil außerhalb Polens. Für meine alten Freunde von der Zeitung und von Solidarność ist alles viel schlimmer. Sie haben ihr ganzes Leben der Veränderung dieses Landes gewidmet, sie haben im Gefängnis gesessen, sie haben wer weiß was durchgestanden, für sie ist es eine Tragödie. Alles zu geben und dann zu erleben, dass man als Feind, als Verräter der Nation diffamiert wird, das verbittert einen Menschen. Man muss sich das mal vorstellen, Adam Michnik, einer der mutigsten Dissidenten, gilt heute als der größte Schurke Polens: Chefredakteur der *Gazeta und* einer der Anführer von Solidarność – *und* Jude.

Das heutige Regime tut so, als hätten die Polen immer mit aller Macht gegen die kommunistische Herrschaft gekämpft. Jede Menge Nationalisten, Leute, die wir damals nie gesehen haben, behaupten jetzt, sie seien im Widerstand in der ersten Reihe marschiert. Wir wissen, dass es nicht stimmt, dass wir nur eine Handvoll waren, nicht mehr, aber so sieht die neue Geschichte Polens aus – ein Märchen auf Kosten der Menschen, die die Freiheit wirklich geliebt haben.

Wahrheit

2010

1

Am Himmel über Danzig schweben die Möwen, leuchtend weiß, schrille Schreie in der Sonne. Es ist Frühling, das Licht ist grell, die Stadt hat wieder Farbe. Dieser frühe Aprilmorgen ist still, ich höre nur meine eigenen Schritte, die Sperlinge auf den Bäumen, die Besen der Kellner auf dem Platz, auf dem sich später die Touristen drängen werden. In den Straßen der alten Innenstadt hängt noch leichter Nebel, das Meer ist nah, jederzeit. Die Giebelhäuser erinnern an Amsterdam, die Plätze haben die Ausstrahlung von Plätzen in Antwerpen, die Pastellfarben mancher Häuser muten italienisch an: Hellgrün, Rosa, Ocker, ein mysteriöses Braun. Alles hier ist mit sämtlichen Fasern mit Flandern, Holland, Norddeutschland, Italien verknüpft, mit Europa.

Ein Kaufmann hat 1609 die Fassade seines Hauses mit Büsten von Cato, Horaz, Vergil und Scipio geschmückt: »Tue recht und scheue niemand« ist dort zu lesen. Jedes Haus ist eine Persönlichkeit mit langer Geschichte. Es ist kein Zufall, dass der Zusammenbruch des Kommunismus in dieser Stadt begann; alles, was dem System gefährlich werden konnte, kam hier zusammen: Religion, Nationalismus, der rebellische Geist der Arbeiter, der Eigensinn einer alten deutschen Handelsstadt.

In einem alten Tor hängen Schwarzweißfotos aus dem Jahr 1945: die Stadt als schwarzes, faulendes Gebiss, nur wenige schwer beschädigte Häuser sind noch nicht eingestürzt. Aus diesen Trümmern wurde nach dem Zweiten Weltkrieg das historische Stadtzentrum grandios wiederaufgebaut. Die Polen sind perfekte Restauratoren, die Altstadt sieht aus wie neu, das Vergangene wurde äußerst gekonnt ein zweites Mal erschaffen, schöner als je zuvor. Mir wird klar, dass ich den ganzen Morgen in einem großartigen Bühnenbild unterwegs gewesen bin, einer potemkinschen Vergangenheit. Aber sei's drum: Auf diese Weise gibt man einer Stadt ihre Wurzeln und ihren Stolz zurück, und was könnte für die Bewohner wichtiger sein?

Ich war schon einmal hier, 1999, und auch meine Erinnerungen sind ausschließlich Schwarzweiß: der Wald von Kirchtürmen und Kränen, das Hotelhochhaus, in dem ich wohnte, die alte »Lenin-Werft«, wo Solidarność entstanden war und wo 1999 noch Hochbetrieb herrschte, die Kirche, voll besetzt mit alten Bäuerinnen, die zu Maria und für Polen beteten, der nasse Schnee.

Heute ist alles in Farbe: die historische Altstadt, die Wohnblocks der Arbeiterviertel, hier hat die europäische Fee jede Menge Farbeimer und Baumaterial gebracht. Von der ursprünglichen »Lenin-Werft« ist nur noch die Pförtnerloge übrig, aber die Danziger Werften sind inzwischen mit dem Europäischen Kulturerbe-Siegel ausgezeichnet worden. Ein überwältigendes Denkmal mit Kreuzen und Schiffsankern wurde errichtet, daneben steht das Europäische Zentrum der Solidarität, das vor allem sehr groß und gläsern ist – abgesehen von fünf Wachleuten und einer riesigen Fotografie von einigen Herren bei einer Tagung sehe ich dort niemanden.

Das neue Museum des Zweiten Weltkriegs lässt sich nicht ignorieren. Es liegt in der Nähe des Hafens und der Polnischen Post, nicht weit entfernt von der Stelle, an der am 1. September 1939 der Zweite Weltkrieg mit einer endlosen Folge von Artilleriesalven des deutschen Linienschiffs *Schleswig-Holstein* begann. Das Museumsgebäude ist selbst ein gewaltiger Granateinschlag, es scheint sich in den Boden zu bohren, die Ausstellungsräume liegen zum größten Teil unter der Erde.

Es ist das größte Weltkriegsmuseum Europas, und es ist überwältigend. Das Pflaster einer nicht mehr existierenden Straße – das ehemalige Stadtviertel ringsum ist fast vollständig verschwunden – bildet die Achse der Ausstellung, links und rechts davon gibt es Räume, teilweise Seitenstraßen, die jeweils eine eigene Geschichte erzählen. Man geht durch eine sorgfältig nachgebaute Geschäftsstraße der 1930er Jahre voll fröhlicher Unschuld, niemand ahnt, was all den hübschen Dörfern und Städten bevorsteht. In einem hohen Saal kommt eine Stuka auf einen zugeflogen, in den schmalen Straßen verirrt man sich buchstäblich im kleinen und großen Leid, auch einen vollständigen Güterwaggon gibt es, einen von der Art, die zu den Vernichtungslagern rollten. Ein Fragment aus dem Tagebuch eines Augenzeugen, der über die Pogrome in den Dörfern berichtet: »Wir haben es mit hemmungsloser, schamloser, gefühlloser, blinder Bestialität zu tun. Alles ist möglich, absolut alles.« Man geht über die Schlachtfelder, an Bunkern vorbei, am Ende gelangt man auf einen Innenhof zwischen völlig zerschossenen Wohnhäusern, vor einer der Mauern steht ein sowjetischer Panzer.

Es ist ein ehrliches Museum, auch über das Massaker von Jedwabne wird ausführlich berichtet. In einer Vitrine hängen die Schlüssel zu Haustüren, Toren und Schubladen, die in großer Zahl bei ausgegrabenen Leichen gefunden wurden, als hätten die Opfer gehofft, dass sie nur kurz auf Reisen gehen würden, dass sie den Film zurückspulen und das normale Leben weiterführen könnten.

Und es ist ein europäisches Museum. Während des Zweiten Weltkriegs sind fünf Millionen Polen ums Leben gekommen, doch das Schicksal der anderen Europäer erhält mindestens ebenso viel Aufmerksamkeit. Ein Exponat, das einen polnischen Triumph verkörpert, ist eine Rotor-Schlüsselmaschine, wie sie auf deutschen U-Booten eingesetzt wurde, die bekannte Enigma-M4, entschlüsselt nicht zuletzt dank polnischer Codeknacker, die so einen unschätzbaren Beitrag zur Befreiung Europas geleistet haben. Ein beeindruckender Nebensaal ist ganz der Belagerung von Leningrad und dem Schicksal der Millionen russischen Opfer gewidmet. Die Ausstellung geht also weit über das Leiden der eigenen Nation hinaus, und vor allem deshalb ist sie so großartig und erstaunlich.

Im letzten Raum bekommt dieses Bild einen seltsamen Kratzer. Ursprünglich wurde dort zum Abschluss des Rundgangs ein Film gezeigt, der einen Bogen vom Nürnberger Prozess über Martin Luther King, Nelson Mandela und Solidarność bis zur jüngsten Flüchtlingskrise schlug. Ein kosmopolitischer Film, der vor allem die Frage stellte: Was haben wir hinter uns gelassen, was bleibt? Stattdessen sehe ich nun plumpe Propaganda. »Wir haben mit Enigma Millionen Leben gerettet«, notiere ich. »Wir haben als Erste vor dem Holocaust gewarnt.« »Aber was wir auch taten, wir wurden dennoch verraten.« »Trotz aller Gewalt des Krieges – wir haben nicht aufgehört, uns zu wehren.« »Der Krieg ist vorbei. Wir siegen!« Musik. Plötzlich ist die Opfer-und-Helden-Erzählung wieder zurück, ein Eingriff des neuen Regimes. Auch das ist Polen, das Polen von heute.

Das Danziger Museum des Zweiten Weltkriegs ist zum Schauplatz eines Kampfes zwischen zwei Geschichtserzählungen geworden, im Grunde auch eines Kampfes zwischen zwei Arten von Vaterländern. Einem Vaterland, das nach Mythen und Heldengeschichten verlangt, und einem Vaterland, das stark genug ist, sich der ganzen Wahrheit zu stellen, einschließlich der dunklen Seiten. Das ist kein spezifisch polnisches Problem. In den Niederlanden, in Belgien, Frankreich und Großbritannien kommt es regelmäßig zu ähnlichen Scharmützeln, wenn es um die Aufarbeitung der Kolonialgeschichte geht. Aber hier bestimmt diese Diskussion die ganze Politik.

Die ersten Pläne für das Museum entstanden 2004, in jenem liberalen Polen, das gerade Mitglied der EU geworden war und den Wunsch verspürte, die eigene Geschichte aufzuarbeiten, und zwar ganz offen und frei. Im Mittelpunkt sollte nicht wieder eine Sammlung von Heldengeschichten stehen, sondern das Schicksal europäischer Bürger, die am meisten unter diesem Krieg gelitten hatten, und die weltumspannenden Dimensionen des Konflikts. Das Ziel war, wie Gründungsdirektor Paweł Machcewicz es formulierte, »den Erfahrungen von Polen und Ost- und Mitteleuropäern einen Platz im historischen Gedächtnis Europas und der übrigen Welt zu geben«.

Nach dem Antritt einer konservativen Regierung im Jahr 2015 war es damit vorbei. Machcewicz, vor langer Zeit einmal ein Freund des Präsidenten, galt nun als Verräter. »Du bist ein toter Mann«, wurde ihm gesagt. Nach Ansicht der neuen Regierung war das Konzept des Museums »unpatriotisch«: Dass andere Länder und das universale Leiden der Zivilbevölkerung Themen der Ausstellung sein sollten, bedeutete für sie eine gefährliche Relativierung – oder »Europäisierung« – der besonderen polnischen Geschichte und Identität.

Die Regierung unternahm alles, um die Eröffnung des Museums zu verhindern. Machcewicz' Haus wurde von der Polizei durchsucht, er wurde der Korruption beschuldigt – die Vorwürfe erwiesen sich später als unhaltbar –, und doch gelang es ihm mit vielen Tricks, das Museum am 23. März 2017 einzuweihen. Zwei Wochen später wurde es mit einem juristischen Kunstgriff formal geschlossen und gleich darauf unter einem neuen Direktor, einem Strohmann der Regierung, wieder eröffnet. Geplant war, das Museum nach neuen kulturellen Richtlinien gründlich umzugestalten.

Der Film voller Phrasen und Parolen ist das erste sichtbare Resultat dieser Wende, aber von größeren Veränderungen ist auch nach einem Jahr noch nichts zu spüren. Sogar die umstrittene Vitrine zum Thema Jedwabne ist noch unberührt. Offensichtlich war das Getöse hauptsächlich Show, in Wirklichkeit hat die Zensur es nicht eilig. Machcewicz ist inzwischen nach Berlin gezogen, in die Stadt Danzig setzt er keinen Fuß mehr.

POLEN
FINNLAND
Helsinki
Tallinn
ESTLAND
RUSSLAND
Stockholm
SCHWEDEN
LETTLAND
Riga
Smolensk
Katyn
LITAUEN
Ostsee
Kaliningrad
(Königsberg)
Vilnius
Minsk
Gdańsk
(Danzig)
Ostpreußen
WEISSRUSSLAND
West-
preußen
Pommern
Jedwabne
Weichsel
Posen
POLEN
(zeitgenössisch)
Warschau
Berlin
Oder
Neiße
Kiew
Schlesien
UKRAINE
Wrocław
(Breslau)
Lwiw
(Lemberg)
Kraków
(Krakau)
Prag
TSCHECHISCHE
REPUBLIK
SLOWAKEI
Chişinău
Wien
Bratislava
Budapest
ÖSTERREICH
UNGARN
RUMÄNIEN
Vor dem Zweiten Weltkrieg
Polen heute
0 50 100 150 km

Vor dem Museum liegt eine große Baustelle, in der Ferne lärmt ein Abrissbagger. Die letzten Häuser eines alten Arbeiterviertels werden abgebrochen, die letzten Schornsteine, Dachböden, Kinderzimmer, gelb gekachelten Badezimmer, liebevoll tapezierten Küchen, in denen so viel geschehen ist und besprochen wurde – diese ganz gewöhnliche Geschichte wird nun auch gnadenlos ausgelöscht.

Polen wird in hohem Tempo modernisiert. Hochgeschwindigkeitszüge mit allem Komfort haben die knarrenden alten Züge auf der Strecke nach Warschau abgelöst. Das Straßennetz ist gründlich erneuert worden, was zu fast zwei Dritteln von der EU bezahlt wurde. Die älteren Teile Warschaus haben durch umfassende Sanierungen wieder etwas von ihrem Pariser Flair zurückbekommen. Rings um den Zentralbahnhof und den alten stalinistischen Kulturpalast ist während der letzten zwei Jahrzehnte ein geschäftiges, dynamisches Gegenstück zum alten Warschau entstanden, »Boomtown Warschau«, eine Art Kreuzung zwischen Rotterdam und Berlin. Hier herrschen die Bürotürme von Deloitte und ING, der glänzende Gebäudekomplex »Złote Tarasy« – »Goldene Terrassen« mit Einkaufszentrum, Bürogebäuden, Unterhaltungs- und Fitnessbereich – und der »Zagiel«-Wolkenkratzer, in dem man für einen Quadratmeter 15 000 Euro hinblättern darf. Von 1992 bis 2012 ist in Warschau eine Viertelmillion neue Wohnungen gebaut worden, fast ausschließlich für den privaten Wohnungsmarkt und nicht selten in Form von Gated Communities.

Im Herbst 1999 habe ich mithilfe eines alten Fotobandes einen ganzen Tag lang nach den spärlichen Überresten des großen jüdischen Ghettos gesucht. Hier und da entdeckte ich noch ein Detail: ein kleines Tor, eine Türstufe, eine steinerne Bank beim Gerichtsgebäude, ein Stück Mauer, Straßenbahnschienen. Jetzt, fast zwanzig Jahre später, versuche ich, ein paar dieser Stellen wiederzufinden, was mir aber nur in Ausnahmefällen gelingt. Immer noch ist die Stadt voller Geschichte, doch das Glas und Deloitte gewinnen, die Vergangenheit muss sich immer weiter in den Untergrund zurückziehen.

Die Wirtschaft Polens wächst schon seit mehr als einem Vierteljahrhundert ununterbrochen. Das Bruttoinlandsprodukt hat sich seit 1990 vervierfacht. Die Rahmenbedingungen haben sich erheblich verbessert. Innerhalb von zehn Jahren kletterte Polen in der Rangordnung der Weltbank vom 72. auf den 24. Platz. In vieler Hinsicht hat Polen in den vergangenen zwei Jahrzehnten die südeuropäischen Länder überholt: Hoch qualifizierte junge

Polen, die ein oder zwei Fremdsprachen sprechen, haben auf dem heutigen europäischen Arbeitsmarkt mehr und bessere Chancen als junge Leute aus Spanien oder Italien.

Zugegeben, die Polen sind immer noch versessen auf ihre Steinkohle, die sie in gewaltigen Mengen produzieren und verbrennen. Unter den 50 europäischen Städten mit der schlimmsten Luftverschmutzung liegen 33 in Polen. Doch wenigstens ist hier nicht im Namen von Gott und Vaterland eine Kleptokratie geschaffen worden, wie es unter anderem in Ungarn geschehen ist. So stellte zum Beispiel OLAF, das Europäische Amt für Betrugsbekämpfung, 2018 fest, dass über 43 Millionen Euro an EU-Geldern dem Unternehmen von Viktor Orbáns Schwiegersohn zugeschoben worden waren. In der Nähe seines Heimatdorfes ließ der ungarische Regierungschef ein irrwitziges Stadion samt Bahnstrecke als Zubringer errichten. Dergleichen wäre in Polen undenkbar. Auch die schärfsten Kritiker des polnischen Regimes bestätigen mir, dass in Polen von struktureller Korruption wie in Ungarn keine Rede sein kann.

Und doch entschied die Mehrheit der Wähler 2015, dass alles anders werden sollte. Der Kandidat der nationalkonservativen Partei Praw i Sprawiedliwość gewann die Präsidentschaftswahl, anschließend eroberte die PiS die absolute Mehrheit im Parlament. Die 2001 von den Brüdern Lech und Jarosław Kaczyński, eineiigen Zwillingen, gegründete Partei forderte eine Wiederherstellung des »wahren« katholischen Polen, kämpfte gegen Kommunismus und freie Marktwirtschaft, erklärte den Liberalen den Krieg, wollte die Frauen zurück an den Herd treiben, sprach den Bannfluch über sexuelle Minderheiten aus, lehnte Muslime, Fremde und Immigranten ab. Die *Gazeta Wyborcza* war für sie der große Satan, und zwar buchstäblich: 2004 versammelte sich vor dem Redaktionsgebäude eine wütende Menge mit einem Priester, der mit Gebeten und Ritualen den Teufel austreiben sollte. Das »wahre« Polen sei bedroht, glaubten vor allem auf dem Land viele, und schuld sei die EU.

Es war nicht nur ein nostalgischer Nationalismus, der dieser Partei Wähler zutrieb, im Gegenteil. Wie die Ungarn waren viele Polen eher ungeduldig. Etwa zwei Millionen Polen hatten eine Zeit lang im Westen gelebt, sie wussten, was möglich war. Umfragen zu den Wahlmotiven ergaben, dass viele PiS-Wähler sich gar nicht vernachlässigt fühlten oder enttäuscht waren, sie wollten einfach nur mehr, und sie wollten es sofort.

Was sich hier vollzog, mit der PiS als treibender Kraft, war also nicht nur eine konservative Revolution, es war auch ein Generationswechsel. Der Präsidentschaftskandidat der PiS, Andrzej Duda, war ein dynamischer, gut aussehender Mann, die Wahlkampagne war eine Mischung von Versprechungen und Angstmacherei, und der Erfolg war verblüffend. Der polnische Kommentator Jacob Mikanowski meinte dazu, es gebe zwei Strömungen, die in der polnischen Politik abwechselnd dominierten: die »Rebellen« und die »Staatenbauer«. Zwei Jahrhunderte lang, von den Aufständen gegen Russland am Ende des 18. Jahrhunderts bis zu Solidarność Ende des 20. Jahrhunderts, sei das heroische Aufbegehren gegen einen mächtigen Unterdrücker der moralische Kern der polnischen Politik gewesen. Die Rebellen verkörperten das Herz der Nation, aber die Verantwortung liege bei den Staatenbauern.

Die Parteien, die bis 2015 die Politik bestimmten, der Bund der Demokratischen Linken und die Bürgerplattform, waren typische Staatenbauer. Doch 25 Jahre nach dem Sturz des Kommunismus, so Mikanowski, habe der Zyklus der Staatenbauer wieder geendet. Die PiS sei bei all ihrem Konservatismus ein moderner Rebell. »Polen ist reicher als je zuvor. Es hat eine Fußballnationalmannschaft, die sich sehen lassen kann, und es produziert erstklassige Videospiele. Kurz und gut, es ist endlich ein mehr oder weniger normales europäisches Land. Und genau das könnte das Problem sein.«

Der Historiker Jarosław Krawczyk sah das anders. »Die PiS und Jarosław Kaczyński haben Unmögliches vorgespiegelt«, sagte er, als ich ihn erneut in Warschau traf. »Sie haben Versprechungen gemacht, die eine normale Regierung unmöglich erfüllen konnte. Aber nach Auffassung von Kaczyński war alles möglich, es sei nur eine Frage des Willens, behauptete er. Wollen wir China erobern? Warum nicht! Den Mond erobern? Okay!«

Enttäuschung? »Ja, wir waren enttäuscht, weil wir dem surrealen Glauben anhingen, wir würden innerhalb kürzester Zeit ein reiches Land werden, sogar ein Imperium. Aber all das, was sie im Wahlkampf erzählt haben – dass Polen ein Trümmerhaufen sei, ein Land auf den Knien, das jederzeit überrannt werden könnte –, war kompletter Unsinn. Niemand wollte Polen erobern, es war ein sicheres Land, dem es ziemlich gut ging, von einer Notsituation konnte keine Rede sein.«

Kaczyński behauptete öffentlich, das Museum des Zweiten Weltkriegs arbeite für die Deutschen. Krawczyk: »Ich war im Beirat des Museums, ich habe erlebt, wie sich die Stimmung von Monat zu Monat änderte. Weißt du, meine halbe Familie ist von den Deutschen umgebracht worden. Meinen Großvater haben sie aufgehängt. Aber wenn ich Kaczyński von Deutschland sprechen hörte, ging es nie um diese Dinge. Es sollte sich jetzt alles nur noch um die ›Helden‹ drehen und um den ›guten‹ Krieg, der den ›heroischen Charakter‹ forme. Das war für sie die Hauptsache. Sie waren verrückt.«

2

»Smolensk« ist bei meinen Gesprächen in Polen das Schlüsselwort, immer wieder. »Ohne diesen Flugzeugabsturz wären die Kaczyńskis und ihre PiS vermutlich in Bedeutungslosigkeit versunken«, meinte Krawczyk. »Aber es kam anders.«

Smolensk. Am Morgen jenes 10. April 2010 war eine Tupolew TU-154M der polnischen Luftwaffe mit einer großen polnischen Delegation auf dem Weg nach Katyn in Russland, wo Gedenkveranstaltungen anlässlich des 70. Jahrestages des Massakers stattfinden sollten. Die Macht in Polen war damals in den Händen zweier gegnerischer Parteien. Regierungschef war Donald Tusk von der Bürgerplattform, Staatspräsident war der PiS-Vorsitzende Lech Kaczyński.

Das Massaker von Katyn war jahrzehntelang Gegenstand einer heftigen Kontroverse gewesen, seit die deutschen Besatzer im Frühjahr 1943 den Fund Tausender Opfer bekanntgegeben hatten. Wer hatte all diese polnischen Offiziere ermordet, Deutsche oder Sowjets? Das kommunistische Regime behauptete hartnäckig, die Deutschen seien die Täter gewesen, bis es unmöglich wurde, an der Lüge festzuhalten – damals wurde »Katyn« zum Tabu. Erst 1990 übernahm die Sowjetunion die Verantwortung für den Massenmord.

Drei Tage vor dem Flugzeugabsturz, am 7. April, hatten Tusk und Putin gemeinsam an der offiziellen Gedenkfeier zum 70. Jahrestag des Massakers teilgenommen. Es war ein historischer Moment in den Beziehungen zwischen Polen und Russland. Genau deshalb wollte die PiS-Führung um jeden Preis bei einer Reihe anderer Gedenkveranstaltungen am 10. April anwesend sein. Und so saß an jenem Samstagmorgen eine aus fast 90 Personen bestehende zweite Delegation in der Tupolew, vor allem prominente Politiker einschließlich Präsident Lech Kaczyński und seiner Frau, dazu hohe Militärs. Bei Smolensk herrschte dichter Nebel, zwei andere Flüge waren bereits umgeleitet worden, die Sichtbedingungen verschlechterten sich von Minute zu Minute, und die Fluglotsen empfahlen dem Flugzeugführer dringend, nach Minsk auszuweichen. Eigentlich hätte der Flugplatz schon geschlossen sein müssen, doch die Flugleitung schreckte vor dieser Entscheidung zurück, weil sie diplomatische Probleme hätte verursachen können.

Im Cockpit herrschte eine angespannte Atmosphäre, wie die vom Stimmenrekorder des Flugschreibers aufgezeichneten Äußerungen zeigen. Die beiden Piloten waren sich darüber im Klaren, dass eine Landung auf dem technisch einfach ausgestatteten Flugplatz von Smolensk unter diesen Bedingungen sehr schwierig sein würde, fürchteten aber andererseits, ihre hochrangigen Passagiere zu verärgern, wenn sie auf einen anderen Flugplatz auswichen. Die Stimme des Protokollchefs ist zu hören: »Der Präsident hat noch keine Entscheidung getroffen.« »Er wird durchdrehen«, sagt der zweite Pilot – vermutlich meint er den Präsidenten und seine erwartete Reaktion auf ein Ausweichen aus Sicherheitsgründen. Zwei Jahre zuvor hatte nach einem ähnlichen Vorfall der verantwortliche Pilot großen Ärger bekommen.

Der Flugzeugführer bittet deshalb um die Erlaubnis, einen Landeversuch zu unternehmen. Er kommuniziert selbst mit dem Tower, weil er als Einziger Russisch spricht. Flugdatenschreiber und Stimmenrekorder belegen, dass die Maschine im dichten Nebel in den Sinkflug überging und die Piloten, ohne zu erkennen, dass sie eine Talsenke überflogen, eine Höhe von 100 Metern durchgaben, während es in Wirklichkeit nur noch 15 Meter waren; dass das automatische Warnsystem die Piloten ständig zum Abbruch des Anflugs aufforderte und sie, plötzlich fluchend, die Maschine im letzten Moment hochzuziehen versuchten, als sie vor sich die ersten Baumwipfel aus dem Nebel auftauchen sahen. Die Tupolew kollidierte mit Bäumen, drehte sich auf den Rücken, prallte fünf Sekunden nach dem ersten Kontakt auf den Boden und zerbrach. Alle Insassen waren auf der Stelle tot.

Jarosław Krawczyk: »Es war undenkbar, und doch passierte es. Ich hörte es am Morgen beim Kaffeetrinken, Freunde riefen mich an. Alle waren schockiert. Es war beinahe nicht zu fassen, es war für sämtliche politischen Parteien ein schwerer Schlag, Vertreter aller Richtungen saßen in dem Flugzeug. Alle politischen Debatten verstummten. Wir gehörten zusammen.«

Erst nach einer Weile wurde ihm bewusst, dass dieser Absturz weitreichende Folgen haben könnte. »Die Mehrheit der Polen glaubte, dass es ein Unfall war. Aber für die PiS-Leute in ihrer Paranoia wurde die Katastrophe gleich zu einem zentralen Thema ihres politischen Kampfes.« Eine Menge von Trauernden legte vor dem Präsidentenpalast Blumen nieder, eine riesige Kundgebung wurde veranstaltet, und am Ende der Woche wurden die Eheleute Kaczyński wie Monarchen auf der Burg Wawel in Krakau beigesetzt, wo Polen traditionell seine Könige und Nationalhelden bestattet.

Jarosław Kaczyński, der Zwillingsbruder des verstorbenen Präsidenten, hatte in der Zwischenzeit jeden Abend seine kranke Mutter besucht und ihr vorgespiegelt, ihr Sohn Lech sei auf Reisen nach Peru und Argentinien, ein Vulkanausbruch auf Island habe seine Rückkehr verzögert. Er zeigte ihr sogar gefälschte Zeitungsartikel mit Berichten über die angebliche Reise. Erst nach dem Begräbnis, als es ihr wieder besser ging, bekam die Mutter die Wahrheit zu hören. »Es gab Momente, in denen ich diese Geschichten selbst glauben wollte«, sagte Jarosław in einem seiner seltenen Interviews über das Unglück, »dass Lech lebte.«

Jarosław war unverheiratet und kinderlos, er lebte allein mit seiner Katze. Sein Bruder war zur Zeit der Katastrophe mit der Kampagne zu seiner Wiederwahl beschäftigt gewesen, und diese Rolle übernahm nun Jarosław. Er verlor die Wahl, wurde jedoch bei der PiS die entscheidende Person im Hintergrund, eine schattenhafte, aber wichtige Figur im polnischen Machtspiel. Die Katastrophe und das »Märtyrertum« seines Bruders blieben das Hauptthema aller folgenden PiS-Wahlkampagnen. Jeden Monat wurden Gedenkfeiern veranstaltet, bei denen die Namen der Opfer verlesen wurden. Es dauerte nicht lange, und sie wurden als *polegni* bezeichnet, ein polnischer Ehrentitel, der eigentlich Nationalhelden vorbehalten ist, den Gefallenen in Kriegen oder Aufständen.

So wurde um »Smolensk« schon bald ein ähnlicher Kampf um die Wahrheit ausgetragen wie im Fall von »Katyn«. Zwei voneinander unabhängigen Untersuchungen zufolge hatten ohne jeden Zweifel menschliche Fehler zu dem Absturz geführt. Fehler der Flugleitung auf dem Smolensker Flugplatz, vor allem aber Fehler der beiden Piloten, die wahrscheinlich vom polnischen Protokollchef, dem Kommandeur der polnischen Luftwaffe und vermutlich auch vom Präsidenten selbst unter Druck gesetzt worden waren. Es war ganz einfach ein schreckliches Unglück, bei dem möglicherweise Lech Kaczyński eine fatale Rolle gespielt hatte.

Diese nüchterne Schlussfolgerung war natürlich sehr schmerzlich, besonders für Lechs Zwillingsbruder. Jarosław Kaczyński trat deshalb die Flucht nach vorn an und brachte eine haarsträubende Theorie nach der anderen in Umlauf: Der Nebel rings um den Flugplatz sei künstlich erzeugt worden; die Explosion einer speziellen Bombe, die keine Spuren hinterlasse, habe den Absturz ausgelöst. Er ließ neue Untersuchungen anstellen, bei denen sogar Opfer exhumiert wurden, um doch noch Spuren der geheimnisvollen Bombe zu entdecken. Kein einziger neuer Hinweis wurde gefunden.

Dennoch blieb das, was den Kern der endlos wiederholten Verschwörungstheorien ausmachte, im Bewusstsein vieler Polen hängen: dass der Absturz mit Absicht herbeigeführt worden sei, dass die Russen die Täter seien und die Verräterregierung Donald Tusks es unterlassen habe, die Angelegenheit gründlich zu untersuchen. Und die Kampagne hatte Erfolg: 2012 waren noch fast alle der Ansicht, es handele sich um einen Unfall, aber schon fünf Jahre später war ein Drittel der Polen davon überzeugt, dass »Smolensk« ein hinterhältiger Anschlag gewesen sei, organisiert von Moskau.

Die Verschwörungstheorien zu Smolensk wurden zur wichtigsten »Ideologie« der PiS. In der polnischen Politik konnte man nur noch für oder gegen den Märtyrermythos sein – hier die Guten, dort die Bösen. Für den bulgarischen Politologen Ivan Krastev ist »Smolensk« ein Musterbeispiel dafür, dass eine Verschwörungstheorie, wie abwegig sie auch sein mag, eine Rolle spielen kann, die früher der Religion oder der ethnischen Identität vorbehalten war, wenn nur ein ausreichend großer Teil der Bevölkerung an sie glaubt. Die »Mordhypothese«, schrieb Krastev, habe eine Art »Wir« geschaffen. »Wir, die wir der Regierung ihre Lügen nicht abnehmen, wir, die wir wissen, wie es auf der Welt wirklich zugeht, wir, die wir die liberalen Eliten beschuldigen, die Verheißungen der Revolution von 1989 verraten zu haben.«

2015 eroberte dieses »Wir« mit zwei überwältigenden Wahlsiegen in Polen die Macht.

3

Gleich mehrere Ereignisse im Frühjahr machten 2010 zu einem Wendejahr in der europäischen Geschichte, ähnlich wie 1956 – Chruschtschows »Entstalinisierung«, Sueskrise, Ungarischer Volksaufstand – eines gewesen ist.

Einen Monat nach Smolensk, am 6. Mai, verlor Labour die Wahlen in Großbritannien. Es folgten Jahre der Tory-Herrschaft, eine zunehmende Blockade in der britischen Politik und ein chaotischer Brexit. Am Ende derselben Woche wurden in Athen die Banken gestürmt, und die Krise der Eurozone erreichte ihren Höhepunkt – mit knapper Not konnte die Währung vor dem Untergang bewahrt werden. Viktor Orbán gewann im April die Wahlen in Ungarn. Das war der Beginn einer Kampagne gegen die EU und die demokratischen Normen und Werte Europas, eine Kampagne, bei der immer wieder Grenzen überschritten und verschoben wurden. Bei Verhandlungen zwischen Orbán und den anderen europäischen Regierungschefs spielte der Ungar bald eine ausgesprochen destruktive Rolle. Timothy Garton Ash drückte es nach einer dieser Konfrontationen folgendermaßen aus: »Brüssel hat gegen einen Kickboxer Schach gespielt. Der Kickboxer gewinnt.«

Populistische Regierungen vor allem in Mittel- und Osteuropa hatten drei Eigenschaften gemeinsam: Erstens war die Demokratie für sie eine »Volksdemokratie« in dem Sinn, dass die Mehrheit alle Macht für sich beanspruchen durfte. Das bedeutete zweitens, dass sie versuchten, im Laufe der Zeit die Kontrolle über den gesamten Staatsapparat und die Justiz zu übernehmen. Und drittens griffen sie zum Mittel des politischen Klientelismus, was bedeutete, dass große Gruppen von Bürgern Gefälligkeiten, Geld und andere Vorteile im Tausch gegen politische Unterstützung erhielten.

Orbán war ein typisches Beispiel für diese Populisten, und auch die Politiker der PiS meinten, dass allein sie »das Volk« repräsentierten. Was die Opposition zu sagen hatte, interessierte nicht mehr. Das polnische diplomatische Korps und die Armeeführung wurden gründlich »saniert«, die verfassungsmäßig vorgesehene Kontrolle der Exekutive und Legislative wurde durch die Judikative als »juristische Quertreiberei« verunglimpft, Mitglieder des Verfassungsgerichtshofes und andere Richter wurden rasch durch Anhänger ersetzt. Entsprechend schwand das Vertrauen in die Justiz: Einer

Eurostat-Umfrage im Frühjahr 2019 zufolge meinte die Hälfte der Polen, um die Unabhängigkeit ihrer Richter sei es »schlecht bis sehr schlecht« bestellt. (Das Gleiche sagten übrigens drei Viertel der Ungarn, zwei Drittel der Slowaken und die Hälfte der Spanier und Italiener über die Justiz in ihren Ländern.)

Die Eingriffe der polnischen Regierung beeinträchtigten auch die juristische Zusammenarbeit innerhalb Europas. So lehnte ein irischer Richter die Auslieferung eines mutmaßlichen polnischen Drogendealers an Polen »wegen grundlegender Mängel im polnischen Rechtssystem« ab. Der Europäische Gerichtshof bestätigte seine Entscheidung. Das gegenseitige Vertrauen war verschwunden, auch auf diesem Gebiet.

Wie jede geschickte populistische Regierung erkauften sich die neuen polnischen Machthaber gleich nach ihrem Amtsantritt die Sympathie der Durchschnittswähler. Das Renteneintrittsalter wurde gesenkt, Familien erhielten vom zweiten Kind an eine Prämie von 500 Złoty, etwa 150 Euro.

Der polnische Staatsapparat wurde systematisch auf Linie gebracht. Drei Jahre nach dem Antritt der PiS-Regierung im Jahr 2015 waren nach Berechnungen des Civil Development Center in Warschau bereits mehr als 11 000 Beamte auf der Grundlage neuer »Säuberungs«-Gesetze entlassen worden, weil sie sich – nach den Kriterien dieser Gesetze – in der Zeit des Kommunismus schuldig gemacht hatten. Letztlich entschied aber die Partei, ob ein Exkommunist ein »reuiger Patriot« war – der PiS gehörten zahllose Leute dieser Kategorie an – oder ein verstockter »Staatsfeind«.

Sogar Bronisław Geremek wäre kurz vor seinem Tod trotz seiner beeindruckenden Verdienste fast dieser Kampagne zum Opfer gefallen. Er hatte von Anfang an vor einem »Ministerium für Wahrheit« und einer »Erinnerungspolizei« gewarnt, denen die Bürger völlig machtlos gegenüberstehen würden: »Ein Staat, den wir als Gemeinschaftsgut betrachteten, wird nun wie eine Trophäe behandelt, die sich die Mächtigen aneignen dürfen.«

Die EU wurde zum Lieblingssündenbock des Regimes. Genauer gesagt Brüssel, denn 88 Prozent der Polen waren im Prinzip für die EU – und laut einer Umfrage von 2017 übrigens auch 67 Prozent der Ungarn. »Seien wir ehrlich«, rief Kaczyński seinen Wählern zu, »was hat Europa denn überhaupt für uns getan?« Nichts anderes sollten die Polen und wollten viele auch hören, ob nun etwas daran war oder nicht. Dabei hatte Europa allein für die polnische Infrastruktur etwa 100 Milliarden Euro ausgegeben, ganz abgesehen von allem anderen, doch diese europäische Solidarität passte natürlich nicht zur polnischen Geschichtserzählung mit den Polen als ewigen Opfern und verratenen Helden.

4

Durch Mittel- und Osteuropa zog sich jahrhundertelang eine Zone voller Judenhass, ein breiter Streifen von den baltischen Ländern über Polen und Ungarn bis Rumänien. Noch heute wollen in Litauen nach Erhebungen von *The Economist* 23 Prozent der Bevölkerung Juden nicht als Mitbürger akzeptieren, in Rumänien sind es 22 Prozent, in Polen 18 Prozent. In den ukrainischen Städten, in denen vor dem Krieg Juden teilweise über die Hälfte der Bevölkerung ausmachten, findet sich kein einziges Denkmal, das an sie erinnert. In Polen wurde noch 1968 eine aggressive Kampagne gegen eine angebliche jüdische »fünfte Kolonne« geführt, und mindestens 13 000 Juden mussten aus dem Land flüchten. In Krakau, von dessen fast 70 000 jüdischen Einwohnern nur sehr wenige die deutsche Besetzung überlebten, hätte ich überall »witzige« kleine Judenfiguren mit Hüten, Mänteln und Schläfenlocken als Souvenir kaufen können.

Das Ausmaß des Antisemitismus schwankte je nach den politischen Rahmenbedingungen und dem Erstarken oder Abnehmen des Nationalismus. Viele Polen vor allem in den Großstädten waren nicht empfänglich dafür. Die Zweite Polnische Republik (1918 bis 1945, von 1939 an im Exil) sah es als Ehrensache an, die Rechte aller Bürger einschließlich der Juden zu garantieren.

Doch seit 2015 macht sich die braune Gesinnung wieder überall bemerkbar. Am polnischen Unabhängigkeitstag, dem 11. November, marschieren Zehntausende Nationalisten, jedes Jahr sind es mehr, mit Parolen wie »Wir wollen Gott« und »Polen nur für Polen« durch die Straßen. Von 2015 bis 2017 stieg die Zahl registrierter Hassverbrechen um 40 Prozent. Dennoch wurde das noch junge Büro für Rassismusbekämpfung wieder geschlossen.

Vor allem in der Hetze gegen George Soros, den amerikanischen Investor und Philanthropen ungarischer Herkunft, der mit so viel Geld und Energie den demokratischen Wiederaufbau Mittel- und Osteuropas gefördert hat, offenbarte sich der Charakter der nationalistischen Bewegungen.

Es war eine bewusst inszenierte Hasskampagne, 2013 von zwei amerikanischen PR-Leuten erdacht, die zunächst mit großer Wirkung in Ungarn gestartet wurde. Orbán brauchte, als nach seinen ersten Erfolgen Stagnation drohte, ein klassisches Feindbild, ein mythisches Monster mit geheimen Plänen, unversiegbaren Geldquellen und zahllosen Tentakeln. Soros eignete sich hervorragend für diese Rolle. Er wurde nun für alles Beunruhigende – die Krise, den Ansturm von Migranten – verantwortlich gemacht. Die Anschuldigungen waren völlig haltlos, doch das machte nichts. Die Hetzkampagne wirkte sogar ansteckend, denn auch in anderen östlichen Ländern begannen Politiker, Soros zu diffamieren, besonders in Polen.

Soros und seinesgleichen, verkündete Orbán, »sind nicht national, sondern international, sie glauben nicht an Arbeit, sondern ans Spekulieren mit Geld. Sie haben keine Heimat, aber die ganze Welt gehört ihnen.« Es war ein nur allzu bekanntes Vokabular, ein Code, der überall verstanden wurde, eine Melodie, die jeden Antisemiten die Ohren spitzen ließ, auch in Polen. Bei einer kleinen Umfrage der Universität Warschau im Jahr 2017 mit 1000 Befragten erklärten 43 Prozent, Juden strebten die »Weltherrschaft« an; ein Viertel glaubte, Juden hätten in der Vergangenheit »christliche Kinder entführt«.

Anna Bikont sprach von einem »Meer von Antisemitismus«, in dem sie während ihrer Recherchen in dem abgelegenen Gebiet um Jedwabne zu ertrinken drohte. Es machte sie fassungslos. In ihrem Tagebuch – das sie als Teil ihres Berichts mitveröffentlichte – liest man immer wieder von Beschimpfungen und Beleidigungen, besonders, nachdem sich herumgesprochen hatte, dass sie selbst halb jüdischer Herkunft war. Ein Priester kündigte an, eine Miniatur des Heiligen Grabes zu malen mit der Aufschrift: »Juden haben Unseren Herrn und die Propheten ermordet und haben auch uns verfolgt. Polen, rettet Polen.«

Ich sollte noch einmal betonen, dass das Bild nicht einheitlich ist. Zehntausende von Polen haben unter Lebensgefahr Juden versteckt und geschützt. In der israelischen Gedenkstätte Yad Vashem stehen auf der Liste der Gerechten unter den Völkern – Menschen, die Juden während der Verfolgungen durch Nazideutschland gerettet haben – mehr als 6400 polnische Namen. Anna Bikont fand auch Überlebende des Massakers von Jedwabne, die von Einwohnern des Städtchens gerettet worden waren. Ein Bauernsohn hatte eine jüdische Mitschülerin aus Jedwabne versteckt und nach dem

Krieg, als alles vorbei war, zu ihr gesagt: »Jetzt, mein Engelchen, jetzt hast du Ruhe, jetzt kannst du gehen, wohin du willst.« Sie wollte nicht weg. Die beiden sind ihr Leben lang unzertrennlich geblieben.

Aber nach der Veröffentlichung ihres Buches bekam Bikont Briefe, in denen Dinge standen wie: »Mensch, was hält dich noch hier in Polen? Möge die Hölle dich verschlingen für deine Treulosigkeit und Verlogenheit.« Oder: »Frau Bikont, von Antipolonismus besessene Jüdin, wir werden uns bald noch begegnen.«

Im osteuropäischen Wettkampf in Sachen Heldentum und Opferzahlen – denn genau darum ging es oft – wurde die Geschichte allzu leicht den Wünschen neuer Machthaber entsprechend umgeschrieben. Denkmäler und Gedenkfeiern lenkten die große nationale Erzählung in eine bestimmte Richtung und schufen eine neue Identität für »unser Volk« und »unsere Anführer«. Das Zurechtkneten der Wahrheit konnte fast überall im früheren Sowjetreich ziemlich weit gehen. In der Ukraine zum Beispiel wurde es 2015 strafbar, den »heroischen Charakter« nationalistischer paramilitärischer Gruppen der Organisation Ukrainischer Nationalisten unter Stepan Bandera im Zweiten Weltkrieg zu leugnen. Über die Tatsache, dass die Unabhängigkeitserklärung in Lwiw (Lemberg) am 30. Juni 1941 mit einer Reihe von Pogromen gegen Juden »gefeiert« wurde, durfte nicht mehr berichtet werden. Das Gleiche galt für die eifrige Beteiligung von Milizen der UPA, des militärischen Arms der OUN, an der Ermordung von 70 000 bis 100 000 polnischen Juden mit dem Ziel, eine ethnisch »reine« Ukraine zu schaffen. Auch das Standardwerk *Stalingrad* des angesehenen Kriegshistorikers Antony Beevor wurde verboten, einzig und allein, weil es die Ermordung von 90 jüdischen Kindern durch eine UPA-Einheit erwähnt.

Bereits 2007 war der Nationalist Roman Schuchewytsch, der im Zweiten Weltkrieg dem auf deutscher Seite kämpfenden berüchtigten ukrainischen Freiwilligenverband »Bataillon Nachtigall« angehörte und 1941 gefordert hatte, alle »polnischen, moskautreuen und jüdischen Aktivisten« zu töten, posthum zum »Helden der Ukraine« ernannt worden. Am Rande von Kiew, wo an zwei Tagen Ende September 1941 mehr als 33 000 Juden von deutschen »Einsatzgruppen« ermordet und in die Schlucht Babi Jar geworfen worden waren, wurde 2017 eine Ausstellung zu Ehren von Iwan Rogatsch veranstaltet, einem Ultranationalisten, der die Juden 1941 als

»größten Feind des Volkes« bezeichnet hatte, was die Ausstellung allerdings verschwieg.

In Polen selbst wurde der Holocaust zu einem »Theater kollektiven Heldentums« umgedeutet, wie ein Kommentator es ausdrückte. So wurde das Jahr 2018 auf Vorschlag des Parlaments zum »Irena-Sendler-Jahr« erklärt. Angeblich hatte diese Heldin zweieinhalbtausend jüdische Kinder aus dem Warschauer Ghetto geschmuggelt und war deshalb nach dem Krieg vom kommunistischen Regime verfolgt worden. Anna Bikont hat dieses Bild ein wenig korrigiert. Tatsächlich war Irena Sendler eine mutige Frau, die aber Zeugenberichten zufolge höchstens 100 bis 300 Kindern mit Geld und Kleidung geholfen und persönlich nie ein Kind aus dem Ghetto herausgeschleust hat, das taten die Juden selbst. Außerdem ist sie nie von der kommunistischen Geheimpolizei verfolgt worden, ganz einfach, weil sie selbst aktive Kommunistin und in der Partei hoch angesehen war. Auch andere Helden wurden quasi neu geschaffen, indem Teile ihrer Lebensgeschichte wie Legosteine nach Belieben hinzugefügt oder entfernt wurden.

In Ungarn wurde ebenfalls versucht, die Geschichte ein wenig aufzupolieren. 2014 ließ Viktor Orbán in Budapest ein pompöses Denkmal zur Erinnerung an die deutsche Besatzung sieben Jahrzehnte zuvor errichten: der Erzengel Gabriel in einer Art römischem Tempel, angegriffen von einem riesigen Adler. Oder: das unschuldige Ungarn, überfallen vom teuflischen Deutschland. In Wirklichkeit haben deutsche Truppen Ungarn erst im März 1944 besetzt, weil das ungarische Regime, bis dahin ein treuer Verbündeter der Nazis, die vordringende Rote Armee nicht mehr aufhalten konnte. Die faschistischen ungarischen Pfeilkreuzler waren berüchtigt. Mit drei antisemitischen Gesetzen wurden in Ungarn schon vom Jahr 1938 an Juden zu Bürgern zweiten Ranges degradiert. 1941 lieferte das unschuldige Ungarn den Nazis etwa 16 000 »illegale« Juden aus, die anschließend in der Ukraine in Gegenwart ungarischer Offiziere ermordet wurden.

Immerhin regte sich Protest gegen dieses »beschämende Monument der Geschichtsfälschung«. Der Kunsthistoriker András Renyi initiierte eine erfolgreiche Gegenaktion auf der anderen Straßenseite, das »Lebendige Denkmal« mit Blumen, Kerzen, Koffern und anderen auf der Straße verstreuten persönlichen Gegenständen zur Erinnerung an die ungarischen Opfer des Holocaust. Gruppen von Bürgern hielten abwechselnd Wache, um Neonazis abzuwehren – auch das war 2015 wieder nötig.

Manchmal muss ich an meine Spaziergänge mit dem Filmregisseur Želimir Žilnik durch Novi Sad im Jahr 1999 zurückdenken. »Es wird viel zu viel versprochen und viel zu viel von der EU erwartet«, murmelte Žilnik damals. »Und dann ... ihr habt ja keine Ahnung, welche Figuren bei uns in den Kulissen stehen und nur darauf warten rauszuspringen!« Er behielt recht. Tatsächlich traten im östlichen Europa neue Akteure und Bewegungen in Erscheinung, die in kein westliches Schema passten. Auch die Narrative ihres politischen Theaters waren uns, die wir im westlichen Teil des Kontinents aufgewachsen waren, völlig fremd.

Dabei war auch westliche Blindheit im Spiel. In Westeuropa hatte man immer übersehen, welche Bedeutung Souveränität und nationale Identität für zahlreiche Osteuropäer hatten und welche politischen Prioritäten sich daraus ableiteten. Auch die Geschichte des 20. Jahrhunderts wurde im Osten häufig anders als im Westen wahrgenommen. Das Jahr 1945 hatte für die meisten Mittel- und Osteuropäer nicht die gleiche Bedeutung wie für den Westen, sondern stand in erster Linie für den Wechsel von einer Diktatur zur anderen. Für diese Europäer war 1989 das entscheidende Jahr, und sie empfanden die Ereignisse während jener folgenreichen Monate als Befreiung der Nation von einem ausländischen Unterdrücker.

Nach Jahrzehnten der Diktatur hatte man jedoch kaum Erfahrung mit der Staatsform Demokratie, erst recht nicht in der westlichen Ausprägung. Eine freie Presse kannte man nicht, ganze Generationen waren mit tiefem Misstrauen gegen jede journalistische Äußerung aufgewachsen. Ich erinnere mich, welche Verwirrung kurz nach dem Fall der Mauer in dieser Hinsicht herrschte: Berichtete zum Beispiel eine Zeitung – zum ersten Mal wahrheitsgemäß –, dass bei einem Zugunglück fünf Menschen ums Leben gekommen waren, reagierten viele entsetzt, weil sie annahmen, dass es in Wirklichkeit mindestens 50 gewesen seien, denn in der kommunistischen Zeit hatte man Berichte dieser Art immer »decodieren« müssen. Die Bereitschaft, Fakten zu akzeptieren, war oft nicht sehr ausgeprägt, vor allem die Älteren zogen religiöse, tröstende Erzählungen vor, die ein Gefühl der Zusammengehörigkeit schufen, ganz gleich, wie wenig sie mit der Wahrheit zu tun hatten.

Dagegen hatten wir im Westen jahrzehntelang über eine Reihe wichtiger Fragen wie etwa das Wesen der liberalen Demokratie, das Verhältnis zwischen Rechtsstaat und Demokratie oder die Rolle von Minderheiten und die Bedeutung der Opposition nachdenken können. Im Osten hatte man dafür nach 1989 kaum Zeit. Es wurden Erfolge erwartet, hier und jetzt, und als dieses Wunder ausblieb, war die Verbitterung groß.

Polen, Ungarn und einige andere Länder des früheren Ostblocks sind deshalb auch als »verspätete« Nationen bezeichnet worden. Der Nationalstaat, ein Konzept, das im 19. Jahrhundert überall im Westen verwirklicht wurde, konnte sich im östlichen Teil des Kontinents teilweise erst Ende des 20. Jahrhunderts entfalten, nach dem Zusammenbruch des Sowjetimperiums. Und bei der Aufholjagd spielte Reflexion – was haben wir als Nation richtig gemacht, was falsch – eine geringere Rolle als der Nationalstolz.

Im Westen war das Verhältnis zur eigenen Vergangenheit nach den Weltkriegen, dem Holocaust und dem Kolonialismus von einer gewissen Zurückhaltung, Scheu oder gar Scham geprägt. Im Osten war das völlig anders, dort waren Vaterlandsliebe, Ehre, Volk, Christentum keine belasteten Begriffe. Von der »Schampädagogik« des Westens hielten Politiker wie Orbán oder Kaczyński nicht das Geringste.

Jede Nation ist ein Produkt der Geschichte, eine »vorgestellte Gemeinschaft« aus unzähligen Erinnerungen und Erzählungen, gemeinsamen Erfahrungen und gleichen Schicksalen, über Generationen hinweg, ein Gefühl der Zusammengehörigkeit, das die Zeit überdauert. Noch mehr als bei den kulturellen Gegensätzen zwischen Nord und Süd ging es bei den Reibungen zwischen Ost- und Westeuropa immer häufiger um die Frage: Was macht unsere gemeinsame europäische »vorgestellte Gemeinschaft« denn eigentlich aus? Die Kluft war im Lauf der Jahre immer schwieriger zu überbrücken.

Im Sommer 2014 verkündete Orbán, Ungarn müsse nach dem Vorbild der Türkei und Russlands mit den »Dogmen und Ideologien des Westens« brechen und eine »illiberale Demokratie« anstreben – ein Begriff, den knapp zwanzig Jahre zuvor, 1997, der amerikanische Journalist Fareed Zakaria eingeführt hatte. Er meinte damit eine Demokratie, in der die Mehrheit alle Macht besitzt, das eigene Volk und die Nation die höchsten Werte sind und für die Rechte und den Schutz von Minderheiten und die Gewaltenteilung des liberalen Rechtsstaates wenig oder gar kein Platz ist. Orbán sorgte nun dafür, dass dieses Modell auf der politischen Landkarte Europas erschien, versehen mit einer Mischung aus Nostalgie und Modernität, lokalem und globalem Denken, Alt und Neu, das die traditionellen politischen Gegensätze von Links und Rechts teilweise verwischte. In seinen eigenen Worten: »Vor dreißig Jahren dachten wir, Europa sei unsere Zukunft. Heute glauben wir, dass wir Europas Zukunft sind.«

So wurde von 2010 an immer öfter der alte europäische Konsens über »Demokratie« und »Rechtsstaatlichkeit« aufgekündigt. Auch in Europa mehrten sich Anzeichen für den drohenden Beginn einer »antiliberalen« Weltordnung.

Als Jarosław Krawczyk und ich an jenem weißen Winterabend des Jahres 1999 in ein melancholisches Gespräch vertieft waren, kam für einen Moment fröhlich lachend seine neue Freundin dazu. Sie arbeitete für die Soros Foundation, sie war ein Symbol der neuen Zeit. Plötzlich schien ringsum alles zu leuchten, der Trübsinn war wie weggeblasen. »Wir sind alle Huren von Soros«, sagte Jarosław. »Ja, dieser Ansicht sind sie bei Radio Maryja. Die Kirche, Polen, das ist das einzig wahre Europa. Aber Soros deckt dieses wahre Europa zu mit seinem eigenen, dem Europa der Liberalen, der Intellektuellen, der Juden.« Dieser Kampf war damals in vollem Gang, und es erschien selbstverständlich, dass die Freiheit gewinnen würde. »Wegen ihr lasse ich mich scheiden«, sagte Jarosław, und irgendwie verstand ich ihn.

Als ich ihn fast zwanzig Jahre später erneut treffe, ist alles anders. »Ich habe damals wirklich geglaubt, dass Europa eine Einheit werden würde, mit *einer* Armee, *einer* gemeinsamen Politik, *einer* Wirtschaft. Und heute? Es ist nichts. Das soziale Gesicht, von dem damals alle sprachen? Ich sehe es nicht.«

Als Pole fühlt er sich eingeengt. »Hier ist alles polnisch, polnisch, polnisch. Die EU wird als eine Organisation betrachtet, die in finanzieller Hinsicht nützlich ist, aber ihre Grundwerte will man nicht anerkennen. Und dann stellt sich von selbst die Frage: Welches Europa wollen wir eigentlich? Nur den Markt und die Butter? Oder mehr? Das ist die große Frage in Osteuropa, und die Antwort ist eindeutig: das Erste.«

Eher zu sich selbst sagt er noch: »Ich empfinde und lebe wie ein Europäer, mein Land ist ein Teil Europas. Aber es weigert sich, europäisch zu sein.«

Kostas und Efi

Kostas: In unserem Laden haben wir alles und jeden gesehen. Ich wohne hier schon, seit ich sechs Jahre alt war. Die Stadt war damals halb so groß wie heute, alle Stadtviertel von Athen waren Dörfer, sie hatten alle ihr eigenes Gesicht, ihren eigenen Charakter, ihre eigene Atmosphäre. Dieses hier, Kypseli, war ein vornehmes Viertel, es gab viel Grün, hier haben Künstler gewohnt, reiche Familien, alte Damen mit viel Geld. Auch damals gab es schon Zugewanderte, aber das waren Menschen aus Griechenland selbst, aus den vielen Dörfern in den Hügeln, Leute wie wir. Sie kamen, um zu arbeiten. Denn egal wie arm wir alle waren, in Athen gab es genug Arbeit, auf dem Bau, in den Geschäften, in den Touristenrestaurants, mein Vater konnte überall sofort anfangen.

Das Leben war noch einfach. Wir Jungs spielten hier auf dem Platz und auf der Straße, es gab noch nicht viele Autos. Verstecken, Fußball, wir hatten Fahrräder, auf dem Platz wimmelte es jeden Abend von spielenden Kindern. Und auf den Bänken ringsum saßen ihre Eltern. Diese Hochhäuser da hinten gab's noch nicht, da war eine Art Wald und dahinter Ackerland. Auch zu Hause haben wir so gelebt, als ob wir noch in unserem Dorf wären, sehr traditionell – na ja, bis ich 16 war, damals ging es mit dem Rock 'n' Roll so richtig los.

Später habe ich auf dem Platz in unserem Viertel einen Kiosk aufgemacht, und 1996 ist daraus ein Laden geworden, Ecke Iakinthou. Das war damals noch eine Straße mit vielen Handwerksbetrieben, Tischlereien, kleinen Fabriken sogar. Es gab spezialisierte Läden, die nur eine einzige Sache verkauften, Armbanduhren zum Beispiel oder Erfrischungsgetränke. Um die Jahrhundertwende änderte sich das schon allmählich, damals entstanden plötzlich überall diese Megamärkte, die ließen alles andere verschwinden. Aber unserer Straße ging es gut.

Ein richtiges Geschäft war unser Laden am Anfang noch nicht, es war eher ein Kiosk, der aus allen Nähten platzte, vor allem mit Zeitungen und Zigaretten. Später haben sich die gesetzlichen Bestimmungen geändert, da durften wir alles verkaufen, was wir wollten, Brot, Lebensmittel und noch viel mehr, damals wurde es ein richtiger Supermarkt. Und dann, 1999, konnten Efi und ich diese Wohnung kaufen, es war die erste, die hier fertig wurde. Danach wurden es bald viel mehr, die Banken vergaben plötzlich hohe Kredite für den Kauf dieser teuren Wohnungen an jeden, der wollte.

Efi: Silvester 1999, na, und ob ich mich daran erinnere. Ich gebe eigentlich nicht viel auf Symbole und runde Jahreszahlen wie 2000. Aber Kostas und ich waren frisch verheiratet, es war unser erstes Silvester in unserer neuen Wohnung. Wir schlossen das Jahrhundert ab, in dem meine Oma ihre Kinder bekommen hatte und danach meine Mutter. Und nun begann ein neues Jahrhundert, in dem ich unsere Kinder bekommen würde. In dieser Stimmung standen wir zusammen auf dem Balkon, mit dieser Aussicht auf die Stadt und mit diesem Feuerwerk. Wir waren so unglaublich optimistisch!

Kostas: Wir hatten unsere Wohnung gerade noch mit Drachmen bezahlen können. All die anderen neuen Wohnungen wurden erst in der Eurozeit fertig, die waren gleich viel teurer, sie kosteten mehr als das Doppelte. Am Anfang hat der Euro alle verwirrt, vor allem die Älteren konnten überhaupt nicht damit umgehen. Warum war alles plötzlich viel teurer? Eine Flasche Wein für 100 Drachmen kostete auf einmal drei Euro, 1000 Drachmen. Ja, wir Ladenbesitzer haben gute Geschäfte gemacht. In unserer Gegend war sowieso mehr Geld in Umlauf, die Löhne stiegen schneller. Auch die Albaner, die hier auf dem Bau arbeiteten, bekamen plötzlich mehr Geld in die Hand. Wie froh die waren, sie kamen immer öfter zu uns ins Geschäft. Wir haben das alles beobachtet, und natürlich dachten wir: Wo um alles in der Welt kommt das viele Geld auf einmal her?«

Efi: Im Rückblick denke ich: Was für ein Irrsinn war das Ganze doch, von der Einführung des Euros bis 2010. Sogar die Leute in meinem alten Dorf haben bloß noch geträumt und fantasiert. Plötzlich wollten sie das schönste Haus und das schönste Auto haben, sie dachten, es gäbe keine Grenzen. Und sie haben Reisen gemacht, richtig weit weg! Und das waren nicht die Reichsten, das waren normale Leute wie wir. Und wir haben uns immer wieder gefragt: Kann das alles gutgehen?

Kostas: Freunde und Bekannte sind zu uns ins Geschäft gekommen und haben Finanzzeitungen gekauft, wegen der Kurse und Börsenberichte. Und dann haben sie Vorträge gehalten: »Ich investiere 10 000, daraus werden dann 100 000 …« Na ja, ich verstehe überhaupt nichts von solchen Dingen, ich habe sie reden lassen. Sicher, heute ist man schlauer, von all diesen Leuten haben vielleicht fünf ein bisschen Erfolg gehabt, der Rest hat nur Geld verloren. Die damalige Regierung hat das Ganze noch angeheizt, ständig wurde uns erzählt, wie gut es der Wirtschaft ging, dass nun alles möglich war. Die Börsenkurse erreichten nie dagewesene Höhen.

Efi: Die Frauen im Laden sagten, sie würden auch hin und wieder ein bisschen an der Börse spekulieren, aber vor allem haben sie von den teuren Kleidern und Taschen gesprochen, die sie kauften: Gucci, Armani, Prada, ein teurer Laden nach dem anderen wurde eröffnet. Wir konnten das auch um uns herum beobachten. Unsere Geschäftsstraße, unser Viertel, alles florierte, unsere Kunden hatten Geld zum Ausgeben.

Es klingt vielleicht komisch, aber irgendetwas gefiel mir nicht an diesem sonderbaren Wohlstand. Ich habe das manchmal auch zu Kosta gesagt: Es machte mir Angst. Das war nicht normal. Sogar meine eigene Mutter, auf dem Dorf, dachte, sie könnte jetzt alles kaufen, sie hat ihr Haus mit nutzlosem Krempel vollgestopft. Irgendwas gerät da völlig außer Kontrolle, dachte ich, sogar in diesem kleinen Dorf. Auch Leute von dort haben plötzlich Nachtklubs besucht, das muss man sich mal vorstellen. Es war dekadent.

Kostas: Wo das Geld herkam? Die Bauern bekamen Beihilfen von der EU. Die waren natürlich dafür gedacht, dass sie in ihren Hof investierten, aber viele Bauern – nicht alle, nein – haben das Geld lieber für Autos ausgegeben, Mercedes, BMW. Oder die Sache mit meinem Bruder – er war 45 und wurde schon in Rente geschickt. Mit 45! Das waren Sachen, die einfach nicht richtig waren. Man sah doch, dass das nicht gutgehen konnte. Wo war Europa in all diesen Jahren? Wo war die Kontrolle? Efi und ich hatten einen anderen Lebensstil, wir haben nicht Urlaub im Ausland gemacht, wir haben kein Haus gekauft, das wir nicht bezahlen konnten. Tja, aber wer bei diesem Fest nicht mitgetanzt hat, der galt als Anarchist oder als Romantiker.

Efi: Dass tatsächlich etwas schieflief, haben wir zuerst an unseren Umsätzen gemerkt. Die gingen irgendwann wieder zurück. Es wurden weniger Zeitungen gekauft, auch mit Zigaretten haben wir weniger eingenommen. In unserem persönlichen Umfeld haben wir noch nicht viel davon gespürt. Im Fernsehen haben wir gesehen, dass all diese Banker von Lehman Brothers plötzlich auf der Straße standen, aber wir dachten, das ist ja nicht hier, das ist ganz weit weg. Als ein Jahr später auch unser Finanzminister Giorgios

Papakonstantinou öffentlich sagte, die griechischen Finanzen wären eine Katastrophe, haben wir das noch nicht ernst genommen. Wir waren doch daran gewöhnt, dass Politiker ständig alles Mögliche behaupten. Wir waren nicht wirklich überrascht oder erschrocken. Die erzählten so viel …

Kostas: Erst 2010, als die Renten gekürzt wurden, haben wir allmählich kapiert, was los war. Die Leute haben weniger gekauft, auch lieber billigere Sachen, schließlich hatten sie ja viel weniger Geld. Unsere Umsätze gingen um 20 bis 30 Prozent zurück, wir haben uns große Sorgen gemacht. Viele Läden in der Nachbarschaft konnten sich nicht halten, sogar das alte Fischgeschäft machte zu, die Schuhgeschäfte hielten sich gerade noch über Wasser, bis die Inhaberinnen in Rente konnten. Die kleinen Restaurants haben ihre Preise gesenkt, dann kamen wenigstens noch die Leute aus dem Viertel. Wir hatten nur einen kleinen Laden, und damals haben wir ihn erweitert, um einen leer stehenden Laden nebenan, so konnten wir unser Angebot erweitern und vielfältiger machen. Im Nachhinein betrachtet, war es ein enormes Risiko, aber dadurch haben wir die Krise überlebt.

Efi: Im Laden merkte man, dass unsere Kunden am Anfang vor allem überrascht waren. Erst später kam die Wut. Und dann, das hörte man, viel Verzweiflung, es waren ja vor allem die Älteren, für die es schwer wurde, wegen dieser Rentenkürzungen. Es ist oft vorgekommen, dass jemand Medikamente brauchte, die er plötzlich nicht mehr bezahlen konnte. Manchmal hat die Familie geholfen, manche sind bei ihren Kindern eingezogen, manche haben bei uns auf Pump gekauft. Wir hatten ein Büchlein zum Anschreiben, ganz altmodisch. Nein, wir hatten keine Angst, dass diese Kunden verschwinden würden, ohne zu bezahlen. Nur dass diese Opas und Omas plötzlich sterben könnten. Aber schlaflose Nächte hatten wir deshalb nicht, fast jeder hat irgendwann bezahlt, wir gehörten doch zum Viertel, da vertraut einer dem anderen.

Kostas: So haben wir diese Jahre überlebt. Syriza kam, und wir hofften, dass sich nun wirklich etwas ändern würde, es gab so viel Korruption. Aber sie hatten auch keinen Plan. Ihr Finanzminister, Varoufakis, war vor allem wegen seiner impulsiven Art beliebt. Wenn man 18 war, fand man ihn toll. Er war ein Rockstar, der so tat, als könnte er die Welt verändern.

Efi: Ich persönlich habe mich meistens über ihn geärgert. Er war so von sich überzeugt, aber er hatte doch die Verantwortung für unser ganzes Land, und das nahm er anscheinend kaum ernst. Und als die Verhandlungen mit der EU anfingen, habe ich mir wirklich Sorgen gemacht. Bei dem Referendum habe ich dann doch abgestimmt, mit Nein. Nein, ich wollte keinen Austritt aus der EU, ich konnte darin keinen Vorteil erkennen. Aber es war eine ungefährliche Art, einmal Protest anzumelden – dachte ich.

Kostas: Ich habe nicht abgestimmt, ich habe keinen Sinn darin gesehen, es konnte nichts ändern. Die Welt ist kompliziert, das Ganze war gar nicht mehr unsere Angelegenheit, Schäuble und die anderen haben die Entscheidungen über Griechenland getroffen. Im Laden haben alle darüber geredet, Linke, Rechte, aber kaum jemand hat etwas Vernünftiges gesagt. Ich persönlich habe gedacht: Vielleicht funktioniert der Kapitalismus nun einmal so. Das Volk ist das Volk, und 80 Prozent haben keine Ahnung, was so alles passiert.

In Kypseli und in der Iakinthou haben wir einfach weitergelebt. Die meisten Leute mit Geld haben sich Häuser in den Außenbezirken gekauft, die sind weggezogen. Deren Platz haben Neuankömmlinge aus den Dörfern eingenommen, die haben die etwas teureren Wohnungen gekauft. Und in die billigeren Mietwohnungen sind Albaner und Osteuropäer eingezogen. So wohnen wir heute. Sitzen abends noch Griechen auf dem Platz? Nicht mehr viele.

Efi: Wir haben uns auf diesem Platz gefunden, weißt du noch, Kostas? Meine Eltern waren 1991 hergezogen. Damals war es da noch ruhig, aber für mich, ein Mädchen aus einem winzigen Dorf, war es doch wirklich Großstadt. Der Kiosk stand da wie ein Leuchtturm, es gab ein Telefon, das konnte jeder benutzen. So bin ich bei Kostas gelandet, als ich noch ganz neu in der Stadt war, nur um zu telefonieren. Und wir kamen ist Gespräch, ich bin dann immer öfter zu ihm gegangen, und ich habe mich in ihn verliebt, o Gott, ja. Nein, gesagt habe ich nichts. Er hat es gespürt, das war genug.

So hat es angefangen, und es ist immer noch nicht vorbei.

Solidarität

2012

I

»Griechenland ist das einzige uns bekannte Land, das seit seiner Geburt völlig bankrott ist«, schrieb der französische Schriftsteller Edmond About in seinem Reisebericht *La Grèce contemporaine*. »Die Steuerpflichtigen tun, was die Bauern tun: Sie zahlen nicht. [...] Den Beamten, unterbezahlt, im Ungewissen über ihre Zukunft und in der Gewissheit, beim ersten Wechsel eines Ministers entlassen zu werden, sind die Interessen des Staates gleichgültig. [...] Alle Griechen kennen einander gut und mögen einander ein wenig: Sie kennen kaum jenes abstrakte Wesen, das wir Staat nennen, und diesen mögen sie überhaupt nicht.« About schrieb diese Zeilen 1855. Gut anderthalb Jahrhunderte später war Griechenland immer noch ein spezieller Fall.

Die griechische Krise hatte mit der internationalen Finanzkrise wenig zu tun, es gab keine großen Banken, denen die Zahlungsunfähigkeit drohte und die nur mit massiver staatlicher Unterstützung gerettet werden konnten. Die griechische Krise war zunächst vor allem ein griechisches Phänomen, sie war hausgemacht, die Griechen und ihre verschiedenen Regierungen waren dafür verantwortlich. Als die Seifenblase 2009 platzte, war nicht nur der griechische Staat tief verschuldet, das Gleiche galt für ungefähr die Hälfte der griechischen Bürger, denn sie hatten jahrelang auf Kredit gelebt. Was dann kam, ist eine andere Geschichte, aber so fing es an.

Der Athener Thrillerautor Petros Markaris hat das griechische Drama als massenhafte Flucht aus der »Kultur der Armut« beschrieben, in der die Griechen jahrhundertelang gelebt hatten. Es gab Parallelen zu Island, nur dass die Wende hier später kam, mit dem Beitritt zur Europäischen Wirtschaftsgemeinschaft in den 1980er Jahren. Plötzlich strömte Geld ins Land, es war ein Reichtum, wie Griechenland ihn noch nie erlebt hatte. Nach dem Beitritt zur Eurozone im Jahr 2001 konnten die Griechen dann auch problemlos und billig Geld leihen. Sie brauchten ihre »Kultur der Armut« samt der dazugehörigen Sparsamkeit und Kreativität nicht mehr, schrieb Markaris, schafften es aber nicht, eine »Kultur des Reichtums« zu entwickeln, vielmehr wurde der Konsum zur treibenden Kraft.

Schon viel länger bestand ein starkes Ungleichgewicht zwischen dem nördlichen Europa – besonders Deutschland, den Niederlanden und den skandinavischen Ländern – und der südlichen Peripherie. Während die Länder im Norden Ende des 20. Jahrhunderts auf der Höhe der Zeit waren, blieb Griechenland im raschen Modernisierungsprozess auffallend weit zurück. Mit hohen Subventionen wurde versucht, dies zu ändern. Damit die kleinen und mittelgroßen Unternehmen, die das Rückgrat der griechischen Wirtschaft bildeten, sich im großen europäischen Wirtschaftsraum behaupten konnten, waren zahlreiche Reformen notwendig. Für den unzureichend funktionierenden griechischen Staatsapparat galt das Gleiche.

Statt aber die dringend nötigen Veränderungen einzuleiten, gingen die aufeinanderfolgenden griechischen Regierungen lieber den einfachen Weg der Klientelpolitik und verteilten großzügig Geld, Ämter und Privilegien an die eigene Anhängerschaft, was sich auch sehr schön »sozial« begründen ließ. So banden sie dankbare Wähler, die diesen Parteien schon aus Eigeninteresse immer wieder zur Macht verhalfen. In weniger als dreißig Jahren verdreifachte sich der Umfang des griechischen Staatsapparates. Von 1998 bis 2008 stiegen die Einkommen in Griechenland um 80 Prozent, fast dreimal so schnell wie im übrigen Europa, die Beamten wurden sogar mit einem Anstieg um 117 Prozent verwöhnt. Der Öffentliche Dienst, schrieb Markaris, sei ein »wolkiges Gebilde« geworden, »in das man beliebig Leute einstellen konnte mit dem einzigen Ziel, Wähler zu gewinnen«. So habe er sich zu einem »Selbstbedienungsladen mit öffentlichen Mitteln« entwickelt. »Staat und Bürger konkurrierten miteinander, wer am meisten ausgeben konnte.«

Das Rentensystem war ein besonderer Fall. Im Lauf der Jahre wurden hier so viele Geschenke verteilt – Herabsetzung des Rentenalters, Beitragssenkungen, Rentenerhöhungen –, dass der griechische Staat die Jahr für Jahr steigenden Kosten unmöglich aufbringen konnte. Eine Reform des Systems, in Griechenland politischer Selbstmord, weil es sonst kaum Sozialleistungen gab, wurde jedoch systematisch aufgeschoben. 2010 ging auch auf diesem Gebiet nichts mehr, die Defizite ließen sich nicht länger auffüllen.

Außerdem hatte sich die griechische Steuermoral seit 1855 nicht wesentlich verändert. 2010 beliefen sich die Steuerschulden der griechischen Bevölkerung auf fast 40 Milliarden Euro. Kontrollen gab es kaum. Die großen griechischen Reedereien brauchten überhaupt keine Steuern zu zahlen. Nach offiziellen Schätzungen wurden allein auf Schweizer Konten zwischen 30 und 60 Milliarden an griechischem Geld gelagert. Auffallend viele Villen in der Schweiz waren im Besitz von Griechen, und überall an der Côte d'Azur lagen griechische Jachten.

Was bei alldem übersehen werde, schrieb Markaris, sei »die Mühsal einer stillen Minderheit« vor allem von Ladenbesitzern und kleinen Unternehmern. Diese maßvolle und fleißige Minderheit sei »die einzig treibende Kraft Griechenlands«.

Auch wenn es um Ausgaben für festliche Selbstdarstellung ging, knauserte der Staat nicht. Die Olympischen Spiele 2004 in Athen verschlangen 11 Milliarden Euro, zehnmal so viel wie ursprünglich vorgesehen. Überall hinterließ diese Zeit des Überflusses ihre Spuren in Gestalt großartiger Museen, einer ebensolchen Autobahn vom Flughafen in die Stadt und natürlich erstklassiger Sportstätten. Für Verteidigung gab Griechenland jährlich etwa sechs Milliarden aus. Der Anteil am Gesamtetat lag damit weit über dem europäischen Durchschnitt – wegen des angespannten Verhältnisses zur Türkei einerseits und zur Befriedung der früher so putschfreudigen Armee andererseits. Die griechischen Streitkräfte verfügten allein über 1600 Kampfpanzer, mehr als viermal so viele wie die Bundeswehr. In den Jahren 2003 bis 2007 war das Land der viertgrößte Waffenimporteur der Welt. Schmiergeldzahlungen spielten dabei eine wichtige Rolle. Für die Bestellung deutscher U-Boote kassierten der damalige griechische Verteidigungsminister und einige seiner Mitarbeiter im Jahr 2000 insgesamt über 60 Millionen Euro. 2006 wollte die Regierung für das kommende Jahrzehnt 27 Milliarden für den Erwerb oder die Modernisierung von Waffensystemen reservieren. Deutschland – Eurofighter und Leopard 2 –, Frankreich – Dassault Mirage 2000 – und Russland – TOR-Flugabwehrraketensysteme – durften auf gute Geschäfte hoffen.

Durch systematische Manipulationen der entsprechenden Statistiken wurde das extreme Missverhältnis zwischen Einnahmen und Ausgaben verschleiert – vor den griechischen Steuerzahlern wie vor den Partnern in der Eurozone. Noch im September 2009 bezifferte die Regierung Karamanlis die Neuverschuldung auf 3,4 Prozent. Kurz danach, als die Fassade vollständig eingestürzt war, stellte sich heraus, dass es in Wirklichkeit mehr als 15 Prozent waren, fünfmal so viel wie in der Eurozone zulässig.

Nun war Griechenland in Brüssel immer als Problemfall betrachtet worden. Intern kursierten schon seit Jahren alarmierende Berichte, 2004 wurde das Land sogar – vorübergehend – praktisch unter Kuratel gestellt. Nach der Bankenkrise wurden in der EU und im IWF erneut Warnungen laut, doch man hielt Griechenland für zu klein und unbedeutend, um großen Schaden verursachen zu können. Doch dann beschloss die neue Regierung unter Giorgos Papandreou, mit offenen Karten zu spielen, weil die finanziellen Probleme des Landes völlig unbeherrschbar zu werden drohten. Als die Euro-Gruppe am 19. Oktober 2009 über die wahre Situation informiert wurde, hatte das gewaltige Konsequenzen.

Mindestens dreimal stand die Eurozone danach am Rand des Abgrunds: im Frühjahr 2010, im Herbst 2011 und im Sommer 2012. Das Drama – denn das war es – hat aus heutiger Sicht Gemeinsamkeiten mit einem Hürdenlauf, und vielleicht schildert man deshalb am besten, welche sieben Barrieren überwunden werden mussten. Die erste war die Enthüllung der Wahrheit an jenem 19. Oktober 2009.

Der frischgebackene Finanzminister Giorgos Papakonstantinou schilderte später dem Finanzjournalisten Michael Lewis, wie er und seine Beamten in den ersten Oktoberwochen des Jahres 2009 den tatsächlichen Stand der Staatsfinanzen zu ermitteln versuchten. Keine einfache Aufgabe, denn die Festplatten der Computer seines Ministeriums waren bei seinem Amtsantritt spurlos verschwunden. Jeden Tag wurden neue Leichen ausgegraben.

Eine Pensionsverbindlichkeit in Höhe von 700 Millionen Euro jährlich tauchte aus irgendeinem Grund in den Büchern nicht auf, alle taten so, als gebe es sie gar nicht, obwohl die Regierung die Pensionen brav auszahlte. Die Lücke in der Rentenkasse für Selbstständige betrug nicht wie angenommen 300 Millionen, sondern 1,1 Milliarden – und so weiter. »An jedem Abend sagte ich: ›Gut, Leute, ist das alles?‹, und bekam zur Antwort: ›Ja.‹«, erzählte Papakonstantinou. »Am nächsten Morgen hob sich dann prompt eine Hand in den hinteren Reihen: ›Tja, eigentlich wäre da noch diese andere Lücke über 100 bis 200 Millionen, Herr Minister.‹« Ursprünglich war eine Neuverschuldung von sieben Milliarden prognostiziert worden, in Wirklichkeit war sie fünfmal so hoch, über 35 Milliarden.

Am Abend des 19. Oktober 2009 in Luxemburg, beim ersten regulären monatlichen Treffen der Finanzminister der Euro-Gruppe, an dem Papakonstantinou teilnahm, überließ man ihm als Neuling das Wort. Er berichtete offen von seinen Entdeckungen und den Manipulationen seiner Vorgänger. Die tatsächliche Neuverschuldung bezifferte er seinem damaligem Kenntnisstand entsprechend auf 12,7 Prozent. Alle verstummten. Hinterher sprach ihn sein niederländischer Amtskollege Wouter Bos an: »Giorgos, wir wissen, dass das nicht deine Schuld ist, aber sollte dafür nicht jemand in den Knast wandern?«

Die Zahlen wurden öffentlich gemacht, Eurostat, das statistische Amt der EU, schlug Alarm. Sofort flog ein Team von Spezialisten nach Athen, um die griechischen Statistiken gründlich zu untersuchen. Tatsächlich hatten die Griechen, wie sich zeigte, »mit Absicht und in großem Umfang« Berichte gefälscht.

Die europäische Öffentlichkeit war schockiert. Sollen wir nach den Banken nun auch noch die verschwendungssüchtigen Griechen mit unseren Steuergeldern retten?, fragten sich viele. Politiker vor allem in den nördlichen Ländern versicherten ihren Wählern wider besseres Wissen, jeder Euro, den man Griechenland leihe, werde wieder zurückkommen. Auch die Finanzmärkte reagierten scharf.

Bis dahin hatten Kreditgeber die Eurozone mehr oder weniger als einen großen sicheren Hafen betrachtet, das solide Deutschland galt als Garant dafür. Nun schlug die Stimmung um. Was Zinsen und Kreditwürdigkeit anging, wurden »starke« und »schwache« Euroländer fortan sehr unterschiedlich behandelt. Griechenland landete sofort auf der Strafbank: Fast alle Kreditgeber zogen sich zurück, von einem Moment auf den anderen konnte das Land auf den Geldmärkten außer zu extrem hohen Zinsen nicht einen Cent mehr leihen, alles Vertrauen war verspielt.

»Als die Eurokrise ausbrach, wusste niemand, was zu tun war«, sollte Luuk van Middelaar, als rechte Hand Herman Van Rompuys im Auge des Sturms, später schreiben. »Angesichts des Chors von Kommentatoren, die später behaupteten, alles vorhergesagt zu haben, kann es nicht schaden, hieran zu erinnern. Das Risiko, dass eine Krise von einem auf das andere Euroland überspringen kann, die Haupttriebkraft der Finanzkrise, hatte niemand einkalkuliert.«

Tatsächlich war die griechische Finanzkrise ansteckend. Auch Irland, Italien, Spanien und Portugal gerieten wegen der rasch steigenden Zinsen in eine ernste Lage. Schon durch die Bankenkrise von 2008 hatten sich ihre wirtschaftlichen Aussichten stark verschlechtert. Zusammen hatten diese Problemländer über 3000 Milliarden Euro an Staatsschulden; schon bei einer Zinserhöhung von zwei auf drei Prozent musste jedes Land mehrere Milliarden zusätzlich aufbringen, was sich wiederum negativ auf die Volkswirtschaften auswirkte. So entstand eine verhängnisvolle Abwärtsspirale. Und dabei ging es zunehmend nicht mehr nur um einzelne Länder, sondern um den Fortbestand der Eurozone insgesamt.

Schon Anfang 2010 hatte der IWF festgestellt, dass Griechenland seine Schulden niemals würde zurückzahlen können und somit theoretisch bankrott war. Dennoch vergingen noch anderthalb Jahre, bis die europäischen Regierungschefs diese Tatsache im November 2011 halbherzig anerkannten. Wäre die griechische Schuldenlast bereits in dieser ersten Phase wesentlich erleichtert worden und hätte man sofort europäische Notfonds zur Verfügung gestellt, um Brandschneisen rings um die anderen bedrohten Länder zu schlagen – worauf die amerikanische Regierung gedrängt hatte –, hätte die Eurozone also gezeigt, dass sie schnell, entschlossen und solidarisch handeln konnte, dann hätte man die Krise vermutlich rasch in den Griff bekommen. »Wäre Griechenland kein Land, sondern eine nordeuropäische Bank gewesen, wäre das Problem längst gelöst«, schrieb ein Kommentator missmutig. Er ahnte nicht, wie recht er hatte. Mit der Großzügigkeit, die man bei der Bankenrettung erst ein Jahr zuvor bewiesen hatte, war es vorbei.

Im Herbst 2009 fand in Deutschland ein Regierungswechsel statt, die schwarz-rote Koalition wurde durch eine schwarz-gelbe abgelöst, neuer Finanzminister wurde Wolfgang Schäuble von der CDU. Seit einem Attentat im Jahr 1990 querschnittsgelähmt, hatte Schäuble mit enormer Willenskraft seine politische Karriere weiterverfolgt. Er war ein Legalist, Recht und Gesetz standen für ihn an erster Stelle, Regeln mussten beachtet werden. Im Verlauf der Krise spielte er eine entscheidende Rolle.

Am 11. Februar 2010 wurde die zweite Hürde erreicht. An diesem Tag zeigte sich, wie die neue deutsche Linie aussah. Die Regierung Merkel erklärte, sie sei bereit, alle infrage kommenden Notmaßnahmen zur Rettung des Euros zu ergreifen. Man trage die Verantwortung für die Stabilität der Eurozone gemeinsam. Gegen besondere Hilfen für Griechenland legte sie jedoch ihr Veto ein.

Überraschend kam das nicht. Die Verträge von Maastricht und Lissabon schlossen solche Rettungsaktionen eindeutig aus. Der Euro war nicht für die Übernahme oder Tilgung von Schulden einzelner Mitgliedsstaaten gedacht, jedes Land musste seine Probleme selbst lösen. Vor allem die nördlichen EU-Mitglieder hatten darauf gedrängt. Den IWF um Hilfe zu bitten, war ebenfalls nicht vorgesehen. Schäuble erklärte, das wäre erniedrigend für die gesamte Eurozone, Sarkozy äußerte sogar die Ansicht, der IWF sei nicht für Europa da: »Er ist für Afrika, er ist für Burkina Faso!«

Unter den deutschen Steuerzahlern hatte sich zudem eine Genug-ist-genug-Stimmung verbreitet. Vor allem im Westen hatten viele das Gefühl, für die deutsche Wiedervereinigung geschröpft worden zu sein. Die Hartz-Reformen hatten tiefe Einschnitte gebracht, und 2008 hatten die Steuerzahler das eigene Bankensystem retten müssen – nun reichte es. Die Griechen und ihre Banken sollten ihre Probleme selbst lösen. Den meisten Deutschen war nicht klar, dass auch die eigenen Banken bis zum Hals in den griechischen Problemen steckten. Bei den deutschen und französischen Banken waren Griechenland, Portugal und Spanien insgesamt mit nicht weniger als 477 Milliarden Euro verschuldet.

Von der Öffentlichkeit kaum wahrgenommen, waren also bedeutende finanzielle und politische Interessen im Spiel. Angela Merkel wusste aber genau, dass ihre Wähler nicht mit einer erneuten Rettung der deutschen Banken einverstanden sein würden, nachdem dafür während der Krise von 2008 schon gut 400 Milliarden an Steuergeldern bereitgestellt worden waren. Ein EU-Funktionär sagte: »Wenn es um Finanzhilfen geht, tritt Deutschland jetzt hart auf die Bremse – aus juristischen, verfassungsmäßigen und prinzipiellen Gründen.«

Sowohl in Griechenland als auch auf den Finanzmärkten reagierte man bestürzt. Ein glaubwürdiges finanzielles Sicherheitsnetz für die schwächelnden Volkswirtschaften in Form von Notfonds wurde nicht geschaffen. Griechenland rutschte schnell immer tiefer ab, Investoren versuchten, möglichst viele griechische Staatsanleihen loszuwerden, die Renditen für diese Anleihen stiegen sprunghaft, die Krise drohte Spanien, Italien und möglicherweise Irland zu erfassen.

Hinter alldem steckte ein grundsätzlicher Konflikt zwischen Deutschland – unterstützt von den Niederlanden und Finnland – und dem Süden der Eurozone. Die südlichen Länder, gewöhnt an regelmäßige Inflationsschübe, forderten von der EZB, wie eine normale Zentralbank zu handeln. In Notsituationen sorgen Zentralbanken auf unterschiedliche Weise für frisches Geld. Die Währung des Landes kann abgewertet werden, was zu einer Verbilligung seiner Produkte führt, dadurch wird der Export belebt und die Wirtschaft kommt wieder in Gang. So steigt die Inflation, aber der Schuldendruck verringert sich.

Viele deutsche Politiker fürchteten aber kaum etwas so sehr wie Inflation – eine Spätfolge der Hyperinflation der 1920er Jahre. In den nördlichen Mitgliedsstaaten allgemein wollte man die Notsituation vielmehr dazu nutzen, dem chronisch schwächelnden Südeuropa einen Modernisierungsprozess aufzuzwingen. Doch die Probleme Griechenlands wurden durch das Chaos in der Verwaltung und die gestörte Beziehung zwischen Bürger und Staat noch verschärft. Jeroen Dijsselbloem erklärte später, der Euro sei nicht das Problem gewesen, sondern die schwachen und verkalkten Institutionen, die völlig veraltete Wirtschaft, Griechenland selbst. Auch ohne Euro wäre Griechenland in große Schwierigkeiten geraten.

Doch bei dieser Krise spielten auch Normen, Werte und Lebensgeschichten eine Rolle. Zum Beispiel war der Sozialdemokrat Dijsselbloem der Ansicht, Solidarität müsse immer mit Verpflichtungen einhergehen: Regeln *oder* Solidarität sei ein Scheingegensatz.

Ähnlich war es bei Wolfgang Schäuble, dem oft eine »protestantische Moral« attestiert wurde. Ehrlichkeit und Anstand waren seine wichtigsten Gebote, und dazu gehörte auch, die Probleme der Gegenwart nicht auf künftige Generationen abzuwälzen. In Interviews mit der *FAZ* und der *Zeit* erzählte er, dass seine Mutter, eine schwäbische Hausfrau, einmal zu wenig Kleingeld für die Parkuhr bei sich gehabt und das Auto abgestellt habe, ohne zu bezahlen. Am nächsten Tag aber habe sie die geschuldeten zwei Groschen nachträglich eingeworfen. Damals hätten sie sehr darüber gelacht, doch heute lache er nicht mehr. Das Prinzip dahinter sei nämlich richtig.

In der deutschen und niederländischen Tradition hatte Haushalten also sehr viel mit Moral zu tun. In den Augen der Öffentlichkeit war ein Staatshaushalt letztlich nichts anderes als ein Familienhaushalt. Wachstum war die

Belohnung für Eifer, Disziplin und Wohlverhalten, Schulden waren möglichst zu vermeiden. Als einzige Sprachen haben Deutsch und Niederländisch das gleiche Wort für Schuld im ethischen und strafrechtlichen Sinn und für Verbindlichkeit im privatrechtlichen Sinn, wobei die Pluralform für finanzielle Verbindlichkeiten steht. Schulden haben die negativen Konnotationen von Schuld, die Buße oder Strafe verdient, weshalb ein Schuldenerlass problematisch ist. Dijsselbloem bezeichnete Zinsen einmal als »Sündengeld«.

Schulden zu machen, um die Wirtschaft anzukurbeln, war für den sogenannten Ordoliberalismus natürlich tabu. Doch selten wurde einmal nach der Verantwortung der Geldgeber im nördlichen Europa – vor allem deutsche und französische Banken – gefragt, die mit ihrer unbegrenzten Kreditvergabe sehr viel zu der fatalen Entwicklung beigetragen hatten. Selten wurde auch einmal klargestellt, dass fast alle Hilfen für die Griechen letztlich wieder bei diesen Banken landeten. Und fast nie wurde darauf hingewiesen, dass die nördlichen EU-Staaten selbst von der Krise profitierten. Ihren Volkswirtschaften ging es nämlich prächtig, besser als denen der übrigen Länder in der Eurozone. Früher hätten ihre Währungen wie Gulden und D-Mark in einer solchen Situation an Wert gewonnen, und die Verteuerung ihrer Produkte hätte den Export geschwächt. Der Euro blieb nun relativ billig, weshalb ihr Export weiter zunahm. Ihre Handelsüberschüsse lagen deshalb schon seit Jahren weit über der Euronorm von sechs Prozent. Währenddessen sanken die Renditen für die deutschen Staatsanleihen unter anderem dank massenhafter Kapitalflucht aus Griechenland und anderen südlichen Ländern um drei Prozent – noch ein unerwarteter Gewinn von zig Milliarden Euro pro Jahr.

Unablässig ermahnte der niederländische Finanzminister die griechische Regierung. Einerseits geschah das zu Recht, weil sie weiterhin viel zu wenig Steuern einnahm, doch andererseits ermöglichten die Niederlande – in jenen Jahren zusammen mit Bermuda und Irland noch eines der wichtigsten Steuerparadiese der Welt – griechischen Unternehmen auf unterschiedliche Weise Steuerflucht in großem Ausmaß, zum Beispiel auf die Kaimaninseln. Auch die Gewinne der zwanzig größten Konzerne Portugals, eines weiteren Landes, das zu drastischen Einsparungen gezwungen war, wurden in die verlockenden Niederlande geschleust. Die Ermahnungen waren letztlich wie die Predigten eines calvinistischen Pfarrers, der am

Sonntag seiner Gemeinde ins Gewissen redet und am Montag seiner Hausangestellten an die Wäsche geht.

Alle alten Vorurteile und Klischeevorstellungen über die Gegensätze zwischen Nord und Süd, Reich und Arm lebten wieder auf. Die Eurokrise war ihrem Wesen nach auch ein Mentalitätskonflikt, bei dem unterschiedliche Prinzipien aufeinanderprallten. Vor allem das machte eine Verständigung so schwierig.

2

Die Europäische Zentralbank stand vor einem großen Dilemma. Wäre sie eine normale Zentralbank wie die Bank of England oder die Fed gewesen, hätte der sich ausbreitende Brand relativ leicht gelöscht werden können. Die Griechen hatten ihre Kredite nicht in fremden Währungen aufgenommen, sondern in Euro, doch das Recht, die Geldmenge zu erhöhen und Staatsanleihen aufzukaufen – was jede nationale Zentralbank in einem solchen Fall tut –, hatten sie der EZB übertragen. Gemeinsam hätten die EZB und Griechenland die Unruhe auf den Märkten zumindest vorübergehend verringern können. Der damalige EZB-Präsident Jean-Claude Trichet hielt jedoch nichts von dieser Idee. Er meinte, so würden auf Umwegen doch wieder die nordeuropäischen Steuerzahler für die griechischen Schulden aufkommen. Besonders die Bundesbank würde das auf keinen Fall akzeptieren. Außerdem fürchtete Angela Merkel die Wähler; am 9. Mai 2010 fanden Wahlen im bevölkerungsreichsten Bundesland Nordrhein-Westfalen statt, für die CDU stand viel auf dem Spiel.

Im Frühjahr 2010 bewegte sich Europa also in dieser Frage nicht weiter, was die Risiken für die Weltwirtschaft wachsen ließ. In den Vereinigten Staaten machte man sich allmählich große Sorgen: Amerikanische Banken und Pensionsfonds hatten Hunderte Milliarden Dollar bei französischen und deutschen Banken untergebracht, eine europäische Katastrophe würde die amerikanischen Sparer und Anleger hart treffen. Präsident Obama meldete sich nun persönlich in Sachen Eurokrise zu Wort und drängte auf ein Eingreifen des IWF. Diesmal ließ Merkel sich überzeugen. Es wurde beschlossen, dass der IWF, die EZB und die Europäische Kommission gemeinsam ein Notprogramm starten sollten. Die »Troika« war geboren.

Inzwischen hatte die Regierung Papandreou alles unternommen, um das Vertrauen der Finanzmärkte zurückzugewinnen. Mit Steuererhöhungen, drastischen Einsparungen – in erster Linie bei Renten und Sozialleistungen – und zahlreichen Entlassungen im Öffentlichen Dienst versuchte sie, das Defizit auf ein halbwegs akzeptables Niveau zu reduzieren. Für Hunderttausende von Griechen waren die Folgen dramatisch, weil es abgesehen von den Renten kaum soziale Absicherung gab. Ganze Familien mussten plötzlich von den Renten der Eltern oder Großeltern leben, die aber gerade erheblich gekürzt wurden. Viele konnten ihre Hypothekenraten oder Stromrechnungen nicht mehr bezahlen, es folgten Zwangsräumungen, Kinder zogen wieder bei ihren Eltern ein oder umgekehrt. Auf den Plätzen von Athen sah man bald zahlreiche Obdachlose, bei den Suppenküchen herrschte von Tag zu Tag mehr Andrang.

Doch die Investoren reagierten kaum auf diese radikale Kursänderung. Mit Mühe konnte Papandreou noch einen letzten Kredit in Höhe von sechs Milliarden ergattern, dann war es vorbei. Am 23. April 2010 appellierte er öffentlich an Europa: Ohne Finanzhilfen von außen stehe Griechenland vor dem Bankrott. Zwei Monate zuvor, am 11. Februar, hatte die EU eingeräumt, es gebe eine »geteilte Verantwortung« für die Krise. Nun war eine dritte Hürde zu nehmen: Man musste sich auf konkrete Hilfsmaßnahmen einigen, und das schnell.

Wirtschaftswissenschaftler zitieren gern einen Ausspruch des deutsch-amerikanischen Makroökonomen Rüdiger Dornbusch: »Es dauert gewöhnlich länger, als man glaubt, bis eine sich abzeichnende Krise ausbricht, doch dann geht alles viel schneller, als man denkt.« Genauso war es jetzt. Vom 23. April an wurde die Krise gefährlich akut, und ansteckend war sie noch dazu. Auch für einige andere Euroländer stiegen die Zinsen nun drastisch, vor allem für Irland, Spanien und Portugal. Der Kapitalfluss zwischen den Banken versiegte, keine Bank wagte es noch, einer anderen Geld zu leihen. Dem Finanzsystem brach der Boden weg.

In dieser hoch angespannten Lage einigte man sich innerhalb der Troika am 2. Mai auf Hilfen für Griechenland. Die Bedingungen waren noch strenger als zuvor: drastische Einsparungen in allen öffentlichen Bereichen und der Verkauf von Staatseigentum. Griechenland würde dann endlich zu wirtschaftlicher Modernisierung und Neustrukturierung gezwungen sein, glaubte man. Als Gegenleistung erhielten die Griechen Darlehen bis zu einer

Höhe von 110 Milliarden Euro. Als die Pläne bekannt wurden, kam es in Athen zu Ausschreitungen. Molotowcocktails setzten eine Filiale der Marfin Bank in Brand, drei Angestellte kamen in den Flammen ums Leben, darunter eine im vierten Monat schwangere junge Frau.

Auch die Wall Street wurde unruhig. Bei der Börsenöffnung am 6. Mai brach Panik aus, der Eurokurs stürzte ab, die amerikanischen Börsen brachen ein – innerhalb einer Stunde lösten sich Kurswerte in Höhe von 1000 Milliarden Euro in nichts auf –, Anleger flüchteten aus der Eurozone. Olli Rehn, der damalige EU-Kommissar für Wirtschaft und Währung, sagte später: »Vor unseren Augen vollzog sich ein finanzieller Meltdown Europas.«

Am nächsten Tag, einem Freitag, beriet der in aller Eile zusammengetrommelte Europäische Rat. Während eines turbulenten Arbeitsessens warnte Jean-Claude Trichet, es handele sich längst nicht mehr um ein europäisches Problem, erst recht nicht um ein griechisches. »Es ist ein weltweites. Es ist eine Situation, die sich extrem schnell und dramatisch verschlimmert.« Ein Teilnehmer berichtete später, Nicolas Sarkozy sei weiß wie die Wand gewesen: »Ich habe ihn niemals so blass gesehen.« Der französische Präsident rief wütend, Trichet müsse jetzt eingreifen. Wie könne die EZB als Zentralbank tatenlos zusehen, wenn die Finanzierung der gesamten Eurozone auf dem Spiel stehe? Trichet blieb unbeeindruckt. »Eure Regierungen sind verantwortlich, ihr müsst Lösungen finden.« Auch Deutschland, Finnland und die Niederlande widersetzten sich einem Eingreifen der EZB, sie befürchteten, dass die EU zu einer »Transferunion« mit einem permanenten Geldstrom von den »starken« zu den »schwachen« Mitgliedsstaaten werden würde.

Die Zeit war knapp, für ihre Entscheidung blieb den Staatschefs nur noch das Wochenende. Es ging längst um viel mehr als Griechenland allein. Man musste um die gesamte Eurozone herum einen massiven Schutzwall gegen weitere Spekulationen errichten. Und die Einigung musste zustande kommen, bevor am Montagmorgen die asiatischen Börsen geöffnet wurden. Die G7 trat in Aktion, Obama telefonierte mit allen Regierungschefs, die Europäer schlugen einen Fonds von 60 Milliarden Euro vor. Die Amerikaner lachten nur darüber; es müsse schon mindestens das Zehnfache sein.

Am Sonntagnachmittag eilten die europäischen Regierungschefs und Finanzminister erneut nach Brüssel. Wolfgang Schäuble konnte aus Krankheitsgründen nicht kommen, und Angela Merkel hielt sich anlässlich der

Gedenkfeiern zum Ende des Zweiten Weltkriegs in Moskau auf. Sie wurde rasch zurückgeflogen. Schließlich erklärten die Deutschen sich mit einem Schutzschirm einverstanden, weil es nun nicht mehr um Hilfen für ein einziges Land ging. Im Bundestag sprach Angela Merkel kurz danach die historischen Worte: »Scheitert der Euro, scheitert Europa.«

Ein provisorischer Fonds wurde geschaffen, die Europäische Finanzstabilisierungsfazilität (EFSF) mit 60 Milliarden Euro von der Europäischen Kommission, 440 Milliarden von den europäischen Regierungen und 250 Milliarden vom IWF. Auf dieser Grundlage wagte es auch Trichet, sich an der Rettungsaktion zu beteiligen: Die EZB sollte das Projekt durch den Aufkauf von Staatsanleihen unterstützen. Auch damit wurde ein deutsches Tabu gebrochen, denn im Grunde wurde so neues Geld in Umlauf gebracht.

Im allerletzten Moment, um zwei Uhr nachts, fast gleichzeitig mit der Öffnung der asiatischen Börsen, konnte Olli Rehn die Einigung bekanntgeben: »We shall defend the Euro, whatever it takes.« Es war bei Weitem die höchste Zusage, die der IWF jemals gemacht hatte, was den Ernst der Lage verdeutlicht. Das 750-Milliarden-Geschütz machte allen Spekulationen gegen den Euro tatsächlich ein Ende. Die Märkte beruhigten sich. So wurde am 9. Mai 2010 die dritte Hürde genommen – mit einem Milliardenfonds und den Gelddruckmaschinen.

Die Finanzexperten der EU und des IWF sagten vorher, dass sich Griechenland nach ein paar Jahren Enthaltsamkeit und Leiden völlig erholt haben würde. In Wirklichkeit dienten die überwiesenen Milliarden, wie bereits erwähnt, vor allem dazu, die deutschen und französischen Banken zu retten. Zu Recht wurde von einer »Akropolis-Runde« gesprochen. Die European School of Management and Technology Berlin berechnete, dass die ersten beiden Notpakete zu 95 Prozent für Zinsen und Schuldendienst beim IWF und den ausländischen Geldgebern verwendet wurden. Schon bis März 2012 war die Gesamtsumme der griechischen Schulden bei deutschen Banken von 119,2 Milliarden auf 795 Millionen gesunken. Die Schulden bei den französischen Banken wurden noch schneller zurückgezahlt; im Dezember 2012 waren sie aus den Büchern verschwunden.

Die Griechen bezahlten einen hohen Preis, vor allem die Jugend und die meisten sozial schwachen Gruppen. Der Athener Schriftsteller und Berufsflaneur Christos Chryssopoulos hörte auf den Straßen ein neues Geräusch:

das metallische Klirren der Einkaufswagen von Supermärkten, in denen Abfallsammler leere Dosen, Holz, Altmetall, Kabel und andere Gegenstände transportierten, um sie vielleicht noch zu Geld zu machen. Überall sah er Menschen, die ihre Wohnungen hatten verlassen müssen, manchmal ganze Familien, die auf Gehwegen und in Parks schliefen und sich dort notdürftig »einrichteten«. Er meinte, das Innere der Stadt sei nach außen gekehrt.

Noch etwas anderes war neu auf den Straßen von Athen: die Glatzen, Baseballschläger, schwarzen Jacken und Hakenkreuze. Bei den Parlamentswahlen 2012 erhielten die Neonazis sieben Prozent der Stimmen, zwei Jahre später bei den Europawahlen sogar fast zehn Prozent. Die »Goldene Morgenröte« breitete sich aus.

Die vierte Hürde wurde am sonnigen Nachmittag des 18. Oktober 2010 nicht in einem Brüsseler Sitzungssaal, sondern auf der Strandpromenade des normannischen Badeortes Deauville genommen. Es schien sich lediglich um einen Media-Event zu handeln, als Nicolas Sarkozy und Angela Merkel fröhlich vor den Kameras spazieren gingen, doch so war es nicht. Schlendernd und plaudernd trafen die beiden ohne Rücksprache mit den anderen Mitgliedsstaaten einige bedeutende Abmachungen. Die Europäische Finanzstabilisierungsfazilität sollte zu einer dauerhaften Einrichtung mit klarer rechtlicher Grundlage werden, jedoch ohne zusätzliche Belastungen für die Steuerzahler. Von nun an sollten die Banken und andere Kreditgeber an den Kosten beteiligt werden, und zwar in großem Umfang.

Es war eine rein politisch motivierte Entscheidung, beide wussten genau, dass ihre Wähler die Rettungsaktionen in ihrer bisherigen Form nicht mehr akzeptierten. Die Finnen, Niederländer und Schweden, die EZB, der IWF und der Rest der Finanzwelt reagierten entsetzt auf diesen Zwei-Personen-Coup. »Ihr zerstört den Euro!«, rief Trichet. Man sprach von einem zweiten »Lehman-Moment«. Die Banken würden »schwachen« Ländern nur noch gegen hohe »Risikoprämien« Geld leihen, die Verunsicherung würde wieder zunehmen. Die *Financial Times* prophezeite einen »Merkel crash«.

Einen Monat später stand Irland vor dem Staatsbankrott. Das »Geschenk« vom 30. September 2008 für die Sparer und Anleger der irischen Banken hatte die irischen Steuerzahler etwa 85 Milliarden Euro gekostet, das Haushaltsdefizit war dramatisch gestiegen. Auch Spanien, Portugal und Italien gerieten zunehmend unter Druck, weil die Renditen für ihre Staatsanleihen inzwischen viel zu hoch waren. Wenn die Eurozone nicht einmal die Probleme des kleinen Griechenland bewältigen konnte, dessen Anteil an der europäischen Wirtschaft unter zwei Prozent lag, was, so wurde argumentiert, würde dann erst geschehen, wenn Spanien und vor allem Italien in ähnliche Schwierigkeiten gerieten? Und war der Schutzwall stark genug? Schätzungen zufolge würde eine eventuelle Rettungsaktion für Italien nicht 200 bis 400, sondern 1000 bis 2000 Milliarden Euro kosten.

Der italienische Ministerpräsident, der alte Medienunternehmer Silvio Berlusconi, leugnete jedoch alle Probleme: »Italien ist reich, die Flugzeuge sind voll, die Restaurants sind voll.« Am 15. Februar 2011 hatte ein Gericht entschieden, dass er sich unter anderem wegen Umgangs mit minderjährigen Prostituierten – Bekanntheit erlangte eine junge Marokkanerin mit dem Künstlernamen »Ruby Rubacuori« (Ruby die Herzensbrecherin) – verantworten müsse, doch er dachte nicht daran, zurückzutreten. Angela Merkel versuchte vergeblich, ihm den Ernst der Lage zu verdeutlichen.

In Washington war man zunehmend beunruhigt. Der IWF meinte, ein »Reset« sei notwendig, die europäischen Regierungschefs müssten ein eindeutiges Bekenntnis zum Euro abgeben, um eine erneute Verschlimmerung der Krise zu verhindern und das Vertrauen wiederherzustellen. Dominique Strauss-Kahn, geschäftsführender Direktor des IWF, sollte nach Europa fliegen, um die Europäer und vor allem Merkel zu überzeugen. Doch das Drama nahm durch einen zweiten »Sexskandal« eine überraschende Wende: Wenige Minuten vor dem Abflug wurde Strauss-Kahn auf dem New Yorker John F. Kennedy Airport aus der Maschine geholt und festgenommen. Ihm wurde vorgeworfen, eine Hotelangestellte zu sexuellen Handlungen gezwungen zu haben; er selbst sprach von einer »unangemessenen Beziehung«. Die Anklage wurde letztlich fallengelassen, aber bis dahin hatte Strauss-Kahn, der sich auf dem Gebiet »unangemessener Beziehungen« bereits einen gewissen Ruf erworben hatte, längst von seinem Amt zurücktreten müssen. Mitten in der gefährlichen Krise brauchte der IWF eine neue Führung.

Am 21. Juli 2011 verkündeten die europäischen Staats- und Regierungschefs, dass sie eine »definitive« Lösung gefunden hätten. Von neuen Hilfen für Griechenland in Form eines Darlehens von mehr als 100 Milliarden Euro, Kapitalaufstockung der Banken und einem europäischen Marshallplan war die Rede. Außerordentlich mutig handelte die slowakische Ministerpräsidentin Iveta Radičová: Obwohl ihr Land ärmer als Griechenland war und sie wusste, dass sie ihre Wiederwahl aufs Spiel setzte, kündigte sie einen finanziellen Beitrag der Slowakei zur Rettung der gemeinsamen Währung an. Auch die privaten Gläubiger Griechenlands sollten nun ihre Forderungen bis zu einer Höhe von 75 Prozent abschreiben. Doch die ausländischen Banken und Investoren waren bereits durch das erste Darlehen zum größten Teil ausgezahlt worden, die Maßnahme würde also in erster Linie zu Lasten der Griechen selbst und besonders der Rentenfonds gehen. Letztlich wurde dieser Teil der griechischen Staatsschulden vor allem umgebucht und das Problem damit in die Zukunft verschoben. Das eigentlich Wichtigste wurde nicht in Angriff genommen: Brandschneisen zu schlagen und ein glaubwürdiges finanzielles Sicherheitsnetz für die schwächelnden Volkswirtschaften zu spannen.

Der Abwärtstrend ließ sich derweil nicht aufhalten. Die wirtschaftlichen Aussichten für Länder wie Italien und Spanien verschlechterten sich zusehends, die Renditen für Staatsanleihen – die zum Teil Risikoaufschläge sind – stiegen weiter, was sich wiederum negativ auf die Wirtschaft auswirkte. Außerdem mussten die Banken – eine Konsequenz der Krise von 2008 – bis zum Juni 2012 ihre Reserven erheblich aufstocken, weshalb sie im Herbst 2011 bei der Kreditvergabe außergewöhnlich zurückhaltend waren, statt zur Ankurbelung der Wirtschaft beizutragen.

Auch Griechenland hatte nicht viel von den mühsam zustande gekommenen Hilfen. Es waren vor allem Gesten, die das Vertrauen der Finanzmärkte halbwegs wiederherstellen sollten. Die Armut nahm weiterhin rasch zu. Iakinthou, die schmale Straße mit dem kleinen Supermarkt von Efi und Kostas an der Ecke, war 2009 noch eine geschäftige, lebendige Ladenstraße mit einem Fischgeschäft, einem Weinhandel, einem Spezialgeschäft für Taufkleider und Zubehör für Tauffeiern, einem Fachgeschäft für Orthopädie, einem Baumaterialhandel, einem zweiten Supermarkt, einem Sportgeschäft und zwei Schuhgeschäften, deren Besitzerinnen befreundet waren. Doch bald ging es bergab. Das alte Fischgeschäft und der Weinladen konnten sich nicht halten, auch nicht der zweite Supermarkt im Besitz von Mutter und Tochter, denen die neuen Steuern den Rest gaben. Plötzlich waren die Schaufenster des Taufgeschäfts leer, und zuletzt mussten die beiden Freundinnen mit den Schuhgeschäften aufgeben.

Anfang 2012 lag das Einkommen eines Drittels der griechischen Haushalte an oder unterhalb der Armutsgrenze. Nach Erhebungen des britischen National Centre for Social Research stieg die Zahl der männlichen und weiblichen Prostituierten rapide an – am Ende um 150 Prozent. Entsprechend sanken die Tarife auf unter zehn Euro pro »Kontakt«. Am allerschlimmsten für viele Griechen war jedoch, wie mir später in zahlreichen Gesprächen bestätigt wurde, der Verlust an Würde. Auch deshalb kündigte der griechische Ministerpräsident Papandreou ein Referendum an. Die Griechen sollten selbst entscheiden, ob sie die Sparpolitik weiterhin hinnehmen wollten.

Während des G20-Gipfels in Cannes am 3. und 4. November 2011 erreichte die Eurokrise einen neuen Höhepunkt. Die Fronten zwischen einigen der europäischen Staats- und Regierungschefs waren verhärtet. Barack Obama übernahm ungebeten die Leitung der Diskussion, »trying to help save Europe from itself«, wie die Amerikaner sagten.

Unterstützt von Sarkozy, schlug Obama den Europäern Maßnahmen nach dem Vorbild der amerikanischen Zentralbank Fed vor; mit solchen Eingriffen hätte Europa die Krise längst überwinden können. Gebraucht würden viel umfangreichere Hilfen und Garantien, »a big bazooka«. Doch vor allem die Bundesbank lehnte dergleichen strikt ab. Der Ton wurde immer rauer, Merkel hatte Tränen in den Augen, als sie den Tagungsraum verließ, sie war fast völlig isoliert.

Demokratische Legitimierung und nationale Souveränität spielten keine Rolle mehr. Außerhalb des Tagungsraums wurde Papandreou in die Mangel genommen. Man gab ihm zu verstehen, dass es bei dem vorgeschlagenen Referendum um die Frage gehen müsse, ob Griechenland in der Eurozone verbleiben oder sie verlassen solle. Er zog den Vorschlag schließlich zurück und trat gedemütigt den Heimflug nach Athen an.

Berlusconi wiederum bekam zu hören, dass seine Position unhaltbar geworden sei. »Die italienische Wirtschaft ist nicht das Problem, das italienische Problem, das bist du«, sagte Sarkozy ihm ins Gesicht. »Die hohen Zinssätze, die hast du zu verantworten. Wenn du deinem Land einen Dienst erweisen willst, tritt zurück!« Die Renditen für längerfristige griechische Staatsanleihen stiegen auf nie dagewesene 33 Prozent, für die italienischen auf 7,45 Prozent.

Innerhalb einer Woche wurden sowohl Papandreou als auch Berlusconi durch von der EU unterstützte parteilose Experten ersetzt. Cannes war die fünfte entscheidende Hürde. Nach Ansicht mancher Teilnehmer hing der Fortbestand der Eurozone damals wirklich an einem seidenen Faden.

»Kann man zugleich entsetzt und gelangweilt sein?«, fragte sich der Wirtschaftswissenschaftler Paul Krugman in jenen Krisenmonaten. Ja, das konnte man. Weil die Probleme die gleichen blieben, wurde die Eurokrise in gewisser Weise immer langweiliger, doch gleichzeitig bekamen alle, die etwas von der Materie verstanden, feuchte Hände. Noch nie hatte ich gehört, dass Wirtschaftsjournalisten nachts wach lagen, weil ihre eigenen Analysen der Situation ihnen den Schlaf raubten. Aber im Herbst 2011 hörte ich dergleichen immer wieder, und auch ich selbst schlief schlecht. Die modernen Gesellschaften waren so verletzbar geworden, ein Absturz des Euros konnte katastrophale Folgen haben. Im schlimmsten Fall würden Ersparnisse sich praktisch in nichts auflösen, Sozialhilfe und andere Beihilfen nicht mehr ausgezahlt werden, Geldautomaten kein Geld mehr ausspucken, Geschäfte nicht mehr beliefert werden, die Wirtschaft zum Stillstand kommen.

Der damalige britische Finanzminister George Osborne offenbarte später gegenüber der BBC, dass man sich in London bereits darauf vorbereitet hatte, im Fall eines Euro-Absturzes große Mengen Bargeld zu den griechischen Inseln zu fliegen, »buchstäblich Paletten voller Pfundscheine«, um die britischen Touristen sicher nach Hause schaffen zu können. Kommissionspräsident Barroso antwortete auf Nachfrage dazu: »Natürlich wussten wir das. Wir haben das Gleiche getan.« Auf dem Höhepunkt der Krise hatte er entschieden verneint, dass es einen Plan B gebe, das würde die Panik nur verschlimmern. »Und das stimmte. Es gab keinen Plan B. Wir hatten einen Plan Z.«

Bis Cannes war nie ernsthaft ein Grexit ins Gespräch gebracht worden, doch danach war für viele europäische Regierungen das Maß voll. Sie konnten in ihren Parlamenten nicht noch einmal für weitere Hilfen werben. Wenn Griechenland tatsächlich zahlungsunfähig werden sollte, musste es die Eurozone verlassen. Unter strikter Geheimhaltung wurde deshalb ab Anfang 2012 doch an einem Drehbuch für einen möglichen Grexit gearbeitet. Das Land musste dann auf eigenen Beinen stehen und konnte die Verantwortung für seine Finanzen nicht mehr auf »Europa« oder die Troika abwälzen, dafür wäre es aber auf einen Schlag seine Schulden los. Ein Staatsbankrott konnte für Klarheit sorgen und befreiend sein. Außerdem konnte die Isolierung Griechenlands eine weitere Ansteckung der Eurozone verhindern.

Die Gespräche über diesen streng geheimen Plan Z dauerten bis August 2012, als Deutschland endgültig abblockte. Die Folgen würden zu schwerwiegend und unabsehbar sein, nicht allein für Griechenland, sondern ebenso für das übrige Europa. Berechnungen zufolge hätten die europäischen Banken und Staaten 342 Milliarden abschreiben müssen, erneut wäre eine Rettungsaktion für einige systemrelevante Banken notwendig gewesen. Für Griechenland hätte man unter Geheimhaltung eine neue Währung schaffen müssen – ungefähr mit der Hälfte des Eurowertes –, die griechischen Banken hätten nirgends mehr Geld leihen können und folglich Konkurs anmelden müssen. Zwei Millionen Griechen wären unter die Armutsgrenze gesunken, die Grundversorgung wäre zusammengebrochen, und es hätte eine Massenabwanderung in die nördlichen europäischen Länder eingesetzt. In diesen Strudel hätten andere schwache Mitgliedsstaaten leicht mitgerissen werden können. Adam Tooze, der große Chronist der Krisen des frühen 21. Jahrhunderts, meinte: »Der Rest der Welt würde den Grexit als ein Scheitern nicht nur Griechenlands, sondern auch der größeren europäischen Länder ansehen.« Mit deren Anspruch auf globale Geltung wäre es vorbei gewesen.

Inzwischen war Mario Draghi zum neuen EZB-Präsidenten ernannt worden. Im Gegensatz zu Trichet war er bereit, seine Handlungsmöglichkeiten so weit wie nur irgend möglich auszuschöpfen. Im Dezember 2011 hatte er ohne viel Aufhebens eine Hilfsoperation gestartet und im Lauf des Winters etwa 1000 Milliarden Euro für die Refinanzierung der Banken bereitgestellt.

Dennoch geriet die Eurozone erneut in Bedrängnis. Für einen Moment spielte man mit dem Gedanken, chinesisches Kapital anzulocken – als würden die Chinesen Geld in einen Notfonds stecken, den die Europäer selbst nicht schaffen wollten. Selbst ein Laie konnte sehen, dass all dies nur heiße Luft war, und die Anleger erkannten es sofort. Frankreich rutschte in der Bewertung durch die Ratingagenturen ab. Am 13. Januar wurde es erstmals von der höchsten Stufe AAA auf AA+ herabgestuft. Sogar eine Anleihe des so braven Deutschland wurde nicht mehr voll gezeichnet. Für internationale Anleger wurde Europa zur Risikozone.

Die Griechen demonstrierten nun nicht mehr nur auf der Straße und an den Wahlurnen – am 6. Mai erlitt die regierende PASOK eine vernichtende Niederlage, die noch junge sozialistische Partei Syriza und die Kommunisten kamen zusammen auf doppelt so viele Stimmen –, sondern auch über ihre Bankkonten. Zahlreiche Guthaben wurden aufgelöst, die EZB musste ständig einspringen. Um den Umfang des Bankansturms zu verschleiern, wurden unter strengster Geheimhaltung Transportflugzeuge gechartert, die aus allen Euroländern Banknoten nach Athen transportierten, insgesamt fast 30 Milliarden Euro.

Ebenfalls am 6. Mai erteilte Frankreich der Politik von Sarkozy und Merkel eine Absage. Eine deutliche Mehrheit der Wähler zog das Programm des Sozialisten François Hollande vor, der die Sparpolitik beenden und die Wirtschaft durch Investitionen beleben wollte.

Drei Tage später, am 9. Mai, konnte die spanische Bank Bankia/BFA ihren Verpflichtungen gegenüber den Gläubigern nicht mehr nachkommen und wurde verstaatlicht. Die Zahlungsunfähigkeit Spaniens sei nur noch eine Frage von Tagen, prophezeite der spanische Außenminister, aber, so fügte er an die Adresse Berlins hinzu, »wenn die Titanic sinkt, nimmt sie alle mit in die Tiefe, auch die Passagiere der ersten Klasse«. Das Land erhielt einen Notkredit in Höhe von 100 Milliarden Euro, doch diese Maßnahme reichte bei Weitem nicht aus. Die Dynamik der Abwärtsbewegung, verursacht durch instabile Banken und defizitäre Staatshaushalte, musste beendet werden.

Unter starkem Druck der Vereinigten Staaten – »Wollen Sie wirklich einen Stillstand der Weltwirtschaft verantworten?« – lenkten Deutschland, Finnland und die Niederlande nach 15-stündigen Verhandlungen in Brüssel endlich ein. Beim EU-Gipfel am 28. und 29. Juni 2012 wurde ein doppelter Durchbruch erzielt, der das Patt aufhob. Auch diese drei nördlichen Länder waren nun bereit, gefährdete Banken unmittelbar aus einem permanenten europäischen Notfonds zu unterstützen – was sie zwei Jahre zuvor noch prinzipiell abgelehnt hatten –, unter der Bedingung, dass eine zentrale europäische Bankenaufsicht geschaffen wurde. Es war die Geburt der Bankenunion.

Allerdings war der zusammengekratzte Garantiebetrag des Notfonds – 500 Milliarden gegenüber 3000 Milliarden Euro Schulden der gefährdeten Länder – viel zu niedrig, um die Finanzmärkte zu überzeugen. Schlimmer noch: Vermutlich würde die niedrige Zusage als Ausdruck des Misstrauens der nördlichen europäischen Länder gegen die südlichen gedeutet werden. Wäre nicht noch etwas anderes geschehen, hätte man mit diesem allzu sparsam ausgestatteten Notfonds wahrscheinlich das Gegenteil des Beabsichtigten erreicht und die Krise weiter verschärft.

Viel wichtiger war letztlich das Zugeständnis, das der italienische Ministerpräsident Mario Monti, damals außerdem noch Wirtschafts- und Finanzminister seines Landes, Kanzlerin Merkel in einem nächtlichen Vieraugengespräch abringen konnte: ausreichend Handlungsspielraum für die Europäische Zentralbank. Als alle Vereinbarungen getroffen waren, betrat Mario Draghi fröhlich das Büro des erschöpften Ratsvorsitzenden Van Rompuy: »Herman, ist dir klar, was ihr in der vergangenen Nacht erreicht habt? Das ist der *gamechanger*, den wir brauchen.«

Damit hatte man die sechste Hürde übersprungen: Am 29. Juni 2012 um 4.20 Uhr war die ewige Blockade endlich beendet.

Es war ein historischer Moment, doch beruhigt waren die Märkte noch nicht. In Spanien hatte ein stiller Bankansturm begonnen, die EZB musste den spanischen Banken mit knapp 400 Milliarden aushelfen. Etwas weniger als einen Monat später, am 26. Juli, musste Draghi im Lancaster Hotel in London eine Ansprache vor einer erlesenen Gesellschaft von Geldgebern und Investoren halten. Die Stimmung unter den Geladenen war grimmig, was den EZB-Chef, wie er später einem Freund erzählte, maßlos ärgerte. Ohne sich mit jemandem zu beraten, beschloss er, sehr viel deutlichere Worte zu wählen als ursprünglich geplant. Die Märkte müssten begreifen, dass die Eurozone sich unter dem Druck der Krise grundlegend verändert habe. In den Euro sei unglaublich viel politisches Kapital investiert worden, erklärte er, und die Mitgliedsstaaten ließen sich das Erreichte nicht mehr nehmen. Improvisierend fügte er hinzu, innerhalb ihres Mandats sei die EZB bereit, alles zu tun, um den Euro zu erhalten, »whatever it takes. And believe me, it will be enough«.

So wurde beinahe im Vorübergehen am 26. Juli 2012 die siebte Hürde genommen: »Die Märkte« ließen sich überzeugen. Was Draghi sagte, stimmte zwar fast wörtlich mit dem überein, was bereits die europäischen Staats- und Regierungschefs nach dem EU-Gipfel am 29. Juni erklärt hatten, doch ihr Notfonds in Höhe von 500 Milliarden hatte alles andere als überzeugend gewirkt. Auf Draghi und die EZB dagegen hörte man auf den Finanzmärkten, sie beruhigten sich umgehend. Die Zinsen sanken, niemand sprach mehr von einem Zerfall der Eurozone. Es war überstanden.

3

Dank gewaltiger politischer und diplomatischer Anstrengungen war es gelungen, den Euro und die Eurozone vom Rand des Abgrunds wegzuziehen. Martin Schulz, Herman Van Rompuy und José Manuel Barroso durften am 10. Dezember 2012 in Oslo für die Europäische Union den Friedensnobelpreis entgegennehmen. Europa hatte sich verändert. Nur: für wen?

Viele wichtige Entscheidungen waren in einer schweren Krise in chaotischen Situationen gefallen, wenn unter hohem Druck, wie man in Brüssel zu sagen pflegte, »alles in Fluss kam«. Jeroen Dijsselbloem, der Ende 2012 niederländischer Finanzminister wurde, war verblüfft, wie es bei Tagungen der Euro-Gruppe zuging. Die Sitzungen dauerten oft bis drei, vier Uhr nachts, erzählte er später, Minister zogen sich in kleine Büros zurück, um unter vier oder sechs Augen miteinander zu verhandeln, alles rannte durcheinander. Ständig gab es Unterbrechungen.

»Uns blieb keine Sekunde Zeit, um über eine Verbesserung des Systems insgesamt nachzudenken«, sagte mir später ein Spitzenbeamter der Euro-Gruppe. »Wir rannten um eine uralte Dampfmaschine herum, kaum war ein Sicherheitsventil repariert, klemmte das nächste, es ging nur ums Überleben.«

Dennoch lassen die damals getroffenen Entscheidungen im Nachhinein bestimmte Linien erkennen. Erstens gab es eine klare historische Entwicklung. Zur Bewältigung der Krise wurden dauerhafte Fonds und Institutionen geschaffen, die Gemeinschaftswährung gewann als solche Substanz, es gab Ansätze zu einer gemeinsamen Steuerpolitik. Nicht mehr die Regeln allein zählten, politische Entscheidungen wurden immer wichtiger. »Whatever it takes« gehörte nicht mehr in die Welt der Regeln, es war nur noch Politik.

Zweitens waren die Prioritäten der Entscheidungsfindung deutlich erkennbar, sosehr man sich auch bemühte, den Eindruck von Objektivität zu erwecken. Vor allem in den ersten Jahren hatte unverkennbar der Schutz der Banken und des Finanzsektors allgemein Vorrang, oft auf Kosten der

Steuerzahler. Irland unternahm 2010 den mutigen Versuch, einen anderen Weg zu gehen, hatte aber bei der EZB nicht die geringste Chance. Noch 2013, als Jeroen Dijsselbloem während der zypriotischen Bankenkrise die russischen Oligarchen und andere Spekulanten endlich den Preis für ihre riskanten Spiele zahlen ließ, musste er heftige Kritik einstecken.

Und immer wieder fehlte den Entscheidungen die demokratische Legitimierung durch die Bevölkerung der betroffenen Länder. Beispiele sind die umfassenden Garantien für die Banken, mit denen sich die irischen Steuerzahler 2008 und 2010 den internationalen Geldmärkten ausliefern mussten; der starke Druck, den die EZB und die EU-Kommission auf Spanien und Italien ausübten, andererseits aber auch der Druck vonseiten der Vereinigten Staaten und Frankreichs auf Deutschland; das De-facto-Verbot des geplanten griechischen Referendums im Jahr 2011; kurz danach die ohne Neuwahlen erfolgte Ablösung des griechischen und des italienischen Ministerpräsidenten durch zwei ehemalige Banker – Loukas Papadimos und Mario Monti –, die dann ein umfangreiches Sparprogramm durchsetzten. So hatten die europäischen Bürger immer häufiger das Gefühl, Teil eines finanziellen Experiments zu sein, auf das sie keinerlei Einfluss hatten. Der ehemalige britische Diplomat Ian Kearns meinte, die irrige Vorstellung, es gebe keine Handlungsalternativen und die Wähler hätten keine andere Wahl, »hat dem Ideal der europäischen politischen Integration vielleicht mehr Schaden zugefügt als irgendeine andere Entwicklung in den vergangenen Jahrzehnten«.

Hinter den Kulissen des europäischen Theaters dominierten allzu oft nationale Einzelinteressen. Dies gilt für die energischen Maßnahmen zugunsten der deutschen und französischen Banken; es gilt für die ungewöhnliche Forderung der Troika, künftig bis zu elf Tage alte Milch als »Frischmilch« zu definieren (statt nur bis zu fünf Tage alte Milch wie bisher), was Milchexporte erleichterte, ein kleines Geschenk für die niederländische Molkereiindustrie auf Kosten der kleinen griechischen Bauern; es gilt für die erzwungene Aufhebung des Sonntagsöffnungsverbots in Griechenland, einzig und allein im Interesse der großen europäischen Ladenketten; es gilt schließlich für die wundersame Schonung ausgerechnet des Militäretats bei den geforderten Sparmaßnahmen, sodass die griechischen Verteidigungsausgaben exorbitant hoch blieben und vor allem deutsche Rüstungsunternehmen weiterhin glänzende Geschäfte machen konnten.

Doch das Problem lag tiefer. Indem man während der Bankenkrise die Schuldenlast geschickt auf die Steuerzahler abwälzte, wurde ein Problem aus dem privaten Sektor plötzlich zu einer öffentlichen Angelegenheit – und nicht nur das: Seine Lösung wurde durch unterschiedliche nationale Interessen erheblich erschwert. Statt dass man gemeinsam die Eurozone so gestaltete, dass sie für die Zukunft gerüstet war, kam es – gewollt oder ungewollt – zu einer harten Konfrontation zwischen europäischen Nationen. Die Geister der Vergangenheit, nach 1945 mit so viel Mühe vertrieben, waren wieder da.

Auffällig war schließlich auch die beinahe ideologische Starrheit der Beteiligten, was vor allem für Deutschland, Österreich, Finnland und die Niederlande galt. Fortwährend wurde suggeriert, dass der Euro trotz all seiner Konstruktionsfehler eine unveränderliche Größe sei und dass es »keine Alternative« zur Sparpolitik gebe. So wurden politische Entscheidungen entsprechend der neoliberalen Denkweise als unumgängliche technische »Lösungen« verkauft.

In Wirklichkeit ließ sich einiges gegen diese Sichtweise einwenden. Der Euro war und blieb eine äußerst problematische Währung, weil sie 18 zum Teil sehr gegensätzliche ökonomische Kulturen in ein und dasselbe monetäre Korsett zwängte. Deshalb fehlte innerhalb der Eurozone die dringend notwendige finanzpolitische Flexibilität, und das verschlechterte die Aussichten auf eine Erholung. Island und später auch Dänemark hatten außerdem deutlich gemacht, dass man Banken mit viel geringeren sozialen Folgeschäden – und, jawohl, auf Kosten der Gläubiger – sanieren oder aber einfach bankrott gehen lassen konnte.

Was Griechenland betraf, gab es ein weiteres Problem. Das Land war ein Mitglied der Eurozone, das alle Regeln sabotierte und alles Vertrauen verspielt hatte. Aber war ein starres Sparregime wirklich das richtige Mittel, um es zu disziplinieren? War das nicht eher eine Strafe als eine durchdachte politische Lösung?

Wie gesagt: Sowohl hinsichtlich des Euros selbst als auch hinsichtlich der Sparpolitik fehlte es nicht an Warnungen von Wirtschaftsexperten und -institutionen aller Richtungen. Schon im Sommer 2012 räumte der IWF ein, dass er die negativen Auswirkungen der Sparmaßnahmen erheblich unterschätzt habe. Die Prognosen des IWF und der EU-Kommission hatten sich in vielen Fällen als völlig falsch erwiesen. Der durch die Sparmaßnahmen verursachte wirtschaftliche Schaden war mindestens um die Hälfte höher als zunächst erwartet und überwog mögliche Vorteile bei Weitem.

Im Juni 2013 war von der vorhergesagten wirtschaftlichen Erholung Griechenlands nichts zu merken, im Gegenteil, die Wirtschaft war um 25 Prozent geschrumpft. Adam Tooze zog das bittere Resümee: »Falsche wirtschaftstheoretische und empirische Annahmen hatten den IWF dazu veranlasst, eine Politik zu befürworten, welche die wirtschaftlichen Aussichten einer ganzen Generation junger Menschen in Südeuropa zunichtemachten.« Und natürlich waren die politischen Folgen beträchtlich.

4

»Wörter sind so schwache Wesen«, schrieb George Orwell im Krisenjahr 1936 in seiner Reportage über die bittere Armut in nordenglischen Bergbaustädten. »Was heißt schon ein Ausdruck wie ›Dach undicht‹ oder ›vier Betten für acht Leute‹? Über solche Eintragungen gleitet das Auge weg, ohne etwas festzuhalten. Aber was für eine Menge an Elend kann so ein Ausdruck in sich schließen!«

Für Zahlen gilt genau das Gleiche, etwa die Zahlen in den Erinnerungen Jeroen Dijsselbloems an seine Zeit als Vorsitzender der Euro-Gruppe. Für unsere junge Historikerin des Jahres 2069 sind diese Erinnerungen eine ausgezeichnete Quelle. Sie schildern klar und anschaulich, wie es im Kreis der Entscheidungsträger der EU während der Eurokrise zuging. Dabei fällt jedoch auf, dass ausschließlich in finanziellen Kategorien gedacht wurde und alle im gleichen Denkmuster gefangen waren. Nicht ein einziges Mal wurden die Probleme aus gesamtgesellschaftlicher Perspektive betrachtet, nicht ein einziges Mal scheint sich irgendjemand gefragt zu haben, ob das Mittel der teilweise drakonischen Sparmaßnahmen nicht viel schlimmer war als das Übel, das man bekämpfte. Arbeitslosigkeit und Armut blieben Prozentzahlen, über die das Auge tatsächlich weggleitet – die verzweifelten Familien, Sorge, Krankheit und Demütigung brauchte man nicht zu sehen.

Nur nach den Brüsseler Zahlen zu urteilen, ging es Griechenland von 2013 an wieder besser. Die Wirtschaft schien in Schwung zu kommen, sowohl der IWF als auch die Europäische Kommission erwarteten sogar einen

Wachstumsschub von etwa drei Prozent. Die Arbeitslosigkeit ging angeblich zurück, die Neuverschuldung sank infolge der zahlreichen Sparmaßnahmen auf 3,7 Prozent. Durch Privatisierungen staatlicher Unternehmen – von Brüssel geschätzter Ertrag 85 Milliarden Euro – wurde die »Effizienz« der Wirtschaft gesteigert. Die griechische Regierung konnte auf den Kapitalmärkten wieder etwas Geld leihen, fünf Milliarden, später, so wurde gesagt, vielleicht 20 Milliarden. 2014 wollte die Troika erstmals über eine Beendigung der Hilfsprogramme nachdenken.

Das war die Brüsseler Sicht. In Athen sah die Wirklichkeit anders aus. In der Ladenstraße von Efi und Kostas verstaubten zwei von drei Geschäften, leer und vergessen. Die niedrigsten Einkommen waren um ein Viertel bis ein Drittel gesunken, die Renten, von denen teilweise ganze Familien leben mussten, hatten sich praktisch halbiert, die Arbeitslosigkeit war auf fast 30 Prozent gestiegen, in der jungen Generation sogar auf annähernd 60 Prozent. Nach Angaben des IWF durchlebte Griechenland eine der schlimmsten Rezessionen der Wirtschaftsgeschichte. Sie sollte sechs Jahre dauern.

Ein Zitat von einer griechischen Website, *Tagebuch einer Arbeitslosen;* April 2003: »In der Zeitung steht eine kleine Anzeige. ›Büro sucht Teilzeit-Mitarbeiterin bis 25 Jahre mit Computerkenntnissen, Arbeitszeit von zehn bis vier, Gehalt 150 Euro monatlich, Telefon.‹ Ich bin seit drei Jahren arbeitslos, und meine Hand greift automatisch zum Telefon, um die genannte Nummer anzurufen … Schade, die Stelle ist innerhalb von zwei Minuten schnell und effizient an eine Bewerberin vergeben worden, die mit einem Gehalt von 110 Euro einverstanden war. Welch ein Triumph, das sind die versprochenen neuen Arbeitsplätze, das ist die Zukunft.«

Das von der EU vorhergesagte Wirtschaftswachstum, die »Belohnung« für all die Sparmaßnahmen, blieb jahrelang weitgehend aus. Die Privatisierungen waren häufig nichts als ein erzwungener Ausverkauf. In Wirklichkeit brachten sie von 2011 bis 2015 lediglich 3,2 Milliarden Euro ein. Von diesem mageren Ertrag landete nur ein Viertel in der griechischen Staatskasse, drei Viertel bei den Gläubigern. Und dann musste das Land von 2015 an auch noch den Ansturm Hunderttausender von Flüchtlingen verkraften, die von der Türkei aus Inseln wie Chios, Lesbos und Samos erreichten. So wurde Griechenland plötzlich zum Zentrum beider großer europäischer Krisen, der Finanzkrise und der Migrationskrise.

Auf dem Omonia- und dem Viktoriaplatz in Athen schliefen Tag und Nacht Migranten und einheimische Obdachlose Seite an Seite. Trotz ihrer eigenen Sorgen halfen viele Griechen den Flüchtlingen, so gut sie konnten. Für eine ausreichende Versorgung fehlten jedoch die Mittel, was schwerwiegende Folgen hatte. Zwischen den hauptsächlich betroffenen Inseln und dem übrigen Europa stand, wie eine lokale Journalistin es ausdrückte, »eine Mauer der Gleichgültigkeit«.

5

Im Januar 2015 begann der Epilog der griechischen Tragödie, und er wurde ein Drama für sich. Für die anderen Länder der Eurozone waren die finanziellen Risiken diesmal klein, dafür waren Aufregung und Empörung umso größer. Ganz Europa verfolgte Tag für Tag die innenpolitischen Entwicklungen im kleinen Griechenland, und an vielen Küchentischen – einschließlich unserem – wurde heftig gestritten. Es ging ja auch um wesentliche Fragen, etwa: Wie weit reicht die innereuropäische Solidarität? Und: Welche Bedeutung haben in dieser Zeit noch demokratische Mechanismen und Entscheidungen in einem einzelnen Land? Oder: Wie weit darf man beim Einsatz wirtschaftlichen Drucks gehen? Und: Wie sollte Europa in Zukunft aussehen?

Luuk van Middelaar erlebte im inneren Zirkel der Macht, dass auch die europäischen Staats- und Regierungschefs von dieser neuen Wendung überrumpelt wurden. Ihnen war noch kaum bewusst, dass sie ihre Rolle in dem neuen Drama nicht nur vor den eigenen Wählern spielten, sondern in einem viel größeren Theater, vor einer völlig neuen gesamteuropäischen Öffentlichkeit, die sich gerade infolge dieser Ereignisse herausbildete.

Das neue Drama begann am 25. Januar 2015. An diesem Tag rechneten die griechischen Wähler endgültig mit dem alten Establishment ab, dem linken wie dem rechten. Die linkspopulistische Syriza-Partei gewann mit 149 von 300 Parlamentssitzen entscheidenden Einfluss auf die griechische Politik. Im neuen Kabinett unter Ministerpräsident Alexis Tsipras dominierten ehemalige Kommunisten und politische Neulinge aus intellektuellen Kreisen. Sie hatten viele originelle Ideen und Pläne, aber häufig nicht genug Erfahrung mit politischer Alltagsarbeit einschließlich des unvermeidlichen Aushandelns von Kompromissen.

Ein typischer Exponent dieser sanften Revolution war der selbstsichere neue Finanzminister Yanis Varoufakis. Er stammte aus einer wohlhabenden linken Familie, hatte in Großbritannien Wirtschaftsmathematik studiert und als Dozent unter anderem an den Universitäten von Cambridge, Sydney und Austin (Texas) gearbeitet. Sein Spezialgebiet war die Spiel- und Entscheidungstheorie. Zusammen mit dem prominenten Labour-Politiker Stuart Holland veröffentlichte er 2010 das Buch *A Modest Proposal for Resolving the Eurozone Crisis*, von der vierten Auflage 2013 an unter Mitwirkung des amerikanischen Wirtschaftswissenschaftlers James K. Galbraith (deutsch *Bescheidener Vorschlag zur Lösung der Eurokrise*, 2015). Darin wurde die Sparpolitik heftig kritisiert und stattdessen das genaue Gegenteil vorgeschlagen: ein umfangreiches Investitionsprogramm, ein europäischer New Deal. Der Vorschlag fand in progressiven akademischen Kreisen der Vereinigten Staaten breite Zustimmung. »Bailoutistan«, wie Varoufakis in dem Buch sein eigenes Land nannte, galt als interessantes Experimentierfeld.

Unmittelbar nach ihrem Amtsantritt stellten Tsipras und Varoufakis klar, wie es weitergehen sollte. Der Mindestlohn sollte erhöht, einige Tausend Beamte sollten wieder eingestellt, Privatisierungen rückgängig gemacht werden. Der Schuldenabbau sollte auf andere Weise erreicht werden, schließlich landeten die Finanzhilfen hauptsächlich bei den Gläubigern, die griechische Wirtschaft hatte nichts davon. Um sie wieder anzukurbeln, waren ein Investitionsprogramm und Steuersenkungen notwendig, die Korruption musste bekämpft, die Privilegien bestimmter Bevölkerungsgruppen mussten abgebaut werden.

Ein Teil der Staatsschulden sollten nach Auffassung von Syriza einfach erlassen werden, das sei das einzig Sinnvolle. Griechenland sitze in einer Art Schuldgefängnis, wie Charles Dickens es beschrieben habe, und gerade diese Gefangenschaft mache es unmöglich, jemals Schulden zurückzuzahlen. Varoufakis drückte es so aus: »Selbst wenn Gott und alle Engel in die Seele jedes griechischen Steuerzahlers eingedrungen wären und uns in eine Nation sparsamer Schotten verwandelt hätten, wären unsere Einkommen schlicht zu niedrig und unsere Schulden zu hoch, um den Bankrott abzuwenden.«

Möglicherweise hätte es zu einer Konfrontation kommen können, die ganz Europa weitergebracht hätte, zu einer notwendigen Korrektur der starren, dogmatischen Austeritätspolitik der nördlichen Mitgliedsstaaten. Viele Wirtschaftswissenschaftler und Kommentatoren vor allem außerhalb Europas teilten nämlich im Großen und Ganzen die Auffassungen von Syriza und Varoufakis. In einem Interview mit Fareed Zakaria von CNN sagte Präsident Obama: »Man kann Länder, die eine Depression durchmachen, nicht auf Dauer auspressen. Früher oder später braucht es eine Wachstumsstrategie, damit sie einen Teil ihrer Schulden abzahlen und ihre Defizite abbauen können.«

Im Februar 2017 erkannte auch der IWF an, dass die griechischen Staatsschulden – Ende 2015 auf 178 Prozent des Bruttoinlandsprodukts geschätzt – sogar unter den günstigsten Umständen »unsustainable« waren. Ein Schuldenerlass sei unvermeidlich. Zu Recht machte Syriza auf das große Problem aller bisherigen Diskussionen über den Euro aufmerksam: die Pseudo-Objektivität, die Leugnung jeglicher Entscheidungsfreiheit, obwohl in Wirklichkeit weitreichende politische Entscheidungen getroffen wurden.

Doch leider besaß Varoufakis neben seinen zahlreichen Qualitäten das besondere Talent, sogar außerordentlich wohlwollende Gesprächspartner innerhalb kürzester Zeit auf die Palme zu bringen. Und da nun einmal bei schwierigen Verhandlungen auch das persönliche Verhältnis zwischen den Beteiligten eine wichtige Rolle spielt, hatte Griechenland mit diesem Finanzminister schnell ein zusätzliches Problem. Sowohl aus den Erinnerungen von Dijsselbloem und Varoufakis selbst als auch aus verschiedenen Rekonstruktionen – besonders der BBC-Dokumentation *Inside Europe: Ten Years of Turmoil* – ergibt sich das Bild eines verhängnisvollen Zusammenpralls zwischen starren Prinzipien, zwischen konservativer Spardogmatik und progressiver akademischer Besserwisserei.

Varoufakis sollte nur fünf Monate Minister bleiben, aber, wie sein Gegenspieler Dijsselbloem es ausdrückte, einen tiefen Eindruck und großen Schaden hinterlassen. Schon beim ersten Zusammentreffen der beiden kam es zum Eklat. Varoufakis erklärte, Griechenland sei bankrott, die neue griechische Regierung werde die vereinbarten Teilrückzahlungen an die EZB im Sommer nicht leisten, es müsse rasch ein Überbrückungskredit bewilligt werden, ohne Bedingungen. Dijsselbloem wies darauf hin, dass all dies nicht ohne Weiteres möglich sei, dass die Regelungen in Verträgen festgeschrieben seien und dass die Wähler in anderen Ländern einen solchen umfangreichen Schuldenerlass – denn darauf lief es hinaus – nicht akzeptieren würden.

Während der Pressekonferenz im Anschluss an die Gespräche sagte Varoufakis: »Die Troika versucht, ein antieuropäisches Programm durchzusetzen. Wir haben keinen Grund mehr, mit ihr zusammenzuarbeiten.« Dijsselbloem war fassungslos. Beim Abschied, nach einem zögernden Händedruck, flüsterte er Varoufakis zu: »You just killed the troika. And without the troika, you are on your own.«

Während einer Rundreise des griechischen Finanzministers durch mehrere europäische Hauptstädte noch in derselben Woche wiederholte sich das Muster. Varoufakis verspielte sogleich die Sympathie der italienischen Regierung, indem er suggerierte, auch Italien sei bankrott – was eindeutig nicht zutraf –, er brüskierte seinen wichtigsten Geldgeber, Wolfgang Schäuble, mit einem langen Vortrag über die deutsche Nazivergangenheit, und überall brachte er seinen Anti-Establishment-Slogan »Let's stop extending and pretending« an, mit dem er in progressiven Kreisen immer punkten konnte und der ausdrücken sollte, dass Griechenland bankrott sei und seine Verpflichtungen nicht mehr erfüllen könne. In diesen ersten Wochen war Varoufakis in Griechenland ungeheuer beliebt.

Anderswo in Europa hörte man sehr genau hin: Hier verkündete ein griechischer Finanzminister öffentlich die Zahlungsunfähigkeit seines Landes. Die Griechen begannen, still und leise ihre Bankkonten zu leeren, die Aktienkurse an der Athener Börse brachen um 10, 20 oder mehr Prozent ein, griechische Banken konnten nicht mehr auf die sogenannten ständigen Fazilitäten der EZB – dauerhaft zur Verfügung stehende Kredite – zurückgreifen, die Renditen für griechische Staatsanleihen schossen in die Höhe.

Da Griechenland dringend eine neue Finanzspritze brauchte, trafen sich am 11. Februar 2015 kurzfristig die Mitglieder der Euro-Gruppe. Zum allgemeinen Erstaunen nutzte Varoufakis das Treffen, um seine Kollegen zu belehren und ihnen Vorwürfe zu machen, wobei er anscheinend vergaß, dass er der Vertreter jenes Landes war, das diese Krise hauptsächlich verursacht hatte, und zwar durch Lügen und Betrug. In seinem ausführlichen Vortrag erklärte er den anderen europäischen Finanzministern, warum sie die größten Idioten seien. Nun sei das zweifellos zutreffend, äußerte Schäuble hinterher gegenüber der BBC, aber wenn man das ausgerechnet denjenigen an den Kopf werfe, die einem helfen sollen, erreiche man damit nicht unbedingt sein Ziel. Der französische Finanzminister Michel Sapin erinnerte sich an die Reaktion seiner Kollegen: »Yanis, du willst also, dass wir eure Renten mitbezahlen, obwohl sie höher sind als bei uns?« Das Treffen endete nach sieben Stunden ergebnislos, es gab nicht einmal eine gemeinsame Presseerklärung.

Auch einige weitere Treffen, bei denen über Nothilfen für Griechenland verhandelt wurde, führten zu nichts. Einmal telefonierte Varoufakis während der Sitzung endlos mit Tsipras, während die anderen Finanzminister warteten. Nach einer Stunde rollte Schäuble wütend davon, einer nach dem anderen folgte. Varoufakis telefonierte immer weiter, bis Dijsselbloem ihm auf die Schulter tippte und sagte: »Yanis, du kannst das Telefon weglegen. Die Minister sind weg. Es gibt keinen Deal.«

Problematisch war außerdem, dass die griechischen Verhandlungsführer sich ständig auf ihre »demokratisch« getroffenen Entscheidungen beriefen. Dass es auch in den anderen 18 Euroländern Wähler mit eigenen Vorstellungen und Wünschen gab, schien den Theoretikern bei Syriza und im Umfeld der Bewegung nicht bewusst zu sein. Bei einer Sitzung wies der litauische Finanzminister Rimantas Šadžius darauf hin, dass der Mindestlohn in seinem Land bei 300 Euro liege, dass seine Regierung ihn gern um 25 Euro erhöhen wolle, dass sein Land nun aber einen Beitrag zu einem Darlehen für Griechenland leisten solle, damit der Mindestlohn dort nach den Plänen von Syriza von 500 auf 700 Euro erhöht werden könne. Er fragte, ob Varoufakis überhaupt eine Vorstellung von der europäischen Realität habe.

Das undiplomatische Vorgehen ließ den letzten Rest Vertrauen zu den Griechen dahinschwinden, wie Schäuble später erklärte. Mit der griechischen Wirtschaft ging es wieder rapide bergab. Ich erinnere mich an ein Interview mit einem griechischen Journalistenkollegen in jenen Wochen: Mitten im Gespräch brach er in Tränen aus.

Der Schaden, den Varoufakis während seiner kurzen Amtszeit als Minister anrichtete, wurde von Klaus Regling, dem geschäftsführenden EFSF-Direktor, später auf mindestens 100 Milliarden Euro geschätzt. Dijsselbloem bezeichnete Varoufakis als den »teuersten Finanzminister aller Zeiten«. »Selten hatte ich so viel Übermut und Eitelkeit in einer Person gesehen und dazu die Bereitschaft, gewaltige Risiken auf Kosten seines Landes einzugehen.«

Auf den Straßen Athens wurden unterdessen Mitarbeiter der Troika physisch bedroht. Während Portugiesen und Iren selbst nach Lösungen suchten – *The Irish Times* schrieb: »Es ist die Inkompetenz der von uns selbst gewählten Regierungen, die unsere Entscheidungsfreiheit so sehr eingeschränkt hat« –, wiesen zahlreiche Griechen jede Mitverantwortung für ihre Probleme zurück; die Schuld liege einzig und allein bei »den alten Politikern« und »dem Ausland«. Dabei profitierten viele auf unterschiedliche Weise vom Status quo. Firmen wollten die lukrativen Staatsaufträge nicht verlieren, die Gewerkschaften hatten kein Interesse an einer Beseitigung der Missstände in den staatlichen Unternehmen, Einzelhändler und Freiberufler nutzten gern die zahllosen Lücken in den Steuergesetzen, Millionen Familien waren vom bankrotten Rentensystem abhängig. Ein Vertreter des IWF bezeichnete Griechenland als »the most unhelpful client« in der siebzigjährigen Geschichte seiner Organisation.

Die wenigen, die etwas gegen die Misswirtschaft und das Steuerchaos zu unternehmen versuchten, hatten es schwer. Der angesehene Statistiker Andreas Georgiou, 2010 bis 2015 Präsident der griechischen Statistikbehörde, wurde sogar angeklagt. Er war der Erste gewesen, der 2010 realistische Daten veröffentlicht hatte, doch danach wurden von allen Seiten Anschuldigungen gegen ihn erhoben und schließlich ein Strafverfahren wegen »Verletzung des nationalen Interesses« eingeleitet. 2018 wurde er zu zwei Jahren Haft auf Bewährung verurteilt. Bestraft wurde also nicht das Fälschen von Daten, sondern die Veröffentlichung korrekter Statistiken und das Benennen der tatsächlichen Probleme. Auch Giorgos Papakonstantinou, der Minister, der am 19. Oktober 2009, als die Musik verstummte, »das Licht einschaltete und allen sagte, dass das Fest vorbei war«, wurde in seinem eigenen Land zur Persona non grata, wie er in seinen Erinnerungen schrieb. »Ein Gang über die Straße wurde zu einem gefährlichen Sport.«

Vor allem dank des Auftretens von Varoufakis erreichte die griechische Regierung mit ihrem Experiment letztlich das Gegenteil des Beabsichtigten. In Berlin sah man die eigene Position bestätigt und bestand auf dem harten Sparkurs, und immer mehr Mitgliedsstaaten schlossen sich an, auch diejenigen, die zunächst aufgeschlossen für neue Problemlösungen gewesen waren. Auf den Vorschlag Sloweniens hin wurde der geheime Plan Z wieder in Erwägung gezogen – und diesmal ernsthafter als zuvor. Wenn Griechenland sich an keine Abmachung halten wollte, konnte es unmöglich Mitglied der Eurozone bleiben. Es war nicht mehr nur ein Konflikt zwischen unterschiedlichen ökonomischen Denkweisen, es ging nun darum, das gesamte System von Regeln zu schützen, jenes System, das in Europa schon seit Jahrzehnten die bösen Geister beschworen und Kriege verhindert hatte.

Varoufakis hatte unterdessen mit amerikanischen Gleichgesinnten eine Alternative erdacht, ein Experiment mit einem digitalen Bezahlsystem und einer parallelen Währung. Es widersprach allen Regeln der Eurozone und hätte ebenfalls zu einem Grexit geführt. Außerdem war es nicht wirklich praktikabel, denn die griechische Internet-Infrastruktur war noch im Aufbau, die Verbindungen waren teilweise extrem langsam, und ein großer Teil der ländlichen Bevölkerung hatte gar keinen Zugang zum Netz. Ein Dorf auf Samos hatte nun einmal einen anderen Lebensstil als die San Francisco Bay Area.

Innerhalb weniger Monate eskalierte die Krise. Am 5. Juni 2015 versäumte Griechenland die Frist für eine Rückzahlung von 300 Millionen Euro an den IWF. Bis dahin war nur Sambia einmal so weit gegangen. Doch Varoufakis bestritt, dass es irgendwelche Probleme gebe. Bei Sitzungen der Euro-Gruppe konnten die anderen Minister ihre Bestürzung nicht mehr verbergen, Varoufakis wurde als »amateurhaft« und als »Zocker« bezeichnet. Am 18. Juni hielt er vor der Euro-Gruppe erneut einen ausführlichen Vortrag, in dem er unter anderem vorschlug, ein unabhängiges Finanzkontrollorgan zu schaffen. Seine Kollegen verstummten. Offensichtlich wusste Varoufakis nicht, dass eine solche Kontrollinstanz längst für jedes Euroland vorgeschrieben war.

Tsipras wiederum forderte in dieser Zeit von Deutschland Hunderte Milliarden als Wiedergutmachung für die deutsche Besetzung in den Jahren 1941 bis 1945 und die Verbrechen von Wehrmacht und SS. Diplomatisch geschickt war das nicht, aber seine Anhänger waren begeistert. Gleichzeitig leerten die Griechen weiterhin ihre Konten. Bis Mitte April hatte die EZB die griechischen Banken bereits mit Bargeld in Höhe von 75 Milliarden Euro versorgt, und die benötigten Summen wurden immer höher: An einem einzigen Tag, dem 22. Juni 2015, wurden an den Geldautomaten nicht weniger als 1,2 Milliarden abgehoben.

Auf den Straßen sah man immer mehr unterernährte Menschen, die Kindersterblichkeit nahm zu. Wer seine Stelle verlor, bezog nur noch wenige Monate Arbeitslosengeld, danach verfiel auch der Anspruch auf kostenlose medizinische Versorgung. Mindestens eine Million Griechen hatte deshalb keinen Zugang zu regulärer medizinischer Hilfe, ohnehin waren wegen der Sparmaßnahmen bereits zahlreiche Krankenhäuser geschlossen worden. In improvisierten Polikliniken kümmerten sich ehrenamtlich tätige Ärzte und Pfleger im Rahmen ihrer Möglichkeiten um mittellose Kranke. Ein Arzt: »Eines der größten Probleme, mit denen wir zu tun haben, ist, dass die Patienten erst zu uns kommen, wenn die Schmerzen unerträglich werden. Und dann ist es manchmal zu spät.« Jeder vierte Hilfesuchende war in besorgniserregendem Zustand. Notwendige Folgeuntersuchungen waren schwer zu bekommen. Das Budget der Krankenhäuser war im Durchschnitt um 40 Prozent niedriger als vor der Krise. Die psychiatrischen Kliniken waren überfüllt. Nach Angaben des Menschenrechtskommissars des Europarates stieg die Zahl der Suizide in Griechenland in den Jahren 2010 bis 2015 um 40 Prozent. Vor allem viele verzweifelte Rentner beendeten ihr Leben.

In der Nacht zum 27. Juni 2015 brach die griechische Delegation plötzlich die Verhandlungen mit der Euro-Gruppe ab. Am Mittag jenes Tages kündigte Ministerpräsident Tsipras überraschend ein Referendum über den angeblich mit der Eurozone geschlossenen »neuen Deal« an. Wenn eine große Mehrheit der Griechen mit Nein stimmte – wozu die Regierung aufrief –, würde das ihre Position am Verhandlungstisch stärken, meinte Tsipras. In Wirklichkeit war es eine Finte, denn es gab gar keinen »Deal«. Die Gespräche, vor allem über eine Reform des Rentensystems, waren noch in vollem Gang gewesen. Die Griechen hatten den Vorschlägen bis dahin nicht zugestimmt, und das galt auch für eine ganze Reihe anderer Euroländer.

Tsipras hatte seine Verhandlungspartner völlig überrumpelt. Donald Tusk, der neue Präsident des Europäischen Rates, war außer sich. »Ist dir klar, dass die anderen europäischen Regierungschefs jederzeit ihre eigenen Referenden ansetzen können mit der Frage: Sollen wir die griechische Rechnung bezahlen?«, fragte er Tsipras in scharfem Ton. »Und kannst du dir vorstellen, wie dann die Antwort lauten wird, Alexis?«

Für die übrigen 18 Mitglieder der Euro-Gruppe war die Sache nun klar: Es gab keinen Grund für weitere Verhandlungen. Die EZB unterstützte die griechischen Banken nicht mehr, das Bargeld wurde knapp, Arbeitslosengeld und andere Leistungen wurden nicht ausgezahlt, am folgenden Montag wurden die Banken nicht geöffnet. Die Griechen gaben »den Europäern« die Schuld. Beim Referendum am 5. Juli 2015 stimmten 61 Prozent mit Nein.

Unter den Staats- und Regierungschefs fand Plan Z nun immer mehr Befürworter. Wolfgang Schäuble schlug in einem für fünf seiner Kollegen bestimmten Memorandum vor, Griechenland fünf Jahre aus der Eurozone auszuschließen, dies aber mit wirtschaftlicher und humanitärer Hilfe in unterschiedlicher Form zu verknüpfen. So wie bisher könne es jedenfalls nicht weitergehen. Die litauische Staatspräsidentin Dalia Grybauskaitė fragte die Verantwortlichen in Griechenland: »Lebt ihr auf einem anderen Planeten? Es ist ein Verbrechen an eurem eigenen Volk.«

Auch Tsipras erkannte, dass er sich verrannt hatte. Am Abend des Referendums traf Varoufakis ihn in nicht gerade euphorischer Stimmung an. »Wir haben alles verbockt«, sagte der Ministerpräsident, zusammengesunken auf einem Stuhl. Er hatte gerade mit François Hollande telefoniert, seinem letzten Verbündeten innerhalb der EU. Der französische Präsident hatte ihn nach eigener Darstellung nachdrücklich gewarnt: »Du hast gewonnen, aber Griechenland hat verloren. Einige waren immer schon der Ansicht, für Griechenland sei kein Platz in der EU, und beim nächsten EU-Gipfel könnten sie euch wirklich hinauswerfen.« Danach habe er Tsipras direkt gefragt, ob er in der Eurozone bleiben wolle. Und Tsipras habe geantwortet: »Ja, das will ich.«

Nach diesem Telefonat vollzog Tsipras eine Wende um 180 Grad, denn Plan Z schwebte wie ein Damoklesschwert über seinem Kopf. Die Syriza-Regierung entwarf zusammen mit den Franzosen einen Notplan. Er enthielt überwiegend genau jene Vorschläge, zu denen eine große Mehrheit der Griechen gerade erst Nein gesagt hatte, ja sogar noch weitergehende, da all das Bluffen die Verhandlungsposition der Griechen weiter verschlechtert hatte. Yanis Varoufakis war inzwischen schon zurückgetreten. Doch in Berlin hatte man kein Vertrauen mehr zu den Griechen. Deutschland verlangte nun einen »Treuhandfonds« in Höhe von 50 Milliarden Euro, die durch den Verkauf von griechischem Staatseigentum aufgebracht werden sollten – sogar ein Verkauf der Akropolis und ganzer Inseln wurde ins Gespräch gebracht –, und dazu weitere Rentenkürzungen. Schäuble drohte mit dem von ihm vorgeschlagenen Ausschluss für fünf Jahre, sollten die Griechen nicht nachgeben. Tsipras und die Franzosen protestierten energisch. Die einfachen Griechen könnten diese weiteren Lasten unmöglich schultern, zumal viele der fast drei Millionen griechischen Rentner bereits um die Hälfte weniger bezogen als 2010. Und der »Treuhandfonds« wäre die schlimmste Demütigung überhaupt.

Am Wochenende vom 10. bis 12. Juni 2015 waren die Brüche innerhalb der Eurozone wieder einmal unübersehbar. Die Atmosphäre war so angespannt wie selten. Der junge französische Wirtschaftsminister Emmanuel Macron sprach von einem europäischen Bürgerkrieg, der fast einem Religionskrieg gleiche, mit Deutschland, den Niederlanden, den skandinavischen und osteuropäischen Ländern auf der einen und Frankreich, Italien, Spanien und den übrigen südeuropäischen Ländern auf der anderen Seite. Als Tsipras an jenem Freitag zu einer Rede vor das Europäische Parlament trat, wurde er von Linken und Rechtsextremen mit begeistertem Pfeifen und von der Mitte mit höhnischen und empörten Zurufen empfangen.

Anschließend wurde der griechische Regierungschef hinter den Kulissen stundenlang von seinen wütenden Kollegen aus den anderen Euroländern in die Mangel genommen – jemand sprach hinterher von einem »mentalen Waterboarding«. Warum hatte er sich an keine einzige Absprache gehalten? Am Vormittag des 13. Juli, nach 17 Stunden mühsamer Verhandlungen, schlossen Merkel, Tusk und Hollande mit Tsipras einen Kompromiss. Auf Schäubles Time-out wurde verzichtet, auf den Treuhandfonds dagegen nicht, wobei aber ein Teil der Erträge aus Verkäufen für Investitionen in Griechenland selbst verwendet werden durfte.

In Athen diskutierte der radikale Syriza-Flügel über eine Entmachtung des Ministerpräsidenten, man schmiedete Pläne für eine Wiedereinführung der Drachme, doch das Parlament stimmte dem ausgehandelten Kompromiss zu, und die Parlamentswahl im September brachte Tsipras mit Syriza eine stabile Mehrheit – vier Jahre später, 2019, wurde er allerdings doch entthront. Griechenland blieb ein Euroland.

Die Reaktionen fielen unterschiedlich aus. »Das ist ein Coup!«, schrieb Paul Krugman in der *New York Times*. »Die Liste von Forderungen der Euro-Gruppe ist Wahnsinn. Es ist nichts als Ressentiment, als Zerstörung von Souveränität, ohne Hoffnung auf Erleichterung.« Der deutsche Philosoph Jürgen Habermas meinte, Deutschland spiele sich als Chef-Zuchtmeister Europas auf, Merkel habe eine Strafaktion ausgeführt. »Ich fürchte, die deutsche Regierung, inklusive der Sozialdemokraten, hat in einer Nacht all das politische Kapital verspielt, das ein besseres Deutschland in einem halben Jahrhundert angesammelt hat.«

Auch am rechten Rand war die Unzufriedenheit groß. Was Deutschland an dem entscheidenden Wochenende überhaupt erreicht habe, wurde gefragt. Warum sei Merkel doch noch eingeknickt und habe den Griechen trotz ihrer endlosen Schikanen erneut eine Chance gegeben? Habermas mochte über das deutsche Hegemoniestreben klagen, doch in Wirklichkeit war die Position der Regierung Merkel gar nicht so stark. Die AfD profitierte von dem Kompromiss. In nationalkonservativen Kreisen sah man Merkels »Kapitulation« später als Vorspiel zu dem »Verrat«, der noch im selben Jahr während der nächsten großen europäischen Krise folgen sollte.

6

Als alles vorbei war, schrieb Yanis Varoufakis einen packenden Bericht über seinen Kampf mit dem »europäischen Establishment« und startete eine endlose Werbetour. Jeroen Dijsselbloem zimmerte nach seinem Rücktritt ein Hühnerhaus – und schrieb anschließend ebenfalls ein Buch. Mario Draghi ließ einfach Geld drucken und konnte so das Schlimmste abwenden. Auf dem Höhepunkt der Krise kaufte die Europäische Zentralbank monatlich Staatsanleihen im Wert von 80 Milliarden Euro. Erst im Sommer 2018 wurde ein Ende des billigen Geldes angekündigt. Bis dahin hatte die EZB für etwa 2,5 Billionen Euro Staatsanleihen erworben. In Ziffern: 2 500 000 000 000 Euro.

Trotz allem erholte sich Griechenland nur mühsam. Die Gesamtsumme der Kredite belief sich nach acht Jahren und drei Hilfsprogrammen auf 273 Milliarden Euro. Das Problem wurde erst einmal auf die lange Bank geschoben: Bis 2033 brauchte das Land nicht einen Euro an Zinsen zu zahlen und keine Kredite zu tilgen. Die Staatsschulden blieben aber mit 357 Milliarden Euro, 180 Prozent des Bruttoinlandsprodukts, dreimal so hoch wie von den EU-Stabilitätsnormen erlaubt. In dieser Hinsicht hatten Varoufakis und Tsipras völlig recht: Die durch das Ausbleiben von Investitionen gehemmte Wirtschaft wuchs so wenig, dass keine Aussicht bestand, die gewaltigen Schulden jemals zurückzahlen zu können. Auch der IWF bezeichnete in seinem Jahresbericht 2017 die griechische Schuldenlast als inakzeptabel. Nach Ablauf der Aufschubfrist im Jahr 2033 würden die alten Schulden ja wie ein Bumerang zurückkehren. Diese Entwicklung sei »explosiv«.

Der Wirtschaftswissenschaftler Daniel Gros, Direktor der Denkfabrik Centre for European Policy Studies, war der Ansicht, aus dem griechischen

Drama sei vor allem eine Schlussfolgerung zu ziehen: Zwang von oben bewirke nichts. Man könne einem Land jede beliebige Reform aufzwingen, nur sei es dann nicht sehr wahrscheinlich, dass sie auch wirklich umgesetzt werde. Ein Land könne sich nur reformieren, wenn es sich sowohl für das Problem als auch für die Lösung verantwortlich fühle.

Dennoch konnten am 20. August 2018 sämtliche Hilfsprogramme beendet werden, zumindest offiziell. Die Troika wurde aufgelöst, und insofern endete auch die Bevormundung. Doch Griechenland zwängte sich in ein finanzielles Korsett: Bis 2022 darf sein Haushaltsüberschuss 3,5 Prozent nicht unterschreiten, danach, bis 2060 (!) liegt die Untergrenze bei 2,2 Prozent – ein Wert, den selbst Länder wie Singapur oder die Schweiz nie länger als wenige Jahre erreicht haben. Kommentatoren sprachen von »extremely wishful thinking«, und das war sehr vorsichtig ausgedrückt.

Wenn man eine große Krise gemeinsam übersteht, kann das die Beziehung stärken. Doch auch das Gegenteil kann eintreten. Jahrzehntelang war Vertrauen das Schmiermittel des europäischen Räderwerks gewesen. Auch in dieser Hinsicht hatte die Eurokrise weitreichende Folgen, und das galt vor allem für das Vertrauen der Bürger in die unterschiedlichen Mitgliedsstaaten. Der Umgang mit der Krise und der Mangel an Tatkraft hatten sowohl in den finanziell starken nördlichen Ländern als auch im schwachen Süden die Zustimmung zum Projekt Europa erheblich schwinden lassen.

Daten des Eurobarometers bestätigen dies: 2007, vor dem Beginn der Krise, tendierten 57 Prozent der Europäer dazu, der EU zu vertrauen; bis 2014 sank der Anteil auf 31 Prozent. Zwar stieg er bis 2018 wieder auf 42 Prozent an, aber der alte Wert wurde nicht mehr erreicht. Das Vertrauen in die Politiker und Regierungen der eigenen Länder war im europäischen Durchschnitt übrigens noch viel geringer: 2018 sprachen nur 34 Prozent ihren Politikern das Vertrauen aus.

Auch im Brüsseler Berlaymont-Gebäude hatte man einen bitteren Nachgeschmack. »Wir hätten nicht so viel Lärm um die Rettung des Euros machen dürfen«, sagte ein hoher Beamter. »Setzen wir das Haus in Brand und retten dann die Möbel? Zum ersten Mal hat sich gezeigt, wie viel es kostet, Europa zusammenzuhalten.«

Die Griechen selbst waren gnadenlos in die Mangel genommen worden. 2018 listete ein Fortschrittsbericht der OECD die Fakten noch einmal auf. In zehn Jahren sogenannter Sanierung waren das griechische Bruttoinlandsprodukt um ein Viertel, die Investitionen um 60 Prozent gesunken. Die Anzahl der Haushalte an oder unter der Armutsgrenze war von 12 Prozent im Jahr 2008 auf 26 Prozent im Jahr 2018 gestiegen. Die Arbeitslosigkeit war zwar in den letzten Jahren wieder etwas zurückgegangen, aber immer noch hatte fast jeder und jede Fünfte keine Stelle. Das Investitionsniveau blieb niedrig, auch wegen Finanzierungsproblemen. Die Produktivität ließ weiterhin sehr zu wünschen übrig, zahlreiche griechische Beschäftigte arbeiteten unter ihrem Qualifikationsniveau. Was soziale Sicherheit anging, lag Griechenland weit hinter allen anderen OECD-Ländern zurück.

Seit 2010 hatten mehr als 700 000 Griechen das Land verlassen. Darunter waren 18 000 Ärzte, und auch die übrigen Auswanderer waren mehrheitlich hoch qualifiziert – und jung. Die Geburtenzahl war stark zurückgegangen, die Überalterung nahm zu, Demografen erwarteten bis zum Jahr 2050 einen Bevölkerungsrückgang um mindestens ein Viertel. Immer weniger jüngere Beschäftigte mussten die Renten für immer mehr alte Menschen finanzieren.

Im Frühjahr 2019 waren die Regale in Efis und Kostas' kleinem Supermarkt wieder voll: Waschmittel, Gemüsekonserven, Kekse, Kaugummi, Papiertaschentücher, Chips, Süßigkeiten, Kaffee, Spielzeugautos, Wasserbälle, Wein, Zeitungen, Erfrischungsgetränke, Donald-Duck-Kuscheltiere und tausend andere Dinge standen und lagen bereit. Wie in früheren Zeiten hatte die regierende Partei – nun Syriza – Stellen zu vergeben; wenigstens mit dem Beamtenapparat ging es aufwärts. Doch in der Iakinthou, der kleinen Ladenstraße, blieb es still. Die meisten Schaufenster waren leer, die Kühlvitrine des Fischgeschäfts war von einer dicken Staubschicht bedeckt, auf dem Boden hinter den Ladentüren vergilbten Briefe und alte Zeitungen. Nur im früheren Sportgeschäft herrschte noch ein bisschen Leben, es war jetzt – für wie lange? – ein »Nailsalon«.

Athen erholte sich nur langsam. Im Stadtzentrum standen 2014 schätzungsweise 40 Prozent der Ladenlokale leer, 2019 waren es noch um die 25 Prozent. Die Schattenwirtschaft blühte wieder, bei mehr als einem Viertel aller Transaktionen wurde der Fiskus umgangen, im übrigen Europa war es durchschnittlich ein Sechstel. Offensichtlich hatte der Staat aber genug Geld, um von Frankreich zwei hochmoderne Fregatten der FREMM-Klasse zu leasen, was vermutlich mit zunehmenden Spannungen im Verhältnis zur Türkei zusammenhing.

Ich machte einen Spaziergang durch Exarchia, ein Stadtviertel mit viel heimlich oder demonstrativ gepflanztem, anarchistischem Grün, das nun im Frühling überall der Sonne entgegenstrebte. Die Straßenmusik und die Wandmalereien hatten ein erstaunliches Niveau. Nach so vielen Jahren der Entbehrung blühten Gemeinschaftsprojekte. Ich saß eine Weile auf einer Bank auf einem liebevoll gestalteten Spielplatz, es gab kleine Tische und Stühle und viele Arten von Spielzeug, genug für alle Kinder. Von den Hauswänden links und rechts davon sprangen mich Wandgemälde an, eine Cello spielende Katze, eine Stadt, unter der sich tief in der Erde aus menschengestaltigen Samenkörnern wundervolle Blumen entwickelten. Unterschrift: »Ihr habt mit allen Mitteln versucht, mich zu begraben. Aber ihr habt vergessen, dass ich ein Samenkorn war.«

Vor dem Parlamentsgebäude stand eine kleine Gruppe von Leuten mit Flugblättern und griechischen Fahnen. Sie warben für einen amerikanischen Griechen, der angeblich ein Vermögen von 600 Milliarden Dollar besaß und damit, wenn er an die Macht kam, auf einen Schlag alle Schulden bezahlen würde. Sie glaubten fest an diesen Erlöser. »Das wäre doch wunderbar. Wir sind so arm«, sagte ein Mann mit fast zahnlosem Mund.

Auf dem Viktoriaplatz wimmelte es immer noch von Afghanen und anderen gestrandeten Flüchtlingen. Viele von ihnen wohnten ganz in der Nähe, oft zu zehnt in einem Zimmer. Die Bänke auf dem Platz waren voll besetzt, jeder Neuankömmling wurde freudig begrüßt. Griechen waren dort nicht zu sehen. An verschiedenen Stellen standen Männer, die auf irgendetwas warteten, eine kleine Transaktion, eine Mitfahrgelegenheit oder was auch immer. Unter ihnen waren Jugendliche, die regelmäßig angesprochen wurden und dann in Begleitung für kurze Zeit zur anderen Seite des Platzes gingen, in den Park. Der Mensch muss schließlich essen.

Geister der Vergangenheit
2014

I

Ende November 2013 flog ich zum ersten Mal seit Jahren über die zugefrorene Moskwa, über russisches Ackerland, über die schneebedeckten Gärten und Dächer rings um den Flughafen Moskau-Scheremetjewo. Die Dämmerung setzte früh ein. Es würde ein kurzer Besuch sein, ich sollte in Moskau einen Einführungsvortrag zu einem Film über Amsterdam halten und mein Gesicht auf einer Buchmesse zeigen. Wladimir Putin war wieder Präsident, nachdem von 2008 an seine rechte Hand, der mildere, mehr auf Harmonie setzende Dmitri Medwedew, vier Jahre lang das Präsidentenamt innegehabt hatte. 2012 war Putin nach turbulenten Wahlen und heftigen Straßenprotesten erneut an die Macht gekommen.

Bei meinem letzten Besuch im Jahr 1999 war das Stadtzentrum Moskaus eine einzige große Baustelle gewesen. Überall Gerüste und Ausschachtungen, Kräne, Bagger, Ladas mit großen Schnurrbärten aus Schnee und Eis. Vor den Toren des Kreml wurde ein gigantisches unterirdisches Einkaufszentrum gebaut, im Warenhaus GUM am Roten Platz funkelten die Vergoldungen, als wäre seit dem letzten Zaren nichts geschehen. Jeder hatte zwei oder drei Jobs, hier eine feste Stelle, dort etwas Befristetes, und rannte kreuz und quer durch die Stadt. Ein modisches Café nach dem anderen wurde eröffnet, in hohem Tempo machte sich die Hauptstadt bereit für eine neue Zeit, in der alles anders sein würde als je zuvor. Geld war nach so vielen Inflationen eine flüchtige Substanz, es zählte nicht mehr. Die Atmosphäre erinnerte mich an eine Bemerkung Erich Maria Remarques über das Berlin des Jahres 1923: »Es ist der große Ausverkauf des Sparers, des ehrlichen Einkommens und der Anständigkeit.«

Der McDonald's-Laden am Puschkinplatz war damals besonders beliebt, man sah dort Schülerinnen, Geschäftsleute, alte Damen, eine völlig neue Mittelschicht. 2013 mussten wir ins *Schang Schack*, eigentlich *Jean Jacques*, ein Restaurant in der Nähe des Roten Platzes, in dem sich die bloggende Opposition traf. Wie in Paris zu Zeiten der Französischen Revolution waren 2013 in Moskau Restaurants die Zentren des Widerstands. Es war brechend voll, die Blogger waren die neuen Rockstars der Stadt, umschwärmt von schönen jungen Frauen.

In den 1980er und 1990er Jahren ließen sich die Unzufriedenen noch von echten Sängern und Rockmusikern inspirieren. »Da lebten wir nun, jung, zornig und begeisterungsfähig, im Inneren des Imperiums der Lüge, und irgendwie mussten wir es überstehen«, schrieb der Popjournalist Artemi Troitski über jene Zeit. Boris Grebenschtschikow galt als der Bob Dylan der todkranken Sowjetunion. Er sang Texte wie diesen:

Söhne der Tage des Stillschweigens
Sehen anderer Leute Filme
Spielen anderer Leute Rollen
Klopfen an anderer Leute Türen.
Bitte ein Glas Wasser
Für die Söhne der Tage des Stillschweigens.

Ein ganzes Sportstadion tobte, wenn Rocker und Dichter Mischa Borsykin sang:

Der Fisch stinkt vom Kopf her, sie lügen alle,
der Fisch stinkt vom Kopf her.

Als ich Ende der 1990er Jahre ein paar dieser Sänger besuchte, war von der lebendigen Rockszene kaum etwas übrig. »Die eine Hälfte hat sich dem Alkohol ergeben«, sagte Mischa Borsykin, »und die anderen haben mit irgendwelchen Geschäften angefangen, und innerhalb von zwei Jahren hatten sie vergessen, was Musik ist.« Borsykin wanderte schließlich nach Schweden aus. Grebenschtschikow war, wie seine früheren Kollegen es ausdrückten, »an Popularität zugrunde gegangen«. Artemi Troitski zog mit seiner dritten Ehefrau nach Tallinn; die Hauptstadt Estlands hatte sich zur neuen Freistatt für russische Schriftsteller und Künstler entwickelt, die es unter Putin nicht mehr aushielten. »Die Angst ist zurück«, sagte er in einem seiner seltenen Interviews. »Das Volk ist passiv, apathisch, zynisch.«

Das Café mit Kinosaal, in dem ich meinen Vortrag hielt, sah fast genauso aus wie das beliebte Lokal in Amsterdam, in dem ich erst am Vorabend gegessen hatte. Auch das Publikum war vom gleichen Schlag: die gleiche Kleidung, die gleiche Jugendlichkeit, der gleiche Blick. Und fast alle, auch das sah man, hatten genug Geld auf dem Konto. Ein junger Journalist wollte über moderne Städte sprechen; die Eurokrise, damals noch durchaus gefährlich, interessierte ihn nicht: »Niemanden hier interessiert Europa. Wir erleben so etwas alle zehn, zwanzig Jahre.« Seiner Ansicht nach ging es Russland so gut wie nie zuvor: Ganz offensichtlich bilde sich eine Mittelschicht heraus, die verfügbaren Einkommen stiegen von Jahr zu Jahr, und man könne sagen und schreiben, was man wolle, solange man das System nicht allzu sehr provoziere – gut, natürlich dürfe man sich nicht ausgerechnet über Homosexualität und dergleichen äußern.

Dieses postmoderne Moskau sei nur leider viel zu teuer geworden, das schon. »Dass so viele Russen in Europa Einkäufe machen, das hängt hauptsächlich damit zusammen, dass Europa für uns unglaublich billig geworden ist. Moskau ist teuer, Russland ist teuer. Und das liegt vor allem an der vielen Korruption. Bei allem muss man mit ungefähr 20 Prozent Aufschlag rechnen, Korruptionssteuer sozusagen. Bei öffentlichen Projekten können es sogar 100 oder 200 oder 500 Prozent sein. So geht es natürlich irgendwann nicht mehr weiter.«

Auf dem Roten Platz demontierten Arbeiter gerade einen gigantischen Louis-Vuitton-Koffer. Das Ding hatte dort nur wenige Tage gestanden und im Internet einen kleinen Aufruhr verursacht. Der Rote Platz ist eigentlich nur für große öffentliche Veranstaltungen und Feiern da, das Aufstellen eines riesigen Reklamekoffers empfanden viele als Sakrileg. Im GUM war der Weihnachtsschmuck unbezahlbar geworden. Das Glanzstück war ein kleiner Koffer mit drei auffälligen Weihnachtsbaumanhängern: einem Sack, einer großen Münze, einer Brieftasche. Auf allen drei Gegenständen war *ein* Wort aufgedruckt: money, money, money.

Meine russische Begleiterin beschrieb die Stimmung in Moskau so: Man habe Geld, ja, es gehe den Leuten besser als früher, aber jeder misstraue jedem, auf der Straße höre man niemanden mehr lachen. Ich habe mich an einer klitzekleinen Stichprobe versucht. Ausnahmslos alle jungen Leute, mit denen ich in jenen Tagen sprach, wollten das Land verlassen. Das Einzige, was sie zurückhielt, war Geldmangel, oder dass sie für Kinder oder eine alte

Mutter sorgen mussten. Diese Momentaufnahme passte zu den statistischen Daten zur Emigration: Unter Zwischenpapst Medwedew waren nur relativ wenige Russen ausgewandert, durchschnittlich 35 000 pro Jahr. Sobald Putin wieder Präsident war, stieg die Zahl der Emigranten rapide an, von etwa 30 000 im Jahr 2011 auf das Zehnfache, über 300 000, im Jahr 2014.

An einem Abend fuhr ich per Anhalter – wie es üblich ist, gegen einen geringen Fahrkostenbeitrag – zu einem Theatercafé, in dem Freunde mit Chansons und Brecht-Liedern auftreten sollten. Ich wurde von einem jungen Paar mitgenommen, das als Hintergrundbild für das gemeinsame Smartphone ein Foto von Putin gewählt hatte. Die junge Frau sprach Englisch, sie wollte Opernsängerin werden. Beide waren unbeschreiblich nett. In dem kleinen Saal saßen höchstens vierzig Menschen, das Ganze hatte einen sehr privaten Charakter, und es wurde ein unvergessliches Konzert. Brecht auf Russisch. Einer der Sänger, ein großer, kahlköpfiger Mann, hatte bei den Demonstrationen gegen Putin gesungen, er war bekannt für seine aktive Rolle bei den Protesten. Nun sangen er und seine Freunde Lieder von Bert Brecht und Kurt Weill, und sie waren auf schmerzliche Weise aktuell, diese bitteren, grausam-süßen Tänze am Rand des Vulkans.

Der Arm der Geschichte reicht weit, Geister der Vergangenheit kommen nicht so schnell zur Ruhe, und das gilt ganz sicher für den Zusammenbruch der Sowjetunion im Jahr 1991 und die Leere, die er hinterließ, auch im Persönlichen. 1999 erlitten die Russen einen dreifachen Verlust: Ihr politisches System brach zusammen, ihr Imperium löste sich auf, als die europäischen Vasallenstaaten ihren eigenen Weg gingen, und das Sowjet-Vaterland selbst hörte auf zu existieren. »Zwar gab es 1991 nur noch wenige gläubige Kommunisten«, schrieb der britische Journalist und Russlandkenner Shaun Walker später, »aber das machte den Zusammenbruch nicht weniger traumatisch. Die Russen spürten, dass sie nicht nur ein Imperium und eine Ideologie verloren hatten, sondern das Wesentliche ihres Daseins. Wenn sie keine Sowjetbürger mehr waren, was waren sie dann?«

Was für die einen Befreiung bedeutete, war für allzu viele andere nur beschämend und demütigend. Putin bezeichnete den Zerfall der Sowjetunion als »die größte Katastrophe in der russischen Geschichte«. Trotz der Warnungen zahlreicher Experten, darunter der alte Stratege Henry Kissinger und der damalige amerikanische Außenminister James Baker, hatte der

Westen für dieses Gefühl des Verlusts nicht viel Verständnis. Wie aus später freigegebenen Dokumenten hervorgeht, haben Baker und andere 1990 während der Verhandlungen zwischen der NATO und der Sowjetunion versichert, die NATO würde auf keinen Fall nach Osten erweitert werden, »not an inch eastwards«. Der amerikanische Präsident George Bush senior vertrat diese Haltung jedoch ganz sicher nicht; das Gleiche galt für den britischen Premierminister John Major. Und Parteichef Gorbatschow, der mit tausend anderen Problemen zu kämpfen hatte, versäumte es, dieses vage Versprechen vertraglich festlegen zu lassen. Mehr noch: Sein Endziel war eine NATO-Mitgliedschaft von Russland selbst.

Und so drang die NATO, Versprechen hin oder her, in aller Ruhe in die ehemalige Sowjetwelt vor. 1999 traten Polen, Ungarn und Tschechien der NATO bei, 2004 folgten Bulgarien, Rumänien, die Slowakei und die baltischen Staaten. So wurde Russland zu einer nur noch »regionalen Großmacht«, wie Barack Obama es formulierte. In wirtschaftlicher Hinsicht traf das gewiss zu. Um das Jahr 2013 war Russland ein in jedem Sinn überaltertes Land mit einem Bruttoinlandsprodukt von knapp 1500 Milliarden Dollar – nicht viel mehr als das der Benelux-Union und weniger als zehn Prozent des Bruttoinlandsprodukts von China, den Vereinigten Staaten oder der Europäischen Union.

Dennoch sollte Putin dem amerikanischen Präsidenten diese Äußerung nie verzeihen. Es würde mich nicht wundern, wenn unsere Geschichtsstudentin im Jahr 2069 den Umgang des Westens mit dem erschöpften, besiegten Russland in den 1990er Jahren und danach mit der Demütigung Deutschlands in den Jahren nach 1918 vergleichen würde.

Innerhalb von weniger als einem Jahrzehnt verwandelte sich Russland für die NATO aus einem potenziellen Verbündeten wieder in einen Gegner. Die EU war lange Zeit kein Teil des russischen Feindbildes. Gute Beziehungen zu Deutschland und einigen anderen EU-Ländern waren für die russische Wirtschaft lebenswichtig, außerdem sah Russland sich selbst als Brücke zwischen einem mehr oder weniger geeinten Europa und der asiatischen Welt. Das änderte sich, als die EU und die Ukraine, der mit Abstand wichtigste der ehemaligen russischen Vasallenstaaten, sich einander annäherten.

Die Ukraine war ein typisches Übergangsgebiet, halb westlich, halb in der russischen Geschichte verwurzelt. Seit dem 17. und 18. Jahrhundert gehörte es teils zu Russland, teils zum Habsburgerreich, und in den Jahren nach

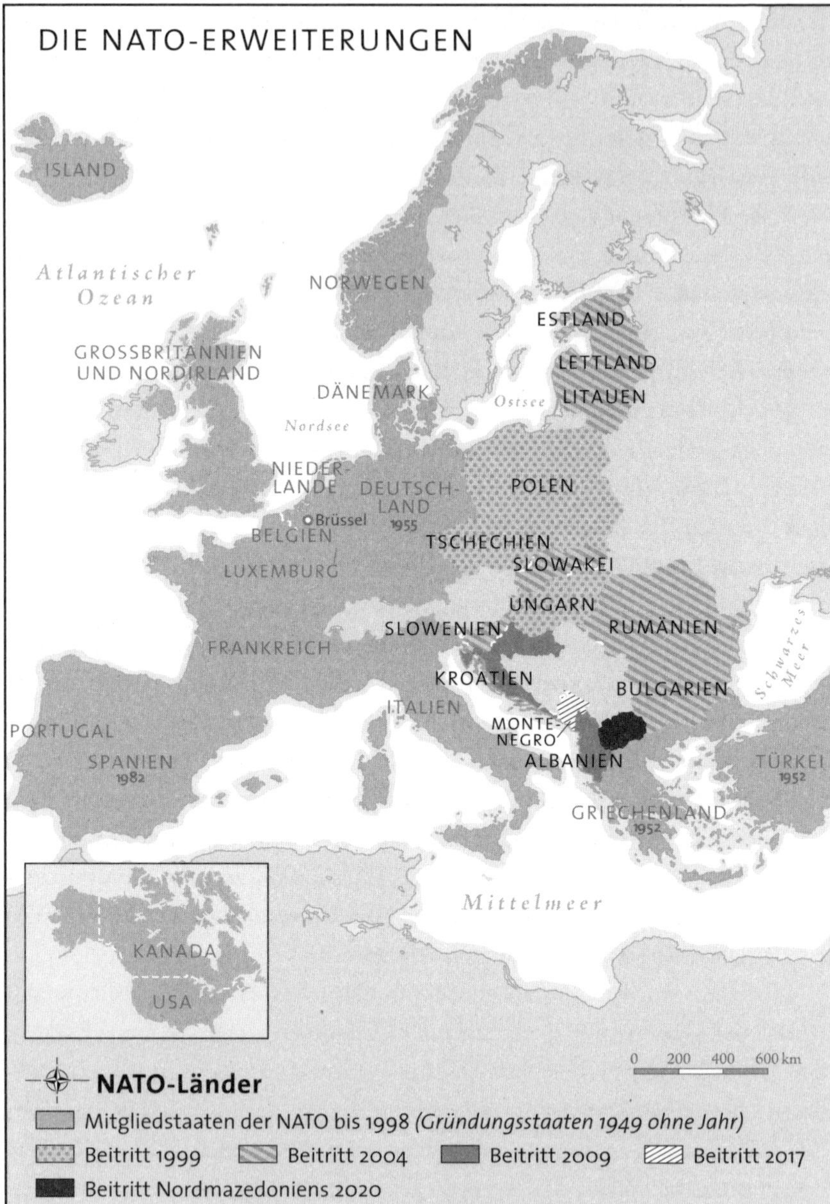
DIE NATO-ERWEITERUNGEN
ISLAND
Atlantischer Ozean
NORWEGEN
GROSSBRITANNIEN UND NORDIRLAND
DÄNEMARK
Nordsee
Ostsee
ESTLAND
LETTLAND
LITAUEN
NIEDERLANDE
DEUTSCHLAND 1955
Brüssel
BELGIEN
LUXEMBURG
POLEN
TSCHECHIEN
SLOWAKEI
UNGARN
RUMÄNIEN
SLOWENIEN
FRANKREICH
KROATIEN
BULGARIEN
Schwarzes Meer
ITALIEN
MONTENEGRO
ALBANIEN
PORTUGAL
SPANIEN 1982
TÜRKEI 1952
GRIECHENLAND 1952
Mittelmeer
KANADA
USA
0 200 400 600 km
NATO-Länder
Mitgliedstaaten der NATO bis 1998 (Gründungsstaaten 1949 ohne Jahr)
Beitritt 1999
Beitritt 2004
Beitritt 2009
Beitritt 2017
Beitritt Nordmazedoniens 2020

dem Ersten Weltkrieg wurden die kurzlebigen unabhängigen ukrainischen Volksrepubliken von der jungen Sowjetrepublik und von Polen erobert.

Zwar wurde die Ukraine 1991 unabhängig, doch die Diskussionen über die Identität des Landes verstummten nicht. War es nun europäisch oder doch ein Teil der russischen Welt? Nach Ansicht Putins existierte eigentlich keine Ukraine. »George, du weißt doch, dass die Ukraine gar kein Staat ist?«, soll er der russischen Zeitung *Kommersant* zufolge auf dem NATO-Gipfel 2008 zum amerikanischen Präsidenten George W. Bush gesagt haben. »Was ist die Ukraine? Ein Teil des Gebietes ist Osteuropa. Ein anderer Teil, ein beträchtlicher Teil, wurde von uns verschenkt.« Ein Kommentator schrieb, die Ukraine sei schon seit Jahren ein Land, über dem große rote Neonbuchstaben blinkten: »Vorsicht. Äußerst zerbrechlich. Handle with care.«

Als im Herbst 2004 der korrupte Präsidentschaftskandidat Wiktor Janukowytsch dank Einschüchterung und Manipulationen die Stichwahl gewann, führten die inneren Spannungen zu einer dramatischen Konfrontation. Zwei Monate zuvor hatte der westlich orientierte Oppositionskandidat Wiktor Juschtschenko eine Dioxinvergiftung erlitten, durch die innere Organe geschädigt, ein Gesichtsnerv gelähmt und eine Chlorakne ausgelöst wurden. Heftige Proteste erzwangen eine Wiederholung der Stichwahl, und der inzwischen halbwegs genesene Wiktor Juschtschenko wurde doch noch Präsident. Die Euphorie des als »Orange Revolution« bezeichneten Umbruchs verflog jedoch bald. Juschtschenko vertrat vor allem die Interessen seiner Wähler aus der westlichen Ukraine, schürte den alten Nationalismus und unternahm wenig gegen das größte Problem des Landes, die alles vergiftende Korruption. Europa wartete ab.

Währenddessen propagierte der junge, ehrgeizige georgische Präsident Micheil Saakaschwili ein »Georgisches Modell« für die postsowjetischen Staaten als Gegenentwurf zum korrupten System Putins, eine spezielle Mischung aus Liberalismus und prowestlichem Nationalismus. Finanziert und ermutigt durch die CIA und die Regierung Bush-Cheney, versuchte er Georgien aus der russischen Einflusssphäre hinauszumanövrieren; er liebäugelte mit der NATO und ließ an allen staatlichen Gebäuden die EU-Flagge hissen. Im August 2008 riskierte er jedoch zu viel, als er sich zu einem militärischen Eingreifen in der abtrünnigen Provinz Südossetien verleiten ließ. Russland intervenierte, unterstützte die Rebellen und vertrieb die georgischen Truppen innerhalb von fünf Tagen aus der georgischen Provinz. Ein Jahr zuvor, 2007, war Estland wochenlang durch einen vermutlich russischen Internetangriff lahmgelegt worden, die erste groß angelegte staatliche Cyberattacke der Geschichte, und nun war Georgien an der Reihe: Die Websites des Präsidenten und der Presseagenturen wurden gehackt, das Internet praktisch stillgelegt.

Die EU reagierte schnell: Nicolas Sarkozy, damals Vorsitzender des Europäischen Rates, flog umgehend nach Moskau und Tiflis und handelte, von allen anderen EU-Regierungen unterstützt, einen Waffenstillstand aus. Es war eine der ersten Gelegenheiten, bei denen die EU in einer Frage von Krieg und Frieden als eigenständige geopolitische Macht auftrat, ohne die Amerikaner wohlgemerkt, ja sogar entgegen deren Absichten. Beim NATO-Gipfel im April 2008 in Bukarest hatten sich Deutschland und Frankreich bereits gegen eine Aufnahme Georgiens und der Ukraine in ein Programm zur Vorbereitung einer NATO-Mitgliedschaft ausgesprochen. Außerdem wurde der Kaukasuskrieg 2008 nur durch einen Waffenstillstand beendet, es handelte sich also um einen sogenannten eingefrorenen Konflikt – ein unüberwindliches Hindernis für einen NATO-Beitritt Georgiens. Und vorerst fand sich Europa mit Putins Status quo ab.

Während des Kaukasuskrieges war Putin »nur« Ministerpräsident, dennoch war dieser fünftägige Konflikt für ihn ein Triumph. Das russische Staatsfernsehen zeigte fast ununterbrochen Bilder vom unaufhaltsamen Vorrücken der russischen Truppen. Das war das neue Russland, ein Russland, das wieder einen »vaterländischen« Krieg führen konnte, ein siegreiches Russland! Stardirigent Waleri Gergijew, selbst ossetischer Herkunft und damals Chefdirigent des London Symphony Orchestra, ließ sich zusammen mit einem Orchester in die südossetische Hauptstadt Zchinwali fliegen und führte dort zwischen zerstörten und beschädigten Gebäuden Schostakowitschs »Leningrader Sinfonie« auf. Es war ein Siegeskonzert, das natürlich live von sämtlichen russischen Sendern übertragen wurde. Ben Judah, einer der wenigen anwesenden westlichen Journalisten, erlebte das Konzert auf einem russischen Panzer stehend, neben einem erschöpften, tief bewegten Soldaten, der flüsterte: »Ich fühle mich, wie mein Großvater sich gefühlt haben muss.« Putins Popularität erreichte in den Umfragen Werte bis 83 Prozent.

2

Doch was für ein Land war dieses »neue« und »patriotische« Russland eigentlich? Von Wladimir Putin geführt, schienen die Russen im 21. Jahrhundert einer glorreichen Zukunft entgegenzumarschieren, jedenfalls redeten die meisten sich das ein. In Wirklichkeit verbarg sich hinter der nostalgischen Fassade ein Staat, in dem Verbrechersyndikate und ehemalige KGB-Leute das Sagen hatten, in dem Recht nur noch für Geld zu haben war und in dem für alle negativen Entwicklungen – und das waren viele – »ausländische Kräfte« verantwortlich gemacht wurden. Hier rächte sich, dass Russland, im Unterschied zu Deutschland nach dem Zweiten Weltkrieg, nach der Epoche Stalins mit all ihren Gräueln keine Phase der Besinnung und Neuorientierung durchgemacht hatte – Vergangenheitsbewältigung, wie man es in Deutschland nennt. Wirtschaftlich war das Land schwach, in zu hohem Maße abhängig von Erdöl und anderen Rohstoffen, zu wenig zukunftsorientiert, dafür aber mit einem gewaltigen Korruptionsproblem belastet. Der in der Ukraine geborene britische Journalist Peter Pomerantsev meinte: »Russen haben mehr Worte für ›Bestechung‹ als Eskimos für ›Schnee‹.«

Eine sehr verbreitete Methode der feindlichen Übernahme eines Unternehmens ist die des »Überfalls«: Ein Konkurrent besticht eine Kontaktperson im Sicherheitsapparat, der Inhaber des Unternehmens wird verhaftet, und während er im Gefängnis sitzt, wird sein Unternehmen mithilfe eines korrupten Richters überschrieben und weiterverkauft. Zu solchen »staatlichen Überfällen« kam es auch bei großen Konzernen. Im Jahr 2003 zum Beispiel ließ der Kreml Michail Chodorkowski festnehmen, den Vorstandsvorsitzenden des Erdölkonzerns Yukos, und fädelte eine Übernahme des Konzerns durch Freunde Putins ein; Chodorkowski war insgesamt mehr als acht Jahre in Haft. Sergei Magnitski, ein Wirtschaftsprüfer, der einen ähnlichen »staatlichen Überfall« untersuchte, wurde 2008 verhaftet, nachdem er versehentlich dem Bereicherungsmechanismus auf die Spur gekommen war, der von Insidern als »schwarze Kasse des Kreml« bezeichnet wird. Er wurde vermutlich gefoltert und starb im Untersuchungsgefängnis.

Im Februar 2008, während des Wahlkampfs für Medwedew, machte zum ersten Mal eine starke Protestbewegung auf sich aufmerksam. Die Oppositionspolitiker Boris Nemzow, unter Jelzin zwei Jahre Vizeministerpräsident der Russischen Föderation, und Wladimir Milow, ehemaliger stellvertretender Energieminister, veröffentlichten eine Streitschrift, in der sie detailliert die Geschäftsbeziehungen Putins und seiner Vertrauten offenlegten. Putins »Wirtschaftswunder« sei eine Luftspiegelung. In Wirklichkeit verdanke sich dieses Wunder hauptsächlich dem Anstieg des Ölpreises; gleichzeitig würden alle strukturellen Probleme übertüncht, besonders die Korruption. Seit Putins Wahl zum Präsidenten war Russland im internationalen Korruptionswahrnehmungsindex – je geringer die (wahrgenommene) Korruption in einem Land, desto höher der Rang – innerhalb von acht Jahren von Rang 82 auf Rang 143 abgerutscht. Im Frühjahr 2008 führte die Zeitschrift *Forbes* auch erstmals drei Freunde Putins in der Liste der Milliardäre auf. Putins eigenes Vermögen wurde damals von einigen – unter anderem der CIA – auf etwa 40 Milliarden Dollar geschätzt; andere schätzten es auf noch viel mehr, bis zu 200 Milliarden, doch es blieben Spekulationen. Über eines waren sich aber alle Beobachter einig: Putin ging es mehr um Macht als um Reichtum. Als der britische Historiker Mark Galeotti einmal einen russischen Insider nach Putins Vermögen fragte, lachte sein Gesprächspartner auf. »Putin sucht nicht das Geld, das Geld sucht ihn. Er weiß wahrscheinlich selbst nicht, wie viel es ist und wo.«

Aber war Putin wirklich der starke Mann hinter allem, der geniale Schachspieler, der die Welt allmählich nach seinen Vorstellungen umgestaltete, wie ihn im Westen viele sahen? Das war ungewiss. Mit Diplomaten und anderen Experten sprach er immer seltener, fast alle Informationen bezog er aus den morgendlichen Berichten seiner drei wichtigsten Nachrichtendienste: vom FSB über Vorgänge im Innern, vom FSO – verantwortlich für den Schutz des Präsidenten und der Regierung – über die russische Elite, vom Auslandsnachrichtendienst SWR über internationale Fragen. Allein schon mit dem Inhalt ihrer drei Ledermappen übten die Chefs der Nachrichtendienste starken Einfluss auf den Präsidenten aus.

Außerdem war Putin alles andere als ein Schachspieler. Er liebte Judo, und nicht von ungefähr beschrieb Galeotti ihn als typischen Judoka, einen Kämpfer, der selbst nicht genau weiß, was er im nächsten Moment tun wird, aber seinen Gegner umkreist, immer wieder dessen Stärken und Schwächen einschätzt und erst angreift, wenn er eine Blöße entdeckt. Putin wisse, dass der Westen, wenn er geschlossen auftritt, viel stärker sei, mit zwanzigmal so hoher Industrieproduktion, sechsmal so hoher Bevölkerungszahl und dreimal so großer militärischer Schlagkraft. »Aber er wartet darauf, dass wir einen Fehler machen und sich eine günstige Gelegenheit zum Zuschlagen ergibt. Er will uns gespalten sehen und möglichst demoralisiert und abgelenkt, bis wir uns auf irgendein Geschäft mit ihm einlassen oder, was wahrscheinlicher ist, nicht mehr fit genug sind, um ihn herauszufordern.«

In seinem aufschlussreichen Dokumentarfilm über Putin in der Anfangszeit seiner Präsidentschaft zeigte Witali Manski auch Bilder von der privaten Feier nach Putins Wahlsieg im März 2000. Um einen großen Tisch versammelt sieht man die Menschen, die ihm mit zu seinem Wahlsieg verholfen haben, und mitten unter ihnen Putin im Pullover. Es war ein kleines, aber sehr kompetentes Team von politischen Strategen und Medienexperten, alle waren fröhlich und entspannt, es herrschte eine Atmosphäre wie in der Redaktion einer großen Zeitung, die gerade irgendeinen Medienpreis gewonnen hat. Wahrscheinlich hofften sie, dieser noch ein wenig befangene Bürokrat würde ihre liberalen Vorstellungen teilen, nach Jelzin konnte es schließlich nur besser werden.

Zwölf Jahre später waren fast alle entweder in der Opposition – wie Boris Nemzow – oder tot. Putins Frau Ljudmila ließ sich bald darauf scheiden, Manski ging ins Exil, nur Dmitri Medwedew gehörte noch dem Kreis des Präsidenten an. Weil die Verfassung dem Präsidenten nicht mehr als zwei Amtsperioden von jeweils vier Jahren erlaubte, war Medwedew inzwischen Putins Nachfolger geworden. Doch auch als Ministerpräsident blieb Putin auf dominierende Weise präsent, und im Herbst 2011 kündigte er an, erneut für das Präsidentenamt zu kandidieren.

Tatsächlich war Medwedew ein Platzhalter, der Wechsel diente nur dem Zweck, Putin nach einer Pause zwei weitere Amtszeiten zu ermöglichen. 2012 wurde die Amtszeit auf sechs Jahre verlängert, sodass Putin, wenn er wiedergewählt wurde, bis 2024 Präsident bleiben konnte. Das würde insgesamt zwanzig Jahre Präsidentschaft bedeuten. Nur Stalin war länger an der Macht gewesen.

Es war ein gravierender Eingriff, aber Putin und seine Entourage erwarteten keine ernsthaften Probleme. In Putins »neuem« Russland hatten Wahlen wieder die gleiche Funktion wie in der Sowjetunion, sie waren hauptsächlich Rituale, Ausdruck der Unterstützung für das Regime, etwas Ähnliches wie Paraden. Doch diesmal hatte man sich verrechnet. Nach der

Bekanntgabe von Putins erneuter Kandidatur, als sich der Wechsel als billiger Trick offenbarte, sackten Putins Beliebtheitswerte auf den niedrigsten Stand seit 2000.

Die Krise von 2008 hatte Russland schwer getroffen. Der Erdölpreis war drastisch gefallen, an der Moskauer Börse hatten sich innerhalb weniger Monate Werte in Höhe von 1000 Milliarden Dollar in nichts aufgelöst. Der Rubel war abgestürzt, die Wirtschaft um acht Prozent geschrumpft, Löhne und Renten waren gekürzt worden und wurden manchmal monatelang nicht ausgezahlt. Auf einen Schlag war es vorbei mit der Hochkonjunktur, Russland machte erneut eine schwere Depression durch. Putins Popularität nahm rapide ab.

Boris Nemzow und andere Oppositionelle nutzten die Situation und riefen Solidarnost ins Leben, eine neue Dissidentenbewegung, die sich am großen polnischen Vorbild orientierte. Am Anfang fand sie nur wenig Anhänger, doch das änderte sich, als Putin Ende 2011 seine erneute Kandidatur bekanntgab. Als er in Moskau einen Boxkampf besuchte, wurde er mit Buhrufen und Pfiffen empfangen. Ein Video der Szene wurde zum YouTube-Hit. Im Internet verbreitete sich die Empörung blitzschnell. Putins Partei Einiges Russland wurde als schlechte Kopie der KPdSU verhöhnt, sie sei nur noch korrupter. Um den Schein demokratischer Parlamentswahlen zu wahren, hatte der Kreml eilig eine »Oppositionspartei« gegründet, Gerechtes Russland, die vor allem oppositionelle Wähler binden sollte.

Zahlreiche Bürger schlossen sich nun einer im Jahr 2000 gegründeten Organisation mit dem Namen »Golos«, Stimme, an, die Wahlen beobachtete und Regelverstöße und Manipulationen genau dokumentierte, sogar relativ regierungsnahe Medien übernahmen ihre Informationen. Auch bei dieser Mobilisierung spielte das Internet eine wichtige Rolle.

Die Bürger von Putins Russland waren ja einiges gewohnt, Fälle von Manipulation hatte es immer gegeben, schrieb Putin-Biograf Steven Lee Myers, aber bei der Parlamentswahl am 4. Dezember 2011 kam es zu Wahlbetrug in nie dagewesenem Ausmaß. Dank der Aktivitäten von Golos und dank des Internets konnten nun auch Durchschnittsrussen mit eigenen Augen sehen, wie betrogen wurde, zum Beispiel wenn der Leiter des Wahlbüros 2501 in Moskau an seinem Tisch seelenruhig einen ganzen Stapel Wahlzettel ausfüllte. Die Empörung steigerte sich noch, als klar wurde, dass Einiges Russland zwar trotz all der Manipulationen weniger als die Hälfte der

Stimmen bekommen hatte, in der Duma aber dennoch wieder die absolute Mehrheit besaß, weil die Stimmen für die kleinen Parteien wegen der Sperrklausel von sieben Prozent »verloren« waren.

All dies ließ für die Präsidentschaftswahl drei Monate später nichts Gutes erwarten. Am Abend nach der Parlamentswahl vom 4. Dezember veranstaltete Solidarnost eine Kundgebung. Normalerweise nahmen an solchen Protesten höchstens ein paar Hundert Menschen teil, doch diesmal waren es einige Tausend, die Fahnen schwenkten und Transparente mit Aufschriften wie »Putin – Dieb« hochhielten. Der Organisator, der oppositionelle Aktivist und Blogger Alexei Nawalny, erklärte, er werde »diesen Bestien an die Kehle gehen«. Kaum löste sich die Kundgebung auf, wurden er, Boris Nemzow und Dutzende andere festgenommen. Am folgenden Samstag versammelten sich, dank Facebook, plötzlich mehrere Zehntausend Demonstranten auf dem Bolotnajaplatz schräg gegenüber dem Kreml. Man sang wieder das alte Lied des Rockerpoeten und Dissidenten Wiktor Zoi aus den 1980er Jahren:

> Veränderungen.
> In unserem Lachen, in unseren Tränen und in unseren Schlagadern.
> *Veränderungen.*
> *Wir warten auf Veränderungen …*

Die Demonstrationen gingen weiter, mehr Menschen als je zuvor beteiligten sich. Michail Gorbatschow forderte Putin zum Rücktritt auf. Am 4. Februar 2012 drängten sich bei 20 Grad unter Null mindestens 100 000 Demonstranten – nach einigen Schätzungen sogar 160 000 – auf dem Bolotnajaplatz und in den angrenzenden Straßen. Am 21. Februar führte die aus fünf Frauen bestehende Punkband Pussy Riot in der fast leeren Christ-Erlöser-Kathedrale eine bizarre Performance auf, ein »Punkgebet«; darin hieß es unter anderem: »Mutter Gottes, Jungfrau, verjage Putin!«

In diesem Winter der Empörung, auf dem Höhepunkt der Protestbewegung, deuteten Umfragen kurze Zeit darauf hin, dass Putin mit weniger als der Hälfte der Stimmen rechnen konnte. Zu einer Stichwahl antreten zu müssen, wäre für ihn schon einer Demütigung gleichgekommen. Doch im Februar stiegen seine Umfragewerte wieder. Man hatte der Opposition ein paar vorsichtige Zugeständnisse gemacht, die Wahlmanipulationen sollten untersucht werden, und die Propagandamaschine des Kreml präsentierte Putin systematisch in seiner alten Glanzrolle als standfestes Oberhaupt eines von ausländischen wie einheimischen Feinden bedrohten Landes. Bei der Wahl am 4. März erhielt er 63 Prozent der Stimmen, und obwohl es bestimmt wieder die eine oder andere Manipulation gegeben hatte, mussten auch seine Kritiker zugeben, dass er auf die Unterstützung der meisten Russen zählen konnte.

Auch Demonstrationen gehörten von nun an zu den Wahlritualen: Die Dissidenten zeigten, dass es sie noch gab, und wurden festgenommen. Die Mehrheitsgesellschaft sah die Macht des Regimes, ließ sich beruhigen und beugte sich. Doch der fundamentale Gegensatz zwischen Putins restauriertem Russland und der modernen Welt außerhalb blieb, er ließ sich nur verschleiern.

Am Abend vor der Amtseinführung, am 6. Mai 2012, wurde noch einmal auf dem Bolotnajaplatz protestiert. Es herrschte dichtes Gedränge, Polizisten begannen mit ihren Schlagstöcken auf Teilnehmer der Kundgebung einzudreschen, es gab die ersten Festnahmen. Einige Demonstranten bewarfen die Polizei mit Asphaltbrocken, der lautstark protestierende Nawalny wurde verhaftet. Boris Nemzow, der auf ein leeres Abwasserrohr auf einer Baustelle geklettert war, brüllte »Russland wird frei sein!« und wurde ebenfalls in einen Polizeiwagen gezerrt. Sogar sämtliche Personen im Restaurant *Jean Jacques*, dem inoffiziellen Hauptquartier der Opposition, wurden festgenommen. Es war der größte Aufruhr in Moskau seit zwanzig Jahren. Am Ende des Tages waren mindestens 400 Personen in Polizeigewahrsam. Ein Oppositioneller sagte: »Ein neuer Zar besteigt den Thron, und der will sein Gesicht zeigen.«

Am nächsten Tag fuhr Wladimir Putin mit seiner Eskorte durch menschenleere, totenstille Straßen zu seiner dritten Inauguration.

Anderthalb Jahre später saß ich mit meinem Verleger Oleg Zimarin in Moskau in einem weißrussischen Restaurant. Oleg, ein engagierter, ideenreicher Verleger, gab auch die gesammelten Werke von Gorbatschow heraus, ich war also in guter Gesellschaft. »Spürt ihr Druck von oben?«, fragte ich. »Unglücklicherweise nicht. Wir verkaufen zu wenig Bücher, um ihnen gefährlich zu werden, wir können tun, was wir wollen.« Mit Leidenschaft erzählte er über das Verlegerhandwerk zu Sowjetzeiten. »Es war nicht einfach, man musste manchmal vorsichtig manövrieren, aber wir hatten viel mehr Einfluss. Wenn wir ein gutes Buch durch die Zensur schleusen konnten, dann haben die Leute es auch gekauft und gelesen. Viele! Diese Zeiten sind leider vorbei.«

Während wir uns unterhielten, sangen ein Mann und eine Frau weißrussische Lieder, ohne auch nur ein einziges Mal zu lächeln. Die Kellnerinnen trugen eine »nationale« Tracht mit Röckchen, die kaum das Gesäß bedeckten, das Essen – Kartoffelpuffer mit viel Zwiebeln und Fleisch – war fett wie immer, die Hitze unerträglich. Danach sprachen wir lange und gut gelaunt über Segen und Fluch des Internets, den Niedergang der Lesekultur im Allgemeinen und das Versagen der Schule in Sachen Leseförderung im Besonderen – Probleme, an denen nach Olegs Ansicht auch das Putin-Regime nicht ganz unschuldig war.

Die Flexibilität des Staates im Umgang mit der Buchbranche, von der mein Verleger sprach, war typisch für die neue Repression, die nicht mehr ideologisch, sondern praktisch ausgerichtet war, es ging nur noch um Machterhalt. Man durfte alles schreiben, was man wollte, erst wenn man sich durch eine hohe Auflage zu sehr exponierte, wurde man gefährlich. Und nicht nur das: Die moderne Art der Repression war stimulierend, dynamisch und kreativ. Naschestwije (»Invasion«), das größte Rockfestival Russlands und das wichtigste Sprungbrett für aufstrebende Bands, wurde seit 2003 von der russischen Armee gesponsert. Zwischen den Auftritten exotischer Punkgruppen paradierten Truppen und rollten Panzer. Kultur und Geschichte galten als starke Bindemittel, als Stützen des Regimes.

Želimir Žilnik, der alljährlich russische Filmfestivals besuchte, stellte fest, dass viele Filme wieder an Produktionen zu Sowjetzeiten erinnerten: ungeheuer aufwendige Historienfilme wie etwa *Wiking* über den mittelalterlichen Fürsten Wladimir den Großen, der als einer der Begründer Russlands gilt, eine Produktion mit Tausenden Pferden und Statisten und einem Budget von mehr als 20 Millionen Dollar. Daneben durfte es aber auch schockierende, provozierende Filme wie zum Beispiel *Schoping-tur* geben, über eine Petersburger Familie, die ein Shoppingcenter in Helsinki besucht, in einen Laden mit Blutspritzern an den Wänden gelockt wird und feststellt, dass die Finnen einen speziellen Feiertag begehen, an dem sie Russen essen. Die Familie flüchtet sich in ein Polizeirevier, doch auch dort werden Russen verspeist. Želimir: »Dieser Film war vor allem in Finnland ungeheuer erfolgreich. Er hat viel Geld eingespielt.«

Peter Pomerantsev, der als Fernsehproduzent vier Jahre für den russischen Sender TNT gearbeitet hat, berichtet in einem Buch mit dem vielsagenden Titel *Nichts ist wahr und alles ist möglich*, dass dem Putin-Regime von Anfang an ein Grundsatz besonders wichtig war: Das russische Fernsehen durfte, anders als zu Sowjetzeiten, nie wieder langweilig sein. TNT produzierte erstmals eine russische Sitcom und eine Talksendung nach Art der Krawall-Talkshow des Amerikaners Jerry Springer. Auch die Gattung der Satire wurde wieder ausgegraben, denn im neuen Russland durfte in einem gewissen Rahmen auch über den Kreml und die Duma gelacht werden. Das diente als Ventil.

»Das ist eine neue Art von Kreml-Propaganda«, schreibt Pomerantsev, »die weniger wie im Kalten Krieg mit einem Gegenmodell gegen den Westen antritt, sondern sich lieber seiner Sprache bedient, um ihn von innen zu triezen und zu unterminieren.« Kontrolle und westliches Entertainment mussten Hand in Hand gehen, Nachrichtensendungen und Talkshows hatten den gleichen aalglatten Stil wie bei CNN, zum Beispiel in den Sendungen von Larry King, Propaganda wurde in spritzige Shows verpackt. Im Mittelpunkt stand natürlich immer der Präsident in allen nur denkbaren, meist sehr maskulinen Rollen: als Soldat, Geschäftsmann, Diplomat, halb nackter Angler oder Jäger, Supermann, gegebenenfalls auch Mafiaboss. So wurde die Realität formbar. Die Fernsehproduzenten von TNT sagten gern: »Die Nachrichten sind der Weihrauch, mit dem wir Putins Handlungen segnen, ihn zum Präsidenten machen.«

Die Olympischen Winterspiele 2014 in Sotschi am Schwarzen Meer bildeten den vorläufigen Höhepunkt der Selbstinszenierung des Regimes. Sie kosteten letztlich an die 50 Milliarden Dollar, mehr als alle 21 früheren Winterspiele zusammen. Nach Berechnungen von Boris Nemzow entfiel die Hälfte dieser Kosten auf Bestechungsgelder. Die Eröffnungsfeier unter dem Titel »Träume von Russland« war eine schwindelerregende Inszenierung. Hier zeigte Putin der ganzen Welt sein restauriertes Russland, ein Land, das stolz war auf seine reiche Kultur und große Vergangenheit, in geglätteter Form natürlich. Außerdem gewannen russische Athleten die meisten Medaillen, wenn auch nicht zuletzt dank eines Dopingprogramms, bei dem der FSB eine wichtige Rolle spielte. Tatsächlich war nichts so, wie es zu sein schien.

So begann ein neues Spiel mit der Wahrheit. Die Russen waren daran gewöhnt, schließlich wurden zu Sowjetzeiten ständig Fakten manipuliert, und auch die westliche Propaganda – man denke an den Irakkrieg – beherrschte diese Technik. Das Putin-Regime tat im Grunde nichts anderes, aber es bediente sich der sozialen Medien des 21. Jahrhunderts, westlich anmutender, Objektivität vorgaukelnder Formen und überzeugend wirkender Reporter und Kommentatoren. Deshalb war die neue Lügenfabrik viel erfolgreicher als die alte, und auch im Westen verbreitete sich in Teilen der Bevölkerung ein neues, postmodernes Verhältnis zur Wahrheit, das »postfaktische« Denken.

»Die Wahrheit ist irrelevant geworden. Es geht nur noch ums taktische Ziel«, sagte Pomerantsev in einem Interview. Je mehr der Kreml sich bedroht fühlte – durch die Massendemonstrationen 2011 und 2012, durch den Westen, durch das ukrainische Streben nach Unabhängigkeit –, desto dringender empfand er die Notwendigkeit, Angst zu säen. Für gesunden Menschenverstand war kein Platz mehr, dafür aber reichlich für die abwegigsten Verschwörungstheorien und ausländische Hassprediger, die eigens eingeflogen wurden, denn Russland musste Abend für Abend unterhalten und betäubt werden. Pomerantsev meinte: »Es ist kein Lügen mehr, es ist schlimmer: Fakten zählen nicht mehr.«

3

Mit dem Krieg in der Ukraine, der 2014 begann, erreichte dieses Spiel der Irreführung einen neuen Höhepunkt. Es war der schwerste und gefährlichste Ost-West-Konflikt seit dem Ende des Kalten Krieges. Frieden zwischen den Großmächten war plötzlich wieder einmal keine Selbstverständlichkeit.

Es war ein Konflikt, der sich aus einem spontanen Volksaufstand entwickelte und für alle völlig unerwartet kam. Es war ein Konflikt, bei dem sowohl der Kreml als auch der Westen an ihre Grenzen stießen. Die Ukraine beugte sich nicht mehr ihrem mächtigen Nachbarn, aber die Erwartung, dass sich das Land nun einfach der EU in die Arme werfen könne, erwies sich als Illusion. Es war ein Konflikt, der unbequeme Wahrheiten sichtbar machte: Die EU als »Weltmacht« war solchen unerwarteten internationalen Entwicklungen politisch noch nicht gewachsen, erst recht nicht militärisch. Es war ein ernsthafter Interessenkonflikt auch zwischen Europa, das von russischem Erdgas abhängig war, und den Vereinigten Staaten. Es war außerdem ein Konflikt, bei dem mehr als je zuvor »alternative Fakten« die öffentliche Diskussion bestimmten. Und vor allem war es ein Grundsatzkonflikt: Sind Bevölkerungen für die internationale Politik »Untertanen« oder »Bürger«? Anders gefragt: Was hat Vorrang, die Gesetzmäßigkeiten der Imperien und Einflusssphären eines vergangenen Jahrhunderts oder die freie Entscheidung von 45 Millionen Bürgern eines unabhängigen Landes, neue Wege zu gehen?

Die Ukraine war nach der »Orangen Revolution« von 2004 wieder in den alten Teufelskreis geraten. Einige wenige Reformer versuchten, das korrupte System umzukrempeln, doch die herrschenden Mächte vereitelten diese Versuche, der Kreml tat alles, damit das Land Teil seiner Einflusssphäre blieb.

Im Frühjahr 2010 wurde der prorussische Politiker Wiktor Janukowytsch schließlich doch zum Staatspräsidenten gewählt, und von da an erreichte die Korruption ein selbst für ukrainische Verhältnisse beispielloses Ausmaß. Gut ein Jahrzehnt zuvor, 1999, war die Wirtschaft des Landes wenigstens noch teilweise eine normale marktwirtschaftliche Ökonomie, zwar mit viel Korruption und Schattenwirtschaft, aber das Schmiergeldsystem war halbwegs »ausbalanciert« gewesen: Wie Geschäftsleute mir damals erklärten, zahlte man bei bestimmten Transaktionen höchstens 20 bis 30 Prozent Bestechungsgeld, und alle Beteiligten profitierten. Doch nun stiegen die Schmiergeldtarife auf bis zu 90 Prozent, die Gewinne flossen im System Janukowytsch weitgehend nach oben ab, was jede normale wirtschaftliche Betätigung praktisch unmöglich machte.

Janukowytsch verdankte seinen Wahlerfolg unter anderem dem für seine unsauberen Machenschaften berüchtigten amerikanischen Lobbyisten und Politikberater Paul Manafort, der auch für andere Oligarchen tätig war. Später organisierte er Donald Trumps Wahlkampf. 2019 wurde er in Washington wegen Betrugs und Verschwörung zu einer langjährigen Haftstrafe verurteilt. Wie die Strafverfahren gegen ihn ans Licht brachten, hatte Manafort mit seinen Aktivitäten in der Ukraine innerhalb von fünf Jahren etwa 60 Millionen Dollar verdient – bezeichnend für das Ausmaß der Bereicherung im Umkreis von Janukowytsch.

Für Putin war Janukowytsch zunächst ein unkomplizierter Vasall. Gleich nach seinem Amtsantritt verlängerte der ukrainische Präsident den Vertrag mit Russland über die Nutzung der Häfen auf der Krim durch die russische Marine bis zum Jahr 2042, was erst einmal jede weitere Annäherung der

DIE UKRAINE
WEISS-RUSSLAND
RUSSLAND
POLEN
Don
Kiew
Charkow
Donez
Luhansk
Lwiw (Lemberg)
Slowjansk
Donbass
UKRAINE
Hrabove
Dnipropetrowsk
Donetsk
Saporischschja
Don
Mariupol
REP. MOLDAU
Dnjepr
Odessa
Asowsches Meer
RUSS-LAND
Krim
Simferopol
Krim-Brücke
(Brücke über die Straße von Kertsch)
Sewastopol
RUMÄNIEN
Donau
Schwarzes Meer
Seit 2014 von Separatisten oder von Russland besetzt
Grenzen der ehemaligen Donaumonarchie 1914
0 50 100 150 km

Ukraine an die NATO ausschloss. Außerdem arbeitete man im Kreml nach wie vor auf einen Beitritt der Ukraine zur Eurasischen Wirtschaftsunion hin, die Russland 2010 zusammen mit Weißrussland und Kasachstan als eine Art alternative EU gegründet hatte. In ihr sollten sich unter russischer Führung eine Reihe von Staaten zusammenschließen, die kein Mitglied der EU werden konnten oder wollten – und jene, die möglicherweise in der Zukunft eine abgewirtschaftete EU verlassen würden. Von 2013 an richtete sich die russische Außenpolitik auf dieses künftige Eurasien aus, und die Ukraine galt als ein Eckpfeiler des neuen Machtblocks. Doch auch die EU selbst lockte, und zwar mit einem attraktiven Assoziierungsabkommen.

Die Entscheidung zwischen »Moskau« und »Brüssel« war sogar für jemanden wie Janukowytsch außerordentlich schwierig. Die Mehrheit der Bevölkerung neigte dem Westen zu, doch das Land blieb gespalten. Außer den klassischen Gegensätzen spielten hier unterschiedliche Mentalitäten eine Rolle; es war auch eine Entscheidung zwischen der Moderne und dem Altvertrauten. Im Fall von Janukowytsch und seiner Clique sprachen außerdem bedeutende private Interessen für eine weitere Annäherung an die EU, denn dort war es für sie viel einfacher, ihren zusammengerafften Besitz abzusichern. So hatte der Kohlen- und Stahlmagnat Rinat Achmetow aus Donezk, dessen Vermögen auf 15 bis 18 Milliarden Dollar geschätzt wurde, seine Holdings sicherheitshalber in Amsterdam registrieren lassen. Das Unternehmensimperium von Janukowytsch selbst wurde offiziell längst von einer erstklassigen Adresse am Alexanderplein in Den Haag aus geleitet.

Am 13. September 2013 kündigte die Ukraine an, das Assoziierungsabkommen im November beim Osteuropa-Gipfel in Vilnius zu unterzeichnen. In Brüssel betrachtete man das Abkommen hauptsächlich als rein praktische und formale Angelegenheit. Vincent Stuer, damals Redenschreiber für Kommissionspräsident Barroso, meinte: »Im Berlaymont haben sie immer nur Regeln abgehakt, anscheinend gab es niemanden, der gefragt hätte: ›Was würde Putin hiervon halten?‹« Dass es auch um politische, ja bedeutende geostrategische Interessen ging, erkannte man in dieser Welt der Regeln und Vereinbarungen immer noch nicht. Dabei hatte die »Standardisierung von Marmeladenglasdeckeln«, wie ein Freund es ausdrückte, für Moskau eine ganz andere Bedeutung als für die EU. In den Augen der Russen war diese Standardisierungswut wie die NATO-Osterweiterung und vieles andere

Ausdruck des westlichen Expansionsdrangs, dem sie mit allen Mitteln Grenzen setzen mussten. Die Position der Ukraine im künftigen Europa würde die Machtverhältnisse entscheidend beeinflussen, und der Kreml handelte entsprechend. Russland setzte die Ukraine unter Druck, es drohte mit der Schließung der Grenzen und einer Erhöhung des Gaspreises. Um den Ukrainern einen kleinen Vorgeschmack auf das zu geben, was sie erwartete, wurde schon im August 2013 fast der gesamte Warenverkehr zwischen den beiden Ländern lahmgelegt.

Am 21. November 2013 setzte die ukrainische Regierung zur Bestürzung vieler Ukrainer und auch der EU das Assoziierungsabkommen aus. Eine Woche später, beim Osteuropa-Gipfel in Vilnius, schlug Janukowytsch eine Bindung seines Landes sowohl an die Eurasische Wirtschaftsunion als auch an die EU vor, was die europäischen Staats- und Regierungschefs jedoch ablehnten; dergleichen passte nicht zu den Regeln der europäischen Nachbarschaftspolitik. In der EU ging man von der Vorstellung einer unaufhörlich zunehmenden wirtschaftlichen Verflechtung aus, eine Aufteilung der Welt in Einflusssphären galt als überholt. Die Ukraine steckte deshalb, wie Luuk van Middelaar es später ausdrückte, zwischen zwei nicht miteinander zu vereinbarenden Betrachtungsweisen, »zwei aneinander vorbeiredenden Narrativen« fest. Wegen der Anziehungskraft der EU entstanden Konflikte, die Brüssel und die europäischen Regierungschefs nicht vorhergesehen hatten und auf die sie ratlos reagierten. »Strategische Sorglosigkeit ging Hand in Hand mit geopolitischer Tatenlosigkeit.«

Was Janukowytsch zur Aussetzung des Abkommens bewegte, waren einerseits persönliche Interessen und Opportunismus, andererseits eine tatsächliche Notlage. Die Krise von 2008 hatte auch die ukrainischen Banken schwer getroffen. Das Land brauchte Milliarden für eine wirtschaftliche Erholung. Die EU bot jedoch nur 610 Millionen Euro, was bei Weitem nicht ausreichte. Angesichts der zu erwartenden russischen Wirtschaftssanktionen wäre die Unterzeichnung des Abkommens deshalb allein schon in finanzieller Hinsicht ein schlechtes Geschäft gewesen. Putin stellte ein Darlehen in Höhe von 15 Milliarden in Aussicht, dazu einen für die Ukraine sehr günstigen Vertrag über Erdgaslieferungen – und als reizvolles Extra für Janukowytsch und seinen Kreis einen beachtlichen Anteil an den Gewinnen aus dem Gasgeschäft.

So wurde das Land in die russische Einflusssphäre zurückgeholt, auch dank des Formalismus und der Kurzsichtigkeit der europäischen Verhandlungspartner. Erst ein Krieg und der Verlust der Krim bewegten die EU schließlich dazu, als geopolitische Macht zu handeln, die Ukraine in nennenswertem Umfang zu unterstützen und ein überarbeitetes Assoziierungsabkommen auf den Verhandlungstisch zu legen.

4

Wie beginnt ein Volksaufstand? »Männer mit dröhnender Wortgewalt sprachen an den Straßenecken zu der Menge; andere läuteten in den Kirchen Sturm; man goss Blei, man rollte Patronen; die Bäume auf den Boulevards, die Pissoirs, Bänke, Zäune, Laternenpfähle, alles wurde herausgerissen, umgestürzt.« So schilderte Gustave Flaubert in seinem Roman *Die Erziehung der Gefühle* Szenen der Februarrevolution von 1848 in Paris, die zum Sturz des »Bürgerkönigs« Louis-Philippe führte. »Die Weinschenken waren geöffnet; von Zeit zu Zeit ging man eine Pfeife rauchen und trank einen Schoppen; dann schlug man sich weiter. Ein umherirrender Hund heulte. Das reizte zum Lachen.«

In Kiew läutete man 2013 nicht mehr in den Kirchen, sondern im Internet Sturm, die Funktion der Straßenecken wurde von Facebook übernommen, die »dröhnende Wortgewalt« war Sache von Journalisten, aber ansonsten war vieles noch wie zu Flauberts Zeiten. Kaum hatte Mustafa Najjem am 21. November von der Aussetzung des Abkommens mit der EU erfahren, postete der Journalist auf seiner Facebook-Seite einen zornigen Appell. Es werde Zeit, den Protest auf die Straße zu tragen: »Likes zählen nicht.« Die Menschen sollten sich auf dem Majdan Nesaleschnosti, dem Unabhängigkeitsplatz in Kiew, versammeln. Viele folgten seinem Aufruf, zuerst nur ein paar Hundert, aber jeden Abend wurden es mehr. Am Anfang protestierten hauptsächlich Studenten, auch die ukrainische Opposition wusste nicht so recht, wie sie sich verhalten sollte. Doch als die Polizei die Studenten mit Schlagstöcken und Tränengas zu vertreiben begann, kamen bald Zigtausende zum Majdan. Kleinere Gruppen begannen auf dem Platz zu kampieren, der Protest breitete sich auf andere Städte aus, im Zentrum von Lwiw errichteten Studenten ein Zeltlager, über dem die EU-Fahne wehte. Armeeveteranen unterstützten die »Euromajdaner«, innerhalb kurzer Zeit wurde der Protest zu einer Volksbewegung. Und diese Bewegung wuchs stetig an.

Im Internet wurden »Demonstrationskits« angeboten: »Enthält alles, was man braucht, wenn man in dieser kalten Jahreszeit eine Weile für seine Überzeugungen auf die Straße gehen will.« Inhalt: eine Thermosflasche, eine Kühltasche, ein Schirm, eine Isomatte, ein Regenmantel, ein Schlafsack, ein kabelloses Telefonladegerät, eine Fahne, ein Gaskocher, ein Lebensmittelpaket für drei Tage und eine Liste mit Gesetzesartikeln für den Fall einer Konfrontation mit der Polizei.

Im Rathaus, in dem es noch halbwegs warm war, wurde im Schichtwechsel geschlafen. Rings um den Platz wurden Schutzwälle aus Schnee aufgeworfen und mit Brettern und Balken verstärkt. »Nachts erinnerte es an ein mittelalterliches Heerlager am Vorabend der Schlacht«, schrieb Shaun Walker, »im eisigen Wind flatternde Fahnen über den Barrikaden, prasselnde Feuer und brodelnder Borschtsch in den Kesseln.«

Nach drei Wochen, am 10. Dezember, versuchte die Polizei-Spezialeinheit Berkut erneut, den Platz zu räumen. Aus allen Teilen Kiews eilten Bürger zum Majdan. Man erzählte sich von Demonstranten, die sich extra rasierten und frische Sachen anzogen, weil sie damit rechneten, in jener Nacht zu sterben.

Jeden Nachmittag schleppten Einwohner der Stadt Brennholz, Lebensmittel, Geld und vor allem unzählige Jacken, Pullover und andere wärmende Kleidung zum Majdan. Eine alte Frau brachte Bargeld im Wert von 50 Dollar, ihre halbe Rente: »Für euern Sieg, Kinder!« Das Lager auf dem Majdan entwickelte sich zu einer Zeltstadt mit Erste-Hilfe-Posten, Suppenküchen, einem mobilen Anwaltsbüro und einem Weihnachtsbaum.

Die Einwohner dieser Stadt waren Afghanistan-Veteranen, Geschäftsleute, Hausfrauen, Studierende, Priester in Tarnanzügen, blumenbekränzte junge Frauen, ein alter Schäfer, ein Mann im Superman-Kostüm ... es waren Tausende aus allen Altersgruppen. Der ukrainische Fernsehreporter Oleski Radinski sprach mit einem pensionierten Bergmann aus dem Donezbecken, der nach der letzten Präsidentschaftswahl politisch aktiv geworden war, nachdem er im Wahllokal auf den Wählerlisten die Namen zahlreicher längst verstorbener Kollegen entdeckt hatte, »tote Seelen«. Es war ein Schock für ihn gewesen. »Das waren Stimmen aus der Hölle, aus der Unterwelt!«, sagte er, und er meinte das völlig ernst: Dadurch, dass man die »toten

Seelen« mit »abstimmen« ließ, wurden seiner Ansicht nach jenseitige Mächte beschworen, die seitdem die ukrainische Politik beeinflussten. Das Volk musste diese Mächte der Finsternis in die Unterwelt zurücktreiben.

Auf dem Majdan entstand eine Kultur des Gebens, manche sprachen von einem »spontanen Sozialstaat«. Ein polnischer Aktivist berichtete: »Man ging über den Majdan und bekam Lebensmittel, Kleidung, einen Schlafplatz und medizinische Hilfe angeboten.« Hubert Smeets schrieb im *NRC Handelsblad*: »Es ist nicht leicht, Anfang 2014 in Kiew nüchtern zu bleiben. Nur wer dreimal täglich eine doppelte Dosis ›Analysieren und Relativieren‹ einnimmt, den wird der Majdan vermutlich kalt lassen.« Einer der Demonstranten, ein gewisser Sergei Gussowski, sprach von einer »wahr werdenden Utopie«; diese Stadt auf dem Platz sei »so primitiv wie heilig. Ich würde gern glauben, dass der heutige Majdan ein Embryo ist, aus dem sich die neue Ukraine entwickeln wird. Es ist eine Stadt, die ihren Bürgern nicht nur Energie und Kraft gibt, sondern einen ganz besonderen Glauben an den Triumph von Recht und Ehre.« Dieser Glaube werde die ideologische Grundlage der neuen Ukraine sein.

Kulturelle und sprachliche Unterschiede spielten keine Rolle. Auf dem Majdan wurde wie im übrigen Kiew Russisch und Ukrainisch gesprochen; bei einer Umfrage bezeichnete sich etwas mehr als die Hälfte der Menschen auf dem Platz als ukrainische Muttersprachler, ein Sechstel sprach vor allem Russisch, ein Viertel beide Sprachen. Dennoch herrschte nicht nur Harmonie. Der Gegensatz zwischen progressiven, liberalen, stark westlich orientierten Protestierern und einer anderen Gruppe, die vor allem ein wiedererwachter ukrainischer Nationalismus auf die Straße trieb, wurde schon bald spürbar. Shaun Walker erlebte immer häufiger unbehagliche Momente. »Eines Nachts marschierte ein gut gedrillter Trupp junger Männer mit Stöcken in den Händen vorbei. Sie machten einen gewaltbereiten Eindruck.« Am 1. Januar wurde auf dem Majdan trotz Protesten der traditionelle Fackelzug zu Ehren des von vielen Historikern als Faschist bezeichneten Nationalisten Stepan Bandera veranstaltet.

Unterdessen interpretierten die russischen Trollfabriken den Volksaufstand auf ihre Weise. Angeblich waren die Demonstranten nicht nur nationalistische Faschisten, es bestehe außerdem die Gefahr einer »Homodiktatur«. Ein Gespenst gehe um auf dem Majdan, »das Gespenst der Homosexualität«. Ein russischer Journalist erklärte: »Die Tatsache, dass die ersten und eifrigsten Befürworter der Integration der Ukraine in die EU einheimische Perverse sind, ist seit Langem bekannt.«

Das Hilfsangebot, das Putin der Ukraine im Dezember machte, war dementsprechend an eine Bedingung geknüpft: Der Majdan musste möglichst schnell gesäubert werden. Der Kreml entsandte zur Unterstützung eine Handvoll FSB-Agenten und Ausbilder des Innenministeriums nach Kiew, Spezialisten für das Niederschlagen von Protesten.

Am 16. Januar verabschiedete das Parlament eine Reihe von Gesetzen, die das Demonstrationsrecht und die Freiheit der Meinungsäußerung erheblich einschränkten, womit ein gewaltsames Vorgehen gegen die Demonstranten legitimiert wurde. Das Regime konnte sie nun wie Verbrecher behandeln und gegebenenfalls auch tödliche Gewalt einsetzen. Die friedliche Phase des Protests schien vorbei zu sein.

Auf dem Majdan sah man nun auch Transparente mit der Aufschrift »Keine Lieder und Tänze mehr«, der Rechte Sektor, ein während der Proteste entstandenes Bündnis gewaltbereiter rechtsextremer Gruppen, trat in Aktion. Es kam zu ersten massiven Ausschreitungen. Im Fernsehen waren ausgebrannte Autos und Busse zu sehen und Wolken von Tränengas. »Ein gottvergessenes Land«, schrieb der in Kiew lebende Autor Andrei Kurkow in seinem *Ukrainischen Tagebuch*. »Rauch steigt darüber auf. Und unter dem Rauch wird die Macht geteilt. Banditen und Revolutionäre. Aus den Revolutionären können künftig noch Banditen werden. Während die Banditen wohl kaum unter die Revolutionäre gehen werden.«

Die ersten Todesopfer gab es sechs Tage später: Am 22. Januar wurden zwei Demonstranten erschossen. Prompt reisten Unterstützer der Protestbewegung aus dem ganzen Land nach Kiew. Für sie war Janukowytsch, der nun Blut an den Händen hatte, als Präsident nicht mehr akzeptabel. Sie empfanden die Polizeigewalt als Angriff auf ihre Gesellschaft, inszeniert von der alten imperialen Macht. Aus dem proeuropäischen Majdan-Aufstand wurde eine patriotische Bewegung. Hatten die Proteste zunächst das Ziel, der Ukraine eine europäische Zukunft zu sichern, schrieb der amerikanische Historiker und Osteuropa-Experte Timothy Snyder, so ging es jetzt um die Verteidigung der wenigen brüchigen Errungenschaften der ukrainischen Gegenwart.

Am 24. Januar ging Andrei Kurkow erneut über den Majdan. Ein Solidarność-Veteran hielt eine Rede in polnischer Sprache, trotzdem hörten ihm mindestens tausend Menschen zu, bei zehn Grad unter Null. »Ich stand neben einem Zelt [...]. Es qualmte aus einem Eisenrohr, das in einer Öffnung steckte, die eigens aus der Zeltplane herausgeschnitten worden war. Im Inneren des großen Armeezelts brannten Holzscheite in einem Kanonenofen.«

6. Februar: »Zudem fand gestern auf dem Majdan die erste Hochzeit statt! Eine Geschichte wie in einem Liebesroman: Julija, ein Mädchen aus Riwne, das auf dem Majdan verletzt wurde, sucht Hilfe in einer Sanitätsstelle. Bohdan, ein Freiwilliger aus dem Gebiet Schytomyr, verbindet ihr den Arm. [...] Nach der Trauung machten sich Julija und Bohdan auf zum Dienst an den Barrikaden.«

19. Februar: »In Kiew werden die Toten, Verletzten und Verschwundenen gezählt [...]. Kämpfe und Schüsse die ganze Nacht [...]. Die Krankenhäuser sind jetzt überfüllt. Viele Verletzte halten sich bei Bekannten und Fremden versteckt. Sie haben Angst, ins Krankenhaus zu gehen, viele Male schon hat schließlich die Miliz verletzte Demonstranten aus Krankenhäusern entführt. [...] ›Der Majdan‹ bittet um Glasflaschen für Molotowcocktails und Regenmäntel (gegen die Wasserwerfer, die die ersten Reihen der Protestierenden übergießen) und alles, was brennt [...]. Gestern Abend setzten die Majdaner das Kiewer Büro der Partei der Regionen in Brand, ein Mensch kam dort in den Flammen um [...]. Dann schnappten sie Dmytro Swjatasch, einen Abgeordneten der Partei der Regionen, der sich seit nunmehr zwei Jahren weigert, einen 100-Millionen-Dollar-Kredit an die Paribas-Bank zurückzuzahlen. Er bekam es fürchterlich mit der Angst zu tun und flehte die Majdaner an, ihn nicht zu töten. Was sie auch nicht taten. Sie besprühten ihn ein wenig mit Gas aus einer Sprayflasche und ließen ihn laufen.«

Am Vortag, dem 18. Februar 2014, war in der »heiligen Stadt« Majdan die Gewalt explodiert. Auf den umliegenden Dächern waren Scharfschützen in Stellung gegangen, auch die »Selbstverteidigungseinheiten« der Majdan-Bewegung waren inzwischen recht gut bewaffnet, und an jenem fatalen Dienstag begannen Schießereien, die mehrere Tage andauerten. Insgesamt kamen dabei etwa 100 Menschen ums Leben, mindestens 700 wurden verletzt, die allermeisten aufseiten der Demonstranten, doch auch unter den Berkut-Leuten gab es Opfer. Wer die ersten Schüsse dieses Straßenkriegs abgegeben hat, ist bis heute nicht völlig geklärt. Es kann eine eigenmächtige

Aktion der Berkut gewesen sein oder eine Provokation des FSB, aber auch ein verantwortungsloses Handeln einer kleinen Gruppe von Demonstranten kann nicht ausgeschlossen werden.

Das Massaker bedeutete das Ende von Janukowytschs Regime, auch Russland und die ukrainischen Parlamentsmitglieder, die ihn bisher unterstützt hatten, ließen ihn jetzt fallen.

In der Nacht vom 20. auf den 21. Februar akzeptierte er eine Vereinbarung, die unter Mitwirkung der Außenminister Polens, Deutschlands und Frankreichs und eines Vertreters der Russischen Föderation ausgehandelt worden war. Nach der Bildung einer breiten Koalition »der nationalen Einheit«, der Ausarbeitung einer neuen Verfassung bis September und einer vorgezogenen Präsidentschaftswahl im Anschluss daran sollte Janukowytsch das Feld räumen. Übrigens reiste der russische Vertreter bereits vor der Unterzeichnung der Vereinbarung ab; so hielt Putin sich alle Möglichkeiten offen. Zahlreiche Gruppen der Majdan-Bewegung lehnten aber jeden Kompromiss mit dem Kleptokraten Janukowytsch ab. Die ausländischen Vermittler kehrten mit leeren Händen zurück, die Sicherheitskräfte schlugen sich nun auf die Seite der Opposition, und noch am Abend des 21. Februar flüchtete Janukowytsch nach Charkiw im Osten der Ukraine. Am 22. Februar erklärte ihn das ukrainische Parlament für abgesetzt. In Kiew verbreitete sich das Gerücht, Janukowytsch wolle im Osten des Landes bei einem Kongress einen eigenen ukrainischen Staat proklamieren. So weit ging er dann allerdings doch nicht, der Kongress wurde abgebrochen, und Janukowytsch flüchtete nach Russland weiter. Putin bezeichnete den Machtwechsel als »bewaffneten Umsturz und verfassungswidrigen Putsch«, die Übergangsregierung als »Junta«.

Hatten im Lauf des Februar ukrainische Nationalisten und Faschisten tatsächlich die Majdan-Bewegung übernommen? Nach den Beobachtungen zahlreicher Journalisten aus verschiedenen Ländern zu urteilen, waren der Rechte Sektor und andere faschistoide Gruppen zwar auf dem Platz anwesend, spielten aber keine maßgebliche Rolle. Der Rechte Sektor konnte letztlich nur etwa 300 Mann mobilisieren, und Parteiführer Dmytro Jarosch erhielt bei der vorgezogenen Präsidentschaftswahl im Mai 2014 gerade einmal 0,7 Prozent der Stimmen. Dass die Politik der späteren ukrainischen Regierungen seit der Annexion der Krim durch Russland und dem Beginn des Krieges im Donezbecken zunehmend nationalistisch wurde, ist allerdings unverkennbar.

Und hatte der »Umsturz« nur stattfinden können, weil die Europäer und Amerikaner die Protestbewegung gefördert oder gar gesteuert haben, wie von Russen und manchen anderen gern behauptet wurde? Auch wer so urteilt, unterschätzt die Kraft dieser spontanen Volksbewegung. Natürlich haben wie immer in solchen Situationen Nachrichtendienste einschließlich der CIA im Trüben gefischt. Hinter den Kulissen spielte außerdem der IWF eine wichtige Rolle.

Bereits einige Wochen vor der Absetzung Janukowytschs versuchte die amerikanische Diplomatin Victoria Nuland, Sondergesandte Obamas, Einfluss auf die Zusammensetzung einer künftigen ukrainischen Regierung zu nehmen. Ein Telefongespräch Nulands mit dem amerikanischen Botschafter in der Ukraine, leichtsinnigerweise über eine unsichere Verbindung geführt, wurde prompt von den Russen abgehört und auf YouTube veröffentlicht. Zu hören ist, wie Nuland verschiedene ukrainische Politiker bewertet und im Zusammenhang mit einer möglichen Rolle der Europäischen Union verächtlich »Fuck the EU« sagt. Nach dem Machtwechsel brauchte der niederländische Journalist Hubert Smeets bei einen Gesprächstermin mit dem Nationalen Sicherheits- und Verteidigungsrat der Ukraine, wo er Insider zur Unterstützung durch den Westen und die Rolle westlicher Nachrichtendienste befragen wollte, dieses Thema gar nicht anzusprechen. »Im Treppenhaus rollt uns amerikanisches Englisch entgegen. Im Gebäude wimmelt es von Amerikanern, ob mit ukrainischen Vorfahren oder nicht.«

Natürlich ließen sich viele europäische Minister und Parlamentarier auch von der Europabegeisterung der meisten Majdan-Demonstranten beeinflussen, reisten nach Kiew und hielten ermutigende Ansprachen: »Nein, wir lassen euch nicht im Stich.« Andere warnten davor, falsche Erwartungen zu wecken, vor allem die Deutschen waren vorsichtiger. Dennoch wurde in Brüssel sogar eine künftige EU-Mitgliedschaft in Aussicht gestellt. Am 10. Februar 2014 erklärten die EU-Außenminister, das Assoziierungsabkommen sei »nicht das Endziel«. All dies war nicht sehr realistisch, wurde aber mehrmals von europäischen Politikern auf dem Majdan vor einer jubelnden Menge wiederholt.

Im Nachhinein betrachtet war diese verbale Unterstützung in erster Linie Theaterpolitik und Ausdruck unangebrachter europäischer Triumphgefühle. Für den Westen hatte die Ukraine keine essenzielle Bedeutung, er würde im Ernstfall keinen Finger rühren, um sie zu verteidigen, ganz abgesehen davon, dass Europa allein dazu militärisch gar nicht in der Lage gewesen wäre. In der Phase der anfänglichen Verbrüderung zwischen der NATO und den Staaten des ehemaligen Warschauer Pakts waren viele schwere Waffen und anderes militärisches Material zerstört worden, darunter insgesamt mindestes 50 000 Panzerfahrzeuge, Geschütze und Hubschrauber. Einem kritischen Bericht der Denkfabrik European Council on Foreign Relations zufolge waren 70 Prozent der Landstreitkräfte der europäischen Staaten nicht außerhalb des jeweiligen nationalen Territoriums einsetzbar. »Es ist ein Rätsel, womit diese Truppen ihre Tage verbringen.«

»Der Westen ist keine Selbstmordbrigade« lautete 1956 im *Nieuwe Rotterdamsche Courant* die Überschrift eines Kommentars zum Ungarischen Volksaufstand, was übrigens zu heftigen Auseinandersetzungen in der Redaktion führte. Für die Ukrainekrise 2014 galt das Gleiche. Ein Beitritt zur Europäischen Union war allein schon wegen der extremen Korruption vorerst illusorisch. Der Versuch, aus der Ukraine einen neutralen Pufferstaat zu machen, wäre in dieser Situation viel realistischer gewesen. Die Ermutigungen durch amerikanische Falken und europäische Idealisten mochten gut gemeint sein, vielleicht wirklicher Sympathie und hehren Prinzipien entspringen, doch sie standen in keinem Verhältnis zu den militärischen und wirtschaftlichen Möglichkeiten des Westens. Letztlich hatte man der standhaften, tapferen Majdan-Bewegung nur heiße Luft zu bieten.

Gleichzeitig verstärkten diese Ermutigungen und leichtsinnigen Versprechungen die Beunruhigung in Russland, was aber vor allem von den Amerikanern kaum beachtet wurde. »Putin lebt in einer anderen Welt«, sagte Angela Merkel in einem Telefonat mit Barack Obama. Damit meinte sie, dass Putin diese Krise und ganz allgemein die Ukraine und die internationale Politik völlig anders beurteilte. Sie hielt seine Sichtweise nicht für richtig, aber sie verstand ihn. Die amerikanischen Falken, allen voran Victoria Nuland und der republikanische Haudegen John McCain, blieben in dieser Hinsicht blind und taub.

Eine russische Reaktion konnte nicht ausbleiben. Der erste Schlag richtete sich gegen die Ukrainer auf der Krim. Für den Kreml war die Halbinsel wegen der Marinebasen und Warmwasserhäfen von großem strategischem

Wert. Außerdem war sie historisch eng mit Russland verbunden – Sewastopol war eine der »Heldenstädte« des Großen Vaterländischen Krieges. Kein russischer Präsident konnte es sich erlauben, die Krim aus der Hand zu geben, selbst Michail Gorbatschow erklärte später, er hätte genau wie sein Nachfolger gehandelt. Und Putin handelte blitzschnell. Die Entscheidung fiel in einem ungewöhnlich kleinen Kreis, nicht einmal Außenminister Sergei Lawrow war zu der Besprechung eingeladen, bei der die Annexion der Krim beschlossen wurde. Putin und die Chefs seiner Nachrichtendienste trafen die Entscheidung allein, andere als machtpolitische Aspekte und Interessen zählten nicht mehr.

Die russische Armee hatte in den zurückliegenden Jahren viel dazugelernt. Gut ausgebildete und bestens vorbereitete Einheiten im Umfang von etwa 10 000 Mann, in Uniformen ohne Hoheitsabzeichen oder andere Identifikationsmerkmale, sogenannte Grüne Männchen, brachten Ende Februar 2014 innerhalb weniger Tage den größten Teil der Halbinsel unter ihre Kontrolle. Dank der kurz zuvor zu Ende gegangenen Olympischen Winterspiele in Sotschi hatte man die Vorbereitungen verschleiern können: Die Marineschiffe und Truppen, die angeblich die Sicherheit der Spiele garantieren sollten, wurden nun zur Besetzung der Krim eingesetzt. Russische Medien und Politiker bezeichneten die Einheiten als »örtliche Selbstverteidigungskräfte« gegen die »Faschisten und Extremisten« aus Kiew. Gleichzeitig starteten die russischen Trollfabriken eine Desinformationskampagne, zu der schockierende Berichte über »faschistische« Gräueltaten auf der Krim – mit zahlreichen erfundenen Personen – und fingierte Interviews mit angeblich geflüchteten Russen gehörten.

In Kiew herrschte noch Chaos, die ukrainischen Behörden und Militäreinheiten auf der Krim widersetzten sich kaum, die Verwirrung war groß. Es ist bezeichnend, dass sogar der ukrainische Verteidigungsminister zwei Pässe besaß, einen ukrainischen und einen russischen. Andrei Kurkow erwähnte, dass der Kapitän der ukrainischen Korvette *Ternopil* im Hafen von Sewastopol auf die russische Übergabeaufforderung geantwortet habe: »Russen kapitulieren nicht.« Anschließend habe er dem russischen Admiral erklärt, dass er selbst ethnischer Russe sei, wie mindestens die Hälfte seiner Besatzung. Der Admiral sei erst einmal mit leeren Händen zurückgekehrt.

»Vorerst entwickeln sich die Ereignisse auf der Krim sehr schnell und in Europa – sehr langsam«, schrieb Kurkow. »Als kämen die Nachrichten dort nicht per Internet an, sondern würden von einem reitenden Boten überbracht.«

Am 24. Februar begann die Invasion, am 27. Februar wurde in der Hauptstadt Simferopol eine provisorische Regierung mit einem örtlichen Gangster als Ministerpräsidenten ernannt, am 28. Februar sprach sich das russische Parlament für den Beitritt der Krim zur Russischen Föderation aus. Am 21. März, weniger als einen Monat nach Beginn der Militäroperationen, wehte die russische Flagge über fast allen militärischen Einrichtungen.

Abgeschlossen wurde die Annexion mit einem Referendum am 16. März, bei dem man nur für eine Wiedervereinigung der Krim mit Russland oder für eine Rückkehr zur Verfassung von 1992 und den Status der Krim als Teil der Ukraine stimmen konnte, wobei unklar blieb, welche der beiden während des Jahres 1992 gültigen Verfassungen gemeint war und ob die Krim in diesem Fall praktisch unabhängig sein oder nur größere Autonomie innerhalb der Ukraine haben würde. Die Beibehaltung des Status vor der Besetzung stand nicht zur Auswahl. Die meisten Krimtataren boykottierten die Abstimmung. Kurz und gut, es war ein perfekt inszenierter »Anschluss« und ein Bruch elementarer Regeln des Völkerrechts. Mit der Annexion der Krim und später mit dem Hybridkrieg im Osten der Ukraine verstieß Putin außerdem gegen eines der wichtigsten Sicherheitsabkommen der Nachkriegszeit, das sogenannte Budapester Memorandum von 1994. Als Gegenleistung für den Verzicht der Ukraine, Weißrusslands und Kasachstans auf Nuklearwaffen – die bis 1996 nach Russland verbracht wurden – hatten sich Russland, die Vereinigten Staaten und Großbritannien verpflichtet, die Souveränität und die territoriale Integrität dieser Länder zu achten und zu garantieren.

Der Westen reagierte mit Sanktionen, eine neue Phase der Isolation begann. Russland wurde aus der Gruppe der Acht ausgeschlossen, doch das ließ die Russen weitgehend kalt. Überall sprach man stolz von der »raffinierten« Invasion auf der Krim – die gleichzeitig offiziell entschieden abgestritten wurde. In Moskau kursierte ein trauriger Witz über ein streitendes Ehepaar. »Sie: Unser Sohn ist beim Einsatz auf der Krim gefallen. Er: Wir haben nie einen Sohn gehabt.«

Die Propaganda vollführte erstaunliche Pirouetten. Innerhalb weniger Wochen wurde aus dem ukrainischen Brudervolk eine von Faschisten beherrschte feindliche Nation. Am 20. März 2014 war im russischen Fernsehen erstmals eine neue, erweiterte Wetterkarte zu sehen. Die Hochdruckgebiete, Regenfronten und Stürme über der Krim gehörten nun mit zum russischen Wettergeschehen, und das galt auch für das Wetter im Donezbecken und sogar in Charkiw.

5

Gibt es in der Geschichte bestimmte Muster? Lassen sich darin Linien entdecken und Pläne und Strategien? Oder wiederholt sich die Geschichte? Nichts von alledem, schrieb Julian Barnes in *Eine Geschichte der Welt in 10½ Kapiteln*. »Die Geschichte rülpst bloß, und der Geschmack kommt wieder hoch von dem Butterbrot mit rohen Zwiebeln, das sie vor ein paar Hundert Jahren verschlungen hat.«

Tatsächlich kam nach der Annexion der Krim alles Mögliche wieder hoch, vermischt mit aktueller Propaganda. Die Ukrainer gaben wieder den Russen die Schuld an der entsetzlichen, durch die Zwangskollektivierung der Landwirtschaft verursachten Hungersnot der Jahre 1932 und 1933, dem »Holodomor«, dem zwei bis viereinhalb Millionen Ukrainer zum Opfer gefallen waren. Die russische Propaganda wiederum erinnerte mehr oder weniger subtil an die Verbrechen der ukrainischen Nazis während des Zweiten Weltkriegs, an die *banderowzy*, die polnische und ukrainische Widerstandskämpfer umgebracht, Massaker an Juden begangen und auch als Wachleute in den Konzentrationslagern gemordet hatten. Tag für Tag waren im russischen Fernsehen die Bilder von den Straßenkämpfen zu sehen, die im Februar rings um den Majdan getobt hatten. »Die ukrainischen Faschisten wittern wieder ihre Chance.«

Am 8. Mai 2014 hatte Shaun Walker Gelegenheit, an einem dörflichen Festmahl in Iljitscha teilzunehmen, eine Fahrstunde von Donezk entfernt. Er fand einen Platz neben einer mageren 78-jährigen Frau namens Nadeschda, die kaum noch gehen konnte und fast blind war. Weil ihre Hände stark zitterten, half Walker ihr ein wenig beim Essen, und plötzlich sagte sie: »Jura, bist du das? Jura, Liebling, bist du zurückgekommen?« Walker drückte sein Bedauern aus, nein, er sei nicht Jura, er sei ein britischer Journalist.

»Jura, aber du bist es doch! Du warst so lange weg. Und jetzt bist du zurück. Kommt wieder ein Krieg?« In diesem Moment setzte laute Musik ein, Tränen liefen Nadeschda über die Wangen, aber als Walker aufstand, um fortzugehen, griff sie wieder nach seinem Arm. »Kommt wieder ein Krieg?« »Nein, ich glaube nicht.« »Bist du sicher? Ich habe solche Angst. Im Fernsehen ist Krieg, Krieg. Alle sprechen von Krieg, und ich habe so große Angst, dass wieder einer kommt. Möge Gott das verhüten, bitte, nichts ist schlimmer als Krieg.« Sie bebte am ganzen Körper und versuchte angestrengt sein Gesicht zu erkennen. Walker beruhigte sie, so gut er konnte, sie brauche sich keine Sorgen zu machen. Was hätte er sonst tun sollen?

Am nächsten Tag war es so weit: Ja, es gab Krieg.

Das Dorf Iljitscha liegt im Donezbecken oder Donbass im Osten der Ukraine. Das Donezbecken war ein Schmelztiegel wie alle alten Bergbau- und Industriegebiete in Europa, bewohnt von den Nachkommen Hunderttausender Arbeiter, die in früheren Zeiten zugewandert waren, hier vor allem aus verschiedenen Regionen um Moskau und aus dem Baltikum. Bei der letzten Volkszählung im Jahr 2001 bezeichneten sich 60 Prozent der Einwohner der Region als Ukrainer und 40 Prozent als Russen. Bei den Sprachen war das Verhältnis umgekehrt: 75 Prozent sprachen Russisch, 25 Ukrainisch.

Die Arbeit in den Bergwerken war schwer und gefährlich. In der Sowjetzeit hatte man die Bergleute auf einen Sockel gehoben, sie waren die proletarischen Helden schlechthin, doch nach dem Zusammenbruch der Sowjetunion erlebten sie einen dramatischen Einkommens- und Statusverlust. Im Osten und Süden der Ukraine waren die sozialen Verwerfungen sogar noch schlimmer als in anderen Regionen. Die Hyperinflation fraß jede Woche mehr von den spärlichen Löhnen und Renten, es herrschten Hunger und Gewalt, die Mafia prosperierte, denn Bergwerke und Fabriken waren eine leichte Beute, bei Verhandlungen hatten Geschäftsleute Maschinenpistolen griffbereit.

2014 war die Landschaft mit den Gerippen von Industrieanlagen übersät, als hätte eine Naturkatastrophe alles in einem einzigen Augenblick zerstört. Überall Ruinen von Fabriken ohne eine einzige heile Fensterscheibe, verrostete Fördergerüste, halb überwucherte Abraumhalden. Und dazwischen die ehemaligen Arbeiter, verarmt und immer noch wie betäubt. Shaun

Walker sah im ganzen Donezbecken Plakate, auf denen Frauen dazu aufgerufen wurden, ihr Haar zu verkaufen, sobald es mehr als 30 Zentimeter lang war. Noch das Allerpersönlichste wurde zu Geld gemacht.

Wie aus Umfragen hervorging, waren die Einwohner des Donbass stärker an Russland orientiert als die anderer Teile der Ukraine, andererseits sprach sich 2014 eine große Mehrheit für die Zugehörigkeit zur Ukraine aus, und nur eine kleine Minderheit unterstützte damals separatistische Bestrebungen. Doch überall in den verarmten Städten und Dörfern waren Militante zu finden, die sich nur allzu gern mit Waffengewalt von Kiew lösen und in den glorreichen russischen Mutterschoß zurückkehren wollten.

Der Majdan-Aufstand wurde deshalb hier ganz anders wahrgenommen als in der übrigen Ukraine. In Charkiw, 30 Kilometer von der russischen Grenze entfernt, wurde die separatistische Stimmung in Teilen der Bevölkerung von Russland aus kräftig angeheizt. Ein persönlicher Berater Putins, Wladislaw Surkow, ließ unter anderem eine Reihe von »Sportvereinen« gründen, in denen Fallschirmjäger und andere Soldaten auf die kommenden Aufgaben vorbereitet wurden. In Donezk, der zweitgrößten Stadt der Region, beobachtete Shaun Walker immer wieder Zusammenstöße zwischen Befürwortern des Machtwechsels in Kiew und Tausenden prorussischen Demonstranten. Aus seiner Sicht war es vor allem ein Konflikt zwischen denjenigen, die das Chaos der zurückliegenden Jahre erfolgreich überstanden hatten und die Modernisierung begrüßten, und den Verlierern – ein Konflikt, wie ihn auch Europa und die Vereinigten Staaten erleben sollten, eine Rebellion »vergessener« Bevölkerungsgruppen, deren Probleme niemanden interessierten.

Doch nicht nur im Osten des Landes gab es prorussische Demonstrationen, auch in anderen Teilen der Ukraine wurde gegen den angeblich vom Westen inszenierten »Putsch« auf dem Majdan protestiert. Manchmal artete die Konfrontation zwischen proukrainischen und prorussischen Demonstranten in bewaffnete Auseinandersetzungen aus. Am 2. Mai 2014 ereignete sich in Odessa eine Katastrophe, die zum Wendepunkt wurde. Es kam zu regelrechten Straßenschlachten. Ein paar Hundert prorussische Demonstranten zogen sich in das Gewerkschaftshaus zurück, proukrainische Demonstranten warfen Molotowcocktails durch die Fenster, selbst als das Gebäude bereits brannte. Insgesamt kamen 42 Menschen im Gebäude selbst oder beim Sprung aus einem der Fenster ums Leben. Die russische

Propaganda bezeichnete die Tragödie als »faschistisches Blutbad«, die prorussische Minderheit in Donezk und Charkiw sah ihre schlimmsten Befürchtungen bestätigt. Das war es, was geschehen würde, wenn die »Faschisten« von der Majdan-Bewegung in den Donbass kamen.

Von da an ereigneten sich immer heftigere Scharmützel zwischen örtlichen Milizen. In Charkiw und Odessa hatten die Separatisten letztlich keine Chance, aber in großen Teilen des Donbass entwickelten sich die Gefechte zu einem Bürgerkrieg. Ich schreibe »Milizen«, häufig waren es jedoch vor allem aufseiten der prorussischen Rebellen eher schwer bewaffnete Gangsterbanden. Auch Moskau hatte Mühe, diese Verbündeten unter Kontrolle zu halten. Der Flughafen von Donezk, fast ein Jahr lang hart umkämpft, wurde weitgehend zerstört. Die ukrainische Armee, die sich halbwegs von der Demütigung auf der Krim erholt hatte, griff in die Gefechte ein, Kampfpanzer, schwere Artillerie und Hubschrauber wurden eingesetzt. Von Mitte Mai 2014 an tobte in der Ostukraine ein Krieg, an dem Russland zunehmend direkt beteiligt war.

Im selben Monat saß ich bei einer Podiumsdiskussion in New York im Rahmen des jährlichen PEN World Voices Festival of International Literature zwischen Adam Michnik, dem großen Strategen des polnischen antikommunistischen Widerstandes, und seinem ungarischen Pendant György Konrád. Bei der Begrüßung umarmten sich die beiden, froh über das Wiedersehen, wie das bei alten Kampfgefährten so ist. Zehn Minuten später stritten sie sich so verbissen wie höflich. Ja, es ging um die Ukraine.

Beide argumentierten aus ihren historischen Erfahrungen heraus. Michnik sprach sich unter lautem Beifall des amerikanischen Publikums für eine harte Linie aus. Man müsse solidarisch mit den jungen Menschen auf dem Majdan sein, den Russen klar und entschlossen Grenzen setzen, es gehe um die Grundlagen unserer Weltordnung und um unsere westlichen Werte, jeder Kompromiss grenze an Verrat.

Konrád war vorsichtiger. Er wies auf das in Russland weit verbreitete Gefühl tiefer Demütigung hin, auf die militärischen Kräfteverhältnisse im Osten Europas, auf die sehr begrenzten Handlungsmöglichkeiten sowohl der NATO als auch der EU. Obwohl all dies bekannt sei, darauf lief seine Argumentation hinaus, habe man in der Ukraine sehr große Erwartungen geweckt. Und wenn diese Erwartungen nicht erfüllt würden, werde die

Enttäuschung groß sein, und alle hätten verloren, statt etwas zu gewinnen. Das war die Erfahrung, die er 1956 gemacht hatte, und die gegenwärtige Situation erinnerte ihn daran.

Es war eine Diskussion, wie ich sie in jenen Monaten öfter erleben sollte, auch zwischen guten Freunden und Kollegen. Russland hatte jahrhundertelang über ein großes Kolonialreich geherrscht, nur dass in diesem Fall zwischen dem Mutterland und den Kolonien keine Meere und Ozeane lagen, sondern Land. Der Zusammenbruch eines solchen Imperiums ging immer mit Gewalt und Leiden einher – und mit der Erfahrung des Bedeutungsverlusts für das einstmals so mächtige Mutterland. Fingerspitzengefühl war also geboten, aber wo lag die Grenze zwischen Fingerspitzengefühl und Passivität? Hatten grundsätzlich nicht auch die ehemaligen russischen Kolonien das Recht, ihren eigenen Weg zu gehen? Kam die Vorsicht vieler europäischer Politiker deshalb nicht einer Wiederholung des »Verrats« von München im Jahr 1938 ziemlich nah? Oder war die Lage eher mit der Situation beim Bau der Berliner Mauer 1961 zu vergleichen, als der selbstbewusste John F. Kennedy eine Intervention ablehnte, und zwar keineswegs aus Schwäche, sondern weil er seine Grenzen kannte und wusste, dass er die Ost-Berliner unmöglich retten konnte?

Bei der Diskussion in New York hatten sowohl Michnik als auch Konrád gute Argumente, aber ihre Denkweisen waren völlig unterschiedlich. Was Michnik vorbrachte, entsprang einer Gesinnungsethik und der klassischen Ideologie des freien Westens, und es kam aus dem Herzen eines alten Revolutionärs. Konrád dachte verantwortungsethisch, er behielt die begrenzten Handlungsmöglichkeiten und die geopolitischen Verhältnisse im Blick, kühl und realistisch. »Ich habe mein Leben lang mit Russen gelebt«, sagte er hinterher, »ich kenne sie.« Letztlich lief alles auf die eine Grundsatzfrage hinaus, die sich in diesen Jahrzehnten immer wieder stellte: Dürfen kleinere Staaten wirklich selbst über ihre Zukunft entscheiden? Dürften sich also zum Beispiel die Bürger Panamas für eine Allianz mit China entscheiden, wenn sie sich davon Vorteile versprechen?

Bei der Diskussion in New York trat aber noch ein anderer Gegensatz zutage, der mindestens ebenso bedeutsam war. Michnik erhielt stürmischen Beifall, was natürlich daran lag, dass seine Sicht genau zum amerikanischen Narrativ von Freiheit, Demokratie und Heldentum passte. Für Konrád und sein nüchternes, vorsichtiges Abwägen regte sich kaum eine Hand. Seine

Haltung war jedoch in Europa weit verbreitet, obwohl auch dort die Ansichten zum Teil weit auseinandergingen. Während sich 68 Prozent der Amerikaner für eine Aufnahme der Ukraine in die NATO aussprachen, waren zum Beispiel 67 Prozent der Deutschen dagegen. Auch in Ungarn, Bulgarien, Slowenien und Griechenland gab es viel Verständnis für die russische Position, während Polen und die drei baltischen Staaten, unterstützt von Großbritannien, eine harte Linie vertraten.

Die europäische Vorsicht hatte auch praktische Gründe. In New York hatte man gut reden, in Europa war Russland sehr nah. Der europäische Handel mit Russland war mehr als zehnmal so umfangreich wie der amerikanisch-russische. Frankreich hatte russische Rüstungsaufträge im Wert von über einer Milliarde Euro erhalten, 2014 waren zwei Hubschrauberträger kurz vor der Fertigstellung. London war das Finanzzentrum für die russischen Oligarchen. Hinzu kam die Abhängigkeit von russischem Erdgas. Die Niederlande hatten noch eigene Erdgasreserven – wobei allerdings ein Ende der Förderung absehbar war –, doch Großbritannien bezog ein Viertel seines Erdgases aus Russland, Frankreich die Hälfte, Deutschland, Spanien und Italien sogar drei Viertel.

6

Auch Putin war in einer schwierigen Situation. Es zeichnete sich rasch ab, dass die erträumte »Rückeroberung« eines großen Teils der Ukraine nicht über den Donbass hinausgehen würde. Anders als die strategisch bedeutsame Krim war aber dieses extrem rückständige Industriegebiet für Russland von geringem Wert, der Krieg dort verursachte nur Kosten und Probleme und brachte Russland ständig neue Sanktionen ein. Außerdem hatte der Konflikt nationalistische Tendenzen in der übrigen Ukraine verstärkt. Wie aus Umfragen hervorging, hatte während der Besetzung des Majdan Ende 2013 noch mehr als die Hälfte der Ukrainer eine neutrale Haltung eingenommen. Zwei Jahre später empfanden sich etwa drei Viertel der Einwohner des Landes ausschließlich als Ukrainer, nur jeder Zehnte fühlte sich noch mehr oder weniger mit Russland verbunden. Sogar im ostukrainischen Charkiw wünschten sich nur ungefähr 20 Prozent eine Rückkehr zur russischen Dominanz, etwa 40 Prozent waren für eine Annäherung an Europa.

Doch der russische Präsident schien in seiner eigenen Propaganda gefangen zu sein; nach all dem Gerede vom neuen Großen Vaterländischen Krieg konnte er nicht mehr zurück, auch wenn er die Separatisten Anfang Mai noch aufgefordert hatte, sich mit ihrem geplanten Unabhängigkeitsreferendum nicht allzu sehr zu beeilen. Nach wie vor gelangten in großer Zahl russische Waffen in die Ostukraine, seit dem 11. Juni 2014 rollten sogar Panzer über die Grenze.

Zu dem schweren Gerät, das den Separatisten zur Verfügung gestellt wurde, gehörte auch ein Flugabwehrraketen-Starter vom Typ 9K37 Buk von der 53. Flugabwehrraketen-Brigade der russischen Streitkräfte in Kursk. Er überquerte in einer langen Kolonne zusammen mit vier weiteren Buk-Startfahrzeugen Ende Juni die Grenze und wurde am 17. Juli auf einer Wiese an der Landstraße bei Snischne aufgestellt. In dieser Gegend tobten damals heftige Kämpfe, gleichzeitig flog fast viertelstündlich ein Verkehrsflugzeug in großer Höhe über das Kriegsgebiet, das unter einer der Interkontinentalrouten von Europa nach Asien liegt. Bereits einige Tage vor dem 17. Juli war von verschiedenen Seiten auf die Gefahr eines »versehentlichen« Abschusses hingewiesen worden.

Und genau dazu kam es an jenem Tag. Die Bedienungsmannschaft eines Buk-Starters glaubte, in großer Höhe eine ukrainische Antonow An-26, ein militärisches Transportflugzeug, zu erkennen – das zu einer vollständigen Buk-Batterie gehörige Suchradar-Fahrzeug war nicht mitgeliefert worden, auf dem Startfahrzeug selbst ist nur das Feuerleitradar installiert. In Wirklichkeit handelte es sich um eine Boeing 777 der Malaysian Airlines, Flug MH17 von Amsterdam nach Kuala Lumpur. An Bord waren 15 Besatzungsmitglieder und 283 Passagiere, davon 193 Niederländer, überwiegend Familien auf dem Weg in den Urlaub.

Kurz vor dem fatalen Moment hörte der ukrainische Inlandsgeheimdienst angeblich ein Telefongespräch zwischen einem »Spotter« und einem der Kommandeure der prorussischen Rebellen ab. »Ein Vögelchen fliegt in eure Richtung.« »Eine Drohne oder ein großes?« »Das ist durch die Wolken nicht zu sehen, es fliegt sehr hoch.« »Verstanden.« Offensichtlich hatte der »Spotter« keine Ahnung, um welche Art Flugzeug es sich handelte. Zwei Minuten später regnete es in einiger Entfernung Koffer, Taschen, Bücher, Plüschtiere und Körperteile auf die Gärten und Sonnenblumenfelder. Kurz danach tauchte auf einer russischen Internetplattform ein Eintrag der Separatisten auf, in dem es hieß: »Gerade wurde in der Nähe von Torez eine AN-26 abgeschossen, irgendwo hinter der Kohlenzeche ›Progress‹. Das Vögelchen ist hinter der Abraumhalde abgestürzt. Es gibt keine zivilen Opfer.«

Der Kreml stritt umgehend jede Mitverantwortung ab. Augenzeugen hatten jedoch am Vortag eine russische Kolonne vorbeifahren sehen, zu der auch ein Buk-Startfahrzeug mit vier Raketen gehörte; auf Filmen und Fotos dieser Zeugen waren die Raketen deutlich zu sehen. Am nächsten Tag waren es nur noch drei. An der Absturzstelle, teilweise auch innerhalb der Trümmer, wurden Metallteile gefunden, die wegen ihrer charakteristischen Form als Fragmente des (vorfragmentierten) Splittermantels eines Buk-Raketen-Sprengkopfs identifiziert werden konnten. Erst 2016 wurde auch die Antriebsdüse einer Buk-Rakete entdeckt. Die Beschädigungen am Cockpit und den vorderen Rumpfteilen ließen auf den Einschlag zahlreicher kleinerer Objekte schließen und passten ebenfalls genau zur Wirkungsweise eines Buk-Sprengkopfes. Kurz und gut, es wurde schnell deutlich, was geschehen sein musste. Die Vermutungen wurden in den folgenden Jahren durch sorgfältige Untersuchungen bestätigt, an denen ein internationales Team von Flugunfallexperten und Forensikern, außerdem das offizielle Joint Investigation Team (JIT) von fünf der betroffenen Länder – Niederlande, Malaysia, Australien, Belgien und Ukraine – und das unabhängige internationale Recherchenetzwerk Bellingcat beteiligt waren.

Schon unmittelbar nach dem Abschuss begann eine russische Propagandaoffensive. Es dauerte nur 40 Minuten, bis die sogenannte Agentur für Internet-Forschung, die große russische Trollfabrik in Sankt Petersburg, auf Hochtouren arbeitete. Innerhalb von zwei Tagen wurden dort 65 000 Tweets zu der Katastrophe produziert. Zusammen mit dem russischen Verteidigungsministerium und den regierungsnahen Medien setzten die Trolle eine falsche Behauptung nach der anderen in die Welt. »Es gibt Radarbilder, die beweisen, dass es eine ukrainische Rakete war.« »Ein Jagdflugzeug hat MH17 abgeschossen.« »Auch Präsident Putin war im ukrainischen Luftraum unterwegs, er war das eigentliche Ziel.« »Im Cockpit war eine Bombe.« »Es war zwar eine Buk, aber eine ukrainische.« Den Höhepunkt bildete die absurde Geschichte, die CIA habe ein Flugzeug voller Leichen über das Kriegsgebiet fliegen lassen, um einen Abschuss zu provozieren und Russland so zu diskreditieren. Wie jede Verschwörungstheorie wurde auch diese begierig aufgegriffen und weiterverbreitet.

Im Westen sprach man währenddessen von einem »Terrorakt« und einer »Kriegshandlung«. Nun haben so gut wie alle späteren Untersuchungen einschließlich der des JIT ergeben, dass unvorstellbare Verantwortungslosigkeit und Dummheit zu dem Abschuss geführt haben, weshalb man von einem hohen Maß an Schuld sprechen kann, höchstwahrscheinlich aber nicht von Vorsatz, jedenfalls nicht von dem Vorsatz, ein Passagierflugzeug abzuschießen. Doch die Tonart war nun vorgegeben. »Putins Rakete« titelte das britische Revolverblatt *The Sun*, und das entsprach einer verbreiteten Stimmung: Ohne Putins ewige Propaganda, ohne seine Besetzung der Krim, ohne seine Destabilisierungspolitik und ohne seine Waffenlieferungen an die Separatisten wäre es nicht zu dieser Katastrophe gekommen. Das Abstreiten jeglicher Verantwortung und die Verbreitung unsinniger Theorien machten alles noch schlimmer.

Nach dieser Tragödie verstummte die Debatte zwischen den Hardlinern und den sogenannten Putin-Verstehern. In seltener Einigkeit beschlossen die EU-Regierungschefs ungewöhnlich harte Sanktionen. Nach dem Vorbild der Vereinigten Staaten blockierte nun auch Europa den Export militärischer Güter nach Russland; die beiden französischen Hubschrauberträger wurden schließlich an Ägypten verkauft. Auch Güter, die für die Erdölförderung gebraucht wurden, durften nicht mehr geliefert werden. Vor allem die finanziellen Sanktionen waren einschneidend. Große Konzerne und Banken wie Rosneft, Transneft, Gazprom, Nowatek, Kalaschnikow, Gazprombank und Moskauer Bank wurden von den westlichen Finanzmärkten ausgeschlossen und konnten sich dort keinen Cent mehr leihen. Gleichzeitig wurden die amerikanischen Guthaben jener Banken eingefroren, die am engsten mit Putin und seiner Entourage verbunden waren. Es ging um Hunderte Millionen Dollar. In Polen und den baltischen Ländern fanden große NATO-Manöver statt.

Moskau reagierte mit einem Importverbot für bestimmte landwirtschaftliche Produkte aus der EU. Viele kapitalkräftige Russen versuchten, ihre Vermögen im Ausland in Sicherheit zu bringen. Allein 2014 hatte die Kapitalflucht aus Russland einen Umfang von 150 Milliarden Dollar. Die Investitionen gingen zurück, der Kurs des Rubel erreichte erneut einen Tiefstand, der Ölpreis fiel, was Putin auf ein Komplott der Vereinigten Staaten und Saudi-Arabiens zurückführte, das russische Haushaltsdefizit stieg, Sparmaßnahmen und die Kürzung von Leistungen waren bald an der Tagesordnung. So lösten die Sanktionen eine neue Wirtschaftskrise aus, die mindestens ebenso schwer war wie die der Jahre 1998 und 2008. Das Verhältnis zum Westen war so angespannt wie seit dem Ende des Kalten Krieges nicht mehr.

Der Krieg in der Ukraine drohte in den Monaten nach der Katastrophe zu einem Flächenbrand zu werden. Am 5. September 2014 wurde in Minsk nach Beratungen der aus Vertretern der OSZE, der Ukraine und Russlands bestehenden Kontaktgruppe ein begrenzter Waffenstillstand vereinbart, doch schon im Januar 2015 flammten die Kämpfe wieder auf. Die prorussischen Rebellen eroberten den Flughafen Donezk, und auch in anderen Teilen des Donbass kam es erneut zu schweren Gefechten. Beunruhigt durch die Erfolge der mit russischen Waffen ausgerüsteten Rebellen, verlangte die ukrainische Regierung, der Westen solle ihr moderne Waffensysteme zur Verfügung stellen. Die Amerikaner waren nicht abgeneigt, man dürfe die freiheitsliebenden Ukrainer doch nicht im Stich lassen. Ein Problem war jedoch, dass die hoch entwickelten Waffensysteme, um die es ging, zunächst nur von westlichen »Militärberatern« hätten bedient werden können. In diesem Fall wäre es vor der Haustür der EU zu einer direkten Konfrontation zwischen den Vereinigten Staaten und Russland gekommen, den beiden größten Atommächten. Eine lebensgefährliche Situation.

Anfang Februar 2015 unternahm Angela Merkel verzweifelte Anstrengungen, um diese katastrophale Entwicklung zu verhindern. Innerhalb einer Woche flog sie nach Moskau, Kiew und München, wo gerade die Sicherheitskonferenz stattfand, dann nach Washington, Minsk und schließlich nach Brüssel. Die amerikanischen Falken, wie immer auf billiges Heldentum aus, warfen ihr vor, Appeasement-Politik zu betreiben, und übten Druck auf Präsident Obama aus. Bei der Münchner Sicherheitskonferenz erklärte Merkel, eine bessere Ausrüstung der ukrainischen Streitkräfte werde Putin kaum beeindrucken. »Militärisch ist das nicht zu gewinnen, das ist die bittere Wahrheit.« Am 11. Februar wurde in 17-stündigen Verhandlungen zwischen dem neuen ukrainischen Präsidenten Poroschenko, Putin, Merkel, Hollande und Anführern der prorussischen Rebellen ein neuer Waffenstillstand ausgehandelt, wobei Putin erheblichen Druck auf die Rebellenführer ausübte. Schwere Waffen sollten aus klar definierten Sicherheitszonen abgezogen werden. Außerdem wurde die Aufnahme von Gesprächen über die Durchführung regionaler Wahlen in den ostukrainischen Oblasten Donezk und Lugansk und über den künftigen Status dieser Regionen vereinbart. Nach den regionalen Wahlen sollte die Ukraine wieder die vollständige Kontrolle über die Grenze zu Russland übernehmen.

Trotz dieses papierenen Friedens flammten die Kämpfe ständig von Neuem auf. Als anderthalb Jahre später, am 1. September 2016, wieder einmal ein Waffenstillstand ausgehandelt worden war, bemerkte der BBC-Korrespondent Tom Burridge, zum ersten Mal in elf Monaten würden die Kampfhandlungen wirklich unterbrochen. Dennoch musste gegen Ende des Jahres, am 24. Dezember, die nächste Waffenruhe vereinbart werden, die zehnte. Im neuen Jahr tobten bald wieder Gefechte. Bis März 2017 kamen seit Beginn des Krieges mindestens 10 000 Menschen ums Leben, ein Viertel davon Zivilisten.

Am 27. Juni 2017 eröffnete Russland eine neue Front. Die Ukraine sah sich einem groß angelegten Cyberangriff ausgesetzt. Nach ähnlichen Attacken auf Estland und Georgien war es der dritte Angriff dieses Ausmaßes. Überall fielen IT-Systeme aus, was in manchen Bereichen zu einem Stillstand führte. Banken konnten keine Transaktionen mehr abwickeln, Krankenhäuser hatten keinen Zugriff auf Patientendaten, Flugplätze mussten geschlossen werden, Bahnen fuhren nicht mehr, Kraftwerke gingen vom Netz, in den Fernsehstudios wurden die Monitore schwarz. Auch im übrigen Europa waren diesmal die Folgen spürbar, zum Beispiel fielen zwei Terminals im Hafen Rotterdam für 14 Tage aus. Insgesamt waren zehn Prozent aller ukrainischen IT-Systeme betroffen, manche Firmen verloren 60 bis 80 Prozent ihrer IT-Infrastruktur, und es vergingen Wochen, bevor wieder alles halbwegs funktionierte. Der Angriff war eine Art digitaler »chirurgischer Schlag«.

Erst nach einem weiteren Waffenstillstandsabkommen im März 2019 schienen die Kämpfe spürbar abzuflauen. Bis dahin hatte Russland innerhalb kürzester Zeit eine gigantische Straßen- und Eisenbahnbrücke über die Straße von Kertsch zwischen dem russischen Festland und der Krim gebaut. Obwohl es nach wie vor enge Verbindungen zwischen der Ukraine und der annektierten Halbinsel gab – Wasser und Strom wurden weiterhin von der Ukraine geliefert –, wurde die Brücke rasch zum Symbol russischer Souveränität über die Krim. Außerdem behandelte Russland die Straße von Kertsch und das Asowsche Meer, bestehenden Verträgen und internationalem Recht zum Trotz, wie eigene Hoheitsgewässer. Ende 2018 kam es deshalb zu Konfrontationen zwischen ukrainischen Fischern und der ukrainischen

Marine auf der einen und der russischen Küstenwache auf der anderen Seite. Ein Jahr später begannen neue Verhandlungen über eine Beendigung des Krieges in der Ostukraine. Bis dahin hatte der Konflikt ungefähr 13 000 Menschen das Leben gekostet.

7

»Im Wesentlichen kollidierten bei diesem Krieg drei von Selbstüberschätzung bestimmte Projekte«, schrieb der britisch-französische Journalist Ben Judah über den Kaukasuskrieg 2008. Er meinte die Selbstüberschätzung Georgiens, das glaubte, es könne sich das abtrünnige Südossetien, diesen Mini-Schutzbefohlenen Moskaus, ohne Konsequenzen wieder einverleiben; die Selbstüberschätzung der Vereinigten Staaten und der EU, die glaubten, man könne einen ehemaligen Sowjetstaat ohne Konsequenzen in die westliche Einflusssphäre holen; die Selbstüberschätzung Russlands, das glaubte, es könne ohne Konsequenzen weiterhin über die Außenpolitik früherer Vasallenstaaten und Kolonien mitbestimmen.

Das Gleiche galt für den Krieg in der Ukraine, der sechs Jahre später begann. Wieder bestimmte auf allen Seiten Selbstüberschätzung das Handeln. Bei den Amerikanern, die nicht bedachten, dass sie wohl kaum ihre Sechste Flotte ins Schwarze Meer entsenden konnten, um die Krim vor den Russen zu retten; bei den Europäern, die nicht sehen wollten, dass ihr Assoziierungsabkommen keine rein praktische und formale Angelegenheit war, sondern bedeutende politische Konsequenzen haben würde; bei den Ukrainern, die zu glauben schienen, dass nach so vielen Jahren der kriminellen Unterwanderung und der Korruption eine vollwertige EU-Mitgliedschaft zum Greifen nah sei. Vor allem aber bei den Russen.

Putin hatte sich uneingeschränkt für jene Geister der Vergangenheit entschieden, die er in der Ostukraine geweckt hatte. Aber hatte er damit letztlich besonders viel erreicht? Die Eurasische Wirtschaftsunion, die zu einer alternativen EU hatte werden sollen, würde sich nicht nach Westen ausdehnen. Auch aus seinen Plänen für ein von der Ukraine abgespaltenes »Neurussland« wurde nicht viel. Die »Volksrepublik Donezk« und die »Volksrepublik Lugansk« blieben zwei international nicht anerkannte, hauptsächlich von Kriminellen kontrollierte Enklaven im Osten der Ukraine, vollkommen abhängig von russischem Geld und russischer Militärpräsenz. Die Ukraine selbst war ihm aus den Händen geglitten.

Auch in der früheren Sowjetunion waren wichtige Entscheidungen häufig im kleinen Kreis des Politbüros gefallen, doch immerhin waren dort verschiedene Staatsorgane, Kommissionen und Organisationen vertreten, es gab Interessenkonflikte, und kontroverse Diskussionen waren nichts Ungewöhnliches. Unter Putin dagegen hatte sich der innere Machtzirkel immer weiter verengt. Auf Diplomaten, Ökonomen und andere Spezialisten hörte der Präsident kaum noch. Der nüchterne, pragmatische Putin der Anfangsjahre verschwand nach 2012 völlig. Alles Politische war seine persönliche Angelegenheit, Geheimhaltung stand an erster Stelle, auch intern. Als die »Grünen Männchen« schon seit Tagen auf der Krim aktiv waren, wussten Außenminister Sergei Lawrow und seine Berater immer noch nicht, was genau dort vorging.

Putin-Biograf Steven Lee Myers beschrieb die Politik des Kreml gegenüber der Ukraine als zunehmend chaotisch. Alle Entscheidungen habe der Präsident allein und quasi aus dem Handgelenk heraus getroffen. »Es scheint, als sei die ganze Logik hier das Produkt eines einzigen Gehirns«, meinte der Politikwissenschaftler Fjodor Lukjanow. Paul Quinn-Judge, Politikberater von der Denkfabrik International Crisis Group, äußerte sich ähnlich: »Wenn man auf die vier Jahre von Putins Ukraine-Abenteuer zurückblickt, kommt er einem eher wie ein Zauberlehrling als wie ein Taktiker vor.«

Ende 2013, kurz vor Beginn der Krise, sagten bei einer Umfrage über 40 Prozent der Menschen aus der russischen Mittelschicht, sie seien mit ihrem Leben zufrieden. Nach drei Jahren Sanktionen waren es noch 22 Prozent. Mehr als 20 Millionen Russen, ein Sechstel der Bevölkerung, lebten nun unterhalb der Armutsgrenze, für über ein Drittel was es schwierig, ausreichend Lebensmittel und Kleidung zu kaufen. Die Beziehung des Landes zum Westen hatte einen Tiefpunkt erreicht, Russland war weitgehend isoliert, was Modernisierungen erschwerte.

Am Abend des 27. Februar 2015 wurde Boris Nemzow auf der Großen Moskwa-Brücke erschossen, in Sichtweite des Kreml und somit in einem der am besten überwachten Teile der Stadt. Nemzow war zu dieser Zeit der wichtigste Oppositionspolitiker, gehörte jedoch auf seine Weise selbst zur russischen Elite. Er war Gouverneur der Oblast Nischni Nowgorod und danach unter Jelzin stellvertretender Ministerpräsident der Russischen Föderation gewesen. Er hatte Putin zunächst unterstützt und zusammen mit anderen den »Barbecue Deal« zwischen Putin und den Oligarchen eingefädelt. Der höchst professionell ausgeführte Mordanschlag erregte in Russland selbst und international großes Aufsehen. Schließlich wurden fünf Tschetschenen als Tatverdächtige festgenommen und Mitte 2017 verurteilt. In Wirklichkeit steckte vermutlich der FSB oder ein anderer Geheimdienst hinter dem Mord, wobei ein Zusammenhang mit dem komplizierten Machtkampf zwischen dem Kreml und dem tschetschenischen Diktator Ramsan Kadyrow bestehen könnte. Der Anschlag war auch eine Provokation. Putin selbst wusste vermutlich nichts von dem Plan, Leute aus seiner Entourage versicherten jedenfalls, er sei überrascht und schockiert gewesen. Dass dergleichen ohne sein Wissen und in seiner nächsten Umgebung geschehen konnte, zeigte deutlich, dass sogar seine Macht begrenzt war.

In der Ukraine wurde nach dem Majdan-Aufstand der Rüstungs- und Süßwarenunternehmer Petro Poroschenko zum Präsidenten gewählt. Sein Wahlslogan für die folgende Wahl fünf Jahre später – »Armee! Sprache! Glaube!« – kann auch als Motto für seine Präsidentschaft verstanden werden. 2013 war die Ukraine noch ein mehrsprachiges Land, sogar etliche Anführer der Majdan-Bewegung sprachen zu Hause Russisch und auf dem Podium Ukrainisch. Fünf Jahre später durften russischsprachige Sendungen noch höchstens ein Viertel der Sendezeit im ukrainischen Fernsehen beanspruchen, in den Kinos mussten neun von zehn gezeigten Filmen ukrainischsprachig sein, Angestellte im Einzelhandel durften nur noch auf ausdrücklichen Wunsch von Kunden hin Russisch sprechen.

Das System Poroschenko erwies sich schnell als ebenso korrupt wie das Regime seines Vorgängers. Bei der Präsidentschaftswahl 2019 wurde der »Schokoladenkönig« abgewählt. »Ich weiß hundertprozentig sicher, dass der jetzige Typ eine Katastrophe ist«, sagte eine Wählerin gegenüber dem *Guardian*, »also entscheide ich mich natürlich für die zehnprozentige Chance, dass wir wirklich etwas verändern können.«

Wie fast drei Viertel ihrer Mitbürger wählte sie Wolodymyr Selenskyj, einen Schauspieler ohne politische Erfahrung, aber mit weißer Weste, den Darsteller eines sympathischen Präsidenten in einer Polit-Comedy-Serie – den Traumkandidaten in jedem Sinn.

Umayya

Mit 50 lebte ich plötzlich in Amsterdam. Ich hatte eine kleine Tochter und wohnte in einem Neubauviertel. Und hier, in Amsterdam, war ich auf einmal eine halbe Analphabetin. Für die Mütter der anderen Kinder in der Schule war ich nur eine ungebildete ältere Immigrantin, die kein Wort Niederländisch sprach. Ich musste bei den Picknicks und Ausflügen und Pfannkuchenessen mitmachen, denn sonst würden meine Tochter und ich uns nicht integrieren, es war ein Alptraum. Ein guter Freund von mir sagte: »Morgens kommen all diese Mütter zur Schule, und da sehen sie die gute Mutter, die schlechte Mutter, die Stiefmütter und dann Umayya.« Sie konnten mich einfach nicht einordnen.

In Finnland war ich jemand anders, wie du weißt. Ich war Journalistin, Mitglied des Stadtrats von Helsinki, und als wir uns dort im Frühjahr 1999 getroffen haben, hatte ich gerade die Moderation von *Ajankohtainen Kakkonen* aufgegeben, der großen wöchentlichen Polit-Talkshow des Senders YLF. Das finnische Fernsehen hatte es mal mit mir versuchen wollen, ich sollte die erste »allochthone« Moderatorin sein. Die Reaktionen waren einfach unglaublich. Nie hatte ich als Journalistin irgendwelche Probleme gehabt, aber sobald mein Gesicht auf dem Bildschirm erschien, war die Hölle los. Drohungen, eine Briefbombe, ich musste sogar umziehen. »Keine Negerin, keine Hure in unserem Wohnzimmer!« Man hat mich schnell durch eine blonde Finnin ersetzt und danach nie wieder ein Wort über die Sache verloren. Damals hatte ich zum ersten Mal das Gefühl, ein Kanarienvogel in einem Kohlebergwerk zu sein.

Wir sind Protestanten, wir gehören zu den Palästinensern, die von jeher Christen sind, um die 15 Prozent, das war immer so. Ich bin in Haifa aufgewachsen, und dann, tja, dann finde ich mich plötzlich in Finnland wieder. Ich hatte mich in einen Finnen verliebt, wie das so ist. Das war eine Umstellung. In Helsinki kann es monatelang grau sein, mit viel Regen und nassem Schnee. In diesem Schnee muss man noch einmal laufen lernen, breitbeinig, vorgebeugt. In den ersten Wintern kam ich mir vor wie Jonas im Bauch des Wals.

Damals, vor zwanzig Jahren, haben wir beide uns im Untergeschoss von Stockmanns Kaufhaus unterhalten. Das warb mit dem Slogan: »Sie können sich unauffällig kleiden, denn Sie wissen, dass Sie Wichtigeres zu tun haben.« Wo sonst auf der Welt könnte man mit so einem Slogan Kleidung verkaufen? So war Finnland. Ich lebte schon seit Jahren dort, ich habe alles Mögliche gemacht, studiert, geschrieben, aber man hat mir immer zu verstehen gegeben: Du wirst nie eine normale Stelle finden. Du bist Araberin, dein Finnisch wird nie gut genug sein. Fernsehen und Radio gingen vielleicht noch, aber schreibende Journalistin würde ich nie werden. Ausgeschlossen.

Ich habe dann an der Universität angefangen, als Dozentin für audiovisuelle Journalistik. Plötzlich war dieses Beklemmende weg, die Studenten verhielten sich mir gegenüber ganz normal, das war eine neue Generation von Finnen. Ich war in Finnland jahrelang so etwas wie eine Ikone, im Ernst, ich galt als eine Art »Miss Diversity«, ein Model, ein Aushängeschild für das Land. Ich war gefragt, ich sprach fließend Finnisch und machte mich gut als Mitglied von Kommissionen und Delegationen. Mit dem damaligen finnischen Ministerpräsidenten bin ich in die Vereinigten Staaten geflogen, wir haben die UN besucht, mit Leuten von der Weltbank zu Mittag gegessen. Mit mir konnte man Eindruck schinden: Ah, die Finnen sind weltoffen, die sind up-to-date. Ich war ihr Maskottchen.

Dann habe ich andere Arbeit gefunden. Die Finnische Nationalgalerie hatte eine Stelle für eine »Diversitätsberaterin«. Ich habe einfach mal angefangen herumzutelefonieren und mit anderen Museen auf der ganzen Welt gesprochen. »Was tut ihr in Sachen Diversität?« Aber ich habe schnell festgestellt: Das war kein Problem, das die Gesellschaft beschäftigte, niemand machte sich Gedanken über Diversität. Nein, es war ein Problem, das die internationale Museumswelt selbst geschaffen hatte, aus dem einzigen Grund, dass es politisch korrekt war. Die Finnen haben mit den Amerikanern und anderen darüber gesprochen, es war ein Modeproblem. Und ich durfte wieder eine Ikone sein. Ich habe Vorträge in Wien und Stockholm gehalten, dann gab es Abendessen mit drei Gängen im Museumscafé und Gespräche mit alten Damen, die überall in den Museumscafés sitzen, herrlich. Aber ohne jeden Kontakt zur Realität.

Damals habe ich beschlossen, ein kleines Mädchen zu adoptieren, aus Südafrika. Die Sache zog sich hin, die zuständige Sozialarbeiterin in Helsinki konnte sich nicht vorstellen, dass eine Nichtfinnin ein Kind zu einer Finnin erziehen könnte. »Sie sind Araberin«, sagte sie. »Wie wollen Sie Ostern feiern, wie machen Sie aus Ihrem Kind einen Finnen?« Derartige Gespräche hatten wir.

Schließlich bekam ich dann doch mein schwarzes Töchterchen. Bis dahin hatte ich gedacht, ich wüsste, was Rassismus ist. Aber was dann passierte … Alte Damen in der Metro, die sie »Niggerlein« nannten. Oder auf dem Flughafen, als sie einen blonden jungen Finnen am Bein berührte: »Nimm deine Niggerfinger weg!!!« Bemerkungen von Freunden: »He, du hast dir die Hände noch nicht gewaschen!« »Hab ich wohl!« »Nein, die sind noch schwarz, haha.« Das hörte nicht auf.

Finnen sind in dieser Hinsicht nicht viel gewohnt, das wusste ich. Aber irgendwann hatte ich keine Lust mehr, mich gegenüber fünf Millionen Leuten in der Straßenbahn, auf der Straße oder bei Freunden zu rechtfertigen und zu erklären, wie es ist, schwarz zu sein. Ich habe es drei Jahre lang versucht, und ich hatte das Gefühl, in Helsinki mit meinem lieben kleinen Mädchen in einem Menschenzoo gelandet zu sein. Sieh mal, das Äffchen! Ich habe mich zurückgezogen, es hat mich fix und fertig gemacht. Ich dachte, mein Gott, ich adoptiere ein Kind von einem anderen Kontinent, ich müsste ihm Sicherheit und Geborgenheit bieten, aber ich kann nicht einmal ohne Angst mit ihm einkaufen gehen. Alle konnten uns anspucken, so fühlte es sich an.

Am ersten Weihnachtstag 2009, am Geburtstag meiner Tochter, habe ich eine Entscheidung getroffen. Ich musste weg. Wohin? Boston? Zu weit. London? Zu teuer. Mein Bruder wohnte schon seit Jahren in Amsterdam, eine sympathische, nette Stadt, aber fremd wie China, ich verstand dort kein Wort. Er hat mich trotzdem überredet. Ein Jahr später bin ich weg aus Helsinki, es war traurig und beklemmend, fast keinem meiner Freunde hatte ich etwas davon gesagt. Es war eine Flucht.

Tagelang habe ich mein Mädchen kreuz und quer durch Amsterdam geschleppt, um eine Wohnung zu finden, am Ende habe ich einfach irgendwas gekauft, die Gegend war mir egal, Hauptsache, es gab eine gute Schule. Mein neues Nest war auf einer Art Insel im Hafen, ich glaube, früher war es ein Schlachthof, das nannten wir nun unser »Zuhause«. Für meine Tochter war es schwer, sich einzugewöhnen, sie war selbstbewusst, aber sie verstand noch kein Niederländisch. Die anderen Kinder sagten zu ihr, sie sei dumm, und sie ging hinter mir her und flüsterte: »Mei mouder is dom … spricht man das so aus?«

Ich selbst habe viel geweint, ich war völlig durcheinander. Dreißig Jahre meines Lebens lagen in Helsinki, der beste Teil, mental lebte ich immer noch dort. Die finnischen Medien waren neugierig, ich hatte ihr Land fluchtartig verlassen, warum? Zwei Jahre nach meinem Wegzug, Silvester 2012, habe ich zum ersten Mal ein Interview gegeben. Am Tag darauf riefen mich die ersten Freunde an: »Was hast du getan?« Das Interview war wie eine Bombe eingeschlagen.

Weißt du, die Finnen sagen immer: »Es ist das große Los, in Finnland geboren zu sein und zu leben.« Und: »Nirgendwo hat man so gute Bildungschancen wie in Finnland.« Und: »Auch für alleinstehende Mütter bietet Finnland mit all den Sozialleistungen und Einrichtungen die besten Möglichkeiten.« Und dann verlässt eine Frau, die all diese Privilegien genießt, das Land und sagt: »Ich bin hier letztlich doch nicht willkommen, ich kann mich mit meinem Kind nicht mehr aus dem Haus wagen, behaltet euer großes Los.« Das hat den Leuten die Sprache verschlagen.

Plötzlich erzählten andere die gleichen Geschichten, Dinge, die niemand hatte glauben wollen. Es war, als würde sich eine Schleuse öffnen. Das galt allerdings auch für die andere Seite. Ich bekam wieder krankhafte Mails, teilweise auch Morddrohungen. Waldbewohner – und das sind viele Finnen – mögen keine Fremden. Sie verlassen ihre Behausung, sehen einen Bären und denken: Ha, dich knalle ich ab. Ich kenne dich nicht, ich mag dich nicht. Das ist eine extreme Form von Xenophobie. Und sie schämen sich nicht mal dafür.

Allmählich verlor ich meine Auftraggeber in Finnland. 2016 mussten meine palästinensischen Eltern komplett für meinen Lebensunterhalt hier in Amsterdam aufkommen. Da bin ich wirklich in Panik geraten. Aber dann hatte ich Gott sei Dank sehr viel Glück. Ein Diskussionszentrum war an meiner Mitarbeit interessiert, ich bekam eine Stelle, ich konnte wieder das tun, was ich gut kann, ich war wieder in meinem Element. Es war wunderbar.

Ich liebe Amsterdam. Es ist eine schöne, freundliche Stadt, eine Stadt der Zukunft, man ist hier sehr aufgeschlossen für Neues und unglaublich kontaktfreudig. Sicher, mir ist klar, dass es hier in vieler Hinsicht kaum anders ist als in Finnland. Überall bin ich unter weißen Menschen, alles ist weiß. In der Schule wurde meine Tochter von Mitschülerinnen gefragt, wieso ich nicht die Tagesmutter wäre, Araberinnen wären immer Tagesmütter. Oder Putzfrauen. Also, die Leute sind lieb und nett, aber die Tür zur Macht ist so gut versteckt, dass Nichtweiße sie nicht finden können.

Ja, ich bin der Kanarienvogel im Kohlebergwerk. Allmählich fange ich an, mich selbst so zu sehen. Es ist anscheinend mein Schicksal.

Intermezzo I
2019

I

Europa ist ein wundervoller Kontinent, dessen Lob zu selten gesungen wird. Man muss nur einmal dieses Licht sehen, das an einem Märztag über die Hügel von Thüringen streicht, über die alten Speicher im Danziger Hafen, über die zerklüfteten Hänge der Cevennen, die gewundenen Straßen von Lissabon, die pastellfarbenen Fassaden des alten Budapest, die Marktstände auf dem Campo de' Fiori in Rom und über die grüne Weite meines Friesland mit seinen Kirchtürmen, die miteinander zu sprechen scheinen, wenn die Glocken läuten. Und wie schön Europa klingt: die plätschernden Brunnen in Zürich, die Wellen an der felsigen Küste von Wales, die ruhige Stimme des Big Ben, ein Straßensänger in Barcelona, die Carillons von Amsterdam – nein, im Augenblick keine Kanonen, schon eine ganze Weile nicht, und keine Rufe nach Brot.

Für unsere junge Historikerin im Jahr 2069: Trotz allem waren wir Durchschnittseuropäer anno 2019 im Vergleich zu früheren Generationen glückliche Menschen. Europa war friedlicher und auch in manch anderer Hinsicht ein besserer Ort als je zuvor. Für die meisten Bürger des Kontinents schien immer noch die Sonne. Doch die Stimmung hatte sich verändert. Viele Menschen fühlten sich weniger heimisch oder gar zunehmend wie Fremde in ihrer eigenen Welt.

Warum? Am besten beschränke ich mich auf meine eigene Umgebung, zwei Orte auf diesem großartigen Kontinent, die gute Stadt Amsterdam und die eigensinnige Provinz Friesland im Norden der Niederlande, wo es fast schon ein wenig skandinavisch wird. Was hat sich dort in den zwanzig glorreichen Jahren der Globalisierung und der entfesselten Märkte getan?

Was mein Amsterdamer Dorf betrifft, lässt sich die Veränderung in einem Satz zusammenfassen: Es verwandelte sich in ein Touristenziel. Wie andere bedeutende europäische Städte erlebte Amsterdam seit der Jahrhundertwende einen Entwicklungssprung. Damit ist nicht nur ein Wachstumsschub gemeint, sondern auch das Entstehen einer neuen Dynamik und neuer Lebensweisen. Solche Phasen sind inspirierend und häufig zugleich schwierig und schmerzhaft. Es finden große Veränderungen auf technischem, wirtschaftlichem und sozialem Gebiet statt, doch die Strukturen für all das Neue fehlen noch. In Amsterdam hatte es bereits in früheren Epochen Entwicklungssprünge gegeben: um 1600, als Zehntausende Immigranten die Amstel-Stadt in das New York des 17. Jahrhunderts verwandelten, und um 1880, als sich Amsterdam unter dem Motto »Elektrizität, Industrie und Dampf« – noch heute auf einem Relief am Westturm des Hauptbahnhofs zu lesen – in hohem Tempo ausdehnte und modernisierte. Im Jahr 2000 begann der dritte Entwicklungssprung, nun unter dem Motto »Globalisierung, Digitalisierung und Individualisierung«. Auch wenn niemand den Wunsch verspürte, sie in Stein zu meißeln, bestimmte diese Dreiheit die Richtung.

Amsterdam hatte seit den 1960er Jahren schwierige Zeiten durchgemacht mit viel Verfall, einer nicht enden wollenden Jugendrevolte, Drogen und Straßenkriminalität. In den 1990er Jahren war diese Phase überwunden, das Stadtzentrum war wunderschön hergerichtet worden, die Stimmung war fröhlich und optimistisch. In dem 1998 erschienenen Roman *Amsterdam* von dem britischen Schriftsteller Ian McEwan erscheint Amsterdam als gelassene, zivilisierte, tolerante, weltoffene Stadt; eine der Hauptpersonen bewundert die schönen Häuser, »die unprätentiösen van Goghschen Brücken, [...] die intelligent und überhaupt nicht verknöchert wirkenden Holländer auf ihren Fahrrädern [...]. Noch die Ladenbesitzer sahen aus wie Professoren, die Straßenfeger wie Jazzmusiker.«

Zwanzig Jahre später gab es dieses Amsterdam nicht mehr. Die Stadt wuchs dreimal so schnell wie in den 1990er Jahren, die Besucherzahlen explodierten. Von 2011 bis 2016 verdoppelten sich die Umsätze der Cafés, Hotels, Restaurants und Bordelle, allein 2018 stieg die Zahl der Touristen um zehn Prozent, und die Steigerung hielt an.

Im Frühjahr 2019 zählte die Bertelsmann Stiftung die Niederlande zu den acht Ländern, die am meisten von der EU und vom europäischen Binnenmarkt profitierten. Drei der zwanzig führenden europäischen Regionen lagen in den Niederlanden: die Provinzen Utrecht, Nordbrabant und das von Amsterdam dominierte Nordholland. Außerdem hatten die Niederlande wie Deutschland außerordentlich stark vom Euro profitiert. Dank der Gemeinschaftswährung blühte die Exportindustrie, die Wirtschaft brummte.

Das war auch in Amsterdam deutlich spürbar, das ein neues Goldenes Zeitalter erlebte. Die Arbeitslosigkeit sank stetig, die Stadt wirkte wie ein Magnet auf unternehmungslustige und talentierte Menschen. Die Universitäten entwickelten sich zu internationalen Zentren der Forschung und Lehre, dank Tausender ausländischer Studierender und Wissenschaftler wehte ein frischer Wind. Ermöglicht wurde das unter anderem durch die wechselseitige Anerkennung von Schul- und Studienabschlüssen, durch Austauschprogramme und die offenen Binnengrenzen der EU. Diese Blüte wirkte sich auch auf die äußere Erscheinung der Stadt aus. So gut wie alle alten Grachtenhäuser waren nun instandgesetzt und restauriert, Straßen und Plätze ausgebessert und verschönert, noch nie hatte Amsterdam so gut ausgesehen wie in jenen Jahren.

Und doch war die Stadt nicht glücklich.

1999 konnte mich schon eine Fahrradfahrt entlang der Grachten froh machen. Wie schön unsere Stadt doch immer wieder war, zu jeder Jahreszeit, und wie nett und attraktiv. Menschen aus aller Welt bemerkten das und wurden angelockt wie Motten vom Licht. Heute, zwanzig Jahre später, sehe ich ihr Leiden und ihre Narben, vor allem im alten, relativ kleinen Stadtzentrum: Geschiebe, Gedränge und Gemecker, Läden mit Touristenkrempel anstelle der früheren Tante-Emma-Läden, zunehmende Unsicherheit, weil die Polizei kaputtgespart wurde, mehr Touristen als Einheimische dank Airbnb, zunehmende Gentrifizierung wegen explodierender Immobilienpreise, und immer weniger Kinder, weil Familien wegziehen. Die Grundschulen verzeichneten 2018 zehn Prozent weniger Anmeldungen als im Vorjahr.

In den alten Wohngebieten der Mittelschicht rings um das Stadtzentrum lebten nun viele Migranten. Um diese Stadtteile herum wiederum bildete sich eine neue Schale aus glänzenden Wohnvierteln, Geschäftszentren und Vergnügungsmeilen. Die Teilung in reichere und ärmere Viertel wurde Jahr für Jahr deutlicher sichtbar, das Verhältnis zwischen den Bevölkerungsgruppen war teilweise angespannt, die Drogenkriminalität nahm in beängstigendem Maße zu, ständig war mit Gewaltausbrüchen zu rechnen. Morde unter Bandenmitgliedern, im Amsterdam von 1999 sehr selten, kamen nun regelmäßig vor. 2018 waren es 19 Fälle.

Viele der Arbeitnehmer, die immer dafür gesorgt hatten, dass die Stadt funktionierte, ob Polizisten, Krankenpflegerinnen oder Lehrerinnen, konnten sich das Leben im teuren Amsterdam nicht mehr leisten. Von 2014 bis 2019 verließen 40 Prozent der Eltern die Stadt nach der Geburt ihres ersten Kindes. In manchen Gegenden war es anscheinend nicht mehr empfehlenswert, Kinder großzuziehen. In meiner Nachbarschaftszeitung – ich wohnte seit fast 40 Jahren in derselben Gegend der Innenstadt – stand praktisch jeden Monat ein Beitrag von einem engagierten Bewohner des Viertels, der es im alten Stadtzentrum nicht mehr aushielt und in einen Außenbezirk umzog.

So gelassen wie möglich Hindernissen ausweichend, radelte ich durch das Amsterdam des Jahres 2019. Über die »unprätentiösen van Goghschen Brücken« tobten die Teilnehmer von Junggesellen- und Junggesellinnenabschieden: junge Frauen mit Hasenköpfen, junge Männer mit riesigen Phallusattrappen. Die Vorhänge – früher auch abends offen, eine typisch holländische Gewohnheit – begannen sich zu schließen. Die »Professoren« hinter den Ladentheken waren durch die Hintertür verschwunden, die Ladenmieten waren um das Drei- oder Vierfache gestiegen, teilweise noch viel mehr. Der berühmte Buchladen, in dem der junge Joop den Uyl, der spätere Ministerpräsident, das Herz seiner zukünftigen Frau mit einem Gedicht von Jan Slauerhoff erobert hatte, war jetzt ein Geschäft mit überteuerten Rucksäcken, »Travel Gear for the Urban Explorer«. Die Monatsmiete, die der Inhaber meiner Lieblingskonditorei aufbringen musste, war von 400 Gulden im Jahr 1999 auf 2000 Euro gestiegen.

Im Stadtzentrum sah ich eine Internationalisierung, die nicht ein Mehr an Vielfalt, sondern das Gegenteil brachte. Gleichförmigkeit und Monotonie nahmen von Jahr zu Jahr zu. Alles Überraschende schien geplant zu sein. Wie auch in Barcelona und anderswo entstand eine austauschbare Konfektionsinnenstadt aus Eissalons, Nutella- und Touristenshops. Auch dank der Brüsseler Dienstleistungsrichtlinie galten jahrelang nur noch die Glaubensartikel des Freien Marktes. Anleger und Risikokapitalisten bekamen freie Hand und durften Mieten in jeder beliebigen Höhe verlangen. All die guten kleinen Läden in meiner Nachbarschaft hatten gegen die großen Ladenketten und das Wagniskapital nicht die geringste Chance und wurden rücksichtslos vertrieben.

Typisch ist das Schicksal eines Ladens, in dem es den besten holländischen Käse der Stadt gab. Die Auswahl war überwältigend, das Geschäft immer voll. Der Laden wurde von einer Kette übernommen, die Eigentümer wurden mit einem Vielfachen ihres Jahresumsatzes abgefunden, und nun verkaufte dort ein mysteriöses Käsegeschäft eine einzige Sorte Touristenkäse, dunkelgelb eingefärbt, damit er alt aussah, in dreieckige Stücke geschnitten und viermal so teuer wie im Supermarkt. Ein anderes Geschäft verkaufte ausschließlich Quietscheentchen. Einige Läden waren überraschend erfolgreich, andere blieben auffallend leer, es war uns ein Rätsel. »In den Kellern hört man die Geldwaschmaschinen summen«, sagten Anwohner. Das viele Drogengeld, das im »toleranten« Narco-Staat Niederlande eingenommen wurde – nach einer sorgfältigen Schätzung ungefähr 20 Milliarden Euro jährlich, was ungefähr dem Umsatz von Philips entspricht –, musste ja irgendwie in Umlauf gebracht werden.

Im Frühjahr besuchte ich eine Show, bei der stolz die neuesten statistischen Daten zu Amsterdam präsentiert wurden. Alles schien sich in den vergangenen zwanzig Jahren verbessert zu haben, noch mehr als im Rest des Landes, obwohl doch nun fast ein Drittel der Einwohner ihren Arbeitsplatz für gefährdet hielt. Beim Stichwort »Migration« wurden große vielfarbige Tortendiagramme gezeigt: Die Einwohner niederländischer Herkunft waren zur Minderheit geworden, die Bevölkerung war nun äußerst bunt gemischt. Die Türken und Marokkaner der früheren Migrationswellen waren teilweise durch hochqualifizierte Expats aus der gesamten westlichen Welt verdrängt worden. Deren Anwesenheit war oft zeitlich stark begrenzt, sie kamen und gingen, gleichzeitig schien die alte Mittelschicht zu verschwinden.

Vielsagend war eine Reihe statistischer Karten zum Wahlverhalten in Amsterdam und Umgebung. In den 1990er Jahren war vor allem die Stadt selbst eine Hochburg von Protest- und Antisystemparteien, während die Peripherie eher traditionell wählte. Zwanzig Jahre später war es umgekehrt, nun gewannen gerade an der Peripherie Protestparteien, besonders ultrarechte, viele Stimmen. In der Stadt entschied man sich für die etablierte Ordnung. Die Expats, die Gutsituierten und Hochqualifizierten feierten ihre Erfolge, während viele Menschen im Umland sich vergessen und ausgeschlossen fühlten. Meine Stadt war in dieser Hinsicht kein Einzelfall, es war ein in allen großen europäischen Städten erkennbares Muster.

Dennoch war Amsterdam in jenen Jahren zu Recht voller Selbstvertrauen. Es war immer noch eine außergewöhnlich schöne, sympathische und interessante Stadt, auch weil sie ein paar Stärken hatte, die gerade in Zeiten großer Veränderungen wichtig sind: Weltoffenheit, Toleranz und Bürgersinn und dazu ein erstaunliches Talent für sinnvolle Planung.

Der charismatische Bürgermeister Eberhard van der Laan, von 2010 bis zu seinem Tod 2017 im Amt, hat einmal gesagt: »Wir haben ein gewaltiges Problem: Amsterdam ist die schönste Stadt der Welt.« Die Stadt gehöre zu den Gewinnern der Globalisierung, schrieb er 2016, doch er wies auch auf die Risiken des Wandels hin. Tatsächlich stimmten mich manche Veränderungen traurig, das Geheimnisvolle und immer wieder Überraschende verschwand, auch der Zusammenhalt. Mein altes Amsterdam löste sich langsam auf. Und um das jubelnde Herz bildeten sich Ringe aus Bitterkeit.

2

Ich lebe nicht auf einer, sondern auf zwei Eisschollen, und das ist ein großes Glück. Mit einem Bein stehe ich in Amsterdam und mit dem anderen in meinem Dorf, einer Insel im flachen friesischen Mondriaan-Land, 330 Seelen rings um eine Kirche aus dem Mittelalter. Dieser nördliche Teil der Niederlande hat bereits skandinavische Züge. Mit der melodiösen westfriesischen Sprache, die noch überall in den Dörfern gesprochen wird, kann man sich auch in Dänemark und Norwegen halbwegs verständlich machen, und umgekehrt gilt das Gleiche.

In den zurückliegenden Jahren hatte sich hier nicht viel verändert. Immer noch wurde die Glocke aus dem Jahr 1354 täglich um zwölf Uhr mittags geläutet, außerdem um neun Uhr morgens, wenn jemand gestorben war, und um elf Uhr bei einer Geburt. Eine Handvoll neuer Wohnhäuser war hinzugekommen, luftige Architektur mit viel Glas, geradlinigen Dächern und einem Vorgarten mit Zaun. Ein neuer Pfarrer hatte zusammen mit seiner Frau ein ungewöhnliches Experiment gestartet. Am Dorfrand sollte eine moderne klösterliche Gemeinschaft entstehen. Mit viel Energie, Ausdauer und Begeisterung brachten die beiden wieder Leben in die Alte Kirche. Hinter den Haustüren gab es Freud und Leid wie überall, Scheidungen, Todesfälle, neues Glück, kleine und große Betrügereien, ein Mann terrorisierte seine Umgebung, ein junger Mann verunglückte.

Im Leben vieler Dorfbewohner spielte diese Gemeinschaft weiterhin eine wichtige Rolle. Bei den Beerdigungen, jedes Jahr waren es mehrere, folgte man treu dem Sarg um die Kirche herum, hinterher gab es im Dorfgasthof traditionsgemäß Kaffee und Brezeln, das alte Symbol für das Weiterleben. Die Dorffeste waren immer noch beliebt. Die Kinder, die in den 1990er Jahren im Festsaal über dem Dorfgasthof gehüpft und getanzt hatten, organisierten nun selbst die Feiern. Immer wenn eine neue Familie ins Dorf zog, lautete die erste Frage: Haben sie Kinder für unsere Schule?

Die meisten Bewohner dieses Fleckchens Erde waren nicht gerade reich, die offiziellen Zahlen zu Bildungsstand, Arbeit und Einkommen waren kein Grund zum Jubeln, und doch herrschte auffallend viel Zufriedenheit. Nach Angaben des Amtes für Sozialplanung der Provinz Friesland bezeichneten sich 92 Prozent der Menschen hier als »glücklich«, 89 Prozent waren mit ihrem Leben zufrieden. Fast alle Dorfbewohner arbeiteten vom frühen Morgen bis zum späten Abend, teils beruflich, teils ehrenamtlich. Voller Stolz erzählte man vom Umbau des ehemaligen Gemeindeamtes, in dem nun eine syrische Flüchtlingsfamilie untergekommen war. Ganze Abende lang hatten die Freiwilligen gezimmert und Wände gestrichen, damit die Räume rechtzeitig fertig wurden. Zeitungen hatten darüber berichtet, Leute aus anderen Dörfern waren gekommen und hatten gefragt: »Wie schafft ihr das, könnt ihr uns Tipps geben?«

Es war eine muslimische Familie mit acht Kindern, die Jüngsten waren in der Dorfschule hoch willkommen. Sie rannten mit den einheimischen Kindern durchs Dorf, sprachen schnell recht gut Friesisch und Niederländisch und dazu noch Englisch. Diese syrischen Kinder standen selbstbewusst im Leben, sie hatten schon klare Vorstellungen davon, was sie später werden wollten – Polizist, Arzt, IT-Spezialist, Bauingenieur –, waren zupackend und halfen beim Instandsetzen des Schulgebäudes. Ihr Vater war in Syrien Lehrer gewesen, sie hatten zwei Häuser, Land und Olivenbäume besessen, alles war verloren.

Auch in unserem Dorfgasthof hatte sich in den vergangenen zwanzig Jahren wenig verändert. Es gab einen neuen Wirt, neue ehrenamtliche Helfer, die mit frischem Elan Veranstaltungen organisierten, aber die Perserteppiche auf den Tischen, die Theke, die rot gestrichenen Balken und die alte Uhr waren noch dieselben. An den Dienstagabenden probte der Theaterverein, mittwochs abends wurde Dame gespielt, freitags abends Billard, einmal im Monat gab es einen Frauenabend, einmal im Jahr das Dorffest und eine große Theateraufführung im Garten des Notars.

Die Hauptrolle in den Stücken spielte oft mein Nachbar, bis vor einigen Jahren Lehrer in einem Nachbardorf. Dreieinhalb Jahrzehnte lang hatte er dort die Jugend unterrichtet und erzogen. Er war ein hervorragender Schauspieler und ein noch besserer Lehrer, eine häufige Kombination. Aber er war vorzeitig in Pension gegangen, denn eine große regionale Schulbehörde, bevölkert von dynamischen »Managern«, auf deren Entscheidungen weder Lehrer noch Eltern irgendwelchen Einfluss haben, hatte seine Schule geschlossen.

»Die kommen in die Klasse und würdigen die Kinder keines Blickes«, hatte er in seinen letzten Jahren als Lehrer manchmal geknurrt. »Sie starren nur auf ihre Notebooks, auf die Ergebnisse der schriftlichen Tests. Wir bringen den Kindern nichts mehr bei, wir dressieren sie nur noch.« Die Schulleitung und die Verwaltungsleute trafen sich einmal im Monat in einem netten Restaurant, aber das Schulgebäude verkam infolge der Sparmanie immer mehr. Das Toilettenpapier hatte mein Nachbar in den letzten Jahren selbst gekauft.

Die größten Veränderungen gingen im Umland vor. Ängstlich war das Dorf ganz sicher nicht, »Globalisierung« hatte die Menschen hier nie beunruhigt. Schon im 16. Jahrhundert hatten friesische Bauern ganze Rinderherden aus Dänemark eingeführt, um sie auf ihren Weiden zu mästen und als Schlachtvieh an Leiden und Amsterdam zu verkaufen. Heute gab es Bauern, die Kälber aus Rumänien importierten, mit Milchpulver aus Neuseeland aufzogen und dann nach Frankreich ausführten. Nur der Mist blieb hier.

Ich erinnere mich an Gespräche im Gasthof über eine Werft in einer nahe gelegenen Stadt, in der die größten und luxuriösesten Jachten der Welt gebaut wurden. Bekannte und Verwandte von Dorfbewohnern arbeiteten dort und erzählten die unglaublichsten Geschichten. Ende des vergangenen Jahrhunderts hatten sie eine Zeit lang vor allem für einen amerikanischen Milliardär gearbeitet, bis zu 300 Mann. Es sollte die teuerste Jacht aller Zeiten werden, mit Kajütenwänden aus Onyxmarmor, goldenen Wasserhähnen und Türgriffen; 330 Millionen Gulden hatte die *Trump Princess II* kosten sollen. Doch plötzlich hatte der Amerikaner den Auftrag storniert, er ließ sich scheiden, und auch das kostete ein Vermögen. Um nicht die vertraglich festgeschriebene Entschädigungssumme zahlen zu müssen, kaufte der Milliardär einfach die ganze Werft. Das war für ihn immer noch billiger, zumal die Firma nach der Stornierung dieses Riesenauftrags stark an Wert verloren hatte. Die Werft war schließlich weiterverkauft worden und hatte sich mit Mühe halten können, alle hatten viele schlaflose Nächte gehabt. Auch in den Dörfern konnte man seitdem mitreden über die seltsamen Wege des Großkapitals.

Eines Abends kam ich mit einem Bauern aus einem Nachbardorf ins Gespräch. Seinen modernen Milchbetrieb mit zwei Melkrobotern bewirtschaftete er zusammen mit seinem Sohn, der in Ottawa studierte. Ich schaute ihn erstaunt an. »Ja, den Papierkram erledigt mein Sohn«, erklärte er. »Er kontrolliert alles übers Internet. Gestern Abend hat er noch unseren Knecht angerufen, der gerade nach Hause radelte. ›Du musst noch mal zurück, mit Aaltje VIII stimmt was nicht. Sie hat Probleme mit der Zitze im dritten Viertel.‹ Das sah er an der Milchleistung, auf seinem Notebook in Ottawa. Ja, wir sind wirklich auf der Höhe der Zeit.«

Doch immer mehr landwirtschaftliche Betriebe wurden geschlossen. Im Frühjahr 2019 gab auch unser früherer Nachbar auf. Eines Tages sahen wir, dass all sein Vieh abgeholt wurde. Es war für die ganze Familie schwer, für wen wäre es das nicht. Viele Generationen hatten auf diesem Hof gelebt und gearbeitet, schon im Jahr 1600 hatte es dort ein Gehöft gegeben. Und nun verschwand diese ganze lange Geschichte in ein paar Viehtransportern.

1999 wurde noch über die Hälfte der traditionellen friesischen Bauernhöfe bewirtschaftet. Die Zahl ging schnell zurück, weil gerade die Bauern vom alten Schlag keine Nachfolger mehr fanden. Außerdem waren zahlreiche Milchviehhalter reichlich optimistisch gewesen und hatten, von den Banken nachdrücklich dazu ermuntert, zu viel investiert. Immer mehr Milch wurde produziert – pro Liter Milch übrigens auch drei Liter Mist –, und als der Milchpreis ins Bodenlose fiel, gerieten nicht wenige Viehhalter in eine hoffnungslose Situation. Seit 2015 gab es noch dazu eine Phosphatquote für die in den Betrieben anfallende Gülle. Sie musste schon bald erheblich gesenkt werden, da die Niederlande die von der EU festgelegte Obergrenze ständig überschritten. Von den bewirtschafteten Höfen in der Umgebung des Dorfes, früher über ein Dutzend, waren 2019 noch drei übrig.

Hier und da konnte man in der Provinz Friesland nun die ersten Ruinen der einst so stolzen Bauernhöfe vom »Kopf-Hals-Rumpf«-Typus sehen, die roten Dächer halb eingesackt, ein ungeheuer deprimierender Anblick, wie man ihn in den Niederlanden nicht gewohnt war. Es war zu kostspielig geworden, sie zu erhalten, und die meisten würden nicht überleben, selbst wenn alle reichen Großstadtrentner eine dieser Agrarkathedralen adoptieren würden. Viele der Bauern, die noch ausharrten, pflegten intensiv den Kontakt zu emigrierten Freunden und Verwandten in den Vereinigten Staaten und Neuseeland, auch auf geschäftlichem Gebiet. An den Küchentischen wurde immer öfter vom Auswandern gesprochen.

An den Stücken, die das Dorftheater aufführte, fiel mir in letzter Zeit etwas auf: Der Fiesling, der Mächtige, der aber auch ständig verspottet wurde, war nicht mehr der arrogante Großstädter oder Kapitalist, sondern der »Manager«, ein aalglatter Schwätzer, der nur in Zahlen und Klischees dachte, den nur seine Karriere interessierte und der von der Arbeit der ihm Untergeordneten nicht die geringste Ahnung hatte. Auch hier bekam man es immer häufiger mit dieser Plage zu tun.

Der Lehrer, mein Freund und Nachbar, war im »Bildungsmarkt« tätig gewesen. Ein Dorfschulmeister vom alten Schlag, sehr engagiert und erfahren, von der Dorfgemeinschaft hoch geachtet, ein treuer Sozialdemokrat. Nach den Unterrichtsstunden hatte er oft seine Schüler besucht, eine neue Voliere bewundert oder einen Moment andächtig am Grab eines Kaninchens gestanden, lauter Dinge, die Kindern wichtig sind. Seine Vorgesetzten wussten nicht, worauf es bei seiner Tätigkeit ankam, und wollten es auch nicht wissen. Nach einer Nacht mit einem schweren Gewitter, das die Kinder sehr beeindruckt hatte, nutzte er den Vormittag, um seinen Schülern Blitze und Elektrizität zu erklären. Was sie an diesem Morgen lernten, würden sie bestimmt nie mehr vergessen. Doch am Nachmittag wies ihn jemand von der Schulbehörde zurecht, weil er sich nicht an den Stundenplan gehalten hatte.

Er erzählte mir von den zunehmenden Konflikten mit der Welt der Zahlenmenschen und Manager, von denen die Wirklichkeit in vorgegebene Schemata gezwängt wurde. In dieser ländlichen Gegend gab es Familien mit einer auffälligen Eigenschaft: Man sprach kaum miteinander. »Setz dich!« »Gleich!« »Geh rauf!« »In Ordnung!« »Bin mal wieder weg!« – aus Äußerungen wie diesen bestand die ganze sprachliche Kommunikation. Das war immer so gewesen, und davon abgesehen waren es völlig normale Familien. Einmal hatte mein Nachbar einen Jungen aus einer solchen Familie in seiner Klasse. Er war keineswegs dumm, kam aber trotzdem nur schwer mit, weil er über einen verblüffend geringen Wortschatz verfügte. Es war ein Defizit aus seiner frühen Jugend, das sich trotz aller Mühe kaum noch beseitigen ließ. Der zentrale Grundschul-Abschlusstest, der über die weitere schulische Laufbahn entscheidet, wurde deshalb für ihn zu einer Katastrophe; nach den Maßstäben der Zahlenmenschen konnte aus ihm nie etwas werden. Jahre später war dieser Junge als hervorragender Zimmermann bekannt. »Hätte man ihn bei diesem Test nach Holzverbindungen, Leimsorten und Dachkonstruktionen gefragt«, sagte mein Nachbar, »hätte er nur Bestnoten bekommen.«

All die kleinen Schulen wurden nach diesen zentralen Tests beurteilt. Was die Zahlenmenschen dabei nicht bedachten: In den Dorfschulen war die Klassengröße oft so gering, dass Durchschnittswerte wenig Aussagekraft hatten. Wenn zu einer Abschlussklasse aus acht oder zehn Kindern zufällig ein Kind des Notars und ein Kind des Pfarrers gehörten, konnte die Klasse insgesamt hervorragend abschneiden. Bestand sie aber zufällig vor allem aus Kindern mit Lernschwierigkeiten, war das Ergebnis gleich erheblich schlechter, und das wurde dann zu einem Problem für die Schule. Natürlich hatten auch die schwächeren Schüler, denen es nur selten an Fleiß mangelte, meist bestimmte Fähigkeiten und Stärken, nur nicht nach den Maßstäben Den Haags oder Brüssels.

Manchmal funktionierte die Kommunikation innerhalb der Bürokratie ausgezeichnet. Als ich einmal bei einem Essen neben einem Minister saß, der wie unser Lehrer Sozialdemokrat war, erzählte ich ihm von diesen Dorfschulproblemen. Er hörte freundlich zu und riet mir, an den zuständigen Staatssekretär zu schreiben und unsere Dorfschule als Beispiel anzuführen. In meiner Arglosigkeit tat ich das auch. Die Unterrichtsbürokratie spuckte eine nuancierte Antwort aus, und ich ließ die Sache auf sich beruhen – bis ich meinem Nachbarn begegnete. »Tja«, sagte er, »dein Brief hat tatsächlich etwas bewirkt.« Ich schaute ihn fragend an. »Ja, zwei Wochen danach wurde ich zur Schulverwaltung bestellt. Schwerer Verweis, ich hätte über diese Dinge nicht mit einem Außenstehenden sprechen dürfen.« Man teilte ihm mit, dass man eine Akte über ihn anlegen werde. Er schlief seitdem schlecht.

Die Verwaltung hatte inzwischen einen neuen Schulleiter ernannt, neben dem auch eine »Managerin« für die Schule zuständig war. Sie verstand kein Wort Friesisch, was bei einer Dorfschule mit Friesisch als erster Unterrichtssprache nicht unbedingt günstig war, sie durfte zweimal im Monat an den Besprechungen in dem netten Restaurant teilnehmen, und was sie schrieb, war voller Rechtschreibfehler.

3

»Im Hotel muss ich an einer Sitzung teilnehmen. Wir klassifizieren Städte«, schrieb György Konrád 2005. Er gehörte einer Expertenjury im Wettbewerb um den Titel einer Kulturhauptstadt Europas an. Die auserwählte Stadt würde ein Jahr lang im Mittelpunkt des Interesses stehen, das hoffte man zumindest.

Es war ein ernstes Spiel, bei dem es um Geld und Ruhm ging. »Womit kann man bewirken, dass eine Stadt Mode wird? Für viel Geld wird ein Stadtmodeschöpfer unter Vertrag genommen. Der Meister kommt für ein Jahr, macht die lokalen Besessenen und deren Stammplätze ausfindig. Als verträumt marktschreierischer Werbefachmann errät er, was sich verkaufen lässt.«

Er selbst sei »eines der fauleren Jurymitglieder«, meinte Konrád. »Schriftsteller, Künstler und Wissenschaftler zu siebent in einem Bus.« In den Städten besuchten sie vom regionalen Regierungschef »bis hin zum lokalen Dichter« fast jeden und sahen sich »die referierenden Gaukler an, die alles versprechen und beschönigen«. »Die Nobilitäten der Stadt, Weinkellermeister und Garköche, brauchen eine große Rolle; wenn schon das Handwerk keine Blüten treibt, dann vielleicht die Kultur.«

Wenn er morgens in den Badezimmerspiegel schaute, dachte er an Gogols *Revisor* und fragte sich selbst: »Was weißt du überhaupt? Schämst du dich gar nicht?«

Schließlich durfte unter anderem das ungarische Pécs 2010 den Ehrentitel Kulturhauptstadt Europas tragen. 2018 war unser eigenes Stückchen Europa an der Reihe, das friesische Leeuwarden. Und das »ernste Spiel« wurde genauso gespielt, wie von Konrád beschrieben. »Leeuwarden und Fryslân, der

Mittelpunkt Europas« titelte das an alle Haushalte verteilte Extrablättchen. »Musik, Tanz, Theater, Ausstellungen, Architektur, Comedy: Man merkt gleich, dass Leeuwarden zu Recht ein Jahr lang die wichtigste Kulturstadt von ganz Europa ist.« Was war hier los? War unsere Provinzhauptstadt, deren Musik- und Theaterhochschule gerade erst wegen Sparmaßnahmen und Missmanagement geschlossen worden war, plötzlich von einem europäischen Zauberstab berührt worden?

Das Phänomen der Kulturhauptstadt, bis 1999 Kulturstadt Europas, war von der Schauspielerin und Sängerin Melina Mercouri erdacht worden, in den 1980er und frühen 1990er Jahren Kulturministerin des wiedergeborenen demokratischen Griechenland. Athen war 1985 die erste Kulturstadt Europas, es folgten Städte mit großen Namen wie Florenz, Amsterdam, Paris, Glasgow, Madrid oder Kopenhagen. Später entschied man sich immer häufiger für weniger bekannte Regionen und Städte: das transsilvanische Sibiu, das slowenische Maribor, das slowakische Košice. Offiziell traf der Europäische Rat die Entscheidung, in Wirklichkeit eine Jury.

Die Hauptstädte sollten den Reichtum und die Vielfalt der gemeinsamen europäischen Kultur sichtbar machen, den Dialog zwischen Repräsentanten der verschiedenen regionalen Kulturen fördern, eine dauerhafte kulturelle Zusammenarbeit mit anderen europäischen Städten und Regionen in Gang setzen, breite Schichten der Bevölkerung in das Projekt einbeziehen … Kein Ziel war zu ehrgeizig. »Die friesische *mienskip* [Gemeinschaft] selbst«, las ich in dem Extrablättchen, habe für die europäische Jury den Ausschlag gegeben. »Die einzigartige Verbundenheit der Friesen mit ihrem Umfeld, mit Verwandten, Nachbarn, Vereinen, Corps oder Chören hat Europa weithin beeindruckt.«

Die Wirklichkeit war, wie mir bald klar wurde, um einiges trivialer. Den Kern der europäischen Jury, der auch Konrád einst angehört hatte, bildete eine umherreisende Gruppe, die sich von den rivalisierenden Städten informieren und hofieren ließ und im Lauf der Jahre ganz bestimmte, deutlich erkennbare Vorlieben und Empfindlichkeiten entwickelt hatte. Das Gegenstück dazu war eine ebenfalls internationale Wandertruppe von Experten und Werbetextern, die genau wussten, was die Jury sehen und hören wollte, und die Kandidatenstädte gegen großzügige Honorare berieten. Leeuwarden hatte tief in die Tasche gegriffen, zwei der besten Berater engagiert, die Präsentationen akribisch vorbereitet und einstudiert und eine auf die Jury zugeschnittene Bewerbungsmappe zusammengestellt. Nach den Gesetzen von Menasses *Die Hauptstadt* konnte ihr der Ehrentitel dann kaum noch entgehen.

Nun gab es durchaus auch sachliche Argumente für die Wahl Frieslands. Es war tatsächlich eine interessante kleine europäische Kulturregion, ein bedeutendes Zentrum der frühmittelalterlichen Nordseekultur. Schon früh hatte das reiche Agrargebiet intensive Handelsbeziehungen zu anderen Teilen Europas. Brüssel mochte weit entfernt sein, doch Stavanger und London waren per Schiff relativ schnell erreichbar. Überall sind noch Spuren dieses Austausches zu finden, von der Ähnlichkeit historischer Münzen und des traditionellen Schmucks bis hin zu Sprachlichem. Die in der niederländischen Provinz Friesland gesprochene westfriesische Sprache hat in mancher Hinsicht mehr mit dem Englischen als mit dem Niederländischen gemeinsam. »Lyts« = »little«, »bern« = »bairn«, »tsiis« = »cheese«, »swiet« = »sweet«, »it« = »it« – viele solcher Beispiele hörte ich täglich auf Schritt und Tritt.

Auf Gebieten wie Musik, Theater oder Literatur, aber auch bei technischen Lösungen für die unterschiedlichsten Probleme machte sich in Friesland ein ausgeprägter Eigensinn bemerkbar. Man ließ sich nicht so leicht durch irgendwelche modischen Trends beirren. Hinzu kam ein äußerst ansteckender Stolz, und hin und wieder brachten auch die kleinsten Gemeinschaften große Talente hervor. In meinem kleinen Dorf gab es einen Theaterverein und eine Rockgruppe. Für das jährliche Freilufttheater legten sich sämtliche Einwohner ins Zeug. Und dieses Dorf stellte keineswegs eine Ausnahme dar. Wenn in dem örtlichen Extrablättchen von *mienskip* die Rede war, konnte man das also nicht als bloßes Geschwafel abtun, und das weckte trotz mancher Bedenken große Erwartungen für 2018.

Sie erwiesen sich jedoch bald als Illusion. Wie in Pécs nahmen auch in Leeuwarden die »Nobilitäten der Stadt, Weinkellermeister und Garköche« unmittelbar nach der Vergabe des Titels die Sache in die Hand. Ein Organisationskomitee aus fünf überwiegend lokalen Kulturfunktionären wurde gebildet, ein ehemaliger Rundfunkjournalist übernahm die Leitung. »We will leave a legacy throughout Europe«, versprach das Gremium. Der Leiter nannte sich nicht Direktor oder Intendant, sondern »CEO«. Die jährlichen Bezüge der Mitglieder waren entsprechend hoch, die Berichte darüber wurden jedoch schon wenige Stunden, nachdem lokale Medien auf ihren Websites die Beträge genannt hatten, wieder entfernt. Die Welt ist klein in

Friesland, die Beziehungen zwischen der Presse und den »Nobilitäten« waren eng, und man wollte die zahllosen Freiwilligen, die zum Nulltarif ihr Bestes geben würden, nicht frustrieren.

Die *mienskip* spielte bei dieser Begegnung der Friesen mit »Europa« zunächst kaum eine Rolle, Steuerung von oben war das Prinzip. So entstand schnell ein Wirbelsturmeffekt, die meisten Kulturgelder wurden unwiderstehlich in Richtung des magischen Jahres 2018 gesaugt. Wer 2016 oder 2017 einen Bach-Wettbewerb oder ein Theaterfestival veranstalten wollte, konnte das vergessen. Alle Macht lag nun in Händen des CEO und seines Gremiums. Es erdachte den Plan, in allen elf friesischen Städten jeweils einen Brunnen zu errichten, gestaltet von elf bildenden Künstlern mit internationalem Renommee. In den meisten Städten wurden deshalb ortsansässige Künstler kaum oder gar nicht berücksichtigt, was übrigens den Richtlinien für Europäische Kulturhauptstädte widerspricht. So wurden die Einwohner von Orten wie Dokkum, Hindeloopen und Workum mit europäischer Kunst aus Elfenbeintürmen beglückt. Eine Kulturexpertin aus der Randstad leitete das Projekt. Wir sahen Kitsch, Poesie und Efteling-Ästhetik, alles voller guter Absichten und mit anspruchsvollen Erklärungen versehen, das Ganze hatte nur einen Schönheitsfehler: Niemand hatte sich dergleichen gewünscht.

Es war ein interessantes soziales Experiment, und ich beobachtete es mit mehr als gewöhnlichem Interesse. Wie verhält sich eine kleine Gemeinschaft gegenüber solch einem fremden, ihr von oben aufgezwungenen Element? Einige der Brunnen-Künstler hatten anscheinend eine Vorliebe für eine Art überdimensionalen Realismus: Gesichter, Symbole, traditionelle Formen, aber in enormer Vergrößerung, die Staatskunst vergangener Epochen. Da Geschmäcker nun einmal verschieden sind, entstanden Konflikte, die in einigen Fällen nur dadurch gelöst werden konnten, dass man den Standort änderte. In Franeker wurde ein eleganter Brunnen an eine Kirchenmauer verbannt, in IJlst ein fröhlicher chinesischer Blumenbrunnen auf einen Parkplatz, in Harlingen ein blasender Pottwal ins Hafenbecken.

In Workum sollten zwei kitschige wasserspeiende Löwen an der Hafeneinfahrt aufgestellt werden. Dagegen regte sich Protest: Das Erscheinungsbild der Stadt werde leiden, der Strahl aus den Löwenrachen werde Wassersportler belästigen. Man schlug eine andere Stelle vor, an der die Löwen weniger in den Blick fielen. Nun protestierten Anwohner, die nicht den Rest ihres Lebens diese geballte Hässlichkeit sehen wollten, ob das nun Kunst war oder nicht. Natürlich wurden die monströsen Löwen trotzdem dort aufgestellt, denn was hatten Leute aus einer Arbeitersiedlung schon zu sagen? Dokkum geriet in helle Aufregung. Dort sollte ein von Bäumen umringter Eisbrunnen zu Ehren der Elfstedentocht, des friesischen Eisschnelllauf-Langstreckenrennens, und des im 8. Jahrhundert bei Dokkum erschlagenen heiligen Bonifatius aufgestellt werden. Es war ein beeindruckendes Projekt, nur musste dafür ein großer Teil des innerörtlichen Parkplatzes geopfert werden, und die jährlichen Unterhaltskosten, für die Dokkum aufkommen musste, würden einen großen Teil des schmalen Kulturbudgets beanspruchen.

Sowohl die örtlichen Einzelhändler als auch die Kulturliebhaber des Städtchens protestierten. Es half nichts. Der lokale Beratungsausschuss entledigte sich seiner beiden besonders kritischen Mitglieder – einer von ihnen ein angesehener Architekt –, danach wurde für mehrere Zehntausend Euro ein »Prozessmanager« engagiert, der das unerwünschte Geschenk an allen Hindernissen und Einwänden vorbeimanövrieren sollte. Schließlich dampfte das europäische Prestigeobjekt auf einem hübschen leeren Platz einsam vor sich hin; sobald die Temperaturen eine gewisse Höhe erreichten, war von Eis nichts mehr zu sehen. Auf einem Schild stand der Text, mit dem man die Fördergelder ergattert hatte: »Um eine optimale Schattenwirkung zu erzielen«, war dort unter anderem zu lesen, »orientiert sich die Skulptur an der gesetzmäßigen Anordnung von Blättern um einen Mittelpunkt. Es ist das Ergebnis von über 100 Millionen Jahren Evolution in der Pflanzenwelt.« Einen kleinen Beitrag zu den Kosten einer örtlichen Blaskapelle konnte sich Dokkum danach verständlicherweise nicht mehr leisten.

In Leeuwarden verhielten sich die Verantwortlichen 2018 zunehmend wie Mitglieder einer Sekte. Wichtige auf Europa bezogene Projekte wurden kaum entwickelt, größere Kulturveranstaltungen stattdessen einfach eingekauft, die Zusammenarbeit mit Nachbarregionen und -provinzen war minimal, ausführende Künstler wurden wie Schulkinder heruntergemacht. Man erzählte sich die unglaublichsten Geschichten darüber. Die CEOs regierten und bekämpften sich gegenseitig bis aufs Messer, wie das zur Unternehmenskultur von CEOs zu gehören scheint. Für das Dorftheater wäre es ein gefundenes Fressen gewesen.

Man wartete auf einen Erlöser von außen, einen Flamen, der Erfahrung mit derartigen Situationen hatte. Er erschien ein halbes Jahr zu spät, und schon ein paar Monate vor dem Beginn der Festivitäten warf er alles wieder hin, weil ihm ein amerikanischer Einzelhandelsmagnat, der sich irgendwie kulturell betätigen wollte, ein noch großzügigeres Honorar geboten hatte. Gegenüber den lokalen Medien erklärte er, alles sei nun auf dem richtigen Weg, seine Arbeit sei getan. Niemand stellte eine kritische Frage. In Wirklichkeit, und das wussten alle, sind bei solchen Projekten die letzten Monate die entscheidenden. Und in diesem besonderen Fall war nach fünf Jahren CEO-Regime vieles eben nicht auf dem richtigen Weg. Für die Organisation der Eröffnungsfeiern musste sogar noch in höchster Eile eine irrsinnig teure Eventagentur aus Amsterdam engagiert werden.

Nun hatten die CEOs in einer Hinsicht großes Glück: In Friesland leben Friesen. Zwar war der Begriff *mienskip* inzwischen zu einem Managerschlagwort verkommen, aber das, wofür er stand, existierte wirklich. Eine Armee von ehrenamtlichen Mitarbeitern übernahm unter der Leitung eines pragmatischen Bürgermeisters das Kulturhauptstadt-Projekt, und so wurden mit unglaublich viel Engagement und Energie schließlich doch noch beeindruckend viele lokale Veranstaltungen organisiert. So etwas können Friesen gut. Ganze Dörfer wurden in Bühnen für Konzerte und Theateraufführungen verwandelt, Tausende von Freiwilligen, vermutlich etwa zehn Prozent der Bevölkerung der Provinz Friesland, halfen mit. Ich habe bezaubernde Aufführungen erlebt. Leeuwarden selbst wurde noch gründlich herausgeputzt, was auch nie schaden kann. Dank all dieser Anstrengungen wurde der Sommer 2018 zu einer Feier der Kultur und des Gemeinschaftssinns, und es gab doch noch ein Happy End.

Nein, Leeuwarden wurde nicht »die wichtigste Kulturstadt Europas«, der Anteil der ausländischen Besucher ging nicht über sechs Prozent hinaus, 60 Prozent kamen aus Friesland selbst. Europa, das fiebrige Europa von 2018, spielte kaum eine Rolle. Im Nachhinein betrachtet war es vor allem eine Feier der friesischen Eigenart, der Verbundenheit, der gemeinsamen Sprache und Geschichte, der gemeinsamen Heimat. Daran war nichts Schlechtes, nur war diese Sehnsucht nach dem Eigenen nun so groß, dass der Rest Europas weitgehend aus dem Blick geriet.

Der Mensch neigt im Allgemeinen dazu, sich nicht weit vom Nest zu entfernen. 2019 lebten 60 Prozent der Briten nur bis zu 30 Kilometer von dem Ort entfernt, an dem sie aufgewachsen waren. 70 Prozent der Franzosen haben die Region, in der sie zur Welt gekommen sind, nie verlassen. Niederländer wohnen im Schnitt nicht weiter als 20 Kilometer von den Eltern entfernt, sogar die Hälfte der Enkel nur sechs bis 14 Kilometer von den Großeltern.

»Ort« und »Raum«, »place et espace«, waren ein wichtiges Thema im Werk des französischen Philosophen Michel de Certeau. »Raum« steht für Dynamik, für Möglichkeiten, für Luft und Freiheit, aber auch für die Risiken, die zwangsläufig diejenigen eingehen, die neue, noch nicht gebahnte Wege gehen. Gerade Europa war und ist ein solcher Raum. Der freie Verkehr von Gütern, Kapital, Personen und Dienstleistungen, offene Grenzen, nie geahnte Möglichkeiten und neue Verbindungen, aber auch die Risiken und Sorgen, die dazu gehören, all dies ist Europa. »Ort« steht für die Gegend, in der wir uns heimisch fühlen, Traditionen und Umgangsformen Sicherheit und Orientierung bieten, alte und neue Erfahrungen zusammenfließen und eine gemeinsame Geschichte Vertrauen in eine gemeinsame Zukunft schafft. Als ich ein paar Jahre nicht in »unserem« Dorf lebte, habe ich selbst festgestellt, welch ein Einschnitt der Ortswechsel war. In »unserem« Dorf wussten wir immer genau, welchen jungen Bauern wir weit weg auf dem Traktor sitzen sahen und mit welcher jungen Frau er liiert war. Wir kannten die Geschichte des Ortes und die Familiengeschichten. Wir kannten die Toten auf dem Friedhof und ihre Kinder und Enkel. So viele Fäden zogen an uns und hielten uns fest, und das fühlten wir erst, als wir wegzogen. Wir kehrten zurück.

Was wir da spürten, waren die Kraft, die Macht und auch die Bedeutung von Phänomenen wie »Ort« und »Zuhause«. Jeder Mensch kennt dieses Gefühl, auch wenn die dazugehörigen Wörter in fast allen Sprachen andere Konnotationen haben, vom anheimelnden »home« über das stolze »lieu« bis zum emotional aufgeladenen »Heimat«. In Friesland ist die eigene Sprache ein vertrautes und bindendes Element, weshalb sie auch mit aller Kraft verteidigt wird.

»Sei von hier«, schreibt mein flämischer Namensvetter und Schriftstellerkollege Geert van Istendael. »Das Rezept für Chili und Couscous stand nicht im Kochbuch des Landfrauenverbandes, Ausgabe 1972, aber es steht in der Ausgabe 2013 von ebendiesem Landfrauenverband. Achte also die Identität in all ihrem Beharrungsvermögen, aber auch in all ihren Wandlungen und Nuancen.« Doch die Globalisierung des 21. Jahrhunderts bedrohte diese

Identität immer mehr, und das galt vor allem für die dazugehörige Ideologie, die alles für quantifizierbar erklärte und alles Menschliche vergaß.

Auch im europäischen Projekt ging das Gleichgewicht zwischen »Raum« und »Ort« verloren. Der »Raum« fraß den »Ort« allmählich auf. Der halb illegale Rohmilchkäse auf dem Markt von Dieppe, die verrauchte Dorfkneipe ohne Toilette im ungarischen Vásárosbéc, die Schokolade von Brügge, die Arbeit lokaler Unternehmen für die lokale Gemeinschaft – überall waren nun europaweite Ausschreibungen vorgeschrieben –, sogar die Saaten in unserem Gemüsegarten, alle Eigenheiten drohten durch gut gemeinte Brüsseler Verordnungen erstickt zu werden.

Die Einwohner unseres Dorfes spürten das genau. Auch ihnen war bewusst, dass im 21. Jahrhundert eine gemeinsame Klimaschutz- und Energiepolitik notwendig war und dass in der Welt kein Land allein etwas bewirken konnte. Doch viele der zahllosen Detailregelungen empfanden sie als Beleidigung, als Zeichen der Missachtung ihres Heimatgefühls, der Bindung an ihren »Ort«. Wenn es neben dem Demokratiedefizit etwas gab, das die politische Unterstützung für die EU schwinden ließ, dann war es dies.

Vor allem die Liberalen und die Sozialdemokraten hatten dieses Unbehagen kaum ernst genommen, es galt als »rechts« und »provinziell«, so berechtigt und nachvollziehbar es auch war. Sie überließen diese Probleme anderen, und so nutzten populistische Rattenfänger ihre Chance. »On est chez nous!«, »Hier sind wir zu Hause!«, wurde zur Parole Marine Le Pens.

Eine Idealisierung des »Eigenen«, die Romantisierung der Vergangenheit und des »reinen« Volkes, die Forderung nach nationaler und europäischer »Wiedergeburt«, eine tiefe Aversion gegen die politische und intellektuelle »Elite«, Blut-und-Boden-Parolen – hatten wir all dies nicht schon einmal erlebt? Die Flötenspieler hatten Erfolg – und mehr als das. Viele kosteten wieder begierig vom »Sakrament des Büffels«.

In der allgemeinen Verunsicherung kam es zu heftigen Auseinandersetzungen über »unsere« Traditionen und Heldengestalten, die »wir« uns nicht von »denen« wegnehmen lassen dürften. Die Argumentation war zum Teil ebenso töricht wie bösartig. In den Niederlanden wurde von 2011 an ein regelrechter Kulturkampf um den heiligen Nikolaus ausgetragen. Seit dem 16. Jahrhundert verteilte Sinterklaas, der Vorläufer von Santa Claus, am

Vorabend seines Geburtstages am 6. Dezember Süßigkeiten und kleine Geschenke an Kinder. Es ist das niederländische und flämische Familienfest schlechthin. Schon in früheren Epochen wurde »Sint« gelegentlich von einem oder mehreren Buhmännern mit schwarz bemalten Gesichtern, »Zwarte Pieten«, begleitet. Im Spätmittelalter waren es Teufel, schwarz von Höllenpech. Mitte des 19. Jahrhunderts veränderte sich das Äußere des Zwarte Piet, der nun wie ein schwarzer Hausdiener ausstaffiert wurde. Gegen Ende des 20. Jahrhunderts nahmen einige gesellschaftliche Gruppen zunehmend Anstoß an der beliebten Figur, die in ihren Augen ein unzeitgemäßes Relikt aus der Epoche der Sklaverei war und rassistische Stereotype verkörperte. Es kam zu Demonstrationen und Konfrontationen zwischen Gegnern und Anhängern des Zwarte Piet.

Hier und da wurden von den Veranstaltern der Sinterklaas-»Einzüge« daraufhin Veränderungen vorgenommen. Man sah nun Zwarte Pieten ohne dicke rote Lippen und goldene Ohrringe und Pieten in allen Farben des Regenbogens. Auch Traditionen wandeln sich. Doch viele Anhänger dieser Tradition akzeptierten weder die Kritik noch Veränderungen. »Wir sind keine Rassisten, Hände weg von unserem Kinderfest!« Durch die »sozialen« Medien rollte ein Welle von Hass. »Negerhure!« »An die Wand und abknallen, dann ist Ruhe.« Auch von Stockschlägen wie zu Zeiten der Sklaverei wurde gefaselt. Als die Kinderombudsfrau erklärte, die Figur des Zwarte Piet trage tatsächlich dazu bei, dass nichtweiße Kinder diskriminiert, gemobbt und ausgeschlossen würden, erhielt sie zahlreiche Morddrohungen, von den üblichen verbalen Angriffen und Beleidigungen ganz zu schweigen. Ein Anti-Piet-Aktivist wiederum wollte einen Preis auf den Kopf von Sinterklaas aussetzen. »Doppelter Preis, wenn es während des nationalen Einzugs passiert, sodass alle Kinder es mitbekommen, viele sogar von seiner Hirnmasse und Knochensplittern bedeckt werden.«

Neu war die Schamlosigkeit dieser Internethetzer, keiner von ihnen genierte sich, solche Texte anonym in die Welt zu setzen. Neu war auch die Umkehrung von Normen. Wer zum Beispiel dagegen protestierte, dass Bootsflüchtlinge im Mittelmeer als »Schaukelneger« bezeichnet wurden, musste sich heftige Anfeindungen gefallen lassen. Nicht Rassismus war mehr tabuisiert, sondern Antirassismus.

Auch vor Friesland machte der Kulturkampf nicht halt. Pro-Zwarte-Piet-Aktivisten mussten sich vor Gericht verantworten, weil sie im November 2017 die A7 blockiert und Busse mit Anti-Piet-Demonstranten an der Weiterfahrt nach Dokkum gehindert hatten. Während der Verhandlung trugen sie Holzschuhe und friesische Fahnen. In der Randstad wurden auch sie als Rassisten abgestempelt, doch meiner Ansicht nach ging es hier um etwas anderes: den ewigen Konflikt zwischen Stadt und Land.

Zufällig lernte ich die Anführerin der Pro-Piet-Aktivisten kennen, eine alleinstehende Mutter. Voller Elan führte sie ihren Familienbetrieb, auf dessen Firmengelände Arbeitsbühnen und Gabelstapler dicht an dicht standen. Die Bewohner ihres Dorfes bildeten eine enge Gemeinschaft. Für Landwirtschaft war der Boden kaum geeignet, weshalb dort vor allem Bauarbeiter lebten, die sich gegenseitig beim Bau ihrer Häuser halfen.

»Und so wollten sie auch zusammen diese Autobahn blockieren«, sagte sie. »Lauter Abbruch- und Bauarbeiter, aber es gab keine Gewalt. Gut, ein Mann hat seinen nackten Hintern gezeigt.« Extremistische Neigungen waren ihr fremd, ihr ging es nur um ein ungestörtes Kinderfest. »Ich bin keine Aktivistin, diese Sprache kenne ich fast nicht, normalerweise rede ich über Hubzylinder und Lastmomentbegrenzungen.« Rassismus? »Hör mal. Meine beste Freundin ist Flüchtling aus Bosnien. Ein guter Freund aus Gambia kommt praktisch jedes Jahr hier zu Besuch, er ist so schwarz, schwärzer geht's nicht, aber er ist einer von uns. Eine Freundin von mir, die in Groningen wohnt, hat einen dunkelhäutigen Sohn. Sie ist froh, dass er nicht auf dem Land in die Schule muss, weil sie befürchtet, dass er dann schikaniert würde – wenn so was passiert, wird das gleich angesprochen. Aber man löst das Problem nicht, indem man Zwarte Piet verbietet.«

Sie wurde zur Heldin der Rechtsextremen, obwohl sie mit ihnen nichts zu schaffen haben wollte. »Aber nehmen wir zum Beispiel einen Mann in meiner Verwandtschaft. Ein Postbote, der entlassen wurde. Der sitzt zu Hause im Sessel vor dem Fernseher, und dann kommt Geert Wilders und bringt diese Geschichte in Verbindung mit dem Immigrantenproblem. Und jetzt sagt er: ›Diese Ausländer wollen Zwarte Piet verändern.‹ Da muss man genau hinhören. Was steckt dahinter, was ist das für eine Angst vor Veränderung? Ja, solche Gefühle haben auch den Brexit möglich gemacht. Und Donald Trump. Ich bin für Freiheit. Man darf Menschen nicht zwingen, sich zu ändern.«

Zwei Wochen später wurden sie und die anderen Blockierer wegen »Beschneidung des Rechts auf freie Meinungsäußerung« und Verkehrsgefährdung verurteilt, sie als Anführerin zu 240 Sozialstunden und einer kurzen, zur Bewährung ausgesetzten Haftstrafe. Sie wurde als lokale »Jenny d'Arc« gefeiert, und sie war glücklich.

Schließlich veränderte sich die Stimmung sogar in unserem friedlichen Dorf. Der syrischen Familie wurde das Leben zunehmend schwer gemacht. Soweit ich es später rekonstruieren konnte, fing alles mit Schikanen durch ein paar Dorfkinder an: Schläge auf Türen und Fenster, Klingelstreiche und Rufe wie: »Geht zurück in euer Land!« Die syrischen Kinder waren nicht zimperlich, sie wehrten sich. Sofort standen einige wütende Eltern vor der Tür, ein Vater geriet völlig außer sich und drang mit zwei großen Hunden ins Haus ein. Die Spannungen ließen nicht mehr nach.

Letztlich verhielt sich nur eine kleine Minderheit feindselig, angestachelt von einem wortgewandten Querulanten. Auffällig war aber die Verbitterung einiger Leute sogar in diesem sonst so warmherzigen Dorf, sobald es um »andere«, um »Fremde« ging. Jeder Streit zwischen Kindern, ein böses Wort, ein Schubser, wurde von dieser kleinen Gruppe aufgeblasen und zum Gegenstand empörten Geflüsters gemacht.

An einem Aprilabend 2019, kurz nach einem spektakulären Wahlerfolg der extremen Rechten, versuchte ein anderer Mann mit einem Messer ins Haus der Familie einzudringen. Er war betrunken, Anlass war wieder ein Kinderstreit. Eines der Kinder konnte gerade noch rechtzeitig die Haustür zuwerfen, wobei der Mann mit seinem Messer ein großes Loch ins Türglas hackte. Ein anderes Kind, alarmiert durch frühere Vorfälle, filmte alles mit seinem Mobiltelefon. Man sieht den schimpfenden Mann, das große Messer, das er plötzlich zieht, man hört die Schreie der Frauen und Kinder, einige winseln wie junge Hunde. Eine Woche lang wagte sich die Familie nicht auf die Straße, die Kinder trauten sich nicht einmal, zur Schule zu gehen.

Meine Frau und ich kehrten gerade von Samos zurück, wo wir ein Flüchtlingslager besucht hatten. Die Familie in unserem eigenen Dorf hatte noch mehr Angst als die Menschen dort. Der jüngste Sohn, acht Jahre, zeigte uns eine Beule und einen großen Kratzer auf seiner Stirn. Er war, »als der böse Mann kam«, in Panik gegen einen Türgriff gerannt. Der älteste Sohn sagte: »Diesen Moment werde ich nie vergessen, auch wenn ich sehr alt werde.«

Die Eltern und Kinder, die in Syrien und während der Flucht doch schon viel durchgemacht hatten, waren nun geradezu starr vor Angst, auch weil der Angreifer auf freiem Fuß blieb. »Wenn ich als Ausländer eine niederländische Familie mit so einem Messer angegriffen hätte, wäre ich sofort verhaftet worden«, meinte der älteste Sohn, und leider hatte er völlig recht.

Im Dorf war man bestürzt und äußerte sich auch entsprechend gegenüber der regionalen Presse. »So sind wir nicht.« »Mir blutet das Herz.« Andererseits hatten viele auch Mitleid mit dem Täter, der in seinem Leben viele Schicksalsschläge hatte verkraften müssen. Es war in jeder Hinsicht ein Drama. Das manchmal wirklich beeindruckende selbstkorrigierende System der Dorfgemeinschaft trat in Aktion. Man arrangierte Versöhnungsgespräche, Vertreter der Gemeinde und viele Dorfbewohner gaben sich die größte Mühe, die Sache ins Reine zu bringen, die Familie erfuhr viel Unterstützung.

Trotzdem stand an einem Vormittag mitten in den Schulferien plötzlich ein Umzugswagen vor dem Haus. Zwei Stunden später war die syrische Familie weg.

4

Die Kurzgeschichte »Liebst du mich?« von dem australischen Schriftsteller Peter Carey spielt in einem imaginären Land, in dem sich Dinge auf unerklärliche Weise dematerialisieren und schließlich verschwinden »wie das Bild auf einem schlecht fixierten Foto«. Der Titel ist der Schlüssel zu dem Geheimnis. In dieser magischen Welt haben die Kartografen die Macht übernommen. Sie zeichnen nicht nur Karten, sondern führen auch Volkszählungen einschließlich Bestandsaufnahmen von Gegenständen durch, und je nachdem, ob sie etwas als wichtig oder unwichtig klassifizieren, hat das entsprechende Folgen für die Wirklichkeit. Gebäude, Landschaften, sogar Menschen lösen sich auf und verschwinden, was einer der Kartografen damit erklärt, dass sie nicht geliebt wurden. »Wir hatten keine Verwendung für diese Landstriche«, erklärt er, »diese Wüsten, Sümpfe und Küstenstreifen, und genau aus diesem Grund sind sie verschwunden ... wenn sie überhaupt irgendeinen Nutzen besaßen, dann als Symbole für unsere Poeten, Schriftsteller und Filmemacher.«

Im Jahr 2011 ging ich mit ein paar Freunden durch solch eine nicht geliebte Landschaft. Es war ein herrlicher Sonntagnachmittag im April, alles grünte und blühte, im Sonnenlicht wanderten wir zwischen Wiesen und Weiden durch ein typisches Stückchen Friesland von einem Kirchturm zum nächsten. Plötzlich fiel uns etwas auf, und wir sprachen darüber: Es herrschte Totenstille. Von jeher war der Frühling in Friesland von einer spektakulären Schönheit, und er wurde endlos besungen, die Wiesen bezauberten mit ihrer Farbenpalette, das Weiß der Gänseblümchen wetteiferte mit dem Gelb des Löwenzahns, dem Violett des Wiesenklees, dem Rot des Sauerampfers, dem Braungrau des blühenden Grases und den Farben all der kleinen Blütenjuwele dazwischen. In der Luft darüber tummelten sich Uferschnepfen, Kiebitze, Feldlerchen, Austernfischer, Gänse und andere laute Wesen, an Frühlingstagen verging einem Hören und Sehen. Zu Beginn des Jahrhunderts wurde ich morgens noch auf diese Weise geweckt, zwanzig Jahre später war es still. Es war der stumme Frühling, den Rachel Carson schon 1962 beschrieben hatte.

Vogelzählungen bestätigten den Eindruck. Die Zahl der Uferschnepfen und Austernfischer war um mehr als die Hälfte zurückgegangen, die jubilierende Feldlerche war sogar akut vom Aussterben bedroht: Gab es in den 1970er Jahren in den Niederlanden noch fast eine Million Feldlerchen, so waren es 2019 nur noch 35 000.

Der Einsatz von Pestiziden und das dadurch verursachte Insektensterben spielten hier sicher eine Rolle, eine noch größere aber vermutlich das Pumpen und Trockenlegen, auf das die Niederländer so versessen sind, mit künstlichen Wasserläufen, die im Winter in die eine und im Sommer in die andere Richtung fließen, und Veränderungen der Wasserstände, durch die man die Jahreszeiten von Mutter Natur auf den Kopf stellt – die Sommer nass, Winter und Frühjahr trocken. Auf steinhartem Kleiboden hielt es auf die Dauer kein Wiesenbrüter aus.

Große Teile der alten friesischen Landschaft wurden so in Agrarindustriegelände verwandelt. Die National Geographic bezeichnete die Niederlande einmal als »global agricultural powerhouse«. In diesem überfüllten

Land lebten auch noch vier Millionen Kühe, 13 Millionen Schweine und 100 Millionen Hühner. Nach den Vereinigten Staaten waren die Niederlande der größte Exporteur landwirtschaftlicher Produkte. Das konnten wir mit eigenen Augen sehen. Trotz der schwierigen Situation zahlreicher Bauern schossen in den vergangenen zwanzig Jahren überall Megaställe wie Pilze aus dem Boden, geballte Hässlichkeit ohne jeden Bezug zur Umgebung. Statt der erstaunlichen Vielfalt an Gräsern und Blumen wächst vielerorts eine einzige, als Futterpflanze besonders geeignete Sorte Raygras auf riesigen Flächen, eine Art grüner Asphalt. Gräben und andere charakteristische Landschaftsmerkmale verschwanden, und mit ihnen die Geschichte der Landschaft, die nun glatt und zweckmäßig wie ein Billardtuch dalag. Ständig wurde gedüngt und gemäht, kein Vogel fand mehr Ruhe, die letzten Nester mit Jungvögeln wurden von den Kreiselmähern zerhäckselt.

Megakühe produzierten unwahrscheinliche Mengen an Milch, agrartechnisch war man hier Weltspitze, genau dies war es, was der freie Markt wollte. Die Royal Friesland Campina gehörte 2019 zu den sechs größten milchverarbeitenden Unternehmen der Welt, die Erzeugnisse der gut 13 000 angeschlossenen landwirtschaftlichen Betriebe gingen zu 80 Prozent ins Ausland.

»Wir ernähren die Welt, seid dankbar«, sagten manche Bauern. Doch wie sah das in der Praxis aus? Die alte Molkerei in einer nahe gelegenen Stadt war vom deutschen Konzern Hochwald übernommen worden, und nun verarbeitete sie die Milch von 150 Höfen der Umgebung zu Sahne und zu süßlichen Getränken mit künstlichen Geschmackstoffen – Bonny-Bananenmilch, 55 Prozent Zucker – für die arabische Welt. Eine örtliche Journalistin, Jantien de Boer, veröffentlichte eine Berechnung dazu: Allein für die Produktion dieses zahnschädigenden Kindergetränks waren 7500 Hektar friesischer Boden in eine Düngerwüste verwandelt worden, und für die Rüben, aus denen der fürs Süßen des Getränks benötigte Zucker gewonnen wurde, brauchten andere Bauern ebenfalls Tausende Hektar Land. »Es ist zum Heulen«, sagte ein Freund von mir, der von Bauern aus der Gegend abstammte. »Mit Agrarsubventionen hat man Tausende Hektar Boden zur Graswüste gemacht.« Ungeliebtes Land.

Das Wort »Landschaftsschmerz« aus Jantien de Boers viel gelesener Streitschrift fasst all diese Probleme zusammen. Im Jahr 2000 gab es in Friesland noch knapp 5000 bäuerliche Betriebe mit etwas mehr als einer halben Million Kühen. Zwanzig Jahre später war die Zahl der Betriebe um ein Drittel geringer, dennoch gab es 50 000 Kühe mehr. Der Inhaber einer der Großbetriebe drückte es so aus: »Will man auf dem Weltmarkt mitspielen, muss man klotzen.«

Außerdem wurde das Land mit Gülle getränkt, denn der Urin und Kot der Tiere musste ja irgendwohin, mit oder ohne Phosphatobergrenzen. Unter dem Gras offenbarte sich erst das ganze Ausmaß der Katastrophe. Jantien de Boer sprach mit einem Bodenkundler, der Nacht für Nacht, bäuchlings auf einer Art Rollbrett liegend, Würmer zählte. Als er auf einem Stück Land, auf dem er früher viele Bodenorganismen gefunden hatte, nach dem Ausbringen von Gülle erneut eine Zählung vornahm, machte er eine bestürzende Entdeckung: »Der Boden war kaputt. Da lebte fast nichts mehr. Ich lag auf meinem Kärrchen und habe geheult.«

Im Zusammenhang mit der Präsentation ihrer Streitschrift im Jahr 2017 fand eine Rundfahrt in einem Bus statt, bei der Jantien de Boer den mitfahrenden Journalisten Beispiele für zerstörtes Land zeigte. Es gab Bauern, die wütend auf sie waren, aber auch immer mehr, die selbst sehr gut wussten, dass es so nicht weiterging. Vor allem jüngere Viehhalter erkannten, dass sich manches von Grund auf ändern musste, wenn sie in dreißig Jahren noch einen landwirtschaftlichen Betrieb führen wollten. Sie säten auf Ackerrändern Wildblumen für Insekten aus, schufen bessere Bedingungen für Wiesenbrüter, suchten auf allerlei Gebieten nach Alternativen. Und tatsächlich kehrten hier und da die blumenreichen Wiesen zurück. Es blieb Hoffnung.

Woran ich mich besonders deutlich erinnere, ist ein Spaziergang über das Land eines nach Maßstäben des Naturschutzes vorbildlichen Bauernhofes. Das Grünland war artenreich, die Gräser standen hoch, erst Mitte Juni wurde gemäht, der Boden blieb feucht, die Wiesenbrüter wurden auf jede Weise geschützt und verwöhnt. Es war eine Oase für Uferschnepfen in diesem kahlen Land, man zählte viele Nester und Gelege. Trotzdem überlebten in jenem Jahr von fast 400 jungen Uferschnepfen genau vier. »Wir hatten bei den Nestern Kameras aufgebaut«, erzählte der Bauer. »Die Küken sind vor unseren Augen verhungert.« Die erste Welle von Insekten, von denen die Jungvögel, Nestflüchter, sich fast ausschließlich ernähren, war ausgeblieben. Lag es an den Insektiziden? Oder war dieses Insektensterben eher eine der vielen Folgen des Klimawandels?

5

Leugner des Klimawandels gab es hier kaum. In Städten war es vielleicht noch möglich, die Augen vor der Realität zu verschließen, auf dem Land war man dafür zu unmittelbar mit dem Wetter, der Natur und all den offensichtlichen Veränderungen konfrontiert. In unserer Region war die Elfstedentocht ein Bezugspunkt in Sachen Erderwärmung. Sobald es wieder einmal fror, wurde im Dorfgasthof darüber gesprochen, aber die Männer, die selbst noch an diesem Eisschnelllauf-Marathon teilgenommen hatten, mit Zeitungen unter den Hemden und Pullovern, waren nicht mehr die Jüngsten.

Damit dieses Zweihundert-Kilometer-Rennen stattfinden kann, muss es mindestens zwei Wochen hintereinander kräftig frieren. Ich selbst erinnere mich noch an viele solche Tage in meiner Jugend, an die Kombination von beißender Kälte und großer Aufregung. Nach Angaben des Königlich-Niederländischen Meteorologischen Instituts lag die Wahrscheinlichkeit einer solchen Kältewelle 1950 bei eins zu vier, 2019 bei 1 zu 16, und 2050 wird sie voraussichtlich bei 1 zu 200 liegen. Die Strenge eines Winters wird nach der sogenannten Kältesumme beurteilt, die sich aus der Addition aller negativen Tagesmitteltemperaturen in den Monaten November bis März ergibt. Ein Winter mit einer Kältesumme von 100 bis 160 gilt als kalt, mit einer Summe über 160 als sehr kalt. In den Jahren 1901 bis 1980 erreichten sieben Winter sogar einen Wert über 200 und galten als sehr kalt bis mäßig streng. Doch der letzte Winter mit einem Wert über 100 war der von 1997, und das war zugleich das Jahr der letzten Elfstedentocht. 2014 sank die Kältesumme zum ersten Mal seit dem Beginn der Messungen auf 0, an keinem einzigen Tag lag die mittlere Temperatur unterhalb des Gefrierpunktes.

Schon während meiner Rundreise durch Europa im Jahr 1999 war der Klimawandel spürbar. In Südengland waren Winter mit Schnee selten geworden, in Nordfrankreich verschob sich die Grenze des Gebiets, in dem noch Schnee fiel, jedes Jahr weiter nach Norden, in Osteuropa sprachen alle über den außergewöhnlich heißen Sommer, am ersten Weihnachtstag wütete in Frankreich und Mitteleuropa ein Sturm, wie es ihn in historischer Zeit in Europa kaum jemals gegeben hatte. Überall traf ich beunruhigte Bauern.

Vier Jahre später, 2003, litt Europa unter dem heißesten Sommer seit 500 Jahren. In Frankreich fielen der Hitze schätzungsweise 15 000 vor allem alte Menschen zum Opfer. In Paris wurden zur vorübergehenden Aufbewahrung der Toten Kühlwagen eingesetzt, die Krematorien und Friedhöfe waren überlastet. Die Zeitungen druckten seitengroße Anzeigen mit den Namen aller Hitzeopfer von Paris ab. In den Krankenhäusern wurde der »Plan Blanc« eingeleitet. Ursprünglich für Ausnahmesituationen etwa nach großen Terroranschlägen gedacht, galt dieser Notfallplan nun zum ersten Mal bei einer klimatisch bedingten Katastrophe.

Lange wurde vermutet, die Veränderung des Klimas habe bereits um 1800 mit der Industriellen Revolution begonnen. Inzwischen nehmen die meisten Wissenschaftler an, dass diese Entwicklung viel später, nämlich erst um 1950, eingesetzt hat. Was in unserem Dorf im Kleinen geschah – der Traktor und andere Maschinen ersetzten das Pferd, die Landwirtschaft wurde intensiviert, Freizeit und Konsum spielten im Leben der Menschen eine immer größere Rolle –, vollzog sich in der gesamten »entwickelten« Welt. Klimaforscher sprechen von der Great Acceleration, der auffälligen Intensivierung menschlicher Aktivitäten auf zahlreichen Gebieten in der Zeit nach dem Zweiten Weltkrieg. Welchen Aspekt man auch betrachtet, von Konsum und Industrieproduktion bis zu Autobesitz und Ressourcenverbrauch, für die Zeit nach 1950 zeigen sämtliche Kurven steil nach oben. Die Great Acceleration führte zu einer enormen Verbesserung des Lebensstandards und der Lebensqualität. Die Kindersterblichkeit ging stark zurück, die Bevölkerung wuchs schnell, und das blieb nicht ohne Folgen: Drei Viertel der gesamten Menge CO_2, die von der Menschheit in ihrer Geschichte produziert wurde, gelangte nach 1950 in die Atmosphäre. Gleichzeitig nahm der Abbau von CO_2 dramatisch ab, denn Millionen Hektar Wald wurden in so hohem Tempo gerodet und verbrannt, dass allein schon diese Entwaldung für einen beträchtlichen Teil des CO_2-Ausstoßes verantwortlich war.

Eine vor Kurzem von der NASA veröffentlichte Grafik veranschaulicht die durch Analysen der Eisschichten in den Polarregionen ermittelte Veränderung des CO_2-Gehalts in der Atmosphäre während der letzten 400 000 Jahre. Es ist ein bestürzendes Bild. Bis 1950 schwankte die CO_2-Konzentration in relativ geringem Umfang, danach stieg sie plötzlich steil an bis zu einer Höhe, die sie in diesem langen Zeitraum – der anatomisch moderne Mensch trat vermutlich vor nicht viel mehr als 200 000 Jahren in Erscheinung – nie erreicht hatte. Anders gesagt, innerhalb einer Generation stieg die Konzentration von Treibhausgasen stärker an als in den 4000 Jahrhunderten zuvor. Auch die fleißigen Bauern in unserer Region trugen unbeabsichtigt dazu bei. Allein die Viehhaltung war mit der Absonderung von Methan weltweit für 12 bis 15 Prozent der Emissionen von Treibhausgasen verantwortlich. Zum Vergleich: Der allgemein kritisierte Flugverkehr trug nur zwei bis drei Prozent dazu bei.

Die düsteren wissenschaftlichen Vorhersagen der 1970er, 1980er und 1990er Jahre begannen sich in den vergangenen Jahrzehnten zu bewahrheiten, und alles ist noch schlimmer, als wir gedacht hatten. Tierarten, vor allem Vögel und Insekten, verschwinden in hohem Tempo, die Zahl der Säugetier-, Reptilien- und Fischarten ist insgesamt bereits um fast 30 Prozent zurückgegangen.

Die europäischen Sommer werden im Vergleich zu den Sommern um die Mitte des 20. Jahrhunderts warm bis extrem warm. 1960 gab es in Rom acht Tage mit Temperaturen über 32 Grad, 2019 waren es 30 Tage. Ähnliches gilt zum Beispiel für Athen – 26 statt zehn Tage – und Barcelona – neun statt zwei Tage. Überall in Südeuropa mussten Schulen nun regelmäßig wegen Hitze geschlossen werden. Der Rhein war im extrem trockenen Sommer 2008 abschnittsweise kaum noch schiffbar. Griechenland erlebte im darauf folgenden Winter drei Stürme in Orkanstärke, in den Straßen von Athen herrschte immerhin Windstärke zehn. Wassermangel und Waldbrände wurden mehr und mehr zu einem ernsten Problem. In Mitteleuropa, England und Frankreich wiederum verursachten Starkregen katastrophale Überschwemmungen. In den Alpen schmolzen die Gletscher, in Norditalien gab das Eis regelmäßig die Überreste von Gebirgsjägern aus dem Ersten Weltkrieg frei.

All das waren schlechte und unwillkommene Nachrichten, die letztlich unser ganzes Weltbild auf den Kopf stellten, weshalb viele Zeitgenossen die Veränderungen nicht wahrhaben wollten. Aber sie waren real, und sie vollzogen sich vor unseren Augen.

Trotzdem war die Versuchung, die Gefahren zu ignorieren oder gar zu leugnen, weiterhin stark, und sie war umso stärker, je mehr das Akzeptieren der Wahrheit unsere Lebensweise beeinflusst hätte.

Dabei waren bedeutende Interessen im Spiel. Der weltweiten Bewegung Zigtausender besorgter Wissenschaftler stand eine mindestens ebenso starke Lobby von Vertretern der Treibhausgase produzierenden Industrie einschließlich der meisten Mineralölkonzerne gegenüber. Eine Untersuchung der Londoner Denkfabrik InfluenceMap ergab, dass die Ölgiganten ExxonMobil, Shell, Chevron, BP und Total in den Jahren 2015 bis 2018 insgesamt knapp 200 Millionen Dollar in PR-Kampagnen investierten, die den Unternehmen zu einem grünen Image verhelfen sollten, während fast der gleiche Betrag dafür ausgegeben wurde, durch politische Lobbyarbeit Klimaschutzmaßnahmen zu blockieren, zu verzögern oder aufzuweichen. Es erinnerte an die aggressiven Kampagnen der Tabakindustrie in den 1960er und 1970er Jahren. Auch in diesem Fall sollte die Wahrheit um jeden Preis unterdrückt werden.

ExxonMobil war 2019 der erste Konzern, der zu einer Anhörung vor dem Europäischen Parlament wegen bewusster Irreführung der Öffentlichkeit im Hinblick auf den Klimawandel geladen wurde. Wie aus internen Dokumenten hervorging, beschäftigte der Konzern bereits in den 1970er Jahren Klimaexperten, die 1978 detaillierte Vorhersagen zur Erderwärmung und ihren katastrophalen Folgen formulierten. So war ExxonMobil schon damals darüber informiert, dass der Anteil des mehrjährigen Eises, das die Packeiszone der Arktis bildet, stark zurückgehen würde – was allerdings wegen der Erdöl- und Erdgasvorräte im Polargebiet vor allem als wirtschaftlich interessant betrachtet wurde. Allein schon dank der eigenen Untersuchungen wusste die Konzernleitung also ganz genau, dass die Aussagen der Klimaforscher zutreffend waren. Dennoch führte ExxonMobil jahrzehntelang Desinformationskampagnen, in denen das Gegenteil behauptet und immer wieder die Integrität der Klimaforscher angezweifelt wurde.

Das größte Problem lag in der Natur des Klimawandels selbst. Es war eine komplexe globale Entwicklung, mit der die Menschheit keine Erfahrung hatte, für deren Beherrschung keine Institutionen und Instrumente existierten und die sich über viele Jahrzehnte hinweg auswirken würde. Anders gesagt: Die schlimmsten Folgen des Klimawandels würden erst kommende Generationen zu spüren bekommen, während die Generationen, die noch etwas dagegen unternehmen konnten, die jetzigen, vergleichsweise wenige Konsequenzen tragen mussten, zumindest bei uns. Gerade die Menschen, die am meisten unter den Folgen des Klimawandels wie Überschwemmungen,

Dürren und Hungersnöten leiden würden, gehörten zum ärmsten und völlig machtlosen Teil der Weltbevölkerung.

Die Emission von Treibhausgasen war ein globales Problem, die dadurch verursachten Schäden machten sich weltweit bemerkbar, unabhängig davon, wo die Gase produziert wurden, und oft erst viel später. Das bedeutete, dass die Länder und die Generationen, die jetzt etwas dagegen unternahmen, zwar für die Kosten der Gegenmaßnahmen aufkommen mussten, aber vergleichsweise wenig unmittelbaren Nutzen daraus zogen, weil sich die positiven Auswirkungen quasi über die ganze Welt und ein ganzes Jahrhundert verteilten.

Die notwendigen Maßnahmen zu ergreifen, war deshalb politisch eine äußerst undankbare Aufgabe. Politiker mussten praktisch alle Gesetzmäßigkeiten ihres Metiers ignorieren. Sie mussten in globalen Zusammenhängen und noch dazu in sehr langen Zeiträumen denken. Sie mussten offen sein für unkonventionelle Lösungen und letztlich sogar ihr bisheriges Weltbild und die bisherige politische Kultur infrage stellen. Und vor allem mussten sie andere von der Notwendigkeit eines Umdenkens überzeugen.

Zunächst vertraute man auch auf diesem Gebiet noch in erster Linie auf den allmächtigen freien Markt. 2005 führte die EU, den Regelungen des Kyoto-Protokolls von 1997 entsprechend, einen Emissionshandel ein. Eine festgelegte Menge von Emissionsrechten – auch Zertifikate genannt – wurde CO_2-produzierenden Unternehmen zugeteilt, die übrigen Emissionsrechte wurden versteigert. Emittierte ein Unternehmen weniger CO_2, konnte es Zertifikate verkaufen, emittierte es mehr, musste es dafür zahlen. Die Wirtschaftskrise brachte den Emissionsrechtehandel schnell an seine Grenzen. Weil die Industrieproduktion zurückging, nahm die Nachfrage nach Zertifikaten nach 2011 stark ab, weshalb die Preise sanken. Die Emission von CO_2 wurde dadurch immer billiger. Außerdem hatte das System zahlreiche Webfehler, die sogenannte *carbon crooks* geschickt ausnutzten.

Ein wichtiger Schritt war das am 12. Dezember 2015 verabschiedete Übereinkommen von Paris, das vor allem dank des Einsatzes der europäischen Diplomatie und eines mutigen Kurswechsels von Präsident Obama zustande kam. Fast 200 Länder verpflichteten sich, den CO_2-Ausstoß im Zeitraum von 2020 bis 2050 drastisch zu reduzieren. Es schien ein historischer Durchbruch zu sein, der Beginn globaler Kooperation gegen die globale Bedrohung.

Doch nicht einmal zwei Jahre später, im Juni 2017, kündigte der neue Präsident eines der Länder mit den höchsten CO_2-Emissionen, der Vereinigten Staaten, den Austritt aus dem Übereinkommen an. Er wollte um jeden Preis die eigenen CO_2-produzierenden Wirtschaftszweige schützen und sogar fördern. Trotzdem setzten einige amerikanische Bundesstaaten und viele Städte, Unternehmen und Privatleute den Modernisierungsprozess fort. Kalifornien, New Jersey und Connecticut entwickelten ihre eigene Klimapolitik, allenthalben wurde in unzähligen Mikroinitiativen mit alternativen Techniken auf dem Gebiet der Energieerzeugung und Energieeffizienz experimentiert.

Bei diesen Techniken gab es seit 2010 beeindruckende Fortschritte. Erneuerbare Energien verzeichneten jährliche Zuwächse im zweistelligen Prozentbereich, die Kosten von Sonnen- und Windenergie sanken viel schneller als erwartet, in einigen europäischen Ländern begann sich das Elektroauto durchzusetzen, in der Nordsee wurden riesige Offshore-Windparks errichtet, und zahlreiche weitere werden geplant, damit der größte Teil des Energiebedarfs der Anrainerstaaten langfristig auf diese Weise gedeckt werden kann. Auch andere Neuerungen setzten sich langsam durch: Dachbegrünungen, energieeffiziente Industriebauten, innovative Formen von Wärmedämmung, Warmwasserbereitung mithilfe von Sonnenkollektoren.

Climate Action 100+, eine Initiative bedeutender Kapitalanleger, zu denen der weltweit größte Vermögensverwalter BlackRock und neun der zehn größten Pensionsfonds gehören, versuchte mit ihrer geballten Finanzmacht – zusammen verwalteten sie mehr als 32 Trillionen Dollar –, die hundert größten CO_2-Emittenden zur Veränderung ihrer Unternehmensstrategie zu bewegen. Ende 2018 gab Shell als Erster der Erdölgiganten bekannt, sich ebenfalls auf die Klimaziele von Paris festzulegen. Bis 2030 sollen die CO_2-Emissionen des Konzerns um 20 Prozent, bis 2050 um die Hälfte reduziert werden.

Die europäischen Umweltminister, das Europäische Parlament und die Europäische Kommission legten konkrete Klimaziele für die Jahre 2020, 2030 und 2050 fest. Von 2021 an müssen die Mitgliedsstaaten den Ausstoß von Treibhausgasen erheblich verringern. Das Europäische Parlament forderte im März 2019 sogar eine Verminderung der Emissionen um 55 Prozent bis zum Jahr 2030. Ende des Jahres stellte die neue Europäische Kommission sogar das ehrgeizige Projekt des »European Green Deal« vor. In der EU soll die

Nettoemission von Treibhausgasen bis 2050 auf null reduziert werden, wofür Ausgaben in Höhe von insgesamt 1000 Milliarden Euro in den kommenden zehn Jahren vorgesehen sind. Mit einer Reihe von Gesetzen sollen Maßnahmen zur Erhaltung von Biodiversität, Aufforstungsprojekte, der Übergang zu nachhaltigerer Landwirtschaft und umweltverträglicherem Transport sowie Wärmedämmungsmaßnahmen verbindlich vorgeschrieben werden.

Einige Mitgliedsstaaten wandten jedoch ein, dass die Klimaziele der Union trotz der Dringlichkeit des Problems unerreichbar seien. Dass der Weg tatsächlich noch weit war, konnte jeder sehen, der in jenen Jahren zum Beispiel durch Polen reiste, wo Steinkohle noch die mit Abstand wichtigste Energiequelle war. Das Gleiche galt unter anderem für Ungarn, Bulgarien und Rumänien. In Dörfern wie Vásárosbéc war der Himmel nachmittags noch blau vom Rauch der Holzöfen, man kannte es nicht anders. Wer systematische Schritte zur Verringerung der CO_2-Emissionen durch die Luftfahrtindustrie unternehmen wollte, stieß in Brüssel auf nahezu unüberwindliche Schwierigkeiten. Und während in Deutschland, den Niederlanden und einigen anderen Ländern auf relativ vielen Dächern Sonnenkollektoren glänzten, habe ich dergleichen im sonnenüberfluteten Spanien fast nirgendwo gesehen. Dank einer Handvoll korrupter Politiker konnte das nationale Energieversorgungsunternehmen mit seiner Monopolstellung die Installation privater Solaranlagen nach wie vor weitgehend blockieren. In Polen wurden sogar zahlreiche neue Braunkohlebergwerke eröffnet – zur Versorgung neuer Kohlekraftwerke.

Währenddessen erreichte uns eine beunruhigende Prognose nach der anderen. Wissenschaftler erwarten, dass die globale Erwärmung in diesem Jahrhundert weit über den Wert von weniger als zwei Grad, auf den man sich bei den Klimaabkommen geeinigt hatte, hinausgehen wird. Dies würde unter anderem dazu führen, dass bereits um das Jahr 2050 einige südeuropäische Metropolen wie Rom, Madrid und Athen in der Sommerhitze fast unbewohnbar sein würden. Außerdem würde sich der Sauerstoffverlust der Ozeane dramatisch verschlimmern, was das Aussterben unzähliger Arten, hauptsächlich Fischen, zur Folge haben würde. Wie aus paläontologischen Untersuchungen Millionen Jahre alter Erdschichten hervorging, hatte es schon mehrfach ein solches Massenaussterben gegeben, nur vollzogen sich die Veränderungen im 21. Jahrhundert um ein Vielfaches schneller.

Temperaturanstiege hatten in früheren erdgeschichtlichen Epochen zum Abschmelzen des arktischen und antarktischen Eises geführt. Nach dem 21. Jahrhundert würden die freigesetzten Wassermassen und die damit zusammenhängenden Gewichtsverschiebungen schnell einen Anstieg des Meeresspiegels um einige Meter verursachen. Traditionelle Küstenschutzanlagen wären dem nicht gewachsen, zahlreiche Deiche würden unterspült werden, das Abfließen des Wassers aus Flüssen würde erheblich behindert. Die ersten katastrophalen Überschwemmungen würden sich deshalb in Flussdeltas wie der niederländischen Randstad ereignen. Wenn ich durch Amsterdam radelte, war es ein seltsamer Gedanke, dass auch die Tage dieser jahrhundertealten Stadt, die teilweise unterhalb des Meeresspiegels liegt, gezählt waren.

Im November 2017 veröffentlichte die amerikanische Fachzeitschrift *BioScience* eine von über 15 000 Wissenschaftlern aus mehr als 180 Ländern unterzeichnete »Warnung der Wissenschaftler der Welt an die Menschheit«. »Bald wird es zu spät sein, um vom Katastrophenkurs noch abzukommen. Wir müssen in unserem täglichen Leben und in der Politik erkennen, dass wir nur diese eine Erde als Zuhause haben.«

Das britische Institute for Public Policy Research warnte vor der Entstehung neuer, höchst komplexer Risiken. Soziale und ökonomische Systeme könnten plötzlich kollabieren, eine Situation, die in gewisser Hinsicht mit dem Kollaps des weltweiten Finanzsystems im Jahr 2008 vergleichbar sei. Die Zerstörung der »natürlichen Infrastruktur« wie unter anderem eines stabilen Klimas und eines gesunden Bodens habe katastrophale Folgen für Gesundheit und Wohlstand und führe zu wachsender Ungleichheit und Migrationsbewegungen, was wiederum politische Spannungen und Konflikte wahrscheinlicher mache. Bei der Eröffnung der UN-Klimakonferenz in Kattowitz im Dezember 2018 zählte der Generalsekretär der Vereinten Nationen, António Guterres, die wichtigsten Fakten auf: Die zwanzig wärmsten Jahre seit Beginn der Aufzeichnungen fielen in den Zeitraum der zurückliegenden 22 Jahre, wobei die vergangenen vier Jahre die wärmsten überhaupt waren; die CO_2-Konzentration in der Atmosphäre war die höchste seit drei Millionen Jahren; der Ausstoß von Treibhausgasen stieg nach einer kurzen Unterbrechung wieder deutlich an, was vor allem auf das Konto Chinas, der Vereinigten Staaten und Indiens ging. »Wir sind in Schwierigkeiten. Wir sind, was den Klimawandel angeht, in großen Schwierigkeiten.«

Es ging schnell. »Die Welt meiner Jugend ist längst weg, aber auch die Welt, wie sie in meinen dreißiger und vierziger Jahren war, ist jetzt verschwunden«, seufzte ein friesischer Freund, ein Bauernsohn. Er war immer stolz auf seine bäuerliche Herkunft gewesen, doch heute schämte er sich fast dafür. Und die Scham und der Stolz hingen beide mit einer Erfahrung seiner Jugend zusammen: der natürlichen Verbindung zwischen dem Land, den Menschen und der Gemeinschaft.

Ende Februar 2019 saßen in unserem Dorf fast alle draußen in der Sonne, als wäre es Juni. Die Eisbahn war nur noch selten in Gebrauch. Immer noch ächzten nachts, wenn es stürmte, unsere Dachbalken, aber das Gefühl von Geborgenheit, das dieses wüste Knarren früher bei mir ausgelöst hatte, wich einer vagen Beunruhigung.

»Gibt es noch einen Weg zurück?«, fragte sich mein Freund. Oder löste sich alles auf und verblich wie ein vergessenes Foto?

Das gelobte Land

2015

I

Wir galoppieren über die Wellen. Überlebensanzüge, Headsets, Helme, wir sehen aus wie Hubschrauberpiloten. Es ist Ende Januar und Nacht. Auf dem kalten Wattenmeer herrscht Windstärke sieben. Ich fahre auf dem Rettungsboot *Annie Jacoba Visser* der Koninklijke Nederlandse Reddingmaatschappij (KNRM) von der Station Lauwersoog mit. »Ed, pass auf, Fischer auf zwei Uhr.« Das Suchlicht leuchtet auf und erlischt wieder. Wellen türmen sich auf, glänzend im Licht des Vollmonds. »Meine Güte, was für Brecher.«

»Bevor wir reden, musst du wenigstens kurz das Meer erlebt haben, wie wir es erleben«, hatte Ed Huisman gesagt. Jetzt manövriert er das Festrumpfschlauchboot mit dem halb offenen Fahrstand gewandt durch die Fahrrinnen und Priele zwischen den Westfriesischen Inseln. Die Männer kennen jede Untiefe – oder auch nicht, denn alles verändert sich von Woche zu Woche. Die Wellen werden höher, das Boot schlingert und bäumt sich auf, scheint sich fast überschlagen zu wollen. »Wenn wir bei diesem Seegang eine Sandbank treffen, haben wir ein Problem«, murmelt Ed. »Im Mittelmeer konnte es genauso rau zugehen, nur war das Wasser da klar, und wir wären nicht auf Sand, sondern auf Felsen geknallt. Die Wirkung ist die Gleiche. Die See kann beinhart sein, wahnsinnig gefährlich, das ist den meisten nicht klar.«

Hinterher trinken wir das rituelle Pils, der Inhalt von ein paar Chipstüten wird auf den Tisch gekippt. Alle diese Freiwilligen kommen aus der näheren Umgebung, innerhalb einer Viertelstunde müssen sie auslaufen können. Die meisten sind schon seit Jahren dabei, jeden Montag üben sie. Es sind besondere Männer aus allen möglichen Berufen, zäh, engagiert, solidarisch. »Wir retten Menschen, wir müssen verhindern, dass sie absaufen. Punkt.« Das können Fischer sein oder Besitzer von teuren Jachten – die sich dann manchmal auch noch aufspielen –, für sie macht das keinen

Unterschied. Um Menschen zu retten, sind Ed und ein Kollege 2015 zur griechischen Insel Lesbos gereist. Als professionelle Retter hatten sie nicht mehr mit ansehen können, was im Mittelmeer geschah. Ein Jahr danach richtete die KNRM auf Chios eine Rettungsstation mit zwei Booten ein, finanziert durch zwei Großspenden.

Später sehe ich bei Ed zu Hause die Fotos. Die Schlauchboote der Flüchtlinge und Migranten, teilweise kaum mehr als Ballons, so schlaff und dünn, das Herz krampft sich einem zusammen. Schwimmwesten, nur mit ein bisschen Styropor gefüllt. »Dafür wurden 50 Euro verlangt, und man sank damit wie ein Stein.« Angespülte Kleidung, ein Kinderschuh. »Manchmal wurden die Leute in Küstennähe einfach über Bord geworfen – ja, auf See kräht kein Hahn danach.«

Auf ägäischen Inseln wie Chios, Kos, Lesbos und Samos entwickelte sich die illegale Immigration seit 2014 zu einem Wirtschaftszweig. »Als wir mit dem Flugzeug ankamen, konnte man es sogar aus der Luft sehen: ein ganzer Fußballplatz voll alter Luftschläuche und Rettungswesten, zusammengeworfen zu einem riesigen rot-schwarzen Haufen.« Ed Huisman, im täglichen Leben Inhaber einer Glaserei bei Dokkum, und die anderen Seenotretter sind gewiss keine Weicheier, trotzdem haben ihnen die Erlebnisse dort sehr zu schaffen gemacht.

Sie arbeiteten auf einem viel befahrenen Seeweg. Schon wegen des hohen Verkehrsaufkommens war die Überfahrt für die Migranten auf ihren Schlauchbooten äußerst gefährlich. »So ein riesiges Schiff der Hellenic Seaways, das bemerkt diese Schlauchboote nicht, die sind auch auf dem Radar nicht zu sehen, in der Nacht fährt man da einfach drüber.« Sie mussten vorsichtig sein, aber nach zahlreichen redlich bemühten Amateuren waren sie die ersten professionellen Retter auf der Insel. »Unsere wichtigste Aufgabe war, dafür zu sorgen, dass die Boote sicher das Land erreichten, an sicheren Küstenabschnitten. Aber man musste immer Abstand halten, denn wenn man zu nah ranfuhr, wurden einem gleich drei Kinder zugeworfen. So ein wackliges Schlauchboot mit 50 bis 100 Leuten kentert leicht, im Wasser klammern Menschen sich in Todesangst aneinander fest und ziehen sich gegenseitig runter, das kommt regelmäßig vor. Ja, Retten will gelernt sein.«

Doch es waren vor allem die Kinder, die er nicht vergessen konnte. »Wenn man auf eins dieser überfüllten Schlauchboote zufuhr, sah man nur

Männer. Aber die saßen am Rand, und wenn man näher kam, stellte man oft fest, dass in der Mitte viele Kinder waren, unterkühlt oder noch schlimmer dran. Wie ruhig diese Kinder waren, das hat mich immer wieder gewundert. Wir haben innerhalb von zwei Wochen drei Frauen übernommen, bei denen die Geburt weit fortgeschritten war. Wenn ein Neugeborenes auskühlt, dann ist schnell Feierabend, dann geht das Licht aus.« Er zeigt mir einen Kleinkinderschuh, den er am Strand gefunden hat, winzig, weißgrau, vom Wasser verfärbte Schnürbändel und auf der Sohle Noppen mit lachenden Gesichtern.

Natürlich werde auch in seinem Umfeld von Flüchtlingen gesprochen, die »hier nicht hingehören«, sagt er, aber er äußere sich nicht mehr dazu. Er wisse ja selbst auch, wie kompliziert das Ganze sei, aber man könne doch nicht Tausende von Menschen einfach ertrinken lassen. Das widerspreche allem, wofür sie sich bei der KNRM immer eingesetzt hätten: Menschen zu retten, weil sie Menschen sind.

»Ich hatte im Grunde nie etwas Schlimmes erlebt«, sagt er heute. »Ich hatte ein Leben, wie ich es jedem gönnen würde, und plötzlich stand ich am Eingang zur Hölle. Ich merkte, wie groß die Not war und was ein Mensch dem anderen antun konnte. Wenn man ein Flüchtling und so hilflos ist, wie kann es sein, dass man dann noch bestohlen, misshandelt und vergewaltigt wird und sich anschließend in so einem elenden Boot in Lebensgefahr begeben muss? Man liest die Berichte darüber, aber es ist ja nur die Zeitung, und dann stellt man auf einmal fest: Das passiert tatsächlich. Die vielen Kinder, die aufs dunkle Meer rausfahren mussten … dass ein Leben so anfängt … ich hatte keine Hornhaut auf der Seele, das war mein Problem.«

Er zeigt mir noch ein paar Bilder, eine Gruppe von dunkelhäutigen jungen Männern, die vor einem ramponierten Schlauchboot tanzen, sie haben es gerade noch an Land geschafft und sind so froh, dass auch sie endlich angekommen sind im gelobten Land Europa.

2

Im Jahr 1937 schrieb der rastlos umherschweifende Journalist Joseph Roth, es gebe in manchen europäischen Kulturländern Tierschutzvereine, die alljährlich im Herbst die von ihren Artgenossen zurückgelassenen Zugvögel einsammelten und nach Süden beförderten, und fragte: »Wo gibt es einen Menschenschutzverein, der unsere Artgenossen ohne Pass und ohne Visum in das von ihnen ersehnte Land bringen wollte?«

Massenmigration ist Teil des europäischen Schicksals. In den 1920er und 1930er Jahren, nach der Oktoberrevolution und dem Zusammenbruch des Osmanischen Reiches, flüchteten Hunderttausende Männer, Frauen und Kinder quer über den Kontinent, nach der Machtergreifung der Nationalsozialisten noch einmal zahllose deutsche und österreichische Juden. An diversen Grenzen spielten sich dramatische Szenen ab, nationale Herzlosigkeit konnte schreckliche Formen annehmen, doch manchmal half tatsächlich der »Menschenschutzverein«. Der seit 1922 vom Völkerbund ausgegebene Nansen-Pass, nach dem damaligen Hochkommissar für Flüchtlingsfragen Fridtjof Nansen benannt, ermöglichte fast einer halben Million staatenloser russischer Flüchtlinge die Einreise in Länder, in denen Verwandte wohnten oder Aussicht auf Arbeit bestand.

Nach 1945 waren auf dem zerstörten Kontinent etwa 20 Millionen Europäer auf der Flucht. Alle deutschsprachigen Einwohner der Tschechoslowakei wurden aus dem Land vertrieben, die amerikanische Zone im Süden Deutschlands musste allein von dort über eine Million Flüchtlinge aufnehmen. In den 1950er und 1960er Jahren folgten Einwanderungswellen aus ehemaligen Kolonien in die westeuropäischen Länder. Nach Frankreich zum Beispiel kamen 1962 nach der Unabhängigkeitserklärung Algeriens innerhalb von wenigen Wochen eine Dreiviertelmillion Repatrianten. Immer wieder wurde der »Menschenschutzverein« aktiv. Es gehörte zu den größten Leistungen Nachkriegseuropas, dass es inmitten von Chaos und Zerstörung für fast all diese Migranten eine neue Heimat fand.

Ein halbes Jahrhundert später, 2014, waren nach Angaben der Vereinten Nationen weltweit ungefähr 19,5 Millionen Menschen auf der Flucht vor Kriegen. Der enorme Anstieg der Flüchtlingszahlen war zu einem großen Teil auf die Kriege im Irak und in Afghanistan zurückzuführen. Der Iran, Pakistan und die Türkei hatten zusammen über fünf Millionen Afghanen aufgenommen und fingen allmählich an, sie nach Europa weiterzuschicken. Der Bürgerkrieg in Libyen löste eine weitere Fluchtwelle aus. Wie später bekannt wurde, hatte Diktator Muammar al-Gaddafi kurz vor seinem Sturz alle Vereinbarungen mit Italien missachtet und zahllose Flüchtlinge auf den Weg in Richtung Lampedusa geschickt, um Italien für die Beteiligung am internationalen Militäreinsatz zu bestrafen.

Im selben Jahr begann der Bürgerkrieg in Syrien. 2014, nach drei Jahren Krieg, Bombardierungen und IS-Terror, war fast die Hälfte der 22 Millionen Syrer aus ihren Städten und Dörfern vertrieben. Jordanien, der Libanon und abermals die Türkei hatten Millionen syrische Flüchtlinge aufgenommen, doch die dortigen Kapazitäten stießen allmählich an ihre Grenzen. Nach Europa weiterzureisen, wurde auch für diese Flüchtlinge immer dringlicher. Viele kamen niemals an. Die Zahl der Ertrunkenen auf der *list of deaths*, von der schon im fünften Kapitel die Rede war, stieg während des Krieges in Syrien stark an, von etwas mehr als 900 im Jahr 2013 auf etwa 3500 im Jahr 2017.

An dem Exodus nahmen zunehmend auch »normale« Migranten teil, die ganz einfach auf der Suche nach einem besseren Leben waren. Besonders für junge Afrikaner blieb Europa trotz der hohen Kosten und der Gefahren der Reise und obwohl sie sich für das viele Geld oft auch in ihrer Heimat hätten selbstständig machen können, ungeheuer anziehend. In der Hoffnung auf einen Flüchtlingsstatus wagten Hunderttausende den Sprung, überquerten den Bosporus und das Mittelmeer und reisten legal, halb legal oder illegal in Europa ein.

Maria Makrogianni und Michalis Georgalis gehörten ohne Zweifel dem »Menschenschutzverein« an. In ihrem alten Haus auf Samos lebten sie unzertrennlich wie Philemon und Baucis, das greise Paar aus der griechischen Mythologie, das trotz seiner Armut zwei von allen Einwohnern der Stadt abgewiesene Fremde, in Wirklichkeit die Götter Zeus und Hermes, gastfreundlich aufnahm und bewirtete.

Maria war Michalis' große Liebe und umgekehrt, seit fast drei Jahrzehnten. Sie hatten sich füreinander scheiden lassen und allen Anfeindungen getrotzt, um zusammen sein zu können. Sie hatten eine kleine Taverne. Eines Abends im Jahr 2015 sahen sie eine Gruppe junger syrischer Männer, die gerade mit einem Schlauchboot von der Türkei aus gekommen war und nun in einem verwilderten Garten ein paar unreife Tomaten pflücken wollte. »Sieh mal, die Jungs haben Hunger«, sagte Michalis, »mach doch mal was zu essen.«

So fing es an. Einer der jungen Männer wollte für das Essen bezahlen, aber Maria und Michalis lehnten ab. Von da an kamen die Flüchtlinge immer öfter, Maria und Michalis belegten Sandwiches und brachten sie zu den Hütten und Zelten, ein offizielles Lager und organisierte Versorgung mit Lebensmitteln gab es damals noch nicht. Schließlich kamen Hilfe und finanzielle Unterstützung aus Europa. Maria Makrogianni wurde als »Mama Maria« bekannt.

»Wir haben Hunderte Sandwiches am Tag belegt«, erzählt Maria. »Jeden Abend kamen 50 Leute zum Essen, die Jungs haben überall in der Taverne auf Feldbetten geschlafen.« Warum haben sie all das getan? »Jesus hat mich gelehrt, den Fremden immer willkommen zu heißen.« Außerdem war sie selbst Tochter von Flüchtlingen, ihre Familie war aus der Türkei vertrieben worden, als das Land von allen Griechen »gesäubert« wurde. »Als meine Mutter als Flüchtlingskind auf Samos ankam, wurde sie bespuckt und getreten, nur weil sie eine Fremde war. Ich will nicht, dass sich diese Geschichte wiederholt. Ich muss helfen. So bin ich erzogen worden, es liegt in meiner Natur.«

Sechs junge Algerier bedankten sich bei ihnen eine Zeit lang mit allerlei kleinen Arbeiten. Ein 15-jähriger Afghane wohnte drei Monate in der Taverne. »Er war wie ein Sohn für uns.« Heute studiert er in Österreich Medizin. »Wir haben drei Frauen mit Kindern vom Strand geholt, wo sie übernachteten, sie hatten nicht einmal eine Decke.«

Einige Dorfbewohner legten ihnen Steine in den Weg, wo sie nur konnten, ein paarmal wurden sie sogar bedroht. Warum haben sie trotzdem weitergemacht? »Wenn jemand an die Tür klopft und sagt: ›Ich habe Hunger‹, dann schickt man ihn nicht weg«, erklärt Michalis. Und Maria sagt: »Weil ich sie liebe.«

Wer in jenen Jahren durch Europa reiste, sah überall die Spuren dieses Exodus. In Budapest hatten Flüchtlinge unmittelbar neben den Bahngleisen Zelte und Hütten aus Plastiktüten zusammengebastelt. Vor den anmutigen Venezianischen Galerien in Ostende schliefen neben der Promenade, auf der sich fröhliche Strandurlauber und ihre Kinder tummelten, erschöpfte schwarze Männer. In Calais war in den Dünen eine komplette illegale Zeltstadt errichtet worden. In Paris sah man auf einem von Abfällen übersäten Gelände vor der Gare du Nord improvisierte Zelte aus verschossenen Lappen und Planen, hier und da einen hölzernen Verschlag und Rauch von ein paar Feuern. In Oslo saßen oder standen fast an jeder Straßenecke Bettler oder Bettlerinnen, bis in die Außenbezirke hinein. In London und Berlin gab es unter vielen Brücken und in Arkaden Schlafplätze, teilweise regelrechte Bettkonstruktionen aus Schlafsäcken, Plastiktüten und Kartons.

Sogar im fernen Kirkenes, wo normalerweise nur entlaufene Rentiere Grenzprobleme verursachten, tauchten Flüchtlinge auf. Im Herbst 2015 sahen die norwegischen Posten plötzlich ein paar Frauen und Männer, die sich von der russischen Seite her auf Fahrrädern näherten, in dünner Kleidung dem eisigen Wind ausgesetzt. Es waren syrische Flüchtlinge, die von der Türkei aus über Moskau in den hohen Norden gereist waren, vermutlich nach entsprechenden Tipps des FSB. Dank einer Gesetzeslücke konnten sie ohne Schwierigkeiten die Grenze zu Norwegen überqueren: Die russischen Bestimmungen verboten den Grenzübertritt zu Fuß, die norwegischen einen Grenzübertritt im Auto. Über Fahrräder sagten die Bestimmungen nichts.

Es war der Beginn der Einwanderung auf der sogenannten arktischen Route, eigentlich nur eine Fahrradfahrt von höchstens 300 Metern durch den Schnee. Die Nachricht von dieser unverhofften Gelegenheit verbreitete sich blitzschnell, bald meldeten sich täglich Hunderte Migranten auf der norwegischen Seite. Auf der russischen blühte der Handel mit Fahrrädern. Nach Einschätzung des Journalisten Thomas Nilsen war das Ganze einschließlich des Fahrradverkaufs eine Inszenierung des FSB. »Ich habe es selbst miterlebt, 200 Dollar pro Fahrrad, manchmal wurden ein und dieselben Räder drei- oder viermal verkauft. Und dann war es plötzlich wieder vorbei. Anscheinend hatte auf der russischen Seite jemand ›genug‹ gesagt.« Und welches Motiv steckte hinter dieser FSB-Aktion? Nilsen wusste es auch nicht.

Insgesamt reisten auf diese Weise etwas mehr als 5000 Flüchtlinge nach Europa ein. Sie wurden im kleinen Kirkenes gastfreundlich empfangen. »Es war Winter, verstehst du«, sagte Nilsen. »Dann kann man hier einfach niemanden draußen stehen lassen.«

Wie verlief gewöhnlich so eine Flucht? Ich habe einmal einen Jungen aus der Nachbarschaft danach gefragt, Safwat, den ältesten Sohn der Syrer in unserem Dorf. Ich hörte einen nüchternen Bericht über eine Schleuseraktion, wie sie in jenen Jahren täglich stattfanden, gefährlich, hart, aber ohne große Tragödien. Er war damals zwölf und ging zusammen mit einem Onkel und einer Cousine auf die Reise. Ihre Stadt wurde schwer bombardiert, IS-Milizen waren nicht mehr weit entfernt, die Familie musste weg, abzuwarten wäre unverantwortlich gewesen. Obwohl oder auch weil er noch so jung war, hatte man ihn als Quartiermacher ausgesucht. Wenn er es bis nach Schweden oder in die Niederlande schaffte, würde die Familie dort zusammengeführt werden können.

Die Überfahrt begann an der türkischen Küste, wo ein Hotel als Sammelstelle diente. Nach ein paar Tagen wurde grünes Licht gegeben, mitten in der Nacht wurden alle mit einem Bus ans Meer verfrachtet. Die Fahrt nach Italien sollte 15 Tage dauern, für ihren Proviant mussten sie selbst sorgen. Er schickte eine Nachricht an die Familie: »Es geht los. Wenn ihr in 15 Tagen nichts von uns gehört habt, ist etwas passiert.«

Dann wurden sie mit Schlauchbooten zu einem Schiff gefahren, einem größeren, wie es hieß. Doch wie sich herausstellte, war es nur 30 Meter lang, und in der Nacht kamen immer mehr Schlauchboote an. »Am Ende waren wir so ungefähr zweihundert, dicht zusammengedrängt, die Männer und älteren Jungen oben, die Frauen und Kinder unten im Schiff.«

Am ersten Tag fand er die Überfahrt noch spannend. »Das Meer, die Möwen, das Glitzern des Wassers, das gefiel mir ziemlich gut.« Doch bald wurde er seekrank, konnte tagelang nichts bei sich behalten und wurde immer matter. »Man soll dann süße Schokolade essen, sagten alle, aber so was hatten wir nicht mitgenommen.« Überhaupt reichte der Proviant bei Weitem nicht aus, der Junge nahm mehrere Kilo ab. Außerdem mussten auf dem überladenen Schiff immer wieder die Plätze getauscht werden. Auf dem Achterdeck saß man noch vergleichsweise gut, während man auf dem Vordeck ständig klatschnass wurde. »Auf anderen Schiffen, die auch überfüllt waren, ist es dabei zu großen Schlägereien gekommen, und die sind dann auch schnell gekentert. Manchmal wurden Leute auch einfach über Bord geworfen. Bei uns ist das zum Glück nicht passiert.«

Nach 13 Tagen meldete sich der Kapitän bei der italienischen Küstenwache. »Wir haben keinen Treibstoff mehr, das Schiff ist nicht mehr steuerbar, helft uns.« Nach ein paar Stunden kam ein Hubschrauber. »Jetzt sind wir gerettet«, sagte der Kapitän, für den es offenbar nicht die erste Fahrt dieser Art war und der später in der Menge untertauchte. »Es waren ganz tolle Schiffe, die dann kamen«, erzählte der syrische Junge. »Die Kranken wurden mit dem Hubschrauber von Bord geholt, wir wurden nach ein paar Stunden Fahrt an Land gebracht und registriert.« Danach durften alle weiterreisen. Er wollte mit seinem Onkel und seiner Cousine nach Schweden, aber auf dem Bahnhof verlor er sie plötzlich aus den Augen, die italienische Polizei kümmerte sich um ihn, und alles wurde doch noch gut. »Sie hatten leckere Pizza, und eine nette Polizistin hat mir ein paar Scheine zugesteckt. Ich habe sie meinem Onkel gezeigt, ich dachte, es wären Aufenthaltsgenehmigungen oder so was, aber er sagte: ›Das ist Geld, Junge, so sehen also Euros aus!‹«

3

Ein Jahr später, 2015, unternahmen über eine Million Migranten die Reise übers Mittelmeer. Die allermeisten, etwa 850 000, fuhren nun aber nicht mehr nach Italien oder Spanien, sondern zu den griechischen Inseln in der östlichen Ägäis, nur wenige Kilometer vom türkischen Festland entfernt. Diese Route galt damals als die beste. Für 1000 Euro konnte man auf den Straßen von Izmir oder Bodrum einen Platz auf einem wackligen Schlauchboot kaufen. Wer lebend Samos, Chios, Kos oder Lesbos erreichte, durfte mit Tausenden anderen Migranten auf einer der rostigen Fähren, die von der griechischen Regierung eigens für diesen Zweck gechartert worden waren, unkontrolliert aufs Festland weiterfahren. Von dort aus erreichte man, wiederum mit Unterstützung von Schleusern, innerhalb einiger Tage Berlin oder Budapest. Auf dem Balkan waren weit verzweigte Organisationen von überwiegend bulgarischen Schleusern aktiv, fast alle syrischen und afghanischen Flüchtlinge hatten Listen mit Adressen und Telefonnummern in der Tasche.

Ging es auch anders? Nein. Sich Schleppern anzuvertrauen, war 2015 für Flüchtlinge, ganz gleich wie gefährdet sie waren, fast die einzige Möglichkeit, nach Europa einzureisen. Der EU war es auch in den »goldenen Jahren« nicht gelungen, eine konsistente gemeinsame Flüchtlingspolitik einschließlich wirksamer Kontrolle der Außengrenzen und der Einrichtung von Meldezentren für Flüchtlinge und Migranten zu beschließen und umzusetzen.

Gemäß dem Dubliner Übereinkommen war für die Prüfung von Asylanträgen formal weiterhin der Staat zuständig, in den die Antragsteller zuerst eingereist waren, meistens also Griechenland, Spanien und Italien. Die nördlichen Mitgliedsstaaten verteidigten dieses System hartnäckig, obwohl sie wussten, dass die südlichen diese Regel seit Jahren missachteten. Frontex, die gemeinsame Organisation für die Grenz- und Küstenwache, war immer noch kaum handlungsfähig. Als 2015 auf einmal Hunderttausende Flüchtlinge nach Europa kamen, kehrten die europäischen Länder fast zwangsläufig zum alten System nationaler Grenzen zurück. Von da an herrschte zwischen Süd-, Ost- und Nordeuropa in dieser Frage ein offener Konflikt.

Am 14. April 2015 kenterte ein überfülltes Flüchtlingsschiff mit vermutlich etwa 550 Menschen an Bord auf dem Weg von Libyen nach Italien. 144 wurden von der italienischen Küstenwache gerettet, 400 verschwanden in den Wellen. Am 16. April ertranken auf derselben Route weitere 40 Bootsflüchtlinge. Am 19. April kenterte bei Lampedusa ein altes Frachtschiff mit etwa 800 Männern, Frauen und Kindern an Bord, von denen fast niemand gerettet werden konnte. Überall trieben Leichen und Habseligkeiten im Wasser. In einer einzigen Woche waren über 1200 Menschen im Mittelmeer ums Leben gekommen.

Für den italienischen Ministerpräsidenten Matteo Renzi war das Maß voll. Italien könne diese Last nicht mehr allein tragen, die Flüchtlinge sollten auf alle europäischen Länder verteilt werden. Die Staats- und Regierungschefs der 28 EU-Länder wurden zu einem Sondergipfel in Brüssel zusammengerufen. »Es ging um eine Grundsatzentscheidung«, sagte Jean-Claude Juncker später gegenüber der BBC. »Sind wir als EU eine Familie, in der wir Probleme miteinander teilen? Oder sind wir eine normale internationale Organisation wie alle anderen?« Donald Tusk äußerte sich ähnlich: »Es war ein europäisches Problem, es ging um europäische Werte. Nur hat Renzi von den europäischen Staats- und Regierungschefs etwas verlangt, worüber ihre Wähler ganz und gar nicht erfreut waren. Er forderte Solidarität. Aber was ist erzwungene Solidarität?«

Viktor Orbán widersprach sofort: Eine Verteilung der Flüchtlinge über Europa sei nur eine Einladung für noch mehr Immigranten. Ungarn begann, an seinen Grenzen Sperren aus NATO-Draht zu errichten. Für die deutsche Regierung kam das nicht infrage, hatte es doch in der deutschen Geschichte schon zu viele Mauern und Stacheldrahtzäune gegeben. Unter vier Augen sagte Angela Merkel zu Vizekanzler Sigmar Gabriel: »Aber Herr Gabriel, versprechen Sie mir eines. Wir bauen keine Zäune.« Osteuropa, das Immigration vor allem als Bedrohung empfand und außerdem empfindlich auf Einmischungen aus Brüssel reagierte, murrte vernehmlich. Die übrigen europäischen Regierungen warteten ab. Im Osten der Ukraine herrschte Krieg, die griechische Schuldenkrise näherte sich ihrem Höhepunkt, und es waren diese Probleme, auf die man sich konzentrierte.

So bewegte sich vom Frühjahr 2015 an ein langer Zug von Entwurzelten quer durch Europa. Es waren Bilder, wie man sie seit 1946 nicht mehr gesehen hatte. Das Schleppergewerbe war aktiver denn je, wobei auch Regierungen und Hilfsorganisationen aus ganz Europa eine Rolle spielten. Rettungsschiffe nahmen Zehntausende Bootsflüchtlinge auf, und weil die Schlepper dies zunehmend einkalkulierten, trugen Seenotretter ungewollt dazu bei, dass Menschen auf die lebensgefährliche Reise geschickt wurden. Ein wackliges Schlauchboot nach dem anderen erreichte die griechischen Inseln, Retter halfen den Insassen an Land, nichtstaatliche Hilfsorganisationen sorgten soweit möglich für Unterbringung und Weitertransport, die Boote wurden unbrauchbar gemacht. Journalisten beobachteten jedoch mehrfach, dass liegen gelassene Außenbordmotoren nachts zur nächsten Straße geschleppt, auf einen Pick-up geladen und mit der Fähre zum türkischen Festland zurückgebracht wurden, wo sie erneut Verwendung fanden. So drehte sich das Karussell weiter.

Für einen Flüchtling dauerte die Reise von Damaskus über den Libanon, Istanbul und Lesbos nach Berlin damals durchschnittlich 25 Tage.

Die Inseln in der Ägäis waren nur Umsteigestationen. Als nächste Zwischenstation war Athen beliebt. Auf dem Viktoriaplatz standen dicht an dicht Kuppelzelte, im Volksmund hieß er bald Afghanenplatz. Griechenland war fast bankrott, die Verwaltung kaum funktionsfähig, und die jüngst angetretene Syriza-Regierung betrachtete den Zustrom von Migranten als ein Problem, das sich von selbst lösen würde. »Diese Leute kommen, und nach 20 Tagen verschwinden sie einfach wieder«, meinte der Migrationsminister. Doch es kamen immer mehr. Während es auf den Inseln im Herbst 2014 wegen der außerordentlich restriktiven Migrationspolitik der früheren Regierungen kaum noch Migranten gegeben hatte, waren es im März 2015 bereits 7800 und im Oktober 212 000.

Ende August 2015 konnte das Land den Ansturm nicht länger bewältigen. In Nordgriechenland wurden die Grenzen geöffnet und auch in Nordmazedonien und Serbien sämtliche Kontrollen eingestellt. Tausende »Illegale«, die seit Jahren in Griechenland festsaßen, nutzten die Gelegenheit und reisten mit den zahllosen Syrern nach Norden. Mazedonische Taxifahrer berechneten nun für eine Fahrt von der griechischen zur serbischen Grenze 400 Euro, ihre serbischen Kollegen verlangten 1500 für die Weiterfahrt zur ungarischen Grenze. Orbán sprach von einer Invasion und einer »islamischen Bedrohung« der christlichen Kultur, als im Laufe des August ungefähr 50 000 Migranten die Grenze zu Ungarn überquerten. Allerdings wollte fast niemand dort bleiben, das Ziel war Deutschland. Am Budapester Ostbahnhof kampierten Tausende, die darauf warteten, registriert zu werden, um nach Westen weiterreisen zu können.

Zahlreiche Journalisten begleiteten diese »Grande Armée« von Migranten. Ein Reporter vom *NRC Handelsblad* traf zum Beispiel einen Mann aus Mossul und seine alte Mutter, die sich einen neuen Rollstuhl hatte kaufen müssen, weil die türkischen Schleuser ihren alten weggeworfen hatten. Er sprach mit zwei junge Kongolesen, die davon träumten, Fußballer zu werden. Ein junges syrisches Ehepaar schwankte zwischen Schweden, Dänemark oder vielleicht noch eher den Niederlanden als Endziel. (»Da bekommt man einen Zuschuss, und das Bildungssystem ist sehr gut.«) Ein smarter junger Mann aus Damaskus hoffte, in den Vereinigten Staaten weiterstudieren zu können. Eine Familie war aus Afghanistan geflohen; der Mann wollte in Utrecht Jura studieren, seine Frau war völlig verängstigt, seit das Schlauchboot bei der Überfahrt einen Riss bekommen hatte, und schluckte ständig Aspirin; die drei Kinder hatten Alpträume.

Alle wollten nach Deutschland, in die Niederlande oder die skandinavischen Länder. Alle erwarteten ein herzliches Willkommen, schnelle Asylverfahren, Respekt.

Ende August 2015, als die griechische Staatsschuldenkrise gerade erst hinter uns lag, näherte sich die Flüchtlingskrise ihrem Höhepunkt. Am 27. August entdeckten österreichische Polizisten neben einer Autobahn einen abgestellten Kühllastwagen mit 71 toten Männern, Frauen und Kindern im luftdicht verschlossenen Laderaum, erstickt während der Fahrt von Ungarn nach Österreich. Am nächsten Tag wurde wiederum in Österreich ein ähnlicher Lastwagen mit 27 versteckten Flüchtlingen angehalten, die gerade noch rechtzeitig befreit werden konnten. Am 2. September löste ein Foto auf der ganzen Welt Bestürzung aus. Auf dem Bild war der ertrunkene dreijährige syrische Junge Alan Kurdi am Strand von Bodrum zu sehen, mit noch leicht geröteten Wangen, in einem roten T-Shirt und kurzer blauer Hose, angespült, nachdem sein überfülltes Boot auf dem Weg nach Kos fünf Minuten nach der Abfahrt gekentert war. Auch Alans Mutter und sein Bruder ertranken.

Dieses Bild veränderte alles. Hier lag ein gewaltiges moralisches Problem für Europa. Angela Merkel warnte, das Fundament der EU und des Schengen-Systems könne wegbrechen, wenn die EU-Mitgliedsstaaten nicht bereit seien, die Lasten zu teilen. Eine Woche später appellierte Jean-Claude Juncker in seiner Rede zur Lage der Union vor dem Europäischen Parlament eindringlich an die europäische Solidarität: »Europa – das ist der Bäcker im griechischen Kos, der sein Brot an die hungrigen und ermatteten Menschen verteilt. Europa – das sind die Studenten in München und Passau, die die Neuankömmlinge am Bahnhof mit Kleidung versorgen.« Sofort sollten 160 000 Flüchtlinge auf alle Mitgliedsstaaten verteilt werden; längerfristig müsse man eine solidarischere Asylpolitik anstreben. Angesichts der Zahl der nach Europa einreisenden Menschen war die Verteilung von 160 000 Flüchtlingen ein Tropfen auf den heißen Stein, aber immerhin schuf der Vorschlag der Kommission einen Präzedenzfall: Auch die Migration fiel künftig in die gemeinsame Verantwortung der Mitgliedsstaaten. Nur wurden die politischen Entscheidungen sehr schnell von der Realität überholt.

In jenem August ereignete sich in Deutschland etwas Bemerkenswertes. Deutschland war für die meisten Migranten das bevorzugte Ziel, innerhalb weniger Jahre war die Zahl der Asylanträge von 30 000 jährlich auf 200 000 gestiegen. 2015 wurde dieser Wert aber schon Mitte des Jahres erreicht, und der Krieg in Syrien ließ den Flüchtlingsstrom weiter anschwellen. Dennoch wendete sich die öffentliche Meinung zunächst nicht gegen die Flüchtlinge, im Gegenteil, es entstand eine erstaunliche »Willkommenskultur«. Wie von Juncker in seiner Rede angedeutet, brachten Hunderte von Helfern Lebensmittel, Spielsachen und Kleidung zu den großen Bahnhöfen. Den mit Jubel und Applaus begrüßten Flüchtlingen erschien Deutschland nach den Entbehrungen in Griechenland und auf dem Balken einen Augenblick wirklich als das gelobte Land. Viele schickten begeistert Selfies und Nachrichten an die Zurückgebliebenen: Kommt auch!

Die ungewöhnliche, beinahe euphorische Reaktion zahlreicher Deutscher auf die Flüchtlingskrise hatte viel mit einer neuen Art von Nationalstolz zu tun, die sich nach der Jahrtausendwende entwickelt hatte. Deutschland, so ein weit verbreitetes Gefühl, konnte sich wieder sehen lassen, es hatte sich mit seiner dunklen Vergangenheit auseinandergesetzt und sie überwunden, es war ein Land »der Hoffnung und der Chancen« geworden, wie Merkel es ausdrückte.

»Warum wir den syrischen Flüchtlingen helfen müssen«, titelte sogar die *Bild* am 28. Juli. Meinungsumfragen offenbarten eine erstaunliche Verschiebung. Hatten Anfang Juli noch 80 Prozent der Deutschen die griechische Schuldenkrise und nur sieben Prozent die Fluchtbewegungen als das wichtigste Problem bezeichnet, so waren im September für 80 Prozent die Flüchtlinge das Topthema. Vizekanzler Gabriel sprach von dem tiefen Wunsch der Deutschen, Europa endlich wieder ein freundliches Gesicht zu zeigen und die dunkle deutsche Vergangenheit endgültig hinter sich zu lassen.

In Ungarn, das zum Durchgangsland für all diese Flüchtlinge geworden war, sah man die Sache völlig anders. Das Europa, das Viktor Orbán vorschwebte, war ein Europa christlicher, autonomer Nationalstaaten. Diese Zukunftsvision stand in krassem Gegensatz zu Angela Merkels Vorstellung von Europa als Wertegemeinschaft, die in eine internationale Rechtsordnung eingebettet sein musste. Orbán bezeichnete die Flüchtlinge als »Trojanische Pferde des Terrorismus«. Viele Flüchtlinge ließ Ungarn so schnell wie möglich weiterreisen, andere, auch Kinder, wurden in Lager mit Stacheldrahtzäunen gesperrt. Proteste der Vereinten Nationen und anderer Organisationen tat Orbán als »charmanten Menschenrechtsnonsens« ab.

Ende August ließ Ungarn einen Sonderzug mit Flüchtlingen nach Deutschland fahren. Im Münchner Hauptbahnhof wurden die Insassen von Hunderten freiwilligen Helfern mit Applaus, Milch, Obst und Teddybären empfangen. Und doch hatten Deutschland und Österreich heftig gegen diese ungarische Aktion protestiert, mit dem Argument, dass die Asylanträge dieser Flüchtlinge gemäß dem Dubliner Abkommen in Ungarn bearbeitet werden müssten. Orbán bezeichnete die deutsche Haltung als scheinheilig. In den Bahnhöfen werde jeder Flüchtling umarmt, aber auf Regierungsebene versuche man, möglichst viele an den Grenzen aufzuhalten. »Das Problem ist kein europäisches Problem«, erklärte er. »Das Problem ist ein deutsches Problem.«

Was konnte Angela Merkel tun? Der 4. September 2015, der als normaler Arbeitstag begann, wurde für sie zu einem historischen Datum, denn an diesem Freitag musste sie völlig unerwartet eine Entscheidung treffen, die weitreichende Folgen für ihre Kanzlerschaft und für die europäische Politik der folgenden Jahre haben sollte.

Merkels Tag beginnt um 8.30 Uhr – ich folge der Rekonstruktion von Robin Alexander, Berlin-Korrespondent der *Welt* und *Welt am Sonntag*, in dessen Buch *Die Getriebenen* – mit einer Lagebesprechung im Kanzleramt. Auch hier herrscht nach den Berichten über das tragische Schicksal Alan Kurdis und der 71 Menschen im Kühllastwagen eine gedrückte Stimmung, doch man spricht vor allem über eine angemessene Reaktion auf Orbáns Widerstand gegen die Verteilung von Flüchtlingen auf die europäischen Länder; der autoritäre Populist und Merkel sind schon seit Jahren Gegenspieler. Es wird beschlossen, »kontrolliert zurückzuschießen« und Orbán an seine »rechtlich verbindliche Pflicht« zur Versorgung der Flüchtlinge zu erinnern. Das Wochenende steht vor der Tür, die Kanzlerin selbst hat noch einige Termine in verschiedenen Teilen des Landes, während die meisten ihrer engsten Mitarbeiter bald frei haben. Die »Kommandobrücke« ist an jenem historischen Wochenende weitgehend unbesetzt.

Merkel fliegt zunächst nach München und lässt sich von dort in den kleinen Ort Buch am Erlbach fahren. Sie besichtigt eine Werkstatt für »innovative« Projekte, die der Schule angeschlossen ist, bewundert unter anderem ein elektronisches Vogelhäuschen und spricht ein paar aufmunternde Worte, die vor allem für die Presse bestimmt sind. Im Dienstwagen erfährt sie, dass sich die Lage in Budapest rasch zuspitzt. Orbán will nicht mehr den Türwächter spielen und lässt keine Züge mehr nach Westen fahren; Ungarn soll kein Durchgangsland mehr sein. Davon wissen die Flüchtlinge aber noch nichts, weshalb weiterhin Tausende von den grenznahen Lagern nach Budapest ziehen, geradewegs in die Falle. Rings um den Ostbahnhof spielen sich dramatische Szenen ab. Doch Merkel ruft Orbán nicht an. Sie fährt nach Garching zur Technischen Universität, fliegt dann von München nach Köln und mit dem Hubschrauber weiter nach Essen, um bei einer Veranstaltung zur Oberbürgermeisterwahl zu sprechen. Unterwegs erreichen sie neue Nachrichten aus Ungarn. Einige Tausend Flüchtlinge haben sich in Kolonnen zu Fuß auf den Weg gemacht und marschieren mit ihren Habseligkeiten über die Autobahnen zur österreichischen Grenze – auch solche Bilder hatte man seit 1946 nicht mehr gesehen. Nach ihrer Ansprache, beim Gang durch die Menge, reckt ihr eine Frau ein Foto entgegen, das Merkel zunächst für eine Autogrammkarte hält, aber es ist das Foto des ertrunkenen

Alan Kurdi. Merkel wirkt irritiert. Der nächste Termin wartet, eine Festrede in Köln zum 70. Geburtstag der nordrhein-westfälischen CDU.

Auf dem Weg dorthin sieht sie auf ihrem Dienst-iPad Bilder der Kolonnen auf den ungarischen Autobahnen. Einigen wird die blaue EU-Flagge vorangetragen, manche Flüchtlinge zeigen Fotos von Merkel. Während ihrer Ansprache in Köln versucht ihr österreichischer Kollege Werner Faymann sie telefonisch zu erreichen, doch das gelingt ihm erst viel später. Der sozialdemokratische Bundeskanzler ist inzwischen von Orbán unter Druck gesetzt worden. Er soll sich dazu äußern, ob Ungarn die Flüchtlinge nach Österreich einreisen lassen oder die ungarische Polizei sie notfalls mit Gewalt an der Grenze aufhalten soll. Dies will Faymann wie Merkel unbedingt vermeiden. Als er endlich mit ihr telefonieren kann, schlägt er vor, dass Deutschland und Österreich jeweils die Hälfte der Flüchtlinge auf der Autobahn aufnehmen. Während des Flugs von Köln nach Berlin berät sich Merkel eilig mit Außenminister Steinmeier, Vizekanzler Gabriel und Kanzleramtschef Altmaier. Wieder in Berlin, ruft sie schließlich kurz vor Mitternacht Faymann an und stimmt seinem Vorschlag zu – es müsse aber bei dieser einen Ausnahme bleiben.

Faymann meldet sich bei Orbán und bietet an, Busse zur Abholung der Flüchtlinge nach Ungarn zu schicken. Das ist aber nicht nötig, da in Ungarn bereits Busse unterwegs sind. Kurz darauf sehen österreichische Grenzer Hunderte von Bussen voller Flüchtlinge aus ganz Ungarn, eine regelrechte Armada von Bussen, die gar nicht kurzfristig hätte aufgetrieben werden können. Offensichtlich nutzt Orbán die Gelegenheit, alle Flüchtlingslager zu räumen.

Später werden Merkel und Faymann die Grenzöffnung als »humanitären Imperativ« verteidigen. Robin Alexander bemerkt allerdings zu Recht, dass sie »durch eine sorgfältig geplante und vorbereitete Aktion der ungarischen Regierung in diese Entscheidung hineingetrieben« wurden. Orbán hatte sein Ziel erreicht. Da bald darauf auch der Grenzzaun fertig ist, wird Ungarn »flüchtlingsfrei«. Ungefähr 22 000 Syrer, Afghanen, Iraker und andere Flüchtlinge reisen an diesem Wochenende über Österreich direkt nach Deutschland ein.

Merkel telefoniert noch die halbe Nacht und am nächsten Morgen und bittet die wichtigsten europäischen Staats- und Regierungschefs, einen Teil der Flüchtlinge zu übernehmen, schließlich sei es ein europäisches Problem. Doch sie bittet vergeblich; nur Frankreich, Belgien und Dänemark werden eine geringe Anzahl Flüchtlinge aufnehmen, zusammen nicht einmal 1300.

Orbán feiert währenddessen beim »Kötcse Picknick« am Plattensee, einem jährlichen Treffen konservativer Politiker, Publizisten und Künstler, seinen Coup. Merkels Entscheidung sei falsch, ja fatal. Ein Land ohne Grenzen sei überhaupt kein Land, höhnt er in seiner Festrede. Europa müsse seine »ethnische und kulturelle Zusammensetzung« sichern, den Flüchtlingen gehe es nur um »höhere Lebensqualität«. Bezogen auf das Foto von der Kinderleiche am Strand ruft er aus: »Wer hat diesen kleinen Jungen getötet? Seine Eltern!« Orbán ist ja unter Geistesverwandten.

Am Münchner Hauptbahnhof trafen an jenem Samstag fast stündlich Züge mit Flüchtlingen ein, empfangen von Ärzten, Polizeibeamten und etwa 700 freiwilligen Helfern, die Obst, Brot und Süßigkeiten, warme Kleidung, Wasserflaschen, Windeln und kartonweise Spielzeug für die Kinder brachten. Die Organisation war perfekt, die Begeisterung der Menge grenzenlos. Zahllose Bürgermeister, Bezirksbeamte und Freiwillige sorgten überall im Land mit großem Improvisationstalent für die Unterbringung. In Berlin hatte man gut reden, aber nur dank des unermüdlichen Einsatzes dieser Helfer führten all die guten Absichten nicht zu einem gewaltigen Chaos.

Die Euphorie in Teilen der deutschen Öffentlichkeit erreichte an jenem Wochenende einen Höhepunkt. Auch in anderen Städten, in denen Flüchtlinge eintrafen, wurde gejubelt, gesungen und getanzt, man sang Willkommenstexte zu bekannten Melodien, Tränen der Rührung flossen, manche zogen Vergleiche zu 1989. Die Fernsehbilder gingen um die Welt. »Mama Merkel!«, riefen die Flüchtlinge auf Chios und Lesbos. Auch die deutschen Arbeitgeber äußerten sich erfreut, sie hofften auf neue, dringend benötigte Fachkräfte. Dieter Zetsche, Vorstandsvorsitzender von Daimler, meinte sogar, die Aufnahme von Flüchtlingen könne im besten Falle »eine Grundlage für das nächste deutsche Wirtschaftswunder werden«.

Auch Angela Merkel selbst hatte, wie Personen aus ihrem Umfeld berichteten, bei manchen Fernsehbildern Tränen in den Augen. »Unser Land ist ein gutes Land.« Die Welt sah Deutschland nun als Einwanderungsziel, ein kleines Amerika im 21. Jahrhundert. Deutschland war wieder »gut«, und das wurde im September 2015 überall gefeiert.

In all der Freude beging die deutsche Regierung einen verhängnisvollen strategischen Fehler: Weder durch öffentliche Verlautbarungen noch durch Maßnahmen an der Grenze wurde klargestellt, dass es sich um eine einmalige Ausnahme handeln sollte, dass Deutschland nicht jeden Migranten aufnehmen konnte und wollte. Sogar viele Deutsche hätten das in den Wochen der Euphorie nicht gern gehört. Das Gefühl, endlich wieder »gut« zu sein, machte süchtig. Doch das Versäumnis hatte weitreichende Folgen.

Die Bilder vom freudigen Empfang in Deutschland erreichten über Al Jazeera, MBC und Al Arabiya die Flüchtlingslager und sogar abgelegene Dörfer. Im Internet wurden rasch die schönsten Fantasiegeschichten verbreitet, zum Beispiel, dass Angela Merkel Schiffe losgeschickt habe, die syrische Flüchtlinge direkt von Beirut nach Hamburg bringen sollten. Donald Tusk erzählte später der BBC, er habe in einem Lager an der syrischen Grenze Flüchtlinge getroffen, die fest davon überzeugt waren, in Europa mit offenen Armen empfangen zu werden. »Sie entschuldigten sich bei Angela Merkel und mir dafür, dass sie noch nicht abgereist waren, sie hätten nur nicht genug Geld, um sofort ein Ticket zu diesem Paradies zu kaufen.«

So machten sich Hunderttausende neue Immigranten auf den Weg in Richtung Deutschland, ob sie nun Flüchtlinge waren oder nicht. In den ost- und südosteuropäischen Ländern und Österreich unternahm man keine Anstrengungen, sie aufzuhalten. Warum auch sollte man Migranten an der Durchreise in ein Land hindern, in denen sie jubelnd empfangen wurden? Das »zuvor schon löchrige Dublin-System«, schreibt Alexander, brach endgültig zusammen. Der Ansturm war so groß, dass die deutsche Polizei die Neuankömmlinge an der Grenze nicht einmal registrieren konnte.

Gleich nach dem festlichen Willkommenswochenende erklärten 14 Bundesländer, sie könnten keine weiteren Flüchtlinge aufnehmen, alle Auffangeinrichtungen seien voll. Während 40 000 neue Migranten erwartet wurden, gab es nur 850 freie Plätze. »Selbst die Unterbringung von Flüchtlingen in Zelten sowie Wohncontainern ist kaum noch zu bewerkstelligen«, hieß es in einem Brandbrief von über 200 Verwaltungschefs aus Nordrhein-Westfalen ans Kanzleramt und die Düsseldorfer Staatskanzlei.

Am 13. September wurde ein letzter Versuch unternommen, die unkontrollierte Einreise von Migranten aus Österreich zu stoppen. Die Grenzkontrollen wurden wieder eingeführt, die Bundespolizei richtete Grenzübergangsstellen ein, auch Hubschrauber und Wasserwerfer waren einsatzbereit. Kein Mensch ohne Pass oder Visum sollte über die österreichische Grenze ins Land gelassen werden, auch nicht, wenn die betreffende Person Asyl beantragen wollte. Doch der Einsatzbefehl wurde im letzten Moment dahingehend geändert, dass Personen, die einen Asylantrag stellen wollten, auch weiterhin ohne gültige Dokumente einreisen durften. Der Einsatz von Gewalt an den Grenzen wäre in der deutschen Öffentlichkeit nicht akzeptiert worden, vor allem nicht in jenen Septemberwochen.

Zwei Tage später, bei einer Pressekonferenz mit Faymann am 15. September 2015, wiederholte Merkel ihre historische Beschwörungsformel vom 31. August. Nicht triumphierend, sondern beinahe fatalistisch: »Ich sage wieder und wieder: Wir können das schaffen und wir schaffen das.« Nein, die deutsche Willkommenskultur nahm nicht mit diesen Worten ihren Anfang, wie später oft suggeriert wurde. Merkels »Wir schaffen das« sollte die Angst dämpfen. Die eigentliche Erklärung für diese Willkommenskultur war eine unerwartete, außerordentlich emotionale Abrechnung mit der deutschen Vergangenheit, eine weit verbreitete Stimmung, von der sich letztlich auch Merkel mitreißen ließ. Die deutschen Grenzen blieben ein halbes Jahr lang praktisch offen.

4

Insgesamt kamen 2015 und 2016 über eine Million Flüchtlinge und Migranten nach Deutschland. Ungefähr acht Millionen Deutsche setzten sich für sie ein, monatelang, teilweise Tag und Nacht. Holger Michel, ein erschöpfter Berliner Helfer, schrieb nach einem Jahr: »Irgendjemand hat gesagt: ›Wir schaffen das.‹ Noch immer wissen wir nicht genau, was ›schaffen‹ bedeutet. Aber wir wissen heute, wer ›wir‹ ist. Wir haben uns gefunden, haben uns zusammengeschlossen, haben gelernt, uns motiviert und mitgezogen. Wir machten es einfach. Und machen weiter.«

Das war die eine Seite dieser Geschichte. Aber war wirklich alles so eindeutig? Der Philosoph Peter Sloterdijk bemerkte zornig, die deutsche Regierung habe das Land »in einem Akt des Souveränitätsverzichts der Überrollung preisgegeben«, und fuhr fort: »Es gibt schließlich keine moralische Pflicht zur Selbstzerstörung.«

Wer waren diese vielen Migranten eigentlich? Wie erwähnt, gab es 2015 für die meisten Menschen auf der Welt keine Möglichkeit zur legalen Einwanderung nach Europa – es sei denn mit Flüchtlingsstatus. Hunderttausende Migranten reisten deshalb gezwungenermaßen als »Flüchtlinge« ein, obwohl sie beim besten Willen nicht in diese Kategorie gehörten. In Europa wiederum projizierten alle ihre jeweiligen Erwartungen auf diese Entwurzelten: Für die Linken waren dies alles Flüchtlinge, für die Rechten lediglich Wirtschaftsflüchtlinge oder Glückssucher, für Rechtsextreme potenzielle Terroristen, für die vielen Helfer waren sie Opfer, für die meisten Politiker schlicht Immigranten, für die Wirtschaft Arbeitsmigranten. Die Wahrheit lag überall und nirgends.

Saskia Dekkers und Peter Nijdeken, zwei befreundete Fernsehjournalisten, interviewten in den Bahnhöfen Dutzende »syrischer« Flüchtlinge. Ihr syrischer Dolmetscher machte Stichproben, er versuchte, möglichst viele Menschen anzusprechen. Sprachen sie wirklich Syrisch-Arabisch? Höchstens jeder Vierte. In den Lagern auf den griechischen Inseln war es nicht mehr als jeder Zweite. Die Erfahrungen anderer Beobachter und auch meine eigenen bestätigten dies.

In Deutschland sprach man jedoch konsequent von »Flüchtlingen« und »Asylbewerbern«. In Wirklichkeit mischten sich unter die syrischen und teilweise afghanischen Flüchtlinge immer mehr Migranten aus anderen Ländern, die diese Gelegenheit zur Einreise nach Europa nutzten. Sie kamen aus Algerien, Mali, Ghana, Nigeria oder von der Elfenbeinküste, sie hatten oft gute Gründe dafür, in einem anderen Teil der Welt eine Zukunft zu suchen, vielleicht waren unter ihnen sogar zunehmend Umwelt- und Klimaflüchtlinge, doch von Ausnahmen abgesehen waren sie keine Opfer von Krieg oder Verfolgung. Und wenn sie merkten, dass sie auf der Schwelle zum gelobten Land nicht über ein morastiges Lager auf Chios oder Lesbos hinauskamen, war die Verbitterung groß. In den Lagern kam es oft zu blutigen Auseinandersetzungen vor allem zwischen jungen algerischen Migranten und afghanischen oder syrischen Flüchtlingen.

Die Fragen, über die in ganz Europa immer wieder diskutiert wurde, lauteten: Wie weit muss Solidarität gehen? Und wie bewahrt Europa in diesem Chaos Vernunft, Gleichgewicht und Menschlichkeit? In seinem Roman *Den danske borgerkrig 2018–2024* (Der dänische Bürgerkrieg 2018–2024), einer düsteren Zukunftsvision, lässt Kaspar Colling Nielsen einen 475 Jahre alten Mann und seinen 350 Jahre alten Hund – beide sind dank einer Stammzellentherapie unsterblich geworden – über die Ursachen der Zustände in ihrer Gegenwart philosophieren. Der Bürgerkrieg will nicht enden, Menschen verschanzen sich in streng bewachten Häusern und Stadtvierteln, immer mehr Länder können, wie Israel, ihre bloße Existenz nur dank eines starken Militärs sichern, das Ende der europäischen Aufklärung und des europäischen Humanismus ist gekommen. Als ich Nielsen bei einem Literaturfestival begegnete, sprachen wir über all die teuflischen Dilemmata. »Wenn wir uns öffnen, verlieren wir uns selbst«, sagte er. »Und wenn wir uns abkapseln, verlieren wir uns selbst. So einfach ist das.«

Im Oktober 2015, auf dem Höhepunkt der deutschen Willkommenskultur, begann die Stimmung in der Bevölkerung umzuschlagen. Laut einer Allensbach-Umfrage fühlte sich fast die Hälfte der Bevölkerung einseitig informiert, mehr als die Hälfte glaubte, dass die Flüchtlinge zu einem großen Teil andere waren, als die Medien, die hauptsächlich Bilder von Frauen und Kindern zeigten, ihnen vorspiegelten. Anfang Oktober sickerte außerdem durch, dass Beamte im Innenministerium mit weiteren 920 000 Asylbewerbern bis zum Jahresende rechneten. Im Internet wurden Verschwörungstheorien verbreitet: Die Regierung verfolge den Plan, durch Masseneinwanderung die ethnische Zusammensetzung der Bevölkerung zu verändern.

Nach Angaben des deutschen Instituts für Wirtschaftsforschung hatten 2015 etwa 40 Prozent der Bevölkerung ein niedrigeres verfügbares Einkommen als Ende der 1990er Jahre. Vor allem bei den Renten gab es einen Rückgang, jeder sechste deutsche Rentner hatte Bezüge unterhalb der Armutsgrenze. Auch diese sozialen Probleme waren eine Ursache für Missgunst und Feindseligkeit gegenüber Flüchtlingen. Als der christdemokratische Regierungspräsident Walter Lübcke in Lohfelden im Landkreis Kassel auf einer Bürgerversammlung, bei der es um eine Erstaufnahmeunterkunft ging, von rechten Störern ausgebuht und beschimpft wurde, erklärte er: »Es lohnt sich, in unserem Land zu leben. Da muss man für Werte eintreten, und wer diese Werte nicht vertritt, der kann jederzeit dieses Land verlassen, wenn er nicht einverstanden ist.« Das Video mit seiner Äußerung wurde auf YouTube und Facebook verbreitet, Lübcke wurde zum Hassobjekt von Rechtsextremen.

Der endgültige Umschwung kam in der Silvesternacht 2016. Auf der Kölner Domplatte versammelten sich über tausend junge Araber und Nordafrikaner, die meisten angetrunken und aggressiv. Während mehrerer Stunden wurden zahlreiche Frauen in übelster Weise sexuell belästigt, einige wurden beraubt, fünf sogar vergewaltigt. Nach Polizeiangaben erstatteten

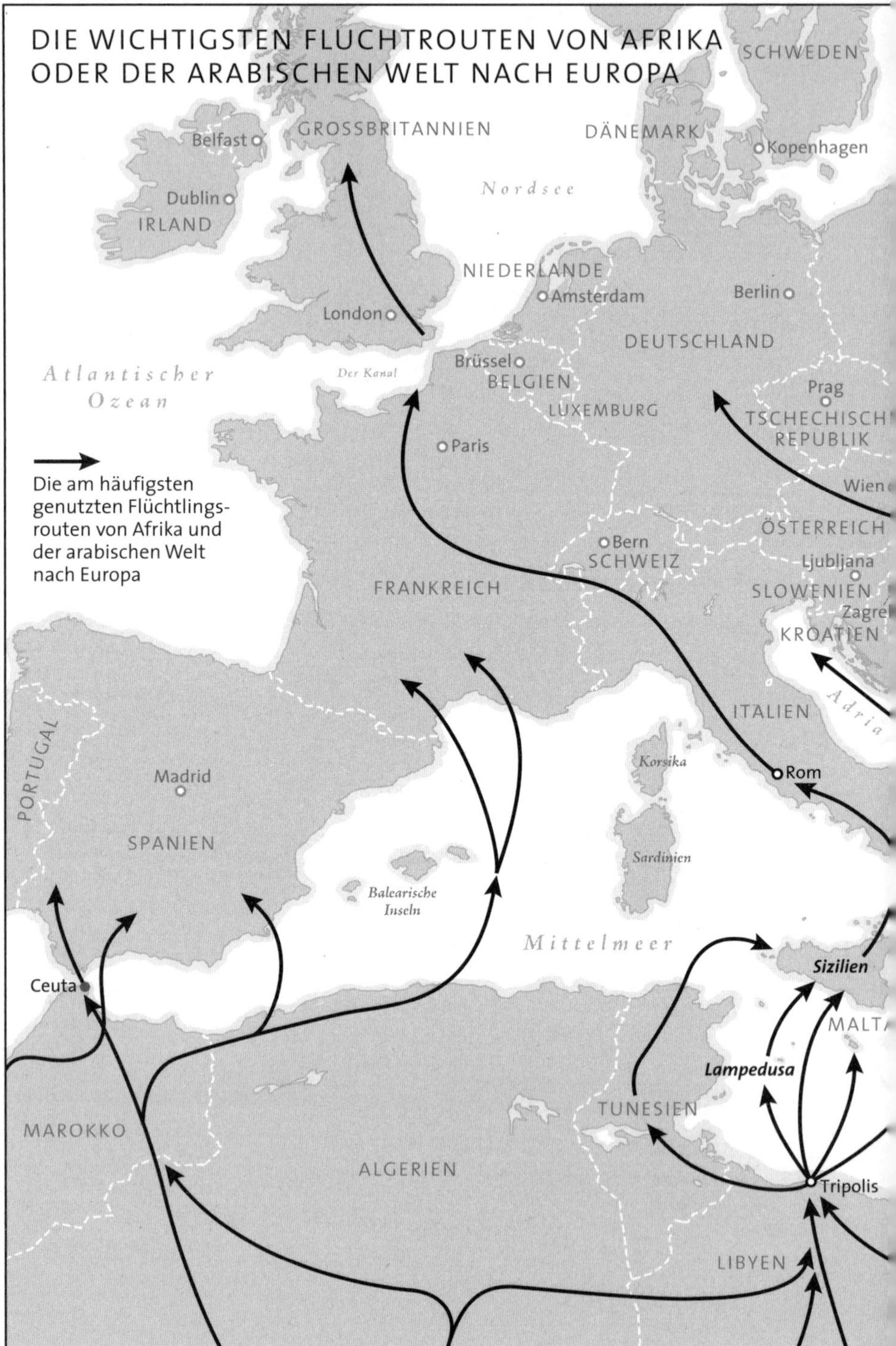
DIE WICHTIGSTEN FLUCHTROUTEN VON AFRIKA ODER DER ARABISCHEN WELT NACH EUROPA
Die am häufigsten genutzten Flüchtlingsrouten von Afrika und der arabischen Welt nach Europa
SCHWEDEN
DÄNEMARK
Kopenhagen
GROSSBRITANNIEN
Belfast
Dublin
IRLAND
Nordsee
NIEDERLANDE
Amsterdam
Berlin
London
DEUTSCHLAND
Brüssel
BELGIEN
Der Kanal
Atlantischer Ozean
LUXEMBURG
Prag
TSCHECHISCH
REPUBLIK
Paris
Wien
ÖSTERREICH
Bern
SCHWEIZ
Ljubljana
SLOWENIEN
FRANKREICH
Zagre
KROATIEN
Adria
ITALIEN
PORTUGAL
Madrid
Korsika
Rom
SPANIEN
Sardinien
Balearische Inseln
Mittelmeer
Sizilien
Ceuta
MALT
Lampedusa
TUNESIEN
MAROKKO
ALGERIEN
Tripolis
LIBYEN

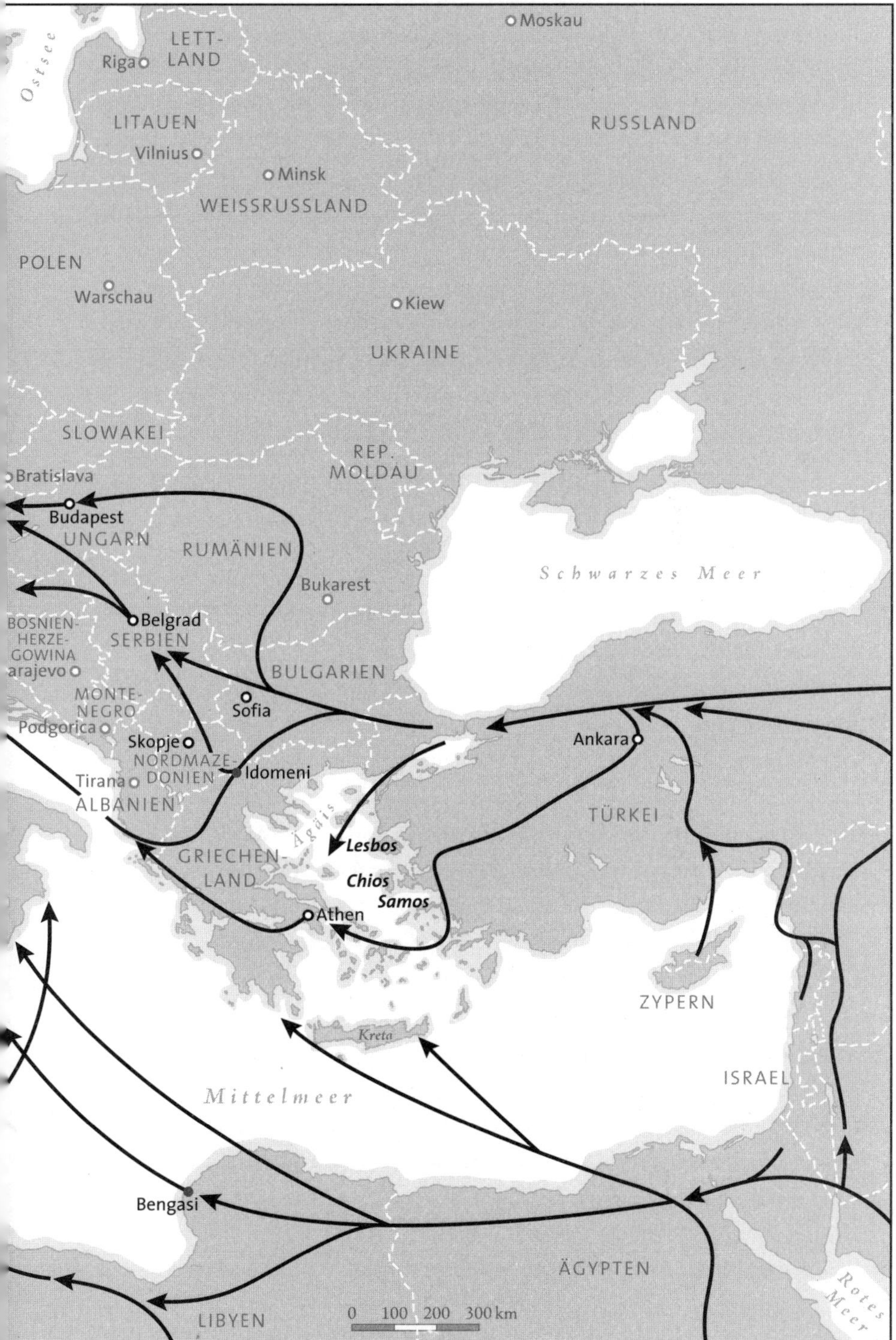
Moskau
LETT-
LAND
Riga
Ostsee
LITAUEN
RUSSLAND
Vilnius
Minsk
WEISSRUSSLAND
POLEN
Warschau
Kiew
UKRAINE
SLOWAKEI
REP.
MOLDAU
Bratislava
Budapest
UNGARN
RUMÄNIEN
Schwarzes Meer
Bukarest
BOSNIEN-
HERZE-
GOWINA
arajevo
Belgrad
SERBIEN
BULGARIEN
MONTE-
NEGRO
Sofia
Podgorica
Skopje
Ankara
NORDMAZE-
DONIEN
Idomeni
Tirana
ALBANIEN
Ägäis
TÜRKEI
Lesbos
GRIECHEN-
LAND
Chios
Samos
Athen
ZYPERN
Kreta
ISRAEL
Mittelmeer
Bengasi
ÄGYPTEN
Rotes
Meer
LIBYEN
0 100 200 300 km

später insgesamt knapp 1200 Frauen Anzeige, fast 500 wegen eines Sexualdelikts. Etwa 200 Verdächtige wurden ermittelt, die meisten von ihnen Marokkaner und Algerier, von denen sich fast die Hälfte als Asylbewerber auswies.

Es war eine außerordentlich aggressive Demonstration der Verachtung nicht nur gegenüber Frauen, sondern gegenüber der deutschen Willkommenskultur und den westlichen Werten allgemein. Eigenartigerweise erwähnten die deutschen Medien die massenhaften sexuellen Übergriffe zunächst nicht, erst nach einigen Tagen wurde darüber berichtet. Anscheinend machten die Ereignisse viele Journalisten ratlos, denn was sich hier abgespielt hatte, stellte alles infrage, was sie in den zurückliegenden Monaten mit Verve verfochten hatten. Wie sollte ein »gutes Land« hiermit umgehen?

5

Damals musste ich nach Kopenhagen. Es war eine andere Welt. Man kann oft lesen, die Dänen seien das glücklichste Volk der Welt, nicht weil sie nach den Sternen greifen würden, sondern weil sie bescheiden seien und zufrieden mit dem, was ihr kleines Land ihnen bietet. Es dämmerte schon, als mein Taxi vom Flughafen Kastrup in die Stadt fuhr, vorbei an langen Reihen von Wohnhäusern. Nirgendwo waren die Vorhänge geschlossen, kleine dänische Stillleben und Genreszenen glitten vorüber. Ein Mann schnitt in der Küche Gemüse, zwei Kinder gingen auf Händen durch ein Wohnzimmer, ich sah Schaufenster mit geradlinigen Möbeln und akkurat gefalteten Kleidungsstücken, ein grell erleuchtetes Fitnessstudio, blonde Frauen auf Crosstrainern, tanzend zu unhörbarer Musik.

Regen peitschte die Stadt. Ich übernachtete bei Freunden im Zentrum. Sie informierten mich über die aktuellen Entwicklungen im Land. An jenem Abend brannte in der »Burg«, Schloss Christiansborg, überall Licht, es gab wieder einmal eine Krise, wie in der Fernsehserie *Borgen – Gefährliche Seilschaften*, in der alle politischen Akteure einander genau kennen. Vor Schloss Amalienborg, der Residenz der Königin, marschierten sechs Gardisten mit klatschnassen Fellmützen ziellos auf und ab. Der Kronprinz fuhr dort jeden Morgen auf dem Lastendreirad vorbei, mit dem er seine Kinder zur nahe gelegenen Tagesstätte transportierte. Im Rest Europas mochte es donnern und stürmen, in Dänemark herrschte stille Behaglichkeit.

Die Dänen haben ein spezielles Wort für diese Atmosphäre – *hygge*, Gemütlichkeit, aber auch Geborgenheit, und auf sie legt man großen Wert. Sobald in Deutschland die Willkommenskultur um sich griff, führte Dänemark die Grenzkontrollen wieder ein, der Zugverkehr von Deutschland nach Dänemark wurde vorübergehend eingestellt. Manche Migranten wollten nach Schweden weiterreisen, Dänemark hätte diese in Deutschland nicht registrierten Asylbewerber nachträglich registrieren müssen, und eine solche Invasion, meinte man, könne das kleine Land nicht verkraften. Dann lieber abschotten.

Dänemark war innerhalb der EU ohnehin in manchem ein Sonderfall. Es hatte den Euro nicht eingeführt und war einer Reihe von EU-Verträgen auf anderen Gebieten nicht beigetreten. Das war teilweise auf den Einfluss der rechtspopulistischen Dansk Folkeparti zurückzuführen, die seit den 1980er Jahren ausgesprochen immigrations- und islamkritische Standpunkte vertrat. Die Partei verfolgte in mancher Hinsicht die Strategie Orbáns. Mit einer sozialpolitisch eher linken Programmatik und indem sie kleine Geschenke wie eine Zulage für Rentner oder den Bau eines neuen Krankenhauses versprach, lockte sie Wähler. Im Gegensatz zu ähnlichen Parteien in anderen europäischen Ländern grenzte sich die Folkeparti allerdings deutlich gegen rechtsextremistische Irrlichter ab. »Keine Rassisten, Neonazis, Dorftrottel oder gewalttätige Motorradfahrer«, sagte der stellvertretende Parteivorsitzende Søren Espersen. Viele der Parteigründer waren sogar Nachkommen von Widerstandskämpfern. Manchmal erinnerte mich Dänemark an Polen: Auch hier gab es historische Traumata, im 19. Jahrhundert hatte das Land einen großen Teil seines Territoriums und seiner Bevölkerung verloren, im Zweiten Weltkrieg war es von den Deutschen besetzt worden, und all dies wirkte in der Angst vor Invasionen nach. Hinzu kam eine geradezu obsessive Beschäftigung mit *danskhed*, der dänischen Art und Geisteshaltung.

So wurde die Folkeparti trotz ihrer Standpunkte für mehrere aufeinander folgende Regierungen zu einem akzeptablen, professionellen Mehrheitsbeschaffer, der jahrelang die dänische Politik mitbestimmte. Ansichten, die in vielen anderen europäischen Ländern noch lange als extrem galten, wurden in Dänemark normal. Ich selbst erkannte das freundliche, tolerante Dänemark von 1999 fast nicht wieder. »Wir Dänen haben unser tägliches Brot immer auf zwei Arten verdient«, sagte ein dänischer Bekannter. »Vereinfacht gesagt: als Bauer oder als Seefahrer.« Seefahrer hätten andere Kulturen kennengelernt und wenig oder keine Probleme mit Fremden gehabt, die Bauern dagegen hätten alles Fremde, andere immer als Gefahr empfunden. »Die Bauern haben gewonnen«, sagte er deprimiert. »Sie haben die ganze Politik, das ganze Land übernommen.«

Eine skandinavische »Geistesverwandtschaft« gebe es längst nicht mehr, hörte ich überall, manche Norweger und Schweden nennen Dänemark in einem Atemzug mit Orbáns Ungarn. Integration von Immigranten sei als politisches Ziel aufgegeben worden, verlangt werde vollständige Assimilierung einschließlich des Händeschüttelns und des Verzehrs von Schweinefleisch, und wer dazu nicht bereit sei, solle das Land verlassen.

Vermutlich gab es eine Art Wechselwirkung zwischen dieser Verhärtung und der terroristischen Bedrohung, der das Land nach wie vor ausgesetzt war. Auffällig viele IS-Terroristen in Syrien kamen aus Dänemark, und der dänische Inlandsnachrichten- und Sicherheitsdienst PET konnte eine ganze Reihe geplanter islamistischer Anschläge gerade noch verhindern. Einer der aufgedeckten Pläne nahm etwas vorweg, das später in Paris geschehen sollte: 2009 bereitete eine pakistanische Terrorgruppe bis in die Details einen Anschlag auf die Redaktion von *Jyllands-Posten* vor, bei dem sie alle anwesenden Journalisten ermorden wollte.

Dennoch empfanden die meisten Dänen nicht den Terrorismus als größte Bedrohung. Es ging ihnen eher darum, ihre Lebensweise zu beschützen, ihre *hygge*, ihre *arbejdsglæde*, diese flexible, entspannte, freundliche und zugleich effiziente Arbeitskultur, und besonders den beeindruckenden Sozialstaat. Aydin Soeis kommunistischer Vater hatte gar nicht einmal so unrecht, als er nach seiner Flucht aus dem Iran glaubte, in Dänemark doch noch sein Traumland gefunden zu haben. Dank einer klugen Kombination von Sozialleistungen und Deregulierung des Arbeitsmarktes ist die Beschäftigungsquote hoch, es gibt ein ausgezeichnetes Bildungs- und das Gesundheitssystem, einen Anspruch auf kostenlose Kinderbetreuung und vieles mehr. Für die knapp sechs Millionen Dänen war dies die große Errungenschaft ihres Gemeinwesens. Für Migranten, die auch davon profitieren wollten, sah die Sache etwas anders aus.

Aydin Soei erzählte mir von der Laufbahn seiner Mutter, die in der Sowjetunion ein Physikstudium abgeschlossen hatte. In den Vereinigten

Staaten wurde dieser Abschluss anerkannt. Wäre die Familie dorthin geflohen, hätte seine Mutter praktisch sofort Arbeit gefunden. In Dänemark gab man ihr zu verstehen, dass ihr Diplom nichts wert sei. »Meine Mutter sagte, sie würde gern Ingenieurin werden. Ob das möglich sei. Antwort: Sie können nicht an einer dänischen Universität studieren, wenn Sie keinen dänischen Gymnasialabschluss haben. Okay, wie werde ich Schülerin an einem dänischen Gymnasium? Antwort: Das geht nicht, wenn Sie keine dänische Grundschule besucht haben. Immigrantenmütter sollten anscheinend zu Hause bleiben und die Kinder versorgen, egal welche Ausbildung und Qualifikation sie hatten.«

Schließlich wurde seine Mutter doch noch Ingenieurin. Durch eine Anzeige in der Lokalzeitung wurde sie auf einen Kurs in den Fächern Mathematik und Dänisch aufmerksam, nicht speziell für Immigranten, sondern für Menschen ohne Schulabschluss. Sie nahm daran teil und konnte anschließend das Gymnasium besuchen, danach noch einmal die Universität. Das meiste, was sie dort lernte, war für sie natürlich nichts Neues. Am Ende bekam sie eine gute Stelle bei IBM. Insgesamt hatte sie der Umweg zehn Jahre gekostet.

Auch weil man um den vorbildlichen Sozialstaat fürchtete, wurden Immigranten schnell als Bedrohung und schwere Belastung empfunden. Schon 2002 wurden die Regeln zur Familienzusammenführung verschärft. Verurteilte Ausländer wurden schneller abgeschoben. Um Flüchtlinge abzuschrecken, konnten an der Grenze Geld und Schmuck beschlagnahmt werden.

Lange hatte man Migranten vor allem in einigen wenigen Außenbezirken der Städte untergebracht, auf diese Weise wurde die *hygge* nicht allzu sehr gestört. Im Lauf der Zeit entwickelten sich diese Stadtviertel zu sozialen Brennpunkten mit hoher Arbeitslosigkeit, geringer Bildung, viel Drogenmissbrauch und Kriminalität. Diese »Ghettos«, »Parallelgesellschaften« oder »schwarzen Löcher auf der Karte Dänemarks«, wie Ministerpräsident Lars Rasmussen sie nannte, bestimmten allmählich die öffentliche Diskussion.

Anhand bestimmter Kriterien – mehr als 50 Prozent Einwohner mit Migrationshintergrund, über 40 Prozent Arbeitslosigkeit, dreimal so viel Kriminalität wie im Landesdurchschnitt – wurde eine Liste von 22 Problemvierteln erstellt. Die 60 000 Einwohner dieser Viertel wurden von 2018 an einem Programm zur erzwungenen Integration unterzogen. Wer eine Straftat beging, konnte mit einer doppelt so schweren Strafe rechnen, Kinder mussten nach Vollendung des ersten Lebensjahrs eine Tagesstätte besuchen, um Dänisch zu lernen, Mietern konnte bei Regelverstößen leichter gekündigt werden. Gleichzeitig wurden Dänen, die keiner Problemgruppe angehörten, mit allerlei Anreizen dazu gebracht, in diese Stadtviertel zu ziehen. Es war eine wenig subtile Art von Social Engineering. Menschenrechtsorganisationen und die Vereinten Nationen protestierten, doch die dänische Regierung ließ sich nicht beirren. Bis 2030, versprach sie, werde das Ghettoproblem gelöst sein.

Ein weiterer Plan zur Abschreckung von Flüchtlingen wurde vorgestellt. Endgültig abgelehnte Asylbewerber sollten auf einer abgelegenen Insel untergebracht werden, die nur hin und wieder von einer Fähre angelaufen wurde. »Sie sind hier unerwünscht«, schrieb Integrationsminister Inger Støjberg auf Facebook. »Und das sollen sie auch spüren!«

Auf dem Flughafen Kopenhagen-Kastrup wurden wie üblich alle abfliegenden Passagiere gründlich kontrolliert. Doch hier wurden auch die weiblichen Fluggäste von männlichen Beamten abgetastet, als wäre das völlig normal. Sie konnten es zwar ablehnen und darauf bestehen, von einer Beamtin kontrolliert zu werden, aber das stand nur auf einem winzigen Schild, das niemand sah. Manchen Frauen war dieses Abgetastetwerden offensichtlich äußerst unangenehm, eine junge Frau wurde feuerrot. Ich sprach einen der Beamten auf dieses Vorgehen an, das allen internationalen Anstandsregeln widersprach. »We are a free country, sir.«

6

Was Migration anging, gab es also auch in Westeuropa zwei Pole, Deutschland und Dänemark, zwei extreme Standpunkte, vertreten von zwei sonst in vieler Hinsicht gleichgesinnten Nachbarländern. Die Flüchtlingskrise brachte einen neuen innereuropäischen Gegensatz ans Licht – zwischen einem »nationalen« und einem »multikulturellen« Europa. Gerade viele Osteuropäer zogen sich wieder ins nationale Schneckenhaus zurück, nachdem sie jahrelang alle Hoffnungen auf Europa gerichtet hatten. Zwar vertrauten sie ihren nationalen Regierungen weiterhin nicht, aber da nun die »kosmopolitische« europäische Elite sämtliche Schleusen zu öffnen und die bescheidenen sozialstaatlichen Errungenschaften ihrer Länder leichtfertig aufs Spiel zu setzen schien, war dies für sie eine Entscheidung für das kleinere Übel.

Für Europa als Ganzes war die Menge der Migranten nicht das größte Problem. Theoretisch konnte dieser Kontinent mit mehr als einer halben Milliarde Einwohnern ein paar Hunderttausend Immigranten pro Jahr leicht verkraften. Das Problem war, dass die Migrationsbewegung letztlich nur sehr wenige europäische Länder und Städte zum Ziel hatte. Das veränderte die Situation.

Die Ängste und Sorgen vieler Europäer hatten außerdem weniger mit den Flüchtlingen an sich zu tun als mit dem Eindruck, dass die EU und die europäischen Politiker die Kontrolle über diese Massenmigration und damit über die eigenen Grenzen völlig verloren hätten. Mit ihrer Entscheidung für die Grenzöffnung setzte Merkel die anderen europäischen Staats- und Regierungschefs unter Druck. Präsident Hollande sagte später gegenüber der BBC, er sei fassungslos gewesen. »Wie konnte man das tun, ohne zu kontrollieren, ob es sich um wirkliche Flüchtlinge handelte?«

Überall in Europa wurde die Wiedereinführung der Grenzkontrollen gefordert. So geriet nach dem Euro auch die andere bedeutende europäische Errungenschaft, die offenen Grenzen der Schengener Abkommen, ernsthaft in Gefahr. Nachdem Dänemark mit der Grenze zu Deutschland den Anfang gemacht hatte, wurden auch anderswo vorübergehende Grenzkontrollen eingeführt, unter anderem zwischen Deutschland und den Niederlanden, zwischen Dänemark und Schweden und zwischen Österreich, Deutschland, Ungarn und der Slowakei. Ungarn errichtete nun überdies an der Grenze zu Kroatien einen Zaun, und auch Slowenien begann mit dem Bau eines Grenzzauns.

Die Einführung einer Flüchtlingsquote, die Juncker in seiner Rede zur Lage der Union vorgeschlagen hatte, wurde im September 2015 immer dringlicher. Selbst wenn man nur einen Bruchteil der Flüchtlinge verteilte, war es eine Geste, mit der die EU wenigstens ein klein wenig Tatkraft und Solidarität demonstrieren konnte. Doch die osteuropäischen Regierungschefs stellten sich weiterhin quer. Im Westen habe man gesagt, Flüchtlinge seien willkommen, und nun dürfe man das Problem nicht auf Osteuropa abwälzen. Der italienische Ministerpräsident Renzi erinnerte die Osteuropäer an die Hilfen in Milliardenhöhe, die ihre Länder jahrelang erhalten hatten. »Wenn ihr euch weigert, ein Zeichen der Solidarität zu setzen, solltet ihr bedenken, dass es hier nicht nur um Rechte, Rechte, Rechte geht. Sicher, es gibt viele Rechte. Aber es gibt auch Pflichten.«

War es wirklich ein Mangel an Solidarität? Nein, meint der bulgarische Politologe Ivan Krastev, »sondern ein Solidaritätskonflikt, bei dem nationale, ethnische und religiöse Solidaritätspflichten mit unseren Pflichten als Menschen in Konflikt geraten«.

Alles lief auf eine Mehrheitsentscheidung bei der nächsten Sitzung der EU-Innenminister in Brüssel am 22. September 2015 hinaus. Mit viel Mühe gelang es, Polen aus dem osteuropäischen Block herauszubrechen, was notwendig war, weil nach den komplizierten Regeln eine dreifache Mehrheit gebraucht wurde: 50 Prozent der Staaten, 62 Prozent der EU-Bevölkerung und 74 Prozent der unterschiedlich gewichteten Stimmen im Ministerrat. Und so beschlossen die europäischen Innenminister am 22. September 2015 mit der erforderlichen Mehrheit, bis zu 160 000 Flüchtlinge aus Griechenland und Italien auf die Mitgliedsstaaten zu verteilen. In den meisten EU-Ländern war man erleichtert, es war ein wichtiger symbolischer Schritt. Einige der Neinsager wollten gegen die Entscheidung klagen. Tusk nannte den Beschluss später »die gefährlichste Entscheidung, die für Europa möglich war. Die ganze Union wurde aufs Spiel gesetzt.«

Um die Anzahl der zugewiesenen Flüchtlinge ging es längst nicht mehr. Tschechien zum Beispiel sollte gerade einmal 70 Asylbewerber aufnehmen, und die würden nach kurzer Zeit in Richtung Berlin weiterreisen, darüber waren sich alle im Klaren. Es ging nur noch ums Prinzip. Von nun an, so befürchteten die Osteuropäer, würden sie von Brüssel dazu gezwungen werden, ihre Gesellschaften nach dem »multikulturellen« Muster umzugestalten.

Wie leicht vorherzusehen war, erwies sich die Umsetzung des Plans bald als schwierig. Denn wie sollte man die zu verteilenden Flüchtlinge auswählen, wenn es keine Kontrollen und keine Registrierung gab, keine klare Definition, wer »Flüchtling« war und wer nur »Migrant«? Und was sollte mit den unerwünschten Migranten geschehen? Schon personell waren Griechenland und Italien gar nicht in der Lage, die Aufgabe zu bewältigen. Zum Beispiel gab es Ende 2015 für das Flüchtlingslager Moria auf Lesbos mit etwa 6000 Bewohnern erst einen einzigen griechischen Beamten, der die Flüchtlinge befragen und registrieren sollte, und der bearbeitete ein bis drei Fälle pro Tag.

Die Unterschiede zwischen den aufnahmebereiten Ländern waren gewaltig. Während die Bundesrepublik Deutschland sich bald darauf einstellte, etwa rund 200 000 syrische Flüchtlinge aufzunehmen – am Ende waren es fünfmal so viele –, sagte der britische Premier Cameron nur die Aufnahme von 20 000 Flüchtlingen innerhalb von fünf Jahren zu. Das Ungleichgewicht ging nicht zuletzt auf die Vorlieben der Betroffenen selbst zurück. So hatte zum Beispiel die luxemburgische Regierung in Griechenland verkünden lassen, dass dreißig Flüchtlinge nach Luxemburg könnten, doch niemand wollte dorthin.

»Alle Flüchtlinge in Griechenland sagen: Germany, Germany, Germany«, klagte der Luxemburger Jean-Claude Juncker, »als ob Luxemburg das Armenhaus Europas wäre.«

Bis Anfang 2018 wurden nach endlosem Tauziehen gerade einmal 34 000 Migranten von anderen Mitgliedsstaaten als Deutschland aufgenommen, das waren 20 Prozent der im September 2015 angepeilten Zahl von 160 000. Die Europäische Kommission hatte ihre Macht überschätzt.

Es lag nahe, nun die Balkanroute konsequenter zu blockieren. Wenn dies gelang, würde Deutschland bei den Verhandlungen mit Griechenland im Zusammenhang mit der Schuldenkrise weniger erpressbar sein, denn für Griechenland waren die Migranten auch ein ausgezeichnetes Druckmittel. Politisch war eine solche »Lösung« allerdings sehr riskant, wie Merkels Berater immer wieder zu bedenken gaben, denn Hunderttausende von Flüchtlingen würden dann in Griechenland festsitzen, und eine weitere große Krise konnte im schlimmsten Fall einen Zusammenbruch des griechischen Staates und das Ausscheiden aus der EU zur Folge haben. Auch für Washington war dies ein Horrorszenario, weil das strategisch so bedeutsame Land in den Armen Russlands landen konnte.

Den jungen, konservativen österreichischen Außenminister Sebastian Kurz kümmerten diese geopolitischen Erwägungen nicht; der Zustrom von Migranten musste unbedingt gestoppt werden. Während der Westbalkan-Konferenz in Wien am 24. Februar 2016 beschlossen die Balkanländer, die Grenzen für Migranten zu schließen und an der griechisch-nordmazedonischen Grenze nur noch Kriegsflüchtlinge aus Syrien, dem Irak und Afghanistan in begrenzter Zahl durchzulassen. Zwei Wochen später wurde die Route auch für diese Gruppen praktisch blockiert.

An der Grenze zu Nordmazedonien spielten sich dramatische Szenen ab. Mindestens 7000 Männer, Frauen und Kinder saßen im griechischen Grenzdorf Idomeni fest, wo sie unter erbärmlichen Umständen in der Nähe des Bahnhofs kampierten, und es wurden täglich mehr. Viele von ihnen waren zu Fuß der Bahnstrecke von Thessaloniki nach Skopje gefolgt. Ende Februar unternahmen einige Gruppen den Versuch, die Grenze zu stürmen, andere wurden nach der Überquerung eines Grenzflusses von der nordmazedonischen Polizei zurückgebracht, es gab mindestens zwei Selbstverbrennungsversuche. Irgendwann kursierte das Gerücht, Merkel werde Sonderzüge und Flugzeuge schicken, um alle abzuholen. Im Grenzgebiet konnte es eiskalt sein, trotzdem hielten die Flüchtlinge auf dem Gelände mit den Zelten, Lagerfeuern und ausrangierten Waggons aus und warteten verzweifelt auf Nachrichten. Ein Helfer beobachtete etwas, das er noch nirgends gesehen hatte. »Viele Menschen gewöhnten sich daran, in einer Schlange zu stehen, nur um ein paar Informationen zu bekommen.« Allmählich entwickelte sich im Lager und seiner Umgebung so etwas wie eine Alltagsnormalität. Es gab Stände mit Lebensmitteln und Kleidung, aber auch einen florierenden Drogenhandel und in zunehmendem Maße Elendsprostitution. Erst im Mai wurde das verschlammte Ad-hoc-Städtchen von der griechischen Polizei geräumt, die meisten der bis dahin etwa 15 000 Migranten wurden in anderen Lagern in Griechenland untergebracht.

Es gab eine Alternative zur Abriegelung der Balkanroute. Gerald Knaus, Leiter einer kleinen Berliner Denkfabrik, hatte sich auf Lösungsvorschläge für komplizierte europäische Probleme spezialisiert. Im September 2015 veröffentlichte er auf seiner Website ein Dokument mit dem Titel »Why People Don't Need to Drown in the Aegean«. Darin schlug er vor, dass Deutschland eine halbe Million syrische Migranten direkt aus der Türkei einreisen lassen sollte. Im Gegenzug sollte Griechenland alle Flüchtlinge, die über die Ägäis kommen, in die Türkei zurückschicken. Damit würde man erreichen, dass bald niemand mehr die lebensgefährliche Überfahrt unternehmen würde. In einer Anfang Oktober veröffentlichten Ergänzung schlug er vor, dass die Türkei außer finanzieller Unterstützung auch die heiß begehrte Visafreiheit für die EU erhalten sollte. Knaus nannte seinen Vorschlag zunächst »The Merkel Plan«. Ob Merkel sein Konzept jemals selbst gelesen hat, weiß er allerdings bis heute nicht. Als die Niederlande den EU-Ratsvorsitz übernahmen, benannte er es in »Samsom-Plan« um, nach Diederik Samsom, dem Vorsitzenden der niederländischen Sozialdemokraten, von denen er sich inzwischen etwas mehr Offenheit für seinen Vorschlag erhoffte.

Merkels Zögern war verständlich. Die Türkei hatte bereits früher ihr Interesse an einer solchen Vereinbarung bekundet, doch Merkel bevorzugte eine »europäische« Lösung wie die von Juncker vorgeschlagene, also die Verteilung der Flüchtlinge über den ganzen Kontinent. Erst als sich das Scheitern dieses Plans abzeichnete, blieb ihr nichts anderes übrig, als sich an Erdoğan zu wenden. Es war für sie ein Gang nach Canossa. Plötzlich war Europa in der Position des Bittstellers. Erdoğan verhandelte hart, er wusste, dass Europa verwundbar und erpressbar war. »Wenn ich Busse voller Flüchtlinge über die Grenze schicke, werdet ihr dann auf sie schießen?«, fragte er die höchsten EU-Vertreter.

Schließlich einigten sich Angela Merkel, Mark Rutte, der Ministerpräsident der Niederlande, die gerade den Vorsitz im Rat der Europäischen Union innehatten, und der türkische Ministerpräsident Ahmet Davutoğlu am 6. März 2016 in Brüssel auf ein Abkommen. Gegen einige Zusagen der EU – darunter die Zahlung von zweimal drei Milliarden Euro für die Versorgung von Flüchtlingen in der Türkei, Visaliberalisierung, eine Wiederbelebung der Beitrittsverhandlungen – erklärte sich die Türkei bereit, alle syrischen Flüchtlinge zurückzunehmen, die Griechenland auf dem Seeweg erreichten. Für jeden in die Türkei abgeschobenen Syrer sollte aber ein anderer Syrer aus der Türkei legal nach Europa einreisen dürfen. Die Vereinbarung würde die riskante Fahrt mit dem Schlauchboot zu den Inseln in der Ägäis überflüssig machen – theoretisch.

Der größte Teil des Migrantenelends spielte sich allerdings außerhalb des Gesichtskreises der Europäer ab, die andere mit der »Lösung« des Problems betrauten. Italien und Frankreich schlossen eigene Abkommen mit Libyen, um auch die von dort ausgehende Migration zu stoppen. Ungefähr 60 000 Migranten wurden seitdem unter menschenunwürdigen Bedingungen in Libyen festgehalten. In einem Report von Human Rights Watch ist von Unterernährung und unzureichender medizinischer Versorgung die Rede, außerdem gebe es »verstörende Berichte über Gewaltanwendung durch Wachleute, einschließlich Schlägen, Auspeitschungen und Elektroschocks«.

Im Frühjahr 2016 versiegte der Flüchtlingsstrom, wahrscheinlich vor allem dank der ungarischen, nordmazedonischen und anderen osteuropäischen Grenzzäune, auch wenn man das in Deutschland und den anderen westlichen EU-Ländern nicht so sehen wollte. Vorsichtige Erleichterung machte sich breit. Ohne die Grenzzäune und das offiziell am 18. März geschlossene EU-Türkei-Abkommen wären weiterhin Millionen Migranten nach Europa gekommen, wurde gesagt. Und wie wären dann wohl die Wahlen in Frankreich, den Niederlanden und Deutschland ausgegangen? Ein ehemaliger Vorsitzender von Amnesty International bemerkte dazu: »Man muss der Tatsache ins Auge sehen, dass leider alles endlich ist. Dass Geld endlich ist, aber auch die menschliche Empathie. Auch sie hat Grenzen.«

Doch es gab auch viele kritische Reaktionen. Die Sperrung der Balkanroute und das Abkommen mit der Türkei waren juristisch zumindest fragwürdig – plötzlich schien das Recht auf Asyl nicht mehr zu gelten –, politisch unanständig – einige Zusagen an die Türkei würde die EU kaum umsetzen –, in strategischer Hinsicht gefährlich – im Grunde händigte man Erdoğan die Schlüssel zu Europa aus – und praktisch nicht umsetzbar – um die vielen Flüchtlinge registrieren und ihre Asylanträge bearbeiten zu können, hätte das arme, chaotische Griechenland ein Asylverfahrenssystem aus dem Hut zaubern müssen, das nicht einmal die reichsten Länder hatten. Und so wurde die türkisch-syrische Grenze mit europäischer Hilfe für Flüchtlinge nahezu unüberwindlich gemacht.

Auch in Brüssel herrschte Verbitterung, auch wenn das öffentlich niemand sagte. Als alles vorbei war, machte sich bei den Mitgliedern und Mitarbeitern der Europäischen Kommission Katerstimmung breit, ein beinahe körperliches Gefühl der Niedergeschlagenheit. »Europa hat die große Migrationskrise nicht falsch angepackt«, sagte einer der früheren Kommissionsmitarbeiter. »Europa hat die große Migrationskrise *nicht* angepackt.« Die Bankenkrise und die Eurokrise waren noch Sache der Brüsseler Institutionen gewesen, damit hatte man noch fertig werden können, so schwierig es auch war. »Aber nun gab es zum ersten Mal eine umfassende europäische Krise, die nicht mehr unser Spiel war. Das löste ein Gefühl tiefer Hoffnungslosigkeit aus.«

7

Es ist der 27. März 2019, drei Jahre nach dem EU-Türkei-Abkommen. Ich schreibe die letzten Absätze dieses Kapitels auf Samos, in der Nähe einer Art Vorhölle, einem jener vergessenen Orte, an denen die Entwurzelten dieser Erde zwischen Kothaufen und Lagerfeuern irgendwie überleben, trotz Kälte, Dreck und Gewalt. Und dies ist eine europäische Vorhölle.

Heute gleißt das Flüchtlingslager in der Sonne wie ein gigantischer Käfig aus NATO-Draht, in dem etwa 700 Menschen untergebracht werden können. Es ist Morgen. Die Tore sind weit geöffnet, um den Käfig herum ist eine kleine Stadt aus selbst gebauten Hütten und Zelten entstanden, in denen weitere 3000 Migranten kampieren, einschließlich 200 unbegleiteten Kindern und Jugendlichen, die allein zurechtkommen müssen. Unzählige Geräusche und Gerüche steigen den Hang herauf. Die Menschen kriechen unter den grauen Zeltplanen hervor, jetzt heißt es Zähne putzen und Essen holen. Nur im Hauptlager gibt es ein paar Duschen und Toiletten, vor denen sich lange Schlangen bilden.

In Europa glaubt man, diese Probleme durch großzügige Zahlungen beseitigt zu haben, allein in den vergangenen beiden Jahren eine Viertelmilliarde Euro, doch immer noch sind keine mobilen Duschkabinen und WC-Container angekommen.

Auffällig viele Kinder laufen hier herum. Am Hang, im scharfen Kloakengeruch, spielen kleine Jungen mit einem Kärrchen aus Plastik, auf dem sie abwechselnd abwärts sausen, Riesenspaß in fünf Sprachen. Auf einer freien Fläche inmitten des Schlamms veranstalten fünf unermüdliche Freiwillige Kinderspiele – der Himmel sei gepriesen für die Samos Volunteers, ja, auch das ist Europa. Im Augenblick sind sie von singenden und springenden Kindergartenkindern umringt.

Commela, commela, commela vistas
Chop banana, chop banana
Mush banana, mush banana
Eat banana, eat banana
Mmmjam banana, mmmjam banana.

Ein Container, ringsum Zeltplanen: »Das ist unsere Kinderkrippe.« In der Nähe liegt ein abgeschlossener Teil des Lagers für junge Frauen und Mädchen, die allein unterwegs sind und besonders geschützt werden müssen, die meisten sind 16, 17 Jahre alt, einige erst 12 oder 13. Überall bilden sich Schlangen, vor der Küche, der Asyldienststelle, dem Sanitätsposten und vielem anderen. In der Asyldienststelle ist ein etwa achtjähriger Junge mit Downsyndrom an der Reihe. Sein kleiner Bruder und er sind unzertrennlich, sie haben unterwegs ihre Eltern aus den Augen verloren, und nun versuchen sie, einen »Priority«-Status zu erhalten. Alle geben sich die größte Mühe für sie, und das ist die andere Seite des großen Dramas, man spürt hier auch sehr viel menschliche Anteilnahme, vor allem bei den Frauen. Alle gemeinsam versuchen, das Beste aus der Situation zu machen.

Allein in den ersten drei Monaten dieses Jahres sind trotz des Winters bereits dreieinhalbtausend Migranten vom türkischen Festland zu den griechischen Inseln gefahren. Die Schlepper haben sich umgestellt. Inzwischen ist Samos als Ziel besonders beliebt, täglich kommen Schlauchboote an. Männer setzen Stellagen aus Bambusstangen zusammen, ununterbrochen werden neue Hütten und Zelte errichtet. Es ist ein gutes Geschäft, das primitivste Zelt kostet um die 40 Euro, eine Hütte für eine Familie 70 Euro. Nur ausgewählte Flüchtlinge dürfen aufs Festland weiterreisen. Die durchschnittliche Wartezeit beträgt im Augenblick für Familien etwa acht Monate, für Alleinstehende mindestens anderthalb Jahre. Wie ich höre, sind aber auch auf der Route in Richtung Festland Schleuser aktiv, die mit Speedbooten nach Patmos fahren. »Und da legt die Fähre nach Athen um vier Uhr morgens ab, dann passt niemand auf.«

Eine alleinstehende Frau aus Afghanistan klagt über den schrecklichen Winter, Regen und kalter Wind drangen durch die Zeltplane, und manchmal trieben die Ratten sie nachts ins Freie. Viele sind krank, auch ihrer Tochter geht es schlecht. Ein junger Mann kommt dazu. Er ist vor acht Tagen aus Kabul angekommen und hatte geglaubt, dass er gleich nach England weiterreisen könnte.

Ein früherer Englischlehrer aus Afghanistan sagt, dass er aus beruflichen Gründen – »in Kabul kam ich keinen Schritt weiter« – und wegen der Taliban nach Europa wollte. Ich frage, ob er so etwas wie dieses Lager erwartet habe. »Nein. Ich hatte mir ein großes Gebäude mit einem soliden

Dach vorgestellt, eine Art riesige Schule. Ein paar Wochen warten und dann weiter nach Belgien. Ich dachte, das ist ein Land, in dem man gut ein neues Leben anfangen kann.« Er zeigt mir seinen Flüchtlingspass. »Date of interview or examination: 25/07/2021«, lese ich, traue aber meinen Augen kaum und mache ein Foto. Noch über zwei Jahre muss er also warten. »Warnen Sie die Menschen zu Hause?«, frage ich. »Auf jeden Fall. Aber von meinen Freunden und Bekannten weiß ich, dass sie immer noch die gleichen Nachrichten schicken: ›Hier ist es gut. Kommt!‹ Nach all diesen Strapazen und der schlimmen Überfahrt, da will niemand zurück.«

Manos Logothetis arbeitet seit 2015 als Arzt für die Küstenwache. Er sieht alle Bootsflüchtlinge, sobald sie an Land gegangen sind. Gestern sind zwei *easy boats* angekommen, gut hundert erschöpfte Araber und Afghanen, weiter nichts Schlimmes. Aber in der vergangenen Woche hatte es wieder drei Tote gegeben.

»Niemand kann behaupten, dieses gewaltige menschliche Drama würde mich kalt lassen«, sagt er. »Ich habe drei Jahre meines Lebens dafür gegeben. Aber ich will ehrlich sein.« Er bezeichne die Überfahrt inzwischen als *asylum baptism*. Sobald Migranten die gefährliche Seereise überlebt hätten, seien sie »als Flüchtlinge getauft«, unabhängig von ihren wirklichen Motiven. Die Großzügigkeit habe schlimme Folgen. »Wer mit Kindern aus Syrien flüchtet, muss nun die gleiche elende Prozedur durchstehen wie ein abenteuerlustiger junger Mann aus Afghanistan.« Das empfinde er als großes Unrecht.

Es gebe Dinge, die allgemein bekannt seien, über die aber niemand spreche. Er denke da zum Beispiel an die peinliche Frage, wo das viele Geld bleibe. »Sehr viel ist verschwunden, es wird wenig kontrolliert. 1000 Decken werden zugeteilt, sie werden bezahlt, aber sie kommen nie an, sie verschwinden unterwegs. In einem Lager werden offiziell 5000 Mahlzeiten ausgegeben, dreimal täglich. Das kostet einen Haufen Geld, die Armee ist dafür zuständig. Aber was, wenn in Wirklichkeit nur 3000 Menschen im Lager leben. Für die Verbesserung der Infrastruktur in den Lagern und drumherum werden Millionen bereitgestellt, alles EU-Gelder. Wie ist es dann möglich, dass die Lager nach drei Jahren immer noch so aussehen?« Journalisten von der Tageszeitung *Phileleftheros* gingen der Sache nach und berichteten im September 2018, diese Millionen seien zumindest teilweise bei Geschäftsfreunden von Verteidigungsminister Panos Kammenos gelandet. Prompt wurden die Journalisten auf Betreiben des Ministers wegen Verleumdung angeklagt.

Von den afrikanischen Migranten bekomme er immer dreierlei Geschichten zu hören, die er schon auswendig kenne, sagt der Arzt. Sie gehörten zur »Flüchtlingstaufe« dazu. Entweder jemand sei ein Verwandter eines ermordeten Stammesoberhauptes, oder er habe an einer Rebellion gegen den jeweiligen Präsidenten teilgenommen oder, dies gelte für Frauen, sei misshandelt und vergewaltigt worden. »Die zuletzt genannte Geschichte akzeptieren wir grundsätzlich, denn das Risiko, dass wir tatsächliche Opfer übersehen, wollen wir nicht eingehen.« Und wenn das alles nicht helfe, gebe es viele Krankheiten, die einem zu dem Stempel *vulnerable* im Flüchtlingspass verhelfen. Oft sei das die einzige Möglichkeit, von Samos wegzukommen.

»Wir haben eine seltsame Praxis«, sagt der Arzt. »Normalerweise sind neun von zehn Menschen, die in die Sprechstunde kommen, tatsächlich krank. Hier ist es umgekehrt, neun von zehn sind nicht krank. Aber man muss verdammt aufpassen, denn den einen Patienten, der wirklich krank ist, will man auf keinen Fall wegschicken.«

Der Chefarzt der örtlichen Klinik, die ich später besuche, bestätigt diesen Eindruck. Alle großen Probleme der letzten Jahre kommen in diesem Krankenhaus zusammen: die heillose Überlastung durch den Zustrom von Flüchtlingen, die erbärmlichen Zustände im Lager und die vielen Einsparungen wegen der Schuldenkrise. Das Budget ist stark geschrumpft, die Anzahl der Ärzte hat sich fast halbiert, allerdings sind dank der Syriza-Regierung nun wieder ein paar hinzugekommen. Die Pflegekräfte sind inzwischen für jeweils 50 bis 80 Patienten verantwortlich, von den drei Krankenwagen ist noch einer einsatzbereit. Doch der Chefarzt lässt den Mut nicht sinken. »Es ist nicht leicht, aber auch nicht dramatisch.«

In der Halle stehen afrikanische Männer in einer langen Schlange. Viele seien krank, aber es werde tatsächlich auch viel simuliert, sagt der Arzt. »Ja, das kostet Zeit.« Manchmal täusche jemand ein Koma vor, manchmal beängstigende epileptische Anfälle, früher Tuberkulose. »Die Männer kamen röchelnd und hustend herein. Gott sei Dank haben wir jetzt ein eigenes Röntgengerät.« Der Chefarzt zeigt mir die Daten der letzten Monate. Über 11 000 Flüchtlinge wurden untersucht, nur 700 mussten behandelt werden. Weniger als sieben Prozent.

Im Gang wartet ein alter Grieche einsam in seinem Bett. In der vergangenen Woche wurde eine aus Seenot gerettete Frau eingeliefert, die gerade ihren Mann und ihre beiden Kinder hatte ertrinken sehen. Sie wird in der psychiatrischen Abteilung rund um die Uhr bewacht. Auch solche Fälle kommen immer wieder vor.

»Im Zentrum hat man keine Ahnung von den Problemen an der Peripherie«, sagt der Arzt von der Küstenwache auf Samos, der übrigens seit zwei Monaten kein Gehalt bekommen hat. »Für Europa gibt es keine Krise mehr, die Anzahl der Flüchtlinge ist stark zurückgegangen, aber für uns geht die Flüchtlingskrise weiter. Und wir stehen mitten im Sturm.«

In Brüssel und den nationalen Hauptstädten wird weiterhin Optimismus verbreitet, aber wer sich an Ort und Stelle umschaut, merkt schnell, dass die Probleme nicht einmal annähernd gelöst sind. Der Versuch, die Flüchtlinge über Europa zu verteilen, hat mit einem Fiasko geendet, und nun, da die Krise scheinbar vorbei ist, lässt man das Projekt ruhen. Dabei wurden in Griechenland allein 2018 rund 67 000 neue Asylanträge gestellt, während es in den Niederlanden nur 20 000 waren. Weitere Vereinbarungen vor allem über die Einrichtung von Auffangzentren wurden getroffen, doch umgesetzt wurde kaum etwas davon. Der Grad der »Verstopfung« des europäischen Asylsystems lässt sich aus den neuesten Zahlen zu abgelehnten Asylbewerbern ablesen. Nur ein Bruchteil von ihnen verlässt tatsächlich das Land – in den Niederlanden ist es höchstens jeder Fünfte, in Deutschland einer von dreißig, in Italien etwa einer von hundert. Die allermeisten dieser Migranten verschwinden einfach in der Illegalität.

Und das EU-Türkei-Abkommen? In den Jahren 2017 und 2018 stieg nach Angaben der Vereinten Nationen die Anzahl der Flüchtlinge, die an den griechischen Küsten an Land gingen, von 36 310 auf 50 511. Immer noch sitzen 60 000 Flüchtlinge in Griechenland fest, davon etwa 13 500 in den stinkenden Lagern auf den Inseln. Nur 2400 Flüchtlinge wurden in die Türkei zurückgebracht, vier Prozent, obwohl doch die Abschiebung in die Türkei der entscheidende Punkt des Abkommens war. Zwar bewacht die Türkei ihre Grenzen streng, aber wie lange noch? Vier Monate nach der Unterzeichnung des Abkommens, am 15. Juli 2016, scheiterte in der Türkei ein Putsch von Teilen des Militärs. Präsident Erdoğan erklärte den einflussreichen Geistlichen Fethullah Gülen zum großen Anstifter. Seither werden vermeintliche Mitglieder der Gülen-Bewegung eifrig verfolgt. Gülen-Anhänger an der Ausreise zu hindern, ist im Moment der wichtigste Grund dafür, dass die Türkei ihre Grenzen scharf kontrolliert. Wenn aber dieses Motiv wegfällt, kann sie die Tore jederzeit wieder öffnen. Europa bleibt in hohem Maße erpressbar.

In Athen habe ich mit Markos Karavias gesprochen, dem Direktor der griechischen Asylbehörde, der gerade von einer Sitzung des Europäischen Rates in Brüssel zurückgekehrt war. »Es ist sehr beunruhigend, wenn man in Brüssel zu hören bekommt, das Problem sei überstanden, weil ja die Zahlen zurückgehen. Kaum ist die akute Krise vorüber, ist Solidarität anscheinend nicht mehr nötig, dann springt alles wieder auf die nationale Ebene zurück.«

Die jüngsten Erhebungen zeigen, dass Syrien als wichtigstes Herkunftsland längst durch andere Brandherde verdrängt worden ist. »Afghanistan steht jetzt auf Platz eins, gefolgt von Pakistan, dem Irak, der Türkei und dann, jawohl, Syrien, erst auf dem fünften Platz. Allein auf Lesbos hatten wir voriges Jahr 17 207 Asylanträge. Auf dem winzigen Samos 6743. Wir haben erst 2016 angefangen, eine funktionierende Asylbehörde mit guten Mitarbeitern aufzubauen, und das in einer Zeit irrsinniger Sparmaßnahmen. Wir müssen ständig improvisieren.«

Nein, letztlich gehe es ihm nicht um die Zahlen, er wolle eine gute, menschliche Flüchtlingspolitik. Aber, und das könne er gar nicht genug betonen, damit eine solche Flüchtlingspolitik möglich sei, müsse man in erster Linie gewissenhaft auswählen. Früher habe er das auch selbst getan. »Es ist mühsam und belastend, das wird gern vergessen. An einem Morgen ist zum Beispiel die erste Antragstellerin eine Georgierin, die ganz ehrlich sagt, dass sie hier arbeiten will, um für ihre Eltern sorgen zu können. Nein, leider kein Asyl, ein eindeutiger Fall. Der Nächste ist ein Chinese, der kaum ein Wort herausbringt, egal was wir versuchen. Mein Kollege und ich sehen uns an, vermutlich hat dieser Mann in seiner Heimat wegen seiner sexuellen Orientierung tatsächlich große Probleme. Was sollen wir tun? Dann ein Mann aus dem Sudan, der von seinen Folterungen berichtet. Man hört Dinge, die man an einem normalen Dienstagmorgen nicht hören will. Je länger man diese Arbeit tut, desto klarer wird einem, dass all die bürokratischen Formeln auf dem Papier letztlich mit der Realität nichts zu tun haben.«

8

Es wurde schon oft gesagt, dass gerade in einer Krise der Charakter einer Gemeinschaft sichtbar wird, das, wofür sie steht, oder in welcher Hinsicht eine Gemeinschaft letztlich doch keine ist, auch das ist möglich.

Noch 1999 empfanden die meisten Menschen im grenzenlos optimistischen Europa jener Zeit Immigration nicht als großes Problem. Želimir Žilnik drehte damals einen Dokumentarfilm bei der Ausländerpolizei von Triest, wo alle großen Flüchtlingsströme zusammentrafen, die Jugoslawienkriege waren ja noch nicht lange vorbei. Es war ein großer Verschiebebahnhof der Hoffnungen. Želimir stellte fest, dass die italienischen Polizisten den Immigranten sehr menschlich begegneten, obwohl sie von hoffnungslosen Fällen überrannt wurden. Irgendwann sagte der italienische Polizeikommandant unter vier Augen zu ihm: »Ich habe ein großes Problem. Ich habe 300 Mann unter mir. Jede Woche verliebt sich wieder einer.«

Zwanzig Jahre später ist von solch einer entspannten Haltung nicht mehr viel zu spüren. Europa altert schnell – 2003 lag das europäische Durchschnittsalter bei 37,7 Jahren, 2050 werden es 52,3 Jahre sein –, und eigentlich braucht der Kontinent Zuwanderung. Deutschland ist mit 1,7 Millionen Neuankömmlingen, die dort zwischen 2015 und 2019 Asyl beantragt haben, das Land mit der sechstgrößten Flüchtlingspopulation weltweit. Mehr als die Hälfte dieser Menschen hat Arbeit und zahlt Steuern. Dennoch ist die Angst vor Migranten nach der Flüchtlingskrise stetig gewachsen. Überall in Europa sind die Folgen des »Wir schaffen das« sichtbar. In Polen kamen kurz nach der Flüchtlingskrise die Nationalisten an die Macht. In Großbritannien wurde Immigration zum Hauptthema der Brexit-Debatte. In Ungarn schlug Viktor Orbán auf jede Weise Kapital aus der Situation. Die Migranten waren das ideale Feindbild, und als er geschickt die Angst vor ihnen schürte, stiegen die zuvor sinkenden Popularitätswerte seiner Fidesz-Partei wieder an. Er ließ Plakate drucken, auf denen George Soros und die Vorsitzenden der Oppositionsparteien mit Bolzenschneidern in der Hand zu sehen waren. Die Aussage war klar: Passt auf, die wollen unsere Grenzen wieder öffnen.

In Frankreich, Deutschland, Schweden, den Niederlanden und Dänemark breitete sich sogenannter Wohlstandschauvinismus aus. Viele befürchteten, dass die Migranten an den Wurzeln des Wohlfahrtsstaates nagten.

Der französische Front National nutzte diese Stimmung ebenso wie Geert Wilders' PVV in den Niederlanden. Schweden, früher für seine großzügige Flüchtlingspolitik bekannt, begann sich abzuschotten. Die ultranationalistischen Schweden-Demokraten lockten immer mehr Wähler an, doch ihr größter Erfolg war, dass ihre Anti-Immigrations-Standpunkte von den Parteien der Mitte weitgehend übernommen wurden. Eine solche Verschiebung fand in noch stärkerem Maße in Dänemark statt. Bei einem Referendum im Dezember 2015 stimmte die Mehrheit der Dänen gegen eine engere Zusammenarbeit mit der EU auf den Gebieten Justiz und innere Sicherheit.

In Deutschland brachte die Bundestagswahl 2017 den Durchbruch für die AfD, plötzlich hatte eine rechtsextreme Partei 94 Sitze im Parlament. Walter Lübcke, der sich 2015 so dezidiert zu den Werten der deutschen Gesellschaft und zu Menschlichkeit gegenüber Flüchtlingen geäußert hatte und danach unter anderem von der AfD heftig angefeindet worden war, wurde im Juni 2019 von einem Rechtsextremisten ermordet.

Im früher relativ toleranten Italien, das 2013 und 2014 mit der Seenotrettungsoperation Mare Nostrum noch ein wenig vom moralischen Ansehen Europas bewahrt hatte, wuchs die Verbitterung. Die Italiener fühlten sich von Europa im Stich gelassen. Zahlreiche Migranten vor allem aus Afrika durchstreiften ohne irgendeine Perspektive das Land, und Italien musste mit diesem Problem allein fertig werden. »Die Mehrheit der Italiener sieht sich nun als Opfer Europas, der Banken, der Institutionen und des Staates«, mit diesen Worten beschrieb *La Repubblica* 2018 die Stimmung im Land. Die Zahl rassistisch motivierter Straftaten nahm zu, in verschiedenen Städten wurde mit Luftgewehren auf Migranten geschossen. In Neapel schossen zwei Männer von einem fahrenden Motorroller auf einen Straßenverkäufer aus dem Senegal, in Rom wurde eine 13-jährige Romni von einem Schuss in den Rücken getroffen, in Kalabrien ein Migrant erschossen, als er Alteisen zu stehlen versuchte.

Der Nationalist Matteo Salvini verwandelte unterdessen seine ursprünglich separatistische Lega Nord in eine Anti-Immigrations-Bewegung und lockte damit Millionen neuer Wähler, nun auch in Süditalien. Von 2018 an bestimmte er zusammen mit der anarchistischen Fünf-Sterne-Bewegung des Komikers und Schauspielers Beppe Grillo die Richtung der italienischen Politik. Beide Parteien wurden vom Kreml unterstützt, und so hatten in Italien plötzlich die russlandfreundlichen Parteien die Macht. Seitdem verweigerte Italien Rettungsschiffen die Einfahrt in italienische Häfen, Seenotretter wurden als Schlepper verfolgt. Der »Schutz« der Grenzen in diesem Teil des Mittelmeeres wurde Libyen übertragen, eine PR-Kampagne begleitete das Abkommen. Die libysche Küstenwache erhielt mit finanzieller und politischer Unterstützung durch die EU Geld und Patrouillenschiffe, außerdem wurde ein Ausbildungsprogramm gestartet. Die Anzahl der Migranten, die Italien über das Mittelmeer erreichten, ging seitdem stark zurück, gleichzeitig stieg die Zahl der Ertrunkenen.

Am 6. November 2017 filmten Helfer der deutschen Organisation Sea-Watch, ursprünglich eine Gruppe von Beobachtern, wie die »ausgebildete« Besatzung eines libyschen Patrouillenbootes ihr Fahrzeug entgegen allen Vorschriften mit hoher Geschwindigkeit auf ein sinkendes Schlauchboot zusteuerte. Es sind schockierende Bilder. Man sieht, wie mehr als 100 Menschen, viele davon bereits im Wasser, um ihr Leben kämpfen, man hört die panischen Schreie, hier und dort verschwindet jemand in den Wellen, die libysche Besatzung unternimmt so gut wie nichts, um Menschen an Bord zu helfen, sie lässt nicht einmal ihr Rettungsboot zu Wasser. Bei diesem Zwischenfall ertranken schätzungsweise 40 Schiffbrüchige.

Nach Angaben des UNHCR haben im ersten Halbjahr 2019 ungefähr 2000 Migranten die Überfahrt übers Mittelmeer überlebt, fast 350 ertranken.

Sich im »Menschenschutzverein« zu engagieren, wurde in jenen Jahren strafbar. Meine Fernsehkollegen sprachen mit einem Dänen, der verurteilt worden war, weil er einer syrischen Familie geholfen hatte. »Ich habe ihnen Kaffee, Erfrischungsgetränke und Plundergebäck gegeben und sie die Toilette benutzen lassen. Die Strafe beträgt 20 000 Kronen [2500 Euro] oder 14 Tage Gefängnis.« Ein Seenotretter verbrachte auf Lesbos ohne Anklage 106 Tage in Untersuchungshaft. Ein Franzose wurde angeklagt, weil er in der Nähe der Grenze Flüchtlinge mitgenommen und ihnen eine Unterkunft für die Nacht zur Verfügung gestellt hatte; dafür drohten ihm bis zu vier Monate Haft. Im August 2017 wurde das Rettungsschiff *Iuventa* von der Organisation Jugend Rettet im Hafen von Lampedusa beschlagnahmt, Kapitänin Pia Klemp und die übrige Besatzung vorübergehend festgenommen. Die Staatsanwaltschaft bereitete eine Anklage wegen Beihilfe zu illegaler Einwanderung vor. »So ein Prozess dauert im Zweifelsfall viele Jahre und kostet unglaublich viel Geld«, sagte Pia Klemp. »Das Ganze ist sehr offensichtlich

[…] ein politischer Schauprozess. […] Das Verfahren bezweckt etwas ganz anderes: uns für eine Zeit lahmzulegen und andere Hilfsorganisationen abzuschrecken.« Auch der Organisation Sea-Watch wurde das Arbeiten noch bis Ende 2019 praktisch unmöglich gemacht.

Und auch »Mama« Maria und ihr Mann Michalis wurden tyrannisiert. Neonazis von der Partei Goldene Morgenröte bedrohten ihre Gäste, die Einnahmen gingen zurück, und am Ende mussten sie die Taverne schließen. Als ich sie besuchte, bereitete Michalis auf einem Campingkocher mühsam eine Tasse Kaffee für den Gast zu, im Haus war es bitterkalt, am Morgen war der Strom abgeschaltet worden. Auf Samos konnten sie nicht bleiben. Michlis, gelernter Klempner, wollte versuchen, auf Kreta Arbeit zu finden. Bis dahin würde Maria bei ihrer Tochter in Athen wohnen. Ihr altes Haus, jetzt noch voller Teppiche, Nippsachen, Familienfotos, Ikonen, liebgewordenen Dingen aus dreißig gemeinsamen Jahren, mussten sie verkaufen.

Philemon und Baucis wurden am Ende ihres Lebens von den dankbaren Göttern in Bäume verwandelt, nah beisammen. »Und als schon über beider Gesicht der Wipfel hinwuchs, sprachen sie miteinander, solange es ihnen noch vergönnt war. ›Leb wohl, mein Gemahl!‹, sagten sie zugleich, und zugleich verschwanden die Lippen beider im Geäst.«

So sollte es sein. Aber dies sind andere Zeiten.

Wigan
2016

I

Ein verfallender Tempel aus den 1950er und ein zur Hälfte gebauter Turm von Babel aus den 1990er Jahren, das war im Frühjahr 2016 unsere Europäische Union.

»L'Europe est-elle mortelle?« Ist Europa sterblich?, fragte *Le Monde* im April. Das Versprechen wachsenden Wohlstands, repräsentiert durch den Euro, sei durch Krisen und Massenarbeitslosigkeit »gebrochen« worden. Das ehrgeizige Vorhaben, die Grundlagen für »einen immer engeren Zusammenschluss der europäischen Völker zu schaffen«, wie es in der Präambel zum EWG-Vertrag von 1957 steht, sei am Populismus gescheitert, die Behauptung, Europa garantiere Frieden, sei durch den Terrorismus und die Kriege in Syrien und der Ukraine widerlegt worden. »Und was hat es der Welt zu bieten, wenn es die Türkei mit der Aufgabe betraut, seine Tür zu bewachen und den Flüchtlingen den Zugang zu verwehren?«

Was die Migration anging, war im Grunde keins der Probleme gelöst, wir bekamen nur einen steifen Hals vom Wegschauen. Das europäische Projekt selbst war in einen Teufelskreis geraten. Weil das System versagte, nahm die Unterstützung für dieses Projekt stetig ab. Das wiederum verschlechterte zunehmend die Chancen auf eine Reparatur des Systems.

Immer noch machten sich die Folgen der Krise von 2008 bemerkbar. Im »entwickelten« Teil der Welt einschließlich Europa waren seitdem die verfügbaren Einkommen etwa eines Drittels der Haushalte gesunken oder stagnierten. In Südeuropa war weiterhin ein Drittel der Menschen unter dreißig Jahren arbeitslos. Der jahrelang demontierte öffentliche Sektor war geschwächt. Viele Wähler hatten den Eindruck, dass die Politik, besonders auf der europäischen Ebene, jeden Kontakt zu ihrer Lebenswirklichkeit verloren habe.

Die Ungleichheit nahm zu. Und fast keiner der verantwortungslos zockenden Banker war jemals bestraft worden.

»Wie habt ihr euch in diesem Frühjahr 2016 gefühlt?«, möchte unsere Studentin im Jahr 2069 wissen. Tja, wir waren schockiert. Wir waren verwirrt und traurig. Und vor allem waren wir besorgt, wir wussten nicht, was uns bevorstand.

Historiker haben die gescheiterten demokratischen Revolutionen von 1848 als einen Wendepunkt bezeichnet, an dem die moderne Geschichte sich weigerte, die Richtung zu ändern. Das Gleiche könnte man über die Bankenkrise von 2008 sagen. Sie zeigte deutlich, wie falsch der Glaube an die Selbstregulierungskräfte des Marktes war, der Neoliberalismus schien am Ende zu sein. Doch das erwies sich als Irrtum. Wie 1848 blieb ein Kurswechsel aus.

Wer sich durch die Statistiken zu den Krisenjahren hindurcharbeitete, konnte nur zu dem Fazit gelangen, dass wieder einmal die Schwächsten die Opfer waren. Das Unbehagen am System schlug sich in ganz Europa in den Wahlergebnissen nieder. Alte Parteien verloren ihre Anhängerschaft, überall erschienen neue Gesichter. Eine Krise der Demokratie? Keineswegs, die Demokratie funktionierte ausgezeichnet. Die Verschiebungen waren für viele unangenehm, aber das demokratische System registrierte sehr genau die Gefühle der Demütigung und Benachteiligung.

Der Soziologe und Philosoph Didier Eribon, Arbeitersohn aus Reims, schreibt: »Für meine Familie teilte sich die Welt in zwei Lager. Entweder man war ›für die Arbeiter‹ oder man war gegen sie, entweder man ›verteidigte‹ die Arbeiter oder man tat nichts für sie. [...] Wer erfüllt heute die Funktion, die damals ›die Partei‹ innehatte? Von wem dürfen sich die Ausgebeuteten und Schutzlosen heute vertreten und verstanden fühlen? [...] Oder ganz schlicht: Wer trägt der Tatsache Rechnung, dass sie existieren, dass sie leben, dass sie etwas denken und wollen?«

Die Journalistin Undine Zimmer, die in einer Berliner »Hartz-IV«-Familie aufgewachsen ist, erklärt: »Aber was Armut in Deutschland ausmacht, ist nicht primär durch Hunger, Krankheit und Trinkwasserknappheit gekennzeichnet. Es ist Armut im Sozialen, im Wissen um Dinge wie den Umgang mit Geld oder Ernährung, fehlender Glaube an Bildungs- und Aufstiegschancen, an langfristige Investitionen und an sich selbst. [...] Die größten Defizite liegen vielleicht nicht dort, wo man sie erwartet.«

»Diejenigen, die nie auf Bergen von Geld sitzen«, sagt der Brüsseler Schriftsteller Geert van Istendael, »die tagaus, tagein zu hören bekommen, dass sie den Gürtel enger schnallen sollen, dass ihre Löhne zu hoch sind, dass wir die Krankenversicherung nicht mehr finanzieren können, dass die Schule zu billig ist, kurz und gut, dass sie es sind, die über ihre Verhältnisse leben, diese Menschen fühlen sich verarscht. Denn gleichzeitig können sie rund um die Uhr sehen, dass die Reichen in immer extravaganterem Luxus baden. Ein wirksameres Mittel, Missgunst anzufachen, gibt es nicht.«

Der deutsche Schriftsteller und Historiker Philipp Blom weist darauf hin, »dass immer mehr Menschen schlechtere und schlechter bezahlte Jobs annehmen müssen und sich kraft ihrer eigenen Arbeit nicht mehr aus dieser Situation befreien können. [...] Das Einkommen aus Arbeit sinkt weiter, das aus Kapital steigt. Was das bedeutet, ist nicht weniger als ein Ende des großen Versprechens in den liberalen Ländern der Nachkriegszeit: Wer hart arbeitet und gut ausgebildet ist, kann sich ein Leben aufbauen, kann sozial aufsteigen und am Wirtschaftswachstum teilhaben. Diese Verbindung zwischen Arbeit und sozialem Aufstieg ist zerbrochen und mit ihr auch ein weiteres zentrales Versprechen, nämlich dass es den eigenen Kindern einmal besser gehen wird als den Eltern.«

»Wie soll man zurechtkommen, wenn einem das Wasser abgestellt wurde?«, fragte eine am Existenzminimum lebende Frau aus Gent den belgischen Schriftsteller Erik Vlaminck. »Was soll man machen, wenn man zwei Kinder hat, und das Wasser ist abgestellt? Wie soll man dann die Sachen seiner Kinder waschen? Ich rieche sie, die ungewaschenen Sachen meiner Kinder. Und ich weiß, dass andere Leute diese ungewaschenen Sachen auch riechen. Andere Kinder in der Schule. Die Lehrerin ...«

Schon 1997 prophezeite der Philosoph Richard Rorty, dass den alten Demokratien der industrialisierten Länder unruhige Übergangszeiten bevorstünden. Die niedrig qualifizierten Arbeitnehmer würden feststellen, dass ihre Regierungen nichts mehr gegen das Sinken ihrer Reallöhne und die Verlagerung ihrer Arbeitsplätze ins Ausland unternehmen. Und dass die höher Qualifizierten aus den Vorstädten, die selbst den sozialen Absturz fürchteten, nicht bereit sein würden, auf unbegrenzte Zeit immer mehr für Sozialleistungen zu zahlen. Wenn es so weit sei, meinte Rorty, werde es zu einem Umbruch kommen.

Dieser Umbruch hatte inzwischen begonnen, nur vollzog er sich auf völlig andere Weise, als wir uns immer vorgestellt hatten. Vor allem seit dem

Siegeszug des Neoliberalismus und der Propagierung des »Dritten Weges« durch Sozialdemokraten wie Tony Blair, Wim Kok und Gerhard Schröder wurden traditionelle Parteien einander immer ähnlicher. Sie richteten ihre Politik zunehmend an den Interessen der Mittelschicht aus, während die Arbeiterklasse an den Rand geriet. Überall wurde nach neuen Narrativen und neuer Orientierung gesucht, die Kategorien des 20. Jahrhunderts galten offensichtlich nicht mehr.

Bei diesen Entwicklungen spielte das Internet eine entscheidende Rolle. Plötzlich wurden die Bastionen der politischen und intellektuellen Eliten geschleift, alle erhielten Zugang zu jeder Art von Information, alle konnten mit allen kommunizieren und ihre Meinungen und Behauptungen auf der ganzen Welt verbreiten. Es war eine historisch einzigartige Revolution mit unabsehbaren sozialen und politischen Folgen. Obwohl uns dies grundsätzlich klar war, hatten wir in den ersten Jahren kaum eine Vorstellung von der Art und dem Ausmaß dieser Umwälzung. Wie sich bald zeigte, waren Facebook und Twitter nicht nur Mittel des Ausdrucks und der Kommunikation von Unzufriedenheit, sie formten die Unzufriedenheit auch und steigerten sie weiter, und weil sie Aggressivität und sprachlichen Exzessen keine Grenzen setzten, wurden sie selbst zur Ursache zunehmender Spaltung und Unsicherheit.

Die neuen Parteien und Bewegungen nutzten den Freiraum, den das Dogma des freien Marktes geschaffen hatte. Während der öffentliche Sektor demontiert wurde, ließ in vielen europäischen Ländern die Anziehungskraft des Phänomens »Politik« nach. Nicht wenige politische Neulinge, besonders die Populisten, schienen die komplizierte, oft langweilige, manchmal aber auch von schier ausweglosen Dilemmata bestimmte politische Alltagsarbeit kaum ernst zu nehmen. Mindestens drei Jahrzehnte lang hatte die neoliberale Ideologie jede wirkliche politische Debatte abgewürgt. Die »Gesetze« der freien Marktwirtschaft galten als natürliche Gegebenheit, jede abweichende politische Entscheidung schien ausgeschlossen.

Margaret Thatcher war für ihre Standardfloskel »there is no alternative« berüchtigt. Schröder verdiente sich schnell den Titel »Basta-Kanzler«. Tony Blair erklärte 2005 bei einer Labour-Tagung: »Man debattiert auch nicht über die Frage, ob der Herbst nach dem Sommer kommt.« Über die Frage, was richtig oder falsch ist, vor allem in moralischer Hinsicht, brauchte nicht mehr diskutiert zu werden. Jede Entscheidung im Interesse der Wirtschaftselite konnte mit der scheinbaren Objektivität der »Marktgesetze« gerechtfertigt werden. Das Denken in Kategorien des Marktes verdrängte allmählich politische Erwägungen aus der öffentlichen Diskussion. Sie wurde stiller und eintöniger.

Die Entpolitisierung der öffentlichen Diskussion hatte weitreichende Folgen für die Selbstwahrnehmung vieler europäischer Bürger. Sie empfanden sich nicht mehr als Teil eines großen Ganzen, für das alle auf unterschiedliche Weise mitverantwortlich waren, sondern leiteten aus der Tatsache, dass sie Bürger eines Staates waren, bestimmte Rechte ab, wie von einem durch Geburt oder Verdienste erworbenen Titel. Möglichst viele Rechte, die allerdings im Lauf der Jahre immer weniger wert waren. »Identität« – national, religiös, kulturell oder sonst irgendwas – wurde zur exklusiven Grundlage, aus der die tatsächlichen oder nur vermeintlichen Rechte abgeleitet werden konnten. Und diese Identität wurde für viele Leser immer wichtiger. »Politik« und »Demokratie«, die traditionellen Mittel, Gegensätze zu überbrücken, gerieten in Verruf. Diese »Rezession der Demokratie«, die von den neuen Medien und manchen Politikern angeheizt wurde, führte immer häufiger zu Spannungen in den westlichen Gesellschaften. Jeder Kompromiss galt nun schon bald als »Verrat« an der eigenen Gruppe oder der eigenen Identität. So wurden Bürger tatsächlich zu »Klienten«.

Gerade die politischen Gruppen, die immer als Anwälte der Demokratie aufgetreten waren, allen voran die Liberalen und Progressiven, waren fassungslos, als der Demos schließlich sein Urteil über den Zustand Europas aussprach.

Für die europäischen Sozialdemokraten ging es schon vor der Krise von 2008 steil bergab. In den Jahren 2001 bis 2006 verloren sie in den Niederlanden, in Frankreich, Deutschland, Portugal, Dänemark, Schweden und Finnland die Regierungsmacht. Sie hatten ihren traditionellen Wählern, den sozial schwächeren Teilen der Bevölkerung, nicht ausreichend Schutz geboten.

Beim Kongress der Sozialdemokratischen Partei Europas im Dezember 2018 in Lissabon rief der bulgarische Vorsitzende den Delegierten zu: »Seid ihr tot?« Statt eines ohrenbetäubenden »Nein« war nur ein leises Murmeln zu hören, Einzelne verließen den Saal.

Auch die anderen Volksparteien des 20. Jahrhunderts waren müde und verbraucht. Sie konnten sich halten, weil sie das Machtspiel besser beherrschten, doch wirklich Neues konnte man von ihnen nicht erwarten. In Italien waren die einst übermächtigen Christdemokraten bereits in den 1990er Jahren von dem Populisten Berlusconi deklassiert worden, in Frankreich gewann 2017 der Neuling Emmanuel Macron die Präsidentschaftswahl und ließ mit der gerade erst von ihm gegründeten Partei La République en Marche alle etablierten Parteien weit hinter sich. Der britische *Guardian* nahm eine interessante Zählung bei sich selbst vor. Waren 1998 in etwa 300 *Guardian*-Artikeln die Wörter »populist« oder »populism« vorgekommen, so waren es 2016 über 2000 Artikel. »Populism is sexy.«

Natürlich kannte Europa schon viel länger das Phänomen des Außenseiters, der »die Elite« herausforderte, Pluralismus und Toleranz verächtlich machte und versprach, dem eigenen Volk »seine Zukunft« zurückzugeben. Bereits in den 1980er Jahren wetterten Figuren wie Jean-Marie Le Pen in Frankreich, Filip Dewinter in Belgien und Jörg Haider in Österreich gegen Migranten oder das »korrupte« Establishment und köderten Wähler mit Slogans wie »das eigene Volk zuerst«. Sie hielten sich länger, als viele erwarteten, sie knüpften Verbindungen zu Geistesverwandten in anderen Ländern und schufen die Grundlagen für die Erfolge späterer Populisten. Es ist ein Missverständnis zu glauben, dass der Populismus erst mit dem Niedergang der sozialdemokratischen Parteien und mit der Krise von 2008 aufgekommen wäre. Bereits 1988 erhielt Jean-Marie Le Pen bei der Präsidentschaftswahl 14 Prozent der Stimmen, 2002 erreichte er sogar die Stichwahl. Der rechtsextreme Vlaams Blok, seit 2004 Vlaams Belang, war seit 1978 aktiv. Schon 2002, vor dem Niedergang der niederländischen Sozialdemokraten, feierte der Rechtspopulist Pim Fortuyn Erfolge.

Allerdings haben die europäischen Krisen den Bedeutungsverlust der großen Parteien der Mitte beschleunigt. Bei der Europawahl 2014 erhielt die United Kingdom Independence Party des Demagogen Nigel Farage in Großbritannien mehr Stimmen als jede andere Partei. Bei den griechischen Parlamentswahlen im Januar 2015 errang die neue Partei Syriza einen überwältigenden Erfolg. 2016 gewann in Schottland erneut die Scottish National Party die Parlamentswahl, während die schottische Labour-Partei starke Verluste hinnehmen musste. In Spanien wurde die linkspopulistische Partei Podemos zu einem wichtigen politischen Akteur, in Frankreich entwickelte sich Marine Le Pens Front National zur zweitstärksten Partei. In Großbritannien wurde in einer tiefen Krise der Labour-Partei nach der verlorenen

Parlamentswahl 2015 der Linksradikale Jeremy Corbyn zum Vorsitzenden gewählt.

Geert Wilders' PVV wurde 2017 zur zweitstärksten Partei der Niederlande. In Deutschland erreichte die AfD innerhalb von drei Jahren eine Position, für die ähnliche Parteien wie etwa der Front National oder die FPÖ jahrzehntelang hatten arbeiten müssen.

Populisten und religiöse Immigranten stellten erneut die Ideale der Aufklärung infrage, sie rebellierten gegen die Globalisierung einschließlich der Migrationsfreiheit, den Abbau des Sozialstaates und den Neoliberalismus. Mit den alten Parteien verloren auch die Werte und Umgangsformen der liberalen Demokratie an Bedeutung. Der niederländische Essayist Jacques de Kadt hatte dieses Phänomen bereits 1936 beschrieben; er sah damals »die Würde in Gefahr«: »In den meisten Fällen reagieren [Menschen] ihre Torheit mit harmlosen Dingen ab, in östlichen und westlichen religiösen Sekten, mit Fußball und anderem Sport, mit Tauben und Kaninchen und so weiter. Aber wenn all die Toren sich in der Politik sammeln und jede ausreichende Gegenwehr fehlt, dann bekommt man die Diktatur der Torheit.«

Etwas Ähnliches spielte sich nun ab, und das nicht ohne Grund.

2

Wir erlebten, was immer schon in unruhigen Zeiten geschehen war: Propheten, Quacksalber und Scharlatane zogen durch Stadt und Land mit langen Reihen singender, betender, tanzender und sich geißelnder Jünger im Schlepptau. Für alle Gegner wurden Scheiterhaufen errichtet, während die Anführer in bildhafter Sprache Verdammnis predigten. »Troja brennt!«, rief zum Beispiel 2017 der niederländische Bußprediger Thierry Baudet unter dem donnernden Applaus seiner Anhänger. »Wir befinden uns in einem schwindelerregenden Zerstörungsprozess.«

In Wirklichkeit schnurrte sein Land zu dieser Zeit vor Zufriedenheit. Nach einer Erhebung des Sociaal en Cultureel Planbureau bewerteten Niederländer ihr Leben unter Aspekten wie Wohnsituation, Einkommen, Freundschaften und »Glück« durchschnittlich mit Note acht von zehn. 85 Prozent meinten, die eigene Familie lebe in Wohlstand, 68 Prozent, mehr als zuvor, hatten Vertrauen in die Demokratie, 80 Prozent waren stolz darauf, Niederländer zu sein. Die Toleranz hatte nicht ab-, sondern zugenommen: Während 1994 noch fast die Hälfte der Befragten der Ansicht war, in den Niederlanden lebten »zu viele Menschen anderer Nationalität«, war es ein Vierteljahrhundert später nur noch ein Drittel. Obwohl die Propheten und Bußprediger in den Medien viel Aufmerksamkeit erhielten, hatten ihre rechtsextremen Aussagen ihnen bisher nie mehr als 20 bis 25 Prozent der Stimmen eingebracht.

Trotzdem waren die Niederländer unsicher. »Der Fortschrittsoptimismus der Mittelschichten ist verschwunden«, schrieb die Denkfabrik Wetenschappelijke Raad voor het Regeringsbeleid in jenem Jahr. Es war eine Unsicherheit, die überall in Europa spürbar war, aber von den selbstzufriedenen politischen Akteuren nicht oder viel zu wenig beachtet wurde. Nach zwei Jahrzehnten der Expansion war die Mittelschicht seit 2008 überall geschrumpft. Das Risiko des Abstiegs auf eine niedrigere Einkommensstufe war größer als die Wahrscheinlichkeit eines Aufstiegs. Die »Angst vor dem Absturz«, die Barbara Ehrenreich in ihrem Klassiker über die amerikanische Mittelklasse bereits Ende der 1980er Jahre beschrieben hatte, machte sich auch in Europa breit.

Früher hatte eine bestimmte politische Ausrichtung vor allem mit Identifikation zu tun, wie Didier Eribon es beschreibt. Man »gehörte« zu einem politischen Lager, zu einer Partei. Als diese Selbstverständlichkeit wegfiel, machten sich viele Wähler auf die Suche nach neuen Identifikationsmöglichkeiten. Und dabei landeten sie wie von selbst bei Außenseitern, die zum Beispiel durch ihr Verhalten, ihre Kleidung oder ihre Wortwahl den Eindruck erweckten, kein Teil der überkommenen Ordnung und der alten Elite zu sein. Wie es sich für echte Außenseiter gehörte, betrieben diese Politiker neuen Typs kaum noch klassische, inhaltliche Opposition, sondern vor allem prinzipielle Opposition gegen »das System« als solches. Und sie ließen die Bereitschaft erkennen, soziale Besitzstände um jeden Preis gegen Fremde zu verteidigen.

Überall in Europa tauchte das Phänomen des unpolitischen Politikers auf, links, aber vor allem rechts. »Authentizität« wurde zu einem Gütezeichen. In Portugal machte die Schauspielerin Catarina Martins im Parlament als Vorsitzende des linken Parteienbündnisses Bloco de Esquerda Furore. Allein schon ihre Jeanshosen und knallroten Blusen waren ein Statement gegen die Anzugwelt der etablierten Parteien. In Spanien gewannen 2015 zwei »antipolitische« Frauen, Ada Colau und Manuela Carmena, auf Anhieb die Bürgermeisterwahlen in Barcelona und Madrid. In England eroberte der chaotische Konservative Boris Johnson – mit seiner blonden Strubbelfrisur, seiner Vorliebe für Rucksäcke und seiner Witzeerzählerei ebenfalls ein Außenseiter – bei der Bürgermeisterwahl 2008 völlig unerwartet das Labour-Bollwerk London. In Griechenland stahl Yanis Varoufakis mit seinem Motorrad und seinem unkonventionell-schicken Lebensstil allen anderen Politikern die Show. Der niederländische Populist Pim Fortuyn imponierte mit seinem Jaguar und seinem Butler und war für seine Anhänger trotzdem »ons Pimmetje«. Sein späterer Nachfolger, der Rechtsextremist Thierry Baudet, spielte den Intellektuellen, ließ ein Klavier ins Parlamentsgebäude transportieren und begann seine erste Rede auf Latein.

Clowns und Kabarettisten sollten die Macht verspotten, doch nun wurden sie zur Macht. In der Ukraine gewann bei der Präsidentschaftswahl 2019 der Schauspieler und Kabarettist Wolodymyr Selenskyj aus dem Nichts fast drei Viertel der Stimmen, weil er in einer beliebten satirischen Fernsehserie eine sympathische Rolle spielte, nämlich die eines Geschichtslehrers, der in die Politik geht und unerwartet Präsident wird. Dann soll er es auch in Wirklichkeit tun, dachten die Ukrainer, und so geschah es. In Italien passierte etwas Ähnliches. Der Satiriker und Komiker Beppe Grillo mobilisierte für seine erste »V-Day«-Protestaktion am 8. September 2007 zwei Millionen Menschen. Es war ein Protest gegen korrupte und mafiose Politiker. Das V stand für *vittoria, vendetta,* aber hauptsächlich für *vaffanculo,* wörtlich »Leck mich am Arsch«, in diesem Kontext »Scher dich zum Teufel«. Im niederländischen Fernsehmagazin *Tegenlicht* sagte er 2010: »Ihr dürft uns nicht unterschätzen. Für euch sind wir Spaghettifresser, Schlümpfe. Aber in Wirklichkeit sind wir lebensgefährlich. Wir haben den Faschismus erfunden und die Banken. Wir haben alle Gefahren der Welt erfunden – und sie exportiert.«

Der erste Populist neuen Stils trat tatsächlich in Italien auf, nämlich 1993, als der Medienunternehmer Silvio Berlusconi die Lücke füllte, die von den durch Korruption zerstörten alten Parteien hinterlassen worden war. Seine Partei Forza Italia (»Vorwärts, Italien«) war neu und unverbraucht. Berlusconi warb im Wahlkampf ungeniert mit seiner Person, seinem Reichtum, seinem Fußballverein und seinen sexuellen Eroberungen und setzte dabei alle seine Fernsehsender ein. Er bediente sich der Sprache der Straße, er war »einer von uns«, und in allem, was er sagte und tat, schwang die unausgesprochene Verheißung mit, dass er sämtliche Italiener so reich machen würde, wie er selbst es war. Die Wahrheit war für ihn beliebig formbar, und ständig kokettierte er mit seiner Dummheit. Damit tat er bereits, was Donald Trump fast ein Vierteljahrhundert später tun sollte, und auch er machte sein gesamtes öffentliches Dasein zu einer permanenten Fernsehshow. Mit normaler Politik hatte all dies kaum noch etwas zu tun, aber die persönliche Bindung seiner Wähler an ihn, unabhängig von Parteipolitik, war außerordentlich stark. Dreimal wurde er Ministerpräsident.

Mit Italien ging es unterdessen immer weiter bergab. In den frühen 1990er Jahren war die Wirtschaftsleistung Italiens ungefähr ebenso groß wie die Großbritanniens, 2018 war sie um ein Viertel kleiner, das Bruttoinlandsprodukt war um zehn Prozent niedriger als vor 2008. Etwa zwei Millionen junge Italiener, die meisten hoch qualifiziert, hatten das Land verlassen. In weniger als zehn Jahren stieg die Zahl der Italiener an oder unterhalb der Armutsgrenze von 1,8 auf 5 Millionen. *The Economist* widmete 2011 Berlusconi und dem Zustand Italiens eine Sonderausgabe mit dem Titel »The Man Who Screwed an Entire Country«.

Es entstand Platz für neue Magier. Beppe Grillo überbrückte auf seine Weise den Abstand zwischen Bürgern und Politik. Für seine Fünf-Sterne-Bewegung spielte das Internet eine entscheidende Rolle, Themengewichtung und Entscheidungsfindung waren außerordentlich flexibel, anarchisch, ständig im Fluss, jederzeit konnten neue Ideen eingebracht und diskutiert werden. Eine bunt gemischte Wechselwählerschaft von Neofaschisten bis zu alten Kommunisten fühlte sich bald in dieser Bewegung zu Hause. Schließlich konnten sie sich übers Internet selbst einbringen und zusammen mit genügend Gleichgesinnten sogar einen Kurswechsel der Partei herbeiführen. Der Erfolg war zunächst überwältigend, 2018 wurde diese erste »Wechselwählerpartei« Europas vorübergehend zur stärksten Kraft in Italien.

Grillos Gegenpart Matteo Salvini nutzte das Internet, in seinem Fall besonders Facebook, mindestens ebenso effektiv. Er hatte 2012 die Führung der Lega Nord, einer separatistischen norditalienischen Regionalpartei, übernommen und sie innerhalb weniger Jahre erfolgreich zu einer nationalen Anti-Immigrations-Partei, der Lega, umgeformt. Salvini wandte die Rezepte Berlusconis in modernisierter Form an. Mit permanentem Wahlkampf und wöchentlichen Auftritten im ganzen Land festigte er die Bindung seiner

Wählerschaft an ihn und seine Partei. Dabei profitierte er davon, dass es nach Berlusconi in Italien fast keine unabhängigen Medien mehr gab. Rassistische Witze und verbale Exzesse aller Art galten inzwischen als akzeptabel, und wenn Salvini sich einen Vorteil davon versprach, trat er zusammen mit Anführern der Neofaschisten auf die Bühne. Mit dem vagen Versprechen, eine halbe Million »illegale Immigranten« auszuweisen, lockte er innerhalb kurzer Zeit so viele Wähler an, dass seine Partei bei der Parlamentswahl im März 2018 fast 18 Prozent der Stimmen erhielt, während ihr kurz zuvor noch vier Prozent vorhergesagt worden waren. Es war eine Wahl, bei der Anti-Establishment-Parteien insgesamt mehr als die Hälfte der Stimmen bekamen. Die Lega bildete eine Koalition mit der Fünf-Sterne-Bewegung, Salvini selbst wurde Innenminister. Politologen haben solche Figuren als »Hyperleader« bezeichnet. Gemeint waren Politiker, deren Namen unaufhörlich durch die Kathedralen des Internets hallten und die ständig von treuen Anhängern umschwärmt waren. Mit einem Dauerbombardement von Tweets und Facebook-Posts sicherten sie sich Aufmerksamkeit und betonten ihre Unabhängigkeit von der langweiligen und korrumpierten »Elite«, obwohl sie in Wirklichkeit eng mit ihr verbunden waren. Sie waren die Zukunft, »authentisch« und »originell«.

Um im Rampenlicht zu stehen, verletzten sie ganz bewusst Tabus. Salvini zum Beispiel attackierte den Papst und warf ihm vor, eine »nie dagewesene Invasion« von Immigranten zu fördern und zu finanzieren. Björn Höcke von der AfD bezeichnete das Berliner Holocaust-Mahnmal als »Denkmal der Schande« und forderte eine radikale Abkehr von der Erinnerungskultur. Jean-Marie Le Pen sagte, die Gaskammern seien »nur ein Detail« in der Geschichte des Zweiten Weltkriegs gewesen, und rehabilitierte ungeniert den Vichy-Faschismus, womit er unter anderem den niederländischen Rechtsextremisten Thierry Baudet beeinflusste. Baudet wiederum, ursprünglich ein Konservativer, der unbekümmert nach neuer Orientierung suchte, sprach von »unserer borealen Welt«, einer »homöopathischen Verdünnung« des Volkes und »nationaler Wiedergeburt«. Im Frühjahr 2019 erhielt sein Forum voor Democratie (FvD) bei der Wahl zur Ersten Kammer des niederländischen Parlaments, einer Art Senat, mehr Stimmen als jede andere Partei.

Eine sehr spezielle Art »Hyperleader« war Nigel Farage, einer der gefährlichsten Demagogen der britischen Geschichte. Wie Berlusconi und später Donald Trump war er ein paradoxes Phänomen, ein kapitalistischer Populist, ein früherer Börsenhändler, geprägt durch die wilden 1980er Jahre in der Londoner City. Seine Wortwahl war auf betörende Weise nostalgisch, er sprach gern vom »verlorenen« England, von Verlust und Unrecht, von verspielter Souveränität, vom Verrat des Landes durch eine kosmopolitische Elite.

Wie zahlreiche andere Populisten stellte er Immigration als Gefahr für den ohnehin geschwächten Sozialstaat dar; von der unvermeidlichen weiteren »Ausdünnung« würden zwangsläufig vor allem die ärmsten Bürger des eigenen Landes betroffen sein. Auch die niederländischen Populisten gaben sich gern als die Beschützer der schwächsten Mitglieder der eigenen Gemeinschaft. »Das historische Recht ist ihre einzige Verteidigung«, schrieb der Kolumnist und FvD-Europa-Abgeordnete Derk Jan Eppink. »Sie senden Notsignale.« Nigel Farage propagierte mit Verve eine rückwärtsgewandte Utopie, wobei er immer wieder die Vergangenheit idealisierte – den Glanz des britischen Empire, die Siege von 1918 und 1945, das stolze, unabhängige Albion.

Das nostalgische Erinnern an vergangene Größe war auch eine beliebte Methode der Populisten in anderen Ländern, etwa in Polen, Ungarn und den Niederlanden. Dabei wurden der Einfachheit halber lange Zeiträume mit tiefgreifenden Veränderungen ausgeblendet. Im Österreich der FPÖ glänzten wieder die Vergoldungen der K.u.k.-Monarchie, beim Stephansdom sah ich Gruppen von uniformierten Burschenschaftlern, als wäre seit dem 19. Jahrhundert die Zeit stehen geblieben. Die einen spulten den Film um ein Jahrhundert zurück – die Brexiteers, die FPÖ –, manche um anderthalb Jahrhunderte – die niederländischen Radikalkonservativen –, andere um zwei oder drei Jahrhunderte – die nationalistischen Polen und Ungarn – oder gar um 13 Jahrhunderte – die Salafisten.

In Wirklichkeit war Nigel Farages Programm vor allem von den Prioritäten der modernen Finanzwelt bestimmt, der er entstammte. So lehnte er zum Beispiel eine Erhöhung des Mindestlohns und eine Senkung des Rentenalters entschieden ab. Die Menschen sollten einfach für weniger Geld mehr arbeiten. »Singapore on the Thames« war sein Zukunftsideal, und der Brexit war der erste Schritt in diese Richtung. Darauf sollte sofort ein zweiter folgen, die Abschaffung möglichst vieler »hemmender« Regeln, damit Freibeuter wie er tun und lassen konnten, was sie wollten.

Die UKIP, zu deren Gründern Farage 1992 gehörte, war zunächst ein unbedeutender Zusammenschluss frustrierter Konservativer und einiger Ex-Faschisten, den er von 2006 an in eine ungeheuer zerstörerische Waffe verwandelte. Die Partei erhielt so viel Zulauf aus der Wählerschaft der Konservativen Partei, dass deren Vorsitzender, Premierminister David Cameron, 2016 keinen anderen Ausweg zu sehen glaubte, als ein Referendum über einen möglichen Brexit zu veranstalten.

Drei Jahre später, bei der Europawahl 2019, sprang Farage erneut auf die politische Bühne und setzte mit seiner Brexit Party die Konservativen unter Druck, um einen EU-Austritt Großbritanniens im Herbst des Jahres zu erzwingen, und zwar um jeden Preis. Diesmal war es eine Ein-Mann-Aktion, die Partei hatte keine Mitglieder und kein Programm, Farage selbst hatte die Kandidaten ernannt, und wie bei der Fünf-Sterne-Bewegung war das Internet die wichtigste Diskussionsplattform. Die Brexit Party war eine typische »Gegenpartei«, gegen alles und jeden, und die Lemminge kannten nur ein Ziel, den Abgrund, einen »No-deal-Brexit«, ein England für die Finanzkapitalisten.

3

Amerika-Korrespondenten beobachteten im Sommer 2015 zu Beginn des Vorwahlkampfes ein Phänomen, das man in den Vereinigten Staaten so noch nicht gesehen hatte. Einer der republikanischen Kandidaten veranstaltete bizarre improvisierte Shows, bei denen er Immigranten pauschal als Kriminelle, Vergewaltiger und Drogendealer verunglimpfte, sich mehr oder weniger offen rassistisch äußerte, überhaupt seine Verachtung für kultivierte Umgangsformen zur Schau stellte und seine Konkurrenten als Idioten und Heuchler bezeichnete – »die Wahrheit ist: Sie hassen sich, aber das dürfen sie nicht sagen«. Und damit lockte er Abend für Abend Zehntausende von Zuschauern. »Heute sind alle politisch korrekt, unser Land geht zum Teufel durch politische Korrektheit. Ja, zum Teufel.«

Ihm fehlte jeglicher Respekt vor Fakten, vor Institutionen und demokratischen Prinzipien. Politische Gegner waren für ihn Feinde, Kompromisse bedeuteten Kapitulation. Bei Wahlveranstaltungen ließ er anwesende Journalisten ausbuhen und hetzte sein Publikum sogar noch gegen sie auf. Er wetterte gegen Lobbys und Interessengruppen, von denen natürlich alle anderen Kandidaten abhängig seien, gegen das System, das sich zwischen die Wähler und die Politik gedrängt habe. »Es ist eine Schande. Alles ist korrumpiert.« Er schien die gleiche Wut wie seine Zuhörer zu empfinden, schien ein Underdog wie sie zu sein, der seinem Zorn Luft machte. Immer wieder appellierte er an Gefühle der Herabsetzung. »Man nennt sie die Elite. Aber in Wirklichkeit sind wir die Elite, wir alle!« Die Menge jubelte, brüllte, klatschte sich die Hände wund.

Donald Trump war ein Phänomen für sich, ein politischer Showmaster, wie Amerika ihn nur selten hervorbrachte. Zunächst räumte ihm niemand nennenswerte Chancen ein. Er hatte keinerlei politische Erfahrung, die einzigen Gebiete, auf denen er sich auskannte, waren der Immobilienhandel auf Long Island – auch in der Geschäftswelt ein ziemlich exotisches Milieu – und später die mediale Selbstinszenierung. Viele erwarteten, allein schon seine vulgäre Ausdrucksweise, sein krankhafter Narzissmus und seine zahlreichen außerehelichen Affären würden die meisten republikanischen Wähler abschrecken. Aber bemerkenswert war es schon, was sich da Abend für Abend abspielte.

Der bekannte Journalist und Historiker Thomas Frank, Autor des Buches *Was ist mit Kansas los?*, beobachtete Trumps Wahlkampf genau. »Ich sah ihn schwafeln, prahlen, drohen und sich hämisch freuen, wenn Protestler aus seinen Veranstaltungen geworfen wurden.« Es sei abstoßend gewesen, aber er habe auch etwas Überraschendes bemerkt. »In allen Reden, die ich mir anschaute, ging Trump ausführlich auf ein tatsächliches Problem ein, und dabei klang er wie ein Linker.«

Trump sprach über Wirtschaftslobbys, über den militärisch-industriellen Komplex, über die Ideologie des Freihandels, über die damit zusammenhängende Verlagerung von Millionen Arbeitsplätzen nach Mexiko und China, die zahllose amerikanische Familien in große Schwierigkeiten gebracht hatte. Wie Farage nutzte er die Verbitterung zahlreicher Durchschnittsmenschen, die das Gefühl hatten, dass ihr persönliches Leben immer mehr von unkontrollierbaren, unpersönlichen Mächten beherrscht wurde. »Eine Karte seiner Hochburgen mag mit rassistischen Google-Anfragen übereinstimmen«, meinte Frank, »aber noch besser korreliert sie mit einer Karte des industriellen Niedergangs und der Verzweiflung, mit Landstrichen, die durch die ökonomische Misere gezeichnet sind, die dreißig Jahre neoliberale Euphorie in Washington dem Rest von Amerika beschert haben.«

Trump war ein Phänomen, das in den Vereinigten Staaten und bis zu einem gewissen Grad auch in Europa die gesamte öffentliche Diskussion veränderte, und zwar dauerhaft.

4

Nichts könnte britischer sein als dieses leuchtend rote kleine Döschen mit Pfefferminzbonbons. »Ellen Santus fertigte den ersten Schwung Uncle Joe's Mint Balls im Jahr 1898 an«, steht auf dem Etikett. »Sie wurden in der Küche ihres kleinen Reihenhauses in Wigan, England, hergestellt.« Das Rezept sei bis heute ein »streng gehütetes Familiengeheimnis«. Und immer noch würden die Pfefferminzbonbons auf traditionelle Weise hergestellt, über offenen Gasflammen und aus nur drei Zutaten, »eine köstliche Erinnerung daran, wie Bonbons früher geschmeckt haben«. So muss es sein: Farbe, Sprache, Geschmack, Tradition, die Pubs, die Pasteten, die Rituale, die Dorfplätze, die großen, alten Bäume, die sanft gewellte Landschaft, die grauen Gehöfte, die niedrigen Steinmauern zwischen den Äckern, all dies seit Generationen unverändert, so muss England sein, so voller Erinnerungen, und so muss es bleiben.

Wigan, westlich von Manchester, ist eine alte Industriestadt wie so viele in Europa, die ihre Bedeutung zunächst der Textilindustrie und dem Kohlebergbau verdankten. Das Döschen mit Premium English Mint bekam ich von einem stolzen Einwohner geschenkt. Wer in Wigan Richtung King Street geht, betritt ganz von selbst diese erträumte Vergangenheit. Doch das Clarence Hotel, das Royal Court Theatre, die Grimes Arcade, das Kino mit Namen *Country Playhouse*, das einst grandiose Hippodrome Theatre, all dies ist geschlossen und mit Brettern vernagelt. Dahinter, am Fluss Douglas, liegen die riesigen Fabrikanlagen aus Backstein, von denen die Stadt früher lebte, allerdings sind all der Schmutz und Schweiß inzwischen von den roten Wänden heruntergeschrubbt worden. Die Trechfield Mill, eine riesige Baumwollspinnerei aus dem Jahr 1907, ist heute die Academy of Life and Recorded Arts, das imposante Gibson's Warehouse, ein viktorianisches Baumwolllager, ist ein Restaurant, ein anderes Lagerhaus wurde zu einem Museum mit dem Namen The Way We Ware umgebaut.

George Orwell beschrieb die Umgebung von Wigan 1937 als »Mondlandschaft aus Schlackenbergen«. Einmal zählte er die Fabrikschlote, die er sah, »es waren dreiunddreißig, aber es wären weit mehr gewesen, wenn nicht der Rauch die Luft verdüstert hätte«. An einem Winternachmittag war es bitterkalt, auf den Tümpeln mit stillstehendem Wasser lag eine Eisschicht »von der Farbe ungebrannter Umbraerde«, an den Schleusentoren hingen Eiszapfen, und die Bootsleute hatten sich bis zu den Augen vermummt. »Es sah aus wie eine Welt, aus der die Vegetation verbannt ist; es gab nichts als Rauch, Kohleschiefer, Eis, Schlamm, Asche und fauliges Wasser. [...] Und der Gestank! Wenn man in einem seltenen Augenblick den Schwefel nicht mehr riecht, dann nur deshalb, weil gerade der Geruch von Gas durchschlägt.«

Heute könnte man im Douglas fast unbesorgt schwimmen, alles ist sauber, beeindruckend schön restauriert und totenstill. Hier klopfte das unermüdliche Herz einer vergangenen Welt, aber es schlägt nicht mehr. Orwell wohnte damals eine Zeit lang in der Pension einer Familie Brooker, einem stinkenden Haus mit einem dreckigen Laden, in dem neben Brot, Zigaretten und Konserven nur Pansen und Schlachtabfälle verkauft wurden. Als nach ein paar Wochen ein voller Nachttopf unter dem schmierigen Frühstückstisch in der Küche stand, hatte er genug. Außer dem Schmutz, dem Gestank und dem schlechten Essen konnte er »das Gefühl sinnloser Verwahrlosung ohne Ausweg« nicht mehr ertragen, das dieses Haus in ihm erweckte. Schließlich verhalf er der Familie und der Stadt mit seinem Buch *Der Weg nach Wigan Pier*, einer eindringlichen Sozialreportage über die Lebensumstände britischer Bergleute in den Krisenjahren, zu einem gewissen Ruhm.

In Wigan selbst war man nie besonders erfreut darüber. Der amerikanische Schriftsteller Bill Bryson, vor allem für seine humorvollen Reiseberichte bekannt, war völlig überrascht, als er Wigan besuchte. Wie alle hatte er Armut und Verfall erwartet, doch er sah ein hübsches, gepflegtes Stadtzentrum. Mein Eindruck ist der Gleiche, ich habe nur mit freundlichen, tüchtigen, hart arbeitenden Menschen gesprochen, die alles andere als bedauernswerte Opfer waren. Der *Wigan Observer*, »Trusted News Since 1853«, kann sich über einen Mangel an Anzeigenkunden nicht beklagen. In der Ausgabe, die ich kaufte, berichtete er unter anderem über eine erfolgreiche Hundeschau, einen Betrunkenen, der einen Polizeibeamten gebissen hatte, und Elizabeth Cash, die an ihrem 100. Geburtstag eine Glückwunschkarte von der Queen bekam. Ein wenig rabiat war das Blatt allerdings auch. Ein »Wigan child porn pervert«, der nur zu gemeinnütziger Arbeit verurteilt worden war, wurde mit vollem Namen genannt, dazu die Straße, in der er wohnte. Das wird ihm eine Lehre sein!

»Orwell hat unserer Stadt großen Schaden zugefügt«, meinte der Lokalhistoriker Tom Walsh, der mich zusammen mit dem Beigeordneten Chris Ready durch seine Heimatstadt führte. »Er ist mit einer politischen Agenda hergekommen, er wollte drastisch und lebendig das Schicksal der Bergarbeiter beschreiben. Und damals hatten die Menschen wirklich wenig Geld, das stimmt. Aber wir hatten auch unsere Würde, und die allermeisten wohnten in sauberen, gepflegten Häusern, auch damals. Frauen wie meine Mutter haben jeden Tag die Böden feucht gewischt, darein setzten sie ihren Stolz, und wehe dem, der ihnen dabei in die Quere kam. Ich bin neun Jahre nach Orwells Reportage zur Welt gekommen, aber mein Vater und meine Mutter haben mir sehr viel erzählt, nein, das wirkliche Wigan ist meilenweit von Orwells Wigan entfernt.«

Was Orwell zum Beispiel kaum erwähnte, war die enge Verbundenheit der Bewohner jedes Stadtviertels. In der Neujahrsnacht aßen alle den traditionellen *hot pot*, eine andere uralte Tradition war der *dark stranger*, ein hochgewachsener, schwarz angemalter Mann, der in der Neujahrsnacht jedes Haus als Erster betreten durfte und den Bewohnern mit einem Stück Kohle, einem Stück Brot und einem Glas Whisky Glück brachte. »Als mein Vater starb, hat sich die ganze Straße an den Kosten der Beerdigung beteiligt«, sagt Tom Walsh.

Dieser ausgeprägte Gemeinschaftsgeist trug dazu bei, dass die Stadt die Zechenschließungen – die letzte wurde 1994 stillgelegt – und die Krise von 2008 überlebte. Ein paar große Unternehmen konnten die schlimmsten Folgen abfedern; in der Nähe von Wigan produziert eine der größten Lebensmittelfabriken der Welt, die zum multinationalen Heinz-Konzern gehört, jährlich eine Milliarde Dosen mit Suppe oder weißen Bohnen.

Außerdem liegt die Stadt im Herzen eines Gebietes, das »Übergangshilfen« erhält. Insgesamt bekamen diese britischen Regionen in den Jahren 2007 bis 2013 etwa zehn Milliarden Euro aus verschiedenen EU-Strukturfonds, weitere elf Milliarden wurden für die Jahre 2014 bis 2020 zur Verfügung gestellt, hinzu kamen noch 25 Milliarden aus dem Europäischen Landwirtschaftsfonds zur Entwicklung des ländlichen Raums. »Die Arbeitslosigkeit liegt hier nach all den Maßnahmen doch nur bei etwa fünf

Prozent«, sagt Chris Ready nicht ohne Stolz. »Die Menschen leben gern in Wigan und bleiben auch hier.«

Seit 2010 nahm die konservative Regierung Einsparungen in Höhe von über 30 Milliarden Pfund, 33 Milliarden Euro, bei Arbeitslosengeld, Sozialhilfe und Mietzuschüssen vor. Im Sommer 2011 kam es in London, Manchester, Liverpool und Birmingham zu heftigen Protesten, Ausschreitungen und Plünderungen, doch die Sparpolitik wurde fortgesetzt. In den Jahren 2010 bis 2017 verdoppelte sich die Anzahl der Obdachlosen, eine halbe Million Menschen waren von Tafeln abhängig. Das durchschnittliche Haushaltseinkommen sank nach 2010 um über sechs Prozent, während die Einkommensunterschiede, ohnehin viel größer als im übrigen Europa, weiter zunahmen. Die Einkommen der Topmanager stiegen viermal so schnell wie das Durchschnittseinkommen von Arbeitnehmern.

Geradezu erschreckend waren die Gesundheitsstatistiken. Nach Angaben des Office for National Statistics betrug die durchschnittliche Lebenserwartung in einigen Problemvierteln von Glasgow, Manchester und Blackpool 2018 nur 74 Jahre, nur 52 Jahre verbrachten die Bewohner dieser Viertel in einem guten Gesundheitszustand – ein Niveau, das mit dem von Ländern wie Somalia und Gambia vergleichbar ist. Der Unterschied zu den wohlhabenden Wohngebieten in Großbritannien lag bei mehr als 18 Jahren.

Doch in Wigan war man 2010 gut vorbereitet. »Unsere Drehbücher lagen schon bereit.« Obwohl der Stadt Einsparungen in Höhe von 160 Millionen Pfund auferlegt wurden, konnte der Schaden durch den Einsatz zahlreicher ehrenamtlicher Mitarbeiter zum Beispiel in Krankenhäusern, Bibliotheken oder Obdachlosenunterkünften einigermaßen begrenzt werden. »Aber wir haben mehr Obdachlose und Bettler als früher«, sagt Chris Ready. »Bei den Kirchen sind Körbe aufgehängt, in die man Lebensmittel legen kann, und die werden auch sofort wieder herausgenommen. Noch schlimmer ist: Es gib immer mehr Erwerbsarmut, Menschen, die eine Arbeitsstelle haben, aber von dem Geld, das sie verdienen, unmöglich über die Runden kommen. Und das dürfte natürlich nicht sein. Wenn man arbeitet, braucht man doch nicht arm zu sein, aber diese Menschen sind es.«

Mit Tom Walsh gehe ich später durch die Hauptgeschäftsstraße, vorbei am Gefallenendenkmal mit den Hunderten von Namen, dann am Bergbaumuseum. »Neulich musste ich ein paar Schulkindern etwas über die Geschichte von Wigan erzählen. Ich hatte ein Stück Steinkohle in der Hand. Und da fragt mich ein Mädchen: ›Sir, was ist das, Steinkohle?‹ Dieses alte Wigan, dieses alte England, sie sind nur noch Geschichte.« Und der Brexit?, frage ich. Er schweigt eine Weile, dann antwortet er: »*I was shell-shocked*. Es ist unser größter Fehler seit dem Ersten Weltkrieg.«

Wie notwendig war eigentlich dieses Brexit-Referendum, das von 2016 an die gesamte britische Politik knebelte und weitgehend lahmlegte? Wenn man die Briten ein Jahr zuvor fragte, welche Politikfelder ihnen wichtig waren, dann wurden das Gesundheitssystem, die Einkommensverteilung, die soziale Sicherheit oder das Bildungssystem genannt. Die Mitgliedschaft in der EU stand viel weiter unten auf der Liste, auf dem achten oder gar zehnten Platz. Das Thema »Europa« spielte für durchschnittliche Briten keine Rolle, und erst recht hätte sich kaum jemand vorstellen können, dass auf einmal eine Volksabstimmung von historischer Bedeutung darüber veranstaltet werden würde. Die Entscheidung, erneut ein Referendum anzusetzen, hatte ursprünglich gar nichts mit Europa zu tun, sondern einzig und allein mit Parteipolitik.

Premier David Cameron versprach am 23. Januar 2013 ein neues Referendum über die EU-Mitgliedschaft. Wie bereits angedeutet, war er selbst gegen einen Austritt, er wollte in erster Linie die parteiinterne Opposition zum Schweigen bringen und spekulierte darauf, dass sein Koalitionspartner, die Liberal Democrats, den Vorschlag sofort ablehnen würde. Notfalls wollte er der EU noch einige Konzessionen abringen. Sarkozy warnte ihn: »Das ist ein tragischer und gewaltiger Fehler.« Schon im November 2012 hatte Cameron Angela Merkel bei einem Dinner in seinem Amtssitz in der Downing Street seine Strategie erläutert. Anwesende berichteten später, Merkel habe ihn lange schweigend angeschaut, offensichtlich fragte sie sich, ob die Sache ernst gemeint war. Eine solche Abstimmung mit unabsehbaren Folgen für die Zukunft des Landes zu veranstalten, nur um ein parteiinternes Problem zu lösen – sie konnte es kaum glauben.

Gewiss, die größte politische Krise Großbritanniens seit Generationen wurde nicht ausschließlich durch einen Premier verursacht, der konsequent die Interessen seiner konservativen Partei über die des Landes stellte. Er war nur derjenige, der neben einem Pulverfass mit Streichhölzern spielte. Historiker werden später auch auf Nigel Farage verweisen, auf die lügende Boulevardpresse und auf die Manipulation von Wählern über das Internet in einem nie dagewesenen Ausmaß. Man wird daran erinnern, dass Tony Blair gleich nach der EU-Erweiterung 2004 osteuropäische Arbeitsmigranten in unbegrenzter Zahl ins Land ließ, während andere europäische Länder viel vorsichtiger waren, und dass er die sozialen und politischen Folgen seiner Entscheidung unterschätzte. Das Vertrauen der britischen Öffentlichkeit in die EU wurde stark erschüttert. Auch sein späterer Nachfolger an der Parteispitze, der Marxist Jeremy Corbyn, spielte eine Rolle. Nicht zuletzt wegen seiner ambivalenten Haltung blieb Labour in dieser Frage uneinig, er ließ ein politisches Vakuum entstehen, das die Labour-Anhänger verunsicherte, und so entschieden sich letztlich viele für den Brexit.

Ein wichtiger Faktor war der Sinneswandel des charismatischen Londoner Bürgermeisters Boris Johnson, durch den die Brexit-Kampagne erst richtig in Fahrt kam. Johnson war der geborene Showmaster. Mit seiner sorgfältig kultivierten Schlampigkeit, meint sein Biograf Andrew Gimson, sei er der Liebling von »Merry England«, dem liebenswürdigen dörflichen England der *conservatives* mit kleinem c, im Gegensatz zum aggressiv-nostalgischen »Little England« von Nigel Farage. Nie zuvor hatte er sich für einen Austritt aus der EU ausgesprochen, und dass er es nun unerwartet doch tat, hatte nur einen Grund: Er glaubte, auf diesem Weg ein ebensolch bedeutender Premierminister wie sein großer Held Winston Churchill werden zu können. Kurz vor seiner Entscheidung schrieb er für den *Daily Telegraph* zwei Artikel unter den Überschriften »In« und »Out«, und interessanterweise war vor allem die Argumentation des »In«-Artikels ausgesprochen überzeugend. Doch am 21. Februar 2016 erschien sein »Out«-Statement. Johnson hatte sich urplötzlich in einen entschiedenen Brexiteer verwandelt.

Johnson und Farage und ihre gut organisierte Brexit-Bewegung hätten allerdings keine Chance gehabt, hätten nicht die zahlreichen europäischen Krisen die ewigen Zweifel von Millionen Briten an der EU verstärkt.

Dieser Zwiespalt hatte zunächst historisch-geografische Ursachen. Großbritannien, als Inselstaat etwas abseits vom übrigen Europa, war immer schon in vieler Hinsicht einen eigenen Weg gegangen, auf kirchlichem und rechtlichem Gebiet, aber auch, was praktische Dinge wie Verkehrsregeln,

Maße, Gewichte und die Währung angeht. Bei einer Eurobarometer-Umfrage im Jahr 2014 gaben 50 Prozent der Italiener, 60 Prozent der Franzosen und 70 Prozent der Deutschen an, sich außer als Angehörige ihrer eigenen Nation auch als Europäer zu empfinden. Bei den Briten waren es nur 40 Prozent, der niedrigste Wert von allen europäischen Ländern.

Außerdem betrachteten sich die Briten seit 1945 als – wenn auch schwer angeschlagene – Sieger, als Vertreter der atlantischen Welt und treue militärische Verbündete der Vereinigten Staaten im Gegensatz zum entmilitarisierten Deutschland und eigensinnigen Frankreich. Solche Triumphgefühle gab es im übrigen Europa kaum, dort wurde die Gründung der Europäischen Gemeinschaften als wichtiger Schritt in einem Versöhnungs- und Friedensprozess begriffen. Als Helmut Kohl und François Mitterrand 1984 in Verdun Hand in Hand im strömenden Regen standen, empfand Margaret Thatcher diese Geste einfach nur als lächerlich. Ihre späte Nachfolgerin Theresa May war als Einzige nicht zugegen, als die europäischen Regierungschefs in Compiègne des Waffenstillstands von 1918 gedachten. Ihre demonstrative Abwesenheit war vielsagend und von großer symbolischer Bedeutung. Großbritannien beteiligte sich nicht aktiv an dem europäischen Friedens- und Heilungsprojekt, an der endgültigen Befreiung von einer dunklen Vergangenheit.

Für das Vereinigte Königreich war Europa vor allem eine Freihandelszone mit Goldrand, emotional gehörten die Briten höchstens halb dazu. Sie waren der Gemeinschaft erst spät beigetreten, in den 1950er Jahren nicht, weil sie selbst es nicht wollten, im folgenden Jahrzehnt nicht, weil de Gaulle es verhinderte. Erst 1973 war es so weit. Die damalige Europäische Wirtschaftsgemeinschaft hatte sich bereits als großer Erfolg erwiesen und versprach langfristig zu einem politischen Machtblock zu werden, dem Großbritannien, so meinte man in London, unmöglich fernbleiben konnte. Aber von Herzen kam diese Hinwendung nicht. Bereits ein Jahr nach dem Beitritt, 1974, forderte die neue Labour-Regierung Nachverhandlungen. 1975 wurde ein Referendum über die Mitgliedschaft abgehalten, bei dem zwei Drittel der Briten dafür stimmten, aber immer blieb ein Zwiespalt, vermischt mit einer vagen Angst.

Auch in dieser Hinsicht war Großbritannien ein Sonderfall. Zu keiner Zeit haben sich die beiden großen Parteien rückhaltlos für die Mitgliedschaft ausgesprochen. In der Labour-Partei gab es viele EU-Gegner, die befürchteten, die Union werde eine künftige Wende des Landes nach links verhindern. Bei Konservativen wie Margaret Thatcher wirkte die Erfahrung des Zweiten Weltkriegs nach. In einer Rede in Brügge im Jahr 1988 warnte Thatcher eindringlich vor der Entstehung eines neuen »Superstaates«, der Europa von Brüssel aus beherrschen werde.

Im Zusammenhang mit dem 1992 unterzeichneten Vertrag von Maastricht traten die Gegensätze offen zutage. Großbritannien blieb zwar in der Gemeinschaft, die nun zur Europäischen Union wurde, lehnte aber einen stetig fortschreitenden Einigungsprozess ab, wie ihn die übrigen Mitgliedsstaaten anstrebten. Es unterzeichnete nicht die Schengener Abkommen, trat nicht der Eurozone bei und bestand immer häufiger auf Ausnahmeregelungen. Die große Erweiterung des Jahres 2004, von der britischen Regierung übrigens entschieden befürwortet, weil sie sich davon eine Einschränkung der Macht Frankreichs und Deutschlands erhoffte, verstärkte die Entfremdung nur. Zahlreiche osteuropäische Migranten kamen ins Land, außerdem verschob sich der politische Schwerpunkt der Union weiter nach Osten, weg von Großbritannien.

Die Briten begannen, sich aus den Brüsseler Machtzentren zurückzuziehen. »Immer häufiger würgten sie Diskussionen ab, weil sie nicht mehr über Europa sprechen wollten, über das Gemeinsame, sondern nur über sich«, so fasste die Kolumnistin und Europa-Expertin Caroline de Gruyter ihre Erfahrungen zusammen. »Ihre eigene Position in Europa war ihr großes Thema, nicht Europa selbst.« Der ehemalige britische EU-Botschafter Ivan Rogers erklärte später im Unterhaus, fast alle seine Instruktionen aus London seien negativer Art gewesen: Blockiere dies, torpediere das. Ein erfolgreiches Europa-Trainingsprogramm für Diplomaten wurde beendet, die britische EU-Diplomatie, einst hoch geschätzt, hatte immer weniger beizutragen. Bei der Bewältigung der Eurokrise spielten britische Diplomaten im Gegensatz zu denen anderer Nicht-Euro-Länder kaum eine Rolle. Herman Van Rompuy, der zahlreiche Krisengipfel leitete, sagte: »Sie waren kein Teil dieser Geschichte.«

Plötzlich ging alles schnell. Das Ergebnis der Parlamentswahl von 2015 war für Cameron viel günstiger, als er erwartet hatte, die Konservativen gewannen die absolute Mehrheit im Unterhaus, während die Liberaldemokraten abstürzten, und nun blieb Camerons Regierung kaum etwas anderes übrig, als das gewagte Referendumsversprechen einzulösen. Donald Tusk sagte später: »Es war so paradox, David Cameron wurde zum eigentlichen Opfer seines Sieges.«

Noch machte Cameron sich wenig Sorgen, die Umfragen deuteten auf eine Mehrheit für das Remain-Lager hin. Um seine Position zu stärken, versuchte er in Brüssel neue Ausnahmen vor allem im Bereich der Immigration auszuhandeln, doch diesmal kehrte er mit fast leeren Händen zurück. Im Grunde verlangte er von der EU, eine ganze Reihe europäischer Verträge zu modifizieren, und das nur, um die EU-Gegner in seiner Partei zu beschwichtigen. Daniel Korski, einer der britischen Unterhändler, berichtete später, dass seine Kollegen und er so gut wie nichts erreichten, schließlich gab es keinen triftigen Grund, für die Briten lauter Ausnahmen zu machen. »Es fiel uns auch, ehrlich gesagt, sehr schwer, Argumente für unseren Standpunkt zu finden.«

Selbst die Drohung mit einem Austritt schwächte die britische Position nur noch mehr. »Wie überzeugt man Menschen in einem Zimmer, wenn man schon den Türgriff in der Hand hat?«, fragte Herman Van Rompuy in einer Rede in London. »Wie soll man einen Freund dazu bringen, sich zu ändern, wenn man schon nach seinem Mantel schielt?« Außerdem hatten die europäischen Regierungschefs im Februar 2016 den Kopf voll mit anderen Problemen. Die Flüchtlingskrise erreichte ihren politischen Höhepunkt, das Ende des Schengen-Systems lag in der Luft. Offensichtlich war ihnen deshalb nicht voll und ganz klar, welch katastrophale Folgen Camerons Opportunismus haben konnte, schließlich war Großbritannien, so schwierig und unbequem es auch sein mochte, für Europa von immenser politischer, wirtschaftlicher und strategischer Bedeutung. Sie griffen nicht ein und ließen Cameron weiterwursteln. Zwar wurde mit großem Trara ein »Deal« präsentiert, aber die britischen Wähler waren enttäuscht. »It stinks«, titelte *The Sun*. Das Referendum wurde auf den 23. Juni 2016 angesetzt.

5

»The Battle for Britain« begann. Für die Brexiteers war es trotz all ihrer Demagogie eine schwierige Aufgabe, »das Volk« für den Brexit zu gewinnen, eine abstrakte Idee, die überwiegend negativ konnotiert war. Und doch gelang es ihnen dank einer außerordentlich raffinierten Kampagne, dank der Unterstützung durch reiche Finanziers – der wichtigste, Arron Banks, stand in enger Verbindung sowohl zu Donald Trump als auch zum Kreml – und dank der Tatsache, dass die alten Parteien und Ideologien ihre Überzeugungskraft und die Fähigkeit, Menschen zu binden, verloren hatten.

Nach einer gründlichen Analyse der Stimmung im Wahlvolk wurde die Leave-Kampagne unter dem Motto »Take Back Control« gestartet. Dominic Cummings, der die Kampagne leitete, bezeichnete den angeblichen Kontrollverlust als *killer argument*, das sich auf alles Negative der zurückliegenden Jahre wie den Zustrom von Migranten und die Finanzkrise beziehen ließ und außerdem zur gewachsenen Aversion gegen »die Eliten« und das große Geld passte. Mit einem Brexit würde die britische Demokratie triumphieren, das Land würde seine volle Souveränität zurückgewinnen, die Eigenheiten von Good Old England würden wieder zu Ehren kommen. Und man konnte Nein sagen zum »Wir schaffen das« Deutschlands und zur bürokratischen Allmacht des gleichzeitig so schwachen Brüssel. Der Historiker und Brexiteer Andrew Roberts sagte: »Es ist nicht unehrenhaft, die erste Ratte zu sein, die das sinkende Schiff verlässt.«

Fakten zählten bei dieser Kampagne nicht mehr. So wurde zum Beispiel der Eindruck erweckt, die Türkei könne vielleicht schon 2020 Mitglied der Union werden, und fünf Millionen Türken warteten nur darauf, dann nach England kommen zu können. In den sozialen Medien wurde ein Video verbreitet, in dem behauptet wurde: »Jede Woche sendet das Vereinigte Königreich der EU 350 Millionen Pfund an Steuerzahlergeld. Das sind die Kosten für ein nagelneues Krankenhaus, vollständig mit Personal besetzt, oder anders betrachtet, das sind 20 Milliarden im Jahr.«

Damit war die Stoßrichtung vorgegeben. Die 350 Millionen Pfund konnte man doch künftig besser dem chronisch kranken National Health Service zukommen lassen! Ein roter Doppeldeckerbus, auf dem diese Parole plakatiert war, fuhr durchs ganze Land. Der Einfachheit halber wurde verschwiegen, dass der größte Teil der 350 Millionen in Form von Agrarsubventionen und vielen anderen Fördergeldern wieder ins Land zurückfloss. In Wirklichkeit schwankte der britische Nettobeitrag zum EU-Haushalt eher um den Wert von 90 Millionen Pfund im Jahr, etwa 60 Pfund pro Einwohner. Zum Vergleich: Die Norweger bezahlten allein für ihren Zugang zum europäischen Markt mehr als das Doppelte, ungefähr 135 Euro pro Person.

Die Boulevardpresse erzählte ihre eigenen Märchen. Es wurde behauptet, Großbritannien könne die Kontrolle über die eigenen Küsten verlieren, wenn es in der EU blieb, langfristig werde es sich mit Frankreich vereinigen müssen. *The Sun* »enthüllte« die Existenz einer Anleitung für polnische Immigranten, die in Großbritannien von Sozialhilfe leben wollten, *How to be a Pole on the dole.*

In den Jahren 1972 und 1994 wurden in Norwegen ähnliche Referenden abgehalten. Die Norweger sollten entscheiden, ob das Land Mitglied der Europäischen Wirtschaftsgemeinschaft, 1994 der Europäischen Union, werden oder doch besser seinen eigenen Weg gehen sollte. Beide Male lehnte eine knappe Mehrheit, 54 und 52 Prozent, den Beitritt ab. Ganz gleich, was man von diesem Ergebnis hält, vorausgegangen war ein demokratischer Entscheidungsprozess mit sachlichen Diskussionen auf allen Ebenen und einer gründlichen Abwägung sämtlicher Pros und Kontras.

Welch ein Unterschied zum Vereinigten Königreich des Jahres 2016! Niemals wiesen die Leavers auf mögliche Probleme hin, der Brexit war für sie nur ein Weg zur Macht. Es ging nicht um ein Ideal, nicht einmal um einen Traum. Der Brexit, wie sie ihn verkauften, war nur eine Fantasie ohne Bezug zur Realität. Ein neues Freihandelsabkommen mit der EU, so behauptete der Brexiteer Liam Fox, sei »one of the easiest [deals] in human history«.

Die Remainers verteidigten vor allem den Status quo, den viele Wähler ja gerade verändern wollten. Für sie waren die Risiken eines Austritts unübersehbar. Die britische Wirtschaft würde den größten Absatzmarkt der Welt verlieren, mit der Reise- und Niederlassungsfreiheit in Europa wäre es für die Briten vorbei, und sie würden letztlich um einiges ärmer werden. Schließlich wurde knapp die Hälfte des britischen Handels mit der EU abgewickelt, hinzu kamen zwölf Prozent mit Ländern, die Handelsverträge mit der EU hatten.

»Es ist ein einziges Chaos«, sagte 2018 Terry Sargeant, der Vorstandsvorsitzende des britischen Zweigs von ThyssenKrupp, einem der größten Stahlkonzerne der Welt. Er sehe nicht, wie die Zusammenarbeit mit dem deutschen Konzern nach einem Brexit laufen solle, schließlich hänge das reibungslose Funktionieren der Lieferketten von offenen Grenzen ab. »Es geht nicht um mich, ich bin 57, in ein paar Jahren gehe ich in Pension, ich kann mich nach Spanien zurückziehen. Aber ich stamme aus der Arbeiterklasse, und die einfachen Arbeiter wird es am härtesten treffen. Deshalb sage ich deutlich, was ich denke.« Kaum jemand hörte auf solche Warnungen, nach der Krise von 2008 hatten Wirtschaftsvertreter für viele Wähler Autorität und Glaubwürdigkeit verloren. Dass keine Verträge ausgearbeitet waren, die rasch die vielen EU-internen Vereinbarungen ersetzen konnten, schien die Brexit-Befürworter nicht zu kümmern. Der Finanzmarkt der Londoner City mit einem Umsatz, der ungefähr dem der gesamten deutschen Autoindustrie entsprach, konnte bei einem harten Brexit seine Position als größter Finanzmarkt der Welt verlieren. Für die britische Autoindustrie, mit 856 000 Arbeitsplätzen und einem Jahresumsatz von 82 Milliarden Pfund, wurden schwere Einbußen erwartet. Die Bauern würden auf die europäischen Agrarsubventionen und damit auf durchschnittlich 60 Prozent ihrer Einnahmen verzichten müssen. Die Bank of England sagte ein Schrumpfen der Wirtschaft vorher.

Und würde das Vereinigte Königreich selbst standhalten, die alte Union aus England, Schottland, Wales und Nordirland? Der Brexit war vor allem ein Projekt des englischen Nationalismus. Es bestand die Gefahr, dass sich separatistische Tendenzen in Schottland verstärken würden, ebenso in Nordirland. Der Nordirlandkonflikt konnte wieder aufleben. Doch all die Warnungen wurden beiseitegeschoben. »Project Fear«, höhnten die Brexiteers.

Ende April 2016 war ich in London. Ein Gewitter zog über die Stadt, Hagel und Regen peitschten Whitehall und das ganze imperiale Zentrum. An jenem Abend sollte ich an einem Podiumsgespräch über den Brexit teilnehmen. Es war erschreckend. Ein kleiner Saal, eine Diskussion, die kaum in Gang kam, lange Vorträge für Gleichgesinnte. Alle waren ohne Ausnahme gegen den Brexit, aber von Leidenschaft war nichts zu spüren. Obwohl die Umfragen immer mehr Anlass zu Besorgnis gaben, war es, als würde die Remain-Kampagne – Motto: »Stronger In« – in Tiefschlaf fallen. Anscheinend konnte sich niemand vorstellen, dass man mit einem Erdrutsch rechnen musste. Mein Journalistenkollege Misha Glenny war der Einzige, der sich aufregte, vor allem über die Jugend. Zwar waren 70 Prozent der jungen Briten für Europa, viele von ihnen beabsichtigten aber nicht, am Referendum teilzunehmen. Zahlreiche ältere Wähler dagegen waren für den Brexit und wollten auch abstimmen. Glenny erklärte, dass er sich nach dreißig Jahren Politikabstinenz nun entschieden einmischen werde, »full blazing out all my cannons«, und warnte: »Die Welt steuert auf ein großes Chaos zu. Sehr, sehr gefährlich.«

Ein typisch englisches Phänomen war die Zugehörigkeit der führenden Brexiteers zu einer bestimmten Klasse. Die meisten, allen voran Boris Johnson, waren ganz offensichtlich Produkte der englischen Elite. Eton, »Oxbridge«, die Herren gaben sich die größte Mühe, sämtliche Vorurteile über diese Gesellschaftsschicht zu bestätigen, und mehr als das. In Oxford war Boris Johnson zusammen mit David Cameron und seinem späteren Rivalen Jeremy Hunt Mitglied des berüchtigten Bullingdon Club gewesen, einer 200 Jahre alten Studentenverbindung. *Born to rule.*

Die Mitglieder betonten ihre Exklusivität – einmal verbrannten sie vor den Augen eines Obdachlosen einen 50-Pfund-Schein – und ihre Unverletzlichkeit. »Ich glaube, es verging kein Abend, ohne dass ein Restaurant kurz und klein geschlagen und alles sofort bezahlt wurde, oft in bar«, berichtete Andrew Gimson. Johnson und seine Freunde hatten gelernt, dass sie sich alles erlauben konnten, ohne jemals für die Folgen ihres Handelns zur Verantwortung gezogen zu werden.

Diese Lebenshaltung bestimmte ihr Verhalten auch nach der Studentenzeit. Als Brüsseler Korrespondent des *Daily Telegraph* – die *Times* hatte ihn wegen eines erfundenen Zitats entlassen – galt Johnson als Schöpfer des »Euromyth«, eines journalistischen Genres, das wir heute als Trollpost oder Fake News bezeichnen würden. Journalisten, die gewissenhaft über die Fortschritte des europäischen Projekts berichteten, lasen nicht ohne Neid Johnsons stilistisch ausgefeilte Erfindungen. Er machte aus der Brüsseler Politik ein Drama, in seinen Artikeln wimmelte es von »Verschwörungen« und von »Fallen«, die zum Beispiel die Franzosen den rechtschaffenen, »verlegen lächelnden« Briten stellten. »Fakten dürfen nie einer guten Geschichte im Weg stehen«, sagte er zu seinen Kollegen. Er erdachte die »Bananenpolizei«, die zu kontrollieren habe, ob die Früchte die richtige Krümmung hatten; er behauptete, dass es bald eine europäische Norm für Särge geben werde, dass Fischer bei der Arbeit demnächst Haarnetze tragen müssten und dass Kondome nur noch eine europäische Standardgröße haben dürften, »one size fits all«, was natürlich für die besser ausgestatteten Briten eine erhebliche Einengung bedeutet hätte. In einem Interview erklärte Johnson: »Ich habe einfach diese Steine über die Gartenmauer geschmissen und dann das verblüffende Klirren gehört von dem Treibhaus im Nachbargarten, in England.«

Er machte aus Brüssel und der EU Personen in einem absurden Drama oder einer skurrilen Show à la Monty Python. Seine Leser konnten gar nicht genug davon bekommen, andere Zeitungen übernahmen Johnsons Methode, und so entstand in England in weiten Teilen der Bevölkerung der Eindruck, dass alles, was aus Brüssel kam, purer Irrsinn war, erdacht von überbezahlten EU-Despoten, die nur darauf aus waren, einen europäischen Superstaat zu errichten. Auch wenn praktisch alles erlogen war, seine Vorgesetzten und auch Konservative wie Margaret Thatcher waren begeistert. So konnte er schließlich vom Journalismus in die Politik wechseln, und genau das hatte er gewollt. Der Kampf gegen die EU entsprang bei ihm wie bei vielen anderen nicht einer Überzeugung, sondern diente nur dem Zweck, Macht zu erlangen.

Historisch hat der Brexit etwas mit dem Weg in den Ersten Weltkrieg gemeinsam, nämlich als politischer Betriebsunfall mit katastrophalen Folgen. Auch der Verlauf der Brexit-Kampagne erweckt Assoziationen zu jener Zeit. Damals begann eine militärische Konfrontation völlig neuer Art, ein maschineller Krieg, in dem außer Waffen wie Maschinengewehren auch Giftgas, Flugzeuge und schließlich Panzer eingesetzt wurden. Ein Jahrhundert später, 2016, handelte es sich um eine politische Konfrontation, die ebenfalls mit ganz neuen Mitteln ausgetragen wurde, den Methoden und Techniken des IT-Zeitalters. In dieser Hinsicht bestand ein Zusammenhang zwischen der Brexit-Kampagne und Trumps Präsidentschaftswahlkampf. Wie aus später veröffentlichten E-Mails hervorgeht, standen die Verantwortlichen von Arron Banks' Leave.eu-Kampagne seit Oktober 2015 in engem Kontakt zu Cambridge Analytica, einem amerikanischen Unternehmen für Datenanalyse.

Diese »Propagandamaschine militärischen Kalibers« war das erste Unternehmen, das in großem Maßstab die Methode des »psychographic messaging« anwandte, also Wähler gezielt mit auf sie zugeschnittenen Nachrichten ansprach. Durch dieses »microtargeting« konnten Wählergruppen auf höchst subtile Weise manipuliert werden, indem man an Wünsche und Ängste appellierte. Zu diesem Zweck beschaffte Cambridge Analytica Datensätze von etwa 50 Millionen Facebook-Nutzern, natürlich ohne deren Zustimmung. (Facebook wurde dafür übrigens später zur Zahlung eines Bußgeldes verurteilt, Cambridge Analytica musste schließlich Insolvenz anmelden.)

Leave.eu und Trumps Wahlkampfteam machten dankbar Gebrauch von diesem Datenschatz, wobei die Brexit-Kampagne als Versuchsprojekt für den Präsidentschaftswahlkampf diente. In den letzten Tagen vor dem Referendum wurden sieben Millionen sorgfältig ausgewählte britische Wähler vor allem über Facebook mit nicht weniger als anderthalb Milliarden Nachrichten bombardiert. Darin wurden Wahrheit und Lüge, zum Beispiel die Behauptung, es drohe eine Masseneinwanderung von Türken, geschickt vermischt, um die gewünschte Wirkung zu erzielen. Boris Johnson erzählte genüsslich, die EU-Bürokraten hätten nun auch noch die beliebten Krabbenchips verboten. Obwohl das offensichtlich aus der Luft gegriffen war, denn die Chips gab es überall zu kaufen, nahmen ihm viele dieses Märchen ab.

Die Leavers mobilisierten auf diese Weise schließlich drei Millionen Wähler, die sonst nicht abgestimmt hätten. »Die Leute von der ›Vote-Leave‹-Kampagne haben 40 Prozent ihres Budgets für uns ausgegeben«, erklärte Christopher Wylie, Mitgründer von Cambridge Analytica. »Die Abstimmung ist nur ganz knapp zu ihren Gunsten ausgegangen. Diese Sache hat den Ausschlag gegeben.«

Die Stimmung wurde immer aggressiver. Die Einstellung zu einem möglichen EU-Austritt war nicht mehr nur ein politischer Standpunkt, für oder gegen den man Argumente anführen konnte, sondern Ausdruck einer Identität. Man *war* Brexiteer oder Remainer, wie man Labour- oder Tory-Wähler gewesen war und katholisch oder protestantisch. Umfragen deuteten darauf hin, dass dieser neue Gegensatz sogar tiefer war als der zwischen verschiedenen Konfessionen. 87 Prozent der Briten identifizierten sich mit dem Leave- oder dem Remain-Lager, der Riss ging quer durch Familien. Zum Beispiel waren der Vater und die Schwester von Boris Johnson aktive Remainers. In Jonathan Coes Brexit-Roman *Middle England* erweist sich bei einer Paartherapie der Brexit als wichtiger Faktor der Entfremdung. Die Frau empfindet ihren »Brexit«-Mann als nicht weltoffen genug, der Mann wirft seiner »Remain«-Frau vor, sie sei naiv und halte sich für moralisch überlegen. Auch in Wirklichkeit kamen solche ehelichen Konflikte häufig vor und beschäftigten so manchen Therapeuten.

Die Remainers wurden allmählich stärker, blieben aber in der Defensive; erst nach dem Referendum gingen sie in großer Zahl auf die Straße. Man beschränkte sich auf kleinere Aktionen wie zum Beispiel am 15. Juni 2016 in London. Nigel Farage hatte Dutzende von Fischern mobilisiert, die auf der Themse gegen die EU protestierten. Einige Hausbootbesitzer unternahmen eine Gegenaktion, bei der sie die Fischer auf Speedbooten mit Remain-

Transparenten- und Fahnen umkreisten. Brendan Cox, einer der Teilnehmer, beschrieb die Konfrontation später als typisch englische, sommerlich-fröhliche Veranstaltung. Zusammen mit seinen Kindern raste er auf einem Speedboot auf Farages Flotte zu, am Heck eine große »*IN*«-Fahne. Seine Frau Jo Cox stand in ihrem roten Kleid am Ufer und winkte ihnen nach. Sie hatte Termine in ihrem Wahlkreis in Nordengland. Die junge, vielversprechende Labour-Abgeordnete war besorgt, denn eine Remain-Kampagne, die von der Regierung und »der Elite« unterstützt wurde, konnte bei ihren potenziellen Wählern das Gegenteil des Beabsichtigten bewirken.

Am nächsten Vormittag wurde Brendan Cox angerufen. Jo war nach einer Bürgersprechstunde angeschossen und niedergestochen worden. Im Zug nach Norden erfuhr er, dass sie gestorben war. »This is for Britain«, hatte der Täter gerufen. »Britain first. Britain will always become first.«

Am 24. Juni 2016 um 4.39 Uhr meldete die BBC, dass Großbritannien die EU verlassen werde. Fast drei Viertel der Wahlberechtigten hatten sich an der Abstimmung beteiligt, 51,9 Prozent hatten für Leave, 48,1 Prozent für Remain gestimmt. In Schottland und Nordirland war eine große Mehrheit für den Verbleib in der EU, England und Wales hatten sich für den Austritt entschieden. Junge Menschen und die Einwohner der Großstädte hatten mehrheitlich für den Verbleib gestimmt, ältere Wähler und die konservative Bevölkerung auf dem Land und in den kleineren Städten für den Austritt, diesmal aber auch zahlreiche Wähler aus den unteren Einkommensklassen, die sich im vorangegangenen Jahrzehnt nach rechts bewegt hatten.

Die Great Hall des Rathauses von Manchester war brechend voll, als das offizielle Gesamtergebnis bekannt gegeben wurde. Zwei befreundete Fernsehreporter waren anwesend. »In der UKIP-Ecke fing eine kleine Gruppe an zu jubeln«, erzählten sie mir später. »Im Rest der Halle wurde es totenstill. Den Reportern, den Moderatoren, den Kameraleuten, allen verschlug es buchstäblich die Sprache.« Aufgrund der Umfragen wusste man, dass ein Brexit im Bereich des Möglichen lag, und doch hatte sich niemand vorgestellt, dass es wirklich dazu kommen würde. Am Morgen herrschte auch in den Frühstückscafés im Stadtzentrum Fassungslosigkeit. Manche jungen Leute konnten die Tränen nicht zurückhalten. »Sie haben uns verdammt noch mal unsere Zukunft gestohlen!«

Auch die Brexiteers waren völlig überrascht. Michael Gove, ehemaliger

Justizminister und neben Johnson eine Schlüsselfigur der Leave-Kampagne, war zu Bett gegangen, bevor das Ergebnis feststand, er war davon überzeugt, dass alles weitergehen würde wie bisher. Um Viertel vor fünf klingelte das Telefon. Seine Frau Sarah Vine erinnerte sich an die Szene. »Michael, das errätst du nie. Wir haben gewonnen!« Gove setzte seine Brille auf und sagte: »Mensch, ich glaube, ich sollte besser aufstehen.« Vine schrieb, sie hätten das unwirkliche Gefühl gehabt, wie die Titelheldin von *Alice im Wunderland* in einem Kaninchenbau in die Tiefe zu sausen.

Nigel Farage war euphorisch, obwohl er kaum glauben konnte, was geschehen war. Boris Johnson, erst halb wach, begann eine neue Rede zu schreiben, denn er hatte nur einen Text für die erwartete Niederlage. Als sein alter Studienfreund David Cameron um Viertel nach acht Hand in Hand mit seiner Frau Samantha in der Tür von 10 Downing Street erschien, wussten alle, was kommen würde: eine Abschiedsrede. Johnson, der das Geschehen im Fernsehen verfolgte, reagierte bestürzt, schreibt der Brexit-Historiker Tim Shipman. »Oh my God, oh my God, poor Dave. God, look at Samantha. This is terrible.«

Sofort sprang die europäische Regelmaschine an, Brüssel hatte sich gut vorbereitet. Schon eine Stunde nach der Bekanntgabe des offiziellen Ergebnisses, morgens um halb sieben, schickte Donald Tusk an alle EU-Regierungen *lines to take* zu juristischen Fragen im Zusammenhang mit Artikel 50 des EU-Vertrags über den Austritt aus der Union, zur Position Großbritanniens in der Zeit bis zum Austritt und zur Strategie der EU bei den Verhandlungen. Hinter den Kulissen herrschten Wut und Erleichterung zugleich: Endlich sind wir diese ewigen Quertreiber los.

Kaum oder gar nicht wurde in Brüssel darüber nachgedacht, welche Rolle die Europäische Union selbst in diesem Drama gespielt hatte, warum so viele Wähler in einem bedeutenden Mitgliedsstaat von dem voranstolpernden europäischen Projekt nichts Gutes mehr erwarteten. Die Unzufriedenheit, der die Populisten Ausdruck verliehen, entsprang schließlich oft genug realen Problemen, und das war hier sicher der Fall.

So bedauerlich und folgenschwer der Abschied der Briten von der EU auch sei, könne man ihn doch als Reaktion auf das Demokratiedefizit sehen, vor allem auf den Vertrag von Lissabon und die Art seines Zustandekommens, meinte zum Beispiel der Schriftsteller Anthony Barnett, einer der

Begründer der britischen Internet-Diskussionsplattform openDemocracy. »Der Austritt ist ein Fehler und sollte rückgängig gemacht werden, womit möglichst Veränderungen innerhalb der EU einhergehen sollten. Aber jeder europäische Demokrat, ob Bürger der EU oder nicht, muss sich eine grundsätzlich Frage stellen: nach der Legitimität der Union.« Der niederländische Kolumnist Martin Sommer schrieb: »Wie man aus dem Brexit lernen kann, werden nationalistische Gefühle gerade dadurch verstärkt, dass man nationalen Eigentümlichkeiten zu wenig Raum lässt. Die Briten gerieten erst richtig in antieuropäische Stimmung, als die Einwanderung massiv zunahm und Brüssel sie nichts dagegen unternehmen ließ.« Auch der Europa-Experte Timothy Garton Ash betonte, dass der Brexit auch die Folge eines europäischen Problems sei. »Es ist der schlechte Atem Europas. Es bedeutet, dass in diesem Körper irgendetwas ganz und gar nicht in Ordnung ist.«

In Brüssel sah jedoch kaum jemand einen Anlass zur Selbstreflexion. Am Tag nach dem Brexit knallten mittags an der Place Luxembourg hier und da buchstäblich die Champagnerkorken.

Die Regierung in London wurde völlig überrumpelt. Die Brexit-Anstifter verschwanden plötzlich von der Bildfläche und waren unerreichbar. David Cameron hatte seinen Beamten ausdrücklich verboten, einen Plan B für den Fall einer Niederlage auszuarbeiten. Nur die Bank of England hatte ein Brexit-Drehbuch, und das nicht ohne Grund. Die Londoner Börse reagierte schon am Vormittag heftig mit Kursverlusten von über acht Prozent, auch das Pfund verlor kräftig an Wert. Großbritannien rutschte aus der Gruppe der fünf stärksten Volkswirtschaften ab. Die Märkte beruhigten sich erst, als die Zentralbank Bürgschaften von bis zu 250 Milliarden Pfund ankündigte, doch bis dahin hatten sich bereits Kurswerte in Höhe von mehr als 100 Milliarden in Nichts aufgelöst.

Auf der Straße tobten sich die Fremdenfeinde aus. Das Institute of Race Relations zählte Dutzende von Zwischenfällen. Es kam zu rassistisch motivierten Messerangriffen, hier und da wurden Neonazi-Aufkleber angebracht oder Texte wie »Kill a Muslim« und »EU Rats Go Home Now« auf Wände gesprüht, einer schwedischen Mutter brüllte jemand »Geh zurück nach Europa!« zu, vor allem aber wurden viele Polen beschimpft und teilweise schwer misshandelt. »Project Fear?«, brummten die Remainers. »This is Project Reality.«

6

In Wigan waren alle verblüfft. Seit 1910 war die Stadt fest in Labour-Hand gewesen, es hieß, die Stadt würde »sogar eine Kuh wählen, wenn Labour sie aufstellen würde«. Und nun hatten sage und schreibe 64 Prozent für Leave gestimmt, viel mehr als im Landesdurchschnitt, und nur 36 Prozent für Remain. Bei landesweiten Befragungen nach der Abstimmung begründeten 49 Prozent der Leave-Wähler ihr Nein zur EU damit, dass die Briten auf vielerlei Gebieten ihr Entscheidungsrecht zurückgewinnen müssten. Obwohl die Folgen des »Wir schaffen das« 2016 auch für die britischen Wähler eine Rolle spielten, war der Wunsch nach »mehr Kontrolle über Immigration« nur für 33 Prozent ausschlaggebend gewesen.

Was die Brexit-Wähler in Wigan antrieb, war vor allem eine tiefe, unterschwellige Hoffnungslosigkeit. Tom Walsh und Chris Ready hatten im Pub und bei Familientreffen endlose Diskussionen geführt und kannten die Argumente. »Wir stimmen für ›Out‹, damit das Land wieder in Ordnung kommt.« »Ohne Brexit wird alles noch schlechter.« »Keine Immigranten mehr.« Viele ihrer Bekannten hatten sich von dem Versprechen der Brexiteers verführen lassen, 350 Pfund pro Woche zusätzlich für den National Health Service auszugeben, »sie wollten so gern an all das glauben.« Auch Corbyns ambivalente Haltung spielte eine Rolle. Viele Labour-Wähler nahmen an, mit einer Stimme für Leave würden sie den »reichen Flaschen« von den Tories einen Denkzettel verpassen. Im Landesdurchschnitt stimmten nicht weniger als 40 Prozent der Labour-Anhänger für den Brexit. Und was auch noch sehr wichtig war: »Alle dachten, damit wäre die Sache erledigt, es würde sich sonst nicht viel verändern.«

Es fällt auf, dass im schottischen Paisley, einer alten Industriestadt wie Wigan mit den gleichen Problemen, das Stimmenverhältnis genau umgekehrt war. Eine satte Mehrheit von 64 Prozent stimmte für Remain, nur 36 Prozent für Leave; in Schottland insgesamt waren es 62 gegenüber 38 Prozent. Das kann damit zusammenhängen, dass sich die schottischen Nationalisten klar für Europa aussprachen. Möglicherweise hatte es aber noch mehr mit der geringen räumlichen und emotionalen Distanz zum schottischen Machtzentrum zu tun. Das schottische Parlament in Edinburgh war für die Wähler in Paisley in jeder Hinsicht nah, während London und Westminster für die Menschen im nordenglischen Wigan ziemlich weit weg war.

In Wigan hatten viele einfach genug von »der Politik« allgemein, und das nicht ohne Grund.

Wie zahlreiche vergleichbare Städte hatte Wigan ihre eigene »Coronation Street«. Ich hatte mich dort schon einmal umgeschaut. Der schwarze Rauch aus den Schloten der Baumwollspinnereien, der dort früher das Atmen schwer gemacht hatte, war verschwunden, ich sah zwei Reihen bescheidener, gepflegter Häuser, manche mit einem stolz glänzenden Auto vor der Tür. Die Quizsendung *Who Wants to Be a Millionaire?* war in diesem sozialen Milieu ungeheuer populär, und ich musste daran denken, was ein britischer Bekannter mir erzählt hatte. Wie bei vielen Quizsendungen dieser Art können die Kandidaten nach einer richtigen Antwort entscheiden, ob sie mit der nächsten, schwierigeren Frage weitermachen oder aussteigen wollen. »In den letzten Jahren geschah etwas Auffallendes«, sagte mein Bekannter. »Immer mehr Teilnehmer trauten sich nicht, etwas zu riskieren. Sobald sie 2000, 3000 Pfund hatten, stiegen sie aus. Das war für sie wahnsinnig viel Geld, damit fühlten sie sich schon wie Millionäre. Viele Leute sind jetzt richtig arm.«

Kurz nach dem Referendum interviewte ein Reporter der *New York Times* einen Anwohner, Colin Hewlett, einen ehemaligen Müllwerker, der nun bei Heinz arbeitete. Er war stolzer Labour-Wähler wie sein Vater und hatte doch für den Brexit gestimmt. »Ich glaube nicht, dass sich viel ändert«, sagte er. »Aber wir müssen der Sache eine Chance geben.« Während des Interviews saß Hewlett im Wohnzimmer neben seiner Frau, die an Alzheimer erkrankt war, die Wände waren mit Fotos ihrer sechs Kinder und 14 Enkel vollgehängt. Hewlett war 61, er hatte keine Vollzeitstelle mehr, sondern arbeitete auf Abruf, und sein Lohn hatte sich in den letzten drei Jahren fast halbiert, von 590 auf 300 Pfund pro Woche. »Gone to the dogs«, sagte er über sein Leben.

Hatte er nur wegen seiner finanziellen Misere für den Brexit gestimmt? Nein, mindestens im gleichen Maße ging es ihm um Selbstachtung, um seine Identität als hart arbeitender Mann, um Werte, die für ihn noch wichtiger waren als die paar Pfund und von denen all die auf Zahlen fixierten Entscheidungsträger keine Ahnung hatten. Das erklärt, warum manche Bevölkerungsgruppen, für die ein Brexit besonders negative Folgen haben konnte, für Leave gestimmt hatten. Zum Beispiel die Bauern, die auf die europäischen Agrarsubventionen würden verzichten müssen. Oder die Einwohner von Wales und den Regionen Yorkshire and the Humber und North East England, deren Wirtschaft zu mehr als der Hälfte von der Ausfuhr in andere EU-Länder abhängig war. Und so hatte auch Colin Hewlett für den Austritt gestimmt, obwohl die riesige Fabrik, in der er arbeitete und die für Wigan so wichtig war, ihre Suppen und anderen Konserven hauptsächlich in die EU lieferte.

Der Zusammenhang zwischen der Politik und den persönlichen Problemen und Sorgen der Menschen, das Wesentliche jedes demokratischen Systems, schien allzu häufig verloren gegangen zu sein. Der Soziologe Zygmunt Bauman sprach von Gedankenwelten, die nicht mehr miteinander in Berührung kämen und in sich kreisten, von unzusammenhängenden Mechanismen in Bewegung gesetzt. Menschen gerieten in eine schwierige Situation, ohne zu wissen, was genau sie in diese Lage gebracht hat, und hätten auch kaum eine Möglichkeit, das herauszufinden.

Habe ich nicht überall in Westeuropa Ähnliches beobachtet? Und war es nicht überall so, dass sich die meisten Politiker nicht mit solchen Fragen beschäftigen wollten? Auf YouTube gibt es ein Filmchen von Beppe Grillo, der auf der Autobahn unterwegs ist und sich laut fragt, warum die Italiener so still seien. »Weil es etwas gibt, das anstelle von Millionen Italienern gesprochen hat. Dieses Etwas sind die Märkte. Die Finanzmärkte. Die Italiener sind still, und sie sind traurig, weil sie feststellen, dass sie nichts mehr zu sagen haben. Die Märkte sprechen für sie. Und wer sind diese Märkte? Ich würde sie gern kennenlernen, hallo Markt, ich heiße Beppe Grillo, und du, wie heißt du?«

In seinem anklagenden autobiografischen Buch *Wer hat meinen Vater umgebracht* schildert der französische Soziologe und Schriftsteller Édouard Louis am Beispiel seines Vaters, eines nordfranzösischen Arbeiters, die konkreten Folgen von politischen Entscheidungen, die nach abstrakten Prinzipien getroffen werden. Seit einem Arbeitsunfall physisch stark eingeschränkt, erhielt er nach einer »Reform« der Regierung Sarkozy nur noch dann Sozialleistungen, wenn er sich um einen Arbeitsplatz bemühte, und musste schließlich eine Stelle als Müllsammler annehmen. Sarkozy habe seinem Vater damit das Rückgrat gebrochen, François Hollande habe ihm durch neue arbeitsrechtliche Bestimmungen »die Luft genommen«, Emmanuel Macron stehle ihm durch die Reduzierung des Wohngeldes nun noch »das Essen direkt von Teller«.

Auch Didier Eribon beschreibt in seinem autobiografischen Buch *Rückkehr nach Reims* – das französische Original erschien 2009 – jenen Gegensatz, der hinter so vielen gegenwärtigen Konflikten steckt. Das optimistische, kosmopolitische Weltbild eines großen Teils der vor allem urbanen Elite hat mit der Lebenswirklichkeit und wirtschaftlichen Situation der Bevölkerungsmehrheit nichts mehr zu tun. 2017 habe er sich noch einmal in Reims umgeschaut, erzählte er in einem Interview. Die abstoßend hässliche Fabrik, in der seine Mutter 15 Jahre lang geschuftet hatte, stand immer noch. »Als meine Mutter dort arbeitete, hatte sie 1700 Kolleginnen und Kollegen. 500 von ihnen waren Mitglied der CGT, der kommunistischen Gewerkschaft, die regelmäßig große Streiks organisierte. Die Fabrik war ein Bollwerk der Arbeiterklasse von Reims.« Nun stand sie leer und verfiel, an jeder Mauer hingen Wahlplakate von Marine Le Pen, die bei der Präsidentschaftswahl in jenem Jahr in der Stichwahl gegen Macron über ein Drittel der Stimmen erhalten sollte, mehr als zehn Millionen.

Und die Kinder und Enkel all dieser Arbeiter, wo waren sie? Vielleicht arbeitslos, sagte Eribon, »oder sie sitzen in großen Supermärkten an der Kasse, arbeiten für Callcenter oder liefern für Deliveroo Essen aus – schlecht bezahlte und unsichere Jobs«.

Wie sieht die wirkliche Geschichte hinter den Mauern all der pittoresken französischen Dörfer aus? 1955 arbeitete ein Drittel der französischen Berufstätigen in der Landwirtschaft, 2017 waren es noch drei Prozent. Den großen Winzern und Getreidebauern ging es ausgezeichnet, die kleinen lebten in Armut, ein Drittel verdiente weniger als 350 Euro im Monat, ein Fünftel machte Verluste, man hielt sich mühsam mit Nebenjobs über Wasser. Viele Menschen hatten das Gefühl, die Kontrolle über ihr Leben verloren zu haben, und dann waren »Take-Back-Control«-Parolen natürlich verführerisch.

Es ist bezeichnend, was zum Auslöser für die Massenproteste der französischen »Gelbwesten« wurde, die im Winter 2018/19 monatelang immer wieder Kreuzungen und Straßen besetzten. Es war eine Erhöhung der Steuer auf Diesel und Benzin, im Rahmen von Macrons Energiewende-Politik, in Höhe von 7,6 beziehungsweise 3,8 Eurocent pro Liter. Für zahlreiche Franzosen, die täglich zu ihrer schlecht bezahlten Arbeit fahren mussten, war das schon zu viel, so arm waren sie inzwischen.

Drei Viertel der Protestierer waren älter als 35, sie waren Arbeiter oder kleine Selbstständige, und nicht erst seit der Ankündigung dieser Steuererhöhungen hatten sie das Gefühl, dass ihnen allmählich der Boden unter den Füßen weggezogen wurde. Was sie einte, war kaum mehr als ein großes »Nein«, Nein zu Macron, Nein zu Europa, Nein zu allem.

Diese pauschale Ablehnung von allem, was von »oben« kam, machte sich überall in den peripheren Regionen Westeuropas breit, von Wigan über Reims bis zu den Städten und Dörfern der ehemaligen DDR. In Deutschland entstand der Begriff »Wutbürger«. Dem »Vertrauensbarometer« des französischen Meinungs- und Marktforschungsinstituts OpinonWay zufolge waren neun von zehn Franzosen der Ansicht, dass Politiker die Sorgen gewöhnlicher Menschen nicht ernst nähmen, drei Viertel hielten Politiker allgemein für korrumpiert, ein Drittel hatte kein Interesse mehr an Wahlen, sie alle hatten die Hoffnung auf Verbesserungen aufgegeben. Ein alter Freund schrieb mir aus Südfrankreich: »Aus dem jeu de boule ist hier ein politisches Café geworden. Was für eine Wut unter diesen Schnurrbärten!«

An einem Nachmittag im Jahr 2017 musste ich eine Weile auf einem Platz in einer wallonischen Stadt warten. Ich sah die Kleidung der Menschen, ihre Körperhaltung, die eingefallenen Münder – so viel Armut, und nicht nur das. Es herrschte eine Atmosphäre tiefer Mutlosigkeit, allzu viele Schaufenster waren leer, überall in der Gegend standen halb fertiggestellte Bauten und Industrieruinen. Die Gesichter vieler Kinder erinnerten an Fotos aus dem 19. Jahrhundert.

Der amerikanische Soziologe Kai Erikson hat in den 1970er Jahren das Phänomen des »kollektiven Traumas« beschrieben. Ereignisse wie Zechenschließungen, Massenentlassungen und die Entvölkerung ländlicher Gebiete bedeuteten das Ende für Bindungen und Routinen, die das Leben über Generationen hinweg geprägt haben. Für die betroffenen Menschen sei dies eine Art Schock, da sie nicht nur ihre Arbeit, sondern auch ihren sozialen Lebenszusammenhang verlieren.

In Jonathan Coes *Middle England* lässt sich der alte Vater der Hauptperson noch einmal zu dem Gelände der Autofabrik fahren, in der er früher gearbeitet hat. Die Fabrik existiert nicht mehr, und wo seine Montagehalle war, steht nun ein Marcs-&-Spencer-Markt, endlose Regalreihen mit abgepackten Salaten, Fertigfleischgerichten und importierten Weinen. Der alte Mann ist erschüttert, diese Veränderung bringt ihn völlig durcheinander. Ein Gebäude sei doch nicht nur ein Gebäude. »Es sind Menschen. Die

Menschen, die da drinnen waren. [...] Wie kann man Fabriken durch Läden ersetzen? Wenn es keine Fabriken gibt, wo sollen die Leute dann das Geld hernehmen, um es in den Läden auszugeben?«

In vielen peripheren Regionen in Westeuropa haben Menschen in den vergangenen Jahrzehnten solche kulturellen und sozialen Traumata erfahren. Ebenso folgenreich wie die materiellen Schäden war der Verlust von Bindungen und Traditionen, die ein Gefühl von Geborgenheit gaben. Mit der Arbeit war ein gewisser Status verbunden, Gewerkschaften, Parteien und Kirchen sorgten für Zusammenhalt und boten Raum für Geselligkeit, Arbeiter hatten ihre eigenen Fußballvereine, Musikkapellen und Laientheater.

Wer kennt noch die Lieder der Arbeiterbewegung? »Wacht auf, Verdammte dieser Erde«, »Brüder, zur Sonne, zur Freiheit«, »Avanti, o popolo, alla riscossa. Bandiera rossa ...« Nach dem Verschwinden all dieser sozialen Anker war es oft schwer, dem Leben weiterhin einen Sinn zu geben, viele fühlten sich orientierungslos und preisgegeben.

Es war eine der psychologischen Folgen neoliberaler Politik, dass viele ihr Leben in der Konfrontation mit dem übermächtigen Markt als klein und bedeutungslos empfanden. Und die Reaktion darauf bestand oft genug in der Sehnsucht nach einer Rückkehr in die »gute alte Zeit«, man wollte wieder »nach Hause«. Politikern, die ihre Wähler wieder dorthin zurückzubringen versprachen, hörte man gerne zu. Nur existierte dieses Zuhause nicht mehr.

7

In London wurde nach einem kurzen Machtkampf an der Spitze der Konservativen Partei die biedere und starrköpfige Innenministerin Theresa May Nachfolgerin von David Cameron. Hinter ihrem resoluten Auftreten verbarg sich eine gewisse Weltfremdheit. Einer ihrer Spitzenbeamten sagte zu Tim Shipman: »Ich hatte nicht den Eindruck, dass sie über die Welt außerhalb des Justiz- und Innenressorts irgendetwas wusste.« Ein paar Tage nach ihrem Amtsantritt als Premierministerin brannte der Grenfell Tower – ein Hochhaus mit Sozialwohnungen gleich neben einem der reichsten Viertel im Westen Londons – nach einem kleinen Wohnungsbrand wegen völlig unzureichender Brandschutzmaßnahmen ab, ein schreckliches Symbol der ständig wachsenden sozialen Kluft. Mindestens 72 Menschen kamen ums Leben. Als May den Ort der Katastrophe besuchte, konnte sie sich nicht zu einem Gespräch mit Bewohnern durchringen.

May war im Herzen Remainer, doch nun verhielt sie sich wie eine übereifrige Konvertitin. In den Wochen nach dem Referendum hätte sie auf eine Versöhnung hinarbeiten und eine Diskussion über die Bedeutung des knappen Abstimmungsergebnisses anstoßen können. Sie hätte auch ohne Weiteres auf die norwegische Variante der Partnerschaft mit der EU zusteuern können, nach dem Vorbild der hervorragenden Kooperation zwischen der EU und der EFTA, der Freihandelszone aus Norwegen, Island, der Schweiz und Liechtenstein. Stattdessen verschärfte sie die Gegensätze, indem sie unter dem Motto »Brexit means Brexit« ständig »rote Linien« zog. Der freie Personen- und Güterverkehr musste eingeschränkt, die Zugehörigkeit Großbritanniens zum gemeinsamen Markt und der Zollunion musste beendet werden. Und wenn die EU dies nicht akzeptierte? »No deal was better than a bad deal.«

Mays bester Diplomat in Brüssel, Ivan Rogers, musste wegen seiner Kritik an den Brexit-Verhandlungen zurücktreten. Er hatte vergeblich versucht, der Premierministerin zu erklären, wie die EU funktionierte und warum für sie eines noch wichtiger sei als gute Beziehungen zu Großbritannien: die eigene Geschlossenheit. Dabei könne es keine Ausnahmen geben. Dies und auch Rogers' Einschätzung, die Austrittsverhandlungen könnten bis zu einem Jahrzehnt in Anspruch nehmen, fand May zu pessimistisch und fatalistisch.

Die Brexiteers Boris Johnson und David Davis, beide ohne jegliche diplomatische Erfahrung, wurden mit der Verhandlungsführung betraut. Johnson gab die Tonart vor, indem er den französischen Präsidenten, der für eine harte Linie der EU plädierte, mit einem KZ-Wachmann verglich. Brexit-Minister Davis ließ sich in den ersten Wochen in entspannter Haltung am Brüsseler Verhandlungstisch fotografieren, der auf seiner Seite leer war, während sich auf der Seite der EU-Delegation unter Vorsitz des erfahrenen Kommissionsmitglieds Michel Barnier die Akten türmten. Die Verhandlungsvormittage dauerten niemals lange, über viele Probleme setzte sich Davis scherzend hinweg, mittags saß er schon wieder im Eurostar nach London.

Im Frühjahr 2017 begann sich abzuzeichnen, dass der Brexit im Jahr 2019 ein harter Brexit werden würde, vielleicht sogar ein stahlharter. Alle in Brüssel wussten, was die Ernennung Barniers zum EU-Chefunterhändler bedeutete. Der frühere französische Außenminister und EU-Binnenmarkt-Kommissar war als kühler und zäher Verhandlungsführer bekannt, brillant, erfahren und unnachgiebig. Die Briten würden in die Enge getrieben und so fertiggemacht werden, dass niemand je wieder wagen würde, die Union zu beschädigen – ganz ähnlich, wie man es mit den Griechen im Zusammenhang mit der Schuldenkrise gemacht hatte.

Die britische Verteidigung war schwach und chaotisch. Frans Timmermans, erster Stellvertreter von EU-Kommissionspräsident Juncker, sagte später gegenüber der BBC, jeder in Brüssel habe angenommen, dass die Briten letztlich doch einen wohldurchdachten Plan hätten, »mit allen Tricks und Handlungsoptionen«. Doch als er gesehen habe, dass Davis nur eine diplomatische Show abzog, statt zu verhandeln, habe er gedacht: »Mein Gott, sie haben keinen Plan, überhaupt keinen!« Es machte ihn fassungslos, denn je mehr Zeit verging, desto schwächer wurde die britische Position.

Den meisten Briten schien weiterhin nicht klar zu sein, in welcher Situation sie waren. Johnson und andere Austrittsbefürworter behaupteten hartnäckig, der Zugang zum europäischen Binnenmarkt werde erhalten bleiben, weshalb der Brexit ausschließlich Vorteile habe: »We can have the cake, and eat it!« Donald Tusk, Präsident des Europäischen Rates, erwiderte darauf: »Ich würde Herrn Johnson raten, einen Kuchen zu kaufen und aufzuessen und dann zu schauen, ob der Kuchen immer noch vor ihm steht.«

Am Nachmittag des 29. Mai 2017 überreichte der britische EU-Botschafter einem verkrampft lächelnden Donald Tusk das Schreiben aus der Downing Street, das den Austritt offiziell einleitete. »We are leaving the European Union, but we are not leaving Europe.«

So marschierte das Vereinigte Königreich, getrieben von persönlichen Ambitionen Einzelner, parteipolitischen Rivalitäten und Größenwahn, unerschrocken dem Chaos entgegen.

Allein
2017

1

Es war ein sonniger Sommer gewesen. 2016 war das bisher wärmste Jahr seit dem Beginn der Wetteraufzeichnungen. Von den 17 heißesten Jahren fielen 16 in das neue Jahrhundert. Die mittlere Jahrestemperatur von Berlin lag 1,5 Grad über dem Normalwert, in Amsterdam waren es 1,8 Grad, in Rom 2,2 und in Istanbul sogar 3 Grad. Der Trend war unübersehbar.

In Europa jagte nun eine Krise die andere. Kaum begann der große Flüchtlingsansturm von 2015 und 2016 nachzulassen, löste die historische Austrittsentscheidung Großbritanniens Aufregung aus. Noch nie hatte sich ein Mitgliedsstaat aus der Union zurückgezogen. War dies ein Vorzeichen?

Frankreich war müde. 1999 hatte ich noch den Eindruck, dass es in allem zwanzig Jahre weiter war. Das Nahverkehrssystem der Region Paris war dem von Städten wie London, Berlin oder Amsterdam weit überlegen, man sah aufsehenerregende moderne Architektur, und auch im Hinblick auf das Gesundheitssystem oder das Autobahnnetz gehörte das Land zu den Spitzenreitern. Schon seit den 1980er Jahren verbreitete sich eine Art primitiver Internet-Vorläufer, der Onlinedienst Minitel, mit Endgeräten, die Telefonnutzern kostenlos zur Verfügung gestellt wurden.

Von diesem unbezähmbaren Elan war 2016 nichts mehr zu spüren. In Paris und den anderen Großstädten standen an jeder Straßenecke Soldaten und Polizisten mit futuristisch anmutender Ausrüstung im RoboCop-Stil. Seit dem Ende des Terrorjahres 2015 wirkte sich der Ausnahmezustand bedrückend auf das öffentliche Leben aus. Begonnen hatte es mit den Anschlägen auf *Charlie Hebdo* und auf einen koscheren Supermarkt im Januar. Am Abend des 13. November 2015 wurde Paris erneut zum Ziel von Terroristen. Diesmal wurde eine Reihe koordinierter Anschläge auf beliebte Cafés und Restaurants verübt, denen 39 Menschen zum Opfer fielen. Gleichzeitig schossen Terroristen auf die Besucher eines Popkonzerts im Bataclan-Theater, 90 Menschen kamen ums Leben, über 350 wurden verletzt.

Auch Brüssel erinnerte seit dem Frühjahr 2016 an eine belagerte Festung. Am Morgen des 22. März hatten drei Selbstmordattentäter Sprengstoffanschläge auf den Flughafen Zaventem und auf eine Metrostation verübt, wobei 32 Menschen zu Tode kamen und 340 verletzt wurden.

Weniger als vier Monate später, am Abend des 14. Juli 2016, überfuhr in Nizza nach dem traditionellen Feuerwerk zum Nationalfeiertag ein Terrorist mit einem Lastwagen Hunderte von Menschen auf der Promenade des Anglais, 86 kamen ums Leben, 434 wurden verletzt. Am 22. Juli erschoss ein Mann in einem Münchner Einkaufszentrum neun Menschen. Wenige Tage danach rannten zwei Männer in eine Kirche der normannischen Stadt Saint-Étienne-du-Rouvray und schnitten dem 85-jährigen Priester, der gerade die Messe zelebrierte, die Kehle durch. Er starb mit den Worten »Vade retro, Satana« – weiche zurück, Satan – auf den Lippen.

Im selben Monat, am 13. Juli 2016, trat die neue britische Regierung unter Theresa May an, die auf einen harten Brexit zusteuerte. Einige EU-Länder und große Konzerne begannen vorsichtshalber Notpläne für einen No-Deal-Austritt auszuarbeiten. Zwei Tage später, am 15. Juli, unternahm ein Teil der türkischen Armee einen Putschversuch. In Ankara rollten Panzer durch die Straßen, auf den Brücken über den Bosporus wurde in der Nacht erbittert gekämpft, Präsident Erdoğan entging knapp einem Anschlag. Der Coup missglückte wegen stümperhafter Planung und Ausführung. Bald nachdem Erdoğan die Bevölkerung zum massenhaften Widerstand aufgerufen hatte, mussten die Putschisten aufgeben. Am Morgen wurden die Opfer gezählt. 173 Zivilisten und über 200 Soldaten waren ums Leben gekommen, die Nation war traumatisiert.

Erdoğan bezeichnete den einflussreichen Geistlichen Fethullah Gülen, der seit 1999 in den Vereinigten Staaten lebt, als treibende Kraft. Gülen bestritt jegliche Beteiligung. Kurze Zeit herrschte in der Türkei Einigkeit über Lagergrenzen hinweg, Linke wie Rechte verurteilten den Putschversuch, doch bald begannen Erdoğan und die AKP mit groß angelegten Säuberungen. Innerhalb eines Jahres wurden 150 000 angebliche Gülenisten entlassen und etwa 50 000 festgenommen. Über 150 Zeitungen und Radio- und Fernsehsender wurden geschlossen, ungefähr 150 Journalisten landeten im Gefängnis. Die Beziehungen zur EU erreichten einen neuen Tiefpunkt, ein solcher Polizeistaat kam als Beitrittskandidat nicht mehr infrage. Erdoğan wiederum warf der EU mangelnde Solidarität vor.

Ein Schock folgte auf den anderen. Herman Van Rompuy, der ehemalige Präsident des Europäischen Rates, sprach am Ende des Sommers von einer Polykrise: »In so kurzer Zeit geschieht so vieles gleichzeitig, das wirkt sehr destabilisierend.« Die Lage Europas sei deshalb noch ernster als während der Eurokrise und der Migrationskrise. Mit uns, die wir bei alldem Zuschauer waren, geschah etwas anderes: Wir gewöhnten uns zwangsläufig an das Ungewöhnliche.

2

Auch jenseits des Atlantiks ereignete sich in jenem Sommer Erstaunliches. Im Präsidentschaftswahlkampf standen sich nun als einzige aussichtsreiche Kandidaten die Demokratin Hillary Clinton, ehemalige Außenministerin und Ehefrau Bill Clintons, und der Immobilienhändler und Showmaster Donald Trump gegenüber, der trotz seiner völligen Unerfahrenheit und seines Desinteresses an praktischer Politik von den Republikanern nominiert worden war.

Dies hatte viele überrascht. Kommentatoren prophezeiten der Republikanischen Partei für den wahrscheinlichen Fall einer Wahlniederlage Trumps eine schwere Krise. Der Autor eines Essays in *The New York Review of Books* riet der Partei zu einer ernsthaften Selbstprüfung nach der Wahl. Wie um Himmels willen hatte eine Figur wie Trump der Präsidentschaft so nah kommen können?

Auch Hillary Clinton war trotz ihrer erwiesenen Kompetenz sehr umstritten. In der unteren Mittelschicht gab es eine ausgeprägte Arbeiterkultur einschließlich einer langen gewerkschaftlichen Tradition. Bei den Vorwahlen der Demokratischen Partei war Hillary Clintons Konkurrent Bernie Sanders als Repräsentant dieser Wähler aufgetreten, doch Sanders wurde vom demokratischen Establishment in Washington als Sozialist und Ignorant dargestellt. Von den Sorgen und Wünschen dieses Teils ihrer traditionellen Wählerschaft hatten die Demokraten um Clinton keine Vorstellung, und erst recht merkten sie nichts von der rebellischen Stimmung, die sich dort schon seit Jahren ausbreitete.

Dabei waren die Warnsignale eigentlich nicht zu übersehen. Seit dem Amtsantritt Barack Obamas im Jahr 2009 hatten die Demokraten bei Wahlen immer schlechter abgeschnitten. Auf der Ebene der Bundesstaaten verloren sie mehr als 900 Abgeordneten- und Senatorensitze und 12 Gouverneursposten, im Repräsentantenhaus und Senat in Washington 69 und 13 Sitze. Dennoch unterstützten führende Demokraten 2016 eine Kandidatin, von der nur ein »Weiter wie bisher« zu erwarten war, die allgemein als zentrale Gestalt des Washingtoner Establishments galt und dem simplen »America First« Donald Trumps vor allem ein unausgesprochenes »Jetzt bin ich an der Reihe« entgegensetzte.

Schon vor ihrer Nominierung schnitt Hillary Clinton in sämtlichen Umfragen ähnlich schlecht ab wie Trump. Laut einer Erhebung von *CBS News* und *New York Times* vom Mai 2016 hielten 64 Prozent der Wähler sie nicht für ehrlich und vertrauenswürdig. Bezeichnend war ein Vorfall, über den ein enger Mitarbeiter Obamas berichtete. Um sie zu unterstützen, begleitete der Präsident Hillary Clinton zu einer Wahlveranstaltung in einem riesigen Grilllokal irgendwo in North Carolina. Doch schon nach fünf Minuten machte sie sich davon, ein Verhalten, das bei Obama große Besorgnis auslöste. »Man muss gerade solche Grilllokale besuchen, wo die Leute einen hassen, weil sie einen nur von *Fox News* kennen und glauben, dass man der Antichrist ist. Genau mit diesen Leuten muss man reden.« Und das tat Clinton nicht. Einmal rutschte ihr heraus, diese Wähler seien »a basket of deplorables«, ein Haufen jämmerlicher Verlierer. Auf diese Weise besiegelte sie ihr Schicksal.

Donald Trump nutzte geschickt Clintons Schwächen. Mit seiner Großtuerei und mit widerlichen Anzüglichkeiten gegenüber seiner Gegnerin – er äußerte sich sogar über die Häufigkeit ihres Toilettenbesuchs – eroberte er eine außerordentlich stabile, treue Anhängerschaft. Später sagte er zu Bill Clinton, er habe alles nicht so böse gemeint, aber die Leute seien nun einmal furchtbar wütend, und er habe dafür sorgen müssen, dass diese Wut sich nicht gegen ihn selbst richtete. Im Oktober 2016 wurde eine Filmaufnahme veröffentlicht, in der Trump mit seinem Talent zur Eroberung von Frauen prahlte. »Grab them by the pussy. You can do anything.« Jeden anderen Kandidaten hätte eine solche Äußerung in ernste Schwierigkeiten gebracht, aber für Trumps Anhänger war so etwas eine Empfehlung: »Look, he is one of us!« Der flämische Journalist Rudi Rotthier meinte, er habe bei seiner Rundreise durch die Vereinigten Staaten im Jahr 2016 überall Menschen getroffen, »die den einfachen Wunsch verspürten, einmal von jemand anderem betrogen zu werden«.

Trump war in jeder Hinsicht ein höchst ungewöhnlicher Kandidat. Chris Christie, der Gouverneur von New Jersey, leitete von Mai 2016 an Trumps *Transition Team*, das für den Fall eines Wahlsieges im November die Übertragung der Amtsgeschäfte und Rechte auf den gewählten Präsidenten vorbereiten sollte; jeder Präsidentschaftskandidat ist verpflichtet, in der Endphase des Wahlkampfes ein solches Team aufzustellen. Der sogenannte Präsidentschaftsübergang ist eine komplexe Angelegenheit, Ministerposten müssen vergeben, Hunderte frei werdende Stellen neu besetzt, Tausende von Bewerbern durchleuchtet werden, laufend finden Beratungen des Übergangsteams mit dem Stab des noch amtierenden Präsidenten statt, damit der Übergang möglichst glatt verläuft. Gerade weil Trump keinerlei politische Erfahrung besaß, kam der Arbeit dieses Teams große Bedeutung zu. Christie hatte schließlich mehr als 140 Mitarbeiter, wöchentlich beriet er sich mit einem »Exekutivkomitee«, das allerdings hauptsächlich aus Familienmitgliedern Trumps bestand: seinen beiden Söhnen, seiner Tochter und seinem Schwiegersohn.

Es fällt auf, dass Trump selbst keinerlei Interesse an den Vorbereitungen hatte. Wie Christie später berichtete, konnte man ihn Ende August nur mit Mühe davon abhalten, das gesamte Team aufzulösen, weil es ihm zu teuer war. »Shut it down. Shut down the transition!«

An ernsthafte Regierungsarbeit dachte der Kandidat gar nicht erst, es ging ihm nur um die Show und um den Namen Trump. Sein Wahlkampf war Ausdruck einer Radikalisierung, die in konservativen Kreisen schon seit Langem im Gange war. Er bildete den Höhepunkt einer von der Republikanischen Partei verfolgten Strategie des Machterhalts trotz für sie ungünstiger Entwicklungen.

Die amerikanischen Durchschnittswähler wohnten überwiegend nicht mehr auf dem Land und waren nicht weiß, gehörten also nicht zur traditionellen republikanischen Wählerschaft, ein Trend, der sich weiter fortsetzte. Trotzdem gelang es den Republikanern, ihre Machtposition zu bewahren und sogar zu stärken. Zu den Gründen dafür zählten der kontinuierliche Neuzuschnitt von Wahlkreisen zugunsten der Partei, die Ernennung konservativer Richter, neue Formen von Finanzierung, aber auch das geschickte Ausnutzen von Unmut und Unzufriedenheit, wie sie auch in Europa gärten.

Im Jahr 2010 habe ich eine lange Rundreise durch *flyover country* unternommen, das arme, übersehene Amerika. Nicht New York, sondern Marshall, Minnesota. Nicht Yosemite, sondern die Kartoffeläcker von Maine. John Steinbeck hatte 1962 das Gleiche getan, und ich folgte seiner Spur. In den Diners und McDonald's an meiner Route sprach ich mit Farmern, Hausfrauen, Lastwagenfahrern, einfachen Leuten aller Art. Und immer wieder hörte ich die gleichen Geschichten. Auch in den 1960er Jahren waren Menschen wie sie nicht gerade reich gewesen, aber sie hatten Arbeit gehabt, Sicherheit und die feste Zuversicht, dass es ihren Kindern einmal besser gehen würde. Ein halbes Jahrhundert später war davon nichts übrig. Es waren Jahre der Hoffnungslosigkeit und Verwirrung, weil sich keine der großen Verheißungen des amerikanischen Traums zu erfüllen schien.

Ich erinnere mich, dass ich an einem Novemberabend in der Kleinstadt Paducah im nördlichen Texas ankam, im sogenannten Panhandle. Es herrschte Totenstille. Zwischen den alten Steinhäusern lagen überall Grasflächen und kahle Stellen, Spuren früherer Bebauung. Den zentralen Platz beherrschte ein riesiges Gerichtsgebäude, um den Platz herum gab es eine reiche Auswahl an Läden, eine Buchhandlung, einen Eisenwarenladen, ein Blumengeschäft, eine Drogerie. Eigentlich ein lebendiges Ganzes, aber alles war farblos und verrostet, die meisten Türen und Fenster mit Brettern vernagelt. Nur in einem Eckhaus brannte Licht. Die Lokalzeitung, *The Paducah Post*, gab es noch.

Die Eigentümerin, Jimmye Taylor, Jahrgang 1937 und Farmerstochter, war auch Chefredakteurin und Redaktionssekretärin in Personalunion. Die Auflage der Zeitung war von 24 000 auf 1400 gesunken. Jimmye erzählte, dass ihre Eltern für Franklin D. Roosevelt schwärmten, er habe das Land durch die Krise gebracht. »Heute wissen wir, dass er ein halber Sozialist war.« Inzwischen wählten in Paducah fast alle die Republikaner, aber »wir vertrauen niemandem mehr, auch nicht unseren eigenen Senatoren und Abgeordneten. Wir sind alle arme Leute. Und arme Leute brauchen ganz konkrete Dinge. Wenn die ausbleiben, werden sie ängstlich und unsicher.«

Jimmye Taylor war immer noch stolz auf ihre Zeitung, ihre Stadt, ihr Texas. Aber ihre Selbstwahrnehmung als Amerikanerin hatte fast nichts mehr mit der Wirklichkeit um sie herum zu tun.

Der Kahlschlag in Wigan, in Reims, in Paducah, auch er nannte sich Globalisierung.

Wieder empfinde ich Neid auf unsere Geschichtsstudentin aus dem Jahr 2069. Oft führe ich mit ihr ein kurzes Gespräch, ich möchte so vieles wissen, möchte Fakten und Zusammenhänge kennen, die in ein paar Jahrzehnten vermutlich allgemein bekannt sein werden, von denen mir aber heute bestenfalls ein paar Puzzleteile vorliegen. Das gilt nicht zuletzt für das rätselhafte Phänomen Donald Trump.

Trump bezeichnete sich einmal als der »transparenteste Präsident der amerikanischen Geschichte«. Das Gegenteil war der Fall. Wer sich mit Trumps Vergangenheit beschäftigt, stößt von Anfang an auf Mystifikationen, rätselhafte Transaktionen, obskure Geldquellen und zahlreiche Fälle von Irreführung und Betrug. Sein Studienabschluss, seine Krankheiten, seine Affären mit diversen Frauen, seine Familiengeschichte, seine finanzielle Situation, alles ist von einem künstlichen Nebel aus Geheimnistuerei umgeben. Besonders über drei Dinge wollte er um keinen Preis Auskunft erteilen: seine Steuerzahlungen – entgegen der amerikanischen Tradition lehnte er eine Veröffentlichung seiner Steuererklärung ab –, seine Beziehungen zur Deutschen Bank und seine geschäftlichen und politischen Verbindungen zu Putins Russland. Im Bericht von Sonderermittler Robert Mueller zur Beeinflussung des Präsidentschaftswahlkampfes wird geschildert, wie Trump reagierte, als er 2017 von den angeordneten Ermittlungen erfuhr. Er ließ sich in seinen Sessel fallen und sagte: »Das ist das Ende meiner Präsidentschaft. *I'm fucked.*« Diese panische Angst vor der Öffentlichkeit hatte ihre Gründe. Alle drei genannten Angelegenheiten waren Dynamit unter dem sorgfältig erbauten Lügenpalast, den er seit Jahren bewohnte, und zugleich Ausgangspunkte für weitere Nachforschungen.

Was hatte er von einer Veröffentlichung seiner Steuererklärung zu befürchten? Seit Beginn seiner geschäftlichen Betätigung hat Trump in seinem grenzenlosen Narzissmus an seinem Image als »erfolgreichster Unternehmer Amerikas« gearbeitet. Er erwarb Einkaufszentren, Hotels, ein Footballteam sowie das Anwesen Mar-a-Lago in Florida und ließ in New York den Trump Tower bauen. Das *Forbes Magazine* setzte ihn auf seine Liste der 400 reichsten Amerikaner. Später betonte er immer wieder, er habe bei Null angefangen und sich alles selbst erarbeitet.

1987 erschien seine Anleitung zu geschäftlichem Erfolg, *The Art of the Deal,* ein Buch, das viel später unter verschiedenen Titeln auch auf Deutsch veröffentlicht wurde. In Wirklichkeit hatte ein Ghostwriter Namens Tony Schwartz es geschrieben, doch für Trumps spätere Anhänger wurde es zu einer politischen Bibel. Vielen Amerikanern galt er seit der Veröffentlichung als Meisterverhandler und vorbildlicher Unternehmer.

Dieser Eindruck wurde durch die Fernsehserie *The Apprentice*, die er von 2004 an moderierte, noch verstärkt, eine »Reality Show«, bei der Bewerber versuchen mussten, von dem Geschäftsgenie Donald Trump einen hoch dotierten Einjahresvertrag zu bekommen, und die Verlierer mit den Worten »You're fired!« nach Hause geschickt wurden. Es war alles nur Show. Das Team wusste genau, dass sogar der Plutokrat Trump eine Erfindung war. »Wir gingen durch sein Büro und sahen die angestoßenen Möbel«, erzählte einer der Produzenten später dem *New Yorker*. »Wohin wir auch kamen, sahen wir ein zusammenbrechendes Imperium. Unsere Aufgabe war es, den gegenteiligen Eindruck zu erwecken.«

Wie aus später von der *New York Times* beschafften Steuererklärungen hervorging, beruhte Trumps Erfolg allein auf Darlehen und zahlreichen Geldspritzen von seinem steinreichen Vater in Höhe von Hunderten Millionen Dollar. Fast nie machte Trump mit einem seiner eigenen »goldenen Deals« einen Gewinn. Im Gegenteil, von 1985 bis 1995, also in den Jahren, in denen er die Amerikaner mit *The Art of the Deal* blendete, beliefen sich seine Verluste auf insgesamt etwa 1,2 Milliarden Dollar. Später verfügte Trump unerklärlicherweise erneut über Hunderte Millionen. Die stammten jedoch nicht aus tatsächlichen »goldenen Deals«, sondern lediglich aus Trumps Bekanntheit als »dealmaker«. Mit *The Apprentice* verdiente er laut seiner Steuererklärung 197 Millionen Dollar, während die Berühmtheit, die er mit seiner »Show« erlangte, ihm weitere 230 Millionen einbrachte. So wurde Trump vom Immobilienhändler zu einer eigenen »Marke«. Er verstand es in den darauffolgenden Jahren, diesen Ruhm überall auf der Welt erfolgreich auszubeuten, doch der Laden musste ständig mit Stunts und Shows am Laufen gehalten werden. Als die Marke »Trump« dann doch zu verblassen begann, war die Bewerbung um die Präsidentschaft ein naheliegender Schritt.

Wie steht es nun um die Beziehungen zur Deutschen Bank? Seit Ende der 1990er Jahre war Trumps Imperium vor allem von einer äußerst riskanten Symbiose mit dieser besonderen Bank abhängig. Die Deutsche Bank, die in den 1930er Jahren und während des Zweiten Weltkriegs von den Verbrechen des Naziregimes mitprofitiert hatte, konzentrierte sich seit ihrer Neugründung jahrzehntelang auf das Inlandsgeschäft, doch in den 1990er Jahren wollte sie gern zu einem »Global Player« werden. Um sich schnell einen internationalen Ruf zu erwerben, muss eine Bank größere Risiken als andere eingehen und Kunden gewinnen, die ihr die nötige Publicity verschaffen. So fanden sich Donald Trump und die Deutsche Bank.

Trumps Reputation war 1998 an einem Tiefpunkt angelangt, keine amerikanische Bank wollte noch etwas mit ihm zu tun haben. Doch die Deutsche Bank, die in den Vereinigten Staaten noch ganz am Anfang stand, war bereit, das Risiko einzugehen, und lieh ihm immer wieder Hunderte Millionen Dollar für seine Immobilienprojekte, insgesamt über zwei Milliarden. Einiges deutet darauf hin, dass diese Millionen zum größten Teil aus Russland stammten. Später wurde aufgedeckt, dass die Deutsche Bank in umfangreiche russische Geldwäscheaktionen verwickelt war. Investigative Journalisten wie Craig Unger brachten Verbindungen zwischen Trump und jenen Briefkastenfirmen ans Licht, die der KGB Ende der 1980er Jahre im Ausland gegründet hatte und die dazu dienten, russisches Geld auf Umwegen neu anzulegen. Auch eine beiläufige Bemerkung von Trumps Sohn Eric im Jahr 2013 weist in diese Richtung: »We have all the funding we need out of Russia.«

Und Russland? Bereits im August 2016 erschien in amerikanischen Zeitungen ein offener Brief von fünfzig führenden republikanischen Sicherheitsexperten, die vor dem »Sicherheitsrisiko« Donald Trump warnten. Ihm fehlten »der Charakter, die Werte und die Erfahrung«, die ein Präsident brauche, er »würde die nationale Sicherheit und das Wohlergehen unseres Landes gefährden«. Die Unterzeichner, unter ihnen Kabinettsmitarbeiter und Spitzenbeamte des früheren Präsidenten George W. Bush, äußerten die Befürchtung, Trump könne »der leichtsinnigste Präsident der amerikanischen Geschichte« werden.

Während des Wahlkampfes war Trumps Verhalten gegenüber dem Kreml ungewöhnlich. Zum Beispiel forderte er Russland explizit dazu auf, gehackte E-Mails seiner Rivalin Clinton zu veröffentlichen, was die russischen Hacker auch innerhalb weniger Stunden taten.

Der Mueller-Report legte später detailliert dar, dass tatsächlich acht Mitarbeiter Trumps vor und nach der Präsidentschaftswahl 2016 in engem

Kontakt zu einigen Kreml-Vertretern standen, wobei das Wahlkampfteam von Informationen, die von den Russen beschafft worden waren, zu profitieren hoffte. Auch der Geheimdienstausschuss des Senats – der sowohl von Demokraten als auch Republikanern stammende Bericht umfasst mehr als tausend Seiten – gelangte zu dem Schluss, dass die russische Einflussnahme auf den Wahlkampf viel umfangreicher gewesen sei, als man zunächst angenommen habe, insgesamt seien über diverse Kanäle mindestens 125 Millionen Wähler erreicht worden. Trumps Wahlkampfteam suchte und hielt engen Kontakt zu russischen Funktionären, es verschaffte den Russen alle Informationen, die sie brauchten, um Hilfe leisten zu können, und es koordinierte außerdem sorgfältig die Freigabe von belastenden Informationen der Russen über Hillary Clinton. Kurzum: Vermutlich bestand also ein gewisses Abhängigkeitsverhältnis zwischen dem Kreml und dem späteren Präsidenten – wenn es auch jetzt, da ich dies schreibe, noch zu früh für eine umfassende, endgültige Bewertung ist.

Fairerweise sollte erwähnt werden, dass auch der Westen sehr erfahren in der Beeinflussung und Manipulation von Wählern war. 1996 hatte man zum Beispiel auf jede denkbare Weise in den russischen Präsidentschaftswahlkampf eingegriffen. Auf keinen Fall durfte der Kandidat der Kommunistischen Partei gewinnen, denn auf diesem Wege würden die Kommunisten wieder an die Macht kommen. Auf starken Druck der Vereinigten Staaten unterstützte der IWF die russische Wirtschaft mit 10,6 Milliarden Dollar, die Amerikaner selbst hatten zuvor schon 24 Milliarden zur Verfügung gestellt. Boris Jelzin durfte nicht verlieren. Auch in anderen Teilen der Welt, besonders in Süd- und Mittelamerika, später in Serbien, Georgien und der Ukraine, übten westliche Geheimdienste, allen voran die CIA, immer wieder starken Einfluss aus.

Der KGB war ein erfahrener Gegenspieler, dessen Abteilung für »aktive Maßnahmen« unter anderem für die gezielte Verbreitung von falschen Informationen und Verschwörungstheorien zuständig war. Die Geheimdienste von Putins Russland setzten diese Tradition fort, nun mit allen neuen Techniken des 21. Jahrhunderts. Die Brexiteers zum Beispiel erhielten 2016 über ihren Finanzier Arron Banks Unterstützung aus Moskau, außerdem die Anführer der italienischen Populisten.

Auch der erfolgreiche niederländische Populist Thierry Baudet erregte durch auffällige Verbindungen zu Kreml-Vertretern, Kampagnen gegen das Assoziierungsabkommen mit der Ukraine und das konsequente Vertreten russischer Standpunkte zunehmend die Aufmerksamkeit westlicher Nachrichtendienste. Das Gleiche galt für Marine Le Pen, die im Präsidentschaftswahlkampf 2017 problemlos ein Darlehen in Höhe von 9,4 Millionen Euro von einer russischen Bank erhielt, während russische Hacker etwa 4000 Angriffe auf ihren Gegner Emmanuel Macron und sein Wahlkampfteam unternahmen.

Zielgerichtet war diese Art der Beeinflussung nur teilweise, es ging hauptsächlich um Verunsicherung und Destabilisierung. Viele der russischen Aktionen, vor allem die von zusätzlich engagierten Hackergruppen außerhalb der eigentlichen Trollfabriken, waren auffallend amateurhaft. Der russische Politologe Wladimir Frolow schrieb, diese sogenannten Partisanen leisteten »stümperhafte Arbeit, über die russische Spionageexperten lachen«. Auch in amerikanischen Geheimdienstkreisen wunderte man sich; es war, als wollten die Russen ertappt werden. »Sie machten bei ihrer Intervention ungewöhnlich viel Lärm«, sagte der ehemalige FBI-Direktor James Comey später bei einer Anhörung durch den Kongress. »Es schien ihnen fast egal zu sein, dass wir Bescheid wussten.«

Vielleicht war das tatsächlich so. Ob die EU, die Vereinigten Staaten oder andere westliche Länder, sie alle konnten geschwächt werden, indem man Verwirrung und Durcheinander stiftete. Cyberangriffe und Störmanöver hatten wahrscheinlich letztlich wenig Einfluss auf Wahlergebnisse, aber sie sorgten für Verunsicherung und konnten die Legitimität einer neu gewählten Regierung oder eines Präsidenten infrage stellen und so den Gegner destabilisieren.

3

Und so wurden wir Europäer am frühen Morgen des 9. November 2016 schon wieder mit einem Wahlergebnis geweckt, das fast niemand erwartet hatte und das historische Folgen haben sollte. Auch in Bundesstaaten, in denen eine Mehrheit für Clinton als sicher gegolten hatte, ging Trump in Führung, einer nach dem anderen kippte. Es war noch dunkel, wir saßen aufrecht im Bett und starrten auf den Fernseher. »Mein Gott«, flüsterten wir. Plötzlich hatte der größte Teil der Karte der Vereinigten Staaten die Farbe Rot der Republikaner. Wir hielten den Atem an. Es war weniger so, dass Trump gewann, das Entscheidende war vielmehr, dass Clinton verlor. Sie selbst verfolgte den Ausgang der Wahl in einem Hotelzimmer in New York. Später schrieb sie, sie habe das Gefühl gehabt, dass alle Luft aus dem Zimmer abgesaugt wurde.

Trump sprach von einem historischen Erdrutschsieg. In Wirklichkeit fiel sein Sieg reichlich knapp aus, denn hätten sich nur 79 000 Wähler in drei Bundesstaaten anders entschieden, wäre Clinton ins Weiße Haus eingezogen. Trumps Sieg erklärt sich durch das amerikanische Wahlsystem mit der indirekten Wahl des Präsidenten durch das *Electoral College*, dessen Zusammensetzung von den Wahlergebnissen in den Einzelstaaten abhängt; beim *Popular Vote*, der Anzahl der abgegebenen Stimmen, lag Clinton sogar um knapp drei Millionen Stimmen vorn. Doch so sahen wir an jenem frühen Novembermorgen einen völlig überraschten Trump die Treppe im Vestibül seines New Yorker Palastes hinuntergehen, hinter ihm seine Frau Melania, kreidebleich vor Schreck, sein zehnjähriger Sohn Barron, der vor Müdigkeit taumelte, und der Rest seiner Familie. Eine Siegesrede hatte er offenbar nicht vorbereitet, also improvisierte er.

Chris Christie, der Leiter des *Transition Team*, hatte neben Trump gesessen, als sich der Ausgang der Wahl abzuzeichnen begann. Es habe eine beklemmende Atmosphäre geherrscht, schrieb er später. Trump schwieg und starrte wie gebannt auf den Fernseher, als sehe er Gespenster. Was auch immer ihn angetrieben hatte, der Rausch der Massenveranstaltungen, der Wunsch, die »Marke« Trump international zu positionieren, und auch, sich an der New Yorker Elite zu rächen, die sich immer über ihn lustig gemacht hatte, wirklich Präsident zu werden war nie sein Ziel gewesen. Trumps engster Berater Steve Bannon meinte: »Hillary Clinton hat ihr gesamtes Erwachsenenleben damit zugebracht, sich auf diesen Augenblick vorzubereiten. Trump hat sich nicht eine Sekunde lang mit diesem Augenblick beschäftigt.«

Zwei Tage später meldete sich Christie im Trump Tower mit den Ergebnissen von sechs Monaten harter und solider Arbeit, einem dreißig Dossiers umfassenden Plan für den Präsidentschaftsübergang und Personalvorschlägen für die gesamte Regierung, maßgeschneidert für Trump und seine republikanischen Anhänger. Zu seiner Überraschung traf er im kleinen Kreis des »Exekutivkomitees« plötzlich auf Michael Flynn, einen pensionierten General, der wegen seiner Kontakte zu Russland in schlechtem Ruf stand, weshalb die Sicherheitsexperten im *Transition Team* eindringlich vor ihm gewarnt hatten. Ausgerechnet dieser Flynn war nun *National Security Advisor* und damit einer der wichtigsten Leute im riesigen amerikanischen Sicherheitsapparat. Auch andere Ernennungen waren eigenartig. Zum Beispiel wurde der Anführer der Anti-Klimaschutz-Lobby und Geschäftsführer von ExxonMobil, Rex Tillerson, der neue Außenminister.

Steve Bannon nahm Christie beiseite. Es war wie in Trumps Show *The Apprentice*: Christie wurde gefeuert, man wolle ihn nie wieder in dem Gebäude sehen. Alle dreißig Dossiers, das Ergebnis der Bemühungen Christies und seiner 140 Mitarbeiter, verschwanden buchstäblich in einem Müllschlucker des Trump Tower. In den Ministerien warteten unterdessen Hunderte von Beamten darauf, die verschiedenen Abteilungen an ihre von der Trump-Regierung ernannten Nachfolger zu übergeben. Doch niemand kam, auch nicht in den folgenden Wochen oder sogar Monaten. Im Machtzentrum der westlichen Welt trat im Grunde keine neue Regierung an, ein gigantisches Vakuum entstand.

Niemand mag Nachrichten, die ein ganzes Weltbild auf den Kopf stellen. Nach der Wahl äußerten sich viele hämisch über die Meinungsforscher, die sich angeblich so sehr geirrt hätten. Dabei hatten ihre Prognosen in den letzten Monaten das Ergebnis ziemlich korrekt vorhergesagt: Trump etwa 46 Prozent der Wählerstimmen, Clinton ungefähr 48, ein Kopf-an-Kopf-Rennen also, dessen Ausgang wegen des komplizierten indirekten Wahlverfahrens völlig ungewiss war. Doch die meisten Beobachter, mich eingeschlossen, wollten das eigentlich nicht wahrhaben. Es war wie beim Brexit; trotz aller Wahrscheinlichkeitsrechnungen konnten wir uns ein solches Ergebnis einfach nicht vorstellen. Dass sich unter dem betörenden, dynamischen, weltoffenen Amerika ein aggressives, rassistisches und in sich gekehrtes verbarg, wussten wir, doch wir wollten uns dieser Erkenntnis allzu oft nicht stellen. Nun würde gerade dieses Amerika der Welt seinen Stempel aufdrücken.

Ich hatte noch nie erlebt, dass Menschen nur wegen eines Wahlergebnisses in Tränen ausbrachen, aber jetzt geschah es überall um mich herum, auch hinter den Kulissen der Nachrichtenmagazine. Moderatoren wurden kreidebleich, als sich das Ergebnis abzeichnete. An der Harvard University, an deren naturwissenschaftlicher Fakultät Klimaforschung schon seit Jahren ein Schwerpunkt war, weinten Dozenten am Morgen nach der Wahl in den Hörsälen.

Die amerikanischen Hells Angels boten an, Trump während seiner Inauguration zu schützen, Trump dankte ihnen mit einem herzlichen Tweet. »Hail Trump!«, riefen die amerikanischen Neonazis, »Hail the people!« Der Schriftsteller Philip Roth sprach von hausgemachtem amerikanischen Irrsinn.

Obama begann seine Abschiedstournee durch Europa. Als Angela Merkel sich am 17. November in Berlin von ihm verabschiedete, hatte sie Tränen in den Augen, wie Obamas stellvertretender Nationaler Sicherheitsberater Ben Rhodes berichtete. Sie erklärte, sie sehe es als ihre Pflicht, für eine vierte Amtsperiode zu kandidieren, allein wegen Trump. Obama sagte anschließend: »Sie ist nun ganz allein.«

In jenen Jahren war eine amerikanische Fernsehserie um einen ehrgeizigen Politiker ungeheuer populär. Frank Underwood und seine Frau, ein diabolisches Paar, gingen buchstäblich über Leichen, um Macht zu erlangen und zu erhalten. Abend für Abend hielt *House of Cards* uns in Atem, und wir diskutierten über den Realitätsgehalt der Serie. War das nicht alles ein wenig übertrieben? Konnte ein Politiker mit so viel Lügerei und Betrug wirklich Präsident werden? Wäre er nicht auf dem Weg dorthin längst von den Gegenkräften einer halbwegs funktionierenden Demokratie zu Fall gebracht worden? Nun, hin und wieder wandte sich Frank Underwood mit zynischen Bemerkungen unmittelbar an die Zuschauer und sagte dann zum Beispiel: »Democracy is so overrated.«

Was wir in den Wintermonaten 2016/2017 sahen, war eine beeindruckende Fortsetzung dieser Serie. Der Drehbuchautor hatte eine fantastische neue Hauptperson ersonnen, einen extremen Außenseiter, der sich für ein göttliches Genie hielt und einen Teil seiner Nächte am liebsten mit dem Verzehr von Schokoriegeln oder ungarnierten Cheeseburgern und mit Getwitter über beliebige Einfälle verbrachte. Und natürlich mit seinen Fernsehfreunden von der dümmlichen Nachrichtensendung *Fox & Friends*. Schon das war ein großartiger Einfall, denn weil dieser Präsident ständig mit den Moderatoren telefonierte, wurde die Sendung zu einer Art Echoraum, in der er sich und seine überirdischen Talente bestätigt sah.

Wer erinnert sich nicht an die irrsinnig komische Folge zum Thanksgiving Day, in der er in seiner Rede Gott für sich selbst dankte und dafür, dass er so Großartiges für sein Land leisten durfte? Oder wie er persönlich seinem Leibarzt den Bericht über seine medizinische Untersuchung diktierte, eine Lobeshymne auf »the healthiest individual ever elected to the presidency«? Oder dass er, jedenfalls einem entlassenen Mitarbeiter zufolge, den Amtseid zuerst nicht auf die Bibel, sondern auf sein eigenes Buch *The Art of the Deal* hatte ablegen wollen, »the No. 1 selling business book of all times«? Oder dass er über Twitter erklärte, sein »Atomknopf« sei viel größer als der des nordkoreanischen Diktators Kim? Und jeden Abend erzählte er ein Gute-Nacht-Märchen. Nach hundert Tagen Trump zählte das Faktencheckteam der *Washington Post* 492 irreführende Äußerungen oder glatte Lügen des Präsidenten, fast fünf pro Tag.

Die erste Folge der neuen Serie mit der Amtseinführung stimmte schon wunderbar auf das Kommende ein. Man sah, wie der scheidende Präsident und seine Gattin lächelnd und höflich den neuen Präsidenten und die neue First Lady empfingen, um ihnen das Weiße Haus formell zu übergeben. Der neue Präsident sprang ungeduldig wie ein Kind die Stufen hinauf und vergaß seine Frau. Nach ein wenig Fummelei mit einem riesigen Geschenk gingen beide Ehepaare ins Haus, wo ein vertrauliches Gespräch zwischen dem scheidenden und dem neuen Präsidenten stattfand, anschließend zeigten sich die vier erneut vor der Tür.

Ich habe mir diese letzten Bilder noch einmal angesehen, schließlich war es ein historischer Moment. Der neue Präsident genoss die Situation in vollen Zügen. Er drehte sich zu seiner schräg hinter ihm stehenden Frau um und machte einen Scherz. Sie lächelte, doch als er noch etwas hinzufügte, erstarrte sie, als hätte sie einen Schlag in den Magen bekommen, ihr Gesicht wurde zu einer Maske. Auch die Frau des scheidenden Präsidenten hatte eine versteinerte Miene, sie überstand die Zeremonien mit Würde, war aber anscheinend niedergeschlagen, wenn nicht gar schockiert wegen irgendetwas, das sich im Innern des Hauses abgespielt hatte.

Ähnlich erging es bald den Zuschauern. Die Antrittsrede dieses neuen amerikanischen Präsidenten war bitter im Ton, mehr noch, sie verhieß Schlimmes. Jeder Historiker, der die Quellen kannte, horchte auf. Hier wurde wieder einmal ein magischer Bund zwischen einem Anführer und »dem Volk« beschworen, wofür auch immer dieser schwammige Begriff stand, und zwar unter Ausschluss aller anderen Kräfte, die eine Demokratie zu einer Demokratie machen: der gewählten Politiker, der Judikative, der freien Presse, der selbst verwalteten Körperschaften. Mit dieser Rede entwarf der neue Präsident ein diktatorisches Regime, das nicht republikanisch, nicht einfach konservativ oder rechts war, sondern das auf der Alt-Right-Ideologie seines zwielichtigen Beraters Steve Bannon beruhte. »Wir sind im Krieg«, hatte Bannon bei seinen öffentlichen Auftritten immer wieder gerufen, und er meinte einen weltweiten Krieg, bei dem es um alles ging, gegen die radikalen Islamisten und gegen China, aber vor allem, wenn auch unausgesprochen, gegen die Prinzipien der offenen, freiheitlichen Demokratie.

Und wir vor unseren Fernsehern in Europa sahen an jenem Abend, dass die Fernsehshow mit Trump als Hauptperson Wirklichkeit geworden war und Fakten zu »Fake News« wurden. Wir hörten die Worte des amerikanischen Präsidenten, und er war echt.

An jenem 20. Januar 2017 war es in Washington dunkel und regnerisch. Vor dem Kapitol sah sich Hilary Clinton mit einer »Lock her up! Lock her up!« brüllenden Menge konfrontiert. Genau in dem Moment, als der neue Präsident zu sprechen begann, ging ein Platzregen nieder. »Ich spürte das Wasser über mein Gesicht laufen«, schrieb der Journalist und Schriftsteller Mark Danner. »Aber schon nach ein paar Stunden hörte ich, dass ich mich getäuscht hatte.« Bei einem der Inaugurationsbälle sprach Trump von dem drohenden Regen … der aber nie gekommen sei. Zu anwesenden CIA-Leuten sagte er, Gott habe hinabgeschaut und gesagt: »Wir werden es nicht auf deine Rede regnen lassen.«

Am nächsten Tag ging das Faktenverdrehen weiter. Die Inauguration sei ein einzigartiges Ereignis gewesen, mit dem größten Publikum, »das jemals eine Vereidigung verfolgt hat, sowohl persönlich als auch weltweit«, ließ Trump seinen Sprecher verkünden. In Wirklichkeit waren nach sämtlichen Zählungen deutlich weniger Zuschauer als zur Inauguration Obamas erschienen, was Luftbilder bestätigten. Trotzdem bestand Trump auf seiner Behauptung. »Ich habe es doch selbst gesehen!«

Der National Park Service, der wahrheitsgemäß berichtete, dass weniger Besucher als beim letzten Mal gekommen waren, musste sofort seine Website vom Netz nehmen, der Direktor erhielt einen wütenden Anruf vom Präsidenten höchstpersönlich, der seinen ersten Arbeitstag zum größten Teil dieser Frage widmete. Es sollten andere Fotos veröffentlicht werden, auch in der Presse. Trumps Beraterin Kellyanne Conway führte den Begriff »Alternative Fakten« ein und vertrat die Auffassung, Wissenschaft sei »auch nur eine Meinung«.

Kurz zuvor hatte die Redaktion des *Oxford Dictionary* den Begriff »post-truth« zum Wort des Jahres 2016 gewählt. Er bezeichnet eine Denkweise, bei der Fakten für die Bildung einer Meinung weniger wichtig sind als Emotionen, Vorurteile und persönliche Überzeugungen – ein radikaler Bruch mit den Ausgangspunkten der westlichen Denktradition, die seit mindestens drei Jahrhunderten unseren Teil der Welt geprägt hat und in der das sorgfältige Ermitteln und Prüfen von Fakten essenzielle Bedeutung hat. »Der Autoritarismus beginnt, wenn wir den Unterschied zwischen dem Wahren und dem Gefälligen nicht mehr benennen können«, schreibt der amerikanische Historiker Timothy Snyder in seiner Streitschrift *Der Weg in die Unfreiheit*. »Aber die Freiheit hängt letztlich von Menschen ab, die imstande sind, das, was wahr ist, und das, was sie hören wollen, voneinander zu unterscheiden.«

In den Wochen nach der Amtseinführung konnte man die Entwicklung einer Präsidentschaft beobachten, wie es sie so in der amerikanischen Geschichte noch nicht gegeben hatte. Schon beim ersten Telefongespräch mit dem Premierminister Australiens, des ältesten und treuesten Verbündeten der Vereinigten Staaten, provozierte der Präsident innerhalb einer halben Stunde einen erbitterten Streit. Mit ein paar Tweets stellte er das gesamte internationale Sicherheitssystem infrage. Drei Tage nach seinem Amtsantritt unterzeichnete er ein Dekret zum Ausstieg der Vereinigten Staaten aus der Transpazifischen Partnerschaft, dem geplanten Freihandelsabkommen zwischen einigen nord-, mittel- und südamerikanischen Staaten, mehreren asiatischen Ländern sowie Australien und Neuseeland. In China, das nicht dazugehörte, dürften die Sektkorken geknallt haben. Im Grunde zogen sich die Vereinigten Staaten aus einer Einflusssphäre zurück, die sie mit viel Mühe erkämpft hatten. In Asien betrachtete man sie seitdem als eine Macht im Niedergang.

Als Angela Merkel zu Besuch kam, ließ Trump sich nicht zu einem Handschlag herab. Er erklärte, er wolle einen »neuen Handelsdeal« mit Deutschland, weil der bestehende schlecht für Amerika sei. Merkels Mitarbeiter waren fassungslos über so viel Ignoranz, denn es gab keinen solchen »Handelsdeal«, seit Jahr und Tag hatten die Vereinigten Staaten wie die meisten anderen Länder einen Handelsvertrag mit der EU insgesamt.

Kritischen Medien wie der *New York Times*, CNN und BBC wurde der

Zugang zu den Pressekonferenzen des Präsidenten verwehrt. Ein irrwitziger Auftritt jagte den anderen. Dieser Präsident regierte nicht, sondern setzte einfach seine Fernsehshows fort, um sein Millionenpublikum zu halten. Und alles, was er sagte und tat, drückte das Gleiche aus: Ihr könnt wieder ruhig schlafen, von nun an sorgt der Präsident für euch. Die gute alte Zeit kehrt zurück, mit Arbeit und Würde. Schaltet *Fox News* ein und seht, wie ich mit einem Federstrich Zigtausende Arbeitsplätze schaffe.

Am 31. Mai kündigte Trump den Austritt der Vereinigten Staaten aus dem Pariser Klimaabkommen an, das auf der Grundlage jahrzehntelanger, gründlicher wissenschaftlicher Forschungen und nach mindestens zwanzig Jahren geduldiger Diplomatie zustande gekommen und schließlich von allen Staaten der Welt mit Ausnahme Nicaraguas und Syriens unterzeichnet worden war. »Ich bin gewählt worden, um die Bürger von Pittsburgh zu vertreten, nicht die von Paris«, erklärte der Präsident. Der Bürgermeister Pittsburghs reagierte darauf ebenso empört wie seine Pariser Kollegin, und beide wiesen in einem gemeinsamen Schreiben auf die zahlreichen klimafreundlichen Projekte in ihren Städten hin. »Auch wenn wir durch einen Ozean und eine Sprache getrennt sind, teilen wir den Wunsch, das zu tun, was das Beste für unsere Bürger und unseren Planeten ist.«

Trumps Entscheidung war in jeder Hinsicht bestürzend. Nach Ansicht des amerikanischen Umweltaktivisten und Autors Bill McKibben sprach daraus eine grundsätzliche Ablehnung jener Kräfte, auf denen unsere Zivilisation beruht, Diplomatie und Wissenschaft. Die Entscheidung verschlechtere deshalb nicht nur die Chancen unserer Zivilisation, die Erderwärmung zu überleben, sondern untergrabe auch diese Zivilisation selbst.

Wird diese Präsidentschaft wirklich die vollen vier Jahre andauern?, fragten wir uns in den ersten Monaten. Wird Trump nicht lange vor dem Ende der Amtsperiode vom Kongress durch ein Impeachment oder, die zweite Möglichkeit, aufgrund von Amtsunfähigkeit entmachtet werden? Auf der Straße, in der Kneipe und am Küchentisch spekulierten wir drauflos, wir setzten damals noch ein gewisses Vertrauen in die Sicherheitsventile in Gestalt von Verfassungsartikeln, Kongress und Judikative, die von den amerikanischen Gründervätern in das Präsidialsystem des Landes eingebaut worden waren. Dass der Zeitgeist sich so verwandelt haben sollte, dass eine Figur wie Trump das Weltgeschehen beeinflussen würde wie in den 1960er Jahren die Kennedys, konnten wir uns nicht vorstellen. Erst nach einiger Zeit tanzten immer öfter jene prophetischen Worte Leonard Cohens durch meinen Geist: »oh and one more thing / you aren't going to like / what comes after / America …«

4

In einem Brief an seine Frau berichtete der Schriftsteller Evelyn Waugh im Mai 1942 von einer kleinen militärischen Aktion, die in den höheren Kreisen Schottlands einiges Aufsehen erregt hatte. Der Earl of Glasgow wollte auf seinem Stammsitz Kelburn Castle einen großen alten Baumstumpf entfernen, was sich als schwierig erwies. In der Nähe war eine britische Spezialeinheit stationiert, deren Offiziere ihm anboten, den Baumstumpf so präzise aus dem Boden zu sprengen, dass er sofort am gleichen Platz liegen bleiben würde, »on a sixpence«. Nach einem Lunch mit ein paar guten Drinks begab sich die Gesellschaft in den Park, um die Explosion zu beobachten. Doch statt den Baumstumpf nur glatt aus dem Boden zu befördern, schleuderte sie ihn hoch in die Luft und mit ihm viele Kubikmeter Erde und die Hälfte der neu gepflanzten Bäume. Als der entsetzte Lord Glasgow zu seinem Schloss zurückrannte, sah er, dass nicht eine einzige Fensterscheibe heil geblieben war. Um sich abzukühlen und wieder zu sich zu kommen, ging er in sein Badezimmer. Als er den Stöpsel aus dem Waschbecken zog, fiel ihm dort »die ganze Decke, von der Explosion gelockert, auf den Kopf«.

Im Sommer 2017 grub *The Economist* die Geschichte vom Missgeschick des Earl of Glasgow noch einmal aus, und es war tatsächlich eine treffende Allegorie. Seit der Sueskrise 1956 hatte sich Großbritannien auf internationaler Ebene nicht mehr so blamiert wie mit dem Brexit-Votum, und in den Monaten danach wurde es nur noch schlimmer.

Im Inland kamen nun tatsächlich die Decken herunter, das ließ sich nicht mehr ignorieren. Die Brexiteers hatten bei ihrer Kampagne geschickt an den Nationalstolz und verwandte Gefühle appelliert, ohne dass je davon die Rede gewesen war, wie ihr vages Ideal verwirklicht werden sollte, oder gar, welche Opfer dafür gebracht werden mussten.

»Der Brexit wird keine Schattenseiten haben, nur große Vorteile«, hatte zum Beispiel David Davis versprochen. Aber was war mit der offenen Grenze zwischen der Republik Irland und Nordirland? Sie war ein wesentlicher Bestandteil des Karfreitagsabkommens von 1998, das den blutigen Nordirlandkonflikt oder »The Troubles« beendet hatte. Jeder 20. Einwohner Nordirlands war in jenen drei Jahrzehnten einem Anschlag oder einer Schießerei zum Opfer gefallen, jeder Fünfte hatte eine Bombenexplosion erlebt, und ebenso viele Menschen kannten ein Todesopfer oder einen Schwerverletzten in ihrem näheren Umfeld.

Während meiner Reise im Jahr 1999 hatte ich auch Omagh besucht, eine nordirische Kleinstadt wie viele andere, in der ein Jahr zuvor der schwerste Bombenanschlag des gesamten Bürgerkriegs verübt worden war, mit Bedacht an einem Samstagnachmittag, an dem viele Familien zum Einkaufen in der Stadt waren. Zwei Häuserblocks wurden zerstört, 29 Menschen kamen ums Leben, darunter viele Kinder, mindestens 200 wurden verletzt. »Überall war Blut, eine Unmenge von Blut, auf dem Gehweg und auf der Straße«, sagte ein Augenzeuge.

Kurz vor Belfast lag direkt an der Böschung der Autobahn eine Wildnis aus hohem Gras und eingesunkenen Steinen, ein Friedhof, auf dem auch Hunderte von IRA-»Helden« beerdigt waren. Ich sprach mit einer Frau aus einer katholischen Familie, deren Leben aus Verhaftungen, Hausdurchsuchungen und der Sorge um untergetauchte oder gefangene Verwandte und Ehemänner bestand. »Die meisten haben einen großen Teil ihres Lebens im Gefängnis verbracht. Sie waren schon im Rückstand, als der Bürgerkrieg anfing, jetzt sind sie's erst recht. [...] Diese ganze Generation muss erst wieder zu einem normalen Leben zurückfinden.« Sollte die Grenze nach dem Brexit zu einer normalen Außengrenze werden, könnte der Konflikt wieder aufflammen.

Und welche Rolle soll Großbritannien eigentlich in der Welt des 21. Jahrhunderts spielen? Liam Fox, Minister für internationalen Handel in Mays Kabinett, hatte behauptet, bis zum Austritt Großbritanniens aus der EU würden siebzig Handelsverträge unterschriftsreif sein. Normalerweise gehen dem Abschluss solcher Verträge sechs bis zehn Jahre komplizierter Verhandlungen voraus. Konnten nun wirklich so schnell günstige Handelsverträge mit den Vereinigten Staaten, Australien oder Indien geschlossen werden, ohne dass diese Länder problematische Forderungen stellten, die Vereinigten Staaten zum Beispiel nach militärischer und politischer Unterstützung und Indien nach der Aufhebung von Reise- und Immigrationsbeschränkungen?

Aus all diesen Gründen konnte der Brexit zu einem politischen Infarkt führen, zu einer sozialen Krise und wachsendem Misstrauen gegenüber der Politik im Allgemeinen und der europäischen Politik im Besonderen. Und was genau bedeutete eigentlich das *Leave*, in welcher Form sollte der Austritt stattfinden? Nicht von ungefähr fragte sich Donald Tusk, wie »der spezielle Platz in der Hölle« für diejenigen aussehen werde, die für den Brexit geworben hatten, ohne auch nur ansatzweise so etwas wie einen Plan zu haben.

Eine halbwegs ausgewogene Diskussion wurde darüber hinaus durch die »winner-takes-all«-Mentalität verhindert, die zum angelsächsischen Mehrheitswahlsystem gehört, bei dem in jedem Wahlkreis alle Stimmen bis auf die des jeweiligen Siegers praktisch verfallen. In einem solchen System kann Politik eine große, dramatische Show sein wie in einer Fernsehserie, aber für das Bemühen um Kompromisse und Verständigung bleibt wenig Raum. Als die Brexit-Krise ihren Höhepunkt erreichte, hatte Oppositionsführer Jeremy Corbyn noch nicht einmal die Telefonnummer von Premierministerin May, und offensichtlich war er auch weiterhin nicht an Gesprächen interessiert. In vielen europäischen Ländern, in denen informelle Kontakte zwischen Regierung und Opposition Alltag sind, reagierte man darauf mit Verwunderung, doch die Briten fanden es völlig normal.

Einige Brexiteers sprachen schnell von einem »harten« Brexit, dann sogar von einem möglichen »No-deal-Brexit«, obwohl nichts darauf hindeutete, dass alle Leave-Wähler eine so radikale Variante gewollt hatten. Musste ihre Entscheidung unbedingt zu einem abrupten Bruch mit Europa führen, zum Ende der Freizügigkeit für Briten in Europa? Wer hatte denn wirklich gewollt, dass britische Bildungsabschlüsse in Europa nicht mehr anerkannt würden, dass es zu Engpässen bei der Lieferung von Medikamenten und tausend anderen wichtigen Dingen kommen konnte und sogar die eigenen Arbeitsplätze in Gefahr gerieten? Eine Mehrheit im Unterhaus wollte all dies nicht, und es entstand eine politische Pattsituation, die Jahre andauerte. Allmählich wurde der Brexit zu einer nationalen Obsession.

Das Verhältnis zu Europa lag in Scherben. »Von dem Moment an, als die Briten sich für den Austritt aus der Union entschieden, waren sie, was die

Europäische Kommission betrifft, mental komplett abgeschrieben«, sagte Vincent Stuer. »Nach all den Krisen war Europa abgekämpft, Reden brachte uns keinen Schritt weiter. Und die Briten waren selbst schuld.« Aus der europäischen Perspektive war und blieb der Brexit unbegreiflich. »Durch die EU hatten sie das Beste aus zwei Welten, sie hatten enorm viel Macht und Einfluss, und all das verspielten sie. Die Deutschen hatten die ›harte‹ Macht, die Briten alles andere, dazu die Sprache. Wenn wir in Brüssel in eine bestimmte Richtung dachten, dann doch meistens in die angelsächsische. Ihre Macht und ihr Einfluss waren viel größer, als ihnen bewusst war.«

Die Verhandlungen über den Brexit verliefen zwangsläufig nach den europäischen Regeln. David Davis wurde erst nach zwei Jahren abgelöst. Bis dahin hatten die Brexiteers die meisten britischen Diplomaten, die wussten, wie die EU funktionierte, schon aus Brüssel abgezogen. »Ich verhandele nicht«, sagte ein EU-Unterhändler zu der Kolumnistin Caroline de Gruyter. »Ich erkläre vor allem den Briten unsere Regeln. Sie verlangen lauter Dinge von uns, die wir ihnen nicht bieten können.«

Die Versuche Theresa Mays und ihrer Diplomaten, die 27 Mitgliedsstaaten in manchmal aggressiver Weise gegeneinander auszuspielen, scheiterten kläglich. Die Länder hielten sich gegenseitig auf dem Laufenden, und die Briten erreichten so rein gar nichts. Sie schienen auch nicht zu begreifen, dass sie gegenüber dem EU-Machtblock in der schwächeren Position waren und dass es taktisch nicht besonders klug war, zum Beispiel EU-Bürger in Großbritannien abschätzig als »Drängler« zu bezeichnen oder wie David Davis und Boris Johnson anzudeuten, man könne alle finanziellen Vereinbarungen mit der EU aufkündigen, wenn die britischen Forderungen nicht erfüllt würden. Auch diese britischen Provokationen hielten die EU zusammen. In Frankreich und den Niederlanden verstummten die Diskussionen über einen möglichen Frexit oder Nexit bald.

Die Trennung zwischen der EU und Großbritannien erinnerte an die Scheidung eines kinderreichen Ehepaares, das alles seinen Anwälten überlässt. Für die EU war das am einfachsten und vielleicht sogar die einzige Möglichkeit. Über die Regeln herrschte zwischen den 27 Mitgliedsstaaten Einigkeit, einen politischen Konsens zu erzielen war viel schwieriger. Außerdem konnte Unnachgiebigkeit gegenüber den Briten nicht schaden, die Disziplin musste bewahrt werden, es durfte nicht zu einfach sein, die Union zu verlassen. Aus all diesen Gründen war das Vorgehen der EU starr und formell, es blieb kein Raum für flexiblere Lösungen zum Beispiel hinsichtlich der Grenze zur Republik Irland. Zunächst musste die Scheidung über die Bühne gehen, erst danach konnte über das künftige Verhältnis gesprochen werden – als würde die Art, wie man sich trennte, sich nicht auf die künftigen Beziehungen auswirken. So wurde die Frage der irischen Grenze, die bei einer neuen Zollunion mit Großbritannien eigentlich kein Problem zu sein brauchte, zu einem fast unüberwindlichen Hindernis.

Dennoch erklärte sich die britische Regierung mit diesem formellen Vorgehen einverstanden, ebenso mit der raschen Einleitung des sogenannten Verfahrens nach Artikel 50 EUV. Damit begann die Uhr zu ticken, der Austrittstermin war der 29. März 2019. Es war einer der großen strategischen Fehler Theresa Mays, ihre Regierung so unter Zeitdruck zu setzen, denn wer unter Zeitdruck steht, ist bei Verhandlungen grundsätzlich in der schwächeren Position. In Brüssel amüsierte man sich, als die Premierministerin von den Brexiteers dafür bejubelt wurde, dass sie »geradewegs in die Falle ging«, wie der frühere britische EU-Botschafter Ivan Rogers es ausdrückte.

»Die Europäische Kommission verhandelt nicht, sondern führt systematisch ein Verfahren durch«, schrieb ein Kommentator. Diese Starrheit war jedoch kein Zeichen von bösem Willen, wie viele Briten unterstellten, sondern von Schwäche und Ohnmacht. Als Organisation von 27 durch zahllose Vereinbarungen und Kompromisse verbundenen Ländern konnte die Union gar nicht anders. Pragmatisch und nach politischen Vorgaben zu verhandeln, wie eine voll entwickelte, selbstbewusste Föderation es tut, war für die EU unmöglich.

Kurzfristig bewahrte die Union so ihre Geschlossenheit, doch auf längere Sicht bezahlte sie dafür möglicherweise einen hohen Preis. Auch zahlreiche alte wirtschaftliche und kulturelle Beziehungen aus der Zeit vor der EU wurden nämlich gefährdet oder zerstört. Trotz allem bleibt Großbritannien neben Frankreich die stärkste europäische Militärmacht, ein unverzichtbarer Handelspartner – mit London als einem der wichtigsten Finanzplätze –, eine Kulturnation mit einigen der angesehensten Universitäten der Welt und schließlich ein Land, das aus Europa und der europäischen Geschichte nicht wegzudenken ist. Zu Recht warnte Timothy Garton Ash vor einer gefährlichen Störung des traditionellen europäischen Machtgleichgewichts mit dem Dreieck Frankreich-Deutschland-Großbritannien und vor einem erniedrigten, gespaltenen und wütenden »Weimar Britain« in unmittelbarer Nachbarschaft des europäischen Kontinents.

5

Im Sommer 2018 bin ich erneut zu dieser europäischen Insel gefahren. Zwischen den Piers und Kais des Hafens von Newcastle upon Tyne war es still und leer. Der Zollbeamte sang »Maria« aus der *West Side Story*, als er den Taufnamen meiner Frau las. Das Land schien immer noch eine Karikatur seiner selbst zu sein, fremd und eigentümlich liebenswert zugleich. Wir sahen Pubs aus dem 17. Jahrhundert, Bäume, die schon zu Zeiten Queen Victorias groß und mächtig gewesen waren, Cricketfelder, auf denen gespielt und gelebt wurde, als hätte sich seit den 1930er Jahren nichts verändert.

Und dann die Menschen auf der Promenade von Portobello am Firth of Forth: eine Dame mit Perücke und weißer Brille; ein älterer Herr in einem gelben Schlabberanzug; ein dicker Mann mit Zwillingen in einem Doppelbuggy; eine stolze indische Familie; eine Fünfjährige in ihrem schönsten violetten Kleid und auf einem violetten Tretroller, weinend; eine sehr alte Dame im Rollstuhl, in eine rote Decke eingepackt und von ihren Enkelkindern geschoben, strahlend. Glatt, faltig, dünn, dick, die Kleidung oft ein wenig billig und zu weit, so flanierten sie an dem feuchtkühlen Samstagnachmittag am Meer entlang, und niemand von ihnen wusste, was auf ihr Land, ihre Stadt und sie selbst zukam.

Erst sechs Jahre zuvor hatte Großbritannien bei der Eröffnungsfeier der Olympischen Sommerspiele 2012 auf unvergessliche Weise gezeigt, was es konnte und was es war: ein Land mit einer reichen Vergangenheit, ein altes Imperium, das sich wiedergefunden und fröhlich und voller Selbstvertrauen die Schwelle zum 21. Jahrhundert überschritten hatte. Wir sahen noch einmal die beeindruckende britische Geschichte an uns vorüberziehen, mit einer Ode an die englische Landschaft und an Dichter wie Shakespeare und Milton, aber auch mit den Bösewichten aus englischen Kinderbüchern wie Peter Pans Gegenspieler Captain Hook oder Harry Potters Antagonist Lord Voldemort, am Ende vertrieben von Mary Poppins in 32-facher Ausführung.

Wir sahen die Unternehmer und Arbeiter der Industriellen Revolution, die »Tommies« zweier Weltkriege und die roten Mohnblumen, die an die Gefallenen erinnern, aber auch Sgt. Pepper's Lonely Hearts Club Band, all dies mit einem relativierenden Augenzwinkern. Sogar die betagte Königin spielte mit, in einem Kurzfilm, in dem sie zusammen mit James Bond im Hubschrauber über ein jubelndes London zum Stadion flog und dort mit dem Fallschirm absprang, wonach sie leibhaftig auf der Ehrentribüne erschien, *happy and glorious*.

Nun schien nichts mehr *glorious* zu sein, das Land und die Regierung waren wie gelähmt und erstarrt, nicht einmal das Vereinigte Königreich als solches war noch eine Selbstverständlichkeit. Wir kamen nach Hawick in den grünen Hügeln der Scottish Borders. Am Anfang der High Street, wo die Trinker des Städtchens ihre Vormittagssitzung abhielten, steht das Standbild eines Ritters, der triumphierend eine Fahne hochhält. Man gedenkt bis heute der sogenannten Schlacht von Hornshole im Jahr 1514, eines kleinen Gefechts, bei dem ein paar junge Schotten aus Hawick eine Gruppe von raublustigen Engländern zurückgeschlagen und sogar deren Fahne erobert hatten. Danach war in der Stadt anscheinend nicht mehr viel geschehen, wenn man davon absieht, dass in der High Street 25 Geschäfte leer standen, denen das riesige Einkaufszentrum am Stadtrand die Kunden weggenommen hatte. Doch plötzlich war 1514 wieder ungeheuer aktuell, natürlich wegen des Brexit. Nordirland und Schottland, in denen große Mehrheiten für Remain gestimmt hatten, wurden ja unsanft und gegen ihren Willen der Europäischen Union entrissen. Wurde dadurch nicht der Ruf nach Unabhängigkeit wieder lauter?

Im Frühjahr 2018 war ich noch einmal nach London gefahren, diesmal zu einer Radiodiskussion mit ein paar Journalisten und Publizisten. In der Empfangshalle des alten Broadcasting House der BBC schien die Luft stillzustehen. In eine goldfarbene Tafel unterhalb der Decke war eine Inschrift eingemeißelt, die mit den Worten DEO OMNIPOTENTI TEMPLUM HOC ARTIUM ET MUSARUM begann – »Dieser Tempel der Künste und Musen ist dem Allmächtigen Gott geweiht«. Es war nicht der Vorraum eines Rundfunkgebäudes, sondern eines Gotteshauses, und alles schien 1931 für die Ewigkeit gebaut worden zu sein.

Die Diskussion passte dazu, sie war kultiviert und zurückhaltend im

Ton. Sobald wir aber nicht mehr auf Sendung waren, platzte es aus meinen Gesprächspartnern heraus. »Verdammt noch mal, es ist alles ein unglaublicher Mist hier, eine schwache Premierministerin und völlig konfuse Labour-Leute.« »Vielleicht schwenkt Labour um, und es kommt ein zweites Referendum.« »Aber Boris Johnson ruft inzwischen seine Brexiteers zu den Waffen, er redet von einem ›historischen Sieg‹, den sie nicht verspielen dürfen.« »Keine Ahnung, wie das weitergehen soll.«

Großbritannien musste nun Grundsatzentscheidungen treffen. In welche Richtung wollte es in den kommenden Jahrzehnten gehen, welche Rolle wollte es in der Welt spielen, was wollte es sein? Ein neoliberaler Traum, eine Goldgrube für die großen Konzerne der Welt, ein amerikanischer Vorposten ohne staatliche Regulierungen und Einmischung? Oder trotz allem ein europäisches Land, in dem Arbeitnehmer und Konsumenten geschützt werden und nicht jedes Chlorhuhn akzeptiert wird?

Der Austrittstermin war Ende März 2019, bis Oktober 2018 mussten konkrete Vereinbarungen mit der EU getroffen werden, und doch schienen es die Verantwortlichen in Großbritannien nicht eilig zu haben. Das Land hätte summen müssen wie ein Bienenstock, aber es tat sich nichts.

Die Europäische Union war nach dem ersten Schreck längst wieder mit anderen Dingen beschäftigt. Im neuen deutschen Koalitionsvertrag vom Februar 2018 wurden Europa und die EU genau dreihundertzwölfmal genannt, der Brexit dagegen nur einmal. Ende Juni 2018, während eines Marathon-Gipfeltreffens der Staats- und Regierungschefs, bei dem es vor allem um die Migrationspolitik und die schier unüberwindlichen Gegensätze in dieser Frage ging, befasste man sich nicht einmal 60 Sekunden mit dem Brexit. Theresa May wurde aufgefordert, nun schnell Vorschläge zu einem »realistischen Brexit« zu präsentieren, andernfalls werde es ein chaotischer Austritt. Tusk erklärte, es sei »der letzte Aufruf, die Karten auf den Tisch zu legen«.

Hätte Großbritannien gleich einen halbwegs realistischen Austrittsplan vorgelegt, wäre er wahrscheinlich schnell von den anderen Mitgliedsstaaten akzeptiert worden, meinten in Brüssel viele; alle wollten weiter. Doch es kam nichts, und weil May von Anfang an »rote Linien« zog, die nicht überschritten werden dürften, empfand sie später jedes notwendige Zugeständnis, zum Beispiel in der Frage der irischen Grenze, der finanziellen Vereinbarungen mit der EU oder der Zuständigkeiten des Europäischen Gerichtshofes, als Niederlage. Nach Ansicht der EU-Unterhändler wurde auf diese Weise sehr viel Zeit vertan, und jeder weitere Schritt war für May äußerst schmerzhaft.

Erst mehr als zwei Jahre nach dem Brexit-Referendum, im September 2018, präsentierte Großbritannien bei einem informellen EU-Gipfel in Salzburg einen konkreten Vorschlag. Er wurde vollständig und einstimmig abgelehnt, eine tiefe Demütigung für May und ihre Diplomaten. Die 27 anderen EU-Mitglieder standen in dieser Frage zusammen. Nach zwei Monaten zäher Verhandlungen einigten sich die Vertreter Großbritanniens und der EU am 25. November 2018 in Brüssel dann doch noch auf ein Austrittsabkommen einschließlich einer Übergangsphase bis Ende 2020. Wie kompliziert der Brexit tatsächlich war, ließ allein schon der Umfang des Abkommens erkennen, es war ein Band mit 600 Seiten. Ein vollständiger Austritt konnte es vorerst nicht sein. Die EU hatte sich für die innerirische Grenze eine Notklausel ausbedungen, den sogenannten Backstop: Wenn bis Ende 2020 keine definitive Regelung vereinbart sein sollte, würde Nordirland Teil der Zollunion bleiben, sodass die Grenze offen bleiben könnte.

Das bedeutete, dass es auch zwischen Großbritannien und der EU, solange man sich nicht auf neue Handelsverträge einigte, keine Zölle und Warenkontrollen geben sollte. Die Briten würden weiterhin von der Zollfreiheit profitieren, blieben aber an die EU-Regeln gebunden, ohne noch über sie mitbestimmen zu können. Die Brexiteers waren wütend, aus ihrer Sicht wurde das Land so zu einem Vasallenstaat der EU. Diese wiederum betrachtete das Abkommen als letztes Angebot. Und May hatte eine Kleinigkeit übersehen: Für den Deal, den sie mit nach Hause brachte, fehlte ihr die Unterstützung ihres Kabinetts und erst recht ihrer Partei und des Parlaments.

Allmählich ähnelte der Austrittsprozess mehr und mehr einem endlosen Konflikt zwischen verfeindeten Familien, einer Geschichte voller Intrigen, Affären und vor allem Verrat. Eine Krise jagte die andere. In der Zeit von Juni 2018 bis April 2019 traten im Vereinigten Königreich 29 Minister und Staatssekretäre ausschließlich wegen des Brexit zurück.

»Was sich hier abspielt, passt zu keinem ernst zu nehmenden Land«, schrieb der einflussreiche *Financial-Times*-Redakteur Martin Wolf. »Die Schlussfolgerung lautet, dass das Vereinigte Königreich kein solches Land mehr ist.« Der Prestigeverlust sei gewaltig und lasse sich vielleicht kaum wiedergutmachen.

Die Ursache all dessen lag zum Teil auch im politischen und rechtlichen System. Großbritannien hat keine geschriebene Verfassung, sondern nur eine Kombination aus Gewohnheitsrecht, Gesetzen im Verfassungsrang und dem Common Law, das auf Präzedenzfällen beruht. Zur *Britishness*, um die es beim Brexit in erster Linie ging, gehört die selbstständige Macht von Regierung und Parlament. Das Referendum ließ sich hier im Grunde nicht einordnen, und in allen Diskussionen schwang die Frage mit, was der »Wille des Volkes« bedeutete und was letztlich den Ausschlag geben musste, das Ergebnis des Referendums oder die Mehrheit im Unterhaus.

Theresa May saß in der Klemme. Immer wieder musste sie die Brexit-Träumer mit der Realität konfrontieren. Es brachte ihr wenig Dank ein. Wie Angela Merkel war sie eine pflichtbewusste Pfarrerstochter, aber ihr fehlten die Fähigkeiten, die sie in dieser komplizierten Situation gebraucht hätte. Sie war schroff, wenn sie diplomatisch hätte sein müssen, starrsinnig, wenn Flexibilität gefragt war, konservativ, wo nur Kreativität geholfen hätte, kurzsichtig, wo Weitsicht notwendig gewesen wäre, verschlossen, wenn sie ihren Gegnern offen hätte gegenübertreten müssen.

In ihrer Neigung zur Cliquenwirtschaft ersetzte sie ihre Spitzendiplomaten durch drittrangige Figuren. Ihr Starrsinn verleitete sie dazu, die berüchtigten roten Linien zu ziehen und ohne einen Plan das Artikel-50-Verfahren in Gang zu bringen. In ihrer Kurzsichtigkeit veranstaltete sie überflüssigerweise eine Wahl, bei der sie ihre Mehrheit verlor, zog die Austrittsverhandlungen in die Länge und brachte erst im letzten Moment ein Abkommen mit der EU zustande, ohne sich zu fragen, ob sie zu Hause ausreichend Rückhalt dafür hatte. In ihren letzten Monaten als Premierministerin war sie deshalb auch im Kreis der europäischen Staats- und Regierungschefs unglaubwürdig.

Im Unterhaus setzte sie alles daran, doch noch eine Mehrheit für ihren Brexit-Deal zu gewinnen. Nach Gesprächen in Nordirland war sie davon überzeugt, dass es dabei um nicht weniger als den Fortbestand des Landes ging. Ein Austritt ohne Einigung mit der EU, so befürchtete sie, konnte leicht zum Zerbrechen des Vereinigten Königreichs führen, spätestens, wenn Nordirland sich irgendwann der Republik Irland anschließen würde. Doch dreimal wurde ihr Vorschlag mit großer Mehrheit abgelehnt. Die EU gewährte Aufschub. Jeder andere Premier wäre längst zurückgetreten, doch May hielt durch, weil sie ihren Deal für den einzigen Weg eines geordneten Austritts hielt.

Überall in Europa wurden die Debatten aufmerksam verfolgt, in dieser Hinsicht war der Kontinent schon viel mehr eine Einheit als 1999. Doch was sich im Unterhaus abspielte, war auf die Dauer kaum mit anzusehen. Immer wieder wurde die Premierministerin von allen Seiten attackiert, verhöhnt und vorgeführt, als würde ein verwundeter Stier unter Gelächter und Gejohle durch die Arena gehetzt. Die Westminster-Demokratie war einmal die Mutter aller modernen Demokratien, aber wir bekamen nur noch eine degenerierte Version davon zu sehen, und wir hörten die verbalen Scharmützel einer Elite, die gemäß der Tradition des Bullingdon Club nie persönliche Konsequenzen ihrer Handlungen zu spüren bekommen würde.

Der Labour-Vorsitzende Corbyn beteiligte sich auf seine Weise gern an dem Spiel, jedenfalls unternahm er nichts, um seine traditionelle Wählerschaft vor den schädlichen Folgen eines Brexit zu bewahren. Vielleicht hoffte er als Marxist, eine »Verelendung« könne einen revolutionären Prozess in Gang setzen. Bei der großen Anti-Brexit-Demonstration mit 700 000 Teilnehmern im Oktober 2017 in London, einer der größten Protestkundgebungen der Nachkriegszeit, glänzte er durch Abwesenheit. Und seine Behauptung, er könne einen Brexit-Deal aushandeln, der mit Ausnahme der Niederlassungsfreiheit die gleichen Vorteile wie eine EU-Mitgliedschaft bieten würde, entsprang einer »La-La-Land«-Realitätsferne wie bei den Brexiteers.

Auch in England hatte die Politik also immer mehr Ähnlichkeit mit einer Fernsehserie. Wie in Seifenopern üblich, schien niemand arbeiten, kochen oder putzen zu müssen. In diesem Fall war die Wirklichkeit nicht weit davon entfernt, denn tatsächlich wurde in der britischen Politik in den Brexit-Jahren kaum noch gearbeitet. Zahllose drängende Probleme wie die Wohnungsnot und die Mängel im Gesundheitswesen wurden nicht angepackt, überall herrschte Stagnation. Alle Zeit und Energie wurden in das eine große Spiel investiert. Die französische Ministerin für europäische Angelegenheiten, Nathalie Loiseau, scherzte, sie habe ihren Kater in »Brexit« umgetauft: »Er weckt mich jeden Morgen mit lautem Miauen auf, weil er raus möchte, und wenn ich dann die Tür öffne, bleibt er stehen, unentschlossen – und starrt mich böse an, sobald ich ihn raussetze.«

Im Juli 2019 trat Theresa May endlich zurück. Ihr Nachfolger Boris Johnson kam durch eine Wahl an die Macht, an der nur die Mitglieder der Konservativen Partei teilnehmen durften, überwiegend ältere, weiße Briten aus dem kleinstädtisch-ländlichen Raum, Durchschnittsalter 57. So erreichte Johnson, worauf er sein Leben lang hingearbeitet hatte. Für ihn war der Brexit nie ein Ziel, sondern nur ein Mittel gewesen. Der Übergang ging geräuschlos vonstatten. Genau 92 153 der Parteimitglieder, 66,3 Prozent, stimmten bei der Urwahl für Johnson als neuen Vorsitzenden und damit de facto auch neuen Premierminister. Das entspricht 0,14 Prozent der 65 Millionen Briten. Kommentatoren sprachen von einem »hard Brexit coup«, getarnt als normaler politischer Vorgang, und von einer »beispiellosen Machtübernahme des radikalen Teils der Konservativen Partei«.

Brexit oder nicht, die Folgen des Referendums waren bereits deutlich spürbar. Zwar ging es der britischen Wirtschaft noch gut, allerdings war die Wirtschaftsleistung drei Jahre nach dem Referendum ein bis zweieinhalb Prozent geringer, als sie Schätzungen zufolge ohne Referendum gewesen wäre. Das Pfund hatte 15 Prozent an Wert verloren und war im Sommer 2019 schwächer als auf dem Tiefpunkt der Krise von 2008. Überall stiegen die Preise. Kurz nach dem Referendum sprach ich mit einem britischen Ehepaar. Die beiden waren schon damals besorgt, sie unterstützten ihre nach Australien ausgewanderten Kinder, doch wegen des Kursverlusts kam immer weniger von ihrem Geld bei den Kindern an. Und angesichts der Inflation fragten sie sich, ob ihre Renten wohl ausreichen würden.

Die Investitionen gingen zurück. Hatte es von 2013 bis 2016 noch eine Steigerung um 16 Prozent gegeben, so war es im Zeitraum 2016 bis 2019 weniger als ein Prozent. Banken und Versicherungen transferierten in den drei Jahren nach dem Referendum Kapital im Umfang von 900 Milliarden Pfund auf den Kontinent. Eine Managerin des Ford-Konzerns sagte mir, die britischen Mitarbeiter wüssten immer noch nicht, was ihnen bevorstehe. »Der Brexit stellt unser ganzes Unternehmen auf den Kopf. Wir haben in England immer noch eine Motorenfabrik, aber die Fords selbst, so britisch sie einem vielleicht auch vorkommen, werden in Deutschland gebaut. Die allermeisten werden dann wieder in England verkauft. Aber jetzt ist nichts mehr sicher.«

Der japanische Autohersteller Nissan bekam von May eine geheimnisvolle Vereinbarung angeboten, entschied sich aber trotzdem gegen die Eröffnung eines Sportwagen-Montagebetriebs in England. Honda schloss die Fabrik in Swindon, 3500 Arbeitsplätze gingen verloren. Auch Ford und Jaguar kündigten Betriebsschließungen an, durch die 6200 Stellen verschwinden würden. Die britische Reederei P&O Ferries ließ ihre gesamte Flotte unter zypriotischer Flagge neu registrieren. Die Thomas Cook Group, das älteste Tourismusunternehmen der Welt, musste Insolvenz beantragen. Sony verlagerte die britische Niederlassung zum Teil nach Amsterdam. Die Kosten des Austritts stiegen, allein die Bank of America hat für ihre Brexit-Vorbereitungen schon fast 400 Millionen Dollar ausgegeben.

Einen Trost gab es: Die Briten bekamen ihren blauen Pass zurück, auf den sie so stolz waren. Er würde allerdings in Frankreich gedruckt werden, weil das dort 140 Millionen Pfund billiger war. Und rechtlich hatte die Druckerei ihren Sitz in Amsterdam. Ohne Europa ging nichts.

Unterdessen wurde hier und da schon genüsslich der britische Opferstatus kultiviert. »The terrible way the EU has treated us« war Thema von Artikeln, Tweets und offenen Briefen. Johnson verkleidete sich als Churchill, Brexiteers sprachen von Heldentum und dem *Dunkirk spirit*. Ein *no-deal* wäre für das Land »a blessing in disguise«, tweetete der Abenteurer und Fernsehmoderator Ant Middleton. »Er würde uns Entbehrungen und Leiden aufzwingen, die uns einen und zusammenbringen und damit die britischen Werte der Solidarität und des Gemeinschaftsgeistes wieder zum Leben erwecken!«

Doch manche erzählten auch eine andere Geschichte, die von einer *remainer elite*, die alle Brexit- und No-deal-Pläne bewusst sabotiere. Es war eine britische Variante der bösartigen Dolchstoßlegende, der Verschwörungstheorie, die von führenden deutschen Militärs am Ende des Ersten Weltkriegs in die Welt gesetzt wurde und besagte, dass verräterische Zivilisten wie sozialdemokratische und andere demokratische Politiker dem angeblich unbesiegten deutschen Heer den Dolch in den Rücken gestoßen hätten. Verrat oder die Beschuldigung des Verrats lauerten nun auch in Großbritannien überall.

6

Donald Trump war von Anfang an ein entschiedener Befürworter des Brexit. Schon ein paar Tage vor seiner Amtseinführung äußerte er sich sehr negativ über das gesamte Projekt der europäischen Einigung, die im Mittelpunkt der Europapolitik aller amerikanischen Präsidenten seit dem Zweiten Weltkrieg gestanden hatte. Den Brexit bezeichnete er als »smart«, er erwarte, dass er ein großer Erfolg werde, und hoffe, dass andere europäische Länder dem Beispiel des Vereinigten Königreichs folgen würden. In seiner »America-First«-Strategie war die EU kein Verbündeter, sondern ein potenziell gefährlicher Konkurrent, der möglichst geschwächt werden musste. »Trump will nicht, dass Verhandlungen mit unseren Verbündeten und Handelspartnern Erfolg haben«, schrieb der Wirtschaftswissenschaftler Paul Krugman, »er will, dass sie scheitern. Und bis jeder das begriffen hat, wird der Schaden irreparabel sein.«

Trump erkannte in den Brexiteers manches wieder. Wie er lehnten viele von ihnen nicht nur die Globalisierung und die vorherrschende Politik ab, sondern außerdem die Regeln der Demokratie und des Rechtsstaates, das Gleichgewicht zwischen den verschiedenen Gewalten und staatlichen Institutionen und ganz sicher eine internationale Ordnung, wie die Europäische Union sie anstrebte. Wie Trump und zahlreiche europäische Populisten verwarfen die »harten« Brexiteers die Vorstellung, dass Regieren eine komplizierte und notwendigerweise an Fakten orientierte Tätigkeit ist, für die es Sachkenntnis braucht und bei der man auf kompetente, erfahrene Spezialisten und Beamte angewiesen ist. Auch der Widerstreit zwischen der Magie des Nationalismus und der Komplexität der modernen Welt war ein Teil des Brexit-Dramas.

Es passte zu dieser Mentalität, dass Trump die amerikanische Militärpräsenz in und um Europa infrage stellte. Auch frühere amerikanische Präsidenten hatten mit dem Gedanken gespielt, die amerikanischen Truppen, insgesamt über 60 000 Soldaten, die meisten davon in Deutschland stationiert, weitgehend aus Europa abzuziehen. Nach vielen Jahren unter amerikanischem Schutz war Europa auf militärischem Gebiet passiv und bequem geworden. Innerhalb der NATO spielten die Amerikaner von jeher die Führungsrolle. Nach dem Fall der Mauer hatten die Europäer die Verantwortung für ihre Sicherheit und Verteidigung stillschweigend immer weiter auf die Vereinigten Staaten abgewälzt, und die Amerikaner, von links bis rechts, hatten allmählich genug davon. Der militärisch-industrielle Komplex der Vereinigten Staaten sorgte dafür, dass sie mehr als doppelt so viel für Verteidigung ausgaben wie die Europäer, die in diesem Bereich seit vielen Jahren sparten.

2016 veröffentlichte ein pensionierter britischer General, Richard Shirreff, einen Thriller mit dem Titel *2017 – War with Russia,* in dem Russland ohne nennenswerte Probleme die baltischen Staaten erobert und annektiert. Währenddessen sitzt der britische Premierminister in seinem Lieblingspub, die Deutschen sind vor Schreck wie gelähmt, die Griechen und die Ungarn schlagen sich heimlich auf die Seite der Russen. Als Europa endlich reagiert, ist es zu spät.

Eine schwache Geschichte, seltsame Hauptpersonen, man hätte das Buch als Angstfantasie eines in die Jahre gekommenen militärischen Draufgängers abtun können. Nur war dieser Richard Shirreff 2011 bis 2014 der Stellvertreter des Supreme Allied Commander Europe und damit der zweithöchste Offizier der NATO in Europa. Sein verspielter Thriller sollte vor allem aufrütteln, wie der Untertitel *An Urgent Warning from Senior Military Command* zeigt. Und tatsächlich wird in der ersten Hälfte des Buches nach Ansicht sämtlicher Experten und Kritiker ein sehr realistisches Bild von einem möglichen russischen Vorgehen wie auch von den Reaktionen der NATO und der EU entworfen. Die amerikanische Denkfabrik RAND Corporation, die in einem militärischen Planspiel eine solche russische Invasion simulierte, kam 2016 ebenfalls zu dem Ergebnis, dass Russland die baltischen Staaten innerhalb von 60 Stunden überrennen könne. »Unter den gegenwärtigen Bedingungen kann die NATO das Territorium ihrer verwundbarsten Mitglieder nicht erfolgreich verteidigen.«

In Deutschland dominierte seit Jahrzehnten eine pazifistische Denkweise. Für die Mehrheit der Deutschen hatte Krieg alles Heroische verloren, nach zwei Weltkriegen wussten sie, dass militärische Abenteuer in den Untergang führen konnten. Willy Brandt meinte, Krieg sei nicht mehr die Ultima ratio, sondern die »Ultima irratio«, und die meisten Deutschen teilten seine Ansicht. Die Verteidigungsausgaben des reichsten europäischen Landes lagen schon seit Jahren bei etwa 1,2 Prozent des Bruttonationaleinkommens, weit unter der NATO-Norm vom zwei Prozent. Nach einem offiziellen Bericht für den Verteidigungsausschuss des Bundestages waren Ende 2018 von den sechs U-Booten die Hälfte (wieder) einsatzbereit, von den 128 Eurofightern gerade einmal ein Drittel und nur 95 der 244 Kampfpanzer. Die deutsche Sicherheitsexpertin Claudia Major erklärte, Deutschland würde mindestens 15 Jahre brauchen, um die Lücken zu füllen, die durch einen Abzug der Amerikaner entstehen würden – und gewaltige Summen.

Die Niederlande hatten in den Jahren 2010 bis 2012 ihren Verteidigungshaushalt um eine Milliarde Euro gekürzt, die Einsatzfähigkeit war in dieser Zeit um fast 20 Prozent zurückgegangen. 2016 warnte der Rechnungshof, die niederländischen Streitkräfte könnten nicht einmal mehr ihre erste und wesentliche Aufgabe erfüllen, die Verteidigung des eigenen Territoriums. David Richards, der ehemalige Generalstabschef der britischen Armee und Chef des Verteidigungsstabes, bezeichnete sein Land als »ein Belgien mit Atombomben«. Die gesamten britischen Landstreitkräfte hätten nun auf den Tribünen des Wembley-Stadions Platz gefunden.

Auch auf hybride Kriegführung einschließlich Desinformationskampagnen, Erpressung und Cyberattacken war Europa nicht gut vorbereitet. Ein hoher Offizier sagte dazu: »Man braucht heute nicht mehr mit Kanonen zu schießen, um einer Armee das Rückgrat zu brechen.« Kein europäisches Land konnte noch im Alleingang neue Militärtechnik entwickeln und produzieren. Der Eurofighter Typhoon war ein Gemeinschaftsprojekt Großbritanniens, Deutschlands, Italiens und Spaniens. Die Niederlande und Belgien richteten ein gemeinsames Marineoberkommando ein, Frankreich und Großbritannien arbeiteten bei der Weiterentwicklung ihrer Kernwaffen eng zusammen.

Es blieb aber bei einzelnen Projekten. Die 27 EU-Länder gaben insgesamt etwa 200 Milliarden Euro im Jahr für Verteidigung aus, mehr als Russland und China zusammen, doch dieser gigantische Betrag wurde in den Mühlen der einzelnen Verteidigungsapparate zermahlen, hatte doch fast jeder Staat eigene Land-, See- und Luftstreitkräfte, seine eigene militärische Entwicklungs- und Beschaffungspolitik und unzählige Privilegien für das eigene Personal. Die europäischen Streitkräfte, sofern man davon überhaupt sprechen kann, hatten 2018 allein 17 verschiedene Kampfpanzer, 20 verschiedene Kampfflugzeuge, 26 Typen von Haubitzen und über ein Dutzend verschiedene Fregatten. Von einer selbstständigen, schlagkräftigen europäischen Militärmacht war man sehr weit entfernt.

Wofür die Amerikaner außerdem kein Verständnis hatten, war der Bau der Nord Stream 2 zur Erweiterung der 2011 eingeweihten Erdgaspipeline Nord Stream, die russisches Erdgas durch die Ostsee nach Deutschland transportiert. Einerseits an der Verteidigung sparen, andererseits Moskau mit Erdgasmilliarden unterstützen, dabei Polen und die Ukraine umgehen und sich noch abhängiger von russischem Gas machen – welche Strategie verfolgten die Deutschen hier eigentlich? Diese kritischen Fragen wurden in Washington schon seit Längerem gestellt, doch Trump ging noch einen Schritt weiter. Er bezeichnete die NATO, die bisher mehr oder weniger die Funktion eines militärischen Schutzschilds für Europa erfüllt hatte, als »obsolete and largely irrelevant«.

Vier Monate nach Trumps Amtsantritt, am 28. Mai 2017, zog Angela Merkel öffentlich ihre Schlüsse aus den Gesprächen beim G7-Gipfel an den beiden vorangegangenen Tagen: Das erfolgreichste militärische Bündnis der modernen Geschichte näherte sich seinem Ende. »Die Zeiten, in denen wir uns auf andere völlig verlassen konnten, die sind ein Stück vorbei«, sagte sie in einem voll besetzten Bierzelt bei der Trudinger Festwoche in München. »Wir Europäer müssen unser Schicksal wirklich in unsere eigene Hand nehmen.« Damit meinte sie auch »wir Deutsche«.

Im Weißen Haus brach kurz nach dem Präsidentschaftsübergang das Chaos aus. Hätte Putin dort tatsächlich eine Marionette platzieren können, hätte sie sich kaum anders verhalten als Donald Trump. Der russische Präsident verfolgte klar umrissene Ziele: Alleinherrschaft über Russland, Wiedergeburt des Landes als stolze, große Nation, wachsende Kontrolle über die Nachbarländer und eine allmähliche Schwächung der Vereinigten Staaten und der Europäischen Union, weniger durch militärischen Druck als durch fortwährendes, systematisches Stiften von Verwirrung und Unruhe.

Für Wladimir Putin war dieser neue amerikanische Präsident deshalb ein Geschenk des Himmels, denn er brachte das Herz der westlichen Welt innerhalb kurzer Zeit aus dem Takt. Beim G7-Gipfel im Mai 2017 spazierten die führenden Politiker der Welt gemeinsam durch die Straßen des wunderschönen sizilianischen Städtchens Taormina – bis auf den neuen amerikanischen Präsidenten. Der holperte allein in einem Golfmobil hinterher – ein vielsagendes Bild.

Wer das Verhalten dieses neuen Präsidenten beobachtete, sah keine in welcher Form auch immer sich entwickelnde politische Strategie, sondern nur eine unaufhörliche Folge von seltsamen Stunts. Und außerdem und vor allem ein psychiatrisches Problem, einen Mann mit einer schweren Persönlichkeitsstörung, der in einem normalen Unternehmen umgehend aus jeder Führungsposition entfernt worden wäre. Dieser Mann regierte jetzt das mächtigste Land der Welt.

»Crazytown« nannte Trumps ehemaliger Stabschef General John Kelly, der es weniger als anderthalb Jahre mit dem Präsidenten aushielt, das Weiße Haus. »Er ist ein Idiot. Es ist zwecklos zu versuchen, ihn von irgendetwas zu überzeugen. Er ist völlig neben der Spur.« Kellys Vorgänger bezeichnete Trumps Schlafzimmer, in dem er fernsah und vom Bett aus die Welt mit Tweets regierte, als »Werkstatt des Teufels«. James Mattis, der das Amt des Verteidigungsministers nach knapp zwei Jahren aufgab, attestierte dem Präsidenten das Begriffsvermögen und Verhalten eines »Zehn- oder Elfjährigen«. Ein hoher Regierungsbeamter schrieb im September 2018 in einem anonymen Brief an die *New York Times*: »Der Kern des Problems ist, dass der Präsident amoralisch ist. Jeder, der mit ihm zusammenarbeitet, weiß, dass es keine Grundwerte zu geben scheint, von denen er sich bei seinen Entscheidungen leiten lässt.«

Trumps Mitarbeiter versuchten auf jede Weise, Schlimmeres zu verhüten. Mal, indem sie seine Anweisungen ignorierten, mal, indem sie im letzten Moment Papiere von seinem Schreibtisch entfernten, damit er sie nicht unterzeichnen konnte. Sein ehemaliger *Staff Secretery* Rob Porter meinte: »Es fühlte sich an, als würden wir uns ständig am Rand des Abgrunds bewegen.«

Woche für Woche tat Trump Dinge, die frühere Präsidenten in große Schwierigkeiten gebracht hätten. Er lehnte es weiterhin ab, seine Steuererklärung zu veröffentlichen. Er entließ den Direktor des FBI, weil der sich geweigert hatte, die Untersuchungen zur russischen Einflussnahme auf die Präsidentschaftswahl 2016 einzustellen. Er mischte sich persönlich in die Auswahl von Richtern in zivilrechtlichen Verfahren ein, die Interessen seiner Unternehmen berührten. Und allmählich zeigten seine Angriffe auf die Presse Wirkung: Etwas mehr als ein Jahr nach seinem Amtsantritt meinten 44 Prozent der befragten Republikaner, dass Trump tatsächlich befugt sein sollte, Zeitungen und andere Medien zu verbieten. All das erlebten wir Tag für Tag, regten uns kurz auf und machten weiter. Wir wurden mürbe.

Unter dem Motto »America First« verabschiedeten sich die Vereinigten

Staaten von der gesamten amerikanischen Sicherheitspolitik der Nachkriegsepoche. Die amerikanischen Garantien für Europa wurden zur Diskussion gestellt, der veraltete INF-Vertrag, der die riskante Stationierung landgestützter Kurz- und Mittelstreckenraketen in Europa beendet hatte, wurde nicht neu verhandelt, sondern gekündigt. Trump drohte der EU mit einem Handelskrieg. Im Mai 2018 verschwand auch das Atomabkommen zwischen dem Iran, den Vereinigten Staaten, Russland, China, Großbritannien, Frankreich und Deutschland, das Ergebnis zwölfjähriger Verhandlungen, im Müllschlucker des Trump Tower.

»Im Grunde ist Trump auf fast allen Ebenen eine Bedrohung für die Europäische Union«, warnte der frühere britische Diplomat und Sicherheitsberater Ian Kearns 2018. Hatten sich die Amerikaner lange Zeit für Europa und den Rest der Welt verantwortlich gefühlt – wobei sie natürlich auch mehr oder weniger offen eigene Interessen verfolgten –, so war es mit dieser Verantwortung nun vorbei. »Trumps Welt ist eine Welt rüder, regelloser Machtpolitik und bilateraler Abkommen, wo immer sich dadurch auch nur der kleinste Vorteil erringen lässt. Ob es um wirtschaftliche Fragen geht oder um den Versuch, schwere Machtkonflikte zu vermeiden, Trump hält nichts von den Ideen und den Institutionen, die Mitte des 20. Jahrhunderts als Antwort auf Protektionismus und zerstörerische Kriege entwickelt worden sind.«

Bezeichnend war Trumps Desinteresse an der Ernennung des Botschafters bei der Europäischen Union, der doch theoretisch eine wichtige Funktion in den transatlantischen Beziehungen erfüllt. Nachdem die Position anderthalb Jahre unbesetzt geblieben war, stellte der Präsident dem Senat endlich seinen Kandidaten vor. Es war ein gewisser Gordon Sondland aus Portland, der Besitzer einer Hotelkette, dessen einzige politische Erfahrung darin bestand, dass er eine Million Dollar für Trumps Inaugurationsfeiern gespendet hatte.

Im Juli 2018 besuchte der Präsident Europa. Bei einem Arbeitsfrühstück mit Pressetermin zu Beginn des NATO-Gipfels in Brüssel ging er gleich auf Konfrontationskurs und griff in rüdem Ton NATO-Generalsekretär Jens Stoltenberg wegen des geringen Beitrags der anderen NATO-Länder zur westlichen Verteidigung an. Das reiche Deutschland, fuhr er fort, sei wegen seiner völligen Abhängigkeit von russischem Gas ein Gefangener Russlands. Der erfahrene norwegische Politiker starrte ihn verblüfft an, nicht einmal ihm fiel eine Erwiderung ein. Darum ging es Trump auch gar nicht, der Auftritt war in erster Linie als Show für seine Anhängerschaft im Mittleren Westen gedacht, doch er unterminierte damit vor aller Augen das Fundament des atlantischen Bündnisses.

Ein paar Tage später, am 16. Juli in Helsinki, schlug der amerikanische Präsident gegenüber dem großen Gegenspieler der NATO ganz andere Töne an. Hinter verschlossenen Türen und nur in Anwesenheit von Dolmetschern sprach er zwei Stunden mit Wladimir Putin. Später erklärte er, dass er vorher keine Akten studiert habe, sondern seiner »Intuition« gefolgt sei. Was den Inhalt des Gesprächs anging, betrieb er eine beispiellose Geheimniskrämerei, nicht einmal seinen engsten Mitarbeitern wollte er etwas darüber verraten. Weil sie deshalb nicht die nächsten Schritte planen konnten, nahmen sie in ihrer Ratlosigkeit die Hilfe des Special Collection Service in Anspruch, jenes Geheimdienstes, der auf das Abhören der Kommunikation von Mitgliedern ausländischer Regierungen spezialisiert ist und offenbar auch russische Telefonate über diese Angelegenheit abgehört hatte. So erhielten die Mitarbeiter im Weißen Haus auf dem Umweg über Moskau wenigstens ein paar Informationen über das, was Trump und Putin besprochen hatten. Der Rest der Welt weiß immer noch nichts.

Auffällig war vor allem das servile Verhalten des sonst überforschen Trump während der Pressekonferenz nach dem Gespräch. Er pflichtete Putin in allen Fragen bei, betonte erneut, die Russen hätten keinerlei Einfluss auf die Präsidentschaftswahl ausgeübt, und griff das FBI und die CIA scharf an: Ihre Nachforschungen zu diesem Thema seien »eine Katastrophe für das Land«. Seine Äußerungen standen in einem so krassen Gegensatz zur offiziellen Position der Vereinigten Staaten und zu den Auffassungen seiner eigenen Regierung, sie waren so unerklärlich, dass fast alle sich fragten, was hier eigentlich vorging. Selbst Putin konnte sich das Lachen manchmal kaum verkneifen.

Wir waren von diesem Präsidenten inzwischen einiges gewöhnt, aber sein Auftritt hier übertraf alles. Besonders in den Vereinigten Staaten selbst reagierten viele schockiert. »Sie haben einen historischen Moment miterlebt«, sagte der Moderator von ABC. »Davon können Sie später Ihren Kindern und Enkeln erzählen.« Der republikanische Senator John McCain meinte: »Kein früherer Präsident hat sich je auf erbärmlichere Weise vor einem Tyrannen erniedrigt.« »Das ist nichts anderes als Verrat«, erklärte der ehemalige CIA-Direktor John Brennan. »Trumps Äußerungen waren nicht nur dumm, Putin hat ihn in der Tasche.« Der sonst immer optimistische *New-York-Times*-Kommentator Thomas Friedman schrieb: »My fellow Americans. We are in trouble.«

Es war ein historischer Umbruch, den wir Europäer in jenem Juli 2018 noch ein wenig ungläubig beobachteten. Wir erlebten das Ende der Pax Americana, jener Weltordnung, die nach 1945 die Vereinigten Staaten selbst angestrebt hatten. Vor allem für Deutschland war es ein Schock; die Deutschen fürchteten nicht nur um ihren militärischen Schutz, sondern auch um ihr in der Nachkriegszeit herausgebildetes Wertesystem, das eng mit amerikanischen Idealen und Traditionen verbunden war. Plötzlich waren Verbündete keine Hilfe mehr, sondern eine Last.

Wie es in der Geschichte häufig geschieht, war der Umbruch zunächst langsam und fast unmerklich verlaufen, und auf einmal ging alles sehr schnell. Das platte »America First« des neuen Präsidenten bedeutete auch das Ende des »amerikanischen Jahrhunderts«, das manche als die Zeit vom Eintritt der Vereinigten Staaten in den Ersten Weltkrieg im Jahr 1917 bis zu Trumps Bruch mit Europa im Jahr 2017 definieren.

In engem Zusammenhang mit dem Niedergang der Vereinigten Staaten stand ein noch bedeutenderer historischer Umbruch: das Ende der westlichen Vormachtstellung gegenüber dem Rest der Welt, die spätestens ein halbes Jahrtausend zuvor mit der »Entdeckung« Amerikas begonnen hatte.

Das Ansehen und die »Soft Power« unseres transatlantischen Verbündeten schwanden nun rasch, möglicherweise für immer. Andere natürliche Verbündete gab es nicht. In dieser neuen Weltordnung stand Europa allein.

Intermezzo II
2017

I

An einem Oktobernachmittag des Jahres 2017 trank ich auf einer Caféterrasse in Barcelona mit meinem spanischen Kollegen José Martí Font eine Tasse Kaffee. Das neue Jahrtausend hatten er und seine Freunde voller Übermut begrüßt, am Neujahrsmorgen hatten sie sogar ihre Gläser aus dem Fenster geworfen. Inzwischen hatte er seine Stelle bei *El País* verloren, in den Straßen seiner Stadt hingen katalanische Fahnen, überall wurden Capes in den Farben Kataloniens verkauft, katalanisch zu sein war Pflicht und Berufung, die Abspaltung lag in der Luft. »In mir kommt alles zusammen«, seufzte José. »Die Familie meines Vaters war spanisch, sogar Franco-Anhänger. Die Eltern meiner Mutter waren katalanische Nationalisten. Zu Hause wurde Gott sei Dank sehr offen darüber gesprochen, meine beiden Identitäten lebten in Frieden miteinander. Und jetzt wollen die Nationalisten auf einmal, dass ich mich entscheide. Das kann man doch von niemandem verlangen!«

Die alten nationalen Konflikte innerhalb Spaniens lebten wieder einmal auf. In den 1970er Jahren, nach dem Ende der Franco-Diktatur, war das Land in 17 autonome Gemeinschaften aufgeteilt worden, es ist eines der am stärksten dezentralisierten Systeme der Welt. Für Politikfelder wie Bildung, Sprache, Kultur, öffentlich-rechtlicher Rundfunk oder öffentliche Arbeiten sind die Parlamente und Regierungen der autonomen Gemeinschaften zuständig, der Grad der Autonomie und die Kompetenzverteilung sind jedoch von Gemeinschaft zu Gemeinschaft unterschiedlich, das Baskenland und Katalonien haben sogar eigene Polizeieinheiten. Dennoch wurde in manchen Regionen der Ruf nach Unabhängigkeit laut. Jahrzehntelang wollten baskische Separatisten auch mit Gewalt und Terror die Abspaltung erzwingen, nun protestierten viele Katalanen friedlich auf den Straßen und Plätzen.

Kleine separatistische Gruppen hatten immer schon die Unabhängigkeit Kataloniens angestrebt, doch 2012 stellten auch das große Mitte-Rechts-

Parteienbündnis und die katalanische Regierung entsprechende Forderungen. Der Grund war die allgemeine Empörung darüber, dass ein neues, vom katalanischen und spanischen Parlament verabschiedetes und bestätigtes Autonomiestatut nach vier Jahren durch das äußerst konservative spanische Verfassungsgericht für teilweise verfassungswidrig erklärt worden war. Das Wiederaufleben des Nationalismus bei den katalanischen Konservativen erinnerte allerdings ein wenig an die Bekehrung des ehemaligen kommunistischen Parteivorsitzenden Slobodan Milošević im Jugoslawien der 1990er Jahre. Plötzlich verwandelten sich graue und korrupte Politiker in idealistische Anführer, ihre Skandale gerieten in Vergessenheit, für die Krise und die Sparmaßnahmen konnten sie die Zentralregierung in Madrid verantwortlich machen.

Von der Krise des Jahres 2008 waren die Spanier nach den Griechen am zweitstärksten betroffen. Die Arbeitslosigkeit nahm dramatisch zu, mehr als ein Viertel der Berufstätigen musste sich akrobatengleich von einer befristeten Stelle zur nächsten hangeln, zahllose Menschen verarmten. Die Hälfte der 18- bis 65-Jährigen erlebte nach eigenen Angaben einen sozialen Abstieg. »Das Verlangen nach Schutz vor den starken Mächten dieser Welt ist die treibende Kraft hinter allen Spielarten des Populismus, auch hier«, meinte José Martí Font. »Anderswo geben sie ›dem Süden‹ oder ›Europa‹ die Schuld, hier zeigen die Finger vor allem auf die Zentralregierung in Madrid.«

2014 veranstaltete die Regionalregierung, nachdem das spanische Verfassungsgericht die Durchführung einer förmlichen Volksbefragung verhindert hatte, eine »alternative Abstimmung« über die Frage der Unabhängigkeit, an der aber nur etwa ein Drittel der Wahlberechtigten teilnahm; etwas mehr als 80 Prozent dieses Drittels sprachen sich für die Unabhängigkeit aus. Die Wahl zum Regionalparlament im Jahr 2015 wurde von den nationalistischen Parteien im Voraus zu einem Referendum über die Unabhängigkeit umgedeutet; wer eine dieser Parteien wählte, sagte Ja. Doch sie kamen zusammen nicht über 48 Prozent hinaus. Obwohl sie dank des Wahlsystems die Mehrheit der Sitze im Regionalparlament erhielten, ergab sich also keine Mehrheit für die Unabhängigkeit.

In sämtlichen Umfragen blieb der Anteil der Befürworter bei 45 bis knapp 50 Prozent. Die Mehrheit der Katalanen hielt wenig bis nichts von einer Abspaltung. Das brachte den neuen Präsidenten der katalanischen »Generalitat«, Carles Puigdemont, und die Separatisten im Parlament jedoch nicht davon ab, für den 1. Oktober 2017 ein neues Referendum anzusetzen. Das Gesetz zur Durchführung des Referendums wurde unter Missachtung sowohl der spanischen Verfassung, in der von der »unverbrüchlichen Einheit der spanischen Nation« die Rede ist, als auch des geänderten Autonomiestatuts verabschiedet, das viel höhere Hürden für eine solche Abstimmung vorsah.

Nachdem das Verfassungsgericht das Gesetz suspendiert hatte, goss die spanische Regierung unter dem unflexiblen und kurzsichtigen Ministerpräsidenten Mariano Rajoy noch mehr Öl ins Feuer, indem sie die Durchführung des Referendums mit allen Mitteln zu verhindern versuchte. Einheiten der nationalen Polizei und der Guardia Civil wurden nach Katalonien geschickt, Hausdurchsuchungen, Beschlagnahmungen und Festnahmen verhalfen den Nationalisten zur gewünschten Opferrolle. Das öffentlich-rechtliche katalanische Fernsehen, in dem die Nationalisten das Sagen hatten, zeigte immer wieder Bilder vom teilweise harten Vorgehen der Polizei: »So reagiert der spanische Staat auf einen demokratischen Prozess.« Bessere Propaganda war nicht denkbar.

Das Referendum fand trotz aller Verbote und Behinderungen statt und verlief äußerst chaotisch. Nach unüberprüfbaren Angaben der *Generalitat de Catalunya* stimmten bei einer Beteiligung von 43 Prozent der Wahlberechtigten 92 Prozent für die Unabhängigkeit. In den Wochen danach wuchs die Spannung. Puigdemont unternahm noch einige verzweifelte Versuche, zu einer Einigung mit Madrid zu kommen, hatte jedoch keinen Erfolg. Würde er es wagen, trotzdem die Unabhängigkeit auszurufen? Und wie würde sich die EU verhalten? Der katalanische *Conseller* für Außenbeziehungen behauptete, die EU werde vermitteln, er stehe in Verbindung mit den ständigen Vertretern aller EU-Länder in Brüssel. Ein niederländischer Journalist ging der Sache nach. Kein einziger der ständigen Vertreter, mit denen er sprach, hatte Kontakt zur katalanischen Regierung gehabt, und sie würden das auch »um jeden Preis vermeiden«.

Hin und wieder veranstalteten Nationalisten in Barcelona große Demonstrationen, die Energie und Begeisterung dieser Massen waren überwältigend, aber die Aussetzung der Unabhängigkeit rief Enttäuschung hervor und zerrte an den Nerven. Ich selbst war damals vor allem in der Gegend um die Plaça Sant Jaume vor dem Palast der *Generalitat* unterwegs, dem Sitz der katalanischen Regierung. Jedes Mal traf ich dort zahlreiche Menschen an, die ein wohltuendes Bad in der Menge fröhlicher Gleichgesinnter nahmen.

1937 schrieb George Orwell über das revolutionäre Barcelona: »Es gab vieles, was ich nicht verstand. In gewisser Hinsicht gefiel es mir sogar nicht. Aber ich erkannte sofort die Situation, für die zu kämpfen sich lohnte.« Achtzig Jahre später war es ähnlich. Auf dem Platz standen und saßen hauptsächlich junge Menschen. Afrikanische Immigranten verkauften Plastikcapes in den Farben Kataloniens, viele auf dem Platz trugen solche Umhänge und sahen darin aus wie Könige, Damen und Buben aus einem Kartenspiel. Mindestens 15 internationale Kamerateams sorgten durch ihre bloße Anwesenheit dafür, dass sich immer etwas tat. Hin und wieder hielt jemand eine kleine Ansprache, Jubel ertönte, dann wurde wieder ein Lied angestimmt, die Menge applaudierte. Ein junger Mann rief: »Es gibt nur eins, das ich will. Die Republik!« Er war in dem Alter, in dem man sich insgeheim für unsterblich hält. Drei ältere Männer skandierten alte sozialistische Parolen wie »Das vereinte Volk wird niemals besiegt werden«. Ich sah, wie eine schöne junge Frau eine katalanische Fahne innig umarmte. Wie beglückend einfach Entscheidungen doch sein können.

Unterdessen konfrontierten die Wirtschaftsseiten der Zeitungen den virtuellen katalanischen Nationalstaat Tag für Tag mit der internationalen Realität. Über 1000 katalanische Unternehmen und fast alle großen Banken und Versicherungen kündigten ihren Umzug in einen anderen Teil Spaniens an, denn ein unabhängiges Katalonien würde automatisch aus der EU und der Eurozone ausscheiden. »Barcelona war immer eine typische Bücherstadt«, sagte José Martí Font. »Mindestens 60 Prozent der spanischen Bücher wurden hier verlegt. Damit ist jetzt Schluss. In den vergangenen Wochen sind fast alle Verlage nach Madrid umgezogen. Hier ist das Risiko zu groß geworden.« Insgesamt verließen gut 4000 Unternehmen die Region, die Zahl der Niederlassungen ging um 40 Prozent zurück.

Wir sprachen über das Buch, an dem José arbeitete. Darin geht es um die Städte. Das sind die Lichtpunkte auf der Nachtkarte Europas, und auf dieser Karte sind »Ort« und »Raum« viel mehr im Gleichgewicht als im Kontext von Nationalstaaten. »Wenn in Spanien die Politiker der Regionen zusammenkommen oder in Europa die Regierungschefs der Nationalstaaten, dann sind die Gespräche meistens steif, zäh und politisch«, meinte José.

»Aber eine Konferenz von Bürgermeistern? Die sprechen sofort über konkrete Probleme, über die Lösungen, die sie gesucht und gefunden haben, sie tauschen Ideen aus, es entsteht gleich eine gemeinsame Dynamik, egal, woher sie kommen. Sie stehen nämlich alle mit beiden Beinen im Alltagsleben.«

Während wir uns unterhielten, läuteten plötzlich alle Glocken in der Stadt. Was war los? War es ein religiöser Feiertag? Oder … doch wohl nicht … Wir suchten eilig nach den neuesten Meldungen. José stöhnte auf. Gerade hatte Puigdemont auf der Plaça Sant Jaume vor einer euphorischen Menge die Unabhängigkeit ausgerufen.

Nachdem die Glocken verstummt waren, herrschte auf den Straßen Totenstille, als hätte jemand einen Stecker gezogen. Eine Dreiviertelstunde später rasten die ersten Mannschaftswagen der Guardia Civil über die Ramblas. Die spanische Zentralregierung hatte die katalanische Regierung für abgesetzt erklärt und vorgezogene Neuwahlen für den 21. Dezember angekündigt, die katalanische Autonomie wurde vorübergehend aufgehoben. Die Gegner der Unabhängigkeit, immerhin die Hälfte der katalanischen Bevölkerung, gingen nun auch in großer Zahl auf die Straße, es folgten Massendemonstrationen in ganz Spanien. Carles Puigdemont hatte die Situation nicht mehr im Griff und setzte sich zusammen mit vier Ministern nach Belgien ab. Andere Anführer der Separatisten wurden festgenommen und der Rebellion und Korruption angeklagt.

Weniger als drei Wochen nach der euphorischen Unabhängigkeitsfeier auf der Plaça Sant Jaume sagte Puigdemont gegenüber der belgischen Zeitung *Le Soir*: »Für Katalonien ist eine andere Lösung als die Unabhängigkeit möglich.« Das war die Kapitulation. Die Fahnen an den katalanischen Häusern begannen zu verblassen, in den Augen erlosch der Glanz.

2

Nationalismus scheint etwas Wunderbares zu sein, dachte ich, während ich über die Plaça Sant Jaume spazierte, auf der die Menschen kurze Zeit so glücklich gewesen waren. Er muss so etwas sein wie ein euphorischer Traum von einem Leben, das in diesen Zeiten rasanter Veränderungen endlich wieder einfach und übersichtlich wird. Jeder Populist ist definitionsgemäß

Nationalist. Ein Anführer braucht ein Volk, das er umsorgen, zusammenhalten und vor Fremden und anderen »volksfeindlichen« Einflüssen schützen kann. Nationalismus ist immer auch eine Erzählung, in der das Volk eine Opferrolle spielt: von einer verlorenen Schlacht in ferner Vergangenheit, von einem Verrat durch andere Länder, von der Unterdrückung einer Sprache, der Missachtung einer Identität. In Katalonien ist es nicht anders. Die großzügig subventionierten katalanischen Sender kultivieren diese Mythen Tag für Tag und haben so allmählich eine Scheinwelt geschaffen, in der Katalonien ständig ausgebeutet und unterdrückt wird und alle Probleme wie durch Zauberhand verschwinden würden, wäre das Land nur endlich »befreit«. Natürlich werde Katalonien immer zu Europa gehören, erklären die Politiker und Kommentatoren. Dass die EU eine Abspaltung nicht akzeptieren würde, wird dagegen nicht gesagt.

Der Nationalismus ist noch jung. Bis weit ins 18. Jahrhundert hinein war das »Vaterland«, in dem man sich heimisch fühlte, eine Stadt oder eine Provinz, eine Grafschaft oder ein Herzogtum. Das größere Ganze, ein Königreich, ein Kaiserreich oder, im Fall der Niederlande, eine Republik, wurde oft als etwas weit Entferntes empfunden. Trotzdem tun alle Nationalisten so, als sei die Nation ewig, in ihren Erzählungen geht es um Blut und Boden und angeblich seit Urzeiten bestehende Traditionen, um zeitlose Mythen und Illusionen. Wie für die Brexit-Befürworter spielt auch für die katalanische Unabhängigkeitsbewegung die Realität kaum eine Rolle. Ich habe in Katalonien farbenfrohe Plakate gesehen, die für ein Ja zur Unabhängigkeit warben, und mir die Texte übersetzen lassen. »JA bedeutet, die Erde zu lieben, entscheide dich für die ökologische Republik.« »JA bedeutet Recht auf Gesundheit.« »JA bedeutet gleiche Rechte.« »JA bedeutet ein Dach über dem Kopf.« »JA bedeutet faire Arbeit. Entscheide dich für Arbeitnehmerrechte.« Natürlich ging es bei dem Referendum gar nicht um diese Themen, und es war auch nicht geplant, auf diesen Gebieten aktiv zu werden, wenn die Unabhängigkeit verwirklicht war.

Ich hatte in Katalonien im Lauf der Jahre großartige Straßenfeste erlebt, Paraden mit Riesen und Stelzenläufern, fast mittelalterlich anmutende Prozessionen; da gab es alte Männer, die Falken und Eulen auf ihren Schultern trugen, und beeindruckende menschliche Pyramiden. Welche Kraft, welche Einigkeit! Im Vergleich zur übersichtlichen Gemeinschaft einer Kleinstadt oder eines Dorfes ist die Nation eine Konstruktion, eine »vorgestellte

Gemeinschaft«, wie der Anthropologe Benedict Anderson es nannte. Dazu gehört auch ein Gefühl der Verbundenheit, das allmählich, über Generationen hinweg, durch zahllose große und kleine gemeinsame Erfahrungen gewachsen ist, weshalb diese Nation, »unabhängig von realer Ungleichheit und Ausbeutung, als ›kameradschaftlicher‹ Verbund von Gleichen verstanden wird«. Diese Nationalgefühle sind stark und aufrichtig und haben in manchen Ländern fast religiöse Züge angenommen. Im 20. Jahrhundert sind sie eher stärker als schwächer geworden, schließlich haben sich auch die demokratischen Wohlfahrtsstaaten unter den verschiedenen Nationalflaggen entwickelt. Nicht ohne Grund konnten (und können) Menschen dazu bereit sein, für ihre Nation zu kämpfen und zu sterben. Andererseits lassen sich diese Gefühle leicht manipulieren.

Ich hätte mehr Verständnis für den katalanischen nationalen Rausch einschließlich der gefühlten Opferrolle aufbringen können, hätten unsere spanischen Enkelkinder nicht in Katalonien gewohnt. Eine Enkelin studierte in Barcelona, die beiden anderen besuchten die Schule in einer Kleinstadt in der Nähe. Sobald die beiden Jüngsten, die gerade aus den Niederlanden zugezogen waren und perfekt Spanisch sprachen, die Vor- und Grundschule betraten, mussten sie Katalanisch verstehen und sprechen. Die Lehrerin, die selbst natürlich das Spanische hervorragend beherrschte, schien taub und blind zu sein, wenn jemand sich in einer anderen Sprache als dem Katalanischen äußerte. Im Elternhaus einiger Freundinnen der beiden war es genauso, Katalanisch schien die einzige Sprache auf Erden zu sein. Die erste Zeit war für die damals Drei- und Sechsjährigen schwer. Mit Sprache lassen sich Fremde, auch Kinder, sehr gut ausschließen. Wer zu wenig Katalanisch sprach, bekam schlechtere Noten für Fleiß und Betragen. An der weiterführenden Schule konnten Arbeiten auf Englisch, Deutsch und Katalanisch geschrieben werden, nicht aber auf Spanisch.

Unsere älteste Enkelin studierte Englische Literatur, doch ihre Prüfung in Philosophie konnte sie nur auf Katalanisch ablegen. Erst nach einem Jahr fand sie einen Dozenten, der bereit war, auch einmal Spanisch oder Englisch zu sprechen. Für die Nationalisten war jeder, der ihren Standpunkt nicht teilte, ein »Faschist«. Und nicht nur das: Wenn unsere Enkelkinder Spanisch sprachen, waren sie »Faschisten«. Den Jüngsten gab man Zettel mit, auf denen die Eltern durch ihre Unterschrift der Teilnahme der

Kinder an Unabhängigkeitsdemonstrationen zustimmen sollten. Wer das nicht tat, galt von da an als »Faschist«. Manche Häuser wurden mit Verleumdungen beschmiert, auf dem Schulhof sonderten sich zwei Parteien voneinander ab.

3

Können all diese nationalen Träume und Emotionen jemals eine europäische Form annehmen? Anders gefragt: Kann auf diesem Kontinent mit 60 Sprachen und 40 Ländern, die alle ihre eigene Kultur und Geschichte haben, irgendwann so etwas wie eine europäische Identität entstehen? Die europäischen Pioniere haben das wirklich gehofft. Wir wissen es inzwischen besser, spätestens seit den Krisen des vergangenen Jahrzehnts.

Manche vergleichen das europäische Projekt mit der Habsburgermonarchie, Robert Musils Kakanien, diesem »unverstandenen Staat, der in so vielem ohne Anerkennung vorbildlich gewesen ist«. Es war ein Imperium, das sich 1914 von Böhmen bis Bosnien und von der Westukraine, Westgalizien und Transsylvanien bis Tirol und Norditalien erstreckte und elf Nationalitäten mit 17 Sprachen und einigen Religionen und Konfessionen umschloss. Zu dieser Donaumonarchie gehörten kosmopolitische Städte wie Wien, Prag, Triest, Lwiw, Krakau und Budapest, Zentren der Kreativität und Innovation, in denen sich die deutschen, ungarischen, slawischen und jüdischen Bevölkerungsgruppen mischten. Dennoch war es seinem Wesen nach ein mittelalterliches Feudalreich, das sich mit viel Mühe sechs Jahrhunderte lang im Gleichgewicht gehalten hatte.

Dann kam jener Junitag des Jahres 1914. In Joseph Roths Roman *Radetzkymarsch* trifft in einer Garnison im Osten des österreichisch-ungarischen Reiches eine noch unbestätigte Meldung von der Ermordung des Thronfolgers in Sarajevo ein. Es herrscht Verwirrung und Aufregung. Einige ungarische Offiziere unterhalten sich anscheinend gut gelaunt in ihrer eigenen Sprache. Aufgefordert, »die Unterhaltung auf deutsch fortzusetzen«, antwortet einer der Ungarn: »Ich will es auf deutsch sagen: Wir sind übereingekommen, meine Landsleute und ich, dass wir froh sein können, wann das Schwein hin is!«

Plötzlich zeigte sich, wie tief die Kluft zwischen den Nationen war und wie oberflächlich die Einheit des Kaiserreiches, trotz seiner pompösen Verwaltungsgebäude, seiner Kasernen, Paraden und Rituale. In diesem Moment »zerfiel und zersplitterte« das Vaterland, heißt es in Roths Roman.

Ich muss in diesem Zusammenhang oft an die Geschichte meines eigenen Landes im 17. und 18. Jahrhundert denken, an die Republik der Sieben Vereinigten Provinzen. Auch sie war eine neuartige Konstruktion, die sieben Regionen und zahlreiche Städte in einem staatlichen Gebilde vereinte. Wie heute die Mitgliedsstaaten der EU wollten die einzelnen Gebiete und Städte ihre Souveränität und Autonomie weitgehend bewahren, die Entscheidungsfindung auf der gesamtstaatlichen Ebene war äußerst umständlich und mühsam, und die Stadt Amsterdam war manchmal ebenso dominant wie heute Deutschland innerhalb der EU. All das waren keine günstigen Voraussetzungen, und doch war die Republik erfolgreich. Sie sorgte für ausreichend Zusammenhalt, sodass viele klug improvisierende Politiker im Lauf der Zeit so etwas wie staatliche Strukturen mit allgemein akzeptierten Regeln aufbauen konnten – bis die unmögliche Staatskonstruktion fast jeden weiteren Fortschritt verhinderte. Als die amerikanischen Gründerväter 1787 bei ihrer Suche nach inspirierenden Vorbildern über die niederländische Republik diskutierten, sahen sie »gemeinsame Unentschlossenheit«. Nach Ansicht von James Madison war die Republik in einem jämmerlichen Zustand, »schwach in allen Teilen«. Acht Jahre später, im extrem kalten Januar des Jahres 1795, marschierten Truppen der französischen Revolutionsarmee über die zugefrorenen Flüsse mühelos in die Niederlande ein, und die einst so ruhmreiche Republik fiel von einem Moment auf den anderen wie ein Pudding zusammen. Nach dem Ende der Napoleonischen Kriege entstand schließlich ein neuer Einheitsstaat, das Königreich der Niederlande.

Kann die labile staatliche Konstruktion namens EU, diese ängstlich in der Luft hängende halbe Föderation, ein »unidentified political object«, wie Jacques Delors sie nannte, das gleiche Schicksal erleiden? In den ersten beiden Jahrzehnten des 21. Jahrhunderts hing das Fortbestehen der Europäischen Union mehrmals am seidenen Faden, besonders in der Zeit der Eurokrise. Das System erwies sich als äußerst anfällig. Die griechische Staatsschuldenkrise entwickelte sich auch deshalb zu einem Flächenbrand, weil die deutsche

Regierung im Frühjahr 2010 erst einmal wochenlang abwartete, um nicht vor der Landtagswahl in Nordrhein-Westfalen eine unpopuläre Entscheidung zu treffen. Die Verhandlungen zwischen der EU und der Ukraine wurden 2016 durch ein konsultatives Referendum verzögert, das eine kleine niederländische Aktionsgruppe initiiert hatte; die Beteiligung lag bei 32 Prozent, knapp über der notwendigen Quote, und gerade einmal 61 Prozent der Abstimmenden, 2,5 Millionen Wähler, stimmten gegen die Genehmigung des Assoziierungsabkommens mit der Ukraine. Nur zur Erinnerung: Die EU hat 508 Millionen Einwohner.

Im selben Jahr wurde das umfangreiche CETA-Freihandelsabkommen mit Kanada beinahe durch ein Regionalparlament eines EU-Mitgliedsstaates verhindert, und zwar das Parlament der belgischen Region Wallonien mit ihren 3,5 Millionen Einwohnern. Als die kanadische Handelsministerin Chrystia Freeland nach der vorläufigen Ablehnung des Vertrags die wallonische Hauptstadt Namur verließ, konnte sie die Tränen nicht zurückhalten, natürlich wegen des Abkommens, aber vermutlich dachte sie auch an die Zukunft der EU. Im Mai 2018 warnte Emmanuel Macron, vor allem angesichts des Schicksals und der Leiden früherer Generationen von Europäern könnten wir uns »den Luxus des Vergessens« nicht leisten. »Wenn wir nicht aufpassen, können wir leicht wieder in eine Tragödie schlafwandeln.«

Die demokratische Unreife der EU war auch deshalb ein ernstes Problem, weil in der Welt der digitalen Kommunikation neue Akteure auftraten und neue Konfliktformen entstanden. In den vergangenen zwei Jahrzehnten wurden die ersten Folgen dieser Entwicklung sichtbar. Durch Desinformationskampagnen wurde Einfluss auf das Brexit-Referendum und auf die amerikanische Präsidentschaftswahl ausgeübt. Während der Krise in der Ukraine, der Annexion der Krim und des Krieges im Donbass produzierten Trollfabriken eine Lüge und Verschwörungstheorie nach der anderen, zahllose Rechner wurden mit Spionagesoftware infiziert.

Estland war 2007 das Ziel des ersten russischen Cyberangriffs auf einen Staat; Banken, Rundfunksender, das Parlament und Ministerien waren betroffen, drei Wochen lang richtete der Angriff schwere Schäden an. Ein Jahr später, als der bewaffnete Konflikt zwischen Georgien und Russland um Südossetien und Abchasien ausbrach, ebneten Hacker mit einem simplen DDoS-Angriff auf georgische Kommandostellen und Medien russischen Truppen den Weg, während georgische Cyberattacken auf Russland kaum

Wirkung erzielten. 2015, während des Krieges in der Ostukraine, legten Hacker ukrainische Infrastruktur und Medien lahm, und kurz vor Weihnachten kam es in der Westukraine zum weltweit ersten Blackout, der durch einen – wahrscheinlich russischen – Hackerangriff verursacht wurde. Der Angriff traf drei große Stromversorger, nichts funktionierte mehr, doch zum Glück konnten die befallenen Systeme nach drei Stunden wiederhergestellt werden. Auch auf diesem neuen Konfliktgebiet, auf dem die Vereinigten Staaten und China dominierten, war Europa vorerst schwach.

In der noch am Anfang stehenden »vorgestellten Gemeinschaft« EU konnten Bedrohungen und Krisen allerdings auch verbindend wirken. Als staatliche Konstruktion ging die Union zum Beispiel aus der Eurokrise gestärkt hervor, während sie im Bereich der Migrationspolitik von Einigkeit weit entfernt war. Als geopolitische Macht musste die EU bei wichtigen internationalen Entwicklungen eine eigene Rolle finden, und auch in dieser Hinsicht gab es Fortschritte, die noch vor zwanzig Jahren undenkbar waren. So trat man gegenüber den marktbeherrschenden IT-Giganten gemeinsam auf, einigte sich auf eine gemeinsame Klimapolitik und demonstrierte beim Brexit Geschlossenheit.

Als ich 1999 durch Europa reiste, konnte von einer europäischen Öffentlichkeit kaum die Rede sein, Europa spielte in der Berichterstattung nur eine Nebenrolle, wenige interessierten sich wirklich für das europäische Projekt. Heute, zwanzig Jahre später, ist Europa täglich ein Hauptthema auf den Titelseiten, wir interessieren uns für die Wahlen in Griechenland, Großbritannien, Frankreich oder Italien, als wären es unsere eigenen. Wo immer ich an Diskussionsveranstaltungen teilnehme, ob in Zürich, Brüssel, Stavanger, Wien, Amsterdam oder Berlin, die Themen sind die gleichen, und die Menschen im Publikum haben die gleichen Fragen und Sorgen. Das, worüber 1999 rein theoretische Überlegungen angestellt wurden, beginnt heute dank des Internets ganz allmählich Wirklichkeit zu werden: ein europäisches »Kaffeehaus« mit permanenter öffentlicher Diskussion.

Wie im 19. Jahrhundert in den Nationalstaaten entwickelte sich auch in Europa so etwas wie ein öffentlicher Raum, nicht ohne die dazugehörige Unruhe. Lebten 2006 neun Millionen Europäer im europäischen Ausland, so waren es 2018 schon 17 Millionen, fast doppelt so viele. Als die schlimmsten Krisen überstanden waren, im Sommer 2018, waren laut Eurostat immer noch 67 Prozent der EU-Bevölkerung davon überzeugt, dass ihr Land von der Union profitierte. Zwar hatten 39 Prozent kein Vertrauen mehr zu den führenden EU-Politikern, doch bei 46 Prozent war es sogar größer als zuvor, während das Vertrauen zum eigenen Staat überall abgenommen hatte. Zum Beispiel vertrauten nur 13 Prozent der Griechen ihrem Staat, mehr als ein Viertel aber der EU. In den Niederlanden war Angela Merkel jahrelang beliebter als der eigene Ministerpräsident Mark Rutte.

Wie sehr das Interesse an Europa zunahm, zeigte sich auch bei den Wahlen zum Europäischen Parlament. Bei der Wahl im Mai 2019 lag die Beteiligung bei knapp 51 Prozent gegenüber knapp 43 im Jahr 2014, in Polen verdoppelte sie sich sogar fast. Schon dies war erstaunlich. Die europäischen Bürger waren aufgewacht und wollten mitreden.

Die Wahlergebnisse und Umfragen ergaben ein widersprüchliches Bild. Der Anteil der Stimmen für europaskeptische Parteien hatte sich in den vergangenen zwanzig Jahren europaweit mehr als verdoppelt, von 15 auf knapp 35 Prozent, andererseits blieb die Unterstützung für die EU auf Rekordhöhe. Das Brexit-Chaos hatte dafür gesorgt, dass nirgends mehr ernsthaft über einen Austritt aus der EU diskutiert wurde. Die Themen, die den europäischen Wählern wichtig waren, ließen sich längst nicht mehr in Links-Rechts-Schemata einordnen, die politische Zersplitterung, die auf nationaler Ebene schon früher begonnen hatte, war nun auch auf der europäischen deutlich sichtbar. Es war ein historischer Moment: Das europäische Kaffeehaus war Wirklichkeit geworden, und in diesem Kaffeehaus flogen die Fetzen.

Und was tat sich in Spanien außerhalb Kataloniens? Als ich im turbulenten Herbst 2017 durch Spanien fuhr, war überall ein heftiger Gegennationalismus spürbar. In Madrid und in den Städten und Dörfern Aragoniens, Kastiliens und Andalusiens hingen spanische Flaggen in den Fenstern, alle waren wütend auf die »reichen« und »arroganten« Katalanen, die den brüchigen Frieden des gemeinsamen Landes gefährdeten. In Madrid wurde wieder unter Schildern mit Konterfeis von Marx und Lenin demonstriert. Alle waren auf der Suche nach neuen Bannern, unter denen sie marschieren, und vor allem nach Material für neue Barrikaden, hinter denen sie sich verschanzen konnten.

Bart

Ich stamme aus einer »schwarzen« Familie – ja, so nennt man das hier. Aus einer Familie von flämischen Nationalisten, von denen einige sogar mit den Deutschen kollaboriert haben. Einer meiner Onkel, Jan, war in Deutschland beim Volkssturm, er ist da verunglückt. Ein anderer Onkel hat an der Ostfront gekämpft, danach war er fünf Jahre in Gefangenschaft. Als Belgien befreit wurde, ist die ganze Familie wie Tausende andere Kollaborateure nach Deutschland geflohen. Sie war auf der falschen Seite gewesen und hatte jetzt große Angst vor den Folgen.

Mein Vater war damals noch ein Junge. Diese Erlebnisse haben ihn für sein ganzes Leben geprägt und ihn zu einem Rebellen gemacht, der immer bedingungslos für Freiheit eingetreten ist. Wie viele Kriegskinder hatte er für Macht und Autorität wenig übrig, und er empfand zunehmend Abneigung gegen die katholische Kirche. Er blieb ein echter flämischer Nationalist, das schon, aber er hasste Uniformen und was sonst so zu den Ultrarechten gehörte. Für mich war der ganze nationalistische Zirkus nur beklemmend, ich habe früh nach einem eigenen Weg gesucht und bin bei Verhofstadts Liberalen gelandet. Aber von der DNA der Nationalisten weiß ich mehr als sie selbst, weil ich damit aufgewachsen bin und die typischen Gespräche, die Bücher, die Zeitschriften, die Emotionen, die Motive zur Genüge kenne. Und gerade deshalb mache ich mir Sorgen.

Wer dem Nationalismus verfällt, ist von da an oft in einer ganz bestimmten Denkweise gefangen, einem Gruppendenken, und entfernt sich so allmählich von den Idealen einer freien Gesellschaft. Nationalismus kann kaum offen sein, er verschließt sich zwangsläufig, alles dreht sich um Assimilierung oder Ausschluss, um den Gegensatz zwischen »uns« und »denen«. Außerdem ist er sehr normativ, er will immer bestimmen, was ein »richtiger« Flame ist oder ein »richtiger« Niederländer. Das ist mit wahrer Freiheit nicht zu vereinbaren.

Man sieht das überall in Europa. Dabei muss man bedenken, dass viele dieser Gruppen irgendwann aus emanzipatorischen Bewegungen entstanden sind. Nehmen wir meinen Großvater. Wenn er studieren und weiterkommen wollte, konnte er nicht Niederländisch sprechen, das war ja nur eine zweitrangige Sprache. Wer zur Elite der belgischen Gesellschaft gehören wollte, musste sich selbst verleugnen. Die Flämische Bewegung wollte das ändern. Aber irgendwann stand der Nationalismus so im Mittelpunkt ihres Denkens, dass sie bereit war, sich sogar mit dem Teufel einzulassen. So gerät man am Ende unweigerlich auf Abwege und macht gemeinsame Sache mit zutiefst negativen Kräften, und dann gibt es keinen Weg zurück.

Man muss sich das vorstellen: Die Flämische Bewegung war ursprünglich eine Befreiungsbewegung, pazifistisch noch dazu, entstanden in den Schützengräben des Ersten Weltkriegs. Es ist bemerkenswert, dass eine offene, fortschrittliche, reformerische Bewegung wie diese innerhalb von vier, fünf Jahren umkippen und sich in eine antidemokratische Bewegung verwandeln konnte, in der alle in Reih und Glied standen und den rechten Arm in die Höhe reckten.

Meine Familie lebt seit 1520 in Mecheln, wir sind also tief in dieser Stadt verwurzelt. 2001 wurde ich ganz überraschend zum Bürgermeister gewählt. Ich bin Jahrgang 1964, und in meiner Jugend war Mecheln noch eine Stadt, in der fast nur weiße flämische Familien lebten. Als ich Bürgermeister wurde, bestand ein Sechstel der Bevölkerung aus Marokkanern. Viele Einwohner fühlten sich unsicher, der Verwaltungsapparat war schwach und verkalkt, in den Ranglisten war Mecheln eine der jämmerlichsten Städte von ganz Flandern. Die Bevölkerung war tief gespalten. Man konnte nicht mehr normal mit den Leuten reden, sie sprachen nur von »den Ausländern«, die Mecheln unsicher machten und daran schuld waren, dass die Stadt verkam, und überhaupt an allem, was schlecht war.

Und dann kam 9/11. Ich war gerade Bürgermeister geworden und habe hier davon erfahren, im Büro nebenan. Panik überall. Viele glaubten, dass noch zig andere entführte Flugzeuge unterwegs wären und jederzeit wichtige Gebäude treffen könnten, auch in Europa. So war die Stimmung, als der Polizeipräsident zu mir kam. Sie hatten aus Brüssel die Anweisung erhalten, alle amerikanischen Einrichtungen und Unternehmen gegen mögliche Anschläge mit Flugzeugen zu schützen. »Aber wie soll ich das denn machen, Herr Bürgermeister?«, fragte er. »Ich kann ja wohl kaum mit meiner Dienstpistole ein Flugzeug abschießen!«

Es war ein schwerer Schlag und hat die Polarisierung zusätzlich angefacht. Wie überall bekamen auch die Marokkaner hier eine andere Identität verpasst. Sie waren nicht mehr »Marokkaner« oder »Ausländer«, nein, sie waren und blieben »Moslems«.

Was heute überall in Europa zu beobachten ist, hat bei uns in Flandern schon viel früher angefangen, in den neunziger Jahren: die Angst vor dem Fremden, das Denken in »Wir«-und-»sie«-Kategorien, der Nationalismus. Die Nationalisten redeten ständig von »Rückkehr«, jeder sollte in sein eigenes Land zurück. Das erste Kind marokkanischer Eltern ist hier im selben Jahr wie ich zur Welt gekommen, 1964. 2001 war dieser Mann 37 und hatte selbst Kinder. Wie kann man da noch von Rückkehr sprechen? Oder, das war für die Nationalisten die Alternative, die Immigranten sollten durch und durch Flamen werden, also weg mit den Kopftüchern, Alkohol trinken, Schweinefleisch essen, das galt als der beste Beweis dafür, dass sie sich anpassten.

Die Linken reagierten darauf mit ebenso naiven Vorstellungen. »Wir müssen Rassismus bekämpfen«, das war meistens schon alles. Die Immigranten bräuchten eigene Gemeinschaften, eigene Jugendzentren, ihre eigene Identität sollte gestärkt werden, um ihre Position in der Gesellschaft zu stärken, das blieb oft die einzige linke Antwort auf die Forderungen von Rechtsaußen. Ein gut gemeinter Paternalismus, der im Grunde nur neue Ghettos geschaffen hätte. Denn in diesen Jugendzentren drehte sich für die Migranten alles nur um die eigene Identität. Was macht uns zu Marokkanern? Also kein Alkohol, nur marokkanisches Essen, nur marokkanische Musik.

Ich erkannte da vieles wieder, es war genau wie in der Welt der flämischen Nationalisten. Die hörten bei ihren Feiern nur Musik aus den dreißiger Jahren, und sie hatten allerlei Rituale und Formeln, die indirekt ausdrückten, dass man ein Gleichgesinnter war, dass man dazugehörte. Und hier war es genau das Gleiche, ein Gefängnis wie das, aus dem ich unter großen Schwierigkeiten ausgebrochen war. Es war ein Gruppendenken, das hauptsächlich auf das Trennende ausgerichtet war, das Freiheit erstickte. Denn wenn man nicht mitmachte, war man ein Kollaborateur, ein »Bounty«, außen braun, aber innen weiß.

Gegen dieses Beengende haben dann Ende der neunziger Jahre die jungen Migranten selbst rebelliert, vor allem die erste Generation, die studiert hat. Sie haben gesehen, dass sie hauptsächlich herablassend behandelt wurden, und sie haben aufbegehrt, haben sich organisiert. Das war mit dem Aufkommen der Arbeiterbewegung mehr als ein Jahrhundert davor zu vergleichen. Und auch hier stellte sich die alte Frage, die sich jeder Emanzipationsbewegung stellt: Bleiben wir, um stark zu sein, unter uns, oder erobern wir uns gemeinsam einen Platz in der Gesellschaft? Darum drehte sich damals alles.

Als Bürgermeister habe ich mich nie auf irgendein Gruppendenken eingelassen, auch wenn die Versuchung manchmal groß war. Jeder Politiker neigt im Wahlkampf dazu, sich zu prostituieren, den Wählern nach dem Mund zu reden, indem er sich rassistisch und diskriminierend äußert oder Probleme verharmlost. In den ersten Jahren konnte ich kein Lokal betreten, ohne diesem Gruppendenken zu begegnen. Ich habe mich immer abseits gehalten, ich wusste ja aus meiner eigenen Jugend, wie gefährlich das war, ich hatte selbst erlebt, wohin Herabsetzung und Ausgrenzung führen. Und ich habe das auch zu den Leuten gesagt: Wir wollen doch wohl den Muslimen nicht antun, was man den Flaminganten angetan hat. Ich hatte nur eine Gemeinschaft von Menschen vor Augen, von Bürgern dieser Stadt.

Aber mir war auch klar, dass wir zuerst wieder für Sicherheit sorgen mussten. Viele Menschen fühlten sich nicht ohne Grund auf der Straße nicht mehr sicher. Der Rechtsstaat musste sich wieder Geltung verschaffen. Außerdem litt die Stadt an einer Art Trauma. Sie hatte nur eine ruhmreiche Vergangenheit, die Gegenwart war ärmlich, und eine Zukunft schien es nicht zu geben. Diese beiden Probleme haben wir gleichzeitig angepackt. Wir haben vor allem auf Polizeipräsenz und Sicherheit gesetzt und uns darüber hinaus große Mühe gegeben, den öffentlichen Raum in Ordnung zu bringen. Unter dem Grote Markt wurde eine Tiefgarage gebaut, darüber war endlos gestritten worden, viele erwarteten nur Chaos und Ärger, aber ich habe gesagt: »Wir bringen die Stadt in Bewegung.«

Bei dem anderen Vorhaben mit höchster Priorität, der Sicherheit, haben wir versucht, Bindungen zu schaffen. Wir haben zum Beispiel von Amsterdam das Konzept der »Nachbarschaftsväter« übernommen. Marokkanische Väter gingen abends durchs Stadtviertel, und diese soziale Kontrolle hat funktioniert, sogar in einem schwierigen Problemviertel. Das Gleiche galt für das »Großer-Bruder«-Projekt, da wurden ältere marokkanische Jugendliche oder junge Männer zum Beispiel als Aufseher auf Kinderspielplätzen eingesetzt. Die haben ein bisschen für Ordnung gesorgt und dadurch auch für sich selbst etwas gewonnen. Neulich bin ich einem der Jungs von damals begegnet, er ist jetzt Mitte 30, und er sagte zu mir: »Damals habe ich mich zum ersten Mal als Teil dieser Stadt gefühlt.« Für die Kinder und Jugendlichen auf dem Spielplatz war »die Stadt« nicht mehr irgendein weißer Polizeibeamter, sondern jemand aus ihrer eigenen Welt, ein Cousin oder buchstäblich ein großer Bruder. Es ist großartig, wenn sich die Perspektive so ändert.

Außerdem haben wir sehr auf erzieherische Maßnahmen gesetzt. Wenn das Fehlverhalten eines Jugendlichen nicht schnell spürbare Konsequenzen hat, kann es leicht passieren, dass er immer weiter abgleitet. Das wollten wir verhindern. Wenn die Polizei einen Jugendlichen festnahm, wurde erst einmal eine Rechnung ausgestellt über 100 Euro. Dann folgte ein Gespräch in Gegenwart der Eltern, bei dem sie um Mithilfe gebeten wurden. Wir werden jetzt öffentliche Mittel und Energie in euch investieren, seid ihr bereit, an diesem Projekt mitzuarbeiten? Oder bezahlt ihr lieber die 100 Euro? 98 Prozent der Eltern haben mitgearbeitet. Es wurde dann für die kommenden sechs Monate ein Vertrag geschlossen, oft mit ganz banalen Bestimmungen. Zum Beispiel: Sorgen Sie dafür, dass Ihr Kind Mitglied in einem Sportverein wird. Oder: In den kommenden sechs Monaten holen Sie Ihr Kind von der Schule ab. Oder: Ihr Kind darf dieses oder jenes Stadtviertel nicht mehr betreten, da wohnen schlechte Freunde.

Allein schon dieses Projekt hatte große Wirkung. Aus allen größeren flämischen Städten sind ultraradikale Muslime nach Syrien gereist, um sich dort dem IS oder einer anderen Gruppe anzuschließen. Auffallend viele kamen aus Belgien. Nach Angaben der belgischen Sicherheitsdienste waren es fast 100 aus Antwerpen, etwa 200 aus Brüssel. Bei uns: null.

Das war emotional auch für mich persönlich ein wichtiger Erfolg. Mein Vater hat noch auf seinem Sterbebett von seinem großen Bruder Jan gesprochen, der als Sohn von radikalen flämischen Nationalisten zum Volkssturm kam und in einer falschen Uniform gestorben ist, gerade einmal 15 Jahre alt. Er war so jung, es war so eine typische IS-Geschichte. Ich dachte: kein zweiter Jan Somers aus Mecheln, nie wieder. Und es gibt nur eins, was man dagegen tun kann: Vertrauen in die Gesellschaft schaffen. Wir müssen Menschen für unsere Gesellschaft rekrutieren, dann kann der IS sie nicht mehr rekrutieren. Wenn man fühlt, dass man Teil einer Gesellschaft ist, greift man diese Gesellschaft nicht mehr an. Das ist unser größter Erfolg, dass wir es geschafft haben, unsere Kinder vor den Rattenfängern zu schützen.

2016, nach den Anschlägen in Brüssel und Zaventem – der Flughafen ist hier ganz in der Nähe –, stand die Stadt wieder unter Schock. Ich habe dann eine Moschee besucht. Das hatte ich noch nie getan, als Bürgermeister wollte ich immer ein wenig Distanz wahren. Da waren lauter traumatisierte Menschen, die bespuckt und beschimpft worden waren und die sich im Grunde nur die eine Frage stellten: »Wann beginnen hier die Pogrome?« Diese Menschen waren in zweifacher Hinsicht Opfer: erstens als Bürger, zweitens als Muslime, weil der IS sich ihre Identität angeeignet hatte. Wir haben uns bemüht, Einigkeit zu bewahren. Bei dem Gedenken auf dem Grote Markt waren ungefähr 40 Prozent der Anwesenden ausländischer Herkunft.

Insgesamt haben wir uns in den Krisenjahren recht gut geschlagen. Im Städte-Monitor von Flandern ist unsere Stadt Jahr für Jahr auf verschiedenen Gebieten einen Platz aufgerückt. Die Kinderarmut hat abgenommen, die Mittelschicht ist zurückgekehrt, jedes Jahr wurde eine neue Einrichtung eröffnet, jetzt wieder eine Bibliothek. Beim Vertrauen zur Kommunalpolitik stand die Stadt 2004 auf dem dreizehnten Platz, 2018 auf dem ersten. Vertrauen zu Mitbürgern mit anderem kulturellen Hintergrund: vom dreizehnten Platz auf den dritten. Stolz auf die eigene Stadt: vom dreizehnten auf den ersten. Am Anfang dieses Jahrhunderts waren wir der kranke Mann von Flandern. Heute sind wir das Vorbild.

Überall kann man jetzt eine Renaissance der Städte und Regionen beobachten. In den europäischen Beratungsgremien entwerfen die Städte und Regionen neue Strategien, da spricht man die gleiche Sprache. Der amerikanische Politologe Benjamin Barber sagt ganz klar: Auf der regionalen und kommunalen Ebene hat man viel bessere Voraussetzungen, die gegenwärtigen Probleme zu lösen, als auf der nationalen. Anders gesagt, die Stadt ist viel stärker als der Gesamtstaat. Ich habe das selbst so erlebt, als Bürgermeister und als Ministerpräsident von Flandern. Im Parlament kann man monatelang über die Vor- und Nachteile von, sagen wir, verschiedenen Abwassersystemen diskutieren. Wenn in einer Stadt die Kanalisation kaputt ist, muss man sie so schnell wie möglich in Ordnung bringen. Das ist ein völlig anderer Ausgangspunkt. Auf der nationalen Ebene beschäftigt man sich oft mit der Frage, wo die Unterschiede liegen. Auf der lokalen fragt man eher nach dem Verbindenden.

Ich bin davon überzeugt, dass auf der regionalen und lokalen Ebene, zusammen mit der europäischen, die Zukunft liegt. Der Nationalstaat ist im Wesentlichen ein Konzept des 19. Jahrhunderts. Aber es ist zäh, ausdauernd, verführerisch. Eine nationale Identität richtet den Blick allzu oft in die Vergangenheit – das Goldene Zeitalter in den Niederlanden, der Sonnenkönig in Frankreich –, während eine Stadt in die Zukunft schaut. Sie ist ein Projekt, das verbindet, während eine nationale Identität ein Projekt der Abgrenzung ist.

Die Kopftücher von Musliminnen, das ist so ein typisches Abgrenzungsthema. Die Gegner berufen sich auf die Frauenemanzipation und so weiter, obwohl meiner Erfahrung nach dieselben Leute ansonsten wenig emanzipatorische Energie an den Tag legen. Dann denke ich: Leute, eine Milliarde Menschen auf dieser Welt läuft so herum. Natürlich bin ich für Gleichberechtigung von Männern und Frauen, aber haben wir wirklich auch nur eine einzige Frau dadurch emanzipiert, dass wir immer wieder ein Kopftuchverbot durchsetzen wollen? Im Gegenteil, wir machen aus dem Kopftuch ein Symbol des Widerstands. Eine emanzipatorische Bewegung kommt von innen. Und wann entsteht sie? Wenn Frauen und Männer sich nicht mehr ausgegrenzt fühlen, sondern merken, dass sie vollwertige Mitglieder dieser Gesellschaft sind.

Natürlich haben wir elementare Werte: Gleichberechtigung von Männern und Frauen, Rechtsstaatlichkeit, Demokratie, Trennung von Staat und Kirche, die Grundprinzipien der Aufklärung. Aber was machen Populisten? Sie tun so, als hätten diese Prinzipien immer schon gegolten. So wird jede Tradition zu einem elementaren Wert. Und damit machen sie eigentlich das Gleiche wie die Salafisten: Sie frieren die Gesellschaft im jetzigen Zustand ein. Die Salafisten sagen: Alles, was nach dem 7. Jahrhundert am Islam verändert wurde, ist Gotteslästerung. Manche Populisten tun im Grunde das Gleiche, doch damit tötet man unser westliches Modell, denn das beruht ja gerade auf Freiheit, auf einer Gesellschaft, die ständig über alles diskutiert, die sich ständig wandelt. Ich habe einmal nachgerechnet: In sieben europäischen Ländern leben weniger Muslime als in dieser Stadt. Anders gesagt: In unserer kleinen Stadt wohnen mehr Muslime als in Ungarn.

Wir haben hier in Mecheln eine jahrhundertealte Tradition, einen großen Umzug, der nur alle 25 Jahre stattfindet, den Riesenzug. Den kann jeder also nur zwei-, dreimal erleben. Da dreht sich alles um eine Riesenfamilie, bestehend aus Vater und Mutter und den Kindern Janneke und Mieke und Claeske und auch noch einem Opa, Goliath. 2013 haben wir diese Riesenfamilie um zwei neue Riesen erweitert, Noa und Amir, der eine ist ein Schwarzafrikaner, der andere Nordafrikaner.

Als die Fluchtwelle kam, haben wir als Stadt gleich angeboten, Flüchtlinge aufzunehmen. Das war unsere moralische Pflicht, und außerdem haben fast alle Familien hier selbst eine Fluchtgeschichte aus dem Ersten Weltkrieg. Mein eigener Großvater war damals auch jahrelang in den Niederlanden. Es waren 250 Flüchtlinge, so viele kann eine Stadt mit über 80 000 Einwohnern doch sehr gut aufnehmen.

Von der ersten Woche an haben wir dafür gesorgt, dass alle Kinder eine Schule besuchen konnten. Die Familien bekamen einen »Buddy«, eine Art Betreuer, der sie mit allem vertraut machte und mit ihnen in Kontakt blieb. Man muss dann schon ziemlich viel erklären: dass sie hier willkommen sind, dass wir aber auch unsere eigenen Regeln haben, wie der Umgang zwischen Männern und Frauen ist, solche Dinge. Wir haben sofort Sprachkurse organisiert, nicht als Nationalisten, weil wir so stolz auf unsere Sprache wären, sondern aus rein praktischen Gründen. Denn wie soll man sich in einer Gesellschaft zurechtfinden, wenn man nicht kommunizieren kann? Jeder Neuankömmling bekam einen »Paten« oder eine »Patin«, jemanden aus der Stadt, der sich bereit erklärt hatte, einmal pro Woche oder alle zwei Wochen etwas gemeinsam mit dem Mann oder der Frau zu unternehmen. Ich hatte gedacht, daran würden sich vor allem progressive Leute beteiligen. Aber nein, fast die Hälfte waren ganz traditionell denkende Männer und Frauen.

Und was geschah? Nach ein paar Wochen haben sie ihren Schützling zu sich eingeladen, man setzte sich zusammen an den Tisch, sie fragten diesen Fremden nach seinen Eltern, nach seiner früheren Arbeit, und so wurde der Immigrant ein Mitmensch. Es entstanden Freundschaften. Für den Betreuer änderte sich mindestens so viel wie für den Flüchtling. Sein Weltbild geriet ins Wanken.

Und für den Flüchtling entstand durch diese neue Freundschaft ein Netzwerk außerhalb seiner eigenen Gruppe, was ihn stärker machte und seine Chancen verbesserte. Das konnte ich immer wieder beobachten, sogar in meiner eigenen Familie. Was im ganz persönlichen Bereich passiert, das ist das Entscheidende.

Neulich habe ich mit ein paar Bürgermeistern aus dem Libanon gesprochen und ihnen erklärt, was wir hier tun. »Schön«, sagten sie. »Aber was sollen *wir* machen? Wir haben 40 000 Flüchtlinge in einer Stadt mit 10 000 Einwohnern. Selbst wenn wir unsere Babys mit einspannen würden, könnten wir das nicht schaffen.« Dann wird man wieder ganz demütig.

Große Erwartungen
2018–2019

I

Ein deutscher Dezembertag 2018. Ich sitze im Zug, das Münsterland und das Ruhrgebiet sind feucht vom Nebel und Nieselregen, vor dem nassen Fenster verschwimmen das Dunkelrot der Ziegeldächer, das Braun der Ställe und Scheunen, das Grau der Bahnsteige, Wohnblocks und Fabriken. Hinter den Häusern erinnert hier und da eine Schaukel oder ein verirrter Gartenstuhl an glückliche Sommerabende.

1999 bin ich auf der *Marla,* einem voll beladenen Containerschiff, auf dem Rhein in die Niederlande zurückgefahren, mit dem sogenannten Adventswasser, dem letzten Hochwasser des Jahres. Im Augenblick wäre das unmöglich, weil der Fluss wegen der außergewöhnlichen Trockenheit des vergangenen Sommers kaum noch befahrbar ist. Damals rasten die deutschen Züge noch ratternd und knarrend durchs Land, inzwischen sind sie mäuschenstill und so komfortabel, dass es besser eigentlich kaum geht, mit allerlei elektronischen Raffinessen, und meiner ist auf die Minute pünktlich. Die *Berliner Morgenpost* berichtet über Mängel bei der U-Bahn. Was ist los? Nur 95,5 Prozent der Züge fahren pünktlich. Welch ein gesegnetes Land, denke ich, welch eine uneuropäische Ordnung. Nur 4,5 Prozent der Züge sind also nicht pünktlich, und deshalb soll nun der Senat eingreifen?

Vor mehr als einem Vierteljahrhundert hatte ich die Winklers kennengelernt, eine Familie aus dem fernen Osten Deutschlands. Sie wohnten im Städtchen Niesky, gut zehn Kilometer von der Lausitzer Neiße entfernt, im sogenannten Tal der Ahnungslosen, in dem man zu DDR-Zeiten kein Westfernsehen empfangen konnte. Eckart Winkler war Bauingenieur, seine Frau Inge Kinderärztin, sie waren aktive Kirchenmitglieder und unabhängige Denker, die hart arbeiteten und abends in ihrer Wohnung mit Musik oder einem guten Buch die ganze Welt aussperrten, das gehörte zu ihrer Art der Selbstbehauptung unter dem SED-Regime. Niemand war reich, aber die

Mieten waren niedrig, Eckart konnte in seinem Betrieb zu Mittag essen, medizinische Versorgung, Schulbesuch und Studium waren kostenlos, der Staat garantierte ein gesichertes Dasein. Man durfte nur keine wilden Ideen entwickeln, denn dann hatte man ein großes Problem.

Zum ersten Mal war ich im Februar 1990 zusammen mit einem Kollegen bei den Winklers zu Gast, kurz nach dem Fall der Mauer. Wenn die Dämmerung kam, hing in den Straßen des Städtchens dichter Rauch aus den Auspuffen der Wartburgs und Trabants, praktisch die einzigen Autos, die es dort gab, und vor allem aus Hunderten Kohleöfen und -herden.

Es war eine intime Welt, eine Welt der großen Erwartungen, die ich nie vergessen werde. Der Kachelofen in einer Ecke des Wohnzimmers strahlte eine sanfte Wärme aus, Tochter Gudrun lehnte sich mit dem Rücken an die Kacheln und lernte, die andere Tochter, Almund, bastelte aus einem Taschentuch und einem alten Tennisball eine Puppe, Enkelin Elisabeth spielte auf dem Boden, Almunds Mann Jens leistete Wehrdienst bei der Nationalen Volksarmee. Es waren Monate, in denen auf einmal alles möglich zu sein schien. Endlich wurden die Parteibonzen entmachtet, man konnte nun frei reisen, im Januar tauchten in der Lokalzeitung die ersten Anzeigen für Kurzreisen nach Paris auf, bald würden wohl dicke Opel- oder Mercedes-Limousinen vor den Häusern stehen. Innerhalb von drei Monaten hatte sich der Preis des Trabant halbiert.

»Wir waren so froh«, sagte Gudrun später, »wie Kaninchen, die man nach Jahren endlich wieder freigelassen hat. Aber als wir einen Tag auf der grünen Wiese getanzt hatten, kam uns plötzlich doch der Gedanke: Was ist, wenn der Fuchs kommt?« Eckart empfand auch eine gewisse Bitterkeit, denn er hatte ein gutes Gedächtnis. Seine Direktoren, die sich jetzt »Unternehmer« nannten, waren dieselben Männer, die jahrelang für die Stasi gearbeitet hatten. Und hatten nicht viele der Politiker, die bei der anstehenden Wahl für die CDU kandidierten, immer der Linie Erich Honeckers das Wort geredet?

Später bin ich noch mehrmals nach Niesky gefahren. Als ich nach knapp zwei Jahren zum ersten Mal wiederkam, hatte der freie Westen die Wirtschaft übernommen, und die Veränderungen waren verblüffend, als hätte die Stadt innerhalb von zwanzig Monaten eine Entwicklung durchgemacht, für die eine normale westdeutsche Kleinstadt Jahrzehnte gebraucht hatte. Die Hauptstraßen waren frisch asphaltiert, die Luft war wesentlich sauberer, am

Stadtrand gab es ein hypermodernes Einkaufszentrum, und die Einwohner von Niesky und Umgebung beluden dort ihre Autos mit Farbfernsehern und Waschmaschinen. Die Winklers hatten jetzt ein modernes Badezimmer, in einer Ecke flüsterte ein Computer, vor dem Haus stand ein fast neuer Opel. Eckart reiste mit seinem technischen Direktor, dem Parteimitglied und Stasi-Zuträger, mit dem er früher ständig aneinandergeraten war, durch halb Europa. Er leitete eine Abteilung mit knapp 100 Mitarbeitern, aber er wusste, dass davon am Jahresende nur noch 40 übrig sein würden.

Der Kachelofen brannte noch jahrelang, aber Gudruns Platz blieb leer, sie hatte sich in einen Wessi verliebt und war in eine Kleinstadt in der Nähe von Dortmund gezogen. Sie war nicht die Einzige, die in den Westen gegangen war, fast die Hälfte ihrer ehemaligen Klassenkameraden hatte das Gleiche getan. Die Geburtenziffer in Niesky war seit 1989 um ein Drittel gesunken. »Die Frauen sind unsicher geworden«, sagte Gudrun später. »Sie wurden als Erste entlassen, die Betriebsverpflegung und die anderen Einrichtungen, die Müttern das Arbeiten ermöglichen sollten, wurden abgeschafft, man hat sie mit einem Schlag in die Küche zurückgeschickt.« In ihrer Erinnerung war die DDR eine Oase der Ruhe und Ordnung, sogar die Repression, von der auch ihre Familie betroffen war, empfand sie im Rückblick als berechenbar. »Wir wussten genau, wer der Feind war. Er war plump und dumm und deutlich erkennbar. Hier im Westen stößt man auch auf alle möglichen Widerstände, aber sie sind unbestimmt und ungreifbar.«

Ich hatte die lernende junge Frau am Kachelofen seit Jahren nicht mehr gesehen. Jetzt holt sie mich vom Bahnhof ab, vieles hat sich in der Zwischenzeit verändert, aber wir erkennen uns sofort wieder. Sie wohnt immer noch in der Nähe von Dortmund, ist Sozialarbeiterin und Therapeutin und hat mit ihrem Mann Martin zwei Söhne und eine Tochter, Kathy, die noch zu Hause wohnt. In ihrem Haus stößt man überall auf Bücher, Kunst und Musik, mitten im Wohnzimmer steht ein Flügel, in einem anderen Zimmer malt Kathy ein Bild.

Auf den ersten Blick ist Gudrun nach all den Jahren eine normale Wessi, doch manchmal, vor allem wenn ihr ältester Sohn von schlimmen Missständen in dem privatisierten Krankenhaus berichtet, in dem er arbeitet, merkt sie wieder, dass sie in einer Gesellschaft mit etwas anderen Werten aufgewachsen ist. »Dass sich jemand auf diese Weise bereichern kann, das darf doch einfach nicht sein«, sagt sie. »Mit einer Klinik, in der sich das Pflegepersonal für immer weniger Geld die Füße wund läuft und in der sogar die Handtücher durch billiges Papierzeug ersetzt worden sind! Ich bin doch noch zu sehr DDR-Mensch, um das zu akzeptieren.«

»In der DDR hat meine Mutter gelernt, den Mund zu halten«, meint Kathy. »Hier hat sie gelernt, dass man öfter den Mund aufmachen muss.«

»Angela Merkel kann sich plötzlich in Luft auflösen«, sagt Gudrun, »sodass sie völlig ungreifbar wird. Das lernt man in einer Diktatur. Was mich mehr stört, ist diese Ingenieursmentalität, sie denkt sehr mathematisch, es geht immer um Finanzierbarkeit und Defizite, um alles Messbare, sonst nichts.«

Beim Essen sprechen wir über die vergangenen zwei Jahrzehnte. »Deutschland hat immer noch eine Ständegesellschaft, wer arm ist, bleibt arm. Unsere Kinder können nur deshalb erfolgreich studieren, weil sie viel Energie *und* Geld investieren.« Die Quantifizierungskultur hat sich auch in ihrer beruflichen Sphäre durchgesetzt. Gudrun und Martin, der ebenfalls Therapeut ist, müssen jetzt alle Patientendaten laufend ergänzen und korrigieren, eine enorme zusätzliche Belastung. »Früher wurde unsere eigentliche Arbeit noch ernst genommen, aber das ist anscheinend vorbei.« Wir sprechen über die Bankenkrise von 2008. »Mein Mann hatte viele Patienten, die ihr Geld verloren haben. Ich kenne eine Frau, die immer stolz von ihrem Mann erzählte, der Banker ist. Heute schweigt sie, es ist ein peinlicher Beruf geworden.« Gudruns Söhne lasen damals laut Abschnitte aus Karl Marx' *Kapital* vor. »Das stimmt! Das stimmt genau!«

Gudrun berichtet von Rentnerinnen, die nun putzen gehen oder zu ihren Kindern ziehen, weil sie von ihren Renten unmöglich über die Runden kommen. »Hier im Ruhrgebiet ziehen viele ältere Leute bei ihren Kindern ein oder umgekehrt. Arbeitsplätze sind oft nur in weiter Entfernung zu finden. Dann bleiben die Eltern einsam zurück.« Über die griechische Schuldenkrise sagt sie: »In meinem Umfeld hatten alle nur Mitleid mit den Griechen, niemand hat sich abfällig geäußert, alle waren ratlos. Man hat ganz klar zwischen der arbeitenden Bevölkerung und der Politik unterschieden. Die Leute haben genau gesehen, wie die einfachen Griechen fertiggemacht wurden. Als Deutsche haben sie sich dafür geschämt.«

2018 haben noch 166 000 Personen in Deutschland Asyl beantragt, erneut weniger als im Vorjahr. Zur ersten Welle im Jahr 2015 gehörten zahlreiche hoch qualifizierte Menschen aus syrischen Städten wie zum Beispiel Techniker, Ärzte, Krankenpflegerinnen, Lehrerinnen, Dozenten, die relativ gut im Aufnahmeland zurechtkommen konnten.

Die zweite Welle war problematischer, sie bestand überwiegend aus agrarischer Bevölkerung mit geringem Bildungsgrad, konservativ und kaum auf Migration eingestellt. Hinzu kamen Migranten aus Afrika, die relativ viele Probleme verursachten und überdurchschnittlich oft straffällig wurden. Dennoch hatte inzwischen ein Viertel der Immigranten von 2015 Arbeit, mehr als erwartet.

Auch Gudruns Stadt hat Flüchtlinge aufgenommen, fast 300 bei etwa 18 000 Einwohnern. Dabei gab es zunächst kaum Probleme, es ist eine alte Bergarbeiterstadt, in der man ganz selbstverständlich mit Menschen türkischer, polnischer und jugoslawischer Herkunft zusammenlebt. In Kathys Klasse gab es nur sieben Schülerinnen und Schüler mit deutschen Eltern. »Bei meiner Generation spielen diese Unterschiede keine Rolle mehr«, meint Kathy, »wir sind wirklich eine Einheit.«

Gudrun, Martin und Kathy hatten selbst einen syrischen Flüchtling unter ihre Fittiche genommen, was sich allerdings als nicht ganz leicht erwies. Es war ein schwieriger junger Mann, für den alles perfekt und sofort verfügbar sein musste. Trotzdem setzte sich die Familie weiterhin für ihn ein. »Mein Land liegt mir am Herzen. Er darf kein Terrorist werden.«

Ich frage, ob die Angst vor Migranten gewachsen sei. »Ja, vor allem, weil plötzlich so viele auf einmal gekommen sind. Mit den Türken leben und arbeiten alle sehr gut zusammen, die Kinder spielen miteinander. Trotzdem schimpfen viele Leute abends zu Hause.«

Ihre Putzhilfe erwähnte einmal, dass sie die AfD wählen werde. Daraufhin ging Gudrun den Wahl-O-Mat mit ihr durch. »Und wer hat da am besten abgeschnitten? Die Grünen.« Trotzdem hat die Frau AfD gewählt, wegen der Ausländer. »Ich bin nicht die Einzige mit einem Ali«, sagt Gudrun. »Es sind Hunderttausende. Und trotz der Schimpferei und dem Hass tun wir unsere Arbeit.«

Martin kommt herein und setzt sich an den Flügel, sie müssen für ein Weihnachtskonzert proben. Kathy spielt seit ihrem sechsten Lebensjahr Cello, Gudrun Flöte, ihre Musik verwandelt das Haus in einen Ort der Harmonie und Geborgenheit. Die Lokalzeitung berichtet, dass ein Autofahrer einen Schlafwandler vor dem Erfrieren gerettet hat, dass ein Wolf überfahren wurde und dass die Pfadfinder das Friedenslicht aus Bethlehem in die größte Kirche der Stadt getragen haben. Und morgen soll der erste Schnee fallen.

An den folgenden Tagen reise ich durch ein Deutschland voller Christbaumkugeln, Kerzenhalter, Wichtelmänner, Schokowürfel, Stollen, Marzipanbrote, Wollmützen, Spitzendeckchen, Kuckucksuhren, Engel, Holzschnitzereien und jener Sorte Pantoffeln, die Sehnsucht nach der einschläfernden Wärme altmodischer Kachelöfen wecken. Jede Stadt, die etwas auf sich hält, hat einen Weihnachtsmarkt, eine geballte Masse an Gemütlichkeit, von der viele Deutsche nicht genug bekommen können. Immer wieder umhüllt mich der Geruch von Glühwein, Krapfen, Sauerteigbrot und Bockwurst.

»Für ein Deutschland, in dem wir gut und gerne leben«, lautete der Slogan Angela Merkels in ihrem letzten Wahlkampf. Sie wird nicht mehr lange die Galionsfigur Deutschlands und Europas bleiben. Die nüchterne Schuldirektorin, die in ihrem pompösen Kanzleramt meist an der Ecke eines Konferenztisches arbeitet und abends in ihre Wohnung zurückkehrt, um Kartoffelsuppe zu kochen, hat bekanntgegeben, zur nächsten Bundestagswahl nicht mehr zu kandidieren. In diesen Dezembertagen kann man leicht den Eindruck gewinnen, dass sie all ihre Ziele erreicht hat, überall auf den Weihnachtsmärkten sehe ich zufriedene Paare, Frauen in schicken Sachen, Männer mit hinter dem Rücken verschränkten Händen. Um elf wird schon überall Glühwein getrunken, im Supermarkt gibt es tiefgefrorene polnische Gänse für 3 Euro 79 das Kilo.

Auf dem Weihnachtsmarkt von Halle verkaufen freundliche Studenten Bio-Pflaumenmarmelade und Ansichtskarten mit Texten wie »Islamisierung? Nicht bei uns!« oder »Festung Europa, schließ die Grenzen!« oder »Wehrt euch! Dies ist unser Land!«. Sie gehören zum Hippiezweig der rechtsextremen Identitären Bewegung, glauben an die Verschwörungstheorie vom »Großen Austausch« und haben der Achtundsechziger-Generation, »die unsere Werte, unsere Traditionen, unsere Identität und unser Volk abschaffen will«, wie eines ihrer Pamphlete behauptet, den Kampf angesagt. Sie erinnern mich an die Gymnasiasten, denen Joseph Roth vor knapp einem Jahrhundert in Berlin begegnete, Halbstarke, die lautstark »Nieder, nieder, nieder mit der Judenrepublik. Pfui! Judenrepublik! Pfui! Judenrepublik!« sangen, und an das rasch wachsende völkische »Blätterwäldchen« an den Kiosken am Potsdamer Platz, das er erwähnte. In Dresden marschieren wieder etwa 20 000 AfD-Anhänger durch die Straßen. Seit 2015 sind über 4000 Anschläge auf Asylunterkünfte und auf Ausländer verübt worden, kleinere und größere, teilweise mit Brandsätzen. Die Sprache auf der Straße und sogar im Bundestag hat sich verändert, Wörter wie »Lügenpresse« und »Volksverräter« werden nach knapp einem Dreivierteljahrhundert wieder in der Öffentlichkeit gebraucht.

»Schimpfen und etwas tun«, hatte Gudrun gesagt, »das passiert hier beides gleichzeitig«. Sie setzte sich weiterhin für »ihre« Flüchtlinge ein. Tatsächlich ist diese Gegenbewegung 2018 in Deutschland sehr aktiv und stark, auch in den jüngeren Generationen. In Berlin haben an Demonstrationen gegen Rassismus und Nazismus 70 000 bis 240 000 Menschen teilgenommen, in Chemnitz besuchten 65 000 Menschen ein Antirassismuskonzert als Reaktion auf eine Demonstration von 6000 Rechtsextremisten. In den deutschen sozialen Medien dominiert der Hashtag *Wirsindmehr*.

2

Während meiner Expeditionen im Jahr 1999 war das Hotel *Imperator*, ein altes Berliner Bürgerhaus mit riesigen Zimmern, meine Aktionsbasis im östlichen Europa, ich hatte dort sogar ein paar eigene Bücherbretter. Später fiel dieses gastliche Haus mit den knarrenden Parkettböden, den Fluren voller zeitgenössischer Kunst, den Zimmermädchen in sorgfältig gebügelten Kitteln und dem guten Frühstück mit starkem Kaffee und knusprigen Brötchen dem großen Geld zum Opfer. Es war ein Trauerspiel. Heute gibt es nur noch Reichtum in dieser Straße.

Mein neues Zuhause ist das weltberühmte Hotel *Savoy*, wo es an der Rezeption nach Zigarren und dem Parfum vornehmer Herren zu riechen scheint. Wenn man noch irgendwo das alte Europa findet, dann hier. Was haben mir Berliner nicht alles über dieses Hotel erzählt, so viel Geschichte in einem einzigen Menschenleben. Bertolt Brecht, Joseph Roth, die Familie Mann, Kurt Weill, man spürt fast noch ihre Gegenwart.

In den vergangenen zwanzig Jahren hat Berlin viel von seiner alten Dynamik zurückgewonnen, eine gelassene Modernität, eine selbstverständliche Überlegenheit. Was 1999 noch im Bau war, ist längst ein natürlicher Bestandteil der Stadt. »Der Westn is besser / Der Westn is bunter / Und schöner und schauer / Und reicher und frei«, sang Wolf Biermann in den 1990er Jahren. »Der Ostn is schlechter / Der Ostn is grauer / Und klein sind die Chancen / Und groß ist die Not« …

Heute gibt es schon eine ganze Generation von Berufstätigen, die den »Ostn« nicht mehr erlebt haben, selbst von der Grenze zwischen Ost- und West-Berlin ist nicht allzu viel zu sehen, die wenigen Mauerreste sind in der Obhut von Museen oder Stiftungen. Eine ganze Welt, die realisierte Utopie von Millionen Kommunisten, angetrieben durch ein übermächtiges Ideal, wurde hinweggefegt. Nur das flinke Ampelmännchen durfte auf den Fußgängerampeln weiterleben, man sieht es heute sogar in der ganzen Stadt, es ist der letzte Überrest des Heilsstaates.

Das alte Berlin wurde von Gleisen zusammengehalten. Jeder Eisenbahnliebhaber kannte das sogenannte Gleisdreieck, diesen Knotenpunkt zahlloser Bahnstrecken, ein Wunderwerk aus Eisen, Lärm und hastenden Menschenmassen. Heute liegt dort ein großer, stiller Park. Seltsam, dass so viel Energie sich spurlos verflüchtigen kann. Auf dem, was von dem Schienennetz geblieben ist, schaukele ich ein paar Tage mit den Berlinern kreuz und quer durch die Stadt, steige von der Straßenbahn in die S-Bahn um und umgekehrt.

Im Straßenbild von 1999 waren Bettler und Obdachlose noch selten, heute sieht man sie überall, besonders unter Viadukten, wo es zwar belebt, aber trocken ist. Viele haben ihre Schlafplätze aufwendig eingerichtet mit veritablen, ordentlich gemachten Feldbetten, deutsche Gründlichkeit sogar hier. Joseph Roth bemerkte einmal, Armut schärfe den Blick, und das ist auch heute zu beobachten. Schon morgens hört man hier und da die mit Flaschen und Dosen gefüllten Tüten der Pfandsammler klirren, Männer und Frauen, meist Rentner und Hartz-IV-Empfänger, die ihr karges Einkommen ein wenig aufbessern. Das traurige Heer der Flaschensammler ist heute allgemein akzeptiert, genau wie die aussichtslose Armut, die diese Berliner zum Sammeln zwingt.

Die Weihnachtsmärkte riechen hier vor allem nach Maronen und Gänsebraten. Der Markt an der Gedächtniskirche ist mit Betonbarrieren gesichert, seit dort vor genau zwei Jahren bei einem islamistischen Anschlag mit einem Lastwagen zwölf Menschen ums Leben kamen. Bei der verwundeten Kirche ist eine neue Gedenkstätte geschaffen worden, auf den Stufen flackern

Hunderte von Grablichtern, dazwischen stehen und liegen Blumensträuße und Kränze. In der Kirche mit ihren blau schimmernden Mosaikwänden aus Glas findet eine Abendandacht statt. Die Orgel spielt, der Pfarrer spricht über Weihnachtsmärkte, die Bedeutung des Weihnachtsfestes, den himmlischen Frieden. Wir sind höchstens dreißig Besucher, ich sehe Jacken und Strickmützen, eine stark geschminkte Dame und eine Mutter mit ihrer kleinen Tochter, wir beten das Vaterunser und werden gesegnet: »Der Herr segne euch und behüte euch.« Dann stehen wir wieder draußen.

Am nächsten Morgen, im Zug nach Osten, sehe ich weiß überfrorene Äcker, Gemüsegärten, in der Ferne Krähenschwärme. Ich stöbere ein wenig in Lokalzeitungen. Wölfe dürfen wieder geschossen werden. Ein Berliner Neureicher hat der Stadt den Rücken gekehrt, weil er lieber an einem Ort »ohne Hippies und exzessiven Feminismus« leben will, »wo Männer sich noch wie Männer verhalten« und normalen Tätigkeiten nachgehen. Das Jahr 2018 wird höchstwahrscheinlich als das wärmste seit Beginn der Aufzeichnungen in die Annalen eingehen. Und gestern ist das letzte deutsche Steinkohlenbergwerk geschlossen worden, das riesige, aus den 1860er Jahren stammende Prosper-Haniel-Bergwerk in Bottrop, von dessen entlegensten Abschnitten man bis zur Erdoberfläche anderthalb Stunden brauchte. Das letzte Stück Steinkohle wurde feierlich Bundespräsident Steinmeier und Kommissionspräsident Juncker überreicht, alle sangen »Glück auf, der Steiger kommt«. Das war das Ende der Steinkohlenförderung, auf der einst der Reichtum und die Stärke Deutschlands beruhten.

Mit ein wenig Schnee ist das im Krieg zerstörte Dresden wieder das perfekte Ansichtskartenmotiv. Sogar der Hauptbahnhof ist eine Kathedrale, das Ergebnis jahrzehntelanger Mühen und Disziplin, der Traum jedes erwachsenen Modellbauers. Die Frauenkirche, 1999 noch eine Baustelle, sonnt sich in ihrer neuen Glorie, als wäre nie eine Bombe gefallen. Am anderen Ufer der Elbe scheint Kurfürst August der Starke samt seinem Ross in flüssiges Gold gefallen zu sein. Dahinter beginnt dann wieder die normale, schäbige DDR, eintönige Häuserblocks, gepflasterte Straßen, bröckelnder Asphalt, kommunistische Baumbepflanzung, alles erinnert noch an Walter Ulbricht.

In der Seniorenresidenz AlexA setzt man auf heilsame Nostalgie. Heimleiter Gunter Wolfram empfängt mich sehr herzlich und führt mich durchs

Haus. »Für viele ältere Menschen ist es heute schwierig, weil die Renten kaum mehr ausreichen«, sagt er. Sie müssten nicht hungern, aber ohne finanziellen Spielraum und ohne die Möglichkeit, die Rente noch irgendwie aufzubessern, hätten sie das Gefühl, für nichts mehr gebraucht zu werden, auch nicht in ihrer Familie. »›Jammerossi und Besserwessi‹, an diesem Vorurteil ist schon etwas dran«, meint Wolfram. »Im Westen hat man viel besser gelernt, für sich selbst zu sorgen, im Osten hat man sich immer auf die Gemeinschaft verlassen.« In der Gemeinschaft werde nun allerdings hauptsächlich geklagt, über das Wetter, über Geldsorgen und vor allem über die gefährliche Zukunft. Immer mehr Bewohner des Altenheims litten an Depressionen, und natürlich auch an Demenz. »Die Atmosphäre veränderte sich, die Bewohner hatten keine Lebensfreude mehr, sie bauten geistig ab, sie dämmerten ein.«

Vor ein paar Jahren erhielt die Einrichtung unerwartet ein paar zusätzliche Räume und ein kleines Budget zur freien Verfügung. Der Heimleiter entschloss sich zu einem Experiment und richtete einen kleinen Kinosaal mit originalen Kinosesseln ein, in dem Filme aus den 1950er und 1960er Jahren gezeigt werden. Am Eingang wurde ein DDR-Motorroller aus Zschopau aufgestellt, schwer wie ein Klavier. Nicht der erste Film, sondern dieser alte Motorroller war bei der Einweihung des Kinos die große Attraktion. »Vier demenzkranke Bewohner konnten sich gar nicht davon losreißen, sie erzählten plötzlich Geschichten, die sie noch nie erzählt hatten, von Freundinnen, von Reisen an die Ostsee. Und das waren Menschen, die manchmal nicht mehr den Unterschied zwischen einem Messer und einer Gabel kannten.«

Mir werden die seitdem eingerichteten neuen Räume samt einer umfangreichen Sammlung sorgsam gepflegter DDR-Reliquien gezeigt. Da gibt es Plakate, ein Radio und einen Fernseher, ein paar Möbel, ein Portemonnaie mit den kleinen Mark-Banknoten, die Programmzeitschrift *FF dabei* – »Manche erinnern sich dann plötzlich wieder an bestimmte Sendungen« –, die Frauen- und Hobbyzeitschrift *Guter Rat*, sogar Kartons mit REUWA-»Spezialwaschmittel« und Plastikflaschen mit einer Reinigungsflüssigkeit. »Damit wurden überall die Treppen geputzt, das ist der Geruch meiner Jugend.«

Die Bewohner können den Tag nun mit einem Einkauf in vergangenen Zeiten beginnen, dafür haben sie sogar originale DDR-Einkaufsnetze. Sie zünden einen altmodischen Ofen an, schälen Kartoffeln fürs Mittagessen, sind den ganzen Tag aktiv. »Und das sind oft Menschen, die kein Messer mehr halten konnten und kein Wort mehr herausbrachten, die sich aufgegeben hatten. Und nun sagen sie wieder Gedichte auf, sie tanzen, sie haben das Gefühl, dass sie die Zeit, die ihnen bleibt, nutzen können. Es kommen Erinnerungen hoch, von denen jüngere Menschen nichts ahnen. Und sie sind wieder fröhlich, werden wieder zu den Persönlichkeiten, die sie waren und sind.«

Vier sehr alte Damen sitzen an einem Tisch und trinken Tee. Eine von ihnen hebt den Kopf, als sie mich sieht, anscheinend erkennt sie mich als Ausländer, sie bekommt rote Wangen und strahlt mich an: »Kommst du zu mir, Charley? Bist du endlich, endlich zurück?«

3

Mit einem Schienenbus, gemütlich und schlicht, fahre ich nach Niesky weiter. »Während der Fahrt nicht mit dem Fahrer sprechen«, steht auf einem Schild. Die Landschaft ist jetzt leer und hügelig, von einer dünnen Schicht Schnee bedeckt, hier und da rasten Wildgänse und Kraniche. Der Triebwagen hält an einem verlassenen Bahnhof. Nebenan stehen ein großes Fabrikgebäude aus Backstein und ein moderneres Bürohaus aus Beton, die offensichtlich aufgegeben wurden, die Eingänge sind mit Brettern vernagelt, die Fensterscheiben der Fabrik zertrümmert. Auf einem verfallenen Haus ist immer noch das Wort »FREIHEIT« in großen schwarzen Lettern zu lesen.

In Niesky übernachte ich im Bürgerhaus, einem ehemaligen Betriebshotel, das auch dreißig Jahre nach dem Mauerfall noch zu 100 Prozent DDR ist, vom grauen Treppenläufer bis zur glatten Deckenleuchte in meinem Zimmer und dem verblassten Strandbild überm Bett. Die Stadt selbst ist zu einer gepflegten alten Dame geworden, die eine bemerkenswert erfolgreiche Schönheitsoperation hinter sich hat. Fast alle Häuser sind renoviert, wärmegedämmt und neu gestrichen worden, nach dem kommunistischen Grau dominieren Pastellfarben. Der Braunkohletagebau hat sich in einen stillen, tiefen See verwandelt. Der Waggonbaubetrieb, ein Jahrhundert lang der größte Arbeitgeber der Stadt, musste Insolvenz anmelden und wurde 2018 an eine slowakische Firma verkauft. Das Postamt ist jetzt eine Postagentur. Wo das Kino stand, in dem so viele unvergessliche Jugendfeste gefeiert wurden, breitet sich heute der Parkplatz des Edeka-Supermarktes aus, der zahlreiche alte Einzelhandelsgeschäfte verdrängt hat, wie die großen Märkte überall. Die Grenze zu Polen ist seit der EU-Erweiterung von 2004 fast unsichtbar. In Görlitz und dem auf der anderen Seite der Lausitzer Neiße gelegenen Zgorzelec wurden kleine Parks angelegt, verbunden durch eine Fußgängerbrücke, über die man jederzeit von Deutschland nach Polen oder umgekehrt gehen kann und auf der Brautpaare sich gern fotografieren lassen.

Niesky hat eine neue Sporthalle und eine Bibliothek, auf die man besonders stolz ist, doch etliche Schulen mussten geschlossen werden. Niesky ist eine alternde Stadt, viele junge Leute kommen nur noch zu Weihnachten und Ostern zu Besuch. Von 1990 bis 2015 hat das Gebiet der ehemaligen DDR 15 Prozent seiner Bevölkerung verloren. Nur die private Welt von Eckart und Inge im Wiesenweg, der ehemaligen Plittstraße, scheint unverändert zu sein. Ich werde empfangen wie ein alter Freund, das Essen steht schon auf dem Tisch, Inge inspiziert meinen Mantel und erklärt, dass sie einen der Knöpfe annähen müsse.

Der Kachelofen ist allerdings verschwunden, und nicht nur er. Enkelin Elisabeth bewirtschaftet inzwischen mit ihrem Mann einen Bauernhof in Irland. Tochter Almund und Schwiegersohn Jens wohnen in Berlin, wo es natürlich die meisten Arbeitsplätze gibt. Eckarts Konstruktionsbüro ist an Projekten auf der ganzen Welt beteiligt, sogar in Afrika und China. Er muss nicht mehr persönlich nach China reisen, sondern kann jede Schraube und andere Details von Niesky aus über das Internet kontrollieren, und zwar mithilfe eines Assistenten in China, der mit einer Kamera alle problematischen Stellen aufnimmt.

»Die Globalisierung hat meine Arbeit tausendmal einfacher gemacht«, erklärt Eckart. »Man muss sich das mal vorstellen: In den achtziger Jahren in der DDR, wenn wir wegen eines technischen Problems mit jemandem im Westen telefonieren mussten, dann musste ein ›zuverlässiger‹ Kollege das übernehmen, ich selbst durfte das nicht.«

»Wir sind langsam in Europa und die westliche Welt hineingewachsen«, ergänzt Inge. »In den neunziger Jahren war uns alles noch so fremd. Wir mussten den Westen erst kennenlernen und uns zurechtfinden, das war schon schwierig genug. Europa, das war ganz, ganz weit weg.«

Wir sprechen über die vergangenen zwanzig Jahre, über die Auswirkungen des Umbruchs der 1990er Jahre, als auch die ehemalige DDR nach

Herzenslust geplündert wurde. Fabriken wurden für einen Apfel und ein Ei verscherbelt, viele wurden stillgelegt und demontiert, die Maschinen teilweise in den Westen geschafft, die Arbeitsplätze verschwanden. Die Schulden der Treuhandanstalt, die für die Privatisierungen und Stilllegungen verantwortlich war, und ihrer Nachfolgeorganisationen beliefen sich am Ende auf 270 Milliarden D-Mark. Alles, was die DDR hervorgebracht hatte, schien wertlos zu sein, dabei gab es auch Firmen, deren Produkte von hervorragender Qualität waren. Eckart erzählt von seinem früheren Betrieb, der überall im Land ausgezeichnet funktionierende Kühlanlagen installiert hatte. Auf einmal zählte das nicht mehr.

Für Eckart und Inge begann das 21. Jahrhundert vor allem mit einem Gefühl der Demütigung.

»Plötzlich stand das Finanzielle an erster Stelle. Das kannten wir von der DDR so nicht«, sagt Inge. »Auch als Kinderarzt durfte man auf einmal vieles nicht mehr, für Nachsorge war kein Geld da. Im ersten Jahr nach der Wende haben wir mehr über Geld geredet als in unserem ganzen Leben davor.«

»Ich bin damals zum ersten Mal Unternehmern aus dem Westen begegnet, die sich damit brüsteten, dass sie noch nie einen Pfennig Steuern bezahlt hätten«, erzählt Eckart. »Ich konnte nicht glauben, dass Leute so dachten.«

Weil sie in der DDR aufgewachsen waren, erlebten sie auch den 11. September 2001 anders als die meisten in Westeuropa. »Ich dachte, endlich wisst ihr in Amerika auch, was Krieg ist«, sagt Eckart. Als kleiner Junge hatte er 1945 die Leuchtbomben über Dessau gesehen, »wie Lichter an einem Christbaum«, und danach die brennende Stadt. »Wir saßen im Luftschutzkeller, und ich dachte: Wissen die Amis eigentlich, was den Menschen hier passiert, wenn die Bomben fallen? Ein arabischer Bekannter sagte nach dem 11. September: ›Das haben sich die Amerikaner selbst zuzuschreiben.‹ Ich empfand das auch so. Und gleichzeitig schämte ich mich schon für den bloßen Gedanken.«

Über den Kapitalismus haben Eckart und Inge in den vergangenen Jahren mehr gelernt, als ihnen lieb war. Mit einem Bauprojekt, in das sie viel Geld investiert hatten, wurden sie auf das Übelste betrogen, ihr Konstruktionsbüro wurde von Anwälten, die auf schnelles Geld aus waren, mit Klagen überzogen. Sie hatten schwere Zeiten durchgemacht. Auch das Gefühl der Demütigung blieb. Immer noch sind die Löhne und Gehälter im Osten durchschnittlich 20 Prozent niedriger als in Westdeutschland, fast alle großen Unternehmen und Institutionen haben ihren Sitz im Westen. Spitzenpositionen in Politik, Verwaltung, Wissenschaft, Wirtschaft und Kultur sind nur zu 1,7 Prozent mit Ostdeutschen besetzt, obwohl Ostdeutsche immerhin 17 Prozent der Gesamtbevölkerung ausmachen. Sogar das Tal der Ahnungslosen besteht in gewisser Hinsicht weiter, denn beim Internetzugang gibt es hier teilweise größere Lücken als in Albanien.

So kritisch Eckart und Inge gegenüber dem SED-Regime auch eingestellt waren, die langen DDR-Jahre lassen sich nicht auslöschen. Wie bei vielen Mittel- und Osteuropäern gehören die Erfahrungen unter dem Kommunismus zu ihrer Vergangenheit und ihrer Identität. Die Berliner Journalistin Anja Maier verglich ihre Gefühle mit Phantomschmerzen nach einer Amputation. »Eines weiß ich noch heute genau: dass ich auch in Ostdeutschland ein Leben hatte. Ein anderes Leben. Und manchmal sehne ich mich schmerzlich danach zurück.« Inge sagt etwas Ähnliches. »Es geht uns gut, besser könnte es kaum sein. Aber in meinem Inneren ist etwas, dem es nicht gut geht. Von der Zusammengehörigkeit, die damals so selbstverständlich war, ist nichts übrig. Wenn ein Sturm einen Baum umgeweht hatte, haben wir als Nachbarn alle zusammen angepackt. Damit ist es vorbei. Man ruft einfach die Wohnungsbaugesellschaft an, und das war's.«

Die Erinnerung an die DDR verschwindet nun rasch, die jüngere Generation weiß kaum noch etwas über den anderen deutschen Staat. Eckart und Inge ärgern sich oft darüber, dass die DDR insgesamt verteufelt wird, schließlich geht es auch um einen Teil ihrer selbst. Die Realität hatte damals zwei Gesichter, sie war bedrückend, aber man fühlte sich auch sicher. »Die soziale Sicherheit war einzigartig, Angst hatten wir nie. Vor dem Staat, ja, vor dem mussten wir uns immer in Acht nehmen.«

»Ihr habt über ein halbes Jahrhundert in diesem stillen Städtchen gelebt und gearbeitet«, sage ich, »in dieser bescheidenen Wohnung. Und trotzdem ist euer Leben komplett auf den Kopf gestellt worden.« Eckart nickt. »Ich glaube, letztlich drehte sich alles nur um Geld.«

4

Vor 75 Jahren, am 16. Juni 1944, veröffentlichte der berühmte Kriegsberichterstatter Ernie Pyle seinen ersten Bericht über die Strände der Normandie. »Es war ein herrlicher Tag für einen Strandspaziergang. Männer schliefen im Sand, einige schliefen für immer. Männer trieben im Wasser, aber sie wussten nicht, dass sie im Wasser trieben, denn sie waren tot.«

Am 5. Juni 2019 fand in Portsmouth eine D-Day-Gedenkfeier statt, an der die Staats- und Regierungschefs der Westalliierten und Deutschlands teilnahmen. An den Tagen davor hatten die Familie Trump und ihre Entourage den Buckingham-Palast mehr oder weniger in Besitz genommen, jegliches Protokoll missachtet, auf den Balkons Selfies aufgenommen, kurz und gut, sich wie Touristen in einer neu eroberten Kolonie benommen. Trump erklärte, der National Health Service sei reif für die Privatisierung, und die Verhandlungen mit Brüssel solle am besten Nigel Farage übernehmen. Den Londoner Bürgermeister Sadiq Khan bezeichnete er als »very dumb« und »stone cold loser«. Nie zuvor in der Geschichte der Diplomatie hatte sich ein ausländisches Staatsoberhaupt öffentlich und derart unverschämt in die britische Innenpolitik eingemischt.

1964 hatte der frühere Oberbefehlshaber der alliierten Expeditionsstreitkräfte und Ex-Präsident Dwight D. Eisenhower auf dem amerikanischen Soldatenfriedhof in der Normandie zwischen fast 10 000 dieser schlafenden und im Wasser treibenden Männer gestanden. In einem Interview mit CBS anlässlich des 20. Jahrestages der Landung sagte er: »These people gave us a chance, and they bought time for us, so that we can do better than we have before.« Es sind Worte aus einer Welt, in der die führenden westlichen Politiker bei all ihren Fehlern noch gemeinsame Ideale hatten. Dazu zählten soziale Sicherheit und ein solider öffentlicher Sektor, die Verbreitung von Bildung und Wohlstand, die Öffnung von Grenzen und die Überwindung anderer nationaler Barrieren, garantierte Menschenrechte, der Aufbau europäischer und anderer internationaler Organisationen, die über die Grundrechte wachen, die Zusammenarbeit fördern und den Frieden erhalten sollten. Es waren Ziele, die Westeuropa und die Vereinigten Staaten trotz aller Unterschiede verbanden, auch militärisch.

55 Jahre später kroch Franco aus seinem Grab; die reaktionär-nationalistische Vox-Partei erhielt bei der spanischen Parlamentswahl im April 2019

zehn, bei der Wahl im November des Jahres sogar 15 Prozent der Stimmen. In Italien trat Benito Mussolinis Urenkel für die neofaschistische Partei Fratelli d'Italia zur Europawahl an, die dabei auf knapp sechseinhalb Prozent kam. In Frankreich blieb Marine Le Pen in den Umfragen Präsident Macron auf den Fersen.

Der Feind der Westalliierten an den normannischen Stränden des Jahres 1944 war anno 2019 die widerwillige Führungsmacht Europas. Es war das dritte Mal, dass Deutschland sich zur stärksten Nation auf dem Kontinent entwickelt hatte, nur war seine Macht jetzt eine indirekte und unausgesprochene, die auf Zusammenarbeit und Verständigung beruhte, eine »sanfte« Hegemonie, wirtschaftlich statt militärisch und weniger national als kosmopolitisch. Deutschland konnte allerdings auch sehr dominant auftreten, wie sich etwa während der Eurokrise zeigte.

Das Bewusstsein seiner historischen Schuld ließ Deutschland keine Ruhe. Bei der Öffnung der Grenzen für Flüchtlinge im Jahr 2015 spielte vielleicht auch der Gedanke an die Überalterung des Landes eine Rolle, vor allem aber das ausgeprägte Bedürfnis, etwas gutzumachen. Doch Deutschland schreckte weiterhin davor zurück, offen eine Führungsrolle zu übernehmen. »Sie dürfen es nicht versäumen zu führen«, sagte der polnische Außenminister Radosław Sikorski 2011 in einer Rede in Berlin. »Sie sind Europas unentbehrliche Nation geworden. Ich fürchte die deutsche Macht weniger, als ich die deutsche Inaktivität zu fürchten beginne.«

Als ich darüber später mit einem ehemaligen deutschen Außenminister sprach, lachte er. »Na ja, Sie müssten ihn und die anderen Osteuropäer mal hören, wenn wir das wirklich täten. Das wäre für sie völlig inakzeptabel. Glauben Sie mir!«

Das heroische Amerika des Jahres 1944 ist zu einem Amerika geworden, das den Glauben an seine Berufung verloren zu haben scheint, und das wird sich so bald nicht ändern. Es sieht sich nicht mehr als »City upon a Hill« mit der moralischen Verpflichtung, die westliche Freiheit und Demokratie zu verteidigen – wobei die Diskrepanz zwischen diesem Anspruch und dem tatsächlichen Handeln auch in der Vergangenheit unübersehbar war. Nach dem Kalten Krieg haben sich die Kräfteverhältnisse verändert. Die militärische Bindung zwischen Europa und Amerika wurde lockerer, für die Vereinigten Staaten hat der Wettlauf mit China nun höchste Priorität, eine Konfrontation, die Europa voller Sorge beobachtet. Die wichtigste imperiale Macht des 20. Jahrhunderts kapselt sich ein. Auf dem erwähnten Soldatenfriedhof in der Normandie gab der amerikanische Präsident 2019 ein paar Gemeinplätze von sich und ging dann zu den gewohnten litaneiartigen Attacken gegen seine innenpolitischen Gegner über. Den Rest des Tages sah er fern.

Fünf Wochen zuvor, am 26. April 2019, hatte er seine 10 000. Lüge in die Welt gesetzt. Die Frequenz hatte sich seit seinem Amtsantritt beträchtlich erhöht. Hatten die Faktenchecker der *Washington Post* zu Anfang durchschnittlich fünf Lügen pro Tag registriert, so lag der Durchschnitt nun bei 23. Obwohl dieser Präsident nicht liest, hatte er seine persönliche Bestenliste des Jahres 2018, und alle Bücher darauf hatten eines gemeinsam: Sie handelten von Donald Trump. Auf Platz eins stand *The Faith of Donald J. Trump. A Spiritual Biography*. Darin wird behauptet, dass Gott diesen Mann auf eine Weise, die für all die Millionen von Sterblichen unbegreiflich sei, für seine Ziele einsetze. »But God knows, and that's good enough.« Wäre all das nur eine Fernsehserie, wäre es saukomisch.

In Wirklichkeit hatte Trumps Regierungsstil immer mehr Züge autoritärer Herrschaft in einem bröckelnden demokratischen Rahmen. Die Geschichte lehrt, dass außer Kontrolle geratene Autokraten innerhalb kurzer Zeit irreparable Schäden anrichten können. Immer häufiger kam es vor, dass der amerikanische Präsident offensichtlich wirres Zeug von sich gab. In seiner Rede zum Unabhängigkeitstag am 4. Juli 2019 behauptete er zum Beispiel, die amerikanischen Aufständischen hätten 1775 die britischen Flugplätze besetzt, und das war kein Scherz. Ein paar Wochen später wollte er Grönland kaufen, befahl im Stil eines Sonnenkönigs den amerikanischen Unternehmen, ihre Aktivitäten in China zu beenden, und sagte in der Öffentlichkeit, die »göttliche Vorsehung« habe ihn für einen Handelskrieg mit China auserwählt: »I'm the chosen one.« Was er über Europa dachte, offenbarte ein Video von einem Dinner mit Geldgebern im Jahr 2018. »Die Europäische Union ist eine Gruppe von Ländern, die sich zusammengetan haben, um die Vereinigten Staaten fertigzumachen«, erklärte er den Gästen. »Und ehrlich gesagt sind sie wahrscheinlich in gewissem Sinn schlimmer als China, nur kleiner.«

Als er die Regierung der Ukraine dazu drängte, gegen seinen Konkurrenten Joe Biden wegen Korruptionsvorwürfen zu ermitteln, war für die Demokratische Partei das Maß voll. Am 24. September 2019 wurde ein

Amtsenthebungsverfahren wegen Machtmissbrauch und Behinderung des Kongresses eingeleitet, das jedoch am 5. Februar 2020 trotz überzeugender Beweise mit einem Freispruch durch den Senat endete, in dem die Republikaner die Mehrheit haben. Seitdem wähnte sich dieser Präsident allmächtig.

Der Brexit, der zeitweise Züge eines zivilisierten Staatsstreichs hatte, fand im Dezember 2019 erneut die Unterstützung einer Mehrheit der britischen Wähler. Bei den von Boris Johnson beantragten vorgezogenen Neuwahlen errang er mit dem schlichten Slogan »Get Brexit Done!« im Unterhaus eine so komfortable Mehrheit, dass seine Regierung auf Jahre gesichert schien – Labour kassierte die schwerste Niederlage seit 1935, auch in der Umgebung von Wigan. Nur in der Stadt selbst gewann Labour äußerst knapp. Die Partei hatte sich lange geweigert, in der Brexit-Debatte deutlich Stellung zu beziehen, und auch Jeremy Corbyn selbst – der im April 2020 schließlich als Labour-Vorsitzender zurückgetreten war – hatte viele Wähler abgestoßen. Allerdings wurden die Wahlergebnisse aufgrund des britischen Mehrheitswahlrechts stark verzeichnet: Tatsächlich stieg Johnsons Stimmenanteil nur um 1,2 Prozent. Außerdem hatten die Befürworter eines zweiten Referendums mhr Briten (16 Millionen) auf ihre Seite ziehen können als die Gegner (14,5 Millionen). Auch dieses Ergebnis zeigte sich nirgends.

Unter den Fernsehbildschirmen des traurigen Konferenzzentrums Albert Borchette in Brüssel schleppten sich währenddessen die Brexit-Verhandlungen fort. Auf den letzten Drücker einigte man sich auf ein Austrittsabkommen, in dem die Trennung geregelt wurde, und am 31. Januar 2020 verließ Großbritannien offiziell die Europäische Union. Weil die Briten keinen weiteren Aufschub mehr wollten, musste anschließend unter großem Zeitdruck ein neues Handelsabkommen zusammengezimmert werden. Anfang September kam es zu einem tiefgreifenden Vertrauensbruch: Es gelangte ein britischer Gesetzentwurf an die Öffentlichkeit, der den Vereinbarungen im Austrittsabkommen, die den Status Nordirlands regeln, diametral gegenüberstand. Insbesondere die irische Regierung war wütend. Diese ungehobelte Aktion Londons hatte jedoch den entgegengesetzten Effekt: Der Zusammenhalt der EU-Staaten war danach stärker denn je. Die Spannungen nahmen im Folgenden derart zu, dass Boris Johnson Mitte Oktober erklärte, die Briten müssten sich auf ein »No-Deal-Szenario« einstellen.

Wir amüsierten uns dieweil bei einer britischen Kostüm-Serie nach der anderen. Die großen Fernsehproduzenten schüttelten ein großes Drama nach dem anderen aus dem Ärmel, die Bildschirme quollen vor Schlössern und Ballsälen regelrecht über, die Hunderte von Krinolinen und Reifröcken zwangen die Nähateliers zu Überstunden. Wir schwelgten Tag für Tag in dieser großen britischen Vergangenheit, die nie vergehen sollte. Und dann war plötzlich Heiligabend, und es gab – doch noch – ein Handelsabkommen.

Es war 1246 Seiten dick.

Die EU war großzügig gewesen: Das Abkommen verzichtete auf die üblichen Zolltarife und Exportbeschränkungen. Kein ausländischer Handelspartner bekam derart freien Zugang zum europäischen Binnenmarkt. Im Gegenzug mussten sich die Briten allerdings an die Regeln, die in der EU für staatliche Subventionen, Qualität und Sicherheit gelten, sowie an die Sozial- und Umweltstandards der EU halten. So oder so war es jedoch ein knallharter Brexit, ein außergewöhnlich schmerzhafter Bruch für beide Parteien. Auf der einst vom europäischen Unterhändler Barnier vorgestellten absteigenden Liste der Trennungsmodalitäten, an deren Spitze das Modell Norwegen stand, fand sich die nun getroffene Vereinbarung sehr weit unten, gleich vor dem Chaos eines »No deal«.

Die Europäische Union verlor eines seiner größten Mitgliedsländer, eine bedeutende wirtschaftliche und militärische Macht, ein Land mit einer überaus reichen kulturellen und wissenschaftlichen Tradition und zudem ein starker Verbündeter im Kampf gegen den unterminierenden Illiberalismus des polnischen und ungarischen Regimes. Die Briten verloren ihre vitale Position in einem der bedeutendsten Machtblöcke der Welt, ihre zentrale Rolle auf dem Finanzsektor, ihre Möglichkeiten, problemlos Handel mit dem europäischen Ausland zu treiben, und insbesondere die jungen Menschen verloren das Recht, überall in Europa studieren, leben und arbeiten zu dürfen. Ganz zu schweigen vom ökonomischen Preis, denn es besteht die Gefahr eines stark verminderten Wirtschaftswachstums in den nächsten Jahren. »Project Fear ist noch Project Fact«, schrieb *The Economist* im Juni 2021: »Im ersten Quartal dieses Jahres sank der britische Export in die EU um 15 Prozent; die Lieferungen der EU nach Großbritannien gingen sogar um 32 Prozent zurück.« »Niemand hat mich davon überzeugen können, dass der Brexit irgendeinen Mehrwert hat«, äußerte sich Barnier am Ende pessimistisch. »A lose-lose situation.«

Britische Lastwagenfahrer, die nach Neujahr 2021 beim Zoll in Hoek van Holland ankamen, wurden als Erste mit der neuen Realität konfrontiert: Ja, auch ihre geliebten Sandwiches mit Schinken mussten sie abgeben, denn die umstandslose Einfuhr von Nahrungsmitteln wie Fleisch und Fisch war schließlich nicht mehr erlaubt. »Welcome to the Brexit, Sir, I'm sorry.«

Gegen Ende dieser beiden Jahrzehnte sind aber auch neue Bewegungen entstanden, die sich den zahlreichen bedrohlichen Entwicklungen entgegenzustemmen versuchen, und die sollte man nicht unterschätzen. In Schweden trat im heißen August 2018 eine scheue 15-jährige Schülerin mit langen Zöpfen zunächst ganz allein in einen »Schulstreik für das Klima«, aus dem sich innerhalb kurzer Zeit eine weltweite dynamische Jugendbewegung mit Millionen Streikenden in 135 Ländern entwickelte.

Die Schweizer Bürgerbewegung Pro Libero engagierte sich erfolgreich gegen bisher fünf von der nationalistischen SVP gestartete Volksinitiativen, durch die Grundrechte, Rechtsstaatlichkeit und demokratische Prinzipien infrage gestellt wurden. In Polen deckte eine Internetgruppe eine systematische Verleumdungskampagne aus Regierungskreisen gegen die letzten unabhängigen Richter auf, was zum Rücktritt eines Staatssekretärs führte. In der Slowakei wurde im März 2019 nach monatelangen Protesten gegen die korrupte Regierung die sozialliberale Umweltaktivistin und Antikorruptionskämpferin Zuzana Čaputová zur Präsidentin gewählt. Auf Malta lösten die Ermordung der Journalistin Daphne Galizia und die systematische Verschleppung der Ermittlungen heftige Proteste aus, die letztlich zum Rücktritt der Regierung führten. Überall in Nordeuropa schien der Vormarsch der Rechtspopulisten gestoppt zu werden. Sowohl in Dänemark, Schweden und Finnland als auch in Lettland und Litauen gewannen gemäßigte Pro-Europäer die Wahlen. Auch die Großstädte kamen in Bewegung. In Istanbul und anderen großen türkischen Städten wurden entschiedene Gegner Präsident Erdoğans zu Bürgermeistern gewählt. Warschau, Budapest, Prag und Bratislava schlossen Ende 2019 einen »Pakt der freien Städte«; die vier Bürgermeister versprachen, sich gemeinsam für Offenheit, kulturelle Vielfalt, Rechtsstaatlichkeit, Toleranz und die Bindung an Europa einzusetzen.

In Italien forcierte der stellvertretende Ministerpräsident und Innenminister Matteo Salvini im August 2019 den Bruch der Koalition, nur weil die Umfrageergebnisse gerade günstig für ihn waren und er glaubte, die ganze

Macht erobern zu können. Doch er hatte sich verzockt, es war das Ende »seiner« populistischen Regierung. In einer beeindruckenden Rede warf ihm Ministerpräsident Giuseppe Conte vor, seine persönlichen Interessen grundsätzlich über die des Staates gestellt zu haben. »Wenn sich eine politische Kraft nur an Eigen- und Parteiinteressen ausrichtet und ihre Entscheidungen ausschließlich nach ihren Aussichten bei Wahlen trifft, verrät sie nicht nur die höchsten Verpflichtungen der Politik, sondern gefährdet letztlich auch die nationalen Interessen.«

In Russland wird wieder mehr demonstriert, die Stimmung erinnert ein wenig an die Proteste von 2012. Ein guter Freund von mir gab eine Gastvorlesung vor Studierenden der Moskauer »Akademie für Volkswirtschaft und öffentliche Verwaltung beim Präsidenten der Russischen Föderation«, einer Elitehochschule für diese Fachgebiete. »Wenn *sie* die Zukunft Russlands sind, dann haben Putin und Medwedew ein großes Problem«, meinte er hinterher. »Sind sie denn so schlecht?«, fragte ich. »Nein, im Gegenteil, sie sind unglaublich gut, klug, wach, äußerst kritisch. Sie könnten noch für Überraschungen sorgen.«

Heute sieht man Putins Foto nicht mehr so oft als Hintergrundbild auf den Smartphones der russischen Jugend. Auf den ersten Blick geht es Russland am Ende dieses Jahrzehnts wieder sehr gut. Es gehört zu den Ländern mit den größten Rohstoffreserven, der Haushaltsüberschuss liegt bei drei Prozent, die Nettoverschuldung bei null. Von den theoretischen Reichtümern kommt in dieser Kleptokratie aber nur wenig bis nichts bei der Durchschnittsbevölkerung an, die Kaufkraft stagniert seit Jahren, besonders die Rentenkürzungen sorgen für Unmut. Außerdem wirken sich die Sanktionen spürbar aus, der Handel zwischen Russland und dem übrigen Europa hat sich fast halbiert. Die Lebensmittelpreise in Russland schießen in die Höhe. Im Jahr 2014, vor der Ukraine-Krise, verfügte der durchschnittliche Russe über 10 Prozent mehr Kaufkraft als jetzt. Allein 2020 stieg der Preis für Zucker um fast 70 Prozent und der für Buchweizen um 40 Prozent. Öl verteuerte sich um 24 Prozent und Mehl um 13 Prozent, währen das durchschnittliche Einkommen seit fünf Jahren nicht gestiegen ist. Die Beliebtheit Putins bei den jungen Leuten zwischen 18 und 24 Jahren hat sich innerhalb eines einzigen Jahres halbiert, von 36 auf 20 Prozent. Putin mag populär sein, doch laut einer Umfrage des russischen Meinungsforschungsinstituts Lewada-Zentrum hoffen über 80 Prozent der Russen auf Veränderungen,

42 Prozent sogar auf »tiefgreifende Reformen«, nur elf Prozent sind zufrieden mit dem Status quo. Eine große Mehrheit sehnt sich nach Veränderungen. Dissidenten bekommen die harte Hand des Regimes immer deutlicher zu spüren. Der Anführer der Opposition, Alexei Nawalny, überlebte im August 2020 einen Anschlag nur ganz knapp. Wie sich später zeigte, war ein Team des Geheimdienstes FSB für das Attentat verantwortlich. Während eines Inlandflugs erkrankte Nawalny plötzlich schwer, und nur der Umstand, dass der Pilot in Omsk notgelandet war, rettete ihm wahrscheinlich das Leben. Nach den üblichen Schikanen der lokalen Behörden konnte Nawalny in ein Berliner Krankenhaus verlegt werden, wo ein Team von internationalen Experten feststellte, dass Nawalny mit dem Kampfstoff Nowitschok vergiftet worden war. Nach seiner Genesung kehrte er im Januar 2021 nach Moskau zurück, wo er umgehend verhaftet und zu drei Jahren Straflager verurteilt wurde. Seine Stiftung für Korruptionsbekämpfung veröffentlichte am Tag nach Nawalnys Verhaftung ein Video, in dem sie die Existenz eines riesigen Landguts am Schwarzen Meer – 70 Quadratkilometer groß – enthüllte, auf dem Putin von 2005 bis 2010 eine Art Versailles des 21. Jahrhunderts – auf 18 000 Quadratmeter – hatte errichten lassen. Die Gesamtkosten beliefen sich, laut Nawalny, auf 1,3 Milliarden Dollar. Das Video haben sich bis heute 100 Millionen Russen angesehen.

Erst einmal aber hatte die Opposition keinen Anführer mehr.

5

Wie sieht es am Ende dieser zwei Jahrzehnte im übrigen Europa aus? Und, mindestens ebenso wichtig, wie ist es unseren Hauptpersonen ergangen?

Im *Centrum Kafé* in Kirkenes machte man sich weiterhin große Sorgen um Frode Berg. Was niemand für möglich halten wollte, war geschehen: Ein russisches Gericht hatte den freundlichen pensionierten Grenzbeamten zu 14 Jahren Lagerhaft verurteilt, vermutlich war er also wirklich in ein Spionageunternehmen verwickelt gewesen. »Er ist das Opfer einer verpfuschten Operation des norwegischen Geheimdienstes«, sagten die Männer im Café. Im November 2019 kam er im Zuge eines Gefangenenaustauschs endlich frei. In Kirkenes steckt seither allen der Schreck in den Gliedern, kaum jemand hat noch Lust auf Reisen nach Russland oder auf Austauschprogramme.

Der Journalist und Soziologe Aydin Soei aus Kopenhagen, das ehemalige Flüchtlingskind, veröffentlichte 2016 sein autobiografisches Buch *Forsoning* (Versöhnung), das inzwischen als Klassiker der dänischen Immigrationsliteratur gilt. »Ich bin 35«, sagte er 2017 zu mir. »Die zehn Jahre jüngeren Immigrantenkinder sind schon in einer ganz anderen Realität aufgewachsen als ich. In ihrer Umgebung gibt es verschiedene Minderheiten, denen es tatsächlich gut geht. Vor zehn Jahren gab es keine Mittelschicht ethnischer Minderheiten, heute schon. Diese jungen Leute gehen aus, trinken Alkohol, haben Freunde und Freundinnen, alles, was in der Mittelschicht normal ist. Trotzdem gibt es noch scharfe Gegensätze. Die Abgehängten, Leute wie mein Bruder, führen ein ganz anderes Leben. Das sind die jungen Männer, die diese Gesellschaft unterwegs verloren hat.«

Doch auch Aydins Bruder hat sich inzwischen vom radikalen Islam einschließlich der Kleidungsvorschriften und der Agitation gegen Amerika abgewendet. Er sei viel stabiler, seit er Vater geworden ist, meint Aydin. »Er hat immer noch keine Arbeit, aber er treibt viel Sport, dauernd ist er mit einer großen Sporttasche unterwegs. Er hat Muskelpakete und einen kahl geschorenen Kopf, aber er tut keiner Fliege etwas zuleide.« Aydin bleibt optimistisch, was die Zukunft seines Bruders angeht.

Umayya Abu-Hanna hat eine finnische Website zum Thema Patriotismus online gestellt. »Alle möglichen Leute nannten sich Patrioten, dabei waren die meisten in Wirklichkeit nur Rassisten. Ich wollte wirkliche Patrioten kennenlernen, Menschen, die sich Gedanken über die Zukunft ihrer Heimat Finnland machten, die sich ernsthaft für diese Zukunft engagieren wollten. Und schon nach ganz kurzer Zeit hatte ich 10 000 Abonnenten.« Über sich selbst sagt sie: »Ich bin und bleibe ein Chamäleon, Finnin, Skandinavierin, Palästinenserin, Amsterdamerin, Mutter eines schwarzen Kindes, und mit diesem Chamäleonhaften spiele ich. Dadurch fühle ich mich frei. Was mir wirklich Kraft gibt, sind meine Arbeit und die Stadt. Ich könnte nicht in Nazareth leben, es muss Amsterdam oder New York oder Beirut sein. Städte bedeuten für mich, dass ich nie aufhöre zu lernen.« Allerdings spüre sie mit zunehmendem Alter, dass ihr auch etwas fehlt. »Jedes Tier kann sagen: Ich komme aus dieser Höhle oder aus diesem Nest. Ich habe kein Zuhause.«

Steven Seijmonsbergen, der Bilanzmanager bei der Fortis-Bank, hat gekündigt und arbeitet nun als Finanzberater. In seinem Metier müsse man stets wachsam bleiben, betont er. »Man denkt, man hätte es mit einer einzigen Bank zu tun, aber dahinter stecken heute zehn, zwanzig verschiedene Dienstleister, die jeweils für ein Glied der Kette zuständig sind. Deshalb gibt es bei ein und demselben Darlehen immer mehr ›Transfers‹ mit jeweils neuen Risiken.« Wo die verschärften Bankenregeln mehr Sicherheit geschaffen haben, sind also auch neue Unsicherheiten und eine neue Komplexität entstanden.

Auf den ersten Blick funktioniert die Finanzwelt weiter wie bisher. In Wirklichkeit hängt immer noch vieles vom Einsatz geldpolitischer Instrumente ab. Eine neue Rezession kann nach Ansicht von Experten nicht ausbleiben. Die große Frage ist, wie gut man dann noch gegensteuern kann, denn die dafür zur Verfügung stehenden Mittel hat man in den letzten Jahren zu einem großen Teil ausgeschöpft, um die Wirtschaft anzukurbeln.

Außerdem ist das System nach wie vor äußerst undurchsichtig. Allein die französischen Banken haben Darlehen in Höhe von schätzungsweise 250 Milliarden Euro an öffentliche und private Kreditnehmer in Italien vergeben, aber wo und an wen genau, ist unklar. Die Europäische Bankenaufsichtsbehörde stellt in ihrem jüngsten Jahresbericht fest, dass die Risiken wieder stark zugenommen haben. Die Banken haben einige fette Jahre hinter sich, aber ihre Sicherheitsreserven sind immer noch zu gering. Der größte Teil der Gewinne wurde weiterhin in Form von Dividenden an Kapitalgeber und als Boni verteilt. Sollte die Eurozone letztlich doch auseinanderbrechen, würde dies nach Ansicht der *Financial Times* wahrscheinlich das »größte finanzielle Erdbeben in der Geschichte« zur Folge haben, »das den Bankrott von Lehman Brothers 2008 und den Wallstreet-Crash von 1929 harmlos erscheinen lässt«. In Italien denkt man darüber nach, eine Komplementärwährung, die sogenannte Mini-BOT, als eine besondere Form der Staatsanleihe einzuführen. Die Wertpapiere sollen in Form von Banknoten mit den Porträts berühmter Italiener ausgegeben werden, um sie attraktiv zu machen.

Island hat die Krise längst vergessen, es ist die Gletscherschmelze, die nun allen Sorge bereitet. Der Okjökull-Gletscher ist der erste, der vollständig verschwunden ist, geblieben ist nur ein kleiner Schmelzwassersee im Hauptkrater des Vulkans. Noch etwas mehr als zehn Prozent des Landes bestehen heute aus Gletschern, doch längerfristig wird wahrscheinlich all das Eis verschwinden, und dann hat der Name Island nur noch historische Bedeutung. Der Juni 2019 war auch in der Arktis und Antarktis der wärmste seit Beginn der Messungen. In Kanada, Alaska und Sibirien brachen katastrophale Waldbrände aus, ebenso in Australien. In Deutschland, Belgien, Frankreich und den Niederlanden wurden erneut Temperaturrekorde gebrochen. Nach Angaben des Umweltprogramms der Vereinten Nationen müsste man die weltweiten CO_2-Emissionen nun jährlich um 7,6 Prozent reduzieren, um den Temperaturanstieg auf 1,5 Grad zu begrenzen, wie es im Übereinkommen von Paris als Ziel festgeschrieben wurde. Kein Land hat seinen CO_2-Ausstoß jemals innerhalb eines Jahres so stark verringern können, erst recht nicht der ganze Planet, und vor allem müsste dies ja viele Jahre hintereinander gelingen. Als wir am 25. Juli 2019 den Geburtstag einer unserer Enkelinnen feierten, herrschten in Utrecht 40 Grad. Sie wurde sieben.

Griechenland scheint finanziell aus dem Gröbsten heraus zu sein. Die letzten der Beschränkungen im Kapitalverkehr, die man 2015 eingeführt hatte, um einen Bankansturm zu verhindern, sind seit September 2019 aufgehoben, das Land kann wieder überall Geld leihen, und das bei Zinssätzen auf historischem Tiefstand; die Europäische Kommission spricht von einem »wichtigen Meilenstein«. Die neue Nea-Dimokratia-Regierung hat bereits Steuersenkungen versprochen. Doch die Arbeitslosigkeit beträgt 18,5 Prozent und ist damit weiterhin die höchste in der EU; die Jugendarbeitslosigkeit liegt sogar bei 40 Prozent. Das Lohnniveau ist niedrig, in manchen Bereichen liegt es nur bei der Hälfte des EU-Durchschnitts, und außergewöhnlich viele Arbeitsverhältnisse sind befristet. Der Braindrain hält unvermindert an. Seit 2010 haben etwa 400 000 junge Griechen, davon drei Viertel mit Universitätsabschluss, das Land verlassen. Immer noch muss fast ein Drittel der griechischen Haushalte mit einem Jahreseinkommen von weniger als 10 000 Euro auskommen.

Manos Logothetis, der Arzt, der drei Jahre seines Lebens der Arbeit in der Vorhölle von Samos gewidmet hatte und auch ein paar unangenehme Fragen zur Einwanderung stellte, ist nach dem Regierungswechsel nach Athen zurückgekehrt, wo er als Staatssekretär für Migrationspolitik im Ministerium für Bürgerschutz tätig ist. Das Asylsystem, das er so gern verbessern wollte, ist inzwischen vollständig überlastet, das ohnehin nicht reiche Griechenland muss im Augenblick mehr Flüchtlinge und Immigranten aufnehmen als Italien und Spanien zusammen. Zwei befreundete Reporter, die Samos im Sommer 2019 besuchten, waren schockiert. Zustände wie diese hatten sie auf europäischem Boden noch nicht gesehen, und sie hatten doch schon einiges erlebt. Trotz europäischer Zuschüsse in Millionenhöhe stand in dem riesigen provisorischen Zeltlager noch keine einzige mobile Toilettenkabine, von Wasch- und Duschgelegenheiten ganz zu schweigen. Einige Ärzte und Krankenpfleger des lokalen Krankenhauses wurden festgenommen, weil sie für 500 Euro pro Person falsche Überweisungen an Fachärzte oder -kliniken ausgestellt hatten, mit denen Flüchtlinge aufs Festland weiterreisen konnten. Aus der angestrebten Verteilung von Flüchtlingen auf alle europäischen Länder ist nichts geworden. Die Niederlande haben zahlreiche Aufnahmeeinrichtungen geschlossen. Ende 2019 saßen 42 000 Flüchtlinge und Migranten auf den griechischen Inseln fest, über 90 000 Asylbewerber in ganz Griechenland warteten auf das Ergebnis ihres Verfahrens.

Migration ist wieder ein lukratives Geschäft für Kriminelle, korrupte Amtsträger und eine florierende Gefängnisindustrie. Zur Zeit durchstreifen schätzungsweise eine halbe Million illegale Einwanderer Italien, auf zahlreichen Plätzen und an Bahnhöfen kampieren Obdachlose. Von den vielen 10 000 Migranten, die seit 2016 vom türkischen Festland aus die griechischen Inseln erreicht haben, sind nicht einmal 2000 in die »sichere« Türkei abgeschoben worden. In Libyen werden unterdessen mindestens 20 000 Migranten dank Zuschüssen der EU von der libyschen Generaldirektion zur Bekämpfung illegaler Immigration in Lagern festgehalten. Die Lebensbedingungen sind entsetzlich, Misshandlungen, Erpressung und sexueller Missbrauch an der Tagesordnung.

Im Europäischen Rat wird über die Gründung eines gesamteuropäischen Grenzschutz- und Küstenwachverbands nachgedacht; für Krisensituationen könnte eine permanente Eingreiftruppe von etwa 10 000 Grenzschützern aufgestellt werden. An den Außengrenzen Griechenlands hat Frontex damit bereits begonnen, mit Schiffen, Flugzeugen und sechshundert Grenzschützern. Ein Rechercheverbund – aus Journalisten von Bellingcat, *Der Spiegel* und der ARD – fand allerdings im Herbst 2020 heraus, dass Mitarbeiter dieser Operation Poseidon in mehreren Fällen in sogenannte Pushbacks involviert waren. Mit diesem Ausdruck bezeichnet man das unbedachte Zurückschicken von Schlauchbooten mit Flüchtlingen durch die griechische Küstenwache – eine sehr gefährliche Vorgehensweise, die zudem noch gegen die elementarsten Prinzipien des internationalen Rechts verstößt. Die Rettungsaktionen auf See, einschließlich der europäischen Operation SOPHIA zur Bekämpfung von Menschenschmuggel, wurden inzwischen mehr oder weniger eingestellt. Die libysche Küstenwache hat nun fast unbegrenzte Handlungsfreiheit. Die immer noch sorgfältig geführte »List of Deaths«, die die Zahl der Flüchtlinge registriert, die bei der Überfahrt nach Europa ums Leben kamen, verzeichnete Mitte 2020 mehr als 40 000 Tote.

Zu einer weiteren Krise kam es im Sommer 2021, als der weißrussische Präsident Alexander Lukaschenko Migranten als Druckmittel und Verdienstmöglichkeit einsetzte. Lukaschenko hatte sich Anfang August zum Gewinner der massiv manipulierten Präsidentschaftswahl erklärt und war, ungeachtet massenhafter und mutiger Proteste, im Amt geblieben. In den darauffolgenden Monaten erstickte er jede Opposition mit brutaler Gewalt. Europa reagierte mit harten Sanktionen. Lukaschenko rächte sich, indem er Tausende Migranten mit einem weißrussischen Visum und schönen Geschichten nach Minsk lockte, von wo sie gegen einen Obolus von ein paar Tausend Dollar von der Armee an die litauische oder polnische Grenze gebracht wurden. Polen und Litauen weigerten sich jedoch, die Flüchtlinge ins Land zu lassen. Weißrussland kümmerte sich nicht weiter um sie, und so krepierten in diesem Herbst wochenlang tausende Migranten in den kalten Wäldern und Sümpfen des Niemandslands. Hunderte Flüchtlingen schafften es dennoch, nach Deutschland oder in die Niederlande zu gelangen, wobei es auch hier rund ein Dutzend Tote gab. Schließlich fand man, nachdem sich Angela Merkel eingeschaltet hatte, einen Weg aus der Sackgasse, unter anderem dadurch, dass die EU damit drohte, die am Flüchtlingstransport beteiligten Fluggesellschaften zu boykottieren. Weißrussland blieb auf einer großen Zahl von Flüchtlingen sitzen. Auffallend in dieser Krise war die rasch zunehmende Verhärtung der EU-Standpunkte. Die polnischen und litauischen Grenzschützer jagten jeden, der die Grenze zu überqueren versuchte, gnadenlos wieder zurück ins Niemandsland. Derartige Pushbacks hatte man zwei Jahre zuvor noch verurteilt, jetzt wurden sie allgemein akzeptiert oder gar begrüßt. Der Bau einer »Mauer« an der europäischen Außengrenze war 2015 noch ein Tabu. Nun war die Kommission gerne bereit, eine solche physische Barriere zu subventionieren. Wie anderswo in den reichen Teilen der Welt reagierte die Europäische Union nun auf den Flüchtlings- und Migrantenstrom mit der Militarisierung der Außengrenzen. Auch in Europa begann man jetzt mit der Installation all der fortschrittlichen Systeme aus Zäunen,, Kameras und komplexen Erkennungstechniken, die man als »border-industrial-complex« bezeichnet. »Die EU ist selbstverständlich eine Normen- und Wertegesellschaft, doch östlich von Berlin und südlich von Palermo zählen diese Normen und Werte nicht mehr, weil Werte und Normen wie das Wetter ziemlich lokale Angelegenheiten sind«, stellte der niederländische Autor Arnon Grunberg beißend fest.

Die Zahl der Migranten, die Europa über das Mittelmeer erreichen, ist nach Angaben des UNHCR stark zurückgegangen, von 1 015 078 im Jahr 2015 auf 113 482 im Jahr 2018. Die Wahrscheinlichkeit, bei der Überfahrt zu ertrinken, hat dagegen deutlich zugenommen, von 1 zu 42 im Jahr 2017 auf 1 zu 18 im Jahr danach. In meiner Tageszeitung finde ich die Berichte über all dies irgendwo weit hinten, Flüchtlingsdramen sind keine Schlagzeilen mehr wert, sie sind nur noch statistische Daten.

Von den Vereinbarungen des EU-Türkei-Abkommens von 2016 ist enttäuschend wenig umgesetzt worden. Die Vorgaben der EU für eine Visaliberalisierung wurden von der Türkei nicht vollständig erfüllt, die meisten EU-Länder wiederum haben ihre Zusagen hinsichtlich der Aufnahme besonders schutzbedürftiger Personen nicht eingehalten. Das Erdoğan-Regime nutzte den fehlgeschlagenen Putschversuch für umfangreiche Säuberungen und die massive Unterdrückung seiner Gegner. Mehr als eine halbe Million Menschen wurde von der Polizei und Geheimdiensten verhört, 77 000 sitzen zum Teil ohne Verfahren seit Jahren im Gefängnis. 17 Generäle, tatsächliche oder vermeintliche Drahtzieher des Putschversuchs, wurden zu insgesamt 117-mal lebenslanger Freiheitsstrafe unter erschwerten Bedingungen verurteilt, was auch immer das heißen mag. Über 140 Journalisten sind in Haft. 150 000 Staatsbedienstete, darunter 4000 Richter und Staatsanwälte, wurden entlassen.

In der Ostukraine ist der Krieg zu einer Art rituellem Tanz geworden. Nach wie vor stehen sich dort ukrainische Truppen und Separatisten gegenüber, teilweise weniger als 100 Meter voneinander entfernt. Aktuellen Berichten zufolge kommen bei Schusswechseln weiterhin jede Woche mehrere Soldaten, Milizionäre oder Zivilisten ums Leben. Eine Offensive kann wegen des Waffenstillstandsabkommens von Minsk keine der beiden Parteien unternehmen, zurückziehen können sie sich aber auch nicht, weil es immer noch keine politische Lösung gibt. Wenn geschossen wird, meistens nachts, dann um Dampf abzulassen.

Sarajevo bleibt Sarajevo, es wartet ewig auf den europäischen Prinzen. China, Russland und auch einige arabische Staaten interessieren sich zunehmend für Bosnien, weil sie dieses Land als Tor zu Europa nutzen können, ohne dass es sie allzu viel kostet. In der Stadt erzählt man sich einen Witz über den Unterschied zwischen Optimisten und Pessimisten. Optimisten glauben, dass die Türkei der EU beitreten wird, wenn Bosnien den Vorsitz im Rat der Europäischen Union hat, die Pessimisten glauben, dass Bosnien der Union beitreten wird, wenn die Türkei die Ratspräsidentschaft innehat – also nie und nimmer.

In Danzig führte die Hasspropaganda der Regierung zu einem Mord. Im Januar 2019 wurde der liberale Danziger Stadtpräsident Pawel Adamowicz während des Abschlusskonzerts des Großen Orchesters der Weihnachtshilfe von einem psychisch kranken Kriminellen niedergestochen; er starb am Tag darauf. Vom Regime kontrollierte Medien hatten in übler Weise gegen ihn agitiert. »Die Polarisierung hat ihn umgebracht«, sagte seine Witwe. Eine Woche vor dem Mord an Adamowicz kursierte im Internet ein Puppenfilm, in dem er die Hauptrolle spielte. Die Adamowicz-Puppe sammelte bei dem anstehenden Konzert Geld für kranke Kinder ein, das sie anschließend in die eigene Tasche steckte; danach verwandelte sie sich in einen Juden mit Davidstern. Der Trickfilm wurde sehr oft »gelikt« und weiterverbreitet. Wie das ungarische Regime ging die PiS-Regierung auf Rammkurs gegen die EU. Ende Dezember 2019 wurde im Parlament ein Gesetz durchgebracht, das die Bestrafung von Richtern vorsieht, wenn sie sich an die Entscheidungen des Europäischen Gerichtshofes halten. Der polnische Beauftragte für Bürgerrechte Adam Bodnar sagte dazu: »Wenn ein Richter einen Fall von einer gewissen politischen Tragweite auf dem Tisch hat, muss er vorsichtig sein.«

In Ungarn setzte die Regierungspartei im Wahlkampf 2018 ganz auf Angst – Angst vor Migranten, Angst vor dem Islam, Angst vor Brüssel. Die junge Dokumentarfilmerin Eszter Hajdú hat zahlreiche Szenen von Wahlveranstaltungen im ganzen Land gefilmt, und was man da zu hören bekommt, ist entlarvend. Ein führender Fidesz-Politiker behauptet, George Soros habe sein Vermögen mit dem Geld ermordeter Juden gemacht. Jemand im Saal ruft: »Schade, dass es nicht sechs Millionen und einer waren.« Ein anderer Fidesz-Politiker äußert die Ansicht, die Brüsseler Elite fördere die Einwanderung, um in Europa eine Verschiebung nach links auszulösen und die europäischen Völker zu schwächen. »Gehen Sie mal mit mir durch Paris, da begegnen Sie keinem Weißen mehr.«

Währenddessen lebten 42 Prozent der ungarischen Familien mit Kindern unterhalb der Armutsgrenze, auf dem Land sogar 54 Prozent. Das Gesundheitswesen ist in einem schlechteren Zustand als das jedes anderen europäischen Landes, und Menschen mit Behinderungen haben drastische Kürzungen ihrer Renten hinnehmen müssen. Trotzdem hat Orbán mit seinem Hasscocktail mehr Wähler als je zuvor für sich gewonnen, seine Partei hat nun im Parlament eine sehr komfortable Mehrheit. Bei seinem erneuten Amtsantritt als Ministerpräsident erklärte er, Ungarn sei umzingelt von einem »deutschen Eisernen Kanzler im Westen«, »slawischen Soldatenstaaten im Osten« und einer »islamischen Räubermasse im Süden«. Sechs von Eszter Hajdús Mitarbeitern wollten aus Angst vor Repressalien nicht im Abspann des Films genannt werden.

Um Carles Puigdemont, die treibende Kraft hinter dem katalanischen Unabhängigkeitsreferendum von 2017, ist es still geworden. Er lebte eine Zeit lang im belgischen Exil, geschützt von flämischen Geistesverwandten. Der Oberste Gerichtshof Spaniens, in seiner Starrheit immer bereit, Öl ins Feuer zu gießen, verurteilte im Oktober 2019 neun andere katalanische Parlamentarier und Politiker zu Haftstrafen zwischen neun und 13 Jahren wegen »Aufruhr«. Die Urteile lösten in Katalonien neue Massenproteste aus, an denen sich nun auch zahlreiche Gegner der Unabhängigkeit beteiligten. Die im Januar 2020 gebildete spanische Koalitionsregierung aus progressiven Parteien, die erste seit den 1930er Jahren, hat jedoch einen erneuten Dialog über die Zukunft Kataloniens angekündigt, um einen Ausweg aus der Sackgasse zu finden. Im September 2021 wurde Puigdemont auf Sardinien doch noch verhaftet und von Italien an Spanien ausgeliefert.

Bart Somers, der Bürgermeister von Mecheln, wurde 2016 mit dem von der City Mayors Foundation verliehenen Preis »World Mayor« ausgezeichnet.

Angela Merkel begann ihre letzte Runde. Im Dezember 2018 gab sie den CDU-Vorsitz ab und kündigte an, 2021 nicht erneut das Amt der Kanzlerin anzustreben. Am 8. Dezember 2021 übergab die mächtigste Frau Europas ihr Amt an den Sozialdemokraten Olaf Scholz. Bei einer lokalen Veranstaltung in Stralsund im Sommer 2019 antwortete sie auf die Frage, was in fünfzig Jahren über sie in den Geschichtsbüchern stehen solle: »Sie hat sich bemüht.«

5

Einige Historiker haben den gegenwärtigen Zeitabschnitt mit dem Beginn des 16. Jahrhunderts verglichen, der Epoche eines sogenannten Paradigmenwechsels. Damals entdeckten die Europäer einen großen Teil der übrigen Welt. Nach der Erfindung des Buchdrucks mit beweglichen Lettern lernten viele Menschen lesen und schreiben, Wissen war nicht mehr das Privileg einer winzigen Elite. Martin Luther gab den Anstoß zur Reformation, in verschiedenen Teilen Europas brachen Aufstände aus, überall gerieten Weltbilder und Institutionen ins Wanken. Es war der Beginn einer Entwicklung, die letztlich zu den großen Revolutionen des 18. und 19. Jahrhunderts führte.

Leben wir heute, etwas mehr als zwei Jahrhunderte, nachdem Revolutionäre das Ideal von Freiheit, Gleichheit und Brüderlichkeit formuliert haben, in einer vergleichbaren Wendezeit? Bis zu den Anschlägen vom 11. September 2001 wurde die Einwanderung aus der Türkei und Nordafrika allgemein als soziale Herausforderung betrachtet, die vielleicht durch vernünftige politische Maßnahmen zu meistern war. Nun wurden, wie Aydin Soei und andere es erlebt haben, Migranten aus islamischen Ländern von einem Moment auf den anderen zu »Moslems«. Aus dem sozialen Problem wurde eine religiöse Konfrontation, ein fast unlösbarer Konflikt.

In jenen Jahren breitete sich zunehmend ein neuer Irrationalismus aus. Ergebnisse solider wissenschaftlicher Forschung vor allem im Zusammenhang mit dem Klimawandel wurden von populistischen Politikern regelmäßig als abwegig dargestellt, den jeweiligen Forschern kurzerhand die Kompetenz abgesprochen, in den Niederlanden wurde sogar vorgeschlagen, dem renommierten Königlich-Niederländischen Meteorologischen Institut die Mittel zu streichen, weil die Resultate seiner Forschung jeglicher »Klimaskepsis« den Boden entzogen. Die »alternative facts« des amerikanischen Präsidenten wurden von dessen Anhängerschaft ohne Weiteres akzeptiert, und das Gleiche galt zum Beispiel für die Tatsachenverdrehungen Salvinis in Italien oder Orbáns in Ungarn. In Polen kostete ein Lügenbombardement in Fernsehen und Internet den Danziger Stadtpräsidenten das Leben. Und viele der Versprechungen der Brexiteers hatten mit der ökonomischen und politischen Realität nichts zu tun. Der britische Autor William Davies sprach in diesem Zusammenhang von »radikaler Inkompetenz«, einer bewussten und gewollten Ignoranz, einhergehend mit Politikverachtung. »Es ist nicht nur eine Gegenreaktion nach Jahrzehnten der Globalisierung, sondern richtet sich auch gegen die Form politischer Macht, die sie ermöglicht hat.« Einer Macht, fügte er hinzu, die immer mehr den Kontakt zum »Lokalen« und »Eigenen« verloren habe.

Zu diesem Antirationalen gehörte auch eine Abwertung des politischen Alltagsgeschäfts und der Diplomatie, der so wichtigen, aber wenig spektakulären Kleinarbeit hinter den Kulissen. Das bewusste Ignorieren der Komplexität von Problemen und der daraus entspringenden Dilemmata war charakteristisch für die Verführungstaktik aller Populisten. Der niederländische Rechtspopulist Geert Wilders vermied es während seiner langen politischen Laufbahn konsequent, irgendwo Verantwortung zu übernehmen. Die Brexiteers hatten zu Beginn der Verhandlungen in Brüssel keinen Austrittsplan. In der Ukraine brüstete sich der Präsidentschaftskandidat Wolodymyr Selenskyj mit seiner völligen politischen Unerfahrenheit. Matteo Salvini, offiziell italienischer Innenminister, hielt sich während der ersten sechs Monate im Amt an genau 17 Tagen in seinem Ministerium auf, den Rest dieses halben Jahres war »Selfini« mit seinen Wahlkampfshows beschäftigt.

Es bestand ein Zusammenhang zwischen der Abwertung des Politischen und der mit angeblichen Sparzwängen begründeten Demontage des öffentlichen Sektors, die in diesen beiden Jahrzehnten überall in Europa voranschritt. In Großbritannien wurde der sozialen Infrastruktur schwerer Schaden zugefügt, vor allem in den armen Regionen und Stadtteilen. In Belgien wurden innerhalb kurzer Zeit zahlreiche private Schwimmbäder eröffnet, während immer mehr öffentliche Bäder schließen mussten, von 2006 bis 2017 fast 20 Prozent. In Ostdeutschland sprach ich regelmäßig mit besorgten Rentnern, die sich fragten, welche Sparmaßnahmen ihnen nach Hartz IV wohl noch bevorstünden, denn schon jetzt hatten sie keinerlei finanziellen Spielraum mehr.

Die soziale Ungleichheit nahm nach der Bankenkrise von 2008 besonders stark zu. Vor allem in den südlichen EU-Ländern entstand eine neue Klasse von Armen. Es waren junge, hoch qualifizierte Menschen, die keine feste Anstellung, sondern nur befristete, schlecht bezahlte Teilzeitjobs fanden, von denen sie nicht leben konnten, weshalb sie auf die Unterstützung durch Verwandte, Freunde oder sogar karitative Organisationen angewiesen waren. Eine normale Karriere, wie sie für die Generation ihrer Eltern noch selbstverständlich gewesen war, lag für viele außerhalb des Möglichen. Bezeichnend war die Situation in Italien während der politischen Krise im Sommer 2019, als Parlamentarier der Fünf-Sterne-Bewegung, von denen viele zum Teil lange Zeiten der Arbeitslosigkeit hinter sich hatten, zu fast jeder Koalition bereit waren, weil sie um keinen Preis ihre üppigen Abgeordnetenbezüge aufs Spiel setzen wollten.

Der Schweizer Autor Roger de Weck sprach in diesem Zusammenhang von einer erneuten Aristokratisierung unserer westlichen Gesellschaften. Dabei würden Aristokratien im schlechtesten Sinn entstehen, Eliten, die sich niemandem verantwortlich fühlen, nicht akzeptieren wollen, dass Eigentum verpflichtet, und die im halböffentlichen Sektor sogar die Gesetzmäßigkeiten des Marktes missachten zu können glauben.

Solche Raubritter trieben in dieser Spätzeit des Neoliberalismus überall ihr Unwesen, auf lokaler, nationaler und internationaler Ebene, oft mit einer Arroganz, die einfach fassungslos machte. Besonders in der Finanzwelt und während der Krise von 2008 fiel diese Kaste durch schamlose Habgier und das Fehlen jeglichen Verantwortungsbewusstseins auf, eine Haltung, die in jeder Zivilgesellschaft zersetzend wirkt. Nicht wenige Menschen wandten sich nun gegen »das System« an sich, weil sie das Gefühl hatten, dass sie darin keine Rolle mehr spielten, dass sich niemand für ihre Situation interessierte – und damit hatten sie nicht ganz Unrecht.

Die vergangenen beiden Jahrzehnte waren also in jeder Hinsicht eine Phase schneller und tiefgreifender Veränderungen. Die Reaktion darauf, Nostalgie, war aber vielleicht noch folgenreicher. Nostalgie ist ein ernst zu nehmendes Gefühl, ein Heimweh nach einem nicht räumlich, sondern zeitlich entfernten Ort, ein Gefühl des Verlusts und der Heimatlosigkeit. Der französische Politologe Dominique Moïsi schrieb, wir erlebten eigentlich keinen Kampf der Kulturen, sondern einen Kampf der Emotionen. In China, Indien und anderen asiatischen Ländern gebe es eine »Kultur der Hoffnung«, in der arabischen und der übrigen islamischen Welt eine »Kultur der Demütigung«, im Westen eine »Kultur der Angst«. Überall im Westen sei Angst an die Stelle des Vertrauens getreten, Angst vor dem anderen, Angst vor der Zukunft und Angst vor dem Identitätsverlust in einer immer komplexeren Welt.

Europa erwies sich als besonders anfällig für die Angst vor dem Verlust der Identität. Überall war zu beobachten, dass die großen Erwartungen vom Beginn des Jahrhunderts in ein wehmütiges Verlangen nach einer Heimat umschlugen, die es so in Wirklichkeit nie gegeben hatte. Die Europäische Union schien buchstäblich und im übertragenen Sinn grenzenlos geworden zu sein, und dieses Unberechenbare machte vielen europäischen Bürgern so große Angst, dass sie sich in die Vergangenheit flüchteten, zum Beispiel in die Illusion des »sicheren« Nationalstaates des 19. Jahrhunderts. Europa, auf das weniger als ein Jahrhundert zuvor noch die ganze Weltordnung ausgerichtet war, wurde selbstbezogen, und das zu einer Zeit, als die EU auf globaler Ebene vor ganz neuen und weitreichenden Entscheidungen stand.

Viele Europäer, auch diejenigen, die in internationalen Kategorien dachten, schienen sich für Europa keine anderen politischen Ziele vorstellen zu können als den Fortbestand der EU und ihr weiteres Zusammenwachsen. Tatsächlich war ja der Nachkriegstraum von Frieden und wachsendem Wohlstand weitgehend in Erfüllung gegangen. Doch welche Rolle Europa in der übrigen Welt spielen und wie es sie mitgestalten sollte, wie vor allem das besondere Verhältnis zu Russland aussehen sollte, wie der Kontinent auf die zunehmende Migration aus den zerfallenden Staaten des Nahen Ostens und aus dem übervölkerten Afrika reagieren sollte, auf all diese Fragen von geopolitischer Bedeutung hatte man nicht einmal ansatzweise eine Antwort.

Henry Kissinger meinte, Europa schwebe im luftleeren Raum zwischen seiner Vergangenheit, die es überwinden wolle, und einer Zukunft, für die es noch keine Zielvorstellungen habe, erst recht nicht, was die eigene Rolle angehe. Stehen wir am Vorabend einer Epoche, fragte Kissinger, die von Kräften außerhalb jeder Ordnung geprägt sein wird? Die Antwort könne durchaus Ja lauten.

Bei den Eurobarometer-Erhebungen werden europäische Bürger regelmäßig gefragt, ob sie erwarten, dass ihre Kinder es einmal besser haben werden als sie selbst. Antwortete 1999 noch eine überwältigende Mehrheit mit Ja, lautete zwanzig Jahre später die Antwort einer ebenso großen Mehrheit Nein. So also ist es um das wirkliche Europa bestellt.

Es gibt Momente, in denen Politiker über sich selbst hinauswachsen und eingefahrene Bahnen verlassen. Die Gründung der Europäischen Gemeinschaft für Kohle und Stahl im Jahr 1951 war ein solcher Schritt, und im kleinen Kreis der europäischen Pioniere war man sich dessen sehr genau bewusst. Das Gleiche gilt für die Vertiefung der Europäischen Gemeinschaften, die zur Gründung der Europäischen Union und dem Vertrag von Maastricht führte. Es war ein Prozess, der von mehr oder weniger mutigen und visionären Diplomaten und Politikern vorangetrieben und gesteuert wurde. Ob etwas Vergleichbares in den kommenden Jahren möglich sein wird, bleibt fraglich.

Über den Topdiplomaten Robert Cooper, Ende der 1980er und Anfang der 1990er Jahre Chef des Policy Planning Staff im britischen Außenministerium, erzählt man sich, er habe nach dem Fall der Mauer spezielle Stempel mit den Buchstaben OBE für *Overtaken By Events* anfertigen lassen. Damit mussten seine Beamten sämtliche Akten durchgehen, und ziemlich viel erwies sich als »durch die Ereignisse überholt«. Ich glaube, es wird allmählich Zeit, selbst einen solchen Stempel anzuschaffen. Anders gesagt, es wird Zeit, sich zu verabschieden. Von nun an, liebe Leserinnen und Leser, wissen Sie mehr als ich.

Ich bin noch einmal nach Budapest gereist, um den alten György Konrád zu besuchen. Wir sitzen zusammen auf seinem kleinen Balkon, die Nachmittagssonne streift das Laub der Alleebäume vor dem Haus, wir trinken ein Glas Cognac. Seine Stimme ist leise, manchmal fast unhörbar, aber seine Sätze sind klar, so wie er sie noch täglich zu Papier bringt.

Im gegenwärtigen Ungarn wird er wieder boykottiert. Während der deutsche Bundespräsident anlässlich von Konráds 85. Geburtstag Worte überschwänglichen Lobes für ihn fand, herrschte in den ungarischen Medien ohrenbetäubende Stille. Er nimmt es gleichmütig hin. »Es ist ein altes Problem, das ich immer gehabt habe, mein ganzes Leben lang. Immer war ich ein Landesverräter, erst unter den Kommunisten, jetzt unter den Nationalen. Es ist und bleibt mein Titel.« Er zeigt mir einen Kommentar aus dem Internet: »Schade, dass die Ratte noch lebt.«

»Nein, sie haben nicht viel dazugelernt.«

Wir sprechen über sein Land. »Orbán ist letztlich nicht mutig genug, um ganz mit der EU zu brechen«, meint er. »Putin ist schlauer als die anderen, ruhiger. Erdoğan ist zu hitzköpfig, aber Orbán ist ängstlich.« Er vergleicht die Anhänger Orbáns mit den alten kommunistischen Apparatschiks, die ebenfalls eine außergewöhnliche Flexibilität entwickelt hätten, um zu überleben. »Sogar Orbáns Sprache haben sie ganz und gar übernommen. Wenn sie das nicht täten, könnten sie ja auch gleich ihre Entlassung einreichen. Aber Orbán weiß sehr gut, dass seine Freunde ihn sofort verraten werden, wenn das europäische Geld ausbleibt. Man darf nicht vergessen: Dieses Land gehört nicht Orbán, dieses Land gehört uns.«

»Ich habe keine weise Antwort«, sagt er, als ich ihn auf Angela Merkels »Wir schaffen das« anspreche. »Ich verstehe die deutschen Gefühle hinsichtlich des Holocaust. Aber aus einem Schuldgefühl heraus plötzlich die Grenzen zu öffnen, ist auch nicht die beste Lösung. Man kann die Shoah nicht ungeschehen machen, indem man eine Million Migranten ins Land lässt.« Europa müsse außerdem sorgsam mit seiner eigenen Kultur umgehen. »Nach der großen Ausgrenzung darf jetzt nicht die große Vereinigung kommen. Respekt vor anderen Kulturen, gewiss. Es sollte uns freuen, dass so viele Menschen in der europäischen Kultur leben wollen. Es ist schön, dass es so viel Austausch gibt, die Dynamik einer Stadt wie Amsterdam ist großartig. Aber wir dürfen nicht blind für die Gegensätze sein.«

Wir sprechen über die Populisten, die jetzt im Westen so erfolgreich sind, die Nationalisten und Romantiker, die ins 19. Jahrhundert zurück wollen. »Sie verklären die Vergangenheit, aber ich befürchte, dass sie auch die Zukunft sind«, sage ich.

»Das glaube ich auch«, sagt Konrád. »Diesen Leuten gehört wohl die Zukunft, jedenfalls im Moment. Aber alles geht irgendwann wieder vorbei, das lernt man, wenn man relativ lange lebt.«

Wir reden noch über dies und das, schweigen dann wieder, nehmen schließlich ein wenig befangen Abschied. »Werden wir uns in diesem Leben noch einmal wiedersehen?«

Europa werde so weitermachen, ja, da sei er sich sicher. »Durch Versuch und Irrtum langsam dazulernen. Wir werden zusammenbleiben, es sei denn, äußere Mächte verhindern das.« Auf die großen Städte komme es an. »Ich bin kein Nationalist, ich bin Urbanist. Urbanismus, das ist die Basis für das Europa des 21. Jahrhunderts.«

»Vielleicht doch noch einen Cognac?«

György Konrád starb am 13. September 2019.

Epilog

I

An meine Studentin im Jahr 2072

Wer hätte sich vorstellen können, dass unser umtriebiges Leben, und sei es auch nur für kurze Zeit, in ein Vakuum geraten könnte? Ich dachte eigentlich, wir hätten diese Phase hinter uns, dass wir einander die Hand reichen und jeder seiner Wege gehen könnte, ich in meiner eigenen Zeit und Du in Deiner, ein halbes Jahrhundert später. Wenn mich auch, ehrlich gesagt, in schlaflosen Momenten hin und wieder das bange Gefühl beschlich, dass dieses ganze Buch eigentlich nur ein Vorspiel beschrieb – von was auch immer. Inzwischen wissen wir etwas mehr. Deshalb schulde ich Dir noch den folgenden Bericht.

Es traf uns wie ein Blitz aus heiterem Himmel. Wir, die sonnenverwöhnten Generationen der zurückliegenden Jahrzehnte, wurden im Frühjahr 2020 unsanft aus unserem Rausch geweckt und kosteten vorsichtig das fast vergessene Wort »Schicksal«. Waren wir denn nicht unsterblich? Galt in unserem selbstbewussten Teil der Welt nicht das Gesetz, dass wir sicher waren und jedes Problem in den Griff bekamen?

2020 war ich einer der Glöckner unseres Dorfes. Als das Elend begann, stand ich jede Woche eine Viertelstunde in dem dunklen Kabuff unten im Turm neben der Totenbahre und altem Gerümpel und zog am Glockenseil. Ein kräftiger Ruck oder zwei, und irgendwo hoch oben über meinem Kopf begann die Glocke zu läuten, zusammen mit Hunderten anderen im ganzen Land. Die Kirchen aller Konfessionen hatten sich das ausgedacht, es sollte ein Zeichen »der Hoffnung und des Trostes« sein, aber ich dachte eher an »Feuer« und »Großalarm«. Und das ja nicht ohne Grund. Es war, als sei ein Engel der Apokalypse zur Erde hinabgestiegen und würde mit seinem Atem Tod und Verderben säen. Ein gefährliches Virus, das vor allem für ältere und vulnerable Menschen tödlich sein konnte, war aufgetreten und verbreitete sich rasant.

Die Wissenschaftler haben ihm gleich einen schönen Namen gegeben, SARS-CoV-2 oder *severe acute respiratory syndrome coronavirus* 2 oder auch Covid-19. Doch zunächst wussten sie noch nicht viel darüber; es war launenhaft, blieb oft unbemerkt und schlug dann wieder heftig oder gar tödlich zu. Zudem änderte es ständig seine Gestalt, in Form von immer neuen Mutationen.

Anfangs konnten die Ärzte wenig ausrichten, Medikamente gab es kaum, und ein Impfstoff musste erst noch entwickelt werden. Während der ersten Welle, im Frühjahr 2020, wurden in Spanien und Italien die Toten in Kirchen und Kühlräumen gestapelt – es fehlte an Zeit und Platz, um sie zu begraben. Von Madrid bis New York verwandelten sich Krankenhäuser innerhalb von nur einer Woche in chaotische Feldlazarette, selbst die Flure waren voll mit Patienten, die nach Luft schnappten. Gleichzeitig fand in den Alten- und Pflegeheimen ein großes und einsames Sterben statt.

Einen Moment sah es so aus, als wäre mit dem Beginn des Sommers 2020 das größte Elend vorbei. Die Infektionen nahmen stark ab, die Welt konnte wieder für kurze Zeit zu Atem kommen, Warnungen wurden fröhlich in den Wind geschlagen. Prompt brach danach die zweite und dritte Welle über uns herein, heftiger und länger andauernd als die erste. Außerdem machten uns eine britische, eine südafrikanische, eine brasilianische, eine indische und andere Varianten zu schaffen, Mutationen, die erheblich ansteckender waren als das ursprüngliche Coronavirus. In der bereits herrschenden Pandemie entstanden so immer neue Pandemien. Nach nicht einmal sechs Monaten hatte das Virus weltweit eine Million Opfer gefordert. Vier Monate später waren es schon zwei Millionen, und nach weniger als drei weiteren Monaten war eine weitere Million Tote zu beklagen. Alles eskalierte auf furchterregende Weise.

Für unsere Generationen war dies neues und unbekanntes Gelände. Gespannt verfolgten wir die Nachrichten, was wir erlebten, war beängstigend und unwirklich: Fast alle Länder gingen von heute auf morgen in den Lockdown, Lieferketten wurden unterbrochen, ein Fünftel der Weltbevölkerung saß zu Hause in Isolation, die Schulen wurden geschlossen, Versammlungen verboten, Theater, Kneipen und Restaurants mussten schließen, die Straßen waren anfangs fast menschenleer.

Manches erinnerte an Boccaccios Bericht über die Pestepidemie des Jahres 1348 in Florenz: Damals mieden die Menschen ihre Mitbürger, Verwandte besuchten einander – wenn überhaupt – selten oder sahen sich nur noch von Weitem. Auch jetzt wurde Abstandhalten eine Tugend. Wir kurvten mühsam umeinander herum, jeder Unbekannte konnte eine Gefahr darstellen. Der Händedruck, im Westen schon seit mehr als zweitausend Jahren die Grundlage aller Umgangsformen, verschwand abrupt. Die Autobahnen waren leer, Staus gab es keine mehr, der Flughafen Schiphol war so gut wie ausgestorben. Unsere Stadt – und so verhielt es sich in allen europäischen Städten – lag im Koma. Alles, was eine Stadt zur Stadt macht, war verschwunden: Dynamik, Vielfältigkeit, geistige und nun auch körperliche Freiheit. Am 4. Mai 2020 gedachte unser König auf dem vollkommen verlassenen Dam der Toten des Zweiten Weltkriegs. Nur seine Frau, der Bürgermeister von Amsterdam, der Ministerpräsident und zwei andere hohe Würdenträger standen an seiner Seite. Es sah fremd und unheilverkündend aus, wie in einem Film von Lars von Trier, normalerweise stehen dort an diesem Tag rund zwanzigtausend Menschen. Und dennoch war es beeindruckender als jemals zuvor.

In der Amsterdamer Innenstadt ging man durch verstummte Fotos aus dem 19. Jahrhundert. Es herrschte strahlender Sonnenschein, es war ein wunderbarer Frühling, nie zuvor hat man so viele Vögel gehört, ihr Gesang schallte über die verlassenen Grachten. Mein Viertel, in der Nähe des berüchtigten Rotlichtviertels, hatte sich mit einem Mal in ein altmodisches Dorf verwandelt. Man grüßte sich wieder, abends saßen alle Nachbarn draußen auf dem Bürgersteig, die Stadt bekam etwas Sanftes. In der Fernsehreklame sahen wir fröhliche Partys, Menschen, die einander umarmten, und es waren bereits Bilder aus einer anderen Zeit. Allabendlich wurden in den Grafiken der Fernsehnachrichten die letzten Toten hinzuaddiert.

Der Carillonneur der Oude Kerk gab Trostkonzerte, die Glocken streuten manchmal ganze Passagen der Matthäus-Passion über die Häuser.

Mit einem Mal lebten wir alle wie Patienten, unter strikter medizinischer Kuratel, mit vor allem medizinischen Prioritäten und medizinischen Intentionen. Kinder konnten die Schule nicht mehr besuchen, plötzlich war Heimunterricht die Regel. Für viele in kleinen Wohnungen lebende Familien stellte dies eine beinahe übergroße Belastung dar. Immer häufiger hörte man Berichte über häusliche Gewalt. Überall wurden Leute entlassen. Kultureinrichtungen mussten schließen, Soloselbständige, Musiker und Schauspieler zehrten von ihren letzten Rücklagen, unser Stammcafé machte gleich zu Beginn schon pleite.

Die Börsen spielten während der ersten Monate verrückt. Alles ging damals gleichzeitig auf Talfahrt: Die Aktien und Obligationen, Gold und sämtliche Kurse gerieten in freien Fall. Der Ölpreis sank auf den tiefsten Stand seit der Jahrhundertwende – und irgendwann war er sogar negativ: Käufer bekamen pro Barrel 40 Dollar, weil es keine Möglichkeit mehr gab, all das unverkaufte Öl zu lagern. Doch ebenso schnell und unbegreiflich, wie sie gefallen waren, schossen die Kurse auch wieder in die Höhe, und am Ende des Jahres 2020 erreichten sie sogar ein Allzeithoch.

Manche verkündeten das Ende dieser verblüffenden und destruktiven Epoche der Globalisierung und des Neoliberalismus. Inwieweit das zutrifft, das kannst Du 2072 besser beurteilen als ich. »Die Zukunft lässt sich nicht vorhersagen«, schrieb mein Lieblingskolumnist. »Und von dem, was sich vorhersagen lässt, möchte man die Hälfte gar nicht wissen.« So war es anfangs um uns bestellt.

Ich schreibe diese Zeilen auf glattem Eis, es fehlt noch jede Distanz, es ist lebendige Geschichte. Es kann gut sein, dass Du später, im Jahr 2072, diese Periode kopfschüttelnd als einen merkwürdigen Zwischenfall beschreiben wirst, als eine weltweite Panikattacke, als Ausbruch von Todesangst, die man vor allem im Westen zu lange verdrängt hat. Dennoch hatten wir insbesondere zu Anfang allen Grund, uns große Sorgen zu machen. Abgesehen von all der Angst, dem Schmerz, dem Tod und der Trauer kam ja schließlich ein ökonomisches Unwetter beispiellosen Ausmaßes auf uns zu. Das Ganze könnte sich, so wurde befürchtet, durchaus zu einer ähnlich großen Krise entwickeln wie die Große Wirtschaftskrise der Dreißigerjahre. Wie sich später zeigte, schrumpfte die Wirtschaft der Euroländer im Jahr 2020 um 6,8 Prozent; zum Vergleich: Auf dem Höhepunkt der Bankenkrise im Jahr 2008 verzeichnete man einen Rückgang um 4,5 Prozent.

Der Banker Steven Seijmonsbergen, der als Bilanzmanager bei der Fortis-Bank die Krise im September 2008 aus der Nähe miterlebt hatte, erzählte mir später, dass er damals regelmäßig schweißnasse Hände bekam: Das ganze Finanzsystem konnte von einem Moment auf den andern zusammenbrechen, möglicherweise kam plötzlich nicht ein einziger Euro mehr aus dem Geldautomaten. Er schaute aus dem Fenster, beobachtete das Leben auf der Straße und dachte: Ist euch eigentlich klar, dass alles schlagartig zum Stillstand kommen kann?

Was damals gerade so verhindert werden konnte, trat 2020 doch noch ein. Die Geldautomaten funktionierten zwar noch, auf der ganzen Welt aber konnten die Menschen ihre Häuser nicht mehr verlassen. Deshalb traf die Krise, anders als die von 1929 und 2008, die Wirtschaft, insbesondere die kleinen und mittelgroßen Betriebe, ins Herz, sofort und mitten hinein.

Wie immer hatten vor allem die Ärmsten unter der Katastrophe zu leiden: die Slumbewohner Asiens und Südamerikas, die ohnehin kaum Zugang zu medizinischer Versorgung haben, die Tagelöhner in Indien und Afrika – die Hälfte der dortigen Erwerbsbevölkerung –, deren Möglichkeiten zum Geld- und Nahrungserwerb sich in Luft auflösten, die Millionen Flüchtlinge und Heimatvertriebenen, aber auch die zahllosen Haushalte in Europa und in den Vereinigten Staaten mit unterdurchschnittlichem Lebensstandard. Wie eine Gallup-Studie im Mai 2021 zeigte, waren seit dem Ausbruch der Pandemie die Einkommen von mehr als fünfzig Prozent der arbeitenden Weltbevölkerung gesunken. Insbesondere Frauen wurden hart getroffen. Die großen Verbesserungen des weltweiten Lebensstandards, die es in den letzten dreißig Jahren gegeben hatte, wurden – zum Teil – wieder zunichte gemacht.

Wie reagierte man auf die Krise? Ehrlich gesagt: genau so, wie es zu erwarten war: Jedes Land fiel augenblicklich in die alten Traditionen und Verhaltensschemata zurück. Die gut funktionierenden und gut organisierten Versorgungsstaaten Norwegen und Dänemark zum Beispiel reagierten auffallend schnell und diszipliniert. Schweden und andere mehr individualistische Vertrauensgesellschaften übertrugen die Verantwortung den Bürgern. Gaststätten, Restaurants und Schulen blieben lange geöffnet, nur Sportveranstaltungen und Versammlungen mit mehr als fünfzig Personen wurden verboten. Allerdings hatte Schweden 2020 im Vergleich zu den anderen skandinavischen Ländern ein Vielfaches an Coronatoten zu beklagen.

Das zentralistische Frankreich entschied sich hingegen – wie auch Belgien und Spanien – für ein massives Eingreifen der Behörden: Nach Art eines absolutistischen Herrschers verordnete Macron dem Land eine Massenquarantäne. Niemand durfte ohne Genehmigung das Haus verlassen, die Polizei kontrollierte alles und jeden – auch in Angelegenheiten, die nichts mit dem Virus zu tun hatten. Zuwiderhandlungen wurden schwer bestraft, der Zugriff des Staates war allumfassend. Das Land wirkte menschenleer, mehr als ein Drittel der Arbeitnehmer war von den Schließungen betroffen.

Italien, wie verwirrend, kam völlig zum Stillstand. 100 000 bis 150 000 Unternehmen drohte die Pleite, die Arbeitsplätze von zwei bis drei Millionen Menschen waren in Gefahr. Süditalien bereitete sich auf den größten wirtschaftlichen Kahlschlag seit dem Zweiten Weltkrieg vor. In den Armenvierteln von Neapel verteilte die Camorra Essenspakete, was schließlich auch eine gute Tarnung für die Lieferung von Drogen war. Außerdem verstärkte sie so ihren Einfluss auf die Bevölkerung.

Deutschland, das über ordentliche Notfallpläne verfügte, gelang es zunächst recht gut, die Pandemie abzuwehren, auch wenn fortwährend Verwirrung darüber herrschte, wer wofür zuständig war und welche Regeln in den einzelnen Bundesländern herrschten.

Im ultraliberalen Großbritannien aber gab es einen solchen Mangel an Schutzkleidung, dass das Krankenhauspersonal sich in den ersten Wochen mit Müllsäcken, Schnorcheln und Schweißerbrillen behelfen musste. Ein britischer Experte sagte der *Sunday Times*: »Wenn man in den vergangenen zwei Jahren mit älteren Abteilungsleitern des National Health Service sprach, merkte man, dass eine Pandemie ihre größte Sorge war, ihr schlimmster Albtraum, weil sie nicht darauf vorbereitet waren.«

2

Es war eine Katastrophe mit Ansage. Ebenso wie Kriege, Hungersnöte und Naturkatastrophen stellten Pandemien immer wieder tiefe Einschnitte in die menschliche Geschichte dar, alle Jahrhunderte hindurch. Sie rechtfertigten die drastischsten Regierungsmaßnahmen, von Hausfriedensbruch bis hin zu erzwungener Haft, sie stärkten die Position von Fürsten und anderen Machthabern. »Ein Drittel der Welt starb«, schrieb der Chronist Jean Froissart im 14. Jahrhundert über den Schwarzen Tod, die Beulenpest, die Mitte des Jahrhunderts in Europa und besonders in Italien ganze Landstriche entvölkerte. Wahrscheinlich trifft seine Angabe zu, denn heutige Historiker kommen zu ähnlichen Schätzungen. In Nord- und Südamerika wurde im 16. Jahrhundert die einheimische Bevölkerung durch die von europäischen Kolonisten eingeschleppten Pocken und Masern dezimiert.

Gleichzeitig waren Pandemien immer wieder Teil des normalen Lebens. Wer, so hat man ausgerechnet, 1600 in Amsterdam geboren und siebzig Jahre alt wurde, der hatte sechs Ausbrüche der Pest erlebt. Die Pocken, die Großbritannien im 18. Jahrhundert heimsuchten, kosteten mindestens einem Zehntel der Bevölkerung das Leben. Fast die Hälfte der damaligen Einwohner Großbritanniens hatte Pockennarben. Etliche Figuren in den Romanen von Charles Dickens leiden unter einem »durch Pocken verunstalteten Äußeren«. Bis weit ins 20. Jahrhundert traten die Pocken immer wieder auf, und erst 1979 erklärte die Weltgesundheitsorganisation WHO die Krankheit – als erste – für ausgerottet.

Als im Sommer 1665 in London wieder einmal die Pest ausbricht, hört der hohe Admiralitätsbeamte Samuel Pepys das Stöhnen der hungernden und krepierenden Seeleute bis vor der Tür seines Büros. In den Straßen liegen Leichen, die Stadt wirkt verlassen. Diejenigen, denen er noch begegnet, »sehen aus wie Menschen, die von der Welt Abschied genommen haben«. Und inmitten dieses Elends kritzelt er sein berühmtes Tagebuch in aller Seelenruhe weiter mit alltäglichen Dingen voll: finanzielle Sorgen, zu viele Briefe, ein hübsches Dienstmädchen, ein angenehmes Beisammensein mit einer befreundeten Witwe, Streit mit seiner Frau, Probleme im Büro.

Es gibt, in der heutigen Coronazeit sehr vertraut, auffallende Momente der Kontemplation. So führt Pepys zum Beispiel mit einem Freund ein langes nächtliches Gespräch über das menschliche Dasein »und wie wenig sich Verdienst in der Welt durchsetzt, sondern nur Protektion«. Trotz allem gibt es aber auch Momente tief empfundener Lebensfreude, etwa als er sich auf dem Höhepunkt der Epidemie in einer warmen Julinacht auf der Themse zu einem Gasthof außerhalb der Stadt rudern lässt. Ein Unbekannter fährt mit, der offenbar die Musik ebenso liebt wie Samuel Pepys: »Er und ich sangen vergnügt während der ganzen gemeinsamen Fahrt.«

Auch in unserer modernen Zeit gab es heftige Pandemien – selbst wenn wir das manchmal vergessen zu haben scheinen. Ein Beispiel ist die sogenannte Russische Grippe, die im Dezember 1889 in Sankt Petersburg ausbrach. Das war die erste Epidemie, die sich aufgrund des bereits sehr dichten Eisenbahnnetzes und der Dampfschiffverbindungen rasend schnell über die ganze Welt verbreiten und zur Pandemie werden konnte. Manche Experten sind der Ansicht, dass es sich hierbei vermutlich auch um den ersten Ausbruch eines Coronavirus handelte: Zeitungsartikel aus der Zeit berichten von Symptomen – unter anderem Geruchs- und Geschmacksverlust –, die denen, die das heutige Virus hervorruft, sehr ähnlich sind. Schätzungen zufolge gab es eine Million Tote.

Die berüchtigte Spanische Grippe von 1918 – mein Vater hat sie als junger Student mit knapper Not überlebt – entstand vermutlich in Kansas. Die amerikanischen Truppentransporte nach Europa sorgten dafür, dass sich das Virus in Windeseile verbreiten konnte, und später waren dann die großen Volksfeste zur Feier des Kriegsendes die neuen Brandherde, in denen sich das Virus überaus wohl fühlte. Weltweit starben zwanzig bis vierzig Millionen Menschen: In Frankreich waren es 230 000 bis 360 000, in Großbritannien 150 000 bis 280 000, in Belgien 30 000 bis 80 000 und in den Niederlanden 20 000 bis 60 000 Tote.

In den Achtzigerjahren breitete sich im Westen eine neue Epidemie aus, vor allem unter homosexuellen Männern, aber auch unter Drogenabhängigen und Hämophiliekranken: AIDS, eine durch das HI-Virus hervorgerufene, oft tödliche Schädigung des Immunsystems. Dank hochwirksamer antiretroviraler Medikamente ist Aids heute im Prinzip zu einer chronischen Krankheit geworden, an der im Laufe der Zeit nach Angaben von UNAIDS rund 36 Millionen Menschen gestorben sind.

Auch das Virus, das Covid-19 verursacht, ist »nicht neu und auch kein verhängnisvoller Unfall«, wie der Spezialist und Wissenschaftsjournalist David Quammen meint. »Es war – und ist – Teil eines bestimmten Musters von Entscheidungen, die wir Menschen treffen«, schreibt er und weist auf die Art hin, wie wir ständig die Erde in Unordnung bringen, in großem Maßstab Ökosysteme zerstören und so dafür sorgen, dass sich Viren von ihren natürlichen Wirten »lösen«.

Solche »Virensprünge« ereigneten sich in den letzten Jahrzehnten immer häufiger, zunächst vom Tier auf den Menschen und anschließend von einem auf den anderen Menschen. Und dann ist eine Pandemie nicht mehr weit.

Seit den Neunzigerjahren, als die Globalisierung weit fortgeschritten war und der internationale Flugverkehr stark zugenommen hatte, stufen Nachrichtendienste wie die CIA eine Pandemie als eines der größten Sicherheitsrisiken ein. So wie in Albert Camus' Roman *Die Pest* immer mehr Ratten mit blutigen Schnauzen über die Straßen rennen, so gab es auch diesmal mehr als genug Vorboten: die Hongkong-Grippe mit weltweit rund einer Million Toten (1968-1970), Ebola in Zaire und im Sudan (1976), die Sin-Nombre-Orthohantavirus-Epidemie im Südwesten der Vereinigten Staaten (1993), der Ausbruch des Hendra-Virus in Australien (1994) und die Vogelgrippe H5N1 in Hongkong (1997).

Bei der Bekämpfung dieser Epidemien spielte die Weltgesundheitsorganisation jedes Mal eine zentrale Rolle. Es war jedoch ein Kampf mit gefesselten Händen: Die WHO kann keine verbindlichen Regeln verordnen, und außerdem arbeitete die Organisation mit einem Budget, das nicht viel größer war als das einer durchschnittlichen Universitätsklinik. Die WHO musste – und muss – ständig lavieren und taktieren, um weiterhin die Mitarbeit gewisser Staaten – Chinas, aber auch manch afrikanischer Staaten – zu erhalten. Viel hängt dabei immer wieder von der Persönlichkeit und der Autorität des geschäftsführenden Direktors ab, der während einer solchen Krise an der Spitze der Organisation steht.

Als sich im Jahr 2002 in der chinesischen Provinz Guangdong ein Bauer mit einer neuen, tödlichen Lungenkrankheit infizierte – es war der erste nachgewiesene Fall einer Infektion mit dem SARS-Coronavirus, das zur selben Spezies wie SARS-CoV-2 gehört –, stand glücklicherweise Gro Harlem Brundtland, die energische norwegische Ex-Ministerpräsidentin, an der Spitze der WHO. Bis zum März 2003 breitete sich die Epidemie zwar auf Hongkong, Vietnam und Kanada aus, doch weil Brundtland und ihre Mitarbeiter blitzschnell reagierten, unter anderem mit Tests, Quarantäne-Empfehlungen und Reisewarnungen, blieb es bei weniger als 1000 Todesopfern.

Im März 2009, als sich in Mexiko eine neue Viruserkrankung, die sogenannte Schweinegrippe, ausbreitete, handelte die WHO hingegen weniger überzeugend. Nach drei Monaten waren mehr als 28 000 Menschen in vierundsiebzig Ländern infiziert. Zu Recht schlug die Organisation laut Alarm. Die Niederlande deckten sich mit 34 Millionen Impfstoffdosen für insgesamt 144 Millionen Euro ein. Als die Pandemie im Jahr darauf vorbei war, zählte man viel weniger Todesopfer als erwartet. »Nur« etwa 18 500 Todesfälle konnten aufgrund von Laborbefunden eindeutig dieser Seuche zugeordnet werden. Der übergroße Teil des Impfstoffs wurde weggeworfen. Weil die meisten Staaten infolge der Finanzkrise ohnehin knapp bei Kasse waren, prasselte von allen Seiten heftige Kritik auf die WHO ein. Der Organisation wurden die Mittel um mindestens 300 Millionen Euro gekürzt, ganze Abteilungen wurden geschlossen, darunter wichtige Forschungsgruppen, die an Studien zur Bekämpfung von Pandemien arbeiteten. Die Spitze der Organisation verlor an Einfluss und Autorität.

Im Januar 2014 brach in Westafrika erneut eine katastrophale Epidemie des Ebolafiebers aus. Diesmal entglitt der WHO jegliche Kontrolle. Auslöser war zwar ein Virus, das weniger ansteckend ist als eine gewöhnliche Grippe, aber sehr viel häufiger einen tödlichen Verlauf nimmt. Durch die massive Kritik verunsichert, traute sich die WHO jedoch erst im August 2014, die Öffentlichkeit zu alarmieren – zum Entsetzen von Organisationen wie Ärzte ohne Grenzen, die an Ort und Stelle erlebten, wie sich eine lokale Epidemie zu einer Pandemie entwickelte, erst acht Monate nach dem Ausbruch. Als die Seuche sich auf den Westen auszubreiten drohte, griffen schließlich die Vereinigten Staaten ein. Die Regierung unter Präsident Obama gründete eine spezielle Ebola Task Force, der Kongress stellte mehr als fünf Milliarden Dollar zur Verfügung, eine umfangreiche medizinisch-militärische Hilfsmission wurde gestartet, in deren Rahmen 3000 Soldaten nach Westafrika geschickt wurden. So konnte die weitere Ausbreitung gerade noch verhindert werden. In Afrika gab es mehr als 11 000 Todesopfer, ohne diese wirksamen Maßnahmen aber hätten es weltweit zehn- oder hundertmal so viele sein können.

Einige Regierungen und Nachrichtendienste waren jetzt hellwach. In vielen Sicherheitsanalysen wurde auf die Gefahr neuer Pandemien und die fehlenden Hilfsmittel und Intensivbetten in einem solchen Fall hingewiesen. Bereits im Januar 2017 spielte ein möglicherweise tödliches Grippevirus in den Amtsübergabegesprächen zwischen den Teams von Obama und des neu gewählten Präsidenten eine wichtige Rolle.

Doch wie alle vom Vorsitzenden von Trumps *Transition Team* Chris Christie sorgfältig zusammengestellten Dossiers landeten auch diese Informationen im Müllschlucker des Trump Towers. In einer weiteren Einsparungsrunde wurde die eigens eingerichtete Pandemieabteilung des Nationalen Sicherheitsrats wieder aufgelöst. Dessen ungeachtet wurde noch im Jahr 2019 in zwölf Bundesstaaten unter dem Codenamen »Crimson Contagion« der Ausbruch einer neuen Pandemie einschließlich aller Folgen auf der Verwaltungsebene in einer Katastrophenschutzübung nachgestellt. Das Drehbuch hatte große Ähnlichkeit mit dem, was wir jetzt gerade erleben: Eine von China aus sich verbreitende neue Virusvariante, von der vor allem die

Atemwege betroffen sind, taucht in Chicago auf. In der Folge, so prognostizierten es die Epidemiologen in dem Planspiel, infizieren sich am Ende 110 Millionen Amerikaner, von denen rund sieben Millionen im Krankenhaus behandelt werden müssen und fast 600 000 sterben (die tatsächlichen amerikanischen Opferzahlen in der gegenwärtigen Pandemie liegen jetzt, kurz vor Abschluss des Manuskripts im Februar 2022, bereits bei über 900 000).

»Niemand hätte je mit Zahlen wie diesen gerechnet«, behauptete der damalige amerikanische Präsident. In Wahrheit hatten Experten genau diese Entwicklung vorhergesagt, nur hatten viele der verantwortlichen Politiker nicht auf die Fachleute gehört.

Der Ausgangspunkt der aktuellen Pandemie ist vermutlich die chinesische Millionenstadt Wuhan. Am 30. Dezember 2019 las die Ärztin Ai Fen, Leiterin der Notaufnahme des Zentralkrankenhauses, einen Laborbericht, der ihr zu denken gab. Er betraf einen Patienten mit einer schweren Lungenentzündung. Zur gleichen Zeit lagen auf ihrer Station bereits sechs andere Patienten mit ähnlichen Symptomen in Quarantäne. Sie fotografierte den Bericht, auf dem sie die Wörter »SARS-artiger Coronavirus« rot umkreist hatte, und schickte ihn einigen anderen Ärzten.

Ihr Kollege Li Wenliang, ein Augenarzt, leitete den Bericht an eine Handvoll ehemaliger Kommilitonen weiter. »Beängstigend«, war die allgemeine Reaktion. »Kommt SARS zurück?« Schon wenige Stunden später, mitten in der Nacht, musste er sich vor seinen Vorgesetzten rechtfertigen: Von wem hatte er diese Informationen? Am 3. Januar wurde er in das »Sicherheitsbüro« der Stadt einbestellt, wo man ihn beschuldigte, »Gerüchte zu verbreiten« und »die soziale Ordnung zu untergraben«. Er kam mit einer Verwarnung davon, musste aber eine Erklärung unterschreiben, derartige »illegale Aktivitäten« in Zukunft zu unterlassen.

Was war die genaue Ursache dieser alles verschlingenden Pandemie, dieser beispiellosen Störung der wirtschaftlichen und sozialen Ordnung? Für weitreichende Schlussfolgerungen war es jetzt noch zu früh, die – oft politisch gefärbten – Meinungen gingen noch zu weit auseinander.

Zunächst waren fast alle – auch die Experten der CIA und der anderen westlichen Geheimdienste – der Ansicht, das Virus stamme vom Huanan-Fischmarkt, einem Markt in Wuhan, auf dem nicht nur Meeresfrüchte angeboten, sondern auch alle möglichen anderen wilden Tiere illegal verkauft werden. Diese Art von Märkten, die von westlichen Besuchern als eine »Kombination aus Folterkammer und überaus schmutzigem Laboratorium« beschrieben wurden, sind als Ursprungsort neuartiger Viren berüchtigt. Auch jetzt hatten wir es, so nahm man an, mit einem Virus »natürlicher Herkunft« zu tun, das von Tieren – in diesem Fall von Fledermäusen – auf den Menschen übertragen worden war. Allerdings wurden zu dieser Jahreszeit, im Winter, auf dem Fischmarkt gar keine Fledermäuse verkauft. Es musste also noch einen »Zwischenwirt« gegeben haben. Aber wen? Und wo?

Manche Spezialisten schlossen daher die Möglichkeit nicht aus, dass das Virus aus einem Labor entwischt war. In einem Labor der Universität von North Carolina war es schließlich bereits 2015 zwei Wissenschaftlern gelungen, das Coronavirus zu »bioengineeren«. Dann wäre es zum ersten Mal in der Geschichte die Wissenschaft selbst, die eine Pandemie verursacht hat – ausgerechnet bei dem Versuch, eine solche Katastrophe zu verhindern.

Weniger als fünfzehn Kilometer von dem Ort entfernt, an dem in Wuhan das Virus zum ersten Mal auftauchte, steht eines der bedeutendsten virologischen Forschungszentren Chinas, das »Wuhan Institute of Virology«, in dem mit Fledermäusen und genmanipulierten SARS-Viren gearbeitet wird. Vom Fischmarkt noch weniger weit entfernt, nur ein paar Hundert Meter, sind die »Wuhan Centers for Disease Control and Prevention«, wo ähnliche Forschungen betrieben werden. Wie aus älteren Bildern und Berichten hervorgeht, agierten die Mitarbeiter der beiden Laboratorien mitunter nicht besonders sorgfältig. Manche Forscher fingen die Fledermäuse sogar mit bloßen Händen und Armen, und einer der Teamleiter prahlte damit, dass ein Fledermausbiss nicht schlimmer sei als ein Nadelstich. Die Annahme, der Ausgangspunkt der Pandemie seien Schlampigkeiten in der Feldforschung, sei daher, so der Spezialist Zeynep Tufekci in *The New York Times*, »keine so verrückte Idee«.

Nun war dies kein ausgesprochen chinesisches Problem. Diese Art von Nachlässigkeiten und Unfällen kam – und kommt – überall vor: Nur in den Vereinigten Staaten wurden zwischen 2015 und 2019 rund 450 Zwischenfälle in Laboren gemeldet, aus Großbritannien liegen ähnliche Zahlen vor. Die Lage in China unterschied sich von der in anderen Ländern jedoch durch die Haltung der lokalen und nationalen Autoritäten, die alles dafür taten, die Fakten über diese beginnende Pandemie so lange wie möglich geheim zu halten – mit den entsprechenden Folgen.

Obwohl das Virus bereits seit Ende November in Wuhan aktiv war, die Opferzahlen in die Höhe schnellten und in den örtlichen Krankenhäusern schon Ende Dezember spezielle Isolationsstationen eingerichtet wurden, versuchten die Behörden wochenlang, Warner zum Schweigen zu bringen und das Problem zu vertuschen. Allerdings räumte die städtische Gesundheitskommission am 31. Dezember 2019 ein, dass man tatsächlich 27 Fälle von Lungenentzündungen unbekannter Ursache registriert habe, behauptete aber zugleich, die Krankheit »unter Kontrolle« zu haben. Die Vertretung der WHO in Peking wurde noch am selben Tag unterrichtet, der Huanan-Fischmarkt werde sicherheitshalber geschlossen. Dass das neue Virus nicht nur vom Tier auf den Menschen, sondern auch von Mensch zu Mensch übertragen werden konnte, wurde jedoch entschieden dementiert, obwohl es immer mehr Patienten gab, die nie einen Fuß auf den Fischmarkt gesetzt hatten. Der Reiselust von fünf Millionen potenziellen Virusträgern, die sich anlässlich einiger Feiertage auf den Weg machten, wurden keinerlei Grenzen gesetzt. Zudem fand an ebendiesen Feiertagen in Wuhan auch noch ein riesiges Festmahl statt, an dem 40 000 Gäste teilnahmen.

Gleichzeitig füllten sich die Notaufnahmen mit Patienten, die über Lungenprobleme klagten. Während die Öffentlichkeit getäuscht wurde, hatten Wissenschaftler des Virologischen Instituts von Wuhan am 5. Januar 2020 den Erreger eindeutig als Variante des bei Fledermäusen vorkommenden SARS-Virus identifiziert. Zwei Tage später veröffentlichten sie ihre Erkenntnisse. In der Wissenschaftswelt reagierte man blitzschnell: Am 10. Januar bereits hatte der Berliner Forscher Olfert Landt einen relativ zuverlässigen Test entwickelt. Aber immer noch schwiegen die chinesischen Behörden.

Erst am 18. Januar 2020 vollzog die Regierung eine Kehrtwende. Peking schickte den renommierten Pneumologen Zhong Nanshan nach Wuhan – denn man müsse sehr wohl von einer Ansteckung von Mensch zu Mensch ausgehen. Von überall her wurden nun Hilfsgüter eingeflogen, und ab dem 23. Januar stellte man die 10 Millionen Einwohner der Metropole unter strenge Quarantäne. Bis dahin hatte sich die Krankheit bereits auf sechs weitere Länder ausgebreitet. Der chinesische »Volkskrieg« gegen das Virus – eine beispiellos strenge, aber sehr effektive Test- und Lockdown-Strategie –

war jedoch erfolgreich: Bei einer Bevölkerung von 1,4 Milliarden Menschen gab es, so jedenfalls die offiziellen Statistiken, weniger als fünftausend Todesopfer. Zwei Monate nach dem Ausbruch der Epidemie kam es zu ersten vorsichtigen Lockerungen.

Der Whistleblower Li Wenliang hatte mittlerweile seine Arbeit wieder aufnehmen dürfen. Am 8. Januar führte er bei einer Seniorin eine Staroperation durch. Weil sie kein Fieber hatte, behandelte er sie ohne Schutzmaske. Wie sich später herausstellte, betrieb sie einen kleinen Stand auf dem Fischmarkt und litt unter merkwürdigen Symptomen. Zwei Tage später begann Li zu husten. Von da an trug er Schutzmasken; vorsichtshalber sorgte er dafür, dass seine schwangere Frau und sein Sohn die Stadt verließen. Im Internet wurde er immer bekannter, über WeChat gab er weltweit Interviews: »Hätten die Behörden die Informationen über die Epidemie früher freigegeben, wäre die Lage jetzt längst nicht so schlimm.« Die Wahrheit musste veröffentlicht werden, auch wenn er ab Ende Januar zusätzlichen Sauerstoff benötigte. Am 7. Februar 2020 starb er im Alter von 33 Jahren.

Ai Fen, die andere Whistleblowerin, wurde nach dem Kurswechsel der Regierung wie Li Wenliang in den Staatsmedien zunächst als »Heldin« gefeiert, doch als sie am 10. März in der Zeitschrift *People* von ihren Erfahrungen einschließlich aller Behinderungen durch die Behörden berichtete, wurde der Artikel nach drei Stunden von der Website entfernt. Ai Fen selbst blieb danach wochenlang spurlos verschwunden.

Wenn eine Pandemie droht, ruft die WHO die wichtigsten Experten aus aller Welt zusammen und berät im Strategic Health Operations Center im Untergeschoss ihrer Zentrale in Genf über die notwendigen Maßnahmen. Das geschah auch diesmal, am 22. Januar, drei Wochen nach den ersten Meldungen aus China. Musste Großalarm gegeben und ein »Public Health Emergency« ausgerufen werden? In der Expertenrunde gingen die Meinungen auseinander. China äußerte aus Sorge um sein Ansehen Bedenken, und auch etliche westliche Wissenschaftler waren noch unschlüssig. Gut eine Woche später jedoch, am 30. Januar 2020, herrschte Einstimmigkeit: Dieses Virus war so gefährlich und ansteckend, dass die Verkündung einer »gesundheitlichen Notlage von internationaler Tragweite« unvermeidlich war.

Überall läuteten nun die Alarmglocken. Bereits am 22. Januar hatte Richard Hatchett, einer der führenden US-Epidemiologen und unter

Obama Mitglied des nationalen Sicherheitsrates, die zum Weltwirtschaftsforum in Davos versammelten Staats- und Regierungschefs vor der nahenden Katastrophe gewarnt: »Das ist kein Problem Chinas. Das ist ein Problem der ganzen Welt.«

Zwei Tage später schlugen auch die chinesischen Ärzte in der internationalen medizinischen Fachzeitschrift *The Lancet* Alarm: Die neue Viruserkrankung sei möglicherweise ebenso tödlich wie die Spanische Grippe.

Die CIA hatte das Weiße Haus und Präsident Trump da bereits über die Gefährlichkeit des Virus informiert. Der Präsident schien jedoch nicht an den Berichten interessiert zu sein und begab sich, als ob nichts wäre, wieder auf den Golfplatz. Wie ein hoher Beamter später erklärte, waren Trumps Berater nicht so unbesorgt. »Sie konnten ihn nur nicht dazu bewegen, etwas zu tun.« Vom 31. Januar an ließen die Amerikaner zwar fast keine Chinesen mehr ins Land, doch abgesehen davon unternahm Washington, das früher in solchen Situationen eine Führungsrolle eingenommen hatte, fünf Wochen lang so gut wie nichts.

Am 24. Januar bestätigte Frankreich die ersten drei Corona-Infektionen auf dem europäischen Kontinent – alle drei Infizierten waren in China gewesen. Zwei Tage später rief der Direktor des renommierten Johns Hopkins Centre for Health Security in Baltimore die Regierungen in aller Welt dringend dazu auf, schleunigst für möglichst große Testkapazitäten zu sorgen und in großen Mengen Schutzkleidung zu beschaffen. »Bereiten Sie sich auf das Schlimmste vor.« Die Europäische Kommission reagierte schnell und bedacht: Am 29. Januar wurde die interne Krisenzentrale aktiviert. Allerdings hatte die EU wenig Möglichkeiten einzugreifen, weil die Mitgliedsländer die Gesundheitsversorgung immer als nationale Angelegenheit betrachteten. Es ist bezeichnend, dass bei der Verkündung der Krisenlage so gut wie keine Presse anwesend war.

Wenn Du mich von 2072 her fragst, wie ich selbst auf die ersten Alarmsignale reagiert habe, würde ich antworten: besorgt, das ja, aber eine konkrete Vorstellung von der Gefahr hatte ich nicht. Ich erinnere mich, dass ich Anfang Februar Bilder von dem Notkrankenhaus mit tausend Betten sah, das in Wuhan innerhalb kürzester Zeit errichtet wurde, und dass ich all dies noch vor allem als Kuriosum einschätzte: Das sollen die Chinesen regeln. Der Eintritt des Katastrophenfalls schien für uns Europäer sehr unwahrscheinlich zu sein. In Taiwan, Südkorea, Singapur, Neuseeland und in China selbst reagierten die Behörden, die aus früheren Seuchenausbrüchen ihre Lehren gezogen hatten, angemessen und rigoros, sodass es auffallend wenige Infektionen und Todesopfer gab. In Europa und in den Vereinigten Staaten war das Gegenteil der Fall.

»Ich habe keine Erklärung dafür, warum das Gefühl der Dringlichkeit fehlte«, sagte ein europäischer Diplomat, der bei zahlreichen Beratungen anwesend war, der in Belgien erscheinenden englischsprachigen Wochenzeitung *Politico*. »Ich glaube, alle dachten, es würde eine lokal begrenzte Sache in bestimmten Regionen der Welt bleiben, und man wollte keine Panik verbreiten.«

In Deutschland gab es seit 2005 den Nationalen Pandemieplan, und aufgrund dessen begann die Pharmaindustrie sofort damit, zusätzliche Vorräte anzulegen. Die meisten anderen europäischen Länder waren jedoch nicht im Geringsten auf eine Pandemie diesen Ausmaßes vorbereitet. Obwohl die WHO bereits Anfang Februar vor einem »weltweiten Mangel an Mitteln zur Eindämmung der Pandemie« gewarnt hatte, wurden Labor- und Testkapazitäten nicht erweitert, und auch Schutzkleidung wurde nicht in großem Umfang geordert und hergestellt.

Der britische Gesundheitsminister behauptete noch bis Ende Februar, die Wahrscheinlichkeit einer Epidemie sei »gering«. Dabei lag ihm zu dieser Zeit bereits ein erschreckender Bericht des führenden Epidemiologen Neil Ferguson von der Imperial College's School for Public Health vor, in dem die Infektionsrate des neuen Virus höher eingeschätzt wird als die des Erregers der Spanischen Grippe.

Hinter den Kulissen bereiteten britische Spitzenbeamte sich daher auch auf eine Art Kriegszustand vor. In Notsituationen tritt in Großbritannien ein nationaler Krisenstab, COBRA, unter dem Vorsitz des Premierministers zusammen. Ab dem 24. Februar gab es in London fast jede Woche Beratungen – jedoch ohne dass dabei viel herausgekommen wäre. Boris Johnson selbst – vom Brexit besessen und mit seinem turbulenten Privatleben beschäftigt: Seine neueste Freundin war unerwartet schwanger geworden – ließ sich bis Anfang März nirgends blicken. »Man kann keinen Krieg führen, wenn der Premier nicht da ist«, sagte ein verärgerter hochrangiger Berater später gegenüber der *Sunday Times*. »Und dann erfährt man, dass Boris keine einzige Sitzung geleitet hat. Seine Ausflüge aufs Land waren ihm wichtig. An den Wochenenden arbeitete er nicht. Wir hatten das Gefühl, dass er sich um die dringend notwendige Krisenplanung überhaupt nicht kümmert. Er verhielt sich genauso, wie es die Menschen befürchtet hatten.«

Auch in Spanien war eine neue und unerfahrene Regierung im Amt. Noch Anfang März, als es schon fast 600 bekannte Infektionen und zehn Todesfälle gab, behauptete der Gesundheitsminister, die Kranken könnten sich nur im Ausland infiziert haben. Alle Alarmsignale wurden ignoriert, und auch die Empfehlung des European Centre for Disease and Control, auf das Händeschütteln zu verzichten, Abstand zu halten und Menschenansammlungen zu meiden, schlug man in den Wind.

Nahezu unbemerkt entstanden Mitte Februar in Europa die ersten Infektionsherde. Unter Tränen trat die französische Gesundheitsministerin Agnès Buzyn am 16. Februar zurück – gezwungenermaßen, weil sie für das Amt der Bürgermeisterin von Paris kandidierte. »Ich wusste, welche Flutwelle da auf uns zurollte«, sagte sie später gegenüber *Le Monde*. Am darauffolgenden Tag begann im elsässischen Mülhausen eine internationale Besinnungswoche der evangelikalen Freikirche Église Porte Ouverte Chrétienne. Mindestens zweitausend Gläubige drängten sich an fünf Tagen bei Vorträgen, Andachten und Gesang in einem großen Gotteshaus und reisten am Ende der Woche in ihre Heimatländer zurück. Gut eine Woche später wurde ein Besucher positiv auf das Coronavirus getestet, und wie sich zeigte, hatten es da bereits mehrere Hundert Freikirchler überall in der Welt verbreitet, bis nach Burkina Faso und Französisch-Guayana. »Wir haben also eine Woche lang in derselben Petrischale gesessen«, sagte der Hauptpastor hinterher gegenüber der Nachrichtenagentur Reuters. Von Mülhausen aus verbreitete sich das Virus zunächst in Straßburg und dann im übrigen Frankreich. Auch das deutsche Grenzgebiet war betroffen.

In derselben Woche suchte ein 38-jähriger Mann mit Grippesymptomen das Krankenhaus von Codogno auf, einer kleinen Stadt in der Lombardei. Er wollte sich zunächst gar nicht stationär behandeln lassen, doch am 20. Februar musste er sogar auf die Intensivstation verlegt werden. Er wurde positiv auf das Coronavirus getestet und gilt seitdem als Italiens »Patient Nummer 1«. Wie sich herausstellte, war er ein überaus aktiver Mensch: Er hatte in der Woche davor dreimal in großer Gesellschaft zu Abend gegessen, er spielte Fußball und trainierte mit einer Gruppe von Langstreckenläufern.

Außerdem hatte er zweimal niesend und schnaubend das örtliche Krankenhaus betreten. Kurzum, dieser Mann war ein »Superspreader« in einer dicht bevölkerten Region. Kontakt zu Chinesen hatte er nicht gehabt, und daher musste er sich bei anderen Italienern infiziert haben, bei denen keine schweren Symptome aufgetreten waren. Dies wiederum bedeutete, dass das Virus in der Lombardei, wo es viele Firmen mit Handelsbeziehungen nach China gibt, wahrscheinlich schon seit Wochen aktiv war. »Der Mann, den wir als Patient Nummer 1 bezeichnen«, sagte einer der Ärzte, »war vermutlich Patient Nummer 200.«

An dem Wochenende begannen überall in Europa die Winterferien sowie der Kneipen- und Straßenkarneval. So entstanden etliche neue Infektionsketten, sowohl in den gut besuchten Wintersportorten als auch unter den schunkelnden und ausgelassen tanzenden Karnevalisten. Der kleine Tiroler Ort Ischgl, in dem sich alles ums Skilaufen und mehr noch um Aprés Ski dreht, wurde zu einem einzigen großen Infektionsherd: Ungeachtet etlicher Warnungen wurden die Hotels, die Bars, die Skilifte und Seilbahnen aus wirtschaftlichen Gründen erst am 13. März geschlossen. Die reichen russischen Wintersportler kehrten, wie der Moskauer Bürgermeister später bemerkte, »mit Koffern voller Viren« zurück.

Am Abend des 21. Februar starb in Italien der erste Patient mit einer Coronainfektion; einen Tag später der zweite. Am Sonntag, dem 23. Februar, wurden in der Lombardei elf Städte von Polizei und Militär abgeriegelt. Schulen und Theater wurden geschlossen, das große Finale des Karnevals in Venedig abgesagt. Am 24. Februar brach die italienische Börse ein. Man zählte nun sieben Tote.

Die darauffolgende Woche war chaotisch, mit vielen widersprüchlichen Nachrichten. Am 25. Februar, als in der Lombardei bereits über 300 Infektionen registriert worden waren und man um mehr Krankenhaus- und vor allem mehr Intensivpflegebetten kämpfte, behauptete Ministerpräsident Conte, Italien sei ein sicheres Land, »wahrscheinlich sicherer als viele andere Länder«. Auch die in Rom versammelten Gesundheitsminister Italiens, Österreichs, Frankreichs, Deutschlands, Sloweniens und Kroatiens erklärten, Grenzschließungen seien »unverhältnismäßig und nicht effektiv« und Großveranstaltungen müssten nicht kurzerhand abgesagt werden. »Ist doch klar, Italien ist das Problem – nicht das Virus«, war bei diesem Treffen die unausgesprochene Ansicht der meisten. Der Bürgermeister von Mailand startete sogar eine Kampagne unter dem Motto »Mailand steht nicht still!« und ließ ausdrücklich die Gastronomie und die Sehenswürdigkeiten offen.

Doch hinter den Kulissen wuchs die Besorgnis nun rasch. Die norditalienischen Krankenhäuser konnten den Ansturm der Patienten kaum noch bewältigen, und bald herrschte großer Mangel an Schutzkleidung und Hilfsmitteln. Ende Februar begannen auch die Niederlande endlich damit, das Krisenmanagement zu organisieren, fast vier Wochen später als Deutschland, Großbritannien und die EU.

Überall auf der Welt machte sich unter Investoren ziemliche Unruhe breit, und an der amerikanischen Börse sanken die Kurse um stattliche zehn Prozent, nicht zuletzt weil die gleichgültige Haltung des Präsidenten bei den Anlegern nicht gerade Vertrauen erweckte. Es kam zu einem »Run« auf sichere Anlagen wie amerikanische Staatsanleihen.

Am 28. Februar erklärte Italien, es werde den sogenannten EU-Zivilschutz-Mechanismus in Anspruch nehmen, und bat die anderen Mitgliedsstaaten um Lieferung von Masken und anderer Schutzausrüstung. Es war das Eingeständnis, dass man tatsächlich in großen Schwierigkeiten steckte. Was folgte, war ein peinliches Schweigen. Damit lag auf der Hand: Auch anderen EU-Ländern wurde plötzlich bewusst, dass ihre eigenen Bestände an Schutzausrüstung unverantwortlich gering waren. »Für uns in der Kommission kam der Hauptalarm Ende Februar, als Italien um Unterstützung bat«, berichtete Janez Lenarčič, EU-Kommissar für humanitäre Hilfe und Krisenschutz. »Es kam keine Antwort. Plötzlich schrillten alle Alarmglocken. Es wurde deutlich, was uns bis dahin niemand gesagt hatte: dass in ganz Europa ein allgemeiner Mangel an Schutzausrüstung herrschte.«

Am Ende der Karnevalswoche wurde fast allen europäischen Regierungen klar, dass eine gewaltige Krise auf sie zurollte. Es verging aber noch mindestens eine ganze Woche, bis dann auch Taten folgten. Erst am 8. März wurde auch im übrigen Italien das öffentliche Leben vollständig stillgelegt. Am Vorabend hatten Tausende Mailänder, nachdem die Lockdown-Pläne an die Öffentlichkeit gelangt waren, die Züge in Richtung Süden gestürmt und verbreiteten nun das Virus weiter. Am nächsten Tag traten die landesweiten Beschränkungen in Kraft. Bis dahin zählte Italien bereits fast 10 000 Infizierte und 463 Tote. Der Lockdown kam zu spät.

Die Todeszahlen gingen rasant nach oben. In den überfüllten Krankenhäusern spielten sich dramatische Szenen ab. Die Flure waren voller Patienten, die zusätzlichen Sauerstoff bekamen. Es fehlte an allem: Intensivbetten, Beatmungsgeräten, Schutzausrüstung. Ärzte und Pflegepersonal mussten häufig ohne Schutzkleidung und -masken arbeiten und wurden selbst infiziert. Im Krankenhaus Papa Giovanni XXIII in Bergamo waren am 18. März 500 der 3500 Mitarbeiter infiziert. Einer der Ärzte sagte: »Wir arbeiten weiter wie Soldaten, die in den Krieg ziehen.« Allein in Bergamo starben zu dieser Zeit 50 bis 60 Patienten pro Tag. Ein Priester in der nahe gelegenen Kleinstadt Zogno beschloss, nur noch einmal am Tag die Totenglocke zu läuten, weil er sonst für die vielen verstorbenen Einwohner des Ortes den ganzen Tag hätte läuten müssen. »Wir wissen nicht mehr, wohin mit den Toten«, berichtete ein Rettungssanitäter. In der Kirche San Giuseppe, die als provisorische Leichenhalle diente, stapelten sich wochenlang die Särge.

Die Unterstaatssekretärin im Gesundheitsministerium Sandra Zampa gestand später, Italien habe die Ereignisse in China nicht als praktische Warnung gesehen, sondern als »Science-Fiction-Film, der nichts mit uns zu tun hatte«. Und als sich das Virus in Italien ausbreitete, betrachtete Europa »uns auf dieselbe Weise wie wir zuvor China«.

Bei uns, in den unbeirrbaren Niederlanden, galt dieses Wegschauen als Goldene Regel: Das gefällt uns nicht, das passiert uns nicht. Noch am entscheidenden Wochenende um den 29. Februar herum, als fast alle Regierungen aus ihrer Lethargie aufgeschreckt waren, verkündete das Reichsinstitut für Volksgesundheit und Umwelt (RIVM), neue Maßnahmen seien nicht notwendig. Das alltägliche Leben plätscherte in der darauffolgenden Woche wie gewohnt vor sich hin. In Talkshows und im Parlament verglichen selbst ernannte Experten das Virus mit einer saisonalen Grippe, an der mitunter auch Tausende Menschen stürben, man solle nicht »so hysterisch« sein.

Kaum eine Woche später, am Abend des 6. März 2020, starb in den Niederlanden der erste Coronapatient. Nach einer weiteren Woche waren auf den verlassenen Straßen des Zentrums von Amsterdam nur noch ein paar Tauben unterwegs, und in den Supermärkten kam es zu panischen Hamsterkäufen. Während in früheren Notsituationen Produkte wie Kaffee und Zucker heißbegehrt waren, rissen sich die Leute diesmal aus unerklärlichen Gründen vor allem um Toilettenpapier, das sie in großen Mengen heimwärts trugen.

Die Europäische Union tat zunächst das, was die Mitgliedsstaaten jahrelang gefordert hatten: wenig bis nichts. Für das Gesundheitswesen sollten, wie gesagt, die Einzelstaaten verantwortlich bleiben, die Unterschiede zwischen den Ländern seien für ein gemeinsames Vorgehen zu groß. Den pandemischen »Rinderwahn« durfte die EU mit allen Mitteln bekämpfen, die Verhinderung und Linderung menschlichen Leidens blieb eine Aufgabe der einzelnen Nationalstaaten.

Hinzu kam, dass sich die Europäische Union Anfang März mit einem lange verschleppten Problem herumschlagen musste. Die Spitzenpolitiker der EU hatten alle Hände voll mit einem wieder heftig auflodernden Konflikt mit der Türkei zu tun. Angesichts eines erneuten Massenansturms syrischer Flüchtlinge drohte Präsident Erdoğan, alle Vereinbarungen mit Brüssel aufzukündigen, wenn die EU sich weiterhin weigere, mehr Flüchtlinge aufzunehmen. An der türkisch-griechischen Grenze spielten sich wie schon so oft erschütternde Szenen ab: Die Türkei hatte ihre Grenzübergänge geöffnet, und Tausende Flüchtlinge drängten sich dort in der Hoffnung zusammen, dass nun auch die griechische Grenze geöffnet werde. Es drohte ein Exodus wie 2015.

Währenddessen löste die Coronakrise wieder allerlei nationale Reflexe aus. Die in Panik geratene deutsche Regierung verbot die Ausfuhr von individueller Schutzausrüstung wie Einwegkitteln und OP-Masken: deutsches Desinfektionsmittel für deutsche Hände. Glücklicherweise schritt die Europäische Kommission hier rasch und mit Erfolg ein. Auch die Probleme mit der Türkei konnten am 9. März in Beratungen zwischen Erdoğan, von der Leyen und dem Ratspräsidenten Charles Michel vorläufig aus dem Weg geräumt werden: Man einigte sich darauf, das EU-Türkei-Abkommen von 2016 zu überarbeiten. In der Folge entspannte sich die Lage an der Grenze ein wenig.

Von allen europäischen Ländern waren Finnland und Deutschland am besten auf eine Pandemie vorbereitet. Bereits Mitte März betrug die Testkapazität dort 700 000 Tests pro Woche; in Frankreich waren es nur 150 000. Rund 25 000 Beatmungsgeräte standen bereit, und weitere 10 000 waren unterwegs, während es in ganz Frankreich nur 5000 gab. In einer Fernsehansprache am 18. März beschönigte Angela Merkel die Lage nicht: »Es ist ernst. Nehmen Sie es auch ernst.« Wenn keine Gegenmaßnahmen ergriffen würden, könnten Schätzungen zufolge sechzig Prozent der deutschen Bevölkerung infiziert werden, und dann, das konnte jeder leicht selbst ausrechnen, würden auch bei einer geringen Letalitätsrate von 0,7 Prozent ungefähr 350 000 Menschen an den Folgen der Infektion sterben. Ein aus großflächigen Tests und Quarantäne bestehendes Maßnahmenpaket wurde umgesetzt und hatte Erfolg.

In ganz Spanien wurde am 8. März der Internationale Frauentag von Zehntausenden Demonstranten noch ausgiebig gefeiert. Im Nachhinein erwiesen sich diese Versammlungen als fürchterliche Infektionsherde: Sowohl die Frau des Ministerpräsidenten als auch zwei Ministerinnen hatten sich an dem Tag angesteckt. Fünf Tage später wurde der Ausnahmezustand verhängt. Doch Schutzausrüstung kam nur spärlich ins Land, und vor allem in den Altenheimen grassierte das Virus ungehindert. Das ebenfalls ungeschützte Personal war hilflos. Sanitätssoldaten, die zwecks Desinfektion in Altenheime beordert worden waren, fanden in manchen Betten nur noch die Leichen der Patienten.

Das Vereinigte Königreich reagierte von allen europäischen Ländern am langsamsten. Erst am 2. März 2020, fünf Wochen nach der ersten Sitzung des Civil Contingencies Committee, war Premier Johnson erstmals selbst bei der Zusammenkunft anwesend. Er sprach nun kämpferisch von einem »full battle plan«, doch die wichtigste Empfehlung für die Bevölkerung lautete: zwanzig Sekunden Hände waschen – »so lange, wie es braucht, ›God save the Queen‹ zu singen«, erläuterte der konservative Abgeordnete Jacob Rees-Mogg. Zur Versorgung der nun rasch wachsenden Menge von Coronapatienten wurden im Eiltempo provisorische »Nightingale Hospitals« errichtet. Doch erst am 11. März ordnete die britische Regierung einen sehr begrenzten Lockdown an. Die sogar erst am 20. März verfügte Schließung von Pubs und Restaurants war in den Augen von Boris Johnson ein Anschlag auf den traditionell freiheitsliebenden Charakter der Briten. Anfang April landete dieser stets unbekümmerte Premier plötzlich selbst auf der Intensivstation: Er hatte zu lange zu viele Hände geschüttelt. Wieder war das Land wochenlang ohne Führung.

Ein niederländischer Intensivmediziner, Dharmanand Ramnarain, schilderte später der Tageszeitung *de Volkskrant*, wie das Virus in der Nacht vom 20. auf den 21. März das Elisabeth-TweeSteden-Krankenhaus in Tilburg überrollte. »Ab halb zwölf dachte ich: Jetzt muss es aber ruhiger werden, denn sonst schaffe ich die Arbeit nicht.« Doch laufend wurden weitere

Coronapatienten mit Atemnot auf die Intensivstation verlegt. »Es war wirklich schlimm. Der Zustand von immer mehr Patienten verschlechterte sich. Einige vom Pflegepersonal weinten, sie hatten die Situation nicht mehr unter Kontrolle.«

3

Das vergangene Jahr war ein Moment der Wahrheit. Die Pandemie verschärfte weltweit in hohem Tempo und auf den unterschiedlichsten Gebieten bestehende Probleme. Manchmal kam es mir so vor, als stünde ich an einer Amsterdamer Gracht, die gerade leergepumpt wird. Bei Bauarbeiten geschieht das gelegentlich, und es ist immer wieder verblüffend zu sehen, was dann außer Dutzenden von Fahrrädern so alles aus dem blauen Schlamm zum Vorschein kommt.

Ich sah zum Beispiel die Einsparwalze, die in meinem Land jahrelang den öffentlichen Sektor niedergewalzt hatte, in ihrer gnadenlosen Größe auftauchen. Das Gesundheitswesen in den Niederlanden ist fast vollständig privatisiert. Jahrelang galt Effizienz als einzige Norm, drei Milliarden Euro wurden eingespart, 70 000 Stellen gingen verloren, Hunderte Intensivbetten wurden gestrichen. Alles schien vorhersagbar, alles schien wohlkalkuliert. Doch in einer plötzlichen Ausnahmesituation wie dieser Pandemie brach das System sofort zusammen.

Was schon in der Krise von 2008 zu beobachten war, wiederholte sich: Jahrelang hatten die neoliberalen Dogmatiker das Primat des freien Marktes verfochten, unglaubliche Gewinne waren gemacht worden, überall hatte die soziale Ungleichheit stark zugenommen, aber in der Krise durften die öffentliche Hand und der einfache Steuerzahler für die Verluste aufkommen. Die britische Fluggesellschaft Virgin Atlantic des Milliardärs Richard Branson beantragte eine halbe Milliarde Pfund an staatlicher Unterstützung, obwohl Branson vierzehn Jahre lang keinen Cent Steuern bezahlt hatte. In den Niederlanden kassierte die internationale Hotelbuchungsplattform Booking.com 65 Millionen Euro Staatshilfe, obwohl der Konzern im Jahr davor noch einen Gewinn von fünf Milliarden Dollar gemacht hatte.

Auch in Bezug auf die Staatsmacht war das vergangene Jahr ein Moment der Wahrheit. Während der Pandemie hatte man sie zum größten Teil den medizinischen Experten übergeben. Für kritische Fragen gab es kaum oder gar keinen Raum. Ein niederländischer Insider sagte später: »Die Politiker lagen wie ein Hündchen auf dem Rücken.« Das bereits im Mittelalter erkennbare Muster, dass Epidemien tiefgreifende Regierungsmaßnahmen rechtfertigen und so die Position der Machthaber weiter stärken, wiederholte sich. *The Economist* sprach von einer »pandemic of powergrabs«.

So entwickelten zum Beispiel Russland und China Hightech-Überwachungssysteme, mit denen sich jede Bewegung ihrer Bürger verfolgen lässt. In Ungarn nutzte Ministerpräsident Orbán den Ausnahmezustand, um auf unbestimmte Zeit weitgehend per Dekret zu regieren und unliebsame Berichterstattung mit harten Strafen zu belegen. Der serbische Präsident folgte seinem Beispiel. In Polen sprach die Regierung öffentlich von einem »Belagerungszustand«. In Frankreich erließ Präsident Macron derart weitgehende Beschränkungen, dass es fast so aussah, als würde die Errichtung eines Polizeistaats geprobt: Die Aktionen der Gelbwesten-Bewegung und anderer Quälgeister seiner Regierung endeten abrupt.

Ein weiteres Muster, das sich ebenfalls wiederholte, war eine neue Aggression gegen »die anderen«, »die Fremden«. In der Coronakrise verstärkten erneut das Fremdartige der Bedrohung und die daraus resultierende Unsicherheit ein Gefühl der Hilflosigkeit und machten es umso leichter, den Volkszorn aufzupeitschen.

Die Pest, das war der Teufel persönlich. Sie war, heißt es in einem mittelalterlichen Klagelied aus Wales, »der Tod, der wie schwarzer Rauch in unsere Mitte kam«. Die Krankheit verbreitete sich so schnell, dass es schien, ein einzelner Kranker könne »die ganze Welt anstecken«, wie ein Zeitzeuge sagte. Dieser teuflische Charakter wurde noch dadurch verstärkt, dass niemand den Auslöser, das Bakterium *Yersinia pestis*, kannte, und das blieb noch etwa fünf Jahrhunderte lang so. Während der Pestepidemien in den Jahren 1348 und 1349 gab man in Straßburg und Basel wie an zahlreichen anderen Orten den Juden die Schuld: Sie hätten das Trinkwasser vergiftet, um den Christen die Macht in der Stadt zu entreißen. In Straßburg wurden bis zu zweitausend Juden in einer eigens errichteten hölzernen Scheune beim jüdischen Friedhof zusammengetrieben und lebendig verbrannt. In Basel ermordete man fast alle Juden auf ähnliche Weise.

2020 waren die Chinesen der Sündenbock. Das Virus war ein gefundenes Fressen für Nationalisten. Der amerikanische Präsident Trump sprach dauernd vom »China-Virus«, die Chinesen keilten zurück, es sei ein »Amerika-Virus«. Die katalanischen Nationalisten bezeichneten den Erreger als »Madrid-Virus«. Und auch diesmal fanden die Bußprediger und Flagellanten schnell den Weg in die Judenviertel. Der UN-Sonderberichterstatter für Religions- oder Glaubensfreiheit, Ahmed Shaheed, sprach von einer erschreckenden Zunahme antisemitischer Hetze im Internet. Es waren die klassischen Anschuldigungen: Mit diesem Virus wollten die Zionisten die nicht jüdische Bevölkerung dezimieren, um so die Weltherrschaft zu übernehmen. Außerdem wurde behauptet, reiche Juden besäßen längst einen Impfstoff, mit dem sie später viel Geld verdienen würden.

Wie immer in solchen Momenten der Wahrheit wurde auch ein Kampf um die Wahrheit selbst ausgefochten. China übte starken Druck auf andere Staaten aus und blockierte monatelang eine unabhängige internationale Untersuchung zur Herkunft des Virus. Einzig die chinesische Version der Wahrheit, wonach die Verantwortung für die Pandemie nicht bei China, sondern anderswo, und zwar in einem amerikanischen Labor, liege, entspreche der Wahrheit. Der Entwurf eines China-kritischen EU-Berichts über diese Lügenkampagne wurde nach heftigen Protesten Pekings abgeschwächt.

Während der Londoner Pest von 1665 versuchten die städtischen Behörden, eine Panik zu verhindern, indem sie möglichst wenige Pesttote meldeten und in vielen Fällen lieber erfundene Krankheiten als Todesursache anführten. Die Pandemie im Jahr 1918 verdankt ihre Bezeichnung »Spanische« Grippe dem Umstand, dass – im Unterschied zur nicht zensierten Presse im neutralen Spanien – die Berichterstattung über den Ausbruch der Pandemie auf dem eigenen Territorium in den Krieg führenden Ländern weitgehend unterdrückt wurde.

Auch 2020 wurden in vielen Ländern zunächst die Statistiken manipuliert. Der Medizinexperte des russischen Staatsfernsehens sprach noch lange von einer »harmlosen Grippe«. Die von den Behörden gemeldeten Infektionszahlen waren zu schön, um wahr zu sein, erst recht in einem Land mit einer langen Grenze zu China und intensiven Handelsbeziehungen zu Italien. Allerdings registrierten die Ärzte plötzlich eine extrem hohe Todesrate unter ihren Kollegen. Eine russische Freundin, die Ärztin ist und bereits seit einem Vierteljahrhundert in den Niederlanden lebt, wurde immer wieder von ehemaligen Kollegen angerufen: »Weißt du, was wirklich los ist?« Anfang 2021 berechnete der russische Föderale Dienst für staatliche Statistik (Rosstat) für die ersten elf Monate des Jahres 2020 eine Übersterblichkeit von 230 000 Toten, eine Steigerung um gut 13 Prozent. Erst da gab die Regierung zu, dass in Wirklichkeit nicht 55 000 Russen dem Virus erlegen waren, sondern 186 000, mehr als dreimal so viele. Bis Ende 2021 stieg die Zahl der Opfer auf 292 000. Es war, als würden sich die Sorgen und das tödliche Schweigen, das nach Tschernobyl herrschte, wiederholen.

Auch viele europäische Staaten veröffentlichten anfangs nur die Zahl der »offiziellen« Coronatoten, während die tatsächliche Zahl der Opfer, wenn man die Bevölkerungsstatistik zugrunde legte, vermutlich viel höher lag. Das massenhafte Sterben von nicht getesteten Patienten, insbesondere in den Alten- und Pflegeheimen, blieb so zunächst mehr oder weniger verborgen. Ende April 2020 bezifferte *The Economist* die Unterschiede: Die Niederlande und Großbritannien meldeten nur 51 beziehungsweise 54 Prozent der tatsächlichen Opferzahlen, Spanien 71 Prozent und Belgien 87 Prozent. Nur in Schweden, Frankreich und Deutschland mit 91, 93 und 97 Prozent kamen die Angaben der wirklichen Anzahl recht nah.

Aber es ging nicht nur um Zahlen. Auch der Konflikt zwischen wissenschaftlich fundiertem und magischem Denken, der in der öffentlichen und politischen Diskussion ohnehin eine immer größere Rolle spielte, nahm in diesen Monaten an Schärfe und Dringlichkeit zu. Im Internet blühten die Verschwörungstheorien wie nie zuvor und in unzähligen Varianten: Die Impfstoffe enthielten angeblich »Nanopartikel«, die es den Mächtigen der Erde in Zukunft erlaubten, den Aufenthaltsort eines jeden Menschen in Echtzeit zu ermitteln. Frauen wurden davor gewarnt, mit geimpften Männern zu schlafen, denn das würde ihre Eizellen beschädigen und sie unfruchtbar machen. Im Bundesland Sachsen glaubte, wie Studien zeigen, fast ein Viertel der Bevölkerung solchen Geschichten. Auch anderenorts, insbesondere in Osteuropa, kamen Impfkampagnen daher nur langsam in Gang. In den Niederlanden kursierte das Märchen, dass viele bekannte Epidemiologen Teil eines »Pädophilennetzwerks der Elite« seien. Die Welt des »me, myself and I« rührte sich deutlich spürbar. Ärzte und Wissenschaftler sahen sich mit einer Flut von Beschimpfungen, Bedrohungen und Todeswünschen konfrontiert. Der Atem dieser Pandemie roch so von Tag zu Tag immer übler, die Diskussionen zwischen »Leugnern« und »Gläubigen« wurden immer gemeiner, Freunde und Verwandte mieden einander. So wie früher die Gebete zum Himmel stiegen, vernahm man jetzt Gemecker, endloses Gemecker.

In den Vereinigten Staaten bildete die Kombination aus Internet, Fox News und Präsident Trump ein besonders toxisches Gemisch, ein mächtiges und sich wechselseitig verstärkendes Gebräu, dessen weitere Zutaten Vorurteile, irreführende Gerüchte, Scheinwissenschaft, Rassismus und blanker Hass waren. Der Präsident betrachtete die Pandemie lediglich als ein Problem unter vielen. Während der ersten Woche tat der Präsident das Virus unter dem fortwährenden Applaus von Fox als eine Erfindung der Demokraten ab: Die Krankheit sei nur eine »gewöhnliche Grippe«, die seine Regierung »vollkommen unter Kontrolle« habe. Als Covid-19 auch in Amerika Tausende das Leben kostete, machte er einzig und allein China dafür verantwortlich. Währenddessen geriet seine Wahlkampfstrategie in Gefahr, weil die Massenveranstaltungen, auf die der Präsident so versessen war, nicht stattfinden konnten. Stattdessen benutzte er nun die täglichen Presseerklärungen als Wahlkampfbühne. Es waren absurde, improvisierte Shows ohne jede inhaltliche Vorbereitung mit lauter haarsträubenden Ratschlägen – »auch Spezialisten waren überrascht von meinem medizinischen Wissen« – und Attacken auf kritische Journalisten oder demokratische Gouverneure. Als Anthony Fauci, der führende Epidemiologe und wichtigste medizinische Berater einiger Amtsvorgänger Trumps, während einer der präsidialen Geschwätzorgien entmutigt den Kopf hängen ließ, brachte ihm das einen Shitstorm auf Twitter ein: Er habe die Autorität des Präsidenten untergraben. Weil er zahlreiche Drohungen erhielt, musste er unter Polizeischutz gestellt werden.

Die Wahrheit spielte im Weißen Haus keine Rolle mehr. Mit irreführenden Behauptungen und ständigem Lügen – der Zähler der *Washington Post* stand am Ende seiner Amtszeit bei gut 30 000 Lügen – hatte Trump allmählich alle mürbe gemacht.

»Die Antwort einer Nation auf eine Katastrophe sagt etwas über ihre Kraft – aber auch über ihre Fehlfunktionen«, schrieb die Historikerin Anne Applebaum zu Beginn der Krise. Das galt bei dieser Pandemie nicht zuletzt für die Vereinigten Staaten. In der Finanzwelt übernahm das Land schon im eigenen Interesse wieder seine traditionelle Rolle, führend, mächtig, stimulierend und stabilisierend. Innerhalb kürzester Zeit schnürte die Regierung Trump ein Hilfspaket von rund zwei Billionen Dollar, mehr als das Doppelte der »Bazooka«, die Obama nach der Krise im Jahr 2008 eingesetzt hatte. Das sagte alles über den Ernst der Lage. Die Wirtschaftszahlen waren in der Tat schwindelerregend, überall auf der Welt, insbesondere aber in Europa. Vor allem in den südlichen Mitgliedsstaaten würde die Wirtschaft, so die Prognosen, den tiefsten Einbruch seit dem Zweiten Weltkrieg erleben. Der Tourismus kam zum Erliegen, und allein in Europa waren davon gut elf Prozent aller Arbeitsplätze betroffen. Die Wirtschaft von Ländern wie Griechenland, Spanien und Malta war vom Tourismus sogar abhängig. Am Ende schrumpfte die Wirtschaftsleistung Spaniens im Jahr 2020 um nicht weniger als elf Prozent. In Frankreich, Griechenland und Italien war ein Rückgang um acht Prozent zu verzeichnen. Auch die britische Wirtschaft musste einen heftigen Einbruch von zehn Prozent verkraften. Die Niederlande sahen sich mit dem stärksten Sinken der Wirtschaftskraft, das es je gegeben hatte, konfrontiert: 3,7 Prozent. Aber das Land erholte sich rasch, ebenso wie Deutschland, Polen und die skandinavischen Länder. Insgesamt sank die Wirtschaftsleistung der Euroländer um 6,8 Prozent.

Überall auf der Welt stellten Regierungen in dem verzweifelten Versuch zu retten, was zu retten war, gewaltige Summen zur Verfügung. 2020 wurde jeder fünfte Arbeitsplatz in Europa vom Staat alimentiert. Das war großzügig, doch die Staatsschulden stiegen rasant auf Kriegsniveau. Am Ende des Jahres hatte man, wie der IWF errechnete, 13 500 Milliarden Euro für Coronahilfen ausgegeben. Das durchschnittliche Haushaltsdefizit stieg in der Eurozone von 0,6 Prozent auf 10,1 Prozent.

Die Vereinigten Staaten kämpften sogar mit einer doppelten Wirtschaftskrise, da wegen der sich ausbreitenden Pandemie die Nachfrage nach Erdöl einbrach und die Preise – zumindest zeitweise – ins Bodenlose fielen. Die amerikanische Öl- und Gasindustrie drohte größtenteils zum Erliegen zu kommen.

Mitte März 2020, als sich die Öffentlichkeit fast nur noch für die Coronakrise interessierte, geriet das gesamte Finanzsystem erneut ins Wanken. Am 9. März brach an den Börsen Panik aus, und Panik herrschte auch an den folgenden Tagen. Das Vertrauen war weg, fast alle Händler wollten nur noch verkaufen, der Handel musste immer wieder unterbrochen werden. In Europa war man insbesondere wegen Italien mit seiner extrem hohen

Staatsverschuldung besorgt: Wie sollte dieses Land die hohen zusätzlichen Ausgaben finanzieren? Würden nicht die Zinsen auf Staatsanleihen wieder in die Höhe schießen? Um Milliardenbeträge, die das Land unmöglich noch würde aufbringen können? Würde es zu der Abwärtsspirale kommen, die in der Eurokrise gerade noch verhindert werden konnte?

Am 12. März unternahm Christine Lagarde, die neue Präsidentin der EZB, einen zaghaften Versuch, die Gemüter zu beruhigen, erreichte jedoch das Gegenteil. Weil sie nicht garantieren wollte, dass die EZB Italien helfen würde, legten die Zinsen auf italienische Staatsanleihen sofort um 0,65 Prozent zu. Das hört sich nicht nach viel an, doch aufgrund der hohen Staatsschulden bedeutete das zusätzliche Ausgaben in Höhe von 14 Milliarden Euro pro Jahr.

Nun nahm wie schon 2008 die amerikanische Zentralbank (Fed) die Sache in die Hand und griff zu noch drastischeren Mitteln als damals. Die Notenpressen liefen nun auf Hochtouren. Die Fed kaufte amerikanische Staatsanleihen im Wert von 700 Milliarden Dollar und leitete viele Milliarden an knapp vierzig Zentralbanken und bedeutende Finanzzentren in aller Welt weiter. Leider halfen diese gewaltigen Summen kaum. An den Börsen und auf den Finanzmärkten herrschte weiterhin Chaos, und die Panik steigerte sich sogar noch. Ganz gleich, was die Fed und die EZB unternahmen, sie konnten ja nicht die Ursache der Krise beseitigen, die Pandemie und den Lockdown.

Am 18. März korrigierte Lagarde ihren Fehler. Sie sagte zu, im Zuge eines »Notkaufprogramms« für Staatsobligationen den europäischen Volkswirtschaften mit 750 Milliarden Euro zu helfen. Außerdem werde die EZB einige »selbst gesetzte Grenzen« hinterfragen. Es war ihre Art, das zu sagen, was ihr Vorgänger Mario Draghi an jenem denkwürdigen Junitag 2012 gesagt hatte: »Whatever it takes ...«

Die Märkte beruhigten sich. Erneut hatten die Amerikaner ihre ganze finanzielle und wirtschaftliche Macht in die Schlacht geworfen.

Auf anderen Gebieten spielte das Land jedoch nicht mehr die Rolle der leuchtenden »City upon a Hill«, denn es galt nur noch »America first«. Auf dem Flughafen von Shanghai wurde eine für den stark von Corona betroffenen Osten Frankreichs bestimmte Lieferung Schutzmasken von Amerikanern abgefangen, die Koffer voller Geld bei sich hatten und bereit waren, den dreifachen Preis zu bezahlen. Auch innerhalb der Vereinigten Staaten selbst zeigte sich, wie schlecht es in manchen Bevölkerungskreisen um Anstand und Solidarität bestellt war. Während in Europa Schutzmasken und Desinfektionsmittel gefragt waren, deckten sich viele Amerikaner mit neuen Schusswaffen und Munition ein. Im zunehmenden Chaos überboten sich Bundesstaaten im Kampf um die raren medizinischen Hilfsmittel. Der Gouverneur von New York, Andrew Cuomo, schilderte Ende März, wie der Preis für Beatmungsgeräte in die Höhe getrieben wurde: »Weil wir 25 000 Dollar bieten, sagt Kalifornien: ›Wir bieten 30 000‹, und Illinois sagt: ›Wir bieten 35 000 Dollar‹, woraufhin Florida sich dann bereit erklärt, 40 000 Dollar zu zahlen.«

In den Vereinigten Staaten kamen etliche Probleme zusammen. Man war nicht vorbereitet, die Hälfte der Vorsorgezentren war Einsparungen zum Opfer gefallen, große Bevölkerungsgruppen hatten kaum Zugang zu Gesundheitsversorgung, und die kaum vorhandene soziale Absicherung zwang viele kranke Menschen weiterzuarbeiten. Hinzu kam dann noch die dominante Präsenz dieses seltsamen Präsidenten, der seinen ebenso arroganten wie einfältigen Schwiegersohn zum Chef des Krisenstabs ernannt hatte. In Militärkreisen bezeichnet man dergleichen als »clusterfuck«.

Die allerletzten Experten im Umfeld des Präsidenten mussten mit ihren Äußerungen überaus vorsichtig sein, um nicht sein Missfallen zu erregen. Auf den 1200-Dollar-Schecks, mit denen Millionen Amerikaner beglückt wurden, musste auf Anordnung des Präsidenten »Trump« stehen, als wäre es sein eigenes Geld, das da verteilt wurde. Mitten in der Pandemie beschloss er zur Bestürzung der übrigen Welt, die amerikanischen Zahlungen an die WHO vorläufig auszusetzen, weil die Organisation zu sehr unter chinesischem Einfluss stehe und zu spät vor der Epidemie gewarnt habe. Er spekulierte darauf, dass die Wähler sein eigenes Zaudern, durch das die Vereinigten Staaten mindestens sechs Wochen verloren hatten, vergessen würden.

»Die Krise erforderte eine schnelle, rationale und kollektive Antwort«, schrieb der amerikanische Essayist und Historiker George Packer, »doch stattdessen handelten die Vereinigten Staaten wie Pakistan oder Weißrussland – wie ein Land mit einer erbärmlichen Infrastruktur und unfähiger Regierung, dessen führende Politiker zu korrupt oder zu dumm waren, um dieses massenhafte Leiden abzuwenden.« Seine Schlussfolgerung lautete: »Wir leben in einem gescheiterten Staat.«

Wochenlang empfahl der mächtigste Politiker der westlichen Welt Hydroxychloroquin, ein problematisches Malariamittel mit oft schweren bis tödlichen Nebenwirkungen, als ideale Medizin gegen Corona. Mitte April schlug er vor, Patienten »so ähnlich wie beim Putzen« ein industrielles Bleichmittel zu injizieren.

Der Reporter Mark Danner, wir sind ihm schon früher bei Trumps Amtseinführung begegnet, war dabei, als Trump während einer Wahlkampfveranstaltung in Michigan eine Menschenmasse aus Tausenden von Anhängern in tobende Begeisterung versetzte: »Wir haben euch jede Menge Autofabriken gebracht, Michigan! You know that, right?« Und sofort tönte es überall aus der Menge: »Yes, Mr. President, we know that!« In Wirklichkeit war seit dem Amtsantritt von Donald Trump nicht eine einzige Autofabrik in Michigan errichtet worden. Im Gegenteil, in der Autoindustrie hatte man gerade rund dreitausend Arbeitsplätze abgebaut. Viele von Trumps Zuhörern müssen das gewusst haben, doch es kümmerte sie nicht. Dieser 45. Präsident stand für sie weit über der irdischen Realität. Davon war er selbst auch überzeugt. So wie er 2016 in keinster Weise darauf vorbereitet war, die Präsidentschaftswahl zu gewinnen – ihm ging es vor allem darum, seinen Namen bekannt zu machen –, so war Trump 2020, trotz seiner extrem schlechten Umfragewerte, überhaupt nicht darauf vorbereitet zu verlieren. Im East Room des Weißen Hauses, wo der Trump-Clan sich am 6. November 2020, dem Wahlabend, versammelt hatte, herrschte nach den ersten Trendmeldungen zunächst Unglaube, ehe sich Wut breitmachte. In einer ersten Reaktion forderte der Präsident die sofortige Beendigung der Stimmenauszählung. Und gleich danach setzte er die große Lüge in die Welt, die in den darauffolgenden Monaten ständig kolportiert wurde und um ein Haar die amerikanische Demokratie lahmlegte: »Wir waren bereit, diese Wahlen zu gewinnen – und ehrlich gesagt, wir haben diese Wahlen gewonnen. Dies ist ein Betrug am amerikanischen Volk.«

Tatsächlich hatte der Demokrat Joe Biden die Wahl, bei der außergewöhnlich viele Wähler ihre Stimme abgaben, mit einem Vorsprung von gut sieben Millionen Stimmen und 306 Wahlmännern gegenüber 232 für Trump gewonnen. Wenn man sich mit Hilfe von PEW Research näher mit den Zahlen beschäftigt, stellt man jedoch auch fest, wie stark und groß der Anhang von Donald Trump immer noch ist. Nahezu die Hälfte der amerikanischen Wähler, 71 Millionen, machten ihr Kreuzchen hinter seinem Namen. Außerdem hatte er, ungeachtet seiner vielen Misserfolge, in fast allen demografischen Gruppen seine Position verstärken können: von 39 auf 44 Prozent bei den weiblichen Wählern, von 6 auf 8 Prozent bei den afroamerikanischen Wählern, von 28 auf 35 Prozent bei den hispanischen Wählern und von 8 auf 35 Prozent bei den muslimischen Wählern. Und von all diesen Wählern glaubten, laut Umfragen von IPOS und YouGov, fast zwei Drittel seine Geschichte vom »unprecedented landslide« und der »gestohlenen Wahl«. Dies galt auch für die Republikanische Partei im Ganzen. Die wenigen mutigen Republikaner, die sich noch von ihren demokratischen Prinzipien leiten ließen, konnten die Fortsetzung ihrer politischen Laufbahn in den Wind schreiben.

Bis zur Amtsübergabe an Joe Biden folgten 77 Tage voller Chaos, Lügen, Einschüchterungen und Machtmissbrauch. Keiner der vielen Prozesse, die das Trump-Team bis hinauf zum Obersten Gerichtshof führte, brachte das erwünschte Urteil. Auch bei einer Reihe von neuen Untersuchungen wurde nicht der Hauch eines Beweises für »massenhaften Betrug« gefunden. Im Gegenteil: Die Wahl war diesmal, wie auch republikanische Politiker zugaben, ausgesprochen geordnet abgelaufen. Lokale Funktionäre, das FBI und auch der Justizminister wurden vom Weißen Haus unter Druck gesetzt und aufgefordert, Wahlzettel und -ergebnisse für ungültig zu erklären und die Verantwortlichen für diesen »Betrug« strafrechtlich zu verfolgen. Möglicherweise müsse, so deutete man intern an, die Armee eingreifen, um »betrügerische« Bundesstaaten zur Ordnung zu rufen.

Laut einer von der *New York Times* erstellten Rekonstruktion der Ereignisse war die Panik im Weißen Haus so groß, dass es zu einigen Schlägereien zwischen den Mitgliedern der Trump-Clique kam. Die Spaltung der amerikanischen Bevölkerung war tiefer denn je: 1960 hatten nicht einmal fünf Prozent der Amerikaner ein Problem damit, wenn ihr Sohn oder ihre Tochter einen Anhänger der anderen Partei heiraten wollte; Ende 2020 lag der Anteil, wie Umfragen von *The Atlantic* ergaben, bei den Republikanern bei 35 Prozent und bei den Demokraten sogar bei 45 Prozent.

Die meisten republikanischen Abgeordneten schlossen sich brav dem Trump'schen Lügenmärchen an, obwohl sie natürlich sehr genau wussten, dass seine Behauptungen absoluter Unsinn waren. In manchen Bundesstaaten, die von einer republikanischen Mehrheit regiert wurden, spielte man mit dem Gedanken, Bidens Wahlmänner durch Trump-Anhänger zu ersetzen. Der republikanische Secretary of State von Georgia musste einen langen Telefonanruf des Präsidenten persönlich über sich ergehen lassen: Er solle doch gefälligst dafür sorgen, dass die 11 780 Stimmen, die ihm – Trump – noch fehlten, irgendwoher kamen. All diese Manipulationsversuche blieben erfolglos. Am 14. Dezember bestätigte das Electoral College das Wahlergebnis.

Währenddessen gingen Zehntausende Trump-Anhänger – vom biederen Evangelikalen bis hin zu den gewalttätigen »Proud Boys« und der Verschwörungssekte QAnon – auf die Straße, angefeuert von den Twittersalven des Präsidenten: »Stop the steal!« Die Unruhen erreichten am 6. Januar 2021 einen Höhepunkt, als der Kongress in Washington die Stimmen der Wahlmänner zählen und bestätigen sollte – normalerweise eine Formalität. Dreiviertel der republikanischen Kongressmitglieder versuchten, die Bestätigung doch noch zu blockieren. Draußen rief Trump dieweil seine Anhänger dazu auf, unter seiner Führung zum Capitol zu ziehen: »We fight like hell, and if you don't fight like hell, you're not going to have a country anymore.«

Tatsächlich aber setzte er sich nicht an die Spitze des Zugs, sondern verfolgte die Entwicklungen in aller Ruhe am heimischen Fernseher. Ein paar Tausend seiner Anhänger machten sich jedoch auf den Weg zum Kapitol, erstürmten es, drangen ohne große Mühen in das Gebäude ein und bereiteten den versammelten Kongressmitgliedern ein paar Stunden der Angst. Es gab insgesamt fünf Tote, aber es hätten in Anbetracht der vorhandenen Waffen und der bedrohlich klingenden Tweets durchaus auch mehr sein können. Einige Trump-Rebellen hatten sehr wohl vor, »verräterische« Kongressmitglieder zu ergreifen. Der Galgen, den sie draußen errichtet hatten, war nicht nur symbolisch gemeint.

Ein ernsthafter Putschversuch war das Ganze jedoch nicht. Es gab keinen gut ausgearbeiteten Plan, die Armee blieb außen vor, und auch bei dieser Aktion zeichneten sich Trump und sein Umfeld durch ihre Inkompetenz aus. Geboten wurde aber eine beeindruckende Show, der Beginn einer »Dolchstoßlegende des 21. Jahrhunderts«, die in der amerikanischen Politik noch lange herumspuken wird.

Die spektakuläre Trump-Rebellion sorgte allerdings dafür, dass die beiden sensationellen Niederlagen, die die Republikaner an eben diesem 6. Januar erlitten, kaum wahrgenommen wurden. Außer der Präsidentschaft verlor die Partei durch Nachwahlen in Georgia auch noch ihre Mehrheit im Senat. Bei Trumps Amtsantritt im Jahr 2017 hatten die Republikaner mit Donald Trump nicht nur den Präsidenten gestellt, sondern zudem sowohl im Senat als auch im Repräsentantenhaus über die Mehrheit verfügt. Nach einer Legislaturperiode war plötzlich alles verloren. Seit 1892 hatte es eine solch umfassende Niederlage nicht mehr gegeben. Für Trump selbst erwies sich die Rebellion als Bumerang. Wegen seiner irreführenden und aufrührerischen Texte wurden seine Megafone im Internet – Twitter und Facebook – endgültig abgeschaltet. Sein Name und sein Firmenimperium waren mit einem Mal stark beschmutzt, Geschäftspartner wollten nichts mehr mit ihm zu tun haben, und selbst sein treuester Geldgeber, die Deutsche Bank, drehte ihm den Hahn zu. Das Repräsentantenhaus leitete – wenn auch am Ende erfolglos – zum zweiten Mal ein Amtsenthebungsverfahren gegen Trump ein – ein in der amerikanischen Geschichte einmaliger Vorgang. Der Gesichtsverlust der Vereinigten Staaten in aller Welt war nun größer denn je. »Die USA haben die moralische Autorität verloren, der Welt Predigten über Demokratie und Menschenrechte zu halten«, erklärte der malaiische Parlamentarier und Menschenrechtsaktivist Charles Santiago, und das entsprach der allgemeinen Einschätzung: »It has become part of the problem.«

Dennoch schauten wir uns mit einem Gefühl der Befreiung, der Rührung sogar, die Vereidigung des neuen Präsidenten am 20. Januar 2021 in Washington an. Mit einem Mal standen da wieder ganz normale Menschen, mit einem Mal wurden wieder ganz normale Dinge gesagt, mit einem Mal wurde ein Reform- und Investitionsprogramm von Roosevelt'schen Ausmaßen präsentiert. All die guten Absichten konnten jedoch nicht verhüllen, dass innerhalb der wichtigsten europäischen Bundesgenossen eine fundamentale Veränderung stattgefunden hatte. Der Kern einer jeden Demokratie, und insbesondere der amerikanischen, ist das Prinzip des friedlichen Machtwechsels: Der Wahlgewinner darf regieren, der Verlierer akzeptiert das, wohl wissend, dass es immer wieder neue Wahlen geben wird, mit einer neuen Chance zum Machtwechsel. Zum ersten Mal in der amerikanischen Geschichte weigerte sich eine der beiden großen Parteien, dieses Prinzip weiterhin zu akzeptieren, und hatte dabei die Unterstützung von einem Drittel der Wähler. Ende 2021 konstatierten die unabhängigen Beobachter von *Protect Democracy*, dass in 42 von 50 Bundesstaaten bereits 216 – parteiische und republikanisch getönte – Gesetze eingebracht worden waren, die dafür sorgen sollen, dass der Einfluss des staatlichen Gesetzgebers auf den Wahlprozess zu Ungunsten von unparteiischen Wahlbeauftragten verstärkt wird. Dies ist ein fundamentaler Bruch mit den Grundprinzipien der Demokratie, und das in einer der führenden westlichen Nationen. Ein Bruch, der weitreichende Folgen haben könnte, auch für Europa.

4

Ja, es geschahen in diesen Monaten auch Wunder. Wir erlebten Durchbrüche, wie sie sich immer wieder nach einschneidenden kollektiven Erfahrungen wie Kriegen oder Pandemien ereignet haben, weil Notsituationen der beengenden Alltagsroutine ein Ende machen und Raum für neue Verbundenheit und Solidarität, für neue Ideen und Strukturen schaffen können.

Nach der großen Pestepidemie von 1348 in Florenz stieg Giovanni Boccaccio wie eine Lerche aus den Trümmern auf und schuf sein revolutionäres Meisterwerk *Das Dekameron*, in dem er die Freiheit feierte und mit der Gier und Korruption der katholischen Kirche abrechnete, fast zweihundert Jahre vor der Reformation. Das gewaltige Erdbeben, das 1755 Lissabon weitgehend zerstörte und schätzungsweise 40 000 Menschen, ein Fünftel der Bevölkerung, in den Tod riss, hatte enorme Auswirkungen auf die aufklärerische Philosophie der Epoche, vor allem auf Rousseau, Voltaire und Kant, und indirekt sogar auf die Hauptakteure der Französischen Revolution. Nach dieser Katastrophe verwarf Kant die Vorstellung eines gütigen Gottes. Nur die Vernunft konnte die Welt retten.

Ein solches Wunder war – nach den Schrecken des Zweiten Weltkriegs – auch das europäische Projekt. Noch einige Jahrhunderte nach dem Westfälischen Frieden von 1648 hatten die europäischen Herrscher und Politiker internationale Probleme und Konflikte grundsätzlich als eine Angelegenheit zwischen Staaten betrachtet, die diese unter sich ausmachen mussten. Die komplexen Probleme des späten 20. Jahrhunderts ließen sich so jedoch nicht mehr lösen, und das gilt erst recht für das 21. Jahrhundert. Der drohende Zusammenbruch des Finanzsystems im Jahr 2008 war eine weltweite Krise, die Immigration war und ist ein praktisches und moralisches Dilemma für ganz Europa, der Klimawandel und die erforderliche Energiewende sind globale Probleme, Hunger und Pandemien können nur durch weltweite internationale Zusammenarbeit bekämpft werden.

Auch in den heutigen Katastrophenzeiten geschehen solche Wunder. Wir sahen uns erneut konfrontiert mit einem internationalen Problem ersten Ranges, Herausforderungen, die nach einem international koordinierten Vorgehen schrien. Und das gab es auch. Nachdem zum Beispiel das Institute of Virology in Wuhan Anfang Januar 2020 das neue Virus identifiziert hatte, war es Olfert Landt in Berlin, der als Erster einen Test entwickelte. Seine Erkenntnisse schickte er sofort einem befreundeten chinesischen Kollegen: »Probier ihn aus, er funktioniert.« Bei der Suche nach einem neuen Impfstoff nahm die internationale Zusammenarbeit – dank des Internets – beeindruckende Formen an. So war es ein deutsch-türkisches Forscherpaar, Uğur Şahin und Özlem Türeci, die mit ihrer Firma BioNTech die wissenschaftliche Basis für den überaus erfolgreichen Pfizer-Impfstoff legten.

Auch die EU hatte aus den zahlreichen früheren Krisen gelernt. Drei Jahre vergingen, bevor EZB-Präsident Mario Draghi 2012 das magische »whatever it takes« auszusprechen wagte; bei seiner Nachfolgerin Christine Lagarde waren es nicht einmal sechs Tage. Das starre europäische Regelsystem erwies sich plötzlich als unerwartet flexibel: Verschuldungsgrenzen wurden aufgehoben, staatliche Hilfen für Unternehmen waren nicht mehr tabu, statt »mehr Europa« gab es jetzt auch sehr viel Raum für »weniger Europa«. Boris Johnson gab alle konservativen Prinzipien preis und ließ britische Eisenbahnen – zumindest zeitweise – rückverstaatlichen. Die Deutschen schienen ihre Angst vor Inflation vergessen zu haben; selbst in Berlin schien der Geist von John Maynard Keynes durch die Regierungsgebäude zu spuken. Nach all der Plackerei und dem Herumgewurstel des vergangenen Jahrzehnts traute man seinen Augen nicht.

Gleichzeitig konnten wir Europäer nirgendwohin. Die Flughäfen und Bahnhöfe waren monatelang menschenleer, an den Grenzen wurde wieder streng kontrolliert, der internationale Luftverkehr kam weitgehend zum Erliegen. Der Fiebertraum der Globalisierung schien ausgeträumt zu sein. Der Nationalstaat war wieder der selbstverständliche Rückzugsort, das ruhende Zentrum von allem, was in Bewegung geraten war. In diesem alten Zuhause hofften wir offenbar, Trost und Sicherheit zu finden.

In der Europäischen Union waren beide Tendenzen deutlich erkennbar: das zweckmäßige Bedürfnis nach Internationalisierung und gegenseitiger Hilfe, aber auch die Neigung zu Renationalisierung. So erwies sich Brüssel etwa durchaus zur Improvisation fähig: Fast eine halbe Million »gestrandete« europäische Reisende wurden in einer großen gemeinsamen Aktion aus allen Teilen der Welt nach Hause geholt. Und es war die EU, die sofort die Initiative ergriff und eine internationale Videokonferenz zur Entwicklung eines gemeinsamen Impfstoffs organisierte. Die Forschungskapazitäten und die finanziellen Mittel aller Mitgliedsstaaten wurden kollektiv eingesetzt, um so schnell wie möglich über die besten Vakzine zu verfügen. Der Zeitdruck war gewaltig. Jeder Tag kostete Tausende Menschenleben, jeder Tag bedeutete weiteren wirtschaftlichen Schaden, jeder Tag zählte.

Rückblickend betrachtet hatten wir Glück: Früher endete eine solche Pandemie erst nach zig Millionen Toten. 2020 gelang es den Wissenschaftlern, innerhalb von nur zehn Monaten eine Reihe hervorragender Impfstoffe auf den Markt zu bringen. Zunächst schien das sogenannte Oxford-Vakzin von AstraZeneca die besten Chancen zu haben – bewährte Methode, preisgünstig –, doch als der Impfstoff im Dezember 2020 verfügbar war, da zeigte sich, dass der Hersteller unmöglich die vielen Millionen Dosen liefern konnte, die mit der EU vereinbart waren. Sowohl AstraZeneca als auch die Union hatten die Komplexität des Fabrikationsprozesses gewaltig unterschätzt. Großbritannien und die Vereinigten Staaten, die nicht nur in die Entwicklung eines Impfstoffs investiert hatten, sondern auch in die Herstellungskapazitäten, bekamen den Vorzug und konnten noch im Dezember 2020 mit dem Impfen beginnen.

Die Impfkampagne der EU lief daher nur langsam an. Ende März 2021 hatten gerade einmal zehn Prozent aller Europäer eine erste Impfung erhalten, während in den USA bereits fast ein Viertel der Bevölkerung einmal immunisiert war und sogar vierzig Prozent der Briten. Dieser Rückstand wurde jedoch nach allerlei Anfangsschwierigkeiten rasch aufgeholt. Es gab mehr Impfstoffe, und im April gelang es Ursula von der Leyen, nicht weniger als 1,8 Milliarden Dosen des Pfizer-Vakzins für die EU zu sichern. Mitte Juni war mehr als die Hälfte der Europäer geimpft.

Mit dieser sehr umfangreichen Liefervereinbarung – viel mehr Impfdosen, als die EU selbst brauchte – war es möglich, Impfstoffe zu verschenken oder weiterzuverkaufen. Dazu ist es aber bisher kaum gekommen. Ungeachtet der offensichtlichen Vorteile einer globalen Impfkampagne war Ende 2021 noch keine der Großmächte, einschließlich Europas, bereit, für die ärmeren Länder in die Bresche zu springen. Dort werden Milliarden Menschen vermutlich bis 2023 auf ihre erste Impfung warten müssen.

Kein einziges europäisches Land hätte dies alles alleine erreichen können, all die Erfolge waren nur dank des einträchtigen Handelns aller EU-Staaten möglich. Entlang der zwei tiefen Bruchlinien, zwischen dem Osten und dem Westen sowie zwischen dem Norden und dem Süden, begann das europäische Projekt jedoch wieder heftig zu knirschen. Viktor Orbán trieb den seit Jahren schlummernden Wertekonflikt zwischen dem Osten und dem Westen weiter auf die Spitze, als er den Versuch unternahm, die Krise dazu zu nutzen, in Ungarn einen halsstarrigen Polizeistaat zu etablieren. In Polen geriet währenddessen die unabhängige Presse schwer unter Druck. Regierungskritische Zeitungen wurden mit gerichtlichen Vorladungen bombardiert. Die *Gazeta Wyborcza* erhielt mehr als sechzig davon.

Im Sommer 2021 kam es erneut zum Streit mit diesen beiden Ländern, diesmal über die Grundrechte queerer Menschen und die Prinzipien des Rechtsstaats. In einem Urteil, das sich auf die politisch gefärbte Ernennung von Richtern in Polen bezog, verwarf das dortige Verfassungsgericht unmissverständlich die Superiorität des Europäischen Gerichtshofs: Das polnische Recht stehe über dem EU-Recht und den europäischen Verträgen. Damit stellte sich Polen im Prinzip außerhalb der europäischen Rechtsordnung. In den europäischen Verträgen ist nämlich festgelegt, dass der Europäische Gerichtshof immer das letzte Wort hat. Das ist der Kern des gesamten Systems, und darum handelte es sich bei diesem Urteilsspruch um eine Rebellion gegen die Grundlagen der Union. Dennoch war die EU weitgehend hilflos. Aus eigenem Antrieb kann ein Mitgliedsstaat seinen Austritt aus der EU erklären, so wie beim Brexit geschehen; doch einen Staat ausschließen, das ist immer noch unmöglich. Noch so ein Webfehler aus den Jahren der Träume und zu großen Erwartungen.

Mindestens ebenso heftig gerieten der Norden und der Süden aneinander, als es um die Bewältigung der neuen Wirtschaftskrise ging. Deutschland oder auch die Niederlande etwa konnten bei der Unterstützung notleidender Betriebe und bedürftiger Familien auf große Reserven zurückgreifen. Insbesondere vor Spanien, Griechenland und Italien türmten sich jedoch, jenseits der vielen Tausend Toten und all der Erschütterung, sogleich ihre gewaltigen Schuldenberge auf. Spanien würde, Schätzungen zufolge, mindestens 200 Milliarden aus europäischen Töpfen brauchen, um nicht im Staatsbankrott zu enden. Im Vergleich zu den rund 1,1 Billionen Euro, die Deutschland für die eigene Wirtschaft zurückhielt, konnte Italien nur 28 Milliarden selbst aufbringen. Ohne massive Unterstützung würden, so lautete die Prognose, ungefähr 65 Prozent der mittleren und kleinen Betriebe in Italien die Krise nicht überstehen. Italien war kaum noch kreditwürdig: Die Staatsverschuldung war *vor* der Coronakrise schon mindestens doppelt so hoch wie die Deutschlands und der Niederlande. Die Schützengräben für eine neue

Eurokrise, die diesmal vor allem den Dienstleistungssektor träfe, waren also bereits wieder gegraben.

In der europäischen Familie brauchte es, kurzum, mehr Wunder, ein paar unzweideutige Signale des Vertrauens und der Solidarität, koste es, was es wolle. Das Gegenteil geschah. Die EZB setzte all ihre monetären Möglichkeiten bis aufs Äußerste ein, doch diese würden erst wirklich Effekt haben, wenn die europäischen Ökonomien auch auf andere Weise angekurbelt werden. Die große Frage jedoch war, ob es nach all den Krisen unter den europäischen Bürgern noch ausreichend Solidarität und Vertrauen gab, um radikale Notmaßnahmen durchzuführen.

Das früher europäisch gesinnte Italien fühlte sich von den übrigen europäischen Staaten in der Flüchtlingskrise alleingelassen und jetzt, in der Coronakrise, wieder. Die Niederländer und die Deutschen erinnerten sich ihrerseits nur allzu gut daran, dass der frühere stellvertretende Ministerpräsident Matteo Salvini sich vor nur einigen Jahren einen Dreck um die Haushaltsregeln der Eurozone scheren wollte. Sanktionen bezeichnete er als »taktlos« Italien gegenüber. Das wechselseitige Vertrauen war nach all den Krisen beschädigt.

Jacques Delors, der ehemalige Vorsitzende der Europäischen Kommission, warnte in einem seiner seltenen Interviews, dass der Mangel an Solidarität in solch einem entscheidenden Moment »eine tödliche Gefahr für die Europäische Union« bedeute. Alle alten Gespenster, all die Unterschiede in der Wirtschaftskultur, die bei der Einführung des Euro so fachmännisch negiert worden waren, kamen wieder zum Vorschein. Und erneut ging alles zurück auf die fundamentalen Konstruktionsfehler des Euro: Die Währung verfügt nicht über ein gemeinsames Finanzsystem; es fehlt an Puffern, um die Unterschiede zwischen all den Ökonomien aufzufangen. Es gibt ja schließlich keine Wechselkurse mehr, die früher für die nötige Flexibilität sorgten.

Neun Euro-Länder, einschließlich Belgiens und Frankreichs, plädierten für die Ausgabe von »Coronabonds«, eine Variante der früher bereits erwähnten Eurobonds, wobei die nördlichen Mitgliedsstaaten implizit für die Defizite der südlichen Mitgliedsstaaten bürgten. Die wirtschaftlichen Unterschiede zwischen dem Norden und dem Süden würden so nicht allzu groß werden und die Eurozone nicht völlig aus dem Gleichgewicht geraten. Echte Solidarität, die brauchte es jetzt. Und das war, was Spanien, Portugal und Italien angeht, keine Bitte mehr, sondern eine Forderung.

Diese Ausgangsbasis führte erneut zu einer harten Konfrontation mit den reichen »nördlichen« Staaten. Die Niederlande, Deutschland, aber auch Finnland, Österreich und Luxemburg wollten gern helfen, hatten jedoch keine Lust, bis in alle Ewigkeit unbegrenzt für die Haushaltsdefizite – insbesondere von Italien – geradestehen zu müssen. Bedingungsloser Kredit war, ihrer Meinung nach, keine Solidarität, sondern Verantwortungslosigkeit. Jede demokratische Legitimation – national, aber auch auf europäischem Gebiet – würde dann wegfallen. So etwas könne man den eigenen Wählern unmöglich noch verkaufen. Schön, wenn ein Metrofahrer in Paris weiterhin mit 52 in Rente gehen kann, aber soll sein Kollege in Amsterdam, der bis 67 schuften muss, dafür blechen? Oder was, wenn die soundsovielte italienische Regierung vorhat, das Renteneintrittsalter wieder einmal herabzusetzen? Muss dann der durch harte Rentenkürzungen im Zuge von Hartz IV schwer geplagte deutsche Rentner in Berlin das auch noch bezahlen? Begrenzte Nothilfe – in Ordnung, doch letztendlich galt, was die nördlichen Länder betraf: jedes Land für sich.

Es war eine überaus delikate Situation. Die negative Dynamik, die es innerhalb der Eurozone sowieso schon gab, wurde durch die »frugal four«, die »sparsamen Vier« – die Niederlande, Österreich, Dänemark und Schweden –, jedoch noch weiter beschleunigt: Selbst die Verwendung des bereits bestehenden Hilfsfonds, des Europäischen Stabilitätsmechanismus (ESM), war nach Ansicht dieser Länder noch nicht nötig. Und sollte sich die Notwendigkeit ergeben, dann müsse die finanzielle Hilfe an strenge Sparmaßnahmen gekoppelt werden.

Der niederländische Finanzminister Wopke Hoekstra, der gerade in einem Machtkampf um die Führung seiner Partei CDA verwickelt war und vor allem seinen eigenen Wählern gefallen wollte, entpuppte sich im Laufe der Beratungen der Euro-Gruppe am 9. April 2020 als eine holländische Version von Yanis Varoufakis: In mancherlei Hinsicht hatte er recht, doch mit seiner gängelnden und moralinsauren Haltung erregte er so viel Verärgerung, dass niemand ihn mehr ernst nahm, zum großen Schaden seines Landes. Während die norditalienischen und spanischen Städte keinen Platz mehr hatten, um all die Särge zu lagern, konnte er es nicht lassen, den südlichen Ländern belehrende Vorträge zu halten. Der ganze alte Schmerz der Eurokrise war augenblicklich wieder präsent. Der portugiesische Premierminister – sein Land hatte sich mit großer Aufopferung von der Eurokrise und den vom Norden auferlegten Sparmaßnahmen erholt – geriet außer sich vor Wut. Antonio Costa bezeichnete die harsche Haltung der niederländischen Regierung als »widerlich«: »Die wiederkehrende Kleinherzigkeit bedroht die Zukunft der EU.« Die spanische Außenministerin Arancha González fragte sich, ob den Niederlanden bewusst sei, dass eine 1.-Klasse-Kabine wenig bringt, wenn das Schiff sinkt. Selbst Deutschland und der alte Sparfuchs Wolfgang Schäuble gingen auf Distanz zu Hoekstra.

Mit viel Mühe bastelte man letztendlich ein Hilfspaket von 540 Milliarden zusammen, das vor allem den ärmsten Ländern zugutekommen sollte: 240 Milliarden aus dem Europäischen Stabilitätsmechanismus, 200 Milliarden von der Europäischen Investitionsbank und 100 Milliarden in Form einer neuen Arbeitslosenversicherung. Allerdings wurde auf Verlangen der »sparsamen Vier« eine Notbremse eingebaut: Sollten die Milliarden trotz der straffen Planung in dunklen Kanälen verschwinden, konnte der Geldhahn zugedreht werden. Daraufhin kam es im Sommer zu einem historischen Durchbruch: ein Corona-Wiederaufbaufonds von nicht weniger als 750 Milliarden Euro, mit dem die europäischen Länder ihrer Wirtschaft wieder auf die Beine helfen konnten. Dieser Fonds wurde zum Teil mit Krediten finanziert und zum Teil – und das war neu – durch Spenden. Um die Mittel zu beschaffen, begab sich die EU selbst auf den Kapitalmarkt und lieh sich die vielen Milliarden. Für die Tilgung der Schulden wollte die EU eigene Steuern, eine »carbon tax« auf Kohlenstoffemissionen, erheben – zwei weitere historische Neuerungen. Neu war auch, dass Deutschland hierbei mit Frankreich voranging: Der Fortbestand der EU wog in dieser Notsituation schwerer als jeder finanzielle Einwand. Ausschlaggebend dafür war die Nachkriegsidentität Deutschlands, die eng verwoben ist mit dem Friedensprojekt Europa.

Auch das Tempo war diesmal verblüffend. Während es in der Eurokrise noch Jahre gedauert hatte, bis man eine gewisse Übereinstimmung erreicht hatte, waren sich nun die europäischen Staats- und Regierungschefs bereits nach kaum zwei Monaten einig. Das Ganze war ein typisches Beispiel für das sogenannte »failing forward«, das »Vorwärtsstümpern« der europäischen Spitzenpolitiker, die oft nur herumpfuschen und erst dann bereit sind, große gemeinsame Schritte zu unternehmen, wenn der Abgrund nahe ist. Übertönt von all dem Geschimpfe und ungeachtet der verpassten Gelegenheiten hatte man plötzlich bedeutende Schritte unternommen. Die Union erwies sich wieder einmal als zäher als gedacht.

Liebe Freundin in der Zukunft,

wie wird diese Coronakrise in Deinen Geschichtsbüchern im Jahr 2072 beschrieben werden? Als ein »disruptives« Ereignis oder als ein »transformatives«? Als eine tiefgreifende Störung der Ordnung oder – wie das Jahr 1945 – als der Beginn großer Veränderungen?

Noch immer breitet sich eine neue, hochinfektiöse Virusvariante aus, die in Warnfarben getauchten Länder auf der europäischen Landkarte wechseln die Farbe wie eine Ampel, von Rot zu Gelb zu Grün und wieder zurück. Alles bleibt so ungewiss, wie es war.

Die Statistik weist jetzt gerade fünf Millionen offiziell registrierte Coronatote aus, davon eine Million in Europa, wobei die Unterschiede von Land zu Land jedoch sehr groß sind. In den effizient agierenden Ländern Norwegen und Dänemark waren Mitte 2021, nach fünfzehn Monaten Pandemie, rund 800 beziehungsweise 2500 Menschen an Corona gestorben. Das sind 11 beziehungsweise 37 pro 100 000 Einwohner. (Ich zitiere auch im Folgenden die offiziellen Coronastatistiken.) Im viel liberaleren Schweden gab es eine Vielzahl von Todesopfern: 142 pro 100 000 Einwohner, rund 14 000 Tote. Italien hatte rund 127 000 Tote zu beklagen; das sind 211 je 100 000 Einwohner. Im überaus strengen Frankreich starben 165 Menschen je 100 000 Einwohner, das sind 110 000 Tote insgesamt. In Großbritannien erlagen 191 Menschen pro 100 000 Einwohner dem Virus: rund 127 000 Tote. Das gut vorbereitete Deutschland meldete 109 Tote pro 100 000 Einwohner, etwa 90 000 insgesamt. Ähnliche Zahlen waren auch in den Niederlanden – zumindest offiziell – zu verzeichnen: 104 Tote pro 100 000 Einwohner und gut 18 000 landesweit.

Die wirkliche Opferzahl der Pandemie ist jedoch, wie man aus den Bevölkerungsstatistiken schließen kann, viel größer. *The Economist* bezifferte die tatsächliche Zahl der Coronatoten weltweit im Mai 2021 auf sieben bis dreizehn Millionen.

Die Vorgehensweise gegen die Pandemie stellte in allen europäischen Staaten den ultimativen Test für die Qualität – oder eben aber Nicht-Qualität – von Politik und Verwaltung dar. Quacksalber und falsche Propheten bemächtigten sich der öffentlichen Debatte. Die Irritationen – zu Hause, auf der Straße, in der Politik und sogar an den Brüsseler Verhandlungstischen – nahmen rasch zu. Die jungen Generationen, insbesondere in Südeuropa, sahen sich erneut mit Arbeitslosigkeit konfrontiert, aus der es kaum ein Entkommen zu geben schien. Die Krise im Jahr 2008 hatte sie bereits depressiv und verbittert gemacht, und nun wurde ihnen zum zweiten Mal der Zugang zu einem normalen Leben verwehrt.

Dies alles hatte zwangsläufig politische Folgen. In Spanien legten radikale Parteien wie Podemos (links) und Vox (rechts) dank der jungen Menschen in der Wählergunst zu. Dasselbe galt für Italien: Fast die Hälfte der Wähler zwischen fünfundzwanzig und fünfunddreißig sympathisierte mit Matteo Salvinis Lega Nord. In den Niederlanden gab im März 2021 fast ein Fünftel der Wähler Parteien ihre Stimme, die vollkommen nach innen gewandt waren, die »Das eigene Volk zuerst« in allen Tonarten propagierten und kein Problem damit hatten, diverse Grundrechte zu schänden.

Der European Council on Foreign Relations (ECFR) diagnostizierte nach fünfzehn Monaten Pandemie daher auch eine »Vertrauenskrise« in ganz Europa. Vor allem das anfängliche Brüsseler Hickhack in Bezug auf den Kauf und die Produktion des AstraZeneca-Impfstoffs war dafür verantwortlich: Zwei Drittel der Franzosen und mehr als die Hälfte der Deutschen, Niederländer, Italiener, Spanier und Österreicher erklärten, ihr Vertrauen in das europäische Projekt habe abgenommen.

Die Unzufriedenheit mit der nationalen Politik war jedoch, wie auch schon früher Umfragen gezeigt hatten, noch etwas größer. In den Niederlanden hatten zu Beginn der Pandemie, im April 2020, 69 Prozent der erwachsenen Bevölkerung Vertrauen in die nationale Politik; im September 2021 waren es nur noch 29 Prozent. In anderthalb Jahren hatte sich eine Gesellschaft mit niedrigem Vertrauen gebildet. In Frankreich und Portugal erklärten zwei Drittel der Befragten, ihre nationale Politik sei »kaputt«. In Italien und Spanien sagten dies sogar mehr als 80 Prozent. Dessen ungeachtet fand immer noch eine Mehrheit, dass die Europäische Union »eine gute Sache« für ihr Land sei und dass sie beim Wiederaufbau nach der Coronakrise eine Schlüsselrolle spielen müsse.

Ich habe in den letzten Monaten Tausende von Kommentaren gelesen, in denen auf »unseren maßlosen Konsum« und »unseren wilden Ritt über die

Erdkugel« hingewiesen wird: Ob das nicht die wirkliche Ursache dieses weltweit wütenden Virus sei? Und sei das Ganze nicht nur ein Vorgeschmack auf die heraufziehende Klimakrise? Ob wir überhaupt eine Vorstellung davon hätten, was uns bevorsteht?

Ich schreibe diese letzten Zeilen schweren Herzens: Am Donnerstag, dem 24. Februar 2022, hat, nach langen Drohungen, die russische Armee die Ukraine überfallen. Es geht nicht nur um die umstrittenen östlichen Regionen Donezk und Luhansk, nein, es ist eine großangelegte Invasion aus allen Richtungen, auch Belarus beteiligt sich daran. Der russische Kriegsfotograf Oleg Klimow schickt mir eine Tagebuchnotiz: »Alle warteten auf den Krieg, doch niemand glaubte daran. Aus irgendeinem Grund können die Menschen an Gott und das Gute glauben, aber nicht an den Krieg und das Böse. Das ist unlogisch. Denn wenn es das Böse nicht gibt, gibt es das Gute auch nicht.«

In diesem Krieg geht es um die ganze Ukraine, ein Land, das laut den Theorien Wladimir Putins eigentlich keine Existenzberechtigung hat. Alles deutet darauf hin, dass er an seine eigene Propaganda geglaubt und erwartet hat, man würde seine »Sondermilitäroperation« zwecks »Denazifizierung« der Ukraine jubelnd begrüßen. Doch das Land leistet heftigen Widerstand gegen Putins »Befreier«, Freiwillige melden sich massenhaft, Präsident Wolodymyr Selenskyj entpuppt sich als ein erstaunlich mutiger und charismatischer Führer, die Einigkeit ist beispiellos. Diese unerwartete Einigkeit gibt es auch im Westen: Es hagelt Sanktionen, die NATO ist in Alarmbereitschaft, Finnland und Schweden denken ernsthaft über einen Beitritt nach, das stets pazifistische Deutschland hat während eines einzigen Wochenendes die Ostpolitik über Bord geworfen und steckt nun alle Kraft in den Aufbau einer effektiven Armee, die Europäische Union – und auch das ist neu – finanziert mit einem Mal Waffenkäufe für die Ukraine, die internen Spannungen zwischen dem Osten und Westen sowie dem Norden und dem Süden scheinen vergessen zu sein. Selbst die sonst immer neutrale Schweiz ergreift Partei und verhängt schmerzhafte Finanzsanktionen gegen Russland. Was Diplomaten in zwei Jahrzehnten nicht hinbekommen haben, gelang Putin innerhalb von zwei Wochen: ein außergewöhnlich geschlossenes und einiges Europa.

Wir erleben den größten europäischen Krieg seit 1945, mit schon jetzt Tausenden von Opfern. Die polnische, ungarische und rumänische Grenze werden von einer Flut verzweifelter Flüchtlinge überschwemmt, mehr als eine

Million innerhalb von nur einer Woche – selbst im gesamten Krisenjahr 2015 kamen nicht so viele –, und ein Ende ist noch lange nicht in Sicht. Das europäische Sicherheitssystem wankt. Die entspannten Jahre nach 1989 sind endgültig vorbei. Die alte europäische Ordnung, die Welt der Regeln und Vereinbarungen, der Soft Power anstelle von Hard Power, all das ist Vergangenheit. Amerikanische Generale sprechen von einem »1939-Moment«.

Ein paar Tage vor dem Einmarsch hatte Putin in einer langen und recht wirren Rede seine Sichtweise der Geschichte und der Ursachen dieses Konflikts erläutert. Er sprach, fast wie ein neuer Zar, von der Wiederherstellung des alten slawischen, russisch-orthodoxen Vaterlands, wie es im 18. und 19. Jahrhundert bestanden hat. Dabei ging er in auffallender Weise sehr viel weiter als diejenigen, die das Rad der Geschichte nach 1991 zurückdrehen wollen, dem Moment, als das Sowjetreich – übrigens aus freiem Willen – aufhörte zu existieren. Putin beanspruchte damit alle »historisch russischen Gebiete«, inklusive der Schwarzmeerküste, bis hinunter nach Odessa. Es geht ihm also längst nicht mehr um die abgetrennten Gebiete oder eine mögliche Mitgliedschaft der Ukraine in der NATO. In seinen Augen hat die Ukraine nicht einmal mehr ein Daseinsrecht.

Bilder von einer Versammlung seines Sicherheitsrates zeigten, wie die internen Verhältnisse zur Zeit aussehen: ein pöbelnder Putin und, in einem großen Kreis um ihn herum, seine wichtigsten Berater, ganz offensichtlich sehr nervös und deutlich eingeschüchtert. Zum ersten Mal seit den Achtzigerjahren steht die Gefahr eines Atomkriegs unübersehbar im Raum. Am Tag des Überfalls drohte Putin, dass alle, die sich einmischen würden, »Folgen« zu spüren bekämen, »die Sie in Ihrer Geschichte noch nie erlebt haben«.

Im Westen hat sich inzwischen ein Kriegsrausch entwickelt, der von Weitem der Begeisterung während der Sommermonate des Jahres 1914 ähnlich ist. In seinen Erinnerungen beschreibt Stefan Zweig, dass in diesen hysterischen Wochen Shakespeare aus den deutschen Theatern und Wagner aus den englischen und französischen Opernhäusern verbannt wurde. Genau dasselbe geschieht heute: Konzerte mit Werken russischer Komponisten werden abgesagt, Ausstellungen mit Bildern russischer Künstler werden geschlossen. Russland wird wie ein Sittlichkeitsverbrecher »gecancelt«. Zusätzlich zu allen offiziellen Sanktionen beendet nun auch ein Konzern nach dem anderen, von Shell bis Ikea, seine wirtschaftlichen Aktivitäten in Russland. Es ist, als würden sich, nach der Isolation und der Uneinigkeit der Coronajahre, sowohl die Bürger als auch die Politiker an den Solidaritätsgefühlen wärmen, die ein gemeinsamer Feind hervorruft. Doch auch der Wirtschaftskrieg tut weh: Infolge der Boykotts und Sanktionen droht schon bald ein Mangel an Öl, Gas und Getreide. Der Brot- und Benzinpreis schießt in die Höhe, die Inflation zieht an, und das ist erst der Anfang. Alle fürchten eine weitere Eskalation. Alle fürchten auch ein zweites München.

Wie gesagt: Du weißt, wie es ausgeht. Wir haben in diesem Moment keine Ahnung, was passieren wird. Was wir aber sehen, und zwar vor unseren Augen, ist, wie sich die europäischen Krisen summieren, alle zugleich: eine tiefgreifende Verteidigungskrise, eine beispiellose Flüchtlingskrise, eine ernste Energiekrise, eine zunehmende Klimakrise, eine Wirtschaftskrise und zudem – die Ukraine ist nun mal eine der Kornkammern der Welt – eine veritable Nahrungsmittelkrise, mit allen politischen Folgen, die dazugehören.

Wir wussten, dass diese alte Welt ins Wanken geraten war, das wurde auf den vorhergehenden Seiten ausführlich beschrieben. Dass sie aber so plötzlich, mit diesem *perfect storm*, zu Ende gehen würde, das hatte niemand vorhergesehen.

In den letzten Tagen wurde auf allen Gebieten ein endgültiger Schlussstrich gezogen. Wir stehen am Beginn einer vollkommen neuen Phase der Weltpolitik. Ein solcher Übergang ist schmerzhaft und riskant, er erfordert einen Kampf für alles, wofür wir wirklich stehen. Doch wegschauen können wir nicht mehr.

Wir kommen weit her
Und müssen weit gehen
Liebes Kind

Viel habe ich Dir nicht mehr zu sagen. Ich gehe zur Dorfkirche und ziehe am Glockenseil, hoch über mir beginnt wieder die Glocke zu läuten. Sie stammt von 1354, hat alles gesehen und erlebt, und doch wird sie nicht müde.

Liebe Freundin, möge es Dir gut gehen, dort, im Jahr 2072.

Mai 2020/Juni, November 2021/Februar 2022

Nachwort

Dieses Buch beruht zum Teil auf eigenen Recherchen, Beobachtungen und Gesprächen, doch ohne die geduldigen und gewissenhaften Nachforschungen Hunderter Journalisten und anderer Autoren wäre es nie zustande gekommen. Mit ihrer mutigen und hartnäckigen Suche nach der komplexen Wahrheit sind sie die eigentlichen Chronisten dieser Zeit.

Meine wichtigsten Quellen, von der *Sächsischen Zeitung* bis zum *Independent Barents Observer*, sind in der Literaturliste aufgeführt. Ich könnte hier zahllose Autoren nennen. Luuk van Middelaar, der innerhalb kurzer Zeit einen sehr klugen und ausgewogenen Bericht über seine Erfahrungen als rechte Hand Herman Van Rompuys geschrieben hat. Caroline de Gruyter, die ihre Leser Woche für Woche über die verschlungenen Pfade der Brüsseler Politik führte. Den eigensinnigen Ivan Krastev, der das europäische Geschehen auf immer wieder überraschende Weise vom Osten des Kontinents her kommentierte. Hubert Smeets, auf dessen klare Darstellung der Putin-Jahre ich mich regelmäßig gestützt habe. Shaun Walker, der großartige Reportagen über die Ukraine verfasst hat. Adam Tooze, ohne dessen ausführliche Chronik der Finanzkrisen ich mich vermutlich auf diesem schwierigen Terrain völlig verirrt hätte. Philipp Ther, der als einer der Ersten eine Geschichte der neoliberalen Phase Europas geschrieben hat. Manuel Castells und seine Mitautoren, die schon in einem frühen Stadium die sozialen und wirtschaftlichen Folgen der Eurokrise wissenschaftlich dargestellt haben. Tim Shipman, der den Brexit-Prozess zeitnah und detailliert rekonstruiert hat. Viele weitere Namen müssen hier leider aus Platzgründen unerwähnt bleiben.

Während der Arbeit an diesem Buch habe ich zum Teil mit Journalistenkolleginnen und -kollegen vom niederländischen Sender VPRO zusammengearbeitet. Die Fernsehserie, die daraus hervorging, ist natürlich etwas Eigenständiges, aber viele Entdeckungen und Erkenntnisse konnten wir miteinander teilen. Ich danke Roel van Broekhoven, Stefanie de Brouwer, Mandy Duijn, Suzanne Hendriks, Frederique Melman, Maren Merckx, Mariska Schneider und anderen für die vergnügliche und inspirierende Zusammenarbeit. Freunde und andere liebe Menschen haben mich fortwährend unterstützt. In Wien: Philipp Blom. In Kirkenes: Rune Rafaelsen und Thomas Nilsen. In Budapest: Péter Forgács, Gábor Demszky und György Konrád. In Vásárosbéc: Peter Flik und Edith van der Poel. In Novi Sad: Želimir Žilnik, Sarita Matijević und Sasa Matijević. In Kopenhagen: Claus und Jusser Clausen und Aydin Soei. In Brüssel: Bart Beirlant und Vincent Stuer. In London: Hieke Jippes und Misha Glenny. In Wigan: Tom Walsh und Chris Ready. In Amsterdam: Steven Seijmonsbergen und Umayya Abu-Hanna. In Den Haag: Ko Colijn. In Lauwersoog: Ed Huisman und die anderen Seenotretter von der KNRM. In Warschau: Anna Bikont und Jarosław Krawczyk. In Athen: Conny Keessen und Efi und Kostas Karadimas. In Mecheln: Bart Somers. In Niesky: Eckart und Inge Winkler. In Dresden: Gunter Wolfram. In Bönen: Gudrun und Kathy Tucholski. In Barcelona: Stan Baggen, Mari Carmen Caztañaga und José Marti Font.

Hubert Smeets und Harald Benink haben die Kapitel über Russland und die Finanzkrisen kritisch gelesen und mir wichtige Hinweise gegeben. Sehr wertvoll waren auch die Beobachtungen unserer Freunde Pieter Nijdeken und Saskia Dekkers, eines herausragenden Journalistenduos, das für das Nachrichtenmagazin *Nieuwsuur* von allen europäischen Fronten berichtete. René van Stipriaan hat sich beim kritischen Lesen und Redigieren meiner Texte wie immer als treuer Freund und Unterstützer erwiesen.

Schreiben ist meistens eine einsame Betätigung, in diesem Fall jedoch nicht. Meine Frau Mietsie hat intensiv mitgedacht, -gelesen und -gelitten, ihre bedingungslose Solidarität hat mir Kraft gegeben.

Das Gleiche gilt für die Mitarbeiter meines Verlags und vor allem für meinen Verleger und Lektor Emile Brugman und seine Frau Ellen Schalker. Schon seit mehr als einem Vierteljahrhundert begleiten sie mich höchst professionell und mit ansteckender Gelassenheit durch den Bücherdschungel. Ich habe ihnen unendlich viel zu verdanken – und ich weiß, dass dies auch für zahlreiche andere Autoren gilt –, und immer kam ich in den Genuss jener inspirierenden Kombination von Arbeit und Freundschaft, die man auf die Dauer nur bei den besten Verlegern findet.

Nach all den Jahren ist es nur selbstverständlich, dass ich ihnen beiden in großer Dankbarkeit dieses Buch widme.

Literatur und Quellen

Allgemein

Barnes, Julian: *Eine Geschichte der Welt in 10 ½ Kapiteln*. Aus dem Englischen von Gertraude Krueger. Zürich 1992.

Böll, Heinrich: »Wir kommen weit her«, Eintrag im Poesiealbum seiner Enkelin Samay am 8. Mai 1985, zwei Monate vor seinem Tod. Böll, Heinrich: *Wir kommen weit her. Gedichte*. Göttingen 1986.

Castells, Manuel, u. a.: *Europe's Crises*. Cambridge 2018.

Garton Ash, Timothy: »The New German Question«, in: *New York Review of Books*, 15. August 2013.

Kearns, Ian: *Collapse: Europe after the European Union*. London 2018.

Kershaw, Ian: *Achterbahn: Europa 1950 bis heute*. Aus dem Englischen von Klaus-Dieter Schmidt. München 2019.

Krastev, Ivan: *Europadämmerung. Ein Essay*. Übersetzt von Michael Bischoff. Berlin 2017.

Mak, Geert: *In Europa. Eine Reise durch das 20. Jahrhundert*. Aus dem Niederländischen von Andreas Ecke und Gregor Seferens. München 2005.

Middelaar, Luuk van: *Vom Kontinent zur Union. Gegenwart und Geschichte des vereinten Europa*. Aus dem Niederländischen von Jacob Jansen. Berlin 2016.

Middelaar, Luuk van: *De nieuwe politiek van Europa*. Groningen 2017. (Englische Ausgabe: *Alarums & Excursions. Improvising Politics on the European Stage*. Übersetzt von Liz Waters. Newcastle upon Tyne 2019.)

Mion, Giordano, und Dominic Ponattu: *Estimating economic benefits of the single market for European countries and regions*. Gütersloh 2019.

Mishra, Pankaj: *Das Zeitalter des Zorns. Eine Geschichte der Gegenwart*. Aus dem Englischen von Laura Su Bischoff und Michael Bischoff. Frankfurt am Main 2017.

Percy, Norma u. a.: *Inside Europe. Ten Years of Turmoil*. Dokumentarfilm der BBC. London 2019.

Sassen, Saskia: *Ausgrenzungen. Brutalität und Komplexität in der globalen Wirtschaft*. Aus dem Englischen von Sebastian Vogel. Frankfurt am Main 2015.

Saul, John Ralston: *The Collapse of Globalism and the Reinvention of the World*. Toronto 2005.

Ther, Philipp: *Die neue Ordnung auf dem alten Kontinent. Eine Geschichte des neoliberalen Europa*. Berlin 2016.

Thomas, Casper: *De autoritaire verleiding. Over de opmars van de antiliberale wereldorde*. Amsterdam 2018.

Tooze, Adam: »The Secret History of the Banking Crisis«, in: *Prospect Magazine*, August 2017.

Tooze, Adam: *Crashed. Wie zehn Jahre Finanzkrise die Welt veränderten*. Aus dem Englischen von Norbert Juraschitz, Karsten Petersen und Thorsten Schmidt. München 2018.

Aus dem Vollen geschöpft – 1999

Engelen, Ewald: »Koks erfenis«, in: *De Groene Amsterdammer*, 25. Oktober 2018.

Janssen, Roek: *De Euro. Twintig jaar na het Verdrag van Maastricht*. Amsterdam 2012.

Judt, Tony: *Geschichte Europas von 1945 bis zur Gegenwart*. Aus dem Englischen von Matthias Fienbork und Hainer Kober. Frankfurt am Main 2009.

Judt, Tony: *Das vergessene 20. Jahrhundert. Die Rückkehr des politischen Intellektuellen*. Aus dem Englischen von Matthias Fienbork. Frankfurt am Main 2011.

Konrád, György: *Das Pendel. Essaytagebuch*. Aus dem Ungarischen von Hans-Henning Paetzke. Berlin 2011.

Maier, Anja: »Kanzlerin Angela Merkel. Verdammt lange da«, in: *taz*, 3. November 2018.

Michnik, Adam: »On the Side of Geremek«, in: *The New York Review of Books*, 25. September 2008.

Montefiori, Stefano: »Italians used to be fervently pro-EU. What went wrong?«, in: *The Guardian*, 23. Januar 2019.

Mounk, Yasha: *Der Zerfall der Demokratie. Wie der Populismus den Rechtsstaat bedroht*. Aus dem Englischen von Bernhard Jendricke. München 2019.

Mudge, Stephanie L.: *Leftism Reinvented. Western Parties from Socialism to Neoliberalism*. Cambridge, MA, 2018.

Oudenampsen, Merijn: »Een terugkeer naar rechts. De ideeënpolitiek van Frits Bolkestein«, in: *De Groene Amsterdammer*, 18. Oktober 2018.

Pessers, Dorien, »Na mij geen zondvloed«, Interview mit Marcel ten Hooven in: *De Groene Amsterdammer*, 20. Dezember 2018.

Piketty, Thomas: *Die Schlacht um den Euro. Interventionen*. Aus dem Französischen von Stefan Lorenzer. München 2015.

Rifkin, Jeremy: *Der Europäische Traum. Die Vision einer leisen Supermacht*. Aus dem Englischen von Hartmut Schickert. Frankfurt am Main/New York 2004.

Roll, Evelyn: *Die Kanzlerin. Angela Merkels Weg zur Macht*. Berlin 2009.

Frieden – 2000

Alexijewitsch, Swetlana: *Secondhand-Zeit. Leben auf den Trümmern des Sozialismus*. Aus dem Russischen von Ganna-Maria Braungardt. Berlin 2015.

Drakulić, Slavenka: »Wij kennen geen solidariteitsgevoel«, Interview mit Irene van der Linde in: *De Groene Amsterdammer*, 21. Januar 2016.

Judah, Ben: *Fragile Empire. How Russia Fell In and Out of Love with Vladimir Putin*. Cambridge 2013.

Pomerantsev, Peter: *Nichts ist wahr und alles ist möglich. Abenteuer in Putins Russland*. Aus dem Englischen von Klaus Timmermann und Ulrike Wasel. München 2015.

Smeets, Hubert: *De wraak van Poetin. Rusland contra Europa*. Amsterdam 2015.

Angst – 2001

Azab Powell, Bonnie, und Christiane Amanpour: »UN Weapons inspector Hans Blix faults Bush administration for lack of ›critical thinking‹ in Iraq«, in: *NewsCenter*, 18. März 2004.

Blix, Hans: *Mission Irak. Wahrheit und Lügen*. Aus dem Englischen von Reinhard Kreissl. München 2004.

Böll, Heinrich: *Billard um halb zehn*. In: *Werke. Romane und Erzählungen 2*. Köln 1987.

Buruma, Ian: *Die Grenzen der Toleranz. Der Mord an Theo van Gogh*. Aus dem Englischen von Wiebke Meier. München 2006.

Chorus, Jutta, und Ahmet Olgun: *In godsnaam. Het jaar van Theo van Gogh*. Amsterdam 2005.
Chulov, Martin: »My son, Osama: the al-Quaida leaders mother speaks for the first time«, in: *The Guardian*, 3. August 2018.
Fens, Kees: *Dat oude Europa*. Amsterdam 2004.
Fens, Kees: *Het volmaakte kleine stukje*. Amsterdam 2009.
Gessen, Masha: *Die Zukunft ist Geschichte. Wie Russland die Freiheit gewann und verlor*. Aus dem Englischen von Anselm Bühling. Berlin 2018.
Hersh, Seymour M.: »War and Intelligence«, in: *The New Yorker*, 12. Mai 2003.
Kepel, Gilles: *Die neuen Kreuzzüge. Die arabische Welt und die Zukunft des Westens*. Aus dem Französischen von Bertold Galli. München/Zürich 2005.
Kleijwegt, Margalith: *»Schaut endlich hin!« Wie Gewalt entsteht – Bericht aus der Welt junger Immigranten*. Aus dem Niederländischen von Rosemarie Still. Freiburg u.a. 2008.
Leyers, Jan: *Allah in Europa. Het reisverslag van een ongelovige*. Amsterdam 2018.
Leyers, Jan: »Ik kreeg een boks van de haatimam«, Interview mit Sheila Kamerman und Hendrik Spiering, in: *NRC Next*, 21. April 2018.
Lubbers, Ruud: *Persoonlijke herinneringen*. Amsterdam 2018.
Mak, Geert: *Die Brücke von Istanbul. Eine Reise zwischen Orient und Okzident*. Aus dem Niederländischen von Andreas Ecke. München 2007.
Mak, Geert: *Der Mord an Theo van Gogh. Geschichte einer moralischen Panik*. Aus dem Niederländischen von Marlene Müller-Haas. Frankfurt am Main 2005.
Os, Pieter van: *Nederland op scherp. Buitenlandse beschouwingen over een stuurloos land*. Amsterdam 2005.
Pamuk, Orhan: »The Anger of the Damned«, in: *The New York Review of Books*, 15. November 2001.
Ruthven, Malise: »The Big Muslim Problem«, in: *The New York Review of Books*, 17. Dezember 2019.
Sneifer, Andrei, und Daniel Treismann: »A Normal Country: Russia After Communism«, in: *Journal of Economic Perspectives* 19, Nr. 1, 2005, S. 151–174.
Whitlock, Craig: »At War with the Truth. The Afghanistan Papers«, in: *The Washington Post*, 9. Dezember 2019.

Größe – 2004

Marusic, Damir: »The Dangers of Democratic Determinism«, in: *The American Interest*, 5. Februar 2018.
Milanovic, Branko: »Democracy of convenience, not of choice: why is Eastern Europe different«, *glineq.blogspot.com*, 23. Dezember 2017.
Roth, Joseph: »Bei den Heimatlosen«, aus: *Neue Berliner Zeitung*, 23. September 1920. In: *Werke 1. Das journalistische Werk 1915–1923*. Köln 1989. S. 373ff.
Szabłowski, Witold: *Tanzende Bären. Reportagen aus Osteuropa. Über die Sehsucht nach alten Hierarchien und die Herausforderungen der Freiheit*. Aus dem Polnischen von Joanna Manc. Cadolzburg 2019.
Zakaria, Fareed: »The Rise of Illiberal Democracy«, in: *Foreign Affairs*, November/Dezember 1997.

Zahlen – 2004

Bromet, Frans, Sylvia und Ruben: *Muziek op de vlucht.* Dokumentarfilm, Hilversum 2016.

Cennetoğlu, Banu, und UNITED for Intercultural Action: »Die Liste«, in: *Der Tagesspiegel,* 8. November 2017.

Es, Ana van: »Zo kreeg de wetsuitman van Texel een naam«, in: *De Volkskrant,* 15. Juni 2015.

Fjellberg, Anders: »The Wetsuitman«, *Dagbladet/De Groene Amsterdammer,* 20. April 2016.

Rosi, Gianfranco: *Seefeuer (Fuocoammare).* Dokumentarfilm, Rom 2016.

Nee, non – 2005

Anonym: »Free Falling. Briefing A no-deal Brexit«, in: *The Economist,* 24. November 2018.

Cooper, Robert: *The Breaking of Nations. Order and Chaos in the Twenty-First Century.* London 2004.

Higgins, Andrew: »VW scandal reveals limits of EU clout and control«, in: *The New York Times,* 29. September 2015.

Hobelt, Sara B.: »The Crisis of Legitimacy of European Institutions«, in: Manuel Castells u. a.: *Europe's Crises,* Cambridge 2018. S. 243.

Johnston, William M.: *Österreichische Kultur- und Geistesgeschichte. Gesellschaft und Ideen im Donauraum 1848 bis 1938.* Aus dem Englischen von Otto Grohma. Wien u. a. 2006.

Judt, Tony: *Dem Land geht es schlecht. Ein Traktat über unsere Unzufriedenheit.* Aus dem Englischen von Matthias Fienbork. München 2014.

Konrád, György: *Europa und die Nationalstaaten. Essay.* Aus dem Ungarischen von Hans-Henning Paetzke. Berlin 2013.

Menasse, Robert: *Die Hauptstadt.* Berlin 2017.

Menasse, Robert: *Der Europäische Landbote. Die Wut der Bürger und der Friede Europas oder Warum die geschenkte Demokratie einer erkämpften weichen muss.* Wien 2012.

Menasse, Robert: »Brussel heeft me leren geduldig te zijn«, Interview mit Kris Hendrickx, in: *Podium Brussel,* 10. März 2018.

Michnik, Adam: »On the Side of Geremek«, in: *The New York Review of Books,* 25. September 2008.

Middelaar, Luuk van: »De Europese Unie en de gebeurtenissenpolitiek«, Vortrag an der Universität Leiden, 23. September 2016.

Musil, Robert: *Der Mann ohne Eigenschaften.* 2 Bände. Reinbek bei Hamburg 1978.

Ornstein, Leonard, u. a.: *Paleis Europa. Grote denkers over Europa.* Amsterdam 2007.

Platteau, Pierre: *Rue Bonnevie.* Amsterdam/Brüssel 2002.

Sadée, Tijn: »Om 5 uur naar huis? Carrièrekiller. Kleine reisgids voor de beginnende eurocraat«, in: *NRC Handelsblad,* 26. August 2017.

Schaake, Marietje: »Ik had last van machtsmisbruik«, Interview mit Guus Valk und René Moerland, in: *NRC Handelsblad,* 21. Juni 2019.

Siedentop, Larry: *Demokratie in Europa.* Aus dem Englischen von Klaus Kochmann. Stuttgart 2002.

Stuer, Vincent: *Curb Your Idealism. The European Union As Seen From Within.* Brüssel 2018.

Verbeken, Pascal: *Brutopia. De dromen van Brussel.* Amsterdam 2019.

Verhofstadt, Guy: *De ziekte van Europa (en de herontdekking van het ideaal).* Amsterdam/Antwerpen 2015.

Brothers – 2008

Bos, Wouter: Interview mit Yan Ting Yuen und Robert Kosters, in: *De Achtste Dag,* Hilversum 2018.

Cardoso, Gustavo, Guya Accornero, Tiago Lapa und Joana Azevedo: »Social Movements, Participation and Crisis in Europe«, in: Manuel Castells u.a.: *Europe's Crises*, Cambridge 2018. S. 405.

Dijsselbloem, Jeroen: *Die Eurokrise. Erfahrungsbericht eines Insiders*. Wiesbaden 2019.

French, Tana: »The Psychology of an Irish Meltdown«, in: *The New York Times*, 17. Juli 2013.

Hessel, Stéphane: *Empört euch!* Aus dem Französischen von Michael Kogon. Berlin 2011.

Kuttner, Robert: »The Crash That Failed«, in: *The New York Review of Books*, 22. November 2018.

Lewis, Anthony: *Boomerang. Europas harte Landung*. Aus dem Englischen von Waltraud Götting, Jürgen Neubauer und Petra Pyka. München 2013.

Luyendijk, Joris: *Unter Bankern. Eine Spezies wird besichtigt*. Aus dem Niederländischen von Anne Middelhoek. Stuttgart 2015.

McKee, Martin: »Austerity and Health: The Impact of Crisis in the Uk and the Rest of Europe«, in: Manuel Castells u.a.: *Europe's Crises*, Cambridge 2018. S. 127.

Piketty, Thomas: *Die Schlacht um den Euro. Interventionen*. Aus dem Französischen von Stefan Lorenzer. München 2015.

Sen, Amartya: »The Economic Consequences of Austerity«, Charleston-EFG-Keynes Lecture beim Charleston Festival am 23. Mai 2015.

Stiglitz, Joseph: *Europa spart sich kaputt. Warum die Krisenpolitik gescheitert ist und der Euro einen Neustart braucht*. Aus dem Englischen von Thorsten Schmidt. München 2016.

Teulings, Coen: *Over de dijken. Tien jaar na het uitbreken van de financiële crisis*. Amsterdam 2018.

Trichet, Jean-Claude: Interview mit Yan Ting Yuen und Robert Kosters, in: *De Achtste Dag*, Hilversum 2018.

Witteveen, Johan: »Zuiniger dan Colijn«, Interview mit Marcel ten Hooven, in: *De Groene Amsterdammer*, 21. Februar 2013.

Yan Ting Yuen und Robert Kosters: *De Achtste Dag*, Dokumentarfilm über die Rettung der Fortis-Bank. Hilversum 2018.

Wahrheit – 2010

Allenova, Olga, Yelena Geda und Vladimir Novikov: »Blok NATO razoshelsya na blokpakety« (The NATO Bloc Split into Blocking Shares), www.kommersant.ru/doc/877224, 7. April 2008.

Bikont, Anna: *Wir aus Jedwabne. Polen und Juden während der Shoah*. Aus dem Polnischen von Sven Sellmer. Berlin 2020.

Garton Ash, Timothy: »Jesus Rex Poloniae«, in: *The New York Review of Books*, 16. August 2018.

Gross, Jan Tomasz: *Nachbarn. Der Mord an den Juden von Jedwabne*. Aus dem Englischen von Friedrich Griese. München 2001.

Gross, Jan Tomasz: »Poles Cry for ›Pure Blood‹ again«, in: *The New York Times*, 16. November 2017.

Hoffman, Eva, »Hearing Poland's Ghosts«, in: *The New York Review of Books*, 22. März 2018.

Santora, Marc: »After a President's Shocking Death, a Suspicious Twin Reshapes a Nation«, in: *The New York Times*, 16. Juni 2018.

Shore, Marci: »Poland Digs Itself a Memory Hole«, in: *The New York Times*, 2. Februar 2018.

Smeets, Hubert: »Poolse en Hongaarse leiders trippen op het interbellum«, in: *NRC Handelsblad*, 8. Dezember 2017.

Solidarität – 2012

About, Edmond: *La Grèce Contemporaine*. Paris 1855.
Anonym: »The Merkel memorandum«, in: *The Economist*, 11. August 2012.
Chrysópoulos, Chrístos: *Une lampe entre les dents. Chronique athénienne*. Arles 2013.
Dendrinou, Viktoria, und Eleni Varvitsioti: *The Last Bluff. How Greece came face to face with financial catastrofe and the secret plan for its euro exit*. Athen 2019.
Janssen, Roel: *Afrekenen met Griekenland. Hoe Syriza langs de euro-afgrond scheerde*. Amsterdam 2015.
Kitsantonis, Niki: »Greece, 10 Years Into Economic Crisis Counts the Cost to Mental Health«, in: *The New York Times*, 2. März 2019.
Konstandaras, Nikos: »Greece's Great Hemorrhaging«, in: *The New York Times*, 10. Januar 2019.
Konstandaras, Nikos: »Lessons of German tax cheat«, in: *The New York Times*, 22. März 2014.
Mak, Geert: *Was, wenn Europa scheitert*. Aus dem Niederländischen von Gregor Seferens. München 2012.
Markaris, Petros: *Finstere Zeiten. Zur Krise in Griechenland*. Aus dem Neugriechischen von Michaela Prinzinger. Zürich 2012.
Mody, Ashoka: *EuroTragedy. A Drama Nine Acts*. Oxford 2018.
Offe, Claus: »Narratives of Responsibility. German Politics in the Greek Debt Crisis«, in: Manuel Castells u. a.: *Europe's Crises*, Cambridge 2018. S. 269.
Ovid: *Metamorphosen*. Aus dem Lateinischen übersetzt, kommentiert und mit einem Nachwort versehen von Michael von Albrecht. Stuttgart 2015.
Stiglitz, Joseph: *Europa spart sich kaputt. Warum die Krisenpolitik gescheitert ist und der Euro einen Neustart braucht*. Aus dem Englischen von Thorsten Schmidt. München 2016.
Trichet, Jean-Claude: »Een Nexit of Frexit is voor mij altijd ondenkbaar geweest«, Interview mit Egbert Kalse und Daan van Lent, in: *NRC Handelsblad*, 9. August 2017.
Varoufakis, Yanis: *Die ganze Geschichte. Meine Auseinandersetzung mit Europas Establishment*. Aus dem Englischen von Anne Emmert, Ursel Schäfer und Claus Varrelmann. München 2017.
Wiessing, Eva, und Conny Keessen: *Worstelen aan de rand van Europa. Verhalen achter de Griekse crisis*. Amsterdam 2016.

Geister der Vergangenheit – 2014

Applebaum, Anne: »A New European Narrative?«, in: *The New York Review of Books*, 12. Oktober 2017.
Dunlop, John B.: *The Februari 2015 Assassination of Boris Nemtsov and the Flawed Trial of His Alleged Killers. An Exploration of Russia's »Crime of the 21st Century«*. Stuttgart 2018.
Flaubert, Gustave: *Die Erziehung der Gefühle. Geschichte eines jungen Mannes*. Aus dem Französischen neu übersetzt und mit Anmerkungen versehen von Cornelia Hasting. München/Zürich 2001.
Galeotti, Mark: *The Vory. Russia's Super Mafia*. New Haven 2018.
Galeotti, Mark: *We Need to Talk About Putin. Why The West Gets Him Wrong*. London 2019.
Gessen, Masha: *Die Zukunft ist Geschichte. Wie Russland die Freiheit gewann und verlor*. Aus dem Englischen von Anselm Bühling. Berlin 2018.
Knip, Karel, und Steven Derix: »Er vliegt een vogeltje in uw richting – reconstructie neerschieten MH17«, in: *NRC Handelsblad*, 11. Juli 2015.
Kreling, Paul, und Huib Modderkolk: »Gansch het raderwerk staat stil. Digitale oorlog in Oekraïne«, in: *NRC Handelsblad*, 27. Juni 2018.

Kurkow, Andrej: *Ukrainisches Tagebuch. Aufzeichnungen aus dem Herzen des Protests.* Aus dem Russischen von Steffen Beilich. Innsbruck/Wien 2014.
Mansky, Vitali: »Vitali Mansky: Poetin is slachtoffer van zijn eigen poetinisme«, Interview mit Helen Saelman, in: *Raam op Rusland*, 14. November 2018.
Müller, Jan-Werner: *Was ist Populismus? Ein Essay.* Berlin 2016.
Myers, Steven Lee, und Andrew E. Kramer: »How an aide to Trump held sway in Oekraïne«, in: *The New York Times*, 2. August 2016.
Noordaa, Robert van der, und Coen van de Ven: »Het MH17-complot. De invloed van Russische trollen«, in: *De Groene Amsterdammer*, 30. Mai 2019.
Quinn-Judge, Paul: »The Revolution That Wasn't«, in: *The New York Review of Books*, 19. April 2018.
Smeets, Hubert: *De wraak van Poetin. Rusland contra Europa.* Amsterdam 2015.
Smeets, Hubert: »Rusland en de NAVO: woordbreuk of samenloop der omstandigheden?«, in: *Raam op Rusland*, 10. Januar 2018.
Snyder, Timothy: »Diaries and Memoirs of the Maidan«, in: *Eurozine*, 27. Juni 2014.
Starink, Laura: *De schaduw van de grote broer. Letten en Russen, Joden in Polen, Duits Kaliningrad, Oorlog om Oekraïne.* Amsterdam 2015.
Troitski, Artemi: »Het volk is passief, apathisch, cynisch«, Interview mit Margreet Fogteloo, in: *De Groene Amsterdammer*, 22. Juni 2017.
Walker, Shaun: *The Long Hangover. Putin's New Russia and the Ghosts of the Past.* Oxford 2018.

Intermezzo – 2019

McEwan, Ian: *Amsterdam.* Aus dem Englischen von Hans-Christian Oeser. Zürich 2001.
McNeill, John Robert: *The Great Acceleration. An Environmental History of the Anthropocene Since 1945.* Cambridge, MA, 2016.

Das gelobte Land – 2015

Alexander, Robin: *Die Getriebenen. Merkel und die Flüchtlingspolitik: Report aus dem Innern der Macht.* München 2017.
Algemene Rekenkamer: *Asielstroom 2014–2016: een cohort asielzoekers in beeld.* Den Haag 2018.
Anastasiadou, Marianthi, Athanasios Marvakis, Panagiota Mezidou und Marc Speer: *From Transit Hub to Dead End. A Chronicle of Idomeni, www.bordermonitoring.eu*, 2017.
Andersson, Ruben: *Illegality, Inc. Clandestine Migration and the Business of Bordering Europe.* Oakland 2014.
Blokker, Bas, und Jutta Chorus: »Verhuizen naar Europa«, in: *NRC Handelsblad*, 14. November 2015.
Colling Nielsen, Kaspar: *Den Danske Borgerkrig 2018–24.* Kopenhagen 2013.
DeParle, Jason: »The Sea Swallows People«, in: *The New York Review of Books*, 23. Februar 2017.
Eakin, Hugh: »The Terrible Flight from the Killing«, in: *The New York Review of Books*, 22. Oktober 2015.
Eakin, Hugh: »Liberal, Harsh Denmark«, in: *The New York Review of Books*, 10. März 2016.
Joffe, Josef: *Der gute Deutsche. Die Karriere einer moralischen Supermacht.* München 2018.
Linde, Irene van der: »Grenzen verleggen. Europa en Afrika houden samen migranten tegen«, in: *De Groene Amsterdammer*, 21. September 2017.
Mardini, Yusra, und Josie Le Blond: *Butterfly. Das Mädchen, das ein Flüchtlingsboot rettete und Olympia-Schwimmerin wurde.* Aus dem Englischen von Alexandra Baisch, Elisabeth Liebl und Uta Rupprecht. München 2018.

Mardini, Yusra: »Tegen de stroom in«, Interview mit Karolien Knols, in: *De Volkskrant*, 24. Oktober 2018.

Polman, Linda: *Niemand wil ze hebben. Europa en zijn vluchtelingen*. Amsterdam 2019.

Roth, Joseph: *Juden auf Wanderschaft* [1927]. *Vorrede zur geplanten Neuauflage* 1937. In: *Werke 2. Das journalistische Werk 1924–1928*. Köln 1989. S. 893ff.

Wigan – 2016

Anonym: »Post-Brexit Racism«, Institute of Race Relations, 7. Juli 2016.

Anonym: »Britain's Brexit Crisis«, BBC TV, Panorama, 18. Juli 2019.

Armstrong, Stephen: *The Road to Wigan Pier Revisited*. London 2012.

Barnett, Anthony: *The Lure of Greatness. England's Brexit & America's Trump*. London 2017.

Boomkens, René: »De cultuur van het neoliberalisme en het onbehagen in de politiek«, in: Martine Groen und Paul Kuijpers (Hgg.): *Woorden breken. Het democratisch tekort*. Antwerpen/Apeldoorn 2018.

Coe, Jonathan: *Middle England*. Aus dem Englischen von Cathrine Hornung und Dieter Fuchs. Wien/Bozen 2020.

Corduwener, Pepijn, und Arthur Weststeijn: *Proeftuin Italië. Hoe het mooiste land ter wereld de moderne politiek uitvond*. Amsterdam 2018.

Cox, Brendan: *Jo Cox. More in Common*, London 2017.

Ehrenreich, Barbara: *Angst vor dem Absturz. Das Dilemma der Mittelklasse*. Aus dem Englischen von Wolfgang Heuss. Reinbek bei Hamburg 1994.

Eribon, Didier: »Macron is hetzelfde liedje«, Interview mit Jaap Tielbeke, in: *De Groene Amsterdammer*, 10. Mai 2018.

Eribon, Didier: *Rückkehr nach Reims*. Aus dem Französischen von Tobias Haberkorn. Berlin 2016.

Erikson, Kai: *Everything in Its Path. Destruction of Community in the Buffalo Creek Flood*. New York 1978.

Evans, Geoffrey, Noah Carl und James Dennison: »Brexit. The Causes and Consequences of the UK's Decision to Leave the EU«, in: Manuel Castells u.a.: *Europe's Crises*, Cambridge 2018. S. 380.

Frank, Thomas: *Americanic. Berichte aus einer sinkenden Gesellschaft*. Aus dem Englischen von Gabriele Gockel und Thomas Wollermann. München 2019.

Frank, Thomas: *Was ist mit Kansas los? Wie die Konservativen das Herz von Amerika eroberten*. Aus dem Englischen von Friedrich Griese. Berlin 2004.

Gimson, Andrew: *Boris. The Rise of Boris Johnson*. London 2006.

Gross, Neil: »Is this collective trauma?«, in: *The New York Times*, 20. Dezember 2016.

Gruyter, Caroline de: »Misschien is het maar beter dat ze gaan«, in: *NRC Handelsblad*, 9. März 2019.

Higgins, Andrew: »Wigan's Road to ›Brexit‹. Anger, Loss and Class Resentments«, in: *The New York Times*, 5. Juli 2016.

Istendael, Geert van: *De grote verkilling*. Amsterdam 2019.

Kadt, Jacques de: *De deftigheid in het gedrang*. Amsterdam 1991.

Kearns, Ian: *Collapse. Europe after the European Union*. London 2018.

Keefe, Patrick Radden: »How Mark Burnette Resurrected Donald Trump as an Icon of American Success«, in: *The New Yorker*, 7. Januar 2019.

Korski, Daniel: »Why we lost the Brexit vote«, in: *Politico*, 20. Oktober 2016.

Krugman, Paul: »Austerity's Grim Legacy«, in: *The New York Times*, 7. August 2015.

Kruk, Marijn: »Een gevangenis zonder tralies«, Interview mit Marcel Gauchet, in: *De Groene Amsterdammer*, 27. Juli 2017.

Leparmentier, Arnaud: »L'Europe est-elle mortelle?«, in: *Le Monde*, 9. April 2016.

Louis, Édouard: *Wer hat meinen Vater umgebracht*. Aus dem Französischen von Hinrich Schmidt-Henkel. Frankfurt am Main 2019.

Müller, Jan-Werner: *Was ist Populismus? Ein Essay*. Berlin 2016.

Orwell, George: *Der Weg nach Wigan Pier*. Deutsch und mit einem Nachwort von Manfred Papst. Zürich 1982.

O'Toole, Fintan: »The Ham of Fate«, in: *New York Review of Books*, 15. August 2019.

Purnell, Sonia: »Boris Johnson is about to inherit a crisis his Euro-bashing helped spawn«, in: *The Guardian*, 15. Juli 2019.

Quatremer, Jean: »Boris Johnson is the epitome of what's worst about the English ruling class«, in: *The Guardian*, 16. Juli 2019.

Richards, Steve: *The Rise of the Outsiders. How Mainstream Politics Lost its Way*. London 2018.

Rorty, Richard: *Stolz auf unser Land. Die amerikanische Linke und der Patriotismus*. Aus dem Englischen von Hermann Vetter. Frankfurt am Main 1999.

Sargeant, Terry: »Brexit plan ›complete shambles‹, UK boss of ThyssenKrupp says«, Interview mit Lisa O'Carrol, in: *The Guardian*, 12. November 2018.

Shipman, Tim: *All Out War. The Full Story of Brexit*. London 2017.

Sociaal en Cultureel Planbureau: *De sociale staat van Nederland 2017*. Den Haag 2017.

Tormey, Simon: *Populism. A Beginner's Guide*. London 2019.

Ven, Coen van de: »Alles wat ons eigen is verdwijnt«, in: *De Groene Amsterdammer*, 14. März 2019.

Vlaminck, Erik, und Jos Geysels: *Uit woede en onbegrip. Een pamflet over de schande van armoede*. Antwerpen 2019.

Zimmer, Undine: *Nicht von schlechten Eltern. Meine Hartz-IV-Familie*. Frankfurt am Main 2013.

Allein – 2017

Anonym: »Decline and fall. Britain has not cut such a pathetic figure on the global stage since Suez«, in: *The Economist*, 1. Juli 2017.

Anonym: »I Am Part of the Resistance Inside the White House«, in: *The New York Times*, 5. September 2018.

Bacevich, Andrew: *The Age of Illusions. How America Squandered its Cold War Victory*. New York 2020.

Blom, Philipp: *Was auf dem Spiel steht*. München 2017.

Chait, Jonathan: »Will Trump Be Meeting With His Counterpart – Or His Handler«, in: *New York Magazine*, 9. Juli 2018.

Christie, Chris: *Let Me Finish. Trump, the Kushners, Bannon, New Jersey, and the Power of In-Your-Face Politics*. London 2019.

Clinton, Hillary Rodham: *What Happened*. New York u. a. 2017.

Danner, Mark: »The Magic of Donald Trump«, in: *The New York Review of Books*, 26. Mai 2016.

Davies, William: »Boris Johnson, Donald Trump and the Rise of Radical Incompetence«, in: *The New York Times*, 13. Juli 2018.

Enrich, David: »A Mar-a-Lago Weekend and an Act of God: Trump's History With Deutsche Bank«, in: *The New York Times*, 18. März 2019.

Friedman, Thomas: »What if Trump Could Explain as Well as He Inflames. Building a border wall won't solve our immigration problem«, in: *The New York Times*, 5. Februar 2019.

Frolow, Wladimir: »Prutswerk van Prigozjins partizanen schaadt het Kremlin«, in: *Raam op Rusland*, 20. Februar 2018.

Garton Ash, Timothy: »A humiliating Brexit deal risks a descent into Weimar Britain«, in: *The Guardian*, 27. Juli 2018.

Goodman, Peter: »For Many British Businesses, Brexit Has Already Happened«, in: *The New York Times*, 2. April 2019.

Gruyter, Caroline de: »Dit zijn helemaal geen onderhandelingen«, in: *NRC Handelsblad*, 20. Oktober 2018.

Hidalgo, Anne, und William Peduto: »The Mayors of Pittsburg and Paris: We Have Our Own Climate Deal«, in: *The New York Times*, 7. Juni 2017.

Hoeven, Rutger van der: »Wereld in wachtstand. President Trump halverwege«, in: *De Groene Amsterdammer*, 17. Januar 2019.

Hughes-Wilson, John: *On Intelligence. The History of Espionage and the Secret World*. London 2016.

Krugman, Paul: »For Trump, Failure Is the Only Option«, in: *The New York Times*, 12. Juli 2018.

Lewis, Michael: »›This guy doesn't know anything‹: the inside story of Trump's shambolic transition team«, in: *The Guardian*, 27. September 2018.

Macintyre, Ben: »Masters in Espionage«, Interview mit Sarah Lyall, in: *The New York Times*, 19./20. August 2017.

Mak, Geert: *Amerika! Auf der Suche nach dem Land der unbegrenzten Möglichkeiten*. Aus dem Niederländischen von Andreas Ecke und Gregor Seferens. München 2013.

McKibben, Bill: »Trump's Stupid and Reckless Climate Decision«, in: *The New York Times*, 1. Juni 2017.

McTague, Tom: »How the UK lost the Brexit battle«, in: *Politico*, 27. März 2019.

O'Toole, Fintan: *Heroic Failure. Brexit and the Politics of Pain*. London 2018.

O'Toole, Fintan: »The King and I«, in: *The New York Review of Books*, 21. März 2019.

Rhodes, Ben: *Im Weißen Haus. Die Jahre mit Barack Obama*. Aus dem Englischen von Enrico Heinemann, Thomas Pfeiffer, Jörn Pinnow und Martin Richter. München 2019.

Rotthier, Rudi: *De Verscheurde Staten van Amerika*. Amsterdam 2019.

Sanchez, Julian: »Russia Wanted Trump to Win. And It Wanted to Get Caught«, in: *The New York Times*, 17. Februar 2018.

Shane, Scott: »Russia Isn't the Only One Meddling in Elections. We Do It, Too«, in: *The New York Times*, 17. Februar 2018.

Shipman, Tim: *Fall Out. A Year of Political Mayhem*. London 2017.

Shirreff, Richard: *2017. War With Russia. An Urgent Warning from Senior Military Command*. London 2016.

Shlapak, David, und Michael Johnson: »Reinforcing Deterrence on NATO's Eastern Flank. Wargaming the Defense of the Baltics«, *Rand Corporation*, 2016.

Snyder, Timothy: *Der Weg in die Unfreiheit. Russland, Europa, Amerika*. Aus dem Englischen übersetzt von Ulla Höber und Werner Roller. München 2019.

Sommer, Martin: »Ieder land zijn eigen neurose«, in: *De Volkskrant*, 19. Januar 2019.

Unger, Craig: *Trump in Putins Hand. Die wahre Geschichte von Donald Trump und der russischen Mafia*. Aus dem Englischen von Helmut Dierlamm, Norbert Juraschitz, Karsten Petersen und Thomas Pfeiffer. Berlin 2018.

Wolff, Michael: *Feuer und Zorn. Im Weißen Haus von Donald Trump*. Aus dem Englischen von Dirk van Gunsteren und sechs anderen. Reinbek bei Hamburg 2018.

Woodward, Bob: *Furcht. Trump im Weißen Haus.* Aus dem Englischen von Sylvia Beker und zwölf anderen. Reinbek bei Hamburg 2018.

Wylie, Christopher: »Trump is verkozen dankzij een oorlogswapen«, Interview mit Wouter Woussen und Nikolas Vanhecke, in: *De Standaard*, 17. Juli 2018.

Intermezzo II – 2017

Anderson, Benedict: *Die Erfindung der Nation. Zur Karriere eines folgenreichen Konzepts.* Aus dem Englischen von Benedikt Burkard und Christoph Münz. Frankfurt am Main/New York 1996.

Barreiro, Belén: »La sociedad que seremos«, Interview mit Lex Rietman, in: *De Groene Amsterdammer*, 6. September 2018.

Castells, Manuel: »Achilles' Heel: Europe's Ambivalent Identity«, in: Manuel Castells u.a.: *Europe's Crises*, Cambridge 2018, S. 178.

Gruyter, Caroline de: »Habsburg Lessons for an Embattled EU«, in: *Carnegie Europe*, 23. September 2016. https://carnegieeurope.eu/2016/09/23/habsburg-lessons-for-embattled-eu-pub-64658.

Judson, Pieter M.: *Habsburg. Geschichte eines Imperiums. 1740–1918.* Aus dem Englischen von Michael Müller. München 2017.

Minder, Raphael: *The Struggle for Catalonia. Rebel Politics in Spain.* London 2017.

Orwell, George: *Mein Katalonien. Bericht über den Spanischen Bürgerkrieg.* Aus dem Englischen von Wolfgang Rieger. Zürich 1975.

Puigdemont, Carles: *La crise catalane. Une opportunité pour l'Europe. Conversations avec Olivier Mouton.* Brüssel 2018.

Roth, Joseph: *Radetzkymarsch.* In: *Werke 5. Romane und Erzählungen 1930–1936.* Köln 1989. S. 137–455.

Große Erwartungen – 2018–2019

Andress, David: *Cultural Dementia. How the West Has Lost its History and Risks Losing Everything Else.* London 2018.

Eijck, Guido van: »Statiegeld hoort naast de vuilnisbak. Armoede in Duitsland«, in: *De Groene Amsterdammer*, 12. Juli 2018.

Garton Ash, Timothy: »Dringend gezocht: bedreiging«, in: *De Groene Amsterdammer*, 11. Oktober 2012.

Garton Ash, Timothy: »Is Europe Disintegrating?«, in: *The New York Review of Books*, 17. Januar 2017.

Garton Ash, Timothy: »The New German Question«, in: *The New York Review of Books*, 15. August 2013.

Garton Ash, Timothy: »Why we must not let Europe break apart«, in: *The Guardian*, 9. Mai 2019.

Kissinger, Henry: *Weltordnung.* Aus dem Englischen von Karlheinz Dürr und Enrico Heinemann. München 2016.

Krien, Daniela: *Die Liebe im Ernstfall.* Zürich 2019.

Maier, Anja: »Fantoompijn in het Oosten«, in: *De Groene Amsterdammer*, 25. Juli 2019.

Middelaar, Luuk van: »Het Europees Parlement heeft aan kracht gewonnen«, in: *NRC Handelsblad*, 1. Juni 2019.

Moïsi, Dominique: »The Clash of Emotions«, in: *Foreign Affairs*, Januar/Februar 2007.

Münchau, Wolfgang: »Italy may be the next domino to fall«, in: *Financial Times*, 26. Juni 2016.

Pyle, Ernie, Zitat in: David Chrislinger: »The Man Who Told America the Truth About D-Day«, in: *New York Times Magazine*, 5. Juni 2019.

Roth, Joseph: »Reise durch Deutschlands Winter«, aus: *Frankfurter Zeitung*, 9. Dezember 1923. In: *Werke 1. Das journalistische Werk 1915–1923*. Köln 1989. S. 1076ff.

Roth, Joseph: »Wahlkampf in Berlin«, aus: *Frankfurter Zeitung*, 2. April 1924. In: *Werke 2. Das journalistische Werk 1924–1928*. Köln 1989. S. 169ff.

Somers, Bart: *Zusammen leben. Meine Rezepte gegen Kriminalität und Terror*. Aus dem Niederländischen von Gerd Busse. München 2018.

Sopova, Alisa: »How's Life in the War Zone? Not Great«, in: *The New York Times*, 26. Mai 2018.

Thunberg, Greta, Svante Thunberg und Beata und Malena Ernman: *Szenen aus dem Herzen. Unser Leben für das Klima*. Aus dem Schwedischen von Ulla Ackermann, Gesa Kunter und Stefan Pluschkat. Frankfurt am Main 2020.

Wolf, Martin: »Brexit means goodbye to Britain as we know it«, in: *Financial Times*, 11. Juli 2019.

Epilog

Anonym: *Europese variaties*. Wetenschappelijke Raad voor het Regeringsbeleid, September 2018.

Anonym: »Li Wengliang, The man who knew«, in: *The Economist*, 15. Februar 2020.

Applebaum, Anne: »Epidemics Reveal the Truth About the Societies They Hit«, in: *The Atlantic*, 2. März 2020.

Beirlant, Bart: »Zuid-Europa heeft genoeg van Hollandse ›kleinzieligheid‹«, in: *De Standaard*, 28. März 2020.

Beunderman, Mark, und Maarten Schinkel: »De ravage door het virus transformeert de hele economie«, in: *NRC Handelsblad*, 10. April 2020.

Buckley, Chris, und Steven Lee Myers: »As New Coronavirus Spread, China's Old Habits Delayed Fight«, in: *The New York Times*, 7. Februar 2020.

Buranyi, Stephen: »The WHO v coronavirus: why it can't handle the pandemic«, in: *The Guardian*, 15. April 2020.

Calvert, Jonathan, George Arbuthnott und Jonathan Leake: »Coronavirus: How Britain sleepwalked into a disaster«, in: *The Times*, 19. April 2020.

Colijn, Ko: »De nieuwe wereld volgens het boekje«, in: *De nieuwe wereld. Christendemocratische verkenningen*, Sommer 2009.

Colijn, Ko: »Naar een integrale veiligheidsbenadering«, in: *Internationale Spectator*, Nr. 3, 2015.

Effting, Maud: »Je ziet ze denken: daar is de ic-dokter, daar komt mijn vonnis« in: *De Volkskrant*, 1. April 2020.

Garton Ash, Timothy: »A better world can emerge after coronavirus. Or a much worse one«, in: *The Guardian*, 6. Mai 2020.

Harari, Yuval Noah: »The world after coronavirus«, in: *The Financial Times*, 20. März 2020.

Hendrickx, Frank, und Huib Modderkolk: »Februari, de verloren maand«, in: *De Volkskrant*, 11. April 2020.

Henley, John: »Why the EU is witnessing the birth of real European politics«, in: *The Guardian*, 13. Mai 2019.

Herszenhorn, David, und Sarah Wheaton: »How Europe failed the coronavirus test«, in: *Politico*, 4./10. April 2020.

Hoedeman, Jan, und Niels Klaassen: »›Dat kutvirus‹, verzucht de premier. Hoe het land op slot ging«, in: *Het Parool*, 2. Mai 2020.

Krastev, Ivan: *Ist heute schon morgen? Wie die Pandemie Europa verändert*. Aus dem Englischen von Karin Schuler. Berlin 2020.

Lievisse Adriaanse, Mark, und Derk Stokmans: »Het virus kwam sneller dan de overheid reageerde«, in: *NRC.next*, 22. März 2020.

Lindhout, Sterre: »Hij maakte de eerste test voor corona« [über Olfert Landt], in: *De Volkskrant*, 14. April 2020.

Lukacs, John: *A Short History of the Twentieth Century*. Cambridge, MA, 2013.

McNeill, William Hardy: *Die großen Epidemien*. Aus dem Englischen von Joachim von Richthofen. Bergisch Gladbach 1983.

Packer, George: »We Are Living in a Failed State«, in: *The Atlantic*, Juni 2020.

Pepys, Samuel: *Das geheime Tagebuch. Enthüllungen aus der diplomatischen Welt*. Aus dem Englischen von Jutta Schlösser. Berlin 2016.

Pilkington, Ed: »How science finally caught up with Trump's playbook – with millions of lives at stake«, in: *The Guardian*, 4. April 2020.

Ploeg, Jarl van der: »Zelfs de doden zijn eenzaam in Bergamo«, in: *De Volkskrant*, 19. März 2020.

Quammen, David: *Spillover. Der tierische Ursprung weltweiter Seuchen*. Aus dem Englischen von Sebastian Vogel. München 2020.

Rice, Susan: »The Government Has Failed on Coronavirus, but There Is Still Time«, in: *The New York Times*, 13. März 2020.

Rood, Jan, Ko Colijn u.a.: »Een wankele wereldorde«, in: *Strategische Monitor*, Clingendael 2014.

Sanger, David: »Before Virus Outbreak, a Cascade of Warnings Went Unheeded«, in: *The New York Times*, 19. März 2020.

Scheffer, Paul: *Wozu Grenzen? Freiheit in Zeiten von Globalisierung und Migration*. Aus dem Niederländischen von Gregor Seferens. München 2019.

Segers, Mathieu: *Reis naar het continent. Nederland en de Europese integratie 1950 tot heden*. Amsterdam 2019. (Englische Ausgabe: *The Netherlands and European Integration, 1950 to Present*. Aus dem Niederländischen von Andy Browhn. Amsterdam 2020.)

Snowden, Frank: *Epidemics and Society. From the Black Death to the Present*. New Haven 2019.

Tisdall, Simon: »Power, equality, nationalism: how the pandemic will reshape the world«, in: *The Guardian*, 28. März 2020.

Tjeenk Willink, Herman: *Groter denken, kleiner doen. Een oproep*. Amsterdam 2018.

Tooze, Adam, und Moritz Schularick: »The shock of coronavirus could split Europe – unless nations share the burden«, in: *The Guardian*, 25. März 2020.

Tooze, Adam: »How coronavirus almost brought down the global financial system«, in: *The Guardian*, 14. April 2020.

Tuchman, Barbara: *Der ferne Spiegel. Das dramatische 14. Jahrhundert*. Aus dem Englischen von Ulrich Leschak und Malte Friedrich. Düsseldorf 1980.

Veld, Sophie in 't: *Een Europees ID*. Amsterdam 2018.

Walt, Stephen: »The Coronavirua Pandemic is Infecting the United States with Dictatorship«, in: *Foreign Policy*, 13. April 2020.

Personenregister